河原孝哲

ものがたり世界史

近代〜現代

はじめに

　下巻(「近代〜現代」編)からこの本を読み始めた人に少しだけご案内をいたします。
この本は世界史が嫌いな人のために書かれた本です。ですので「ものがたり」風に世界史
にご案内しております。

　ここでは現代の日本にうっかりタイムスリップしてきた人たちが先生となって、現代の
女子高校生に自分にとって身近な時代の歴史を説明します。教科書と違って、文に生々し
い感触があると思いますが、先生の感じている時代の手触りが伝わってきているはずです。
その後で、まとめにあたる「復習ポイント」と、課題にあたる「アクティヴィティ」をやってみ
てください。「復習ポイント」は、柔道の受け身の練習や、レスリングのヒンズースクワット
の練習と同じで、世界史における基本的な体力を育成します。「アクティヴィティ」は柔道
で言えば乱取りですね。あなたの持っている今までの力をぶつけてみてください。そこに
反省と新しい世界の発見があります。

　そして、その講座の最後には実際に出題された大学入試問題である「最後の門」があり
ます。これはいわば対外試合の真剣勝負です。本文を読まず、復習ポイントもアクティヴ
ィティもやっていない人にとっては沼ってしまうような難問でも、本文を読んで、上記の練
習ステップを経てきた人たちならクリアできるはずです。

　コラムなのですが、まあこれは世界史ご休憩タイムなので、気楽に楽しんでください。

　今まで学力的に苦しんでいる生徒を多く指導してきました。その際、生徒の世界史に対
するアレルギーを和らげるような参考書を探してきましたが、なかなか見つかりません。
「東大合格」やら「入試必勝本」のたぐいならばたくさんあるのですが……。良いと思った
のは学習漫画でして、以前のものは頭でっかちな固い内容が多かったのですが、最近のも
のは物語的にも面白くできています。そこで「ものがたり」から世界史に入ったら世界史嫌
いの生徒にも受け入れやすいのではないのかな、と思ったのです。歴史を扱ったオンライ
ンゲームの人気からもわかるのですが、「ものがたり」としての歴史が嫌いな人はまずいま
せんからね。

　もちろん、最初に優先するべきなのは、「事実がいかにあったのか」を重視するランケ先
生の教えです。「あんたもヒマやのう」と言われながら、休日潰して地域の図書館をあさり、
手に入る文献はもんどりうって読みました。参考文献については、拙著『世界史授業ライ
ブ』①〜⑥(地歴社)という本に主な読んだ文献が書いてありますので参照してください。

（ちなみに、この本は世界史が専門ではない教員のためのお助け本です）

　構想をまとめているうちに、これを大学入試のための「攻略本」としても活用できないかな、と欲をつのらせ、過去の大学入試問題を集めてみたわけです。実際の入試問題は「下の語群から選びなさい」という形式が多いのですが、スペースの関係で実際に語句を書いてもらうことになってしまいました。ヒントを言うと、本文に太文字になっている単語が答えである場合が多いので、困った時は本文をよーく読んでみてください。ところどころに東大などの論述問題もまぜてみました。難しいですよ。ヒントを言いますと、論述は構成が大切です。

　①まず、その問われている歴史的なできごとについての基本を書く（序奏部）。

　　例「世界恐慌を抑えるため、フランクリン＝ローズヴェルトがニューディール政策を始めた」。

　②その状況が変化しはじめる原因や発端を書く（破もしくは主題提示）。

　　例「ニューディールの中で、このような改革をローズヴェルトはおこなった」。

　③そして状況の変化・展開の状況を書く（急もしくは展開部）。

　　例「ニューディールはどのような批判を受けたか」。

　④そして結局どうなったのか・結論でしめる（結もしくはコーダ）。

　　例「ニューディールは後の世界の経済政策にこんな変化を与えた」。

と組み立てることができればベストです。考えてみれば、これってマンガのストーリー展開（いわゆる起承転結）と同じですよね。あと論述で大切なことは、記述の正確さです。「誰がどこでいつ何をしたのか」は明確に書きましょう。年代を混ぜることができれば説得力が増しますが、あやふやな場合は無理しなくて大丈夫です。

　というわけで、この本ではJKの瑠奈さんと一緒に世界史を楽しみながら、定期試験や大学入試に対応できる学力を伸ばせます。まったりゆっくり頑張りましょう。

　上巻にも書きましたように、この本は学研の編集者細川順子さんの努力によって生まれました。心から深い感謝を捧げます。
　そして八重樫王明さんによって本文を凌駕する、素晴らしいイラストが描かれました。この本を出すために努力してくださった多くのみなさんに改めて感謝いたします。

河原孝哲

第**7**章
世界恐慌による世界の激変
ファシズムの不気味な成長

第**8**章
第二次世界大戦と冷戦の始まり
戦後世界を進撃する二人の巨人

第**9**章

雪どけとオイルショック
巨人たちの方向転換

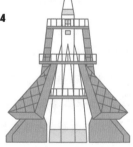

マリウス=モロー先生

私はマリウス=モロー。フランスの青年教師だ。人類の理想は自由と平等にある。そのための革命を私は信じ、殉ずる所存だ。えっ？好きな食べ物？ チーズのブリー＝ド＝モーが好きなのだが日本ではあまり見かけないな……。

ハッサン先生

ハッサン=イブラヒーム=パシャです。ハッサンと呼んでいただいてけっこう。オスマン帝国の高級官吏で、ウィーン大学で法学と歴史を学びました。好きな食べ物はイスタンブル名物のサバサンドで、日本の皆様もお気に召していただけると思います。

マリエッタ=ダンカン先生

マリエッタ=ダンカンよ。先生と堅苦しく呼ばないで。ミラノでデザイナーをしているわ。苦しい時代を生き抜いてきたことは確かね。好きなもの？ 意外かもしれないけれど、ミラノ風カツレツは好きだわ。あれをウィーン風シュニッツェルのマネという人は許せないわね。オーストリアがロンバルディア地方を支配していた時代に、向こうがマネをしたのよ。

ケネス=ジェファソン先生

ボクの名前はケネス=ジェファソン。アメリカの大学院生だよ。専攻は歴史と政治さ。そうだねえ、好きなものといったらば、チリ＝ビーンズみたいな豆料理なんだが、日本の豆腐には感心させられるよ。さっすがだねえ！

月野瑠奈
（つきの るな）

高校2年生になったばかりの瑠奈だよ。日本史とか三国志は好きで、中学時代、日本史は割と得意だったんだけど、世界史はちんぷんかんぷん。平成生まれだけど、おじいちゃん子のせいか、たまに「語彙が昭和っぽい」って言われる。昭和って、生まれてないんだけど……。ゲームとかアニメは好きで、昔のものも結構詳しいよ。

本書の使い方

本書は、1テーマ8ページ構成になっています。
本文を読んだあと、復習問題や少し考える問題、入試問題などが用意されていますので、
実力試しにチャレンジしてみましょう。

語り手の先生

各時代、各地域に最適の先生が、入れ
代わりで歴史の解説をしています。

本文

歴史の流れが頭に入りやすいように、
人物中心の解説をしています。生徒であ
る瑠奈さんとの掛け合いも楽しめます。

※本書の文章やイラストは、史実に基づきつつ、より世界史を楽しんでいただくために
多少の誇張をしていることもあります。あらかじめご了承ください。

復習ポイント
そのテーマでポイントとなる事項を
復習問題として提示しています。

年表
起きた出来事などを、年別、年代別
にまとめています。

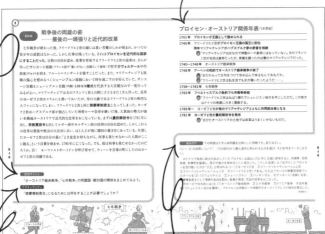

アクティヴィティ
「復習ポイント」よりさらに踏み込ん
だ、深く考える力を養う問題を提示
しています。思考力養成のために、ぜ
ひチャレンジしてみてください。

最後の門
最後に、入試問題にチャレンジして
みましょう。

コラム
そのテーマに出てきた人物や出来事
などをピックアップし、掘り下げて説
明している読み物です。

解答と解説
「復習ポイント」や「最後の門」の答
えと解説、「アクティヴィティ」の答え
の例などを掲載しています。

強大化する近代ヨーロッパ

ヨーロッパ＝モードが世界基準に

第1章

プロイセンとオーストリア
——女性を敵に回すと大変なことに

あら、こんにちは。今度は若い先生ですね。うふ♡

私はマリウスだ。武器と戦争について私は語ろう。そして理想のために死んだ先人たちの歴史についても知ってもらいたい。

マリウス先生

第**1**幕
プロイセンの強大化
——基礎を作ったのは軍事バカの王様

　さて、まずはプロイセンについて教えねばならないだろう。この国が後のヨーロッパを形作るのだから。プロイセンはスペイン継承戦争の時に神聖ローマ帝国ハプスブルク家に味方してフランスと戦い、1701年に皇帝から王国として認められたのだ。

　このプロイセンが軍事大国として台頭してきたのは、2代目の**フリードリヒ=ヴィルヘルム１世**という王の時である。長ったらしい名前の王ではあるが、兵隊の軍事教練が飯より好きという粗暴で荒々しい人物であった。スパルタ的で質素な軍隊生活を愛し、ぜいたくな貴族趣味なんぞ大嫌いだった。ケチで有名で、迫害されたフランスのユグノーたちを難民として積極的に受け入れて富国強兵に努めた王だ。常備軍や官僚制の整備をおこない、プロイセンが軍事大国として成長したのはこの王のおかげと言ってもよい。

　しかしこの王が気に食わなかったのが自分の息子の**フリードリヒ２世**だ。フリードリヒ２世は後に「**大王**」と呼ばれるが、学問や音楽を愛する美少年で特にフルートをこよなく愛し、よく演奏していたのだ。

まあ、フルートを吹く美少年なんて、私は好きだなあ

　父王はこんなナヨナヨした息子が大嫌いで、「貴様、それでも男か！　キ○○○がつい

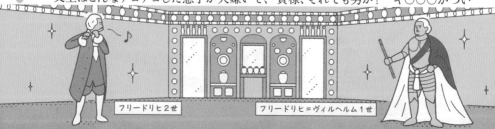

フリードリヒ２世　　　　フリードリヒ＝ヴィルヘルム１世

てるのかっ!」と怒鳴りながらよくブン殴っていた。息子もこんなヤクザの親分のような暴力オヤジが大嫌いで、友人と一緒に立憲政治の国イギリスに家出しようとしたが捕まってしまった。父王は息子を懲らしめるために、息子の見ている前でなんと友人の首を切り落として処刑してしまったのだ。友の生首を見た瞬間、フリードリヒ2世の人間性が変わった。その後、父王の命で軍隊勤めをさせられているうちに、この美少年の中に眠っていたフォースが覚醒してしまったのである。はっきり言おう。**フリードリヒ2世には優れた軍事的才能が実は秘められていたのだ。**

第2幕 オーストリア継承戦争 ——人の不幸につけ込む火事場泥棒

　父王が亡くなった後、フリードリヒ2世がプロイセン王となった。父から強力な軍隊と豊かな国を受け継いだフリードリヒ2世は**「君主こそ国家第一の下僕である」**として啓蒙専制君主を目指したのだ。

「けいもーせんせーくんしゅ」?　っていったい何ですかぁ?

　<u>独裁権を行使しつつも、国家の発展や国民の福祉向上に努力した国王や皇帝を指す言葉だ。</u>したがって王権の強化ばかり考えているような、例えばチャールズ1世のような国王は啓蒙専制君主とは言えないぞ。

　さてフリードリヒ2世が王となった1740年、オーストリアのハプスブルク家では神聖ローマ皇帝**カール6世**が亡くなった。この皇帝には男の子がおらず、**マリア=テレジア**という娘しかいなかった。父親の目から見てもこの娘は実にできた子で、死後に跡を継がせるべくヨーロッパ各国に根回しは事前にしておいた。しかしカール6世が死んだとたんにヨーロッパ各国が「女に跡は継がせられんぞ」と勝手なイチャモンをつけ、約束を無視してオーストリアに攻め込んで来た。中心となったのが王位継承権を主張してきたバイエルン、ザクセン、そしてスペインだ。そしてオーストリアと昔から仲が悪いフランスも加わってきた。これを**オーストリア継承戦争**(1740〜1748年)と言う。オーストリアの味方になったのはイギリスだけで、これは海外植民地をめぐって戦っているフランスと張り合うためだ。一番態度が悪かったのはプロイセンのフリードリヒ2世で露骨に**シュレジエン地方**(英語ではシ

オーストリア継承戦争

フェリペ5世　　マリア=テレジア　　ルイ15世　　フリードリヒ2世

レジア地方。現在は大部分がポーランド領)に攻め込んで、勝手に支配してしまった。シュレジエン地方は石炭や鉄鉱石などの地下資源が多く、<u>工業国として発展していくためにはぜひとも欲しい地域</u>だ。しかし、この地域はハプスブルク家の領土だったから、フリードリヒ2世は家督相続争いにつけ込んで、この地域をまんまとゲットしたのだ。オーストリアのマリア＝テレジアとしては無念でたまらなかったが、なにせヨーロッパのほとんどの国と戦っている状況では屈辱を耐え忍ぶしかない。結局は**アーヘンの和約**（1748年）によって、オーストリアはプロイセンがシュレジエン地方を領有することを認めたのだ。

地図中のラベル：ロシア帝国／プロイセン王国／ポーランド王国／シュレジエン／ボヘミア／オーストリア／オスマン帝国

凡例：
— 神聖ローマ帝国領
■ オーストリア領

第3幕 マリア＝テレジアの外交革命
——「恨み晴らさでおくべきか！」

マリア＝テレジアが味わったこの恨みは深かった。

愛する父の跡を継いだ時、列強各国の非情さを思い知らされたマリア＝テレジアは、特にプロイセンの仕打ちを忘れることができない。「おのれフリードリヒ2世め、か、必ず復讐するっっ！」と彼女が力を入れたことは、まず国内の改革と近代化、そして列強各国との関係改善だった。敵に勝つためには**体力アップ**と**仲間作り**が必要なのだ。

まずマリア＝テレジアはフランスを仲間にしようと考えた。ヨーロッパ有数の陸軍国で仲間にできれば心強いが、この国はイタリア戦争からの怨恨がある。そこで外交力があるカウニッツをヴェルサイユに派遣して調整を取りまとめさせた。フランスがこの話に乗ったのは、<u>植民地獲得をめぐるイギリスとの争いが本格化していたからだ</u>。フランスがオーストリアとの同盟関係を決定したのは、ルイ15世の愛人であったポンパドゥール夫人の口利きも大きい。結果として長年の仇敵であったオーストリアとフランスはついに手を結んだのである。これを歴史では**外交革命**と呼ぶ。しかし、同盟を結ぶにあたってフランスが要求したのが「人質」だ。そこでマリア＝テレジアは自分の娘のマリア＝アントニアをフランス皇太子でのちのルイ16世の妃にすることにした。この娘こそフランス革命の悲劇の王

マリア＝テレジア／マリ＝アントワネット

妃となる「ヴェルサイユのばら」と呼ばれた**マリ＝アントワネット**だ。

次いでオーストリアはロシアとの同盟にも成功した。この時のロシアの支配者はエリザヴェータ女帝であったので、**マリア＝テレジア（オーストリア）⇔ポンパドゥール夫人（フランス）⇔エリザヴェータ女帝（ロシア）**の対プロイセン同盟を、私は「女性同盟」と呼んでいるのだ。

もちろんフリードリヒ2世はマリア＝テレジアの仲間集めの怪しい動きには気が付いていた。「戦争をする気だな！ それなら先制攻撃だ」というわけで、フリードリヒ2世はオーストリアにシュレジエンを取られる前にオーストリアのもとにあるザクセンを攻撃したのだ。これが七年戦争の始まりとなってしまう。

第4幕 大苦戦の七年戦争 ──運命はプロイセンに味方した

七年戦争（1756〜1763年）は**フリードリヒ2世**最大の苦難の時だった。いくら横綱級でも同時に3人相手では分が悪い。味方はたった一人、**イギリス**だけだった。そのイギリスはフランスと海外植民地を争っていたためにプロイセンの側に付いてくれただけで、100％信頼はできない。フリードリヒ2世は自ら前線で戦い、騎馬を使った電撃戦術でなんとか戦争を持ちこたえていた。敵の弾が胸にあたり、チョッキの中に入れていた銀のタバコ入れにめり込んでくれたおかげで間一髪助かったケースもあった。「もうダメだ」と絶望することは何回もあり、最後の時に備えて毒薬を持ち歩いていた。軍が崩壊しそうな瞬間、軍旗を持ったフリードリヒ2世がたった一人で敵に向かい、軍が発奮して危機を脱したこともある。しかし最後にフリードリヒ2世を救ってくれたのは「運」だった。ロシアのエリザヴェータ女帝が急死し、跡を継いだ**ピョートル3世**がなんとフリードリヒ2世の大ファンだった。というわけでロシアは戦争から撤退してしまう。椅子は足が3本あるから座ることができるので、2本だったら倒れてしまう。フランスのルイ15世とポンパドゥール夫人も状況の悪化に驚き、戦争から離脱してしまった。マリア＝テレジアは無念だったが観念し、1763年の**フベルトゥスブルク条約**でプロイセンと単独講和を結び、シュレジエンをプロイセンの領有にすることに同意したのだ。

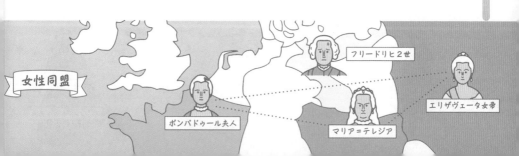

女性同盟

フリードリヒ2世

エリザヴェータ女帝

ポンパドゥール夫人

マリア＝テレジア

最終幕 戦争後の両雄の姿
──最後の一頑張りと近代的改革

　七年戦争が終わった後、フリードリヒ2世の顔には重い苦難のしわが刻まれ、かつての美少年の面影はなかった。しかし仕事は残っている。それは**プロイセンを近代的な国家にすること**だった。宗教の自由を認め、産業を育成するフリードリヒ2世の道楽は、自らが作った**サンスーシ宮殿**（フランス語で「憂いがない」宮殿という意味）で哲学者**ヴォルテール**や作曲家**バッハ**を招き、フルート＝コンサートを催すことだった。また、マリア＝テレジアも敗戦の傷心を慰めるべく**シェーンブルン宮殿**において時を過ごすのを好んでいた。サンスーシ宮殿もシェーンブルン宮殿（内観）も**ロココ様式**を代表する大宮殿なので一度行ってみるがよい。マリア＝テレジアは夫のフランツ1世との間に子どもをたくさん作った。長男の**ヨーゼフ2世**はコラムにも書いておいたが、母の大敵であるフリードリヒ2世の熱烈な大ファンになってしまい、フリードリヒ2世と同じ**啓蒙専制君主**となってしまった。ヨーゼフ2世はハプスブルク家が独占していた神聖ローマ皇帝を継いだ後、大貴族の勢力が強い本拠地オーストリアで近代的な改革をおこなっている。まずは**農奴解放令**を1781年に出し、**宗教寛容令**も出してルター派やカルヴァン派の信仰の自由を認めた。しかしこれらの改革は貴族や教会の大反対にあい、ほとんどが後に撤回の憂き目にあっている。失望したヨーゼフ2世は自分の墓に「よき意思を持ちながら、何事も果たせなかった人間がここに眠る」という言葉を刻ませ、1790年に亡くなった。でも、彼は何事も果たせなかったのだろうか。否！　モーツァルトやハイドンを呼び寄せて、ウィーンを音楽の町にしたのはヨーゼフ2世の功績である。

▎**復習ポイント**

「オーストリア継承戦争」「七年戦争」の同盟国・敵対国の関係をまとめてみよう。

▎**アクティヴィティ**

「啓蒙専制君主」になるためには何をすることが必要でしょうか？

ピョートル3世　　　フリードリヒ2世　　　七年戦争　　　ポンパドゥール夫人

プロイセン・オーストリア関係年表 (18世紀)

1701年 プロイセンが王国として認められる

1740年 フリードリヒ2世がプロイセン王国の国王に即位
同年マリア＝テレジアがハプスブルク家の家督を相続
「マリア＝テレジアは女なので神聖ローマ皇帝にはなっていない。夫のフランツ1世が名目は皇帝だったが、実権を握ったのは妻のマリア＝テレジアだった」

1740〜1748年 オーストリア継承戦争

1748年 アーヘンの和約でオーストリア継承戦争が終了
「女だからって文句をつけて攻め込んで来るなんて失礼だわ」
「フリードリヒ2世は私生活でも女が嫌いだったようだ……」

1756〜1763年 七年戦争

1763年 フベルトゥスブルク条約で七年戦争終結
「フリードリヒ2世はねばり勝ちでシュレジエン地方を手にしたのだ。この地方はドイツの発展に大きく貢献する」

1765年〜 ヨーゼフ2世が母のマリア＝テレジアとともに共同統治者となる

1781年 ヨーゼフ2世が農奴解放令を発布
「古びたオーストリアの土地では改革はうまくいかないものだ」

最後の門 下の問題は大学入試問題を出典にした問題です。答えなさい。

(1)〜(3)の設問について（　）内の語句から最も適切と思われるものを選び、その記号をマークしなさい。

　北ドイツで急速に勢力を拡大していたプロイセン公国は1701年に王国に昇格すると、常備軍、租税制度、官僚制を整備し、国王の権力を高めることに成功した。こうした改革により近代化したプロイセンを受け継いだのが「大王」と呼ばれる(1)（①ヨーゼフ2世　②フリードリヒ＝ヴィルヘルム2世　③フリードリヒ＝ヴィルヘルム1世　④フリードリヒ2世）である。大王はフランスの啓蒙思想家ヴォルテールを(2)（①ヴェルサイユ　②シェーンブルン　③バッキンガム　④サンスーシ）宮殿に招き、啓蒙専制君主として信教の自由を認め、産業の育成、司法の改革をおこなった。

　その一方で対外的には(3)（①オーストリア継承戦争　②三十年戦争　③クリミア戦争　④百年戦争）でシュレジエン地方を獲得し、プロイセンは神聖ローマ帝国内でオーストリアにつぐ地位を確立した。

（学習院大）

フリードリヒ2世

ヨーゼフ2世

肝っ玉おっ母
と子どもたち

　ハプスブルク家の皇帝カール6世はウィーンの王宮で、死を迎えようとしていた。彼の最後の悩みは娘の**マリア＝テレジア**のことだった。

　カール6世には息子がいない。カール6世が死んだらばマリア＝テレジアがハプスブルク家を継ぐ。当然反対する声も起こる。もちろん手は打っておいた。マリア＝テレジアがすんなり家督を継げるように事前にヨーロッパ各国の約束を取り付けてある。しかし政治の世界の無情さを知っているカール6世は不安だった。

「ヨーロッパの列強がやすやすとあの子を後継として認めてくれるだろうか……。神様！私の死後に残されるマリアにお力を……！」

＊

　父の不安は適中した。カール6世の死後、マリア＝テレジアの家督相続にヨーロッパ各国が文句をつけてきたのである。

　特にひどかったのはプロイセンのフリードリヒ2世で、さっさとシュレジエン地方を占領してしまった。このようにしてマリア＝テレジアの継承をめぐって起こったのが**オーストリア継承戦争**である。

　戦局は不利で、マリア＝テレジアはシュレジエン地方をプロイセンに与えなくてはならなかった。マリア＝テレジアはあの憎いプロイセンに復讐し、シュレジエン地方を取り戻すため、国内の近代化に全力を傾けた。**啓蒙専制君主**として重商主義政策を実践して商工業を育成し、得た税収入は軍隊の充実にあてた。仕事に忙殺されながらも彼女は夫のフランツ1世との間になんと**16人**も子どもを作っている。

　マリア＝テレジアはプロイセンをやっつけるため、長年の宿敵であったフランスのブルボン家とも手を結び、ロシアとも同盟して、プロイセンと戦った（**七年戦争**）。しかしマリア＝テレジアの努力も空しく、プロイセンを打ち破ることはできなかった。失意のマリア＝テレジアを慰めてくれたのはたくさんの子どもたちの笑い声だった。だが、その子どもたちがしだいにマリア＝テレジアの心配の種になってくる。

　長男の**ヨーゼフ2世**は成長するにつれ、母に反抗を繰り返すようになり、手がつけられなくなった。

　実はこのヨーゼフ2世は母のマリア＝テレジアの宿敵であるプロイセンのフリードリヒ2世のファンになってしまったのである。母に隠れてフリードリヒ2世の書いた本を読み、フリードリヒ2世にファンレターも書いた。

　そしてしまいには母の目を盗んでフリードリヒ2世に会いに行った。

　フリードリヒ2世は慈悲深い父親のように温かくヨーゼフ2世を迎えたため、感激したヨーゼフ2世は思わずフリードリヒ2世の前にひざまずいてしまったのである。意地の悪いフリードリヒ2世はこの光景を画にしたため、マリア＝テレジアはとんだ赤恥をかかされた。

＊

　しかし一番マリア＝テレジアが心配していたのは末っ子の娘である。マリア＝アントニアという名前のこの姫は、なかなかの美人なのだが、無邪気な世間知らずで、考えなしに発言する。この娘はフランス王室に嫁いでのちのルイ16世の妻になり、フランス語の発音で**マリ＝アントワネット**と呼ばれるようになる。

復習ポイント の答え

（オーストリア継承戦争）

オーストリア （マリア＝テレジア） イギリス （海外植民地をめぐって フランスと対立）	vs	バイエルン（神聖ローマ皇帝の 位を要求） ザクセン（ハプスブルク家の 家督を要求） フランス（ブルボン家として ハプスブルク家に対立） スペイン（フランスと同じ ブルボン家） プロイセン（シュレジエン 領有を主張）

↓

外交革命
（フランスとオーストリアの同盟）

↓

（七年戦争）

オーストリア （マリア＝テレジア） フランス （ルイ15世＋ポンパ ドゥール夫人） ロシア （エリザヴェータ女帝）	vs	プロイセン（フリードリヒ2世） イギリス（フランスと 戦うことが目的）

アクティヴィティ の答えの一つ

　啓蒙専制君主に必要なものは**①宗教に寛容な精神、②近代化への前向きな政策、③専制君主としての上からの改革**、であるが、「**君主は国家第一の下僕**」という言葉をモットーにして、国民と国家への奉仕の精神を持つ君主こそが「啓蒙専制君主」と言える。最後に、ヴォルテールのような哲学者や芸術家と親しく交わりを持つことも「啓蒙専制君主」の重要な条件であろう。

最後の門 の答え

(1)　④　　(2)　④　　(3)　①

（解説）

(1)　②のフリードリヒ＝ヴィルヘルム2世は、フリードリヒ2世（大王）の甥（おい）で、次のプロイセン王となる。③のフリードリヒ＝ヴィルヘルム1世はフリードリヒ2世（大王）の父で、プロイセン王国建国時の国王。間違えやすいから注意。

(2)　バッキンガム宮殿はイギリス国王が住む宮殿である。ヴェルサイユ宮殿は**バロック様式**の建築、サンスーシ宮殿とシェーンブルン宮殿（内観）は**ロココ様式**の建築であることにも注意。

(3)　クリミア戦争は1853〜1856年にロシア対オスマン帝国＋イギリス＋フランスでおこなわれた大戦争。

2 ロシアとポーランド
──「なり振りかまわず近代化」が勝利への道

どの国も信長のような英傑が出てきているんだねえ。

そのとおり、君主でも国民でも時代を先んじたような人が出て、理想のために命を投げ出してこそ、その国は発展するのだ。

第1幕への前奏曲 ロマノフ朝の創立
──「息子殺し」から始まった

ロシアの皇帝家は9世紀にノヴゴロド国を作ったノルマン人のリーダー、リューリクの血を継いでいるとされている。しかし雷帝ことイヴァン4世がとんでもないことをしてしまった。皇太子と口論した雷帝がカッとなって斧で息子を殴り殺してしまったのである。右は19世紀のロシアの画家レーピンがイヴァン雷帝の息子殺しの場面を描いた名画だ（→）。息子を殺してしまった雷帝の罪深さと悲しみが突き刺さるようだな。

あ、噛みついているんじゃないんだ（笑）

……。知的障がいのある息子が跡を継ぐが、後継を残さずリューリク朝は結局絶えてしまう。結局ロシアは内乱に突入し、最終的には担ぎ出された貴族**ミハイル＝ロマノフ**が1613年に皇帝に即位する。彼から始まる**ロマノフ朝**の時代に、貴族たちの巣窟であった議会は開かれなくなり、専制政治と農奴制の強化が始まることになる。

農奴制の強化に反発して反乱を起こしたのがドン川沿いの戦士団コサックの首領**ステンカ＝ラージン**で、ロシア民謡になるほど有名だが、最後には鎮圧され、ステンカ＝ラー

ロマノフ朝創始

ミハイル＝ロマノフ

ジンも処刑されてしまった。

ピョートル大帝の登場
──英傑の若き王から港をブン捕る

　そしてミハイル＝ロマノフの孫として、**ピョートル１世**（大帝）が現れた。西欧諸国を見学に行き、西欧の進んだ科学技術を知ったピョートル１世は、遅れたロシアを近代化することを決意したのだ。ロシアに帰って来たピョートル１世は遅れたロシアを叩き直すべく、まず目に付きやすいファッションから変えていった。ロシア人はモフモフの毛皮のコートを分厚く着込んでいた。これでは軍隊や工場で働けない。そこでピョートル１世は西欧風の格好を国民に強制し、ヒゲを切ることも命令した。ピョートル１世は学校を作り、お雇い外国人たちに数学や科学を教えさせた。海軍を創設し、軍隊の近代化には特に力を入れた。こうしてピョートル１世によってロシアは近代化への第一歩を踏み出したのだ。

明治維新を一人でやっちゃったような皇帝だね

　さてピョートル１世が思うに、国の発展の基本は交易だ。特に17世紀後半からのイギリスの発展はめざましい。ロシアもイギリスと交易をしたいものだがバルト海沿岸に港がない！　便利なバルト海沿岸の制海権は**スウェーデン**が三十年戦争以来握っており、**バルト帝国**を築いている。そこで戦争をしてでもスウェーデンから港をブン捕ってやろうとピョートル１世は考えた。こうして始まったのが**北方戦争**（1700～1721年）だ。戦争に20年以上もかかったのは、敵のスウェーデン国王**カール12世**がまだ10代なのに大変な英傑であったからだ。しかしねばり勝ちでスウェーデンを破った。そして、ピョートル１世は、このバルト海沿岸に思いっ切り西欧風の町を建設させたが、この町こそ新しいロシア帝国の首都となる「西欧への窓」こと**ペテルブルク**だ。1721年の**ニスタット条約**で念願のバルト海沿岸の地域に進出した。

　その他にピョートル１世はオスマン帝国を圧迫して**アゾフ海**を獲得し、黒海への入口を築いている。またピョートル１世に仕えたデンマーク人の冒険家**ベーリング**は1728年に**ベーリング海峡**を発見している。後にベーリングは1741年にアラスカに到達し、この地域をロシア領とした。

ピョートル１世　　バルト海

第2幕への前奏曲 息子殺しの再発と女帝の天下取り

　ピョートル1世には悩みがあった。それは最初の妻との間の一人息子のアレクセイ皇太子のできが悪かったことだ。保守的な環境で育ったせいか、しょっちゅう父に逆らい、「オヤジの作った海軍なんぞ滅ぼしてやる！　外国人なんぞ追い出して、ペテルブルクは火の海だ！」と言っていたからたまったものではない。ピョートル1世は皇太子を反逆罪で監禁し、拷問の末に殺してしまった。こうして跡継ぎがいなくなってしまったので、ピョートル1世が亡くなった後、ピョートル1世の妃エカチェリーナ1世が跡を継ぐ。元は召使いで後妻となったエカチェリーナ1世には女の子しか成人せず、その子が後に**エリザヴェータ女帝**となる。七年戦争の時マリア＝テレジアやポンパドゥール夫人に働きかけて同盟を結んだロシア女帝だ。

　しかしエリザヴェータ女帝にも子どもがおらず、亡くなった時に跡を継いだのは姉の子であるピョートル3世だ。ピョートル3世はフリードリヒ2世のファンであったこともあり、ロシアは七年戦争から撤退している。このピョートル3世に嫁いだドイツ人が、後のエカチェリーナ2世となる。

第2幕 エカチェリーナ2世──外国人でも実力で人気を勝ち取るやり手女帝

　ドイツ人のエカチェリーナには独特の魅力があった。語学が達者で、ロシアへ来てからロシア語を必死に学び、宗教もロシア正教に改宗してロシア人のハートをトリコにしたのだ。だが彼女がロシアで気が付いたのは夫のピョートル3世の無能ぶり。なんと趣味がオモチャの兵隊さんごっこだ！　「まー、こりゃあかん」とエカチェリーナは男装すると、自ら兵を率いてクーデタを起こし、夫を牢へ監禁して、自らが女帝としてロシアを支配した。こうして1762年に**エカチェリーナ2世**として即位したのだが、考えてみれば彼女はロマノフ家の血を継いでいないし、ロシア人ですらない。そういう彼女がロシア人の支持を得るために、何よりもロシアの強化と拡大に励んだのだ。

　まずイスラームのオスマン帝国と戦いを開始した。エカチェリーナ2世は**クリミア半島**を領土とし、ロシアの南下政策の重要な基地にしている。また、遅れたロシアの近代化の

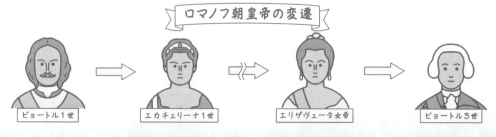

ロマノフ朝皇帝の変遷

ピョートル1世　→　エカチェリーナ1世　⇨　エリザヴェータ女帝　⇨　ピョートル3世

ためにエカチェリーナ2世は改革にも乗り気だった。エカチェリーナ2世は**啓蒙専制君主**としても有名で、フランスの哲学者**ヴォルテール**や**ディドロ**と文通し、学芸の保護や法律の整備、教育改革をおこなっている。ペテルブルクにある世界最大級の**エルミタージュ美術館**はエカチェリーナ2世が作ったものだ。しかし貴族たちの反対や**プガチョフの農民反乱**の勃発で改革は挫折してしまったものもあり、農奴制にいたっては逆に強化されてしまった。

👧＜その「プガチョフの農民反乱」ってなんですか？

プガチョフというコサック出身の貧民が農奴制の廃止を旗印にして民衆を集め、「私はピョートル3世だ」とほらをふきまくって1773年に起こした反乱だ。ピョートル3世は妻エカチェリーナ2世による監禁後、まもなく不審な死をとげていたので、「生きているのかも」伝説が流れていたのだ。プガチョフの農民反乱は大乱となり、モスクワも危なかったが、単に勢いに乗っただけの乱は時が経つとしぼんでしまい、プガチョフは捕らわれて処刑されてしまったのだ。この反乱以降、エカチェリーナ2世は農奴に対する反感をつのらせたと言う。

第3幕　ポーランド分割 ——人の不幸は己の幸福

さて、ここでポーランドの歴史に移ろう。ポーランド王国は14世紀に**ヤゲウォ**（ヤゲロー）**朝**ができてからはカトリック王国として強い力を誇っていた（『ものがたり世界史　古代〜近代へ』〈以降、「上巻」〉テーマ62参照）。ところが、16世紀後半にヤゲウォ朝が断絶してしまい、貴族たちが投票で王を選ぶという**選挙王政**に変わってしまうとしだいに王国は弱体化してしまうのだ。

👧＜なんだかヤケクソ朝だねえ。なんで弱体化したんですか？

理由？　次の王様が決まっていなければ、貴族たちも暗い野望を抱くようになるからだ。そうしたら次の王座をめぐってバトルロワイヤルの取っ組み合いになることは目に見えている。皇帝はいわば「代表」なので選挙もやむを得ないだろう（例えば神聖ローマ皇帝）。しか

エルミタージュ美術館

エカチェリーナ2世

し王は「血筋」が大切だ。それは権力の座をめぐる内乱を防ぐためである。その血筋を無視して選挙で決めてしまうのは、やはり問題があった。選挙王政の結果、外国人がポーランド王になるケースも出てきた。

　もしも強力な王が出てきたならば、貴族たちを力で押さえ込もうとするのは目に見えているだろう。当然、貴族たちは無能なボンクラ王ばかり選ぶに決まっているから、絶対王政など生まれっこない。

　「人の不幸は己の幸福」と喜ぶことは、国際政治では大いに言えることだ。ロシアの**エカチェリーナ２世**はポーランドを虎視眈々と狙っていた。プロイセンの**フリードリヒ２世**（大王）はこのロシアの動きを恐れ、弱体化しているポーランドの山分けをオーストリアとロシアに持ちかけたのだ。オーストリアの君主は**ヨーゼフ２世**。当時は母のマリア＝テレジアとの共同君主であったが自分のファンだから問題はない。こうして**第１回ポーランド分割**が1772年におこなわれた。問題は、ポーランド分割をやった３人の皇帝や王が３人とも「啓蒙専制君主」の代表だったことだ。これに味をしめたプロイセンとロシアの２国がフランス革命に気を取られていた1793年に**第２回ポーランド分割**をおこなってしまう。この時にポーランドの愛国者の**コシューシコ**が立ち上がり、民衆を率いて反乱を起こすが、結局はロシアに捕らえられてしまう。このコシューシコはアメリカ独立の時にも登場するポーランドの英雄なのでよく覚えておくように！　そして３国は1795年に第３回ポーランド分割を平気でおこない、ポーランドという国を最終的にこの地上から消滅させてしまったのだ。ポーランドが復活するのは第一次世界大戦後の1919年だから、大作曲家ショパンや、科学者キュリー夫人が生まれた時代には祖国のポーランドが存在していなかったのだ。

　復習ポイント

　ロシアで近代化できたものと、近代化できなかったものを見てみよう。

　アクティヴィティ

　ロシアとポーランドの運命を分けたものは何だろう？

ポーランドの選挙王政

ロシア・ポーランド史年表 (16～18世紀)

1572年	ポーランドで選挙王政が始まる
1613年	ミハイル＝ロマノフが**ロシア皇帝**となる (＝ロマノフ朝の開始)
1670年	ステンカ＝ラージンの反乱が南ロシアで起こる
1682年	ピョートル1世(大帝)が**ロシア皇帝**として即位
	「でも即位した時はまだ10歳で、兄と共同統治だった」
1689年	ネルチンスク条約を清王朝と結び、国境線を決める
1696年	ピョートル1世、オスマン帝国から**アゾフ海**を占領
1700～1721年	北方戦争。**バルト海**を得るために、スウェーデンのカール12世と戦う
1721年	ニスタット条約締結。北方戦争の終結条約で、ロシアはスウェーデンが支配していた**バルト海**への進出を果たす
1762年	エカチェリーナ2世が即位
1772年	第1回ポーランド分割
1773～1775年	プガチョフの農民反乱
1792年	エカチェリーナ2世がオスマン帝国から**クリミア半島**を獲得する
1793年	第2回ポーランド分割
1795年	第3回ポーランド分割→ポーランド王国の消滅

最後の門 下の問題は大学入試問題を出典にした問題です。答えなさい。

問1 ピョートル大帝に関して、この人物と直接関係のない事項はどれですか。

(1) ペテルブルク (2) 北方戦争 (3) プガチョフの農民反乱 (4) ネルチンスク条約

(大阪学院大・改)

問2 ポーランド分割に関わる次の文章のうち、誤りのあるものを一つ選びなさい。

ア・ポーランド分割は1772年、1793年、1795年の3回にわたっておこなわれた。

イ・マリア＝テレジアは第1回のポーランド分割に参加した。

ウ・ポーランドは絶対王政の破綻から、列強の干渉を招き、分割の憂き目にあった。

エ・分割により消滅したポーランド国家は、第一次世界大戦後に外国支配から脱し、独立した。

(早稲田大)

ポーランド分割

Петр Великий
北方の大男ピョートルの大仕事

ロシア皇太子であったピョートルは、幼少時代に軍隊のクーデタが起こり、母とともに宮殿から追放され、田舎で暮らしていた。

少年時代のピョートルは普段は近所の悪ガキを集めて、戦争ごっこをしていたが、この体験が後年の大戦争の時に役に立った。ピョートルが特に好んでいたのは、近くにあった外国人居留地に遊びに行くことだった。ここに住んでいたイギリス人やオランダ人から戦争のやり方や科学技術を学び、ヨットの操り方までも教わっている。イギリス人と一緒にヨットを操縦しながら、ピョートル少年は海軍がまだないロシアを思い、叫んだ。

「僕が海軍を作るぞ！　ロシアはいつか世界一の海軍国になる！」

＊

ピョートルは成長すると**2mを超える大男**となった。

彼が再び宮殿に戻り皇帝（ツァーリ）になった後にやったことは、西欧諸国を見学に行くことだった。儀式や儀礼が面倒で嫌だったから皇帝役には影武者を立て、自分は使節団の下っ端の一員としてお忍びで参加した。

オランダ・イギリスなどをめぐってピョートル1世が痛感したのは西欧の科学技術の高さと、あまりにもみすぼらしい祖国ロシアの遅れた姿である。とうとうピョートル1世はオランダで一人の見習いとして造船所で働くことを決心する。彼はここで身分を隠し、カンナやノコギリで船を作りながら、数学や物理を勉強したのである。

再びロシアに帰って来たピョートル1世は、遅れたロシア人を叩き直すべく、ロシア人にでっぷりしたロシア服を着ることを禁止し、さらに**ヒゲを生やすことも皇帝の命令で高い税を課した**。学校を作り、カネで雇った外国人たちに、数学や科学を教えさせた。海軍を創設し、軍隊の近代化には特に力を入れた。

＊

「ロシアが発展するためには、ヨーロッパとの交易を盛んにしなければならない。そのための貿易港を作るためにはバルト海沿岸をなんとしても手に入れる必要がある。だがバルト海沿岸地域はみんなスウェーデンの領地だ。それならば戦争してでも奪ってやろう！」

こうしてピョートル1世はスウェーデンと**北方戦争**を始めた。スウェーデンとの戦争に勝つために、ピョートル1世はロシアの近代化に励んだのである。ところが誤算が生じた。まだ若かったスウェーデン王カール12世の活躍だった。この若き王は軍隊の先頭に立ち、ロシア軍を見事に打ち破ったのである。しかし勝負は結局ピョートル1世のねばり勝ちになった。不屈の精神力とあきらめない努力が、若き王の天才を打ち負かした。北方戦争の結果、ロシアはついにバルト海沿岸地方を手に入れた。そこでピョートル1世は古い伝統にしがみつくモスクワを捨て、バルト海沿岸の土地に**新しい首都**を築いたのである。

＊

さっそくピョートル1世は何十万もの農奴を集めて、強制労働で新首都を作らせた。海の上にこつ然とあらわれたヨーロッパ風の新しい首都は何万人もの農奴の命と引き換えに、ついに完成した。このピョートル1世の都「ペテルブルク」は、ロシアとヨーロッパを結ぶ基地となっていくのである。**ピョートル1世が1代で作ったもの、それはペテルブルクの都と近代化されたロシアだった。**

復習ポイント の答え

（ロシアが近代化できたポイント）
・服装・髪型などの西欧化
・科学教育の導入、啓蒙思想の導入
・海軍の創設
・西欧との交易の活性化

（ロシアが近代化できなかったポイント）
・<u>農奴制の存続と強化</u>←プガチョフの農民反乱
に対する反動

↓

土地にしばり付けられている農奴が多く、都市に流れ込んで来る農村からの人口が少なかった。そのため**工場制手工業**（上巻テーマ75参照）が労働力不足により十分に発達しなかった。

「つまり、農奴制の存続がロシアの近代化を妨げていたのだ」

アクティヴィティ の答えの一つ

　強大化するロシアと分割されるポーランド。その分かれ道となったのは絶対王政ができたか、できなかったかによる。ロシアが**皇帝を中心とする中央集権**へ進んだのに対し、ポーランドが**貴族を中心とする分裂**に向かってしまったことが主権国家の行方を左右した。

　ポーランドではシュラフタと呼ばれる領主や小貴族が存在し、その多くが自らの利益と権限のために動き、強力な王権の出現を阻止していた。一方、ロシアではピョートル1世やエカチェリーナ2世による皇帝権の強化と上からの近代化がおこなわれた。その結果、ロシアの領土は拡大し、ポーランドの領土は縮小してしまった。

　ただし皇帝権の一方的な強大化は、議会の未発達や民間工業の遅れ、対外戦争の頻発化などの近代のロシアの問題点とつながってしまうことになる。

最後の門 の答え

問1　（3）　　問2　ウ

（解説）

問1　（3）　プガチョフの農民反乱が、エカチェリーナ2世の時代に起きた反乱であることを覚えておこう。

問2　ア　3回の**ポーランド分割の年代はあの手この手で聞いてくる**ので覚えた方がよい。ダジャレの覚え方としては「**いーな（17）、夏（72）に腐（93）っても救護（95）するんだ！**」だと簡単に3回のポーランド分割を覚えられる。

　　　イ　マリア＝テレジアは参加している。「仇敵を誘っても断られるのでは」という質問にフリードリヒ2世は、「彼女は相手に同情して泣くだろうが参加するだろう」と答えている。

　　　ウ　ポーランドは、絶対王政を作ることにもともと失敗している。

　　　エ　1917年のロシア革命でロシア帝政が消滅してしまったことがポーランドの独立につながった。

3 ヨーロッパ諸国の海外進出①
──世界を動かすザ・コショウ

エカチェリーナ2世って大した人だねえ。

エリザベス1世、マリア＝テレジア、エカチェリーナ2世の3人はまさしく世界史を飾る3女帝であるな。またそれだけの器であったぞ。

前奏曲 ### 女帝、下心丸出しで日本人を助ける

1791年、ペテルブルクのエカチェリーナ2世のもとに一人の日本人がやって来た。名前を**大黒屋光（幸）太夫**と言い、伊勢国白子出身の船頭である。江戸に向かって航海中、嵐に遭ってしまい、アリューシャン列島にまで流されてしまったのだ。進んでロシア語を覚えた光（幸）太夫は、日本に帰るために多くのロシア人の友達の助けによって、何千kmも離れたペテルブルクにやって来た。**この光太夫こそエカチェリーナ2世に会った唯一の日本人である。**エカチェリーナ2世は光太夫の涙ながらの帰国の訴えに心を動かされ、光太夫を日本に届けるために海軍軍人**ラクスマン**を使者として日本へおもむかせたのだ。だが女帝の目的は、光太夫の帰国を「わたりに船」として**日本との交易について交渉させること**だった。エカチェリーナ2世は光太夫を送りがてら極東に進出し、貿易でひともうけすることをもくろんだわけだ。残念ながらラクスマンは目的を達することはできなかったのだが……。

第1組曲 ### 重商主義
──商業を重んじる政策だから重商主義

さて、いよいよ重商主義を解説しよう。重商主義とは「**国が経済に介入して、自国を富ませようとする政策**」のことだ。てっとり早くカネをもうけるのに都合がよいのは貿易だ。

大黒屋光（幸）大夫　ラクスマン

エカチェリーナ2世

中国は「威厳を広めること」が海外交渉の目的だったが、ヨーロッパ諸国は「ゼニもうけ」が海外進出の目的だった。ゼニをもうける一番簡単なやり方はなんだろうか。

 そりゃ「カツアゲ」ですがな

　身もフタもない言い方だが、そのとおりだろう。例えばスペインなどはアメリカ大陸を手に入れると<u>金や銀を略奪したり、発掘したりして本国に持ち帰った</u>ものだ。これを**重金主義**と呼ぶのだが、カネさえ手に入ればなんでもよい、という非道極まるやり方だ。このようなやり方では相手は貧乏になってしまう一方である。特に南アメリカは重金主義によってむさぼり取られてしまった。それに対しオランダやイギリスなどは<u>輸入を抑制し、輸出を促進して貿易で利益をあげよう</u>とする**貿易差額主義**を実行した。つまり「外国品は買わず」、「自国製品を外国に売りつけて」もうけるやり方だ。

　16世紀の頃、最初は力で相手を押さえ付けて金銀を奪う重金主義が主流だったが、相手の反感を買いやすいこのやり方は長くは続かないので、しだいにイスラームやアジアの海上貿易圏に参入しながら、貿易差額主義でもうける方向にシフトするようになったのだ。

　だが、16世紀の頃のヨーロッパ製品の質はそれほど高くなく、むしろインドの香辛料や中国の陶磁器の方が人気があったから、期待とは逆に、貿易では国内の銀が出て行くばかりだ。そこでヨーロッパ諸国は自分たちが支配し経営する海外植民地を作り、世界で売れる商品を仕入れられるようにしたのだ。さて、植民地はどこでもよいわけではない。**よい植民地の条件は①古くから産業や商業が発達していて豊かである、②文明の中心地として交通が便利である、③地下資源が豊富で、農業が盛んであり、ヨーロッパ人の欲しがる工業原料を多く産出する、の三つだ**。三つとも兼ね備えている所はどこだろう？

 う〜ん、中国やインドじゃないかなー

　お、そのとおり！　そこでヨーロッパ各国はインドと中国を目指して、「位置について、ヨーイ、ドン！」の大競争を繰り広げるわけだ。

第2組曲 アジアへの植民地獲得競争 —— ヨーロッパ諸国の仁義なき戦い

① ポルトガル —— インドから種子島まで進めや進め

アジア一番乗りはポルトガルだ。1498年にインドのカリカットに着いたヴァスコ=ダ=ガマは現地の王にさんざん恥をかかされたので、後に再び艦隊を率いてインドにおもむき力ずくでカリカットを攻撃している。この暴力的なやり方でポルトガルは**1510年**にはカリカットの北にある**ゴア**を占領してしまった。そして次の年の**1511年**にマラッカ海峡の中心都市**マラッカ**を占領して、マラッカ王国を支配下に入れた。そして香辛料の世界的な産地である**モルッカ諸島**にたどり着いたポルトガルは中国の南にある**マカオの居住権**を1557年に得ている（このマカオが1887年ポルトガルに併合され、中国に返還されるのは、なんと1999年！）。お、このあたりの動きは上巻テーマ70でもうやっているな。付け加えることは、ディウ沖海戦は**アルメイダ**が司令官として勝利し、ゴアとマラッカの征服はインド総督の**アルブケルケ**がおこなっていることだ。これらのポルトガル領は1580年にスペインのフェリペ2世がポルトガルを併合したことから、一時期、スペイン領になっている。

② スペイン —— フィリピンが中国貿易への足がかりになる

アジアのほとんどは1494年のトルデシリャス条約でポルトガルのものとされていたが、フィリピンだけはマゼランが到達したことからアジア方面唯一のスペイン領となっていた。上巻テーマ71にも出てきたがフィリピンはメキシコ銀を中国に輸出するスペインの基地となっており、特に**マニラ港**は東アジア交易の中心となっていた。

③ オランダ —— 17世紀のアジア交易を握り、長崎貿易も独占

この東アジア方面に乱入して来たのがオランダとイギリスだ。スペインとの血みどろの戦いの末に独立戦争を勝ち抜いたオランダは17世紀前半に黄金時代を迎えるのだが、その基礎となったのが東アジア貿易である。ゲンキンな商人の国オランダが一番欲しがったのは、カネになる香辛料で、そのためにはアジアに進出するのがベストだ。

オランダが目指すは香辛料の宝島モルッカ諸島である。ところが寄るべき港のあるマラッカやインドはポルトガルが占領しているので寄り道ができない。そこでオランダは1596年に思い切ったことをした。アフリカ東岸沖合の島マダガスカルから、季節風に乗って東

マヌエル1世　マカオ　ポルトガルの居住権・植民地領　マラッカ　モルッカ諸島　バタヴィア

に漕ぎ出したのである。するとインドネシアのスマトラ島とジャワ島の間にあるスンダ海峡にたどり着いてしまったのだ。スンダ海峡沿いの**ジャワ島**側のイスラーム国**バンテン王国**はコショウの産出国として有名だったので「ちょうどいい塩梅だ」とオランダはバンテン王国を力づくで獲得、1619年に**ジャカルタ**の町を建設し、東アジア進出の基地にした。そして**バタヴィア**と名付けた。バタヴィアとは古代ローマ時代のオランダの民族名だ。

　根拠地を得たオランダは、ポルトガルが手に入れていた土地を次から次へと自分の領土にしていった。オランダはプロテスタント国だからカトリックのローマ教皇が決めたトルデシリャス条約なんか守る気は最初からない。1602年に作られたオランダ東インド会社は、17世紀初めにはモルッカ諸島、1624年には台湾を奪う。1641年にはマラッカの町までポルトガルから奪って占領し、1652年には**ケープ**植民地、そして1655年にはセイロン島を手に入れ、長崎貿易の権利も手に入れた。こうしてオランダは**ケープ植民地→マラッカ海峡→インドネシア→台湾→長崎**と、東アジアへと続く壮大な貿易ルートを確保したのだ。

④　**イギリス ── 「アンボイナ事件の恨み晴らさでおくべきか」**

　1600年に作られたイギリス東インド会社だが、テューダー朝断絶の後にイギリス王となったステュアート朝は、海外進出にあまり積極的ではなかった。もっとも、もうけ話には敏感なのが人間の常だから、イギリス東インド会社はインドの西海岸に**ボンベイ**（現**ムンバイ**）を、東海岸に**マドラス**（現**チェンナイ**）と**カルカッタ**（現**コルカタ**）という港町を手に入れてアジア進出の根拠地にした。これらの町はインドを代表する大都市に成長している。

　当時一番もうかったのは香辛料だから、イギリス人はモルッカ諸島の中のアンボイナ島に乗り込んで来た。アンボイナ島はスパイスのクローヴがとれる島だったので、この島を手に入れようと考えたのだな。すでにモルッカ諸島を自分のシマにしていたオランダは、アンボイナ島に上陸していた日本人の雇用者を含むイギリス人たちをとっ捕まえて、拷問にかけた末に皆殺しにしてしまった。1623年に起こったこの虐殺事件を**アンボイナ事件**と呼ぶ。なにせイギリスは当時イギリス革命（ピューリタン革命）前夜でゴタゴタしていたこともあり、この事件をきっかけにモルッカ諸島の獲得はあきらめて、インド経営に専念することにしたのだ。

　こうして香辛料をついに独り占めにしたオランダだが、欲に駆られてあんまりにもたくさ

オランダ東インド会社

んの香辛料をヨーロッパに運んだため、香辛料の値段が暴落してしまい、現在はラーメン屋のカウンターに並ぶ程度の価値になってしまった。しかも後にイギリスはクロムウェルが出てきて航海法を発布し、3回の**イギリス=オランダ（英蘭）戦争**をおこなってアンボイナの恨みをオランダに晴らすことになる。こうしてオランダは17世紀の後半になるとイギリスとの経済戦争に敗北し、没落してしまったのだ。

⑤　**フランス —— インドをめぐって、両横綱がついに土俵に登場**

　インドと言えばメンだ。いや、ラーメンのことではない。綿のこと。綿花の生産地である上に、綿織物に関しては世界最高級の品質を誇っていたからヨーロッパでも東アジアでも引っ張りだこだった。この綿に目をつけたのはイギリスだけではなかった。**コルベール**が再建したフランス東インド会社もマドラスの近くに**ポンディシェリ**、カルカッタの近くに**シャンデルナゴル**という港町を手に入れて、インド経営をおこなおうとしたため、イギリスvsフランスの戦いがついに始まったのだ。

0
3
4

▊復習ポイント▊

　白地図でヨーロッパの海外進出を整理してみよう。

▊アクティヴィティ▊

　世界史を変えた食用になる植物って何だと思いますか？

カルカッタ

ボンベイ

マドラス

イギリス東インド会社

アジア貿易関係年表 (16〜17世紀)

1510年	ポルトガルがインド西岸のゴアを占領
1511年	ポルトガルがマラッカ王国を支配下に入れる
1543年	ポルトガル人が日本の種子島に来航
1550年	ポルトガル人が平戸に来航
1557年	ポルトガルがマカオの居住権を中国から得る
1619年	オランダがバタヴィア (現ジャカルタ) を建設
1623年	アンボイナ事件。オランダがイギリス人 (＋日本人) を殺害→イギリスは東アジア進出を断念
1641年	オランダがポルトガルからマラッカを奪う 「これでオランダは日本へつながるルートを手に入れたわけだ」
1652年	オランダ、ケープ植民地を建設
17世紀中頃〜17世紀後半	イギリスがマドラス・ボンベイ・カルカッタをインド経営の拠点に 「イギリスは革命の真っ最中だったので、エンジンがかかるのは18世紀だ」
17世紀後半	フランスがポンディシェリ・シャンデルナゴルをインド経営の拠点に 「当時のフランス王はルイ14世で、インド進出は財務大臣のコルベールが指揮をしていたのだ」

最後の門 下の問題は大学入試問題を出典にした問題です。答えなさい。

0
3
5

1510年にインド西岸の（　ア　）を占領したポルトガルは、更に東に進み（　イ　）王国をその支配下に入れた。16世紀半ばには、ポルトガル船が日本の平戸に来航した。更にポルトガルが1550年代に中国のマカオに居住権を得たが、ポルトガルが同地を中国に返還したのはイギリスによる香港返還が（　ウ　）年に実現してから2年後のことであった。(中略) 蘭英両国は相次いで東インド会社を設立した。世界で初めて（　エ　）会社の形態をとったとされる、（　オ　）年設立のオランダ東インド会社は、オランダによる急激なアジア進出の原動力となった。オランダは1623年の（　カ　）事件でイギリスの勢力も排除して、東南アジアの諸島部で優位に立った。他方、イギリスは17世紀半ばからインドへの進出に努めて、東海岸の（　キ　）(現チェンナイ)、西海岸のボンベイ (現ムンバイ)、東海岸にガンジス川下流地域ベンガル地方のカルカッタ (現コルカタ) という3大拠点を17世紀末までに確保した。

文中の空所（　ア　）〜（　キ　）にあてはまる適当な語句を記せ。

(立教大・改)

フランス東インド会社
シャンデルナゴル
ポンディシェリ

世界をさまよえるオランダ人

ジャワ島のバタヴィアを目指して早く出航しようとするオランダ人の船長が、「この日だけは船を出してはならない」とされる神聖な復活祭の日に強引に船を出した。天罰はたちまちのうちにあたり、船は幽霊船となってしまい、オランダ人の船長は永遠に海をさまようことになったと言う。この不気味な伝説をオペラにしたのがワーグナーの『さまよえるオランダ人』である。

＊

神に呪われようがなんだろうが、ともかくもうけのためには世界を駆けめぐるオランダ人。その気合と根性はどこから生まれたのだろうか。

① 苦難を越えてきた長年の実績

オランダ人の血と骨を作り上げてきたのは「荒々しい自然」と「残酷な権力」に対する抵抗心である。古代ローマ時代バタヴィアと呼ばれたネーデルラントは沼地が多く、オランダ人は13世紀から長い時間をかけて干拓していったのだ。現在のオランダの面積の20%は人力で作り上げた土地である。また支配者であるスペインに対し40年以上も独立を目指して戦い続けた歴史を持っている。世界を覆う「**17世紀の危機**」の中でオランダが活躍できたのは、オランダ人が知恵と工夫で困難に打ち勝つ実績を持っていたからである。

② 個人よりも団体行動を優先する組織力

オランダ人は組織力が優れていた。オランダ東インド会社は17人の重役による合議制で運営され、**史上初の株式会社**として多くの市民たちから巨額の資金を集めることができた。個人プレイよりも集団行動こそ発展の大きな力となることをオランダ人は知っていたのである。

③ 自分ならではの技術を使った経済戦略

オランダ人は造船が得意で、自国の貿易に生かしている。オランダの船はイギリス船にくらべると速度は遅かったが、「少人数で大量の荷物が運べる」という欲張り、いや効率的な船であった。特にバルト海交易ではオランダ船は優位を保ち、それゆえにロシアのピョートル大帝も船大工として造船技術を直にオランダで学んだほどである。

＊

しかし、オランダにもついに没落と黄昏の時がやってくる。オランダが没落してしまった原因は下のとおり。

① 欲望ゆえの独占心が人の恨みを買う

人間の欲望の行き着く先は「独占」である。宝島を見つけたら他人に分けてやるのはもったいなくなるものだ。香辛料の宝島アンボイナ島に住み着き始めたイギリス人を皆殺しにする**アンボイナ事件**（1623年）を引き起こし、後のイギリス＝オランダ（英蘭）戦争の原因を作ってしまう。

② 「17世紀の危機」を経験しなかったオランダのもろさ

皮肉なことだが、数々の危機と試練を乗り越えて成長してきたオランダだけは「17世紀の危機」を経験せずに済んだ。ヨーロッパ他国は生き残るために厳しい嵐の中で今までの経済構造を見直さなくてはならなかったが、オランダだけはぬるま湯の中で旧態依然の香辛料貿易に頼り、新たな改革をおこなうことを怠けてしまった。人間は、「**今のままでいたいのならば、自分が変わり続ける勇気が必要**」なのだ。

その一方でピューリタン革命の試練を経たイギリスは、大西洋に新たな活路を見出すことになる。それは「砂糖」と「奴隷」貿易である。

解答と解説 ==================

世界史の入試でも地図問題はよく出ます。世界地図に慣れておきましょう。

まず世界地図を何枚かコピーして、そこにペンで落書きをする感覚で図を描いてみると感覚がつかみやすい。世界地図自体、自分でアバウトに描いてみて「どこに何がある」という感じをつかんでみるとよいと思います。目で見るだけでなく、実際自分で描いてみた方が覚えやすいことは確かです。

アクティヴィティ の答えの一つ

世界史を変えた植物は**香辛料**と**イモ**でしょう。歴史的にはそれぞれの地域の交易圏では古くから知られていた植物ですが、大航海時代の16世紀以降に世界中に伝わります。

大航海時代に西ヨーロッパ各国が探検を繰り返してきたのはコショウをはじめとする香辛料欲しさからでした。もし香辛料の魅力がなかったら、大航海時代は存在しなかったでしょう。

アメリカ大陸から伝えられたジャガイモなどのイモ類については上巻テーマ71を参照して下さい。イモは荒地でもよく育つため16世紀以降の世界の人口増加に役立ちました。日本でも江戸時代に青木昆陽がイモの栽培を農民にすすめ、飢饉から救っています。

最後の門 の答え

（ア）　ゴア　　　（イ）　マラッカ　　（ウ）　1997
（エ）　株式　　　（オ）　1602
（カ）　アンボイナ　（キ）　マドラス

（解説）

（ウ）香港返還の年は「マカオ返還の年の2年前」です。香港とマカオが中国に返還された年はけっこう試験で出てきます。（キ）インドの諸都市は実によく狙われるので地図を見つつ覚えてしまった方がよいでしょう。海岸沿いの町だけでも西海岸はカリカット・ゴア・ボンベイ（現ムンバイ）、東海岸はマドラス・カルカッタが重要です。フランスが拠点にしたポンディシェリやシャンデルナゴルの位置も試験でよく聞かれますから覚えてしまいましょう。

4 ヨーロッパ諸国の海外進出②
——アメリカめぐって大乱戦

ふーん、インドをめぐって英仏どっちが勝ったんですか？

いや、イギリスとフランスの争いはインドだけでない、世界をまたにかけた場外大乱闘になってしまった。それをこれから見ていこう。

序幕

アメリカ植民地の始まり
——他人が見捨てた土地こそ価値がある

　南アメリカには金山・銀山が多くあり、スペインとポルトガルが支配していた。しかし北アメリカは価値がないと見られ手つかずだった。この北アメリカに手を伸ばしたのは**イギリス**である。イギリスは北アメリカ東岸に北アメリカ最初の植民地である**ヴァージニア植民地**を作った。そして17世紀前半に東岸の北方、現在のボストンの近くのプリマスにイギリス人の植民がおこなわれ、**ニューイングランド植民地**が築かれるようになる。そしてこの東岸一帯にイギリス入植者の**13の植民地**が並ぶようになったが、これらの植民地は本国からの援助が頼りにできなかったので、自分のことは自分でやるという「独立自尊」の精神が高まったのだ。入植者についてはコラムを見てくれ。

　同じ17世紀前半に**オランダ**も北アメリカにニューネーデルラント植民地を作り、**ニューアムステルダム**という都市を建設した。しかしオランダはイギリス＝オランダ（英蘭）戦争に敗北して、この都市をイギリスに譲り渡し、アメリカから撤退して行ったのだ。このニューアムステルダムは、イギリスが手に入れた後は**ニューヨーク**と名前を変えたのである。

カナダ

ルイジアナ

ヴァージニア

	イギリス領（英）
	フランス領（仏）
	スペイン領（西）

038

これもコラムに書いておいたぞ。

　ここへ参入して来たのが**フランス**だ。フランスは17世紀初めから北アメリカの北側を探検し、セントローレンス川河口にケベック植民地を作り、付近の地域を**カナダ**として領有した。その後、17世紀後半のルイ14世の時代になると探検と調査がおこなわれ、ミシシッピ川を中心とする地域をフランスは領有するようになったのだ。フランスが領有した広大なアメリカ中心部を、当時の国王ルイ14世にちなんで**ルイジアナ**と呼ぶようになった。

マリオブラザーズの弟のルイージの名前みたいですねえ

　ルイのことをイタリア語ではルイージと呼ぶからな。こうして北アメリカのうちメキシコとフロリダはスペイン、東岸沿いはイギリス、北方のカナダと中央部のルイジアナはフランスが支配する構図になった。

第1幕　アメリカ植民地争奪戦
──イギリスの王様の名前がカギ

　イギリスのアメリカ植民地人には独立自営農民が多かったので、豊かな土地を目指して西へと開墾をしていった。するとどうしてもフランス領のルイジアナやカナダにぶつかってしまう。そこでイギリスとフランスの間で植民地をめぐっての激しい戦いが起こってしまったのだ。特にヨーロッパで戦争が起こると、植民地戦争のよい口実となるので、英仏はヨーロッパでの戦争を利用して大いに戦った。それぞれの場に書いてある戦争の名前は主に北アメリカで戦われた戦争の呼び名だ。

第1場：ウィリアム王戦争

　ヨーロッパでルイ14世の野心から**ファルツ（アウクスブルク同盟）戦争**が始まると、イギリスもフランスと戦い始めた。もちろん目的は植民地争奪である。イギリスではこの英仏戦争を**ウィリアム王戦争**（1689〜1697年）と呼ぶ。この戦争の時のイギリス王が、名誉革命をきっかけに王になったオランダ出身のウィリアム3世だったからだ。1697年の**ライスワイク条約**で終結したが、この条約でフランスは大西洋にあるサン＝ドマング（現ハイチ）を植民地にすることになった。このサン＝ドマング（現ハイチ）が後に砂糖の大生産地となる。

ニューアムステルダム

第2場：アン女王戦争

　またまたルイ14世が野心から**スペイン継承戦争**を起こすと、またまたイギリスがフランスにケンカをふっかけてきた。ステュアート朝最後のアン女王の時の戦争なのでイギリスでは**アン女王戦争**（1702〜1713年）と呼ぶ。この戦争はユトレヒト条約（1713年）で終結した。上巻テーマ80にも書いてあるのだが、もう一度繰り返すとイギリスはスペインから**ジブラルタル**と**ミノルカ島**を手に入れ、イギリスはフランスからアメリカ大陸の**ハドソン湾地方**と**ニューファンドランド**、**アカディア**を手に入れたのだ。

　／あの時もそうだけど、どこがどこやらわ
　＼かりません……

　うむむ、地図を見るのが早いだろうな（↗）。ちなみに「地中海への門」ジブラルタルは現在でもイギリス領である。

第3場：ジョージ王戦争

　オーストリアのマリア＝テレジアの家督相続にイチャモンをつけて始まった**オーストリア継承戦争**では、イギリスはオーストリアに味方してフランスと戦った。植民地獲得のよい機会だったからだ。ハノーヴァー朝2代目のジョージ2世が王の時だったので、イギリスでは**ジョージ王戦争**（1744〜1748年）と呼ぶ。この戦争はアーヘンの和約（1748年）で終結している。結果としては英仏とも得るものはなかった。

第4場：フレンチ＝インディアン戦争

　プロイセンと「女性同盟」との間で始まった七年戦争でも、イギリスは唯一プロイセンに味方して参戦している。もちろん植民地獲得のためだ。フランス軍がインディアンと同盟を結んで攻めて来たので、イギリスでは**フレンチ＝インディアン戦争**（1754〜1763年）と呼ぶ。この戦争だけは名前に王の名が付いていない。結果としてインドでのイギリス側の優勢もあり、終結条約のパリ条約（1763年）ではイギリスは**カナダ**と**ミシシッピ川以東のルイジアナ**をフランスから獲得し、**フロリダ**をスペインから獲得した。また、カリブ海に浮かぶ

フレンチ＝インディアン戦争

ドミニカとアフリカ西海岸の**セネガル**をフランスから獲得している。またフランスはこの条約でミシシッピ川以西のルイジアナもスペインに与えたため、フランスは北アメリカの植民地（右の地図参照）をすべて失ってしまった。そして北アメリカはついにイギリスが制したのだ……。

この戦いで勝っていればアメリカの言語はフランス語だったね

第2幕 インドでの植民地争奪戦 ──ついに世界を手にした王者は誰か？

インドでも英仏両国は激突した。主にインドの地方豪族や王侯の内輪もめに介入した両国の東インド会社同士の戦いだった。特にオーストリア継承戦争と七年戦争の時期にインドでの英仏の戦いは激しくなる。英仏東インド会社は南インドのマドラスとポンディシェリを中心とする**カーナティック戦争**（1744〜1763年）を戦ったが、フランスのインド総督デュプレクスのおかげで、フランス側が有利になった。デュプレクスは軍事・外交で優れた才能を持つ人物でイギリス側は押しまくられた。しかしアホウなフランス政府が「勝手に戦争をしおって」と責任問題を押し付け、デュプレクスは本国へ召喚されてしまった。このスキに、とイギリス東インド会社書記の**クライヴ**が1757年に**プラッシーの戦い**で、フランス東インド会社軍と地方豪族の連合軍を撃破し、カルカッタがある豊かなベンガル地方を確保したのだ。結局フレンチ＝インディアン戦争を終結した1763年の**パリ条約**で、ポンディシェリとシャンデルナゴルはかろうじて取り返したものの、フランスはインドの領土のほとんどを失ってしまったのだ。こうして**18世紀後半に植民地戦争を勝ち抜き、帝国を築いたのはイギリスだった。**

第3幕 三角貿易──品物の代わりに求められるもの ……それは人間

先のパリ条約で、イギリスがドミニカとセネガルを手に入れたことは覚えているだろう

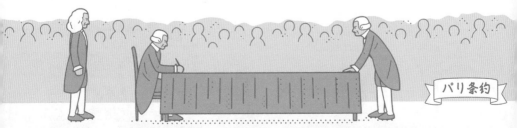

パリ条約

か。イギリスはドミニカなどの西インド諸島（カリブ海の島々）で 砂糖やタバコ、コーヒー を、北アメリカでは綿花を栽培した。セネガルなどの西アフリカに 武器や綿織物 を売り、その見返りに 黒人奴隷 を手に入れて、北アメリカや西インド諸島に運び、それらの作物栽培の労働力にしたのだ。

そして砂糖やタバコ、コーヒー、綿花をヨーロッパに運んで大いにもうけたのである。このような三つの地域で行われる貿易を三角貿易と呼ぶ。

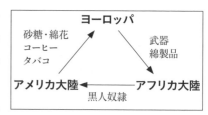

武器や綿織物の見返りに黒人奴隷って、え？　え？？

当時の西アフリカ沿岸部では統一した国家支配がなく、部族単位に分裂していたのだ。そこにつけ込んだヨーロッパの奴隷商人が味方の部族に武器などを与え、見返りにその部族が捕虜にした敵の部族を手に入れて、船にスシ詰めにしてアメリカ方面に運んだのだ。教科書に載っている絵で黒人奴隷を追い立てているのが白人ではなく、銃を持っている同じ黒人であるのはそういう事情による。

またイギリス東インド会社は、新たに手に入れたインド市場から綿織物をヨーロッパに運び、大変な利益を得たのである。当時、インドの綿織物は世界一だったので、飛ぶように売れたのだ。この非道極まる三角貿易の結果、ヨーロッパには世界のカネが集まった。逆にアフリカ西岸では人口が急激に減り、社会は大打撃を受けたのだ。

［復習ポイント］

ヨーロッパの戦争と、北アメリカをめぐる英仏の戦争の名前を整理してみよう。

［アクティヴィティ］

アフリカは三角貿易で銃をすでに大量に入手していたのに、なぜ19世紀にはヨーロッパの植民地にされてしまったのでしょうか？

北アメリカ植民地関係年表 (17～18世紀)

1607年	イギリスがヴァージニア植民地建設
1608年	フランスがケベック地方を探検し、植民地を築く
1620年	イギリスのピューリタンがメイフラワー号で北アメリカのプリマスに移住 (ピルグリム=ファーザーズ) →ニューイングランド植民地の基礎を築く
1626年	オランダがニューアムステルダムを建設
1664年	イギリスがニューアムステルダムを占領→ニューヨークに改名

(英仏植民地戦争) 1689～1697年　ウィリアム王戦争

　　　　　　　　 1702～1713年　アン女王戦争

　　　　　　　　 1744～1748年　ジョージ王戦争

　　　　　　　　 1754～1763年　フレンチ=インディアン戦争

　　　　　　　　 1763年　パリ条約でフランスは北アメリカとインドを失う

　　「1757年のプラッシーの戦いでのイギリスの勝利が響いたかな……」

最後の門　下の問題は大学入試問題を出典にした問題です。答えなさい。

　17世紀末から18世紀にかけてイギリスとフランスはヨーロッパでの勢力争いとともに、海外での商業利権と植民地拡張をめぐる激しい争いを繰り広げた。抗争の舞台の一つは北アメリカである。もともと18世紀以前に、イギリスはエリザベス1世にちなむ（　1　）植民地を開き、更にオランダから①ニューネーデルラント植民地を奪っていた。これに対しフランスはセントローレンス川河口に（　2　）植民地を建設した後、五大湖からミシシッピ川流域に進出し（　3　）植民地を建設していた。18世紀初頭にヨーロッパでおこなわれた戦争と同時期に英仏は北アメリカ植民地でも争い、②1713年に結ばれた条約でイギリスはフランスから北アメリカ北東部の領土を奪った。同様に③ヨーロッパでおこなわれた戦争と同時期におこなわれた戦争の結果として1763年に結ばれた条約で、イギリスは（　3　）植民地の一部などをフランスから獲得した。

0
4
3

問1　（　1　）～（　3　）にあてはまる適語を書きなさい。

問2　下線部①の植民地の中心都市について、イギリスが改称した後の名称を答えなさい。

問3　下線部②の条約の名称を答えなさい。

問4　下線部③について、(1)ヨーロッパでおこなわれた戦争と、(2)植民地で英仏間によって戦われた戦争のそれぞれの名称を答えなさい。

(日本女子大・改)

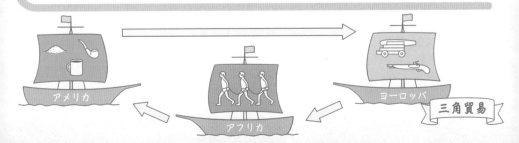

いじめられっ子が作ったアメリカの起源

中南米をスペインとポルトガルが支配していた時、開けっ放しの土地になっていたのは北アメリカだ。森林が多く、インディアンと呼ばれていた現地人が住む北アメリカは、地下資源もない不毛の土地と映ったのだろう。スペインの植民地を除き、他の北アメリカは手つかずの土地だった。

北アメリカに植民地を作っていたのはイギリスで、17世紀の初めに北アメリカ東岸の南部に**ヴァージニア植民地**を建設した。植民地の名前ヴァージニア Virginia とは、一生涯結婚しなかった virgin エリザベス1世を記念した名前だ。イギリスは「北アメリカにも金が出るだろう」という下心があった。だが努力の甲斐もなく金は出ず、入植者は全滅し、この試みは失敗してしまった。

＊

こんな北アメリカに基地を作ったのはオランダ人で、17世紀前半に東海岸に**ニューアムステルダム**という都市を作った。アメリカ版の「出島」みたいな所で、現地人との交易の基地にしていたのだ。オランダ人はこの土地を手に入れるために、先住民の首長を招いて宴会を開き、首長を酔っ払わせて、川の中にある島を譲り受けたと言う。この「酔っ払ってしまった」ことをマンハタと先住民の言葉で言い、この言葉からハドソン川沿いにあったこの島を「**マンハッタン**」と呼ぶようになったらしい。木で作った柵をもって壁（Wall）とし、この壁の南側にオランダ人たちは引きこもっていたのだが、これが現在の「**ウォール街**」となる。1664年イギリス＝オラン

ダ（英蘭）戦争の結果、イギリスがオランダからこの都市を奪い、ニューヨークと改名している。

＊

北アメリカ、プリマスにメイフラワー号が入って来たのは1620年の冬だった。この荒涼とした土地に上陸して来たのはイギリスのピューリタンたちである。彼らはイギリス国教会の王ジェームズ1世に迫害され、いじめを逃れて北アメリカにやって来たのだ。もちろんここに骨を埋める覚悟なので、家族をみんな連れて来ていた。しかし、もう冬の時期で、持って来た食料が足りなくなり、ピューリタンたちは飢えに苦しんだ。そこを助けてくれたのが現地人のインディアンたちだった。インディアンたちが与えてくれたトウモロコシの粉でパンを焼き、からくも冬を乗り越えたピューリタンたちは、次の年の収穫祭の時の宴会にインディアンたちを招いたと言う。

このイギリスから来た北アメリカのピューリタンの入植者たちを「**ピルグリム＝ファーザーズ**」（巡礼の父たち）と言い、アメリカ合衆国の建国者たちの祖先となった（ピューリタンはこの世のことを「あの世への『巡礼』の道程にすぎない」と考えていたのだ）。彼らピルグリム＝ファーザーズが入植に成功したのは、不屈の信仰心と、周囲のインディアンの助けがあったからこそである。中には首長の娘**ポカホンタス**のように英語を学び、積極的に白人を助けた先住民もいた。しかし白人入植者たちは先住民の恩を仇で返し、しだいにインディアンを力で制圧するようになる。

の答え

> ファルツ（アウクスブルク同盟）戦争
> ⇒ウィリアム王戦争
> スペイン継承戦争⇒アン女王戦争
> オーストリア継承戦争⇒ジョージ王戦争
> 七年戦争⇒フレンチ＝インディアン戦争

　17～18世紀の植民地戦争は大変、試験に出やすい分野です。基本は、ヨーロッパのどの戦争が、どの植民地戦争と同時期であるのかをしっかり覚えることです。まず対応する名前を覚えてください。自分でこのような表を書いてみると覚えやすい（↑）。ファルツ（アウクスブルク同盟）戦争とスペイン継承戦争はルイ14世がおこなった戦争で、詳しくは上巻テーマ80を見てください。オーストリア継承戦争と七年戦争についてはテーマ1を見てください。

アクティヴィティ の答えの一つ

　かつてアフリカ人が手に入れた銃が19世紀には旧式になっていたからです。後ろから弾込めができる後装銃があらわれるのは19世紀中頃のことでした。銃の弾を前から込める「火縄銃」形式の銃では1分間に3～4発しか撃てないのに対し、後装銃は1分間に10発も発射できます。しかも伏せながら弾込めができるので、敵に撃たれる危険性が少なくなります。後装銃の代表はシュナイダー＝エンフィールド銃で、幕末から明治にかけての日本では「スナイドル銃」と呼ばれました。日本が植民地にされず、近代化に間に合ったのは、いち早くこの銃を採用して、装備したからです。

最後の門 の答え

問1　（1）　ヴァージニア　　（2）　ケベック
　　　（3）　ルイジアナ
問2　ニューヨーク　　問3　ユトレヒト条約
問4　（1）　七年戦争
　　　（2）　フレンチ＝インディアン戦争

（解説）

問1　北アメリカにおける植民地の名前に注意。イギリスが17世紀初めに北アメリカに初めて作った植民地がヴァージニア植民地で、17世紀前半に北アメリカ東岸の北方に作った植民地がニューイングランド植民地です。

問3　年代を覚えていないと解答が難しい。年代を覚えておくと歴史の点数が20点はアップします。

問4　復習ポイントで挙げた「ヨーロッパと植民地で対応する戦争名」はこのように大学入試でもよく出てきます。

5 17〜18世紀のヨーロッパ文化
——バロックとロココが一発でわかる

あのですね、文化史って正直頭に入ってこないですー。

食わず嫌いはいかんな、君。食べてみれば意外に文化は美味しい。知っていればヨーロッパ文化は生活に必ず役に立つはずだ。

前奏曲

科学革命
——その時、世界が変わった

16世紀以降、ヨーロッパでは科学革命が起こった。それまでは「聖書にこう書いてある」とか「古代ギリシア人はこう言っている」とか、権威筋を持ち出して**自然科学**が論じられてきたが、ルネサンスの影響を受けて、16世紀から権威に頼らず、**数学と実験を重んじる風潮**が強まってきたのだ。その先駆者がイタリアの**ガリレイ**（ガリレオ＝ガリレイ）だ。望遠鏡を使った天文観測をおこない地動説を証明したこの巨人によって、世界と宇宙の見方が劇的に変化したのだ！ そしてガリレイの少し後の17世紀に登場したのがイギリスの**ニュートン**である。「万有引力の法則」を打ち立てたニュートンの物理学は、20世紀のドイツにアインシュタインが出てくるまで、世界の自然科学の中心となったのである。

第1幕

学問の変化
——「近代的世界観」がついに爆誕！

第1場：哲学 —— 理数系と哲学の切っても切れぬ関係

これらの合理主義的な思想から、17世紀以降の学問の世界は自然科学や社会科学が発展することになった。例えば**哲学**の分野ではイギリスで**フランシス＝ベーコン**を中心として経験論がおこり、ヨーロッパ大陸では合理論が**デカルト**を中心にとなえられたのだ。

フランシス＝ベーコン

ルネ＝デカルト

0
4
6

🗣️ ？　ケーケンロンとかゴーリロンって何ですかあ？？？

　経験論とは「**実験と観察によって確認された経験こそ真実**」という考え方で、理科の基礎になっている。フランシス＝ベーコンの職業は法律家だったが、冬に屋外で理科実験をしているうちに風邪をこじらせて死んでしまったという人だ。また、合理論とは「**理性によって認識された普遍的な法則こそ真実**」という考え方だ。デカルトは「どうしても疑うことができない一般法則をまず考えることが大切」と主張しているが、この考えが数学的な演繹法を用いているのだ。デカルトはフランスの哲学者だが、数学者としても有名な人物であった。彼らによって哲学のみならず、近代の理科と数学の基礎が築かれているのだ。ちなみに経験論と合理論を融合して統一したのが、18世紀のドイツの哲学者**カント**である。そしてカントから**ドイツ観念論**が生まれてくるのだ。

第2場：法律 ── すべての人に平等な法律を！

　合理論的な思想の影響を受け、近代的な**自然法**の考えが広まるようになった。自然法とは「どんな人間にもあてはまるべき法」のことを指す。王も貴族も平民も人間であることは平等であり、階級や国籍、人種によって法に差別があってはならないのである。自然法思想を代表するのはオランダの**グロティウス**で、彼は国家を越えて、すべての人にあてはまるべき「**国際法**」の考えを主張したのだ。

第3場：政治 ── 人類の未来は破滅か、繁栄か？

　王権神授説がまかりとおっていた17世紀のイギリスに**ホッブズ**があらわれ、新たな政治論を発表する。ホッブズはまだ国家ができる前の人間の「自然状態」を仮定してみた。ホッブズに言わせると、それは「**万人の万人に対する闘い**」と呼ばれる、恐ろしい殺し合いの状態である。

🗣️ うーん、『マッドマックス』とか『北斗の拳』の世界ですね

　そこで、「人民は平和と秩序を築くために、王に人民の自由と権利を与えたのだ」とホッブズは言っている。だから法を犯すものは拘束できるし、死刑にもできるのだが、これはやむを得ないことだと考えた。

　それに対し同じ17世紀のイギリスの**ロック**は、自然状態を「皆が力を合わせれば克服

フーゴー＝グロティウス

ジョン＝ロック

できる状態」と考え、一方的に権利を侵害する王権に対し、人民が団結し、反抗する権利の重要さを訴えたのだ。ちょうどロックの時代に名誉革命が起こったので、革命を弁護する理論にもなった。

ロックの自然状態って『十五少年漂流記』か『シン・ゴジラ』だ

第2幕　啓蒙思想──バカにつける薬がある

　18世紀に強くなった考え方が啓蒙思想だ。啓とは「教え導くこと」。蒙とは「無知」という意味がある。つまり「無知から教え導く」という意味があるのだ。それまでの人間は雷が鳴ると「ひー、神様のお怒りじゃ！」とひれふしたり、イケニエを捧げたりしていた。しかし、雷の正体は電気なのだから、科学的・合理的に考えれば今までの迷信は愚かなことであったことがわかる。そこで「科学的・合理的な考え方を世界に広め、迷信をなくそう」という考え方がとなえられるようになった。これが「啓蒙思想」なのだ。しかし啓蒙思想も進むと「王様や貴族が偉いって迷信じゃないか？」とか「宗教って迷信じゃないか？　そもそも神なんているのか？」という権威に対する疑いになった。そして啓蒙思想そのものが、後の市民革命を支える革命思想になった。

　啓蒙思想の代表者は18世紀フランスのヴォルテールだ。そう、フリードリヒ2世（大王）にサンスーシ宮殿に招かれたり、エカチェリーナ2世と文通したりしていたあの哲学者だ。ヴォルテールは著作『哲学書簡』でフランスの絶対王政を批判し、議会政治がおこなわれているイギリスを大変にほめ讃えている。だが、彼が喜んで招かれたり文通したりしていたフリードリヒ2世やエカチェリーナ2世は、はっきり言って絶対王政の独裁者だったのだぞ。そしてモンテスキューも有名だ。三権分立を主張した著作『法の精神』で、彼もイギリスの政治をほめ讃えている。だが啓蒙思想最大の巨人はルソーだろう。彼の生涯と業績についてはコラムを見るべし！　ディドロとダランベールの二人は『百科全書』を著して啓蒙思想を集大成している。現物を読んだことがあるが、図や図説が多いことが興味深かったな。

　啓蒙思想の影響を受け、合理的な説明を必要とする経済学の発展が進んだ。例えばフ

フリードリヒ2世　　ヴォルテール　　啓蒙思想　　エカチェリーナ2世

ランスのケネーやテュルゴは重農主義をとなえ、「そもそも富の源泉は商業ではなく、土地や農業にある」ことを主張した。そのためには国家は「重商主義」みたいに商業に肩入れせず、経済は人々の自由に任せる「**自由放任**」(フランス語でレッセ＝フェール)にすべきだと主張した。let it be（なすがままに）の状態を最高としたのだ。またイギリスのアダム＝スミスは著書の『**諸国民の富**』(『国富論』)の中で、「**国は商業に介入してはならない。自由放任こそ国の富を増す**」ことを主張して、**古典派経済学**を創始している。

第3幕 バロックとロココ ——日本の結婚式場に多い

さて美術や建築の分野を見てみよう。17世紀に入ると、今までの理路整然としたルネサンス様式に、しだいに歪みが生じてくるようになった。遠近法のようにカッチリしているルネサンス様式に飽きが出てきたのだろう。そしてついに**バロック様式**に到達していく。バロック絵画の特徴は「光と影」の極端な対比である。その例がバロック美術を代表する17世紀フランドルのルーベンスの作品「キリスト降架」だ（→）。キリストの体にスポットライトがあたっているような強烈な光と影の効果は

ものすごい。バロック絵画の頂点はレンブラントだろう。彼の描いた「夜警」こそは名作中の名作なので教科書や資料集にたいてい載っている。

18世紀に入ると、美術の主流になったのは**ロココ様式**だ。作品を挙げておいた**フラゴナール**の「ぶらんこ」という絵だが（→）、他には**ワトー**が代表者だ。貴族たちの好みに合ったお芝居的な絵画だ。

次に建築だ。バロック建築の代表は**ヴェルサイユ宮殿**で、その豪華で壮麗な建築様式がものすごい。そしてロココ建築の例はベルリンにあるシャルロッテンブルク宮殿だが、繊

細で優雅で甘いその様式は、悪い言い方をすれば少女趣味だなっ。バロック建築とロココ建築は、ぜひ教科書の写真も見てくれ。

モンテスキュー

王

議会

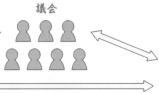

三権分立

裁判所

終幕 ## 文学──「ラピュタ」ってここからきたの？

　最後は文学だ。イギリスで17世紀のイギリス革命（ピューリタン革命）の時代に流行った
のが**ピューリタン文学**で、宗教をテーマにしたものだ。代表作は**ミルトン**の『**失楽園**』と、
バンヤンの『**天路歴程**』だ。二つとも「いかにも」のキリスト教的文学作品だ。同時期のフ
ランスで流行った文学が**古典主義文学**でともかく形式美を重んじる。演劇が多いのだが、
ラシーヌやコルネイユの悲劇作品や、**モリエール**の喜劇作品が有名だ。特にモリエール
の代表作『人間嫌い』は、現代に読んでもけっこう笑えるぞ。

　18世紀に入ると、文化は市民生活を反映したものになり、市井の市民たちの日常的な
面白さや興味が文学に入ってくる。その例はイギリスの**スウィフト**の『**ガリヴァー旅行記**』
や**デフォー**の『**ロビンソン＝クルーソー**』だ。『ガリヴァー旅行記』は医師ガリヴァーが世
界を探検する物語だが、そこで見せつけられるのは救いようのない人間の愚かさである。
第三部ではガリヴァーが日本の近くを漂流している時に飛行する物体「ラピュタ」に遭遇
する話が載っている。

あ、それって『天空の城ラピュタ』の元ネタかな？

　スウィフトの原作では「ラピュタ」に住んでいるのは、科学にしか興味がないオタクとな
っている。まあ、科学を極めたおごれる人間の「滅びの物語」としては共通しているな。

復習ポイント

　文化史に出てきた人物と業績（著作）を整理してみよう。

アクティヴィティ

　バロック様式とロココ様式の見た目の違いは何でしょう。また、このような違いはな
ぜ生まれてきたのでしょうか？

ヴェルサイユ宮殿

シャルロッテンブルク宮殿

ヨーロッパ文化一覧表 (16〜18世紀)

(作品名・著作名は色字で表示)

(自然科学)	ガリレイ (ガリレオ=ガリレイ) (伊)…地動説・木星の衛星発見『天文対話』
	ボイル (英)…化学・気体力学
	ハーヴェー (英)…医学・血液循環説
	ケプラー (独)…天文学・惑星運行の法則
	ニュートン (英)…物理学・万有引力の法則『プリンキピア』
(哲学・政治)	フランシス=ベーコン (英)…哲学・経験論『新オルガヌム』
	グロティウス (蘭)…国際法の祖『海洋自由論』『戦争と平和の法』
	ホッブズ (英)…政治『リヴァイアサン』
	デカルト (仏)…哲学・合理論『方法序説』
	スピノザ (蘭)…哲学・汎神論『エチカ』
	ロック (英)…政治『統治二論』(『市民政府二論』)
	カント (独)…哲学・ドイツ観念論『純粋理性批判』
(文学)	コルネイユ (仏)…古典主義文学・悲劇『ル=シッド』
	ラシーヌ (仏)…古典主義文学・悲劇『アンドロマック』
	モリエール (仏)…古典主義文学・喜劇『人間嫌い』

最後の門 下の問題は大学入試問題を出典にした問題です。答えなさい。

問1 劇作家モリエールの作品を選びなさい。

① 『人間嫌い』 ② 『ハムレット』 ③ 『人形の家』 ④ 『ユートピア』 (南山大)

問2 下の語群からa.ホッブズ b.ニュートン c.グロティウスの著作をそれぞれ選び、その記号をマークしなさい。

① 『統治二論』(『市民政府二論』) ② 『法の精神』 ③ 『リヴァイアサン』

④ 『君主論』 ⑤ 『戦争と平和の法』 ⑥ 『ユートピア』

⑦ 『天路歴程』 ⑧ 『プリンキピア』 ⑨ 『百科全書』 (近畿大・改)

啓蒙哲学者ルソーの
極道人生

ジャン=ジャック=ルソーは1712年にスイス、ジュネーヴの貧しい時計職人の家に生まれた。母はルソーが生まれてすぐに死んでしまい、父親はルソーが10歳の時に家出した。

孤独な生活の中でルソー少年は人に言えぬ癖を身に付けた。それは、**本を読む癖、ウソをつく癖、そして盗み癖**である。

＊

ルソーは小学校を出ると、すぐに職人のもとに丁稚奉公に出され、各地を転々と放浪した。食うに困ったルソーは、町の裕福な奉仕活動家、ヴァラン夫人の家にちゃっかり上がり込み、居候となってしまった。若く美しいヴァラン夫人は何とかしてルソーを善の道に導こうとしたが無駄だった。ある時、ルソーは屋敷から物を盗み出し、罪を哀れなお手伝いさんになすりつけたため、そのお手伝いさんは屋敷をクビになってしまった。

結局、何も身に付かなかったルソーは**バガボンド**（放浪者）となってフランス中を歩き回った。追い詰められたルソーは楽譜も読めないのに音楽教師を名乗り、なんとか飢えをしのいでいた。

ところがそのうちに本当に音楽が好きになってしまい、作曲家（！）として成功するために花の都のパリに出かけて行ったのである。

＊

パリに上京したルソーはもう30歳になっていた。

それでも意欲だけは満々で「村の占い師」というオペラを作曲してのけた。このオペラのメロディーは広く世界中に知れわたり、日本人で知らない人がいないぐらい有名になっている。え、知らない？　「**むすんでひらいて**」ですよ。あのメロディーはルソーが作曲したのです。

しかし、さすがに作曲家では食っていけない。家庭教師でなんとかしのいだものの、**宿で働く娘と恋に落ち、しかも生まれた子どもを孤児院に捨ててしまった**（ひどい！）。

こんな乱れた生活をしていたルソーに転機が訪れた。

雑誌で懸賞論文の募集をしていることを知ったルソーは思い切って論文を書き上げ応募したところ、見事一等賞を獲得したのである。

これに味をしめたルソーは次から次へと論文を書き始めた。昔、読みあさったギリシア・ローマの古典の知識がこういう時に役に立った。こうして『人間不平等起源論』、『**社会契約論**』という二大論文が生まれたのである。

「人間はなぜ身分が違うのか」という問いに今までの人々は「神様がそのように決めたから」とあやふやに答えるのが常だった。

ルソーは違う。彼は人間が不平等なのは「<u>私有財産があるからだ</u>」と考える。古代では人間は財産を持たず、皆平等であった。しかし都市国家が発展し財産を持つと、その財産を独り占めにするために人間は法律を制定して所有権を定め、身分を作ったのだとルソーは考えた。ルソーは『社会契約論』で、人間の理想的な自然状態を「自由」とし、その自由を守るために結ばれた社会契約こそ政治なのだと考えた。そして政治の主権者は**人民**であり、王は単に人民との契約によって人民の権利を執行しているにすぎないとしたのだ。

ルソー自身は『社会契約論』や『エミール』を出版してしまったことによって、政治犯として世界中を逃げ回るハメになった。そして妄想に苦しめられながら『告白録』を書き続け、1778年に極貧のうちに死を迎えたのだ。

復習ポイント の答え

	（日本）
フランシス＝ベーコン （1561年生）『新オルガヌム』 グロティウス（1583年生） 『戦争と平和の法』 ホッブズ（1588年生） 『リヴァイアサン』	桶狭間の戦い （1560年） 本能寺の変 （1582年） バテレン追放令 （1587年）

　誰がどんな作品を書いて、どんな業績を残したのかを整理して覚えておくと役に立ちます。このテーマの「ヨーロッパ文化一覧表」を参考に自分でも作ってみてください。人物を時代順に並べて（＝生まれた年順に並べる）、一覧表を作ってみたら、その横に世界史や日本史で起こった大事件や、日本史上の有名人を書き込んでみると、同時代に何が起こったのかが把握しやすいです。

アクティヴィティ の答えの一つ

　バロック様式の建築からは壮大・豪華な印象を受けます。元々バロック様式は王や教会の偉大さや尊厳を見せつけるために意図的に作られたものであり、儀式的・儀礼的な荘重さが強調されています。実際、ルイ14世は自分の1日の生活を一般に公開していたので、希望者は普通の市民でも王の洗顔や食事を見ることができました。その壮麗な建築と、王の重々しい振る舞いは見る人に重厚な印象を与えたでしょう。

　ロココ様式からは繊細・優雅な印象を受けますが、これは当時の高い階級の人々が、プライベートな時間を楽しむために作った建築です。フランスにお嫁に来たマリ＝アントワネットは堅苦しく、周囲の目にさらされるバロック様式のヴェルサイユ宮殿を好まず、ヴェルサイユ宮殿の裏側に作ったロココ風のトリアノン宮殿で過ごすことが多かったようです。「17世紀の危機」

の時代の重々しい政治的効果よりは、快適な日常生活が18世紀には好まれるようになっていたのです。

最後の門 の答え

問1　①　　問2　a.③　　b.⑧　　c.⑤
（解説）

問1　②の『ハムレット』はシェークスピアの作品であり、③の『人形の家』は19世紀ノルウェーの作家イプセンが書いた戯曲です。④の『ユートピア』はルネサンス期のトマス＝モアの作品です。モリエールの作品で有名なものには他に『守銭奴』『タルチュフ』などがあります。

問2　『リヴァイアサン』とは『旧約聖書』の「ヨブ記」に出てくる怪物の名前で、王権になぞらえられています。『プリンキピア』とは「原理」という意味のラテン語です。17世紀当時の学問的著作のほとんどはラテン語で書かれていました。「オルガヌム」は「論理学」、「エチカ」は「倫理学」という意味のラテン語です。

6 産業革命
——機械の構造を知っておくとわかりやすい

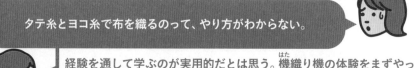

タテ糸とヨコ糸で布を織るのって、やり方がわからない。

経験を通して学ぶのが実用的だとは思う。機織り機(はた)の体験をまずやってみるがよい。オモチャの機織り機があるが、おすすめだぞ!

第1幕への前奏曲 ジェニーへの思いやりが大発明を生む!

1764年頃のことであった。イギリスのランカシャーの大工ハーグリーヴズが疲れて家に帰ってみると、娘のジェニーがもう夜なのに一生懸命糸を紡いでいる。「ジェニー、苦労をかけるなあ……」「大丈夫よ! お父さんこそ大変だったでしょ」「ああ、オレに8本の腕があればすぐにたくさんの糸を紡いでやるのだがなぁ」。この言葉を言った瞬間にハーグリーヴズはひらめいた! 元々発明が好きなハーグリーヴズは1回手回し車を回転させると、8本糸が紡げる機械を発明したのだ。ハーグリーヴズはこの機械を、娘への感謝の気持ちを込めて、「**ジェニー紡績機**」と名付けた。

第1幕 産業革命がイギリスで起こった理由
——農業が大きなカギだった!

「産業革命」という言葉は、工業の分野における「**大量生産の始まり**」を意味する。今まではチマチマと手で作っていた製品を、機械を使うことによって一気に大量生産することが可能になったのだ。この大量生産のシステムに必要なのは、まず「カネ」と「人手」と「売り込み先」だが、この三つを持っていて世界で最初に産業革命を実現したのはイギリスである。理由を言おう。まず「カネ」だが、経済学では「**資本**」と呼ぶ。イギリスはオランダと並び、毛織物工業や貿易などの商工業が盛んで、資本を多く持っていたのだ。

ハーグリーヴズ

資本とカネの違いがわからない。同じゼニじゃないですか？

　カネは遊びにも使ってしまうが、資本は将来のもうけのために使う「軍資金」であることが大きな違いだろう。使う目的によって呼び方が違うのだ。そしてイギリスは植民地を多く持っており、自分の国で作った製品を売り込む「**マーケット**」(市場)があった。そして「人手」だが、イギリスは工場で働く労働者を確保できたのだ。それには秘密がある。

　イギリスは北方の不毛な土地で、中世の頃は**三圃制**(上巻テーマ63参照)農業のように、土地は3年に1度は必ず休ませなければならなかった。そこで16世紀になると農場を羊牧場に変える第1次**囲い込み**(上巻テーマ76参照)が始まった。こっちの方がもうかったからな。だがその不毛なイギリスで、18世紀に新しい農業方法が発見されたのだ。この発見と農業生産の飛躍的な発展を「**農業革命**」と言う。まず畑を四つに分け、クローヴァー→小麦→カブ→大麦と4年周期で畑に植えていけば、土地を休ませる必要はなくなることがわかったのだ。農業作物、特に野菜は「連作障害」と言って、同じ物ばかり連続で作ろうとすると地中の養分が足らなくなって次の年には実らなくなる。だがクローヴァーは空気中の窒素を取り込んで地力を回復する働きを持っているのだ。またクローヴァーを植えた畑で牛を放牧すれば糞が肥料になる。養分を回復した2年目にはその畑で小麦を植えて収穫し、さらに3年目にはカブを植える。カブは養分のない荒地でも作れるし、寒い時期に収穫できる野菜なので冬の間の豚のエサになる。そして4年目には大麦を育てるわけだ。4年で1サークルのこの新しい農業方法を**ノーフォーク農法**(近代農法)と呼ぶのだが、このやり方だったら北のイギリスでも農業でもうけることができる。

そのやり方だと、ある年はカブばっかりになっちゃうのでは？

　だから大地主が計画して「今年はこの区画はクローヴァー、この区画は大麦」と区分けを決めていったのだ。このノーフォーク農業は大規模な土地経営をする必要があるので、ジェントリなどの大地主は小作人に貸していた土地や村の共同地などを奪って併合するようになった。この18世紀の地主による土地の独占を第2次囲い込みと呼ぶ。

　この農業革命によって食料が増えたイギリスでは人口が増加し、都市に住み着いて工場労働者となる人々が多くなった。このおかげでイギリスは工場で働く人手に不足しなか

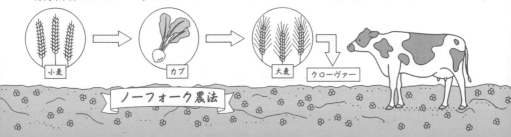

小麦　→　カブ　→　大麦　クローヴァー

ノーフォーク農法

ったのである。

第2幕 産業革命①──早く糸を巻き巻きして、ギッタンバッコンする

　人間は素っ裸では生活ができない。着るものが必要だ。特に寒い北ヨーロッパではセーターなどの毛織物がなくてはやっていけない。イギリスは中世より毛織物業が盛んだったが、ぜんぶ手作りのハンドメイドだった。17世紀以降、インドから入ってきた綿織物に人気が出てきた。なにしろ君たちが着ているワイシャツや下着は綿が多いからな。さ

て、モワモワした綿をまっすぐな糸にするためには糸紡ぎ車（↗）を使わなくてはならなかった。そしてその糸を布にするためには機織り機で「鶴の恩返し」のようにギッタンバッコンと織り上げなければならない。ちなみに糸紡ぎ車や機織り機は紀元前から世界中に存在しているぞ。18世紀に入るとこれら糸紡ぎ車や機織り機に自動機械が発明されるようになり、大量生産が可能になったのだ。

　機織りをする際には杼と呼ばれる船のような形をした道具を使って縦糸に横糸を通していくのだが、実際にやってみるとこれが面倒くさい。そこで1733年に**ジョン＝ケイ**という職人がローラーを利用して、左に通した横糸がスッと右に戻るという機械を作ってみた。これを飛び杼と呼ぶ。原理は単純だが、従来の2倍以上の速さで機織りができるようになった。このジョン＝ケイの発明によって綿織物が大量生産できるようになったが、今度は糸が足りなくなってしまった。そこで1764年頃に**ハーグリーヴズ**が**多軸紡績機**（ジェニー紡績機）を発明し、多くの糸が紡げるようになったわけだ。おっと、この話は冒頭に紹介したな。ただし多軸紡績機（ジェニー紡績機）は人の力で動かさなくてはならなかったが、1769年に**アークライト**が水力紡績機を発明し、水力で糸が大量に紡げるようになったのだ。

川でお洗濯が、いきなり全自動洗濯機になった感じかなあ

　1779年に**クロンプトン**がミュール紡績機を発明した。ちなみにミュールとはロバと馬をかけあわせたラバを意味する。ミュール紡績機は多軸紡績機（ジェニー紡績機）と水力紡績機のよいところをかけあわせた紡績機で、「自動で細くて強い糸を紡ぐことができるように

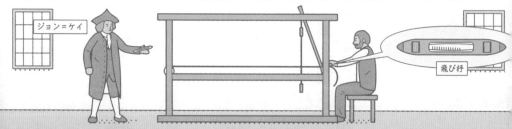

ジョン＝ケイ

飛び杼

なった」機械なのだ。クロンプトンは「私は先輩のよいところを合わせただけです」と言って特許を申請しなかったので、このミュール紡績機はイギリス中に広まることとなる。

また1793年にアメリカの**ホイットニー**が綿繰り機を発明したことも大きい。これは綿花に入っている種をしごき取ってしまう機械だ。

こうして質のよい綿織物を大量に生産できるようになったイギリスは、世界各地に綿織物を輸出して巨大な利益をあげるようになった。一方それまで世界一の綿織物生産国だったインドは没落してしまい、イギリスの隷属国に成り果ててしまったのだ……。

第3幕 産業革命② ——黒船や機関車トーマスの誕生！

1709年、ダービーが石炭を加工した**コークス**を燃料にしたコークス製鉄法を発明した。コークスは高い火力が出せるのだ。このため石炭が多く必要とされた。イギリスは良質の石炭の産出地なのだが、しかし鉱山を掘ると地下水がたまってしまう。この水をくみ出せないかと動力機械として**ニューコメン**が18世紀の初めに蒸気機関を初めて作った。しかしこの蒸気機関は力が出ないので、グラスゴー大学の実験機械を作っていた職人の**ワット**が改良してみた。このワットの改良版が優れた性能を持っており、現在では蒸気機関はワットが発明したとカン違いしている人も多い。この蒸気機関から多くの発明が生まれている。

例えば1785年に**カートライト**が蒸気機関で布を織り上げる力織機を作っている。また、蒸気機関を利用して19世紀初めには**トレヴィシック**が蒸気機関車を発明したがレールが機関車の重量に耐えられず、使い物にはならなかった。それを**スティーヴンソン**が改良して実用化したのである。最初の蒸気機関車は、1825年にイギリスの**ストックトン〜ダーリントン**間の約17 kmの区間を走った。これは主に石炭を運ぶための鉄道で、旅客を運ぶ最初の鉄道は1830年に**マンチェスター〜リヴァプール**間を運行している。この時の蒸気機関車「**ロケット号**」の速さは時速46.6 kmだった。ちなみに世界最速のボルト選手の速さは時速約45 kmである（2023年現在）。また1807年にはアメリカの**フルトン**が蒸気船を発明した。ペリーが日本に乗って来た「黒船」がついに誕生したわけだ。

綿繰り機

イーライ＝ホイットニー

産業革命の影響
——早く革命を取り入れた国が先進国となる

終幕

こうして大量生産や交通の変革（**交通革命**）が起こると、大規模な**機械制工場**が出現し、それまでの手工業や家内工業は没落してしまった。親方と徒弟の関係はすたれてしまい、**資本家階級**が**労働者階級**をこき使う時代に突入したのだ。特にイギリスは「世界の工場」と呼ばれるほどの大工業国となり、**綿産業のマンチェスター**、**鉄鋼業のバーミンガム**のような工業都市へ人口が集中したのである。

さて産業革命は、その技術は門外不出とされていたのだが、1830年代からアメリカやフランスやベルギーに広まるようになり、1840年代からドイツに、1890年代からロシアと日本に広まるようになった。

いち早く産業革命を取り入れた国は先進工業国として力を振るい軍事的にも強大な国となっている。その一方で、産業革命は現代社会の諸問題をもたらしている。例えば**労働問題**や**社会問題**だ。都市における労働者が住む非衛生なスラムの問題、労働者の長時間労働や子どもの労働が問題となったのだ。資本家や工場主は、朝から夜遅くまで労働者を働かせ、不平を言ったり、病気になると平気でクビにした。このような労働者への支配に対抗するため、労働者も組合を作って資本家に対抗するなど、後の**社会主義**の考え方が都市で生まれるようになった。

0
5
8

復習ポイント

産業革命で活躍した発明家と発明を整理してみよう。

アクティヴィティ

なんで工場労働では子どもが好んで使われたのでしょうか。

スティーヴンソン

産業革命史一覧年表 (18〜19世紀)

(発明は色字で表示；注がない人物はイギリス人)

1709年	ダービー…コークス燃料を使ったコークス製鉄法
	「コークスは石炭を蒸し焼きにしたもの。高い火力が出るので中華料理のチャーハン作りには欠かせない」
1712年	ニューコメン…蒸気機関を発明、実用化
1733年	ジョン＝ケイ…飛び杼
1764年頃	ハーグリーヴズ…多軸紡績機(ジェニー紡績機)
1769年	アークライト…水力紡績機　ワット…蒸気機関を改良
1779年	クロンプトン…ミュール紡績機
1793年	ホイットニー(米)…綿繰り機
1804年	トレヴィシック…蒸気機関車
1807年	フルトン(米)…蒸気船
1814年	スティーヴンソン…蒸気機関車を改良
1825年	スティーヴンソン…ストックトン〜ダーリントンに鉄道を開通
1830年	スティーヴンソン…マンチェスター〜リヴァプール間で鉄道営業を開始
	「マンチェスターで作った綿織物を港町のリヴァプールに運んで行ったのだ」

最後の門　下の問題は大学入試問題を出典にした問題です。答えなさい。

問1　18・19世紀のマンチェスターについて述べた次の文aとbの正誤の組み合わせとして正しいものを、下の①〜④のうちから一つ選べ。

a 綿工業が発展した。

b 19世紀前半に、リヴァプールと鉄道で結ばれた。

① a─正　　b─正　② a─正　　b─誤　③ a─誤　　b─正　④ a─誤　　b─誤

(センター試験)

問2　18世紀後半から19世紀半ばまで安価で良質なイギリス製品が世界市場の大きな割合を占めるようになった。このような国際市場におけるイギリスの圧倒的な強さを表す言葉を答えよ。

(北海学園大・改)

コーヒーハウス
の意外な役割

　1683年、オスマン帝国は第2次ウィーン包囲をおこなったが、さんざんな目にあって撤退して行った。彼らが去った後、戦場に不思議な麻袋が残されていた。その袋には変な匂いのする黒い豆が入っていた。「ええい、こんな豆捨ててしまえ」。その時、コルシツキーという男が「私がその豆を全部いただこう！」と申し出た。その豆こそ**コーヒー豆**だったのだ。コルシツキーはウィーンでコーヒーハウスを初めて開き、店は大いに繁盛した、という伝説が残っている。

　実はコーヒーハウスはロンドンですでに1650年代からオープンしており、物珍しがり屋のロンドンっ子たちがワラワラ押しかけている。

*

　元々コーヒーという飲み物は東アフリカ原産で、頭をスッキリさせて眠気をとる効果がある（その正体はカフェインだ）。イスラームの神秘主義者スーフィーたちが、夜でも眠らずに祈る時に飲んだものらしい。最初にヨーロッパにコーヒーを持ち込んだのはおそらくヴェネツィアの商人たちであった。**「イスラームの飲み物だからキリスト教徒は飲んではいかん」**という石頭たちの反対も多かったので、「それでは教皇様に判定していただこう」ということになった。教皇クレメンス8世はコーヒーを飲んで、その香りと味に深く魅了された。**「なあに、イスラームの飲み物ならば、コーヒーをキリスト教徒にすれば問題はなかろう」**ということで、クレメンス8世はコーヒーに洗礼を与えたとされている。

*

　17世紀のイギリスはイギリス革命（ピューリタン革命）の動乱の時期で、クロムウェルによって

禁欲的な政策が打ち出されていた。酒もバクチもいかん、という事態の中、唯一見過ごされていたのがコーヒーだったので、ロンドンには**コーヒーハウス**がたちまち建ち並び始めた。その店内はと言うと、大きなテーブルがドテチンと置いてあり、そのテーブルを囲むように身分の差がなくみんなが先着順に座るようになっていた。新聞（らしきもの）が置かれていて、政治情勢が報告されており、人々はコーヒーを楽しみながら政治談議をおこなっていた。

　イギリス人の好みはブラックよりもミルクコーヒーで、さらに砂糖を加えてみるとコーヒーがうまい！　お菓子やコーヒーの楽しみのためにカリブ海の島々で作る砂糖の需要が増え始め、奴隷が必要になった。

　今までの、居酒屋で酒が入った政治談議となると、酒にのぼせてカッとした客がたちまち殴り合いの乱闘になってしまう。だが、心を落ち着かせるコーヒーならば落ち着いて討論することができる。というわけで、17世紀のイギリスではコーヒーハウス（今ならスターバックスコーヒーか？）を中心に身分の差なく政治談議の輪が広まるようになったのだ。

　もちろんお上にとっては、こんなふうに庶民の政治意識が高まるのは喜ばしいことではない。「下々の者が御政道に関心を持ってはいかん」とチャールズ2世がコーヒーハウスの禁令を出したりはしたが、庶民の流行りを一枚の紙切れで止めることはできようもない。逆にコーヒーハウスには多くの人々が押し寄せるようになった。**こうしてコーヒーハウスやカフェが中心となって市民の情報交換がおこなわれ、一般の人々の政治意識が高まるようになったのである。**

解答と解説 ====================

復習ポイント の答え

　産業革命史一覧表を参考にして、誰がどんな
発明をしたのかを自分で書いてみると記憶しや
すいでしょう。文化史と同じように、「誰が何を
発明をしたのか」が重要です。せっかく書いた用
紙は……。

（トイレ暗記法）

　トイレの壁に貼っておくことをおすすめしま
す。家族の許可をとってトイレの壁に貼っておき
ましょう。トイレは毎日必ず入るし、一人きりに
なれる場所です。ここで貼っておいた一覧表を
見ているだけで、かなり覚えられるはずですよ。

アクティヴィティ の答えの一つ

　子どもは大人の言いなりになりやすいし、賃
金も安くて済むからです。子どもは体が小さい
ので、大人の暴力に逆らえない。また、これが重
要なのですが、子どもは知識も経験もないので、
大人が押し付けてくる一方的な屁理屈に対抗で
きないのです。

　産業革命時に貧困階級の子どもたちは労働者
として工場で使役させられたため、教育を受け
ることがない人口が増える恐れが出てきました。
そのため1880年になって、イギリスではやっと
初等教育の義務化が実施されたのです。

最後の門 の答え

問1　①　　問2　「世界の工場」

（解説）

問1　スティーヴンソンの鉄道がどこに敷かれ
たのかは意外に試験によく出てきます。
1825年に開設されたのが**ストックトン〜ダ
ーリントン**間で、1830年に開設されたのが
マンチェスター〜リヴァプール間であるこ
とを覚えておくとよいでしょう。ストック
トン〜ダーリントン間が貨物輸送を主とした
実験路線であったのに対し、マンチェスター
〜リヴァプール間は旅客運送を含めた営業
路線です。

問2　現在は「**世界の工場**」と言えば中国のこと
を指しますが、19世紀にはイギリスのこと
を意味しました。仕入れた農産物や工業原
料を加工して、綿織物や工業製品を安く世
界に提供する国が「世界の工場」と呼ばれま
す。いわゆる「加工国」こそ安定した利益を
あげやすい立場にあると言えます。ただし、
その「加工国」になるためには工場を作り、
運営するための豊かな資本と労働力が必要
です。資本が足らない場合、「外国から借り
る」必要がありますし、労働力が足らない場
合は「外国からの移民」に頼る必要がありま
す。

市民革命の時代

市民階級が歴史という舞台に乱入！

第2章

7 アメリカ独立革命
——「印紙」と「お茶」から始まった

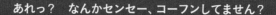

あれっ？　なんかセンセー、コーフンしてません？

いよいよ政治の世界での革命に入るのだからな。人間は理想を追い求めるもの。いよいよアメリカから世界の変革が始まるのだっ！

第1幕への前奏曲 アメリカ個人主義の原点

　北アメリカの東岸地帯にはイギリスの植民地として13の州が生まれていた。なにしろイギリスから宗教的・経済的な理由で逃れて来た移住者が多く、本国のイギリスからは、ある程度の自治を認められていた。というわけで住民は**タウン＝ミーティング**という集会を開いて自分たちで政治をおこなっていたところもあったのだ。この集会が発展して**植民地議会**として各州は独自の政治をおこなうようになったのだ。したがってアメリカは元々<u>州の権限が非常に強い</u>ことを知っておくべきだろう。

第1幕 アメリカ独立革命① ——意見は聞かず、カネだけむしり取るのかっ！？

　イギリスはフレンチ＝インディアン戦争（テーマ4参照）でフランスを打ち負かし、北アメリカの多くを手に入れた。しかし予想以上に戦費がかかってしまったので、北アメリカの植民地人に戦費を負担させようとした。しかしアメリカ植民地人は大不満だ。「普段はほったらかしのイギリス本国が、苦しい時だけ税金を重くしようとしやがる。ちっくしょー！」

　イギリスはまず砂糖をはじめとする多くの物品に税をかけた。これがフレンチ＝インディアン戦争終結翌年の1764年に定められた**砂糖法**だが、この税でアメリカ植民地は本国に対し大いにムカついた。その次が**1765年**に出された**印紙法**で、これでアメリカ植民地の

タウン＝ミーティング

怒りに火がついてしまった。

印紙ってなんですか?

　これは現代の日本の印紙だ(→)。切手じゃないぞ。日本の場合、5万円以上の買い物をした時には領収書に印紙を貼らなくてはならない。ま、印紙はレシートみたいなもので、「これだけの税金や手数料を国に払いました」という証明になるのだ。ところが「**アメリカ植民地はすべ**

ての出版物にイギリス政府が発行した印紙を貼れ」という法律を出したのだ。印紙を貼ることで本や雑誌、新聞に高い税が課せられるので、出版物の値段がはね上がってしまう。

『週刊少年ジャンプ』に印紙が貼られたら雑誌の値段が上がってしまうね

　ま、そのとおりだ。そこでアメリカ植民地の住民はこの法律に大反対した。その代表がパトリック=ヘンリがとなえたと言う「**代表なくして課税なし**」という有名な言葉だ。この言葉の意味は、「われわれはイギリス議会に代表を出すことができない。つまり意見することができない。権利を持たないわれわれに、課税のような義務ばかり押し付けてくるのは違法である」という主張だ。実に筋の通った意見だと思うぞ!　結局、印紙法は植民地人の大反対によって、翌年に撤廃された。

| 第2幕 | **アメリカ独立革命②**
——**愛国者なら茶を飲むな!　コーヒーを飲め** |

　さて、ここで**イギリス東インド会社**に困った事態が起こってしまった。中国からあまりにも多くの茶を買い込みすぎてしまい、さばき切れなくなってしまったのだ。このままだと巨額の赤字を抱えてしまう。そこでイギリス東インド会社は議会に泣きついて、1773年に茶法を成立させたのだ。これが大変な悪法で、「**アメリカ植民地での茶の独占販売権をイギリス東インド会社にのみ認める**」という内容だった。それまではアメリカ植民地の商人た

パトリック=ヘンリ

代表なくして課税なし

ちが密貿易で茶を仕入れて売っていたのだが、この茶法が施行されるとアメリカ植民地の商人が大損することになる。そこで商人たちは茶法に大反対し、キャンペーンをおこなった。「アメリカの愛国者は茶なんか飲むな！　コーヒーを飲め！」。ということで、これ以来、アメリカ愛国者はコーヒーを飲むことがステータスシンボルとなったわけだ。そして1773年にとうとう大事件が起こってしまった。**ボストン茶会事件**だ。ボストン港に入って来たイギリス東インド会社の船を植民地人が襲い、積んでいた茶葉の箱を海に捨ててしまったのだ。港の海の色が茶色になってしまったほどで、ボストンの人たちは「ボストン港がティーポットになっちまったぜ。いやあ、こりゃいいお茶会だ」と皮肉を言い合ったものだ。

あれ、下の絵を見ると変わった格好をしていますよ

　後でとがめられても言い訳できるように、わざとインディアンの姿でやったのだ。大損害をくらったイギリスはもう黙ってはいない。マサチューセッツ植民地の自治を禁止する処置をとった。アメリカ植民地側も対抗して1774年に**第1回大陸会議**を開き、イギリスの処置に抗議した。そして1775年、**レキシントン**と**コンコード**でイギリスとアメリカの最初の武力衝突が起こってしまったのだ。この衝突の1か月後に**第2回大陸会議**が開かれ、この会議でジョージ＝ワシントンが植民地軍の総司令官に任命されている。しかしこの時点では、まだアメリカ植民地側は「イギリスが植民地の自治を認めてくれればいいかな」程度に考えていた。だが！　1776年1月に**トマス＝ペイン**がパンフレット『**コモン＝センス**』（『常識』）を発表して「**アメリカは独立すべきである！　それはもはや常識である！**」と訴えたことから独立論が盛り上がったのだ。そして、ついに**1776年7月4日**、13植民地の代表が**フィラデルフィア**に集まり、**独立宣言**が発表されたのだ。この独立宣言は後に3代目大統領となる**トマス＝ジェファソン**が**ロック**の思想を基として起草した不滅の名文である。さあて、宣言は出したものの、ワシントンの奮戦にもかかわらず戦況は不利で、やっぱり海軍がないことが響いていた。そこで植民地は海軍国フランスに使者を派遣することにした。使者の**フランクリン**に対し当時のフランス国王ルイ16世が言った。「助けてやりたいのはやまやまだが、『植民地』を助けるのでは名分にならぬ。同盟を結ぶなら、せめて『国』を名乗ってもらいたい」。そこでアメリカは1777年アメリカ連合規約を出して**アメリカ合衆国**（**United States of America**）と正式に名乗るようになったのだ。

ボストン茶会事件

アメリカってなんで「合衆国」なんですか？

「共和国」と名乗らなかったのはアメリカは領土が広く、各州の自治権が強かったからだ。アメリカの法律は各州で異なるため、なんと人種差別までもが1964年まで州法で定められていたのだ。ただし、各州ごとにすべてがバラバラでは紙幣も切手も異なってしまい、大変に不便である。そして大統領の権限を強くして国の統一をはかる**連邦派**（Federalists）と、各州の自治を主張する**反連邦派**（Anti-Federalists）の二つの派閥がアメリカ合衆国の中に生まれてくるのだ。

第3幕 アメリカ独立革命③ ——イギリスの日頃のおこないが仇に

連合規約で合衆国として名乗るようになり、1777年10月の**サラトガの戦い**でアメリカ植民地軍が勝利をもぎ取ると、**フランス**と**スペイン**が合衆国を承認して同盟を結ぶようになった。またフランクリンはロシアのペテルブルクにもおもむき、女帝**エカチェリーナ2世**と1780年に**武装中立同盟**を約束させることに成功した。この武装中立同盟とは、イギリスに対し「**われわれはアメリカと付き合う！　じゃますするならば力ずくでやっつけるぞ！**」と宣言した同盟で、ヨーロッパのほとんどの国が加盟している。イギリスは植民地戦争のためにフランスを始めとして他の国々を敵に回していたから、まあ当然の報いだろう。

人間、日頃のおこないが大切ですねえ……

ヨーロッパ人の中にはアメリカ合衆国に対し、「義によって助太刀いたす！」という義勇兵（ボランティアで軍に加わる兵）も多く出てくるようになった。フランスの**ラ＝ファイエット**や、ポーランドの**コシューシコ**は義勇兵として参加した人として有名な人物であり、二人ともワシントンの参謀として大活躍している。おっ、コシューシコはすでにポーランド分割の時に名前が出ている英雄だ（テーマ2参照）。またフランスをはじめとするヨーロッパ諸国の援助で、アメリカ軍の装備も見違えるほどに向上させることができた。そして1781年、フランス海軍が支援する中、**ヨークタウンの戦い**でイギリス軍はアメリカ軍に全面降伏したのだ。これによってイギリスは完全に屈服し、**1783年のパリ条約**でイギリスはアメリカ合衆国

トマス＝ジェファソン

アメリカ独立宣言

の独立を認めたのだ。このパリ条約では、イギリスはアメリカ合衆国に<u>ミシシッピ川以東</u>
<u>のルイジアナを割譲すること</u>も認めている。え？　なんで割譲したのかって？　うむ、ミシ
シッピ川以東のルイジアナでとれるものは木材や毛皮だが、それらをヨーロッパへ輸出す
る港が皆アメリカ合衆国のものになってしまったので、ルイジアナの価値が下がってしま
った。そこでいらないものなら敵に渡して恩を売っておこうという作戦だったのだ。

　こうしてアメリカは晴れて独立を獲得できたのだが、仕事はこれからだっ。アメリカ合
衆国という国の基礎を作らなくてはならない。まず求められたのは国を支える憲法を作る
ことだ。<u>合衆国は王も貴族もない国である。</u>唯一、国を支える権威となるのは憲法だ。そこ
でフィラデルフィアで開かれた**憲法制定会議**で**1787年**にアメリカ合衆国憲法が成立す
ることになった。これこそ、まとまった形としては世界最初の憲法である。主な内容は三つ
だぞ。①**人民主権**、②連邦派の主張を取り入れた**連邦主義**、③そして**三権分立**だ。これら
の考え方は、テーマ5で説明した<u>ロックやモンテスキューの思想</u>を法の基盤にしたもので、
当時としては革新的なものだった。え、三権分立の意味？　これは**行政・立法・司法の三**
つの権力を異なった機関にゆだねて、互いに監視し合う制度だ。

　初代大統領に選ばれたのは**ワシントン**で、財務長官は**ハミルトン**。この二人は連邦派
だったが、国務長官となる**ジェファソン**は反連邦派であった。このジェファソンが後に3
代目の合衆国大統領になる。

■ 復習ポイント

　1763年のパリ条約と1783年のパリ条約の違いを整理してみよう。

■ アクティヴィティ

　三権分立の長所と短所は何でしょうか。

ジョージ3世

エカチェリーナ2世

ルイ16世

ジョージワシントン

アメリカ合衆国独立史年表 (18世紀)

1763年	パリ条約 (フレンチ＝インディアン戦争でイギリスの勝利)
1764年	砂糖法
1765年	印紙法←「代表なくして課税なし」と反対を受ける 「フレンチ＝インディアン戦争の赤字をアメリカ植民地からまきあげようとしたのがいけなかったな」
1773年	茶法→反対者がボストン茶会事件を起こす
1774年	第1回大陸会議でボストン茶会事件に対するイギリスの処置に抗議
1775年	レキシントンの戦い、コンコードの戦い (アメリカ植民地とイギリスの最初の武力衝突) →第2回大陸会議でワシントンを総司令官に任命
1776年7月4日	フィラデルフィアで独立宣言が採択される 「当時、アメリカ植民地で一番大きな都市はフィラデルフィアだ」
1777年	アメリカ連合規約でアメリカ合衆国を名乗る サラトガの戦いで植民地軍勝利
1778年	フランスが合衆国を承認し、独立戦争に参戦
1780年	ロシアのエカチェリーナ2世が中心となり武装中立同盟を結成→イギリスに不利
1781年	ヨークタウンの戦いでイギリス敗北
1783年	パリ条約でイギリスがアメリカ合衆国の独立を承認
1787年	アメリカ合衆国憲法制定「世界初の近代的成文憲法」

0
6
9

最後の門 下の問題は大学入試問題を出典にした問題です。答えなさい。

　ヨーロッパでの七年戦争と並行して、北アメリカでは（　A　）戦争と呼ばれる植民地戦争が戦われ、イギリスの勝利に終わったが、七年戦争で多大な負債を抱えたイギリスは、重商主義政策を強化させ、植民地への新たな課税をもってのぞみ、植民地人の不満が高まった。1765年の（　B　）に対し「（　C　）なくして課税なし」をスローガンとした抵抗運動が展開され、また1773年には独立戦争の導火線となった（　D　）が起きた。1775年、イギリス本国軍と植民地民兵との間での武装衝突が（　E　）と（　F　）で起こり、アメリカ独立戦争の火蓋が切られた。1776年7月4日、（　G　）で（　H　）が宣言案を起草した独立宣言を発表した。この宣言は主権在民の原則、自然権、革命権を掲げ、イギリスの（　I　）の思想が色濃く反映されていた。

問　（　A　）～（　I　）に入る語を記入しなさい。

(青山学院大・改)

人民主権

連邦主義

三権分立

アメリカが世界最強の
イギリスを破った理由

大陸会議が植民地軍の総司令官に選んだのが、**ジョージ＝ワシントン**である。ヴァージニア州の黒人奴隷を使用した大土地農園主の息子であり、小さい頃、いたずらで桜の木を切り倒したのを正直に告白して、父親にほめられたエピソードでも知られている。これはどうも作り話らしいが、生前のワシントンを知る人々がこの話を聞いて、真実であると思い込んだように、実際のワシントンはたしかに真面目で誠実な人物であった。このワシントンが軍に到着して驚いた。集まって来た兵士たちは服装がバラバラ、整列することも知らず、銃も持っていない兵までいた。その晩、絶望したワシントンは日記に書いている。

「こんな軍隊の司令官にならなくてはならないとは……！　むしろ司令官であるよりも兵卒であった方がどんなに楽であったろうか！」

ワシントンは戦争はどちらかというとヘタクソであった。しかし重要な作戦であろうと、兵隊にすべて打ち明け、寒さ暑さ飢えなどの苦労を兵とともにしたため、兵たちの忠誠心は厚かった。しかし戦いは利あらず、イギリス軍によって窮地に追い込まれることも多かった。

冬の寒さの中、兵たちとボートでデラウェア川をわたるワシントンの勇姿を描いた肖像画がある。幕末の西郷隆盛は居間にこの絵の複製を掲げ、逆境に屈しない英雄のありし日の姿をしのんだと言われている。

このワシントンの苦境を救ったのがフランクリンであった。

*

フランクリンは雷の正体を電気と見破り、避雷針を発明したことでも知られるアメリカの大発明家である。小学校を中退した彼は、独学で知識を身に付けた苦労人であるが、何よりも愛国者であった。

彼はこのアメリカの危機に、外交官としてフランスにおもむいた。

彼は得意のフランス語とユーモアに満ちた知的な人柄でフランス国王ルイ16世を魅了し、フランスをアメリカ側の味方に付けることに成功したのである。またフランクリンはロシアの女帝エカチェリーナ2世の説得にも成功した。その結果、ロシアをはじめとするヨーロッパの多くの国々が**武装中立同盟**に参加し、イギリスの味方をしないことを約束してくれた。フランクリンの成しとげた外交の成功は、アメリカに大きな利益をもたらした。多くの援助物資と武器がフランスから届けられただけでなく、ボランティアたちも駆け付けてくれた。

ポーランドからやって来た愛国者**コシューシコ**は工兵士官として陣地の設計をアメリカ人に教え、ワシントンにも深く信頼された、また後のフランス革命で活躍するフランス人**ラ＝ファイエット**はワシントンの参謀として総司令官をよく助けた。

このため最初はみじめだったアメリカ軍は見違えるように立派になり、不屈の総司令官ワシントンに率いられ、1781年のヨークタウンの戦いで世界最強のイギリス軍をついに破った。この時、喜んだラ＝ファイエットが軍楽隊に演奏させたのが「ヤンキー＝ドゥードル」だ。この愛国歌は現在、「**アルプス一万尺**」のメロディーで知られている。

そして1783年のパリ条約でイギリスはついにアメリカ合衆国（United States of America）の独立を承認したのである。

解答と解説

1763年と1783年のパリ条約は名前が同じですが内容は対照的で、1763年の方は「イギリスがミシシッピ川以東のルイジアナを**手に入れた**」条約であるのに対し、1783年の方は「イギリスがミシシッピ川以東のルイジアナを**手放した**」条約です。1763年の方はカナダやフロリダなど、イギリスがフランスやスペインから手に入れた領土も覚えておくとよいでしょう（フランスとスペインはアメリカ独立戦争の時、イギリスに宣戦してこの時の恨みを晴らします）。

「パリ条約」は世界史で3回も出てきますので、気をつける必要があります。1回目1763年（フレンチ＝インディアン戦争終結条約）、2回目1783年（アメリカ独立をイギリスが認めた条約）、3回目1856年（クリミア戦争集結条約）です。

アクティヴィティ の答えの一つ

三権分立はロックやモンテスキューが主張している政治制度で、行政・立法・司法が独立して互いに監視し合うことによって権力の暴走を食い止める働きを持ちます。これが長所です。アメリカ大統領が世界最大の権力者であっても、独裁者にならないのは三権分立の機能が働いているからです。逆に一人が三権を独占した場合、その人物はヒトラーのように独裁者となってしまいます。

三権分立に短所があるとしたら、国家的な危機に直面した場合、国家がすばやく危機に対応できないことです。三権が互いに許可を取り合わなくてはならないので、戦争や災害の時に遅れをとりやすくなります。そこで古代ローマ人は非常事態の場合は独裁官を任命し、短期間に限り独裁官に国家権力をすべてゆだねたのです。アメリカの大統領制は、このような有事に対応できるために考えられたので、アメリカの大統領は強大な権力を持っていますが、4年に1度必ず選挙で当選しなければなりません。

最後の門 の答え

(A) フレンチ＝インディアン 　(B) 印紙法
(C) 代表 　(D) ボストン茶会事件
(E)・(F) レキシントン 　コンコード（順不同）
(G) フィラデルフィア
(H) トマス＝ジェファソン
(I) ロック

（解説）

事件に関しては年代を覚えておくと正答しやすい。(D)は「茶法」を書く人もいるかもしれないが、本文に「起きた」と書いてあるので事件を書いた方が文章的には正しくなります。(E)(F)は武装衝突が起こったのはこの2か所なので覚えるのが大変。考えてみれば日本史の小牧・長久手の戦いも2か所で起こっています。(G)ワシントンD.C.が首都となるのは1800年で、それ以前の独立革命当時はアメリカ植民地最大の町であったフィラデルフィアで会議や議会を開いていました。

8 フランス革命①
——「議会」を覚えるのが大変!

お、フランス革命って言ったら『ベルサイユのばら』じゃん。

フランス革命からついに近代が開幕するぞ! 王や貴族などを中心とした過去の遺物は消え去り、われわれ市民の時代が到来するのだっ!

第1幕への前奏曲 革命が起こるのにはやはり理由がある

上巻テーマ79のアクティヴィティでも取り上げたが、革命が起こるにはやはり条件が必要だ。それを再び考えてみよう。まず**革命の条件のその①**は「**王や皇帝を中心とする社会が極めて不公平であること**」、その②が「**啓蒙思想が広がっていること**」、その③が「**古い権威に抵抗できる組織(例えば議会や党、ブルジョワジーなど)があること**」だ。

第1幕 フランス革命の原因
——貧乏王ヒマなし、味方もなし

実はあれほど派手なフランス王室にはカネがなかった。理由は戦争だ。戦争ほどカネがかかるものはない。特にルイ14世は戦争が大好きだったからな。そして次のルイ15世もポンパドゥール夫人の言いなりになって七年戦争に参加し、結局は植民地戦争でも大負けしてしまった。ルイ16世が跡を継いだ時は金庫の中にカネはなく、借金証書が山のようになっていたのだ。さあ、どうしよう?

当時のフランスは**アンシャン＝レジーム**という社会だった。直訳すれば「**古くさい体制**」。フランスで絶対王政が確立した16世紀からの政治や社会体制をこう呼ぶ。**第一身分**と呼ばれる**聖職者**と、**第二身分**と呼ばれる**貴族**は合わせて人口の2%しかいないのにフランスの土地の40%も所有していた。その上、免税の特権もあった。実際に税金を負担していた

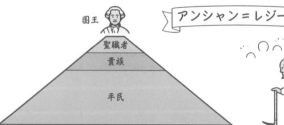

国王

アンシャン＝レジーム

聖職者
貴族
平民

のは人口の約90％を占める参政権のない**第三身分**と呼ばれていた平民たちである。その中でも商工業者は植民地拡大とともに勢いが盛んになっており、平民たちはしだいに「古くさい体制」がもたらす社会の不公平さに強い不満を持つようになったのだ。「特権階級から税金を取ればいいじゃないか！　なんでオレたちばかりっ！」

ルイ16世が財政難解決のために財務総監に取り立てた経済学者で、重農主義者の**テュルゴ**や銀行家の**ネッケル**は「やはり特権階級から税を取るべきです」と王に進言した。そう、啓蒙思想の精神で特権階級を攻撃したのだ。これを知った貴族などの特権階級は大反対。ルイ16世は175年ぶりに**三部会**（上巻テーマ77参照）を開くことで、階級ごとの争いを調整しようとしたのだが、この政策が裏目に出て、新たに権威に抵抗する場を作るきっかけになってしまったのだ。

第2幕 国民議会の出現
——事件は議会で起こるものだ

1789年、ヴェルサイユ宮殿でめでたく三部会が開かれたのだが、やっぱりと言うか、課税問題で貴族・聖職者と平民は激突してしまった。この時の代表者数はおよそ平民＝（貴族＋聖職者）で、課税方法を議員数で採決したら平民が勝つ可能性も高い。そこで貴族と聖職者は平民に提案をした。「なぁ、議員数じゃなくって、1階級1票でどうだ？（これなら平民を押さえ込める。へへへ）」。この提案を知って大激怒した平民たちは「**こんな三部会じゃダメだ。われわれ平民こそ国の唯一の代表である！　税を払っているのはわれわれなのだからなっ！　平民だけで新しい議会を作ろう！**」と三部会とは別に**国民議会**を勝手に結成してしまったのだ。この「国民議会」だが、親分は平民ではなく聖職者や貴族だったから面白い。彼らは啓蒙思想に染まってしまい、特権階級であることを捨て、あえて平民階級のリーダーになったのだ。その代表がミラボーやアメリカ独立戦争でも活躍した**ラ＝ファイエット**、そして聖職者出身の**シェイエス**だ。シェイエスは第三身分の権利を主張した『**第三身分とは何か**』という冊子を書き、大きな影響を与えていたのだ。国民議会の発足に驚いたルイ16世が貴族たちの意見を入れて、ヴェルサイユ宮殿から国民議会のメンバーを締め出しにかかった。するとこの処置に怒った国民議会の議員たちは近くにあるテニスコートに集まり、「**フランスに憲法ができるまでわれわれは絶対に解散しない**」という有

ミラボー　　　シェイエス　　　国民議会

名な「球戯場（テニスコート）の誓い」をおこなっている。

市民たちは国民議会を熱烈に応援していたため、国王もこれ以上の弾圧をあきらめ国民議会を正式に認めることになった。これ以降の国民議会は憲法作成の作業を始めるので**憲法制定国民議会**とも呼ばれている。

一方、政治に対する平民たちの盛り上がりに不安を覚えた王は、治安維持のための軍隊をパリに集めようとしたのだが、これがまずいことになった。「オレたちを弾圧する気だ！力には力で対抗だ」という平民たちが、政治犯が閉じ込められ、弾薬があるという噂の**バスティーユ牢獄**に押し寄せて襲撃を始めたのだ。そしてバスティーユ牢獄は陥落し、牢獄を守っていた司令官は首をはねられてしまった。このバスティーユ牢獄襲撃の日が**1789年7月14日**で、7月14日はフランスの**革命記念日**にあたる。

第3幕 近代誕生の宣言 ——自由は確保、問題は財産

この衝撃的なニュースはフランス各地に伝わり、地方でも暴動が頻発するようになった。すると国民議会は暴動の沈静化をはかるために8月4日に**封建的特権の廃止**を決定したのだ。封建的特権とは「貴族や聖職者が持っていた特権」のことだ。例えば貴族や聖職者は農民や平民から一方的に「結婚税」や「教会への十分の一税」を、そして年貢を取り立てることができたし、王に税金を払わなくてもよかった。また領主裁判権のような司法権まで持っていた（上巻テーマ60参照）。考えてみればこれらは不公平なことなので、ミラボーなどの貴族出身のリーダーが進んで主導して、中世以来続いてきた封建的特権を廃止したのである。ただし肝心の年貢については「払いたくなければ、自分が耕している土地を所有者である貴族や教会から買いなさい」ということになってしまった。これを「**封建地代の有償廃止**」と難しい言葉で言っている。つまり、農民の人格的自由は認められたが、農民の土地取得はさっぱり進まなかったのである。そして8月26日にはついに**人権宣言**が採択される。内容は「**自由と平等の重視**」「**主権在民**」「**人間の普遍的な権利の確認**」である。アメリカ独立戦争に参加したラ＝ファイエットらが起草した文章なので、アメリカ独立宣言と共通しているところが多い。また、ルソーの思想の影響を強く受けており、新しい近代社会の扉をこじ開ける文章となった。

フランス人権宣言

ラ＝ファイエット

第4幕への前奏曲

ヴェルサイユ行進
——「パンがなければケーキを食べたら？」

　実はフランス革命が起こった1789年は不作であった。飢えた民衆は「王が小麦をため込んでいる」という噂を信じてしまい、「ヴェルサイユへ行って王様に小麦を分けてくれるようにお願いしよう！」とパリ市民が市内から20km離れたヴェルサイユ宮殿に向かって行進し始めたのだ。この1789年10月の行進を**ヴェルサイユ行進**と呼ぶ。この時先頭を歩いていたのは、台所を司るおかみさんたちだった。女性が先頭だと兵士も力ずくで止めづらいからな。ルイ16世は民衆に会って話を聞いたが、民衆の「王様は特権階級の力が強いヴェルサイユではなく、平民の町であるパリに住むべきです！」という要求に屈服してしまい、王と家族はパリに移ることになった。そして、この時以降、王がヴェルサイユに戻ることは二度となかったのである。

第4幕

ヴァレンヌ逃亡事件と革命戦争
——いつの世も裏切り者は信頼を失う

　さて国民議会のリーダーであったミラボーやラ＝ファイエットは1789〜1791年にかなり革新的な政策をおこなっている。まずは①**カトリック教会の財産の没収**。教会は多くの土地を持っていたので、没収した土地を担保（最悪の場合の保証）として新しい紙幣を発行したのだが、この紙幣を**アッシニア紙幣**と言う。これがフランス最初の紙幣だ。②**ギルドの廃止**。特定の組合しか商売できない状況を止めて、誰でも商売に加われるようにしたわけだ。

　1791年、ミラボーが過労のために死んでしまった。実はミラボーはルイ16世と通じており、王の相談相手になっていたのだ。たのもしい味方を失った王は、絶対に相談してはならない人を相談相手にした。妻のマリ＝アントワネットである。マリは実家のオーストリアに避難することを主張し、ルイ16世もその気になってしまった。こうして1791年6月、国王一家はオーストリアへの逃亡を試みたが、ヴァレンヌの町で正体がバレてしまい、パリへ連れ戻されてしまった。これを**ヴァレンヌ逃亡事件**と呼ぶ。それまでルイ16世は人々の尊敬を得ていたのだが、この事件以来、「国の裏切り者」とみなされた王の権威は失墜してしまう。妹（マリ＝アントワネット）家族が逃亡に失敗したのを知ったオーストリアの**レオポ**

0
7
5

ヴェルサイユ行進

ルト2世はプロイセン国王とともに**ピルニッツ宣言**を出し、「妹夫婦に何か起こったら、フランスに攻め込むぞ！」と脅しをかけた。だが「ケンカ上等！」と逆にフランス国民の怒りを買ってしまう。

1791年9月、ようやっと待ちに待ったフランス憲法ができ上がった。一院制を決めた**1791年憲法**と呼ばれるこの憲法の内容はひどくウケが悪かったのだ。理由はこの憲法が「立憲君主政」を定め、さらに「有産市民（＝金持ち）の選挙権しか認めていなかった」からだ。6月のヴァレンヌ逃亡事件以来、王の権威は失墜していたので1791年憲法はでき上がった時にはすでに時代遅れの憲法になっていたのである。一応憲法の規程に従って、有産市民の投票による総選挙がおこなわれ、1791年10月に新しく**立法議会**が成立した。名前の意味？　「憲法に基づいて、その他の法律を作るための議会」という意味だ。さてフタを開けてみると、「立憲君主政を支持する」**フイヤン派**と、「穏健な共和政を支持する」**ジロンド派**の二つの派閥が、この立法議会では有力であった。王の人気が急降下していた時期のこともあり、フイヤン派は旗色が悪くなり、ジロンド派が立法議会で主流派となった。このジロンド派が主張していたのが**革命に反対する諸外国との戦争**だ。特にピルニッツ宣言を出したオーストリアは戦うべき宿敵であった。1792年4月、ついにジロンド派内閣は**オーストリアに宣戦布告**をおこない、革命戦争が勃発する。ところが対外戦争は負け戦の連続だった。なにしろ軍の司令官や将校クラスは貴族出身者が多く、革命に対し非協力的だったのだ。「これはいかん！　革命が潰されてしまう」というわけで市民を中心とする**義勇軍**が各地で作られ戦場に送られた。フランス国歌の「**ラ＝マルセイエーズ**」も義勇軍によって歌われた曲だ。

復習ポイント

「国民議会」がおこなった政策を整理してみよう。

アクティヴィティ

ルイ16世のおかした失敗とは何だったろう。考えてみよう。

ヴァレンヌ逃亡事件

フランス革命史①年表

1789年5月5日	三部会開催
1789年6月17日	国民議会結成
1789年6月20日	球戯場（テニスコート）の誓い

「当時のテニスコートは室内にあった。ボールにゴムが入ってなかったので屋外の土の床だと弾まないからだ」

1789年7月14日	パリ市民によるバスティーユ牢獄襲撃
1789年8月4日	封建的特権の廃止→貴族と聖職者の特権がなくなる
1789年8月26日	人権宣言採択
1789年10月5日	ヴェルサイユ行進→国王一家をパリに連行
1791年6月	ヴァレンヌ逃亡事件→国王一家逃亡失敗、国王は権威を失う
1791年8月27日	ピルニッツ宣言→オーストリアがフランスに干渉するが逆効果となり、フランスの戦意が高まる
1791年9月3日	1791年憲法成立…立憲君主政・財産資格選挙・一院制を定める
1791年10月1日	立法議会成立→フイヤン派とジロンド派が対立
1792年4月20日	ジロンド派内閣が対オーストリア宣戦→戦争の拡大

最後の門 下の問題は大学入試問題を出典にした問題です。答えなさい。

① アンシャン＝レジームに関する記述として誤りを含むものはどれか。

  a. 16世紀頃からフランス革命までの政治・社会体制を意味する。

  b. 貴族を第一身分とする政治・社会体制である。

  c. 第三身分は人口の9割以上を占めたが、地代や税負担に苦しめられた。

  d. 宮廷を中心とした貴族の社交に基づく文化が開花した。

② 封建的特権の廃止の宣言に関する記述として誤りを含むものはどれか。

  a. 国民議会が採択した宣言である。

  b. 領主裁判権が無条件で廃止された。

  c. 農民による土地取得が一気に進んだ。

  d. 農民の人格的自由が認められた。

（関西学院大）

フイヤン派　　　　　　　ジロンド派

『ヴェルサイユのばら』と呼ばれた王妃

マリ＝アントワネットはハプスブルク家のマリア＝テレジアの末娘に生まれた。**「ロココの女王」**と呼ばれるほど魅力的だが、わがままで自分を抑えることができない少女であった。まだ少女の頃、6歳のモーツァルトがシェーンブルン宮殿で演奏を披露したことがある。演奏の合間に宮殿で転んだモーツァルトを助け起こしたマリに対し、モーツァルトは「ありがとう。いつか僕のお嫁さんにしてあげるね♡」と、ませた口をきいたらしい。

しかし、マリはモーツァルトの嫁にはならなかった。政略結婚はハプスブルク家の宿命。母のマリア＝テレジアが決めた外交革命によってマリはフランス皇太子でのちのルイ16世の妃になったのである。

夫のルイ16世は身長が190cmもあり、若い頃はスリムだった。読書を好む啓蒙専制君主で、アメリカ独立革命の時、アメリカ植民地に味方したことからも共和政治に対する理解があった人物であることがわかる。結婚したマリが驚いたのは、ルイ16世の趣味が「錠前作り」だったことだ（ちなみに錠前作りはけっこう高度な技術が必要）。

現代風に言えば自作パソコンに熱中するオタクだったのだ。

マリは慣れぬヴェルサイユ宮殿での生活で周囲からのいじめにあい、ふとしたきっかけで出会ったスウェーデン人のフェルゼン伯爵との逢い引きも知られてしまい、フランス国民から「浮気女」と非難されてしまった。里帰りしたくても妃にはそのことは認められない。ストレスがたまったマリは、ヴェルサイユ宮殿の裏にあるロココ風の小トリアノン宮殿に引きこもってしまった。彼女はハープを弾いたり、農婦の真似ごとをして牛の乳搾りをするなどの気楽な暮らしに耽ったのだ。

*

マリの安楽な日々もフランス革命の嵐とともに終わりを告げた。

1789年10月、パリ市民が20km離れたヴェルサイユ宮殿へと「ヴェルサイユ行進」をおこなったのだ。先頭に立つ主婦たちは「われらにパンを！」のプラカードを掲げていた。これを窓越しに見たマリが**「あら～、パンがなければケーキを食べたらぁ」**という世間知らずな一言を吐いたらしい。本当かどうかは疑われるが、歴史に残ってしまう言葉になってしまった。

過熱化するフランス革命の事態にビビったマリは、夫のルイ16世に「私の実家のオーストリアへ逃げましょうよ。フランスって怖いわ～。大丈夫、私のお兄ちゃん（神聖ローマ皇帝レオポルト2世）が守ってくれるわよ。ねえ、逃げましょう、逃げましょう」と口説いた。ルイ16世は「国王が国を捨てるなんて……！」としぶっていたが、ついにマリに説得されてしまった。王一家は変装してパリを脱出したが、豪華な馬車に乗り、ワインや食事を楽しみながら旅をしたので目立ってしまう。そしてオーストリア領ベルギーとの国境に近いヴァレンヌの町で正体がバレてしまい、王一家はパリに連れ戻されてしまった。

王一家はパリのテュイルリー宮殿に住んでいたが、1792年に王政が廃止されると、一家はタンプルの塔に監禁されてしまう。不自由な生活の中、マリは夫や子どもの面倒をよく見る献身的な女性になっていた。そしてマリは悲劇的な最期の日を迎えるのである。

「国民議会」は、1789年の三部会に集まった平民たちが王の許しを得ずに**非合法に作った機関**なので、ルイ16世は彼らをヴェルサイユ宮殿から締め出そうとしたのです。しかし王の許可を得て、合法化されると国民議会は多くの仕事をおこないます。

（国民議会がおこなった政策）

まずは①憲法作成作業に取りかかります。そしてバスティーユ牢獄襲撃の勢いを受けて②封建的特権の廃止と③人権宣言を成立させます。アメリカ独立宣言にうたわれた「すべての人間の自由と平等」を実行しようとしたのです。しかし肝心の「財産の平等」は不徹底に終わってしまいました。1789年になると、国民議会は市民階級の代表として、④教会財産の没収をおこないます。これはカトリック教会がフランス領内に持っていた土地を没収し、紙幣発行の担保にしようとしたのです。そして1791年に⑤ギルドの廃止で商業参加の権利を広く市民に開放しました。

ルイ16世の最大の失敗は「自分を助けてくれる階級」を作れなかったことでしょう。貴族や聖職者とは課税問題で争ってしまい、平民とは国民議会の創設をめぐってトラブルを起こしてしまいます。

ルイ16世本人は性格が弱く鈍重だったと言われ、事件が起こるたびに優柔不断と妥協を繰り返してしまいます。最悪なことはヴァレンヌ逃亡事件でフランス国民を全員敵に回してしまったことです。国家の主権者は自分の国を捨ててはなりません。国民の賛同こそ権力の源泉だからです。

① b　　② c

（解説）

① アンシャン＝レジームにおける第一身分は「聖職者」です。「貴族」は第二身分です。このひっかけは実に多いので気をつけておく必要があります。

② 農民の土地獲得は一気に進みませんでした。「封建的特権の廃止」の当時は、土地を獲得するには、20〜25年分の年貢代を一括払いする必要があったのです。だいたい現在の1000万円以上でしょうか。貧しい農民が払えるわけもなく、国民議会の時点では「農民の土地獲得」の問題は解決しませんでした。

⑨ フランス革命②とナポレオン登場
――乱舞するギロチン

あうう、なんか混乱してきました!

フランス革命では議会の名前（例：立法議会）と派閥の名前（例：ジロンド派）が重要なので、ぜひ覚えてもらいたい!　ちなみにジロンドというのはフランスの県の名前だ。その県の出身者が多かったのだ。

第1幕への前奏曲　やけっぱちは無敵

　1792年9月20日。オーストリアに宣戦布告をして以来、連戦連敗のフランス軍だったが、**ヴァルミーの戦い**で初めてプロイセン・オーストリア連合軍に勝利した。パリまで90kmに迫ったプロイセン軍に対しフランス義勇兵がヤケのやんぱちで「国民万歳!」と叫びながら突撃したところ、驚いたプロイセン軍が撤退したのだ。この時、プロイセン軍の中にいた文豪**ゲーテ**は夕暮れの中、フランス義勇軍が歌う革命歌「ラ＝マルセイエーズ」を聞きながら、こう記したと言う。

「**この日、この場所から世界史の新しい時代が始まる……!**」

第1幕　王権の停止そして王の処刑
――「長ズボン派」の大暴れ

　ヴァルミーの戦いの1か月前にパリでは大事件が起こっていた。8月9日の夜中に王政に反対する市民たちがテュイルリー宮殿に乱入したのだ。王と家族は宮殿の隣にあった立法議会に避難したが、議会は民衆の勢いに押され、ついに王権の停止を翌日に採択した。これを**8月10日事件**と呼ぶ。この時からルイ16世と家族はタンプルの塔に監禁されたのだが、召使いを使うことを許されるなど、生活には配慮されたようだ。

　バスティーユ牢獄襲撃や8月10日事件で中心となったのが**サンキュロット**と呼ばれる

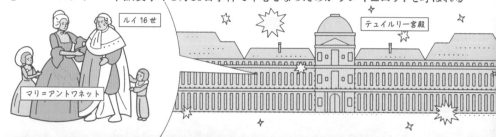

無産市民、つまり下層市民だ。サンキュロットとはフランス語で「キュロットをはかない」という意味で、<u>長ズボンをはく貧民たちを指す</u>。キュロットとは半ズボンのことで当時の貴族階級が好んではいていたものだ（→）。

👩‍🦰 キュロットは私もはくけど、今のとは違うね

サンキュロットの連中は国民議会を率いていたブルジョワジーとは異なる職人や小商店主で、ガラが悪い。だが彼らがフランス革命のターボエンジンとして推進力になっていたのは間違いないだろう。

王権が停止されたことにより、立法議会は解散となった。元々立法議会は1791年憲法では王を補佐するための議会であり、王権が停止されたのでリセットされたわけだ。9月に実施された選挙は選挙権に身分や財産の差がない男性普通選挙で、この選挙で勝利したのは下層市民のサンキュロットたちが支持する「過激な共和主義」をとなえていた**山岳派**だった。この「過激」という言葉は「もういらぬなら、王は殺してしまえ」ということを意味している（！）。この男性普通選挙で新たに成立した議会を**国民公会**と呼ぶ。

9月20日のヴァルミーの戦いの勝利が伝えられると翌21日、国民公会は王政の廃止と共和政の成立を宣言した。これが**フランス第一共和政**の始まりだ。<u>今までの国民議会と立法議会は王政のもとにあった議会だが、国民公会は共和政のもとにある議会であることが大きな違いだぞ</u>。この国民公会では山岳派が主導権を握り、王の処刑がついに決定してしまう。そして1793年1月21日に**ルイ16世**はギロチンで処刑された。

ルイ16世の死は高くついた。革命が広まったら王や貴族は皆ギロチン台行きになってしまうことがはっきりしたのだ。そこで1793年、イギリス首相の**ピット**の提唱によって**第1回対仏大同盟**が作られた。「早く革命を潰さなければ自分たちが危ない」というわけだ。しかも王党派たちが保守的な農民たちと組んで、フランス西部の**ヴァンデー**地方で3月に革命派への**ヴァンデーの反乱**を起こしてしまったのだ。

第2幕　恐怖政治
――逆らうヤツは皆ギロチン台行き！

　このような危機の時、民衆が支持するのは過激派だ。1793年2月にフランスは**徴兵制**を実施。若い衆を兵隊に起用した。これが革命を支える力となる。続いて3月に**革命裁判所**を設置、反革命派を裁いてギロチン台に送ることになる。そして、その後の4月に**公安委員会**が設置され、革命時の行政組織となった。そして**山岳派**は1793年6月に国民公会からジロンド派を追放し、過激な革命政治をおこなうようになる。公安委員会はジロンド派のメンバーをはじめとして革命政治に逆らう連中をギロチンで処刑したので、この山岳派の政治を**恐怖政治**と呼ぶ。さて、恐怖政治の内容だが、すでに時代遅れになっていた1791年憲法を廃止し、1793年に新たな憲法を作った。これが**1793年憲法**、別名**ジャコバン憲法**と呼ぶ。この憲法は**男性普通選挙制**を定めている。貧富の差がなく成人男性なら誰でも投票できるのだが、女性には選挙権がなかった。結局この憲法は革命の激化を理由に、実施されていない。そして7月には**封建地代の無償廃止**を決定した。テーマ8でやったのだが、年貢については「払いたくなければ土地を買え」という方針だったので、農民の土地取得は進んでいなかった。しかし政治情勢の急激な変化により土地の所有者である貴族たちの多くが外国に亡命したために、年貢を払う相手がいなくなったのだ。そこで公安委員会は「ならば、いっそ年貢は廃止しよう」と、この状態を追認したわけだ。年貢を払わなくてもよくなった農民たちは、これ以上の変化を望まなくなってしまったのだ！

　そして**最高価格令**の実施である。革命政府は戦費調達のためアッシニア紙幣を刷りまくったため、インフレが起こってしまったのだ。パンの値段が上がっていく中、公安委員会は最高価格令を出して「これ以上の値段で売ったらギロチン送りだっ！」と市場を統制しようとしたが、太陽に「西から昇れ」と命令するようなもので効力はなかった。そしてインフレによって生活を圧迫された貧民たちはしだいに山岳派から離れてしまうようになる。

　民心をまとめるために山岳派が考えた新たな一手が**理性の祭典**だ。革命政府は教会財産を没収したためカトリック教会とは縁が切れている。そこで山岳派は新たな「啓蒙主義の宗教」をおこなうことにした。人工的に作られた「理性」を祀る丘に人々がお参りするという内容である。やってはみたものの理屈っぽい頭でっかちな式典だったためウケが悪く、

山岳派の恐怖政治

短期間で消滅したようだ。また、今まで実施してきたカレンダー（グレゴリウス暦）はカトリック教会が作ったものなので、山岳派は**革命暦**という季節の特徴を月の名前に用いたカレンダーを新たに採用した。が、これも不評に終わってしまう。

第**3**幕

テルミドールの反動
──死刑執行人もまた死す

さて山岳派のリーダーだが3人いた。巨漢の現実主義者**ダントン**、ジャーナリストだった実力者の**マラー**、そして改革主義者の**ロベスピエール**だ。もう一人、**エベール**という過激派指導者も力があった。最初のうちはなんとかバランスをとっていた山岳派だが、マラーが1793年に暗殺されてしまうと、山岳派内部の権力闘争が表面化してしまう。そして1794年にダントンとエベールをギロチン台に追いやって最後に勝利したのは改革主義者ロベスピエールだった。ロベスピエールはギロチンの恐怖で革命を推進しようとしたが、ブルジョワジーが反発してしまう。これ以上革命が進んでも、金持ちのブルジョワジーは得るものがなかったし、貧民のサンキュロットたちもインフレを生み出した山岳派に不満を持つようになっていたのだ。

1794年7月27日。革命暦ではテルミドールの月の9日に、ブルジョワジーたちが中心となって山岳派に対するクーデタを起こした。ロベスピエールら山岳派の中心メンバーが捕らえられ、今度は彼らがギロチンで処刑されてしまったのだ。これを**テルミドールの反動**と呼ぶ。こうして血まみれの恐怖政治は終わりを告げた。

第**4**幕への前奏曲

総裁政府
──ナポレオン登場の踏み台になった政府

1795年8月には新たに二院制を定めた**1795年憲法**が発布されたが、財産による制限選挙に逆戻りした憲法である。この憲法により、5人の総裁が分担して政治をおこなう**総裁政府**が作られた。ブルジョワジーが主体となったこの政府だが、今までの恐怖への反動なのか、腐敗と汚職にたるみ切った政府であった。そのため王党派と山岳派の残党、つまり左翼・右翼両派の攻撃にさらされていた。特に山岳派残党や左翼革命家バブーフが計画した武装蜂起は事前にバレてしまい、逮捕されたバブーフはギロチンにかけられてし

理性の祭典

まう。このような不安と動乱の中でブルジョワジーが求めたのは政権を安定させる「力」だった。そのような力を持っていたのが軍人の**ナポレオン**だ。

第4幕　ナポレオンの登場
——「エロイカ」（英雄）の快進撃

　ナポレオン＝ボナパルトは地中海のコルシカ島出身の軍人で、父親は下級貴族だった。普通ならばうだつのあがらない下級士官で終わりだったろうが、革命が彼を助けた。貴族出身の将校の多くが亡命してしまう中でナポレオンは異例の出世をとげ、24歳の若さで将軍となったのである。1795年10月の王党派の反乱を鎮圧したことにより、総裁政府から認められたナポレオンは1796年、オーストリアの支配する**イタリア遠征**の司令官となる。アルプス山脈を越えてイタリアに攻め込んだナポレオンはオーストリア軍を破り、連戦連勝。ついに1797年の**カンポ＝フォルミオの和約**でオーストリアを屈服させた。この和約によりオーストリアが抜けたことで、第1回対仏大同盟は崩壊する。

　フランスの英雄となったナポレオンはイギリスが強い勢力を持っていた**エジプト遠征**をおこない、エジプトを支配していたオスマン帝国軍を撃破した。しかしネルソン提督率いるイギリス海軍によってエジプトのアブキール湾にあったフランス海軍の軍艦が焼かれてしまう。ついにエジプトで孤立してしまったナポレオン。「チャンス！」とばかりにイギリスのピットは**第2回対仏大同盟**を結成し、フランスを攻め立てた。肝心の総裁政府は無能者ばかりで危機に対処する能力がなく、アワアワするばかり。ナポレオンは決意した。「私がいなくてはフランスは破滅する！　何がなんでもフランスに帰らなくてはっ！」

復習ポイント

　フランス革命で成立した「議会」と「政府」を整理してみよう。

アクティヴィティ

　ネットで「右翼」と「左翼」の言葉の起源を調べてみよう。

テルミドールの反動

ロベスピエール

フランス革命史②年表

1792年8月10日	8月10日事件→王政の停止を立法議会が決定
1792年9月20日	ヴァルミーの戦いでフランスがプロイセン・オーストリア連合軍を破る
1792年9月21日	国民公会が王政の廃止と共和政の成立を宣言 →フランス第一共和政（～1804年5月18日）
1793年1月21日	ルイ16世を処刑→2月、第1回対仏大同盟の結成
1793年4月	公安委員会が設置される→恐怖政治の中心となる
1793年6月	ジロンド派が国民公会から追放→山岳派の恐怖政治の始まり
1793年6月	1793年憲法（ジャコバン憲法）の制定
1793年7月	封建地代の無償廃止→年貢や地代が廃止→農民は革命に対し消極的になる
1794年4月	ダントン処刑→ロベスピエールによる独裁
1794年7月27日	テルミドールの反動→山岳派リーダーが逮捕され、処刑
1795年8月	1795年憲法の制定→10月に総裁政府成立
1796～1797年	ナポレオン＝ボナパルトのイタリア遠征
1796年5月	左派のバブーフの陰謀→事前に逮捕され、翌年処刑
1798～1799年	ナポレオンのエジプト遠征

最後の門 下の問題は大学入試問題を出典にした問題です。答えなさい。

次のア〜エのうち、革命前のフランス身分制に関する説明として間違っているものを一つ選べ。すべて正しい場合はオを選べ。

ア. 特権身分である第一身分（聖職者）、第二身分（貴族）は、全人口の2％程度であったが、全土の約40％の土地を所有し、免税などの特権を有していた。

イ. 第三身分とは、平民であり、農民と市民からなる。シェイエスは『第三身分とは何か』というパンフレットで、「第三身分はフランスのすべてであるが、権利においては無である」と主張した。

ウ. ルイ16世は、175年ぶりに三部会を開催した。第一身分と第二身分は身分別の議決法を主張したが、第三身分は反対した。

エ. 革命が始まると、小商店主・職人など下層都市市民が先鋭化していった。彼らは平民の服であるキュロットを身に付けていたことからサンキュロットと呼ばれた。

(法政大)

ナポレオン＝ボナパルト

イタリア遠征

ギロチン台への行進

ギロチン。この忌まわしい処刑道具は、フランスの医師ギヨタンが死刑囚を苦痛なく、速やかに絶命させるために考えたものである。

（ギヨタンの名を英語風に読むと「ギロチン」になる）

1793年1月、国民公会によって死刑を宣告された国王**ルイ16世**は革命広場（現・コンコルド広場）に引き出された。優柔不断で有名だったルイ16世だが、ギロチンを前にした王は威厳に満ちて演説し始めた。

「市民諸君！　私は今、罪なくして殺されようとしている！」

王の言葉に圧倒されて、群衆が静かになった。慌てた役人は鼓手に命じてドラムを打たせた。小太鼓が一斉に鳴って王の言葉は聞こえなくなり、そのスキに王はむりやりギロチン台に押さえられた。そしてギロチンは重いうなり声とともに落下した。この瞬間、歴史は変わった。

王の死の9か月後、王妃のマリ＝アントワネットもギロチン台に登った。そまつな荷車に乗せられ、後ろ手にしばられて連行される王妃の姿を画家のダヴィドはスケッチに残している。彼女はギロチン台にあがる時に、うっかりと死刑執行人サンソンの足を踏んでしまい、その時に言った**「あら、ごめんあそばせ」**が最期の言葉となった。

1793年の6月になると、貧民を味方に付けた山岳派が権力を握り、政敵の処刑を始めた。革命広場にギロチン台が林立し、毎日のように処刑がおこなわれた。ジロンド派の代表的メンバーであったロラン夫人がギロチンで処刑される時に叫んだ言葉はあまりにも有名だ。

「おお、自由よ！　お前の名のもとに、いかに多くの人が殺されたか！」

＊

7月、山岳派の巨頭の一人、マラーが殺された。皮膚病に苦しむマラーは風呂場の中で仕事をしていたが、仕事の最中にジロンド派の残党であった17歳の少女シャルロット＝コルデに襲われ、彼女のナイフによって暗殺されたのだ。少女コルデもギロチン台に登ることになる。マラーの死後、山岳派は分裂し、穏健派のダントンと改革主義者のロベスピエールが争い、ついにロベスピエールが勝利した。敗北したダントンは捕らえられ、処刑されることになった。1794年4月、ギロチン台に登る時、巨漢のダントンは堂々と市民に呼びかけた。

「市民諸君！　私の首を見て、君たちはきっと何事かを悟るであろう」

処刑をこっそり見物しているロベスピエールを見つけたダントンは雷のような声で叫んでいる。**「次は君の番だぞ！　ロベスピエール！」**

＊

あまりの恐怖政治のすさまじさに民心は山岳派から離れ、ブルジョワジーたちはロベスピエールを打ち倒す計画を考え始めた。そして1794年7月。革命暦の**テルミドール**の月にクーデタは起こった。ブルジョワジーたちに率いられた兵士たちが突然ロベスピエール一味を逮捕したのである。翌日、彼らは全員ギロチンで処刑された。公安委員会で「革命の大天使」とうたわれた美青年サン＝ジュストは、ギロチン台に登る時に絶叫した。

「この魂はもう革命に捧げてある！　革命万歳！」

ところが肝心のロベスピエールはクーデタの時、銃でアゴを撃たれていたため何も言葉が言えない。必死に何か叫ぼうとしたが、次の瞬間ロベスピエールの首は地に落ちていた。

解答と解説

復習ポイント の答え

　フランス革命で一番試験に出やすいのは「議会」と「政府」の名だ。整理して覚えておくとけっこう役に立つ。

成立	議会・政府名	業績・事件
1789年6月	**国民議会** （7月から「憲法制定国民議会」と呼ぶ場合あり）	① 封建的特権の廃止 ② 人権宣言 ③ 教会財産の没収 ④ ギルドの廃止
1791年10月	**立法議会**	① オーストリアに宣戦布告 ② 8月10日事件（＝王権の停止）
1792年9月	**国民公会**	① 第一共和政の成立 ② ルイ16世を処刑 ③ 徴兵制の実施 ④ 革命裁判所と公安委員会の設置 ⑤ 最高価格令 ⑥ 封建地代の無償廃止 ⑦ 革命暦の制定
1795年10月	**総裁政府**	① ナポレオンのイタリア遠征・エジプト遠征 ② バブーフの陰謀

アクティヴィティ の答えの一つ

　パリのテュイルリー宮殿の隣にあったフランス議会が基になった。この議会は日本の国会と同じくスリバチ状になっており、**議長席から見て右側にジロンド派が座り、左側にジャコバン派**が座っていた。そこから、**今までの体制を守ろうとする保守派を「右翼」、体制を変革しようとする改革派を「左翼」と呼ぶ**ようになった。特に最も過激な改革を叫ぶ議員たちは「左翼」の最後方にいたので、皮肉を込めて彼らは「山岳派」と呼ばれた。この山岳派が後にジャコバン派内部で過激な派閥を形成することになる。

最後の門 の答え

エ

（解説）

　難しい問題に見えるが、明らかに間違っている文を探せば答えられる。ア・合っている。テーマ8参照。イ・合っている。シェイエスの主張に惑わされるが、この通りの内容が『第三身分とは何か』の冒頭に書いてある。ウ・合っている。テーマ8参照。

　エ・間違っている。「キュロット」は貴族がはいた半ズボンを意味し、「サンキュロット」は「半ズボンではない」を意味する。

10 ナポレオンの活躍
──「不安の時代」に求められる英雄

> ナポレオンって、いやあホントに戦争強いんだねえ！

ナポレオンは砲兵科出身で、数学が得意だった。それゆえか戦場では旧習にとらわれることなく合理的な戦術を考えることができたのだ。しかしナポレオンが強かった理由は実はそれだけではないぞ。ただ、好漢惜しむらくはあまりにも野心が強すぎた……。

第1幕への前奏曲 持つべきものは勇敢な弟！

1799年、フランスの危機を知ったナポレオンは、なんと兵のほとんどをエジプトに置き去りにして小舟でフランスに帰還した。そしてフランスで兵を集めるとパリの総裁政府を打倒した。これを**ブリュメール18日のクーデタ**と呼ぶ。このクーデタの際に兵士が「ナポレオン将軍は共和国政府を倒して独裁者になるのでは……！」とざわついた。この時、ナポレオンの弟のリュシアンがサーベルをナポレオンの胸に突き付け、「**もし兄が共和国の自由を奪うのなら、この私が刺し殺す！**」と兵士たちに向かって叫んだので、クーデタが実行できたのだ。実際にはこの後、ナポレオンは独裁者となり、リュシアンは外国に亡命するハメになるのだが……。

第1幕 統領政府
──古代ローマの三頭政治のマネだな、こりゃ

1799年のクーデタの後、権力を握ったナポレオンは**統領政府**を作り、長である3人の統領のうち、自分が**第一統領**に就任した。

ナポレオンがこの時に作った統領政府は、古代ローマの「三頭政治」の焼き直しで、3人の統領が政府のリーダーになることで、独裁政治のイメージをやわらげようとしたのだ。し

リュシアン＝ボナパルト　　　　　　　　ナポレオン＝ボナパルト

ブリュメール18日のクーデタ

かし実際はナポレオンの軍事独裁だ。

　この統領政府の時、第一統領のナポレオンの活躍はめざましかった。1800年に中央銀行として**フランス銀行**を作り、安定した財政を確立する。アッシニア紙幣は廃止して、価値が安定している金貨を財源の中心としたためインフレは収まり、戦費も確保できるようになったのだ。そして中央銀行による民間への融資が実施できるようになったのでブルジョワジーは喜んだ。そして1801年にはローマ教皇と**政教協約(コンコルダート)**を結び、フランス国内にカトリックを復活させたのだ。理性の祭典なんてわけのわからん宗教にうんざりしていた国民の心をつかむための政策だった。この時「革命時代に没収した教会財産は返還しない」ことを定めたので、教会財産だった土地を買い、「いつか取り上げられるのでは……」と恐れていたブルジョワジーは喜んだ。そしてイギリスと1802年に**アミアンの和約**を結んだ。この和約によって第2回対仏大同盟は崩壊し、一時的ながらも平和を確保できたのでブルジョワジーは大喜びだ。最後に1804年に**ナポレオン法典**を制定した。この法典は民法を定めたもので、**私有財産の不可侵(国家は市民の財産を奪わない)**を宣言したので、ブルジョワジーは狂喜した。

　こうして1802年に国民投票でナポレオンは終身統領に就任。1804年についにナポレオンは皇帝に即位した。これにより<u>フランスの第一共和政は終結し、**第一帝政**が始まることになる</u>。皇帝戴冠式の様子は画家**ダヴィド**の巨大な絵画でも知られている。

第2幕　皇帝ナポレオンの誕生 ──「英雄交響曲」の始まり

　ナポレオンが皇帝に即位した時、激怒した男が二人いた。一人はウィーンにいたベートーヴェンで、共和主義者だった楽聖は「あの男もただの野心家にすぎなかったのかぁ!」と、ナポレオンに捧げるために書いていた大交響曲の表紙を破り、「ある英雄の思い出のために」という献辞に書き直した。これが**交響曲第3番「英雄」(エロイカ)**だ。

　もう一人はイギリス首相ピットで、**第3回対仏大同盟**をさっそく結成した。1805年**ネルソン**提督率いるイギリス艦隊は、フランス・スペイン連合艦隊をスペイン沖合の**トラファルガーの海戦**で撃破した。ネルソン提督はこの海戦で戦死したが、命と引き換えにナポレオンのイギリス上陸を食い止めた。その2か月後、ナポレオンは**アウステルリッツの戦い**

ローマ教皇

ナポレオン法典

ジョージ3世

（三帝会戦）でロシアとオーストリアを打ち破る。

🧑‍🦰 あのう、なんで「三帝会戦」と言うんですかー？

　ロシア皇帝**アレクサンドル１世**と神聖ローマ皇帝**フランツ２世**とフランス皇帝ナポレオンが一堂に会した戦いだったからだ。この戦いはフランスの記念碑的な大勝利で終わった。ロシア皇帝は敗走し、神聖ローマ皇帝はナポレオンの前にまかり出て屈従しなければならなかったのだ。この敗戦により第３回対仏大同盟は崩壊し、敗戦の知らせを聞いたイギリス首相ピットはショックを受け、次の年に死んでしまう。

第3幕 神聖ローマ帝国の崩壊 ——虫の息の帝国に最後のとどめ

　最大の敵であるネルソンとピットが二人ともくたばってくれたおかげで、ついにナポレオンの絶頂期が始まった。1806年には西南ドイツにあった領邦諸国をむりやり一つにまとめて**ライン同盟**を作らせた。そのために神聖ローマ帝国が消滅してしまう結果になったのだ。

🧑‍🦰 同盟作ったら、なんで帝国が滅びるんですか？　わけわからん

　実は神聖ローマ帝国はもうあってないようなものだった。ハプスブルク家は三十年戦争で盛り返そうとしたのだが、逆に帝国が弱体化し、ご臨終状態になってしまったことは上巻テーマ78で取り上げたとおりだ。西南ドイツの領邦がまだ支配下にあったので、なんとか「神聖ローマ帝国」を名乗っていたのだが、その最後のよりどころをナポレオンがハプスブルク家から奪って独立させたわけだ。「こりゃあかん」とついにフランツ２世は神聖ローマ帝国の解散宣言を出すにいたった。ただしハプスブルク家の本拠地であったオーストリア自体はベーメンやハンガリーなどの広い地域を有し、多くの民族を支配するなどまだ強い力を持っていたので**オーストリア帝国**と名乗り、フランツ２世はオーストリア皇帝としては**フランツ１世**として君臨することになるのだ。

ナポレオンの戴冠式

ベートーヴェン

第4幕 ナポレオンの栄光
──ついにヨーロッパのほとんどを尻にしく

　図に乗ったナポレオンは1806年に兄のジョゼフをナポリ王に、弟ルイをオランダ王にした。身内びいきだが、「ファミリーは裏切らない」という気持ちが強かったのだな。

　1806年10月にイエナの戦いでプロイセン軍を打ち破ったナポレオンはプロイセンの首都ベルリンに入城し、この地で11月に**大陸封鎖令（ベルリン勅令）**を出す。<u>イギリスを兵糧</u><ruby>糧<rt>ひょうろう</rt></ruby><u>攻めにするために、ヨーロッパ大陸諸国にイギリスとの通商を禁じた</u>のだ。ナポレオンにしてみれば「敵国イギリスのヨーロッパ市場を奪い、フランスのブルジョワジーに開放すれば、自国の利益になる」という考えがあったろう。ところがこれが裏目に出る。この命令で困ったのはイギリスではなく大陸諸国の方だったのだ。イギリスは世界中に植民地を持っており、穀物はおろか、茶や砂糖や綿織物までイギリスが独占していたのだからな。「**お茶がない、ケーキもない、おまけにパンツもない**」というわけで、大陸諸国は生活に必要な輸入品不足に苦しんでしまう。フランスはまだ産業革命が進んでおらず、他国は十分な工業製品を確保できない。他国のブルジョワジーはナポレオンを恨みに恨んだろう。特に麻や穀物をイギリスに輸出して工業製品を輸入していたロシアにとって、この命令は致命的な打撃となった。しかたなくロシアはナポレオンに黙ってこっそりイギリスと密貿易をおこなっていたのだ。

　1807年、ナポレオンはロシアとプロイセン相手に**ティルジット条約**を結ぶ。内容はプロイセン領の大半を割譲させ、エルベ川の西側にはウェストファリア王国を建てさせた。国王はナポレオンの弟ジェロームだ。そしてプロイセンが領有していた元ポーランドの土地には**ワルシャワ大公国**を建てさせた。自分に従わないプロイセンへの当てつけと、ポーランド人の支援を見込んだ処置であった。そしてロシアには大陸封鎖令のさらなる順守が要求された。若きロシア皇帝アレクサンドル1世はこの条約の締結に臨んだ時に初めてナポレオンと会ったが、ナポレオンが小男で、彼のフランス語がロシア皇帝よりもヘタクソなのにかなり驚いている。この会談の時、アレクサンドル1世はイギリスとの密貿易がバレていないかどうかヒヤヒヤしていたようだ。この条約締結にプロイセン国王は出席を許されず、しかもそのあまりに屈辱的な内容に、プロイセン人は泣いてナポレオンを激しく恨んだ。

ライン同盟

第5幕　ナポレオンへの反撃
——おごれるナポレオンも久しからず

　プロイセンはナポレオンに対抗するため、1807年から宰相の**シュタイン**と**ハルデンベルク**の二人が中心となって**改革**をおこなっている。ナポレオンに勝つためには、まず「国民意識」を下々にいたるまで持ってもらう必要があった。プロイセンにまだいた農奴を解放し、また行政機構や軍隊を改革し、大学を設立した。つまり有能な人材であれば国が教育して登用できるようにしたのだ。またこの頃哲学者**フィヒテ**が「**ドイツ国民に告ぐ**」の連続講演をおこなっており、この改革後に「ドイツ国民」という意識がしだいに生まれてきたのだ。

　この頃ナポレオンは子どもを産まない妻のジョセフィーヌと離婚し、1810年にオーストリア皇帝の娘マリ゠ルイーズと結婚した。「王朝」を作ることを意識したナポレオンは、めでたくハプスブルク家と縁続きになったのだ。こうしてヨーロッパに「革命」や「共和政」を広めたナポレオン自身が、自分の権力の増大とともに古くさい「王朝」や「君主制」の意識にとらわれてしまったのである。

　ナポレオンは**スペイン**王室の内部争いに乗じて、1808年にスペインを征服、自分の兄ジョゼフをスペイン国王にした。スペイン民衆はこれに反発し、ゲリラ戦法を使ってフランス軍と戦った（**スペイン反乱**）。**ゲリラ**とはスペイン語で「小さな戦闘」を意味し、ナポレオンへの抵抗戦争から生まれた言葉だ。小規模の民兵が敵軍に待ち伏せや奇襲で襲いかかる戦闘方法である。ナポレオンはスペイン民衆の反抗に手を焼いた上、**ウェリントン**率いるイギリス軍がスペインに上陸、スペインの戦闘はナポレオンの足を引っ張ることになる。

> **復習ポイント**
>
> 　第1回〜第3回の対仏大同盟の成立と崩壊の原因を整理してみよう。
>
> **アクティヴィティ**
>
> 　ナポレオンが成功した理由は何でしょうか。考えてみよう。

大陸封鎖令

ナポレオンとヨーロッパ史

1799年11月9日　ブリュメール18日のクーデタ

　　12月　　　統領政府の樹立、ナポレオン第一統領に就任

　　　　　「9日なのに『18日』になっているのは革命暦に従っているから」

1800年　ナポレオン、フランス銀行を設立

1802年　アミアンの和約→第2回対仏大同盟が崩壊する

1804年　ナポレオン法典制定→ナポレオン、フランス皇帝となる（＝ナポレオン1世）

1805年　第3回対仏大同盟発足（8月）

　　　　トラファルガーの海戦（10月）でイギリスのネルソン提督がフランス・スペイン連合艦隊を破る

　　　　アウステルリッツの戦い（三帝会戦）（12月）でナポレオンがオーストリアとロシアを破る

　　　　→第3回対仏大同盟崩壊

1806年　ライン同盟結成→神聖ローマ帝国の消滅

　　　　イエナの戦い（10月）でナポレオンがプロイセン軍を破る

　　　　大陸封鎖令（11月）でイギリスとの通商を大陸諸国に禁止

1807年　ティルジット条約でワルシャワ大公国を建国

　　　　→プロイセン宰相シュタインとハルデンベルクの改革へ

1808年～1814年　スペイン反乱

最後の門　下の問題は大学入試問題を出典にした問題です。答えなさい。

　ナポレオンは1799年11月、クーデタに踏み切り（　1　）を倒して統領政府を樹立した。第一統領としてほぼ独裁的な権力を掌握したナポレオンは、ローマ教皇ピウス7世との間で（　2　）を結び、国教化は避けたもののフランスにおけるカトリックの復活を承認し、農民層の支持を得た。1802年にイギリスとの間で（　3　）を締結し、10年間も続いていたフランスの戦争状態を脱して支持率を更に上昇させたナポレオンは、憲法改定に踏み切り、国民投票によって終身統領に就任した。国政の永続的な安定のためには世襲制の皇帝が必要だとするナポレオンの主張は、国民投票で圧倒的な支持を受け、<u>1804年12月の戴冠式</u>で皇帝に即位した。

問1　（　1　）～（　3　）に入る適語を書きなさい。

問2　下線部について、パリのノートルダム大聖堂におけるその戴冠式の様子を空前の大作に描いた画家を、下の選択肢から選びなさい。

　①　ドラクロワ　　②　ダヴィド　　③　クールベ　　④　ルーベンス　　（青山学院大・改）

ジョゼフ＝ボナパルト

台頭する英雄ナポレオン

ナポレオンが生まれる1年前までコルシカ島はフランスの領土ではなく、イタリア語の方言が話されていた。ナポレオンの姓である**ボナパルト**はフランス人には珍しい姓で、元々はイタリア語で「正義の味方」を意味する。ナポレオンはフランスの陸軍幼年学校に進学したが、そこで田舎なまり丸出しのナポレオンは貴族としての階級が低かったこともあり、さっそくいじめの対象にされてしまった。おかげでナポレオンは読書に耽る、孤立した少年になる。この時に読んだ多くの古典と、孤独を恐れない性格が後のナポレオンを作った。

＊

フランス革命が起こり、多くの貴族出身の将校が亡命してしまったためナポレオンにも希望の光がさしてきた。王党派を支援するイギリス海軍が占領していたトゥーロン港奪回戦への参加をナポレオンは命じられる。この時、ナポレオン少佐は天才的な力を発揮した。敵の要塞にナポレオンは三日三晩にわたって大砲をブチ込んだのだ。嵐の中の不眠不休の戦いに「もうダメ」と悲鳴を上げる兵士に、ずぶ濡れになったナポレオンが叱る。「**不可能はフランス語ではない！**」

ついにトゥーロン港を奪回した時、疲れ果てたナポレオンは大砲の側で兵とともに折り重なって泥のように眠っていた。ナポレオンのもとを訪れた軍司令官は24歳の若き英雄ナポレオンの胸に将軍の記章を与えたのである。

この戦いで山岳派とのつながりができたナポレオンは、1794年のテルミドールの反動の後、山岳派との関係を疑われて逮捕されてしまい、軍から短期間追放されてしまう。不遇のナポレオンに声をかけたのは発足直前の総裁政府だった。王党派が反乱を起こして議会に迫って来た時、ナポレオンに鎮圧を命じる。サーベルを抜いたナポレオンは言った。

「**この剣はフランスに秩序が戻るまではサヤには戻らぬが、よいな！**」

＊

オーストリアとの戦争で司令官を命じられたナポレオンは、イタリア遠征を計画する。

「オーストリアを攻めるなら敵が油断している裏庭から攻めて行った方がよい。リウィウスの『ローマ建国史』に書かれているハンニバルのアルプス越えを今、私が再現してやる！」

イタリア方面司令部に到着したナポレオンは、兵士に補給がなく、士気が低くなっていることに驚いた。みじめに腹を空かせ、服もボロをまとっている兵士にナポレオンは演説した。

「**兵士諸君！ 君たちは裸で、食べ物もない。政府は君たちに負うものは多いが、政府は君たちに報いることができない。君たちの忍耐と勇気は大したものだが、この宿営地にいては何にも得られない。私は君たちを世界一豊かなイタリアの地へと導こう。その地で君たちは名誉と栄光と富を得るのだ！**」

ナポレオンの演説に発奮した兵士たちはボロの格好のまま北イタリアへとなだれ込み、強大なオーストリア軍を打ち破った。ナポレオンは最初「チビ伍長」のあだ名を付けられていた。しかしアルコレ橋の激戦の中、フランス国旗を持ってたった一人で橋を駆けわたろうとしたナポレオンの姿を見た兵士たちは、この小男の中に革命の軍神の姿を見出し、忠誠を誓うようになったのだ。

解答と解説

　対仏大同盟は学校の試験にも入試にも出やすいポイントなので、整理して覚えておくことをおすすめする。ちなみに**第1回から第3回まで提唱者はすべてイギリス首相のピットである。**

対仏大同盟	期間	主要加盟国	成立のきっかけ	崩壊のきっかけ
第1回	1793〜1797年	イギリス・ロシア・スペイン・プロイセン・オランダ・オーストリア・ポルトガル・サルデーニャ	ルイ16世の処刑(1793年)	ナポレオンのイタリア遠征→カンポ=フォルミオの和約(1797年)によりオーストリアが大同盟より脱落
第2回	1799〜1802年		ナポレオンのエジプト遠征(1798〜1799年)	アミアンの和約(1802年)
第3回	1805年8月〜12月	イギリス・ロシア・オーストリアなど＊プロイセン中立	ナポレオン皇帝即位(第一帝政の成立：1804年)	アウステルリッツの戦い(三帝会戦)でのロシア・オーストリアの敗北

アクティヴィティ の答えの一つ

　ナポレオンが成功した理由としては、①ナポレオン自身の力量の高さ、②革命による「フランス国民意識」の高まり、などを挙げることができる。ただしナポレオンの成功の大きな理由としてはずせないのは、③**ナポレオンが自分の味方となる階級を作ることができたことだ。**その階級とはブルジョワジー(商工業者)階級であり、第一統領としてナポレオンはブルジョワジー向けの政策を実施し(第1幕参照)、彼らの支持を得ることに成功している。ブルジョワジーはナポレオンに戦費と兵士(自分の息子たち)を提供し、この支えがナポレオンの強さを保証した。逆にブルジョワジーがナポレオンを見放した時に、ナポレオンの没落が始まったのである。

最後の門 の答え

問1　(1)　総裁政府
　　　(2)　政教協約(コンコルダート)
　　　(3)　アミアンの和約　　問2　②

(解説)

問1　「和約」や「協約」の字が付いているものは覚えた方が安全。

問2　**ナポレオンのカッコいい肖像のほとんどはダヴィドが描いていることを知っておこう。**ダヴィドは新古典主義(古代ローマ風の古典的な絵画)の画家で、ジャコバン党員でもあった。「ソクラテスの死」「マラーの死」などの作品を描いたのもダヴィドである。彼もナポレオンに魅了された一人で、死ぬまでナポレオンを賛美する絵画を描き続けた。ダヴィドが描いた「ナポレオンの戴冠式」は、ルーヴル美術館が保有するすべての絵画の中で一番大きい。

ナポレオンの没落とウィーン会議
──絶海の孤島で英雄死す

皇帝ナポレオンは、絵で見ると太ってますねえ。

ナポレオンは34歳で皇帝になったのだが、多忙と過食で身体を壊していたようだ。小柄なのを隠すため馬にしょっちゅう乗っていたが、そのためか膀胱炎にまで苦しんでいたようである。

大序曲

「1812年」：ロシア遠征大失敗
──ロシアの冬をなめたらあかんぜよ

　悪事というのは覆い隠せないもので、ロシアがイギリスと密貿易をしていることをナポレオンが知るところになった。アレクサンドル1世は必死に言い訳をしたが、怒ったナポレオンは1812年に61万と号する大軍を率いて**ロシア遠征**を開始した。ところがロシアはだだっ広く、行けども行けども果てがない。ロシア軍の焦土戦術で村はすでに焼かれてしまい、食料も手に入らない。モスクワ近郊のボロディノの戦いでロシア軍を破り、モスクワに入城したナポレオンはがらんどうの首都に違和感を覚えた。その晩、モスクワに火が放たれ食料も家も焼けてしまう。10月の朝、テントから出てきたナポレオンは霜を踏んだ。その瞬間、ナポレオンはすべてを理解した。「10月に霜……。あ！　そうか、敵は**冬がくるのを待っていたのかっ！**　ぜ、全軍退却っ！　急げ！」。補給のないままロシアの冬地獄に閉ざされたら生きては帰れない。

　ロシア軍の追撃を受け、軍旗も何もかも振り捨ててナポレオンがなんとかパリに帰った時、付き添っていた兵士は5000人にすぎなかった。

ロシア遠征失敗

没落するナポレオン
──わが身世にふるながめせしまに

「い、今こそチャンスや！」とヨーロッパ諸国は1813年にイギリス・プロイセン・ロシアが中心となって**第4回対仏大同盟**を結成。今まで自分たちをいじめていたナポレオンに襲いかかった。その結果、1813年の**ライプツィヒの戦い**（諸国民戦争）で同盟軍は勝利し、翌年にはパリも占領され、ナポレオンはやむを得ず皇帝を退位するにいたった。

あーあ、人間、日頃のおこないが大事ですねえ

ナポレオンはイタリア半島の西にある**エルバ島**に島流しにされた。

そしてフランスにはルイ16世の弟、**ルイ18世**が王として君臨し、ブルボン家が復活することになった。ところが、このルイ18世という人は外相の**タレーラン**に「何も学ばず、何も忘れず」と評されているしょーもない人物で、人間的にナポレオンにくらべてかなり見劣りした。当然、民心は得られず、後にそこをナポレオンに突かれることになる。

第**2**幕 ウィーン会議①
──会議は踊る、されど進まず

さて、ナポレオンに勝利した後、1814年にヨーロッパ各国の代表がウィーンに集まって、ナポレオン後の戦後処理とヨーロッパの政治体制を決定することになった。これを**ウィーン会議**と呼ぶ。え？　なぜウィーンかって？　オーストリアの首都ウィーンはヨーロッパの中央にあり交通の便がよいこと、そしてオーストリアは保守的な国なのでパリのような革命騒ぎは起こる心配がないからだ。議長はオーストリア外相の**メッテルニヒ**。極めて優秀な政治家だ。マリ＝ルイーズがナポレオンの嫁に行った時彼女に付き添い、その聡明さをナポレオンに認められ、親しく付き合っていたほどである。貴族の生まれのメッテルニヒは、はっきり言って革命に批判的な保守の政治家なので、私は彼を好まない。だが現実と未来を見据える力を持った優秀な政治家であることは認めざるを得ないな。メッテルニヒのポリシーは勢力均衡だった。「**どこか一国が強力になるとヨーロッパでは戦争が起こってしまう。バランスを保った勢力を作ることがヨーロッパの平和と繁栄につながる**」という

ウィーン会議

彼の考えは現実的で優れていると思う。

　ウィーンにやって来た代表の中で優秀なのはフランス外相の**タレーラン**だ。ナポレオンに重用された外交官で、その政治能力は抜群である。本来は被告席に座り、お裁きを待つはずのフランス代表だが、タレーランは見事にその立場を逆転させることに成功した。タレーラン曰く「**皆さんと同じようにフランスもあのナポレオンの被害者なのです。そこで提案したい。国境や政治体制はみんなフランス革命が起こる前に戻してしまうのです。つまりフランス革命なんか歴史になかったことにしましょう**」。これは暴論だ！　だが、この論理だとフランスは失う領土が最小限で済む。このタレーランが主張する「旧体制の復活」を**正統主義**と呼ぶのだ。メッテルニヒは個人的にも仲のよかったタレーランの正統主義を支持し、「勢力均衡」と「正統主義」がウィーン会議の主要な方向と決まった。

　後は各国間の調整だが、なにせウィーン会議には200人以上の国や地域の代表が集まり、ホテルが足らなくなる始末だった。いちいちお伺いを立てていたら会議は混乱してしまう。そこでメッテルニヒは主要国で大筋を取り決めてから、各国に下ろすという方針を立てた。なにしろウィーンは音楽の都なので娯楽には事欠かない。代表たちの目をそらすために毎晩のように舞踏会やオペラが催され、代表たちは享楽に夢中になってしまった。そこで「**会議は踊る、されど進まず**」と、からかわれてしまうようになった。

第3幕　ウィーン会議②──会議の決着がついたのはナポレオンのおかげ

　ウィーンで代表たちが優雅なドンチャン騒ぎにあけくれていた頃、政権復帰をはかったナポレオンが1815年にエルバ島を脱出し、フランスに上陸して来た。これを知ったウィーン会議のメンバーは冷や水をあびせられたように慌てふためき、大急ぎで**ウィーン議定書**を取りまとめた。内容は正統主義を中心としているが、一応次のとおりだ。①ロシア皇帝はポーランド国王となって、ポーランドを治める。②イギリスはオランダからケープ植民地とセイロン島を獲得する。③オランダはオーストリアから南ネーデルラント（ベルギー）を獲得する。④オーストリアはナポレオンが支配していた北イタリアを得る。⑤新たに35の君主国と4自由市からなるゆるやかな結び付きのドイツ連邦を作る。リーダーはオーストリアがなる。⑥スイスは永世中立国となる。

タレーラン　　　メッテルニヒ

うー、ゴチャゴチャして頭に入らんですぅ〜

　要するに列強の山分け合戦だな。ただしナポレオンが勝ったら全部リセットになってしまうから、ナポレオンを倒さなくてはならない。

第4幕　ワーテルローの戦い ——英雄の敗北と悲劇のエンディング

　ナポレオンのカリスマ性は圧倒的だった。再び皇帝となったナポレオンは大軍を集めるとベルギーを北上し始めた。目的は一つ。イギリス軍がプロイセン軍と合流する前に各個撃破することだ。そしてイギリス・プロイセン軍とフランス軍はベルギー中部のワーテルロー（英語ではウォータールー）でついにぶつかった。これが歴史に名高い**ワーテルローの戦い**だ。私としては大いに語りたい戦いではあるが、遠慮しておこう。

　連合軍司令官**ウェリントン公爵**ははっきりとしたヴィジョンを持っていた。「プロイセン軍の援軍が到着するまで、この地をわが軍が保てば勝ち。保てなければ負けだっ」。ウェリントンは有利な地点を確保するとフランス軍を待ち受けた。一方ナポレオンはウェリントンを小馬鹿にしていたのか、作戦も鈍りがちだった。1815年6月18日。ワーテルローで大激戦がおこなわれた。フランス軍のとどろくような突撃はものすごかったが、「鉄の公爵」のあだ名のウェリントンの指揮は冷静で、雷のような攻撃にもひるまなかった。最後には、ついにプロイセン軍がワーテルローに到着し、フランス軍は敗北した。逃げ帰ったナポレオンはついに2度目の皇帝退位を迫られ、イギリスによって大西洋の孤島**セントヘレナ島**に流されてしまう。なにしろセントヘレナ島はアフリカまで2000km近くもある絶海の孤島だ。イギリスにとっての「悪魔」を封印するにはこんなド田舎しかなかったのだろう。このセントヘレナ島で1821年、ナポレオンは胃がんで死ぬ。享年51歳。現在、ナポレオンの墓はパリのアンヴァリッド（廃兵院）にある。

第5幕　神聖同盟と四国同盟 ——列強による現状維持の悪だくみ

　ナポレオンの脅威が去って、皆ホッとしたところの1815年、ロシア皇帝**アレクサンドル**

ウィーン議定書

エルバ島

1世が列強に同盟を提案してきた。「われわれはキリスト教徒だから友愛で結ばれるべきだ。ともに不戦と友情を誓おうではないか♡」。甘っちょろい友情条約だが、ナポレオン退治に大功のあったロシア皇帝の顔を立てねばならず、しかたなくヨーロッパ各国はこの神聖同盟に参加した。参加しなかったのは宗教がイスラームの**オスマン帝国**と、カトリックのボスである**ローマ教皇**、そして**イギリス**だった。イギリスはロシア皇帝の仲良し同盟に加わる気はなかったが、「ウチもイギリス国教会という特殊な教会がありますので」と、一応ロシア皇帝に言い訳はしておいたのだ。

　夢物語のような神聖同盟にくらべ、もっと現実的で、もっと性悪だったのが四国同盟である。1815年にオーストリア・プロイセン・イギリス・ロシアの4国間で成立した軍事・政治同盟だ。ヨーロッパの「正統主義」と「勢力均衡」を守ることを目的とする。そのために「**国境の変更はすべて認めない**」「**一切の革命運動は弾圧する**」ことを取り決め合ったのだ。1818年にはフランスも加わり**五国同盟**となる。

　このような**保守反動**(革命の反動で、保守にこり固まること)の政治体制を**ウィーン体制**と呼び、王や貴族が支配する旧体制をかたくなに守り続けようとしたのである。ウィーン体制の中心となったメッテルニヒはほくそ笑んだ。「ウィーン会議での取り決めが守られる限り、もうヨーロッパでは戦争が起こらないだろう！　しかし、唯一不安なのは再び革命や民族独立運動が起こってしまうことだ。そこで革命運動が起こったらわれわれヨーロッパ列強が率先して叩き潰すべきだ。第2のナポレオンが出てきては困るからな」

　しかし保守反動の力にもかかわらず、自由と革命の経験をした市民たちを抑えることは、もはや誰にもできない。そして革命の嵐はついに世界を飲み込んでいくのである。

復習ポイント

　ナポレオンの有名な戦いを整理してみよう。

アクティヴィティ

　ウィーン議定書で得をした国と、損をした国はどこでしょう。

ワーテルローの戦い

ナポレオンの敗北とヨーロッパ史年表

1812年5月〜12月　ナポレオンのロシア遠征→敗北
　　　　　「ナポレオンを倒せるのは人間ではなく、冬将軍だったのだ」

1813年2月　第4回対仏大同盟結成

1813年10月　ライプツィヒの戦い(諸国民戦争)でナポレオン敗北

1814年4月　ナポレオン、皇帝を退位→5月　エルバ島に流刑

1814年9月〜1815年6月　ウィーン会議

1815年3月　ナポレオン、エルバ島を脱出→皇帝に復位

1815年6月　ウィーン議定書を調印

1815年6月18日　ワーテルローの戦いでナポレオン敗北
　　　　　→10月　イギリス領のセントヘレナ島へ流刑
　　　　　「セントヘレナ島は唯一の島の希望がナポレオン目当ての観光であることは歴史の皮肉」

1815年9月　ロシア皇帝の提唱による神聖同盟

1815年11月　四国同盟
　　　　　→1818年にフランスが加盟して五国同盟となる

1821年5月5日　セントヘレナ島でナポレオン死去

最後の門　下の問題は大学入試問題を出典にした問題です。答えなさい。

　ロシア遠征の失敗を見たヨーロッパ各国はナポレオンに反旗をひるがえすようになった。1813年には、プロイセン・ロシア・オーストリア連合軍は現在のドイツ東部の（　1　）でおこなわれた戦いでフランス軍を打ち負かし、翌1814年にはパリが陥落し、ナポレオン1世は退位させられた。ナポレオンが退位した後、ルイ18世が亡命先から帰国し王位についたことで一時的にブルボン朝が復活したが、1815年にはナポレオンがパリに戻り、皇帝の座を取り戻した。しかし、復位してまもなく、ナポレオン率いるフランス軍は、現在のベルギーに位置する（　2　）でイギリス・プロイセン・オランダ連合軍と戦って敗れ、ナポレオンは南大西洋の島に流刑となり、そこで没した。

問1　（　1　）〜（　2　）に入る適語を書きなさい。

問2　下線部について、1814年に退位させられたナポレオン1世は、イタリア半島の西に位置する地中海の小さな島に流された。このナポレオン1世の流刑地である島の名前は何か。

（明治大・改）

映画
『会議は踊る』

ここウィーンの町では、いよいよ世界各国の君主たちが集まって**ウィーン会議**が開かれようとしていた。ナポレオンをエルバ島に追放した後の政治が決められるのである。

オーストリアの外相**メッテルニヒ**はシェーンブルン宮殿のベッドで朝食を食べつつ、配管に耳をあててニヤニヤしている。実はこの配管は各国の王や首相が泊まっている部屋につながっているのだ。盗み聞きを楽しみつつ、メッテルニヒは独り言のようにつぶやいた。

「この会議では、列強の勢力が均等になるように話をもっていかなくてはな。そのためには内輪でこっそり重要事項を決めてしまうことが大切だ。なあに、じゃまな国の代表には舞踏会でワルツでも踊らせておけばいいさ。特にロシア皇帝に変な提案をされたら困る」

*

その頃ウィーンの手袋屋に勤めている娘クリステルはウキウキしながら道端に立っていた。今日、ロシア皇帝**アレクサンドル1世**がウィーンの町に入城して来る！　どんな人かしら！

「来たわ！」。大勢の兵隊に囲まれた豪華な馬車が近付いて来た。クリステルはキャーと叫びながら、馬車に花束を投げ込んだ。

「うわっ！　爆弾だー！」。大騒ぎとなり、大混乱となってしまった。さっそくクリステルは捕ってしまう。「わ、私、花束を投げただけなのにぃ～」。牢獄に放り込まれたクリステルが泣いていると、一人の男が牢獄に入って来た。

それはロシア皇帝アレクサンドル1世だった。ロシア皇帝と言えば、ヒゲをひざまで伸ばしたいかめしいツァーリという噂だったが、アレクサンドル1世はすらりとしたイケメン青年だった。アレクサンドルを見たクリステルは目がもうハート型。

「すまぬ。部下の者が花束を爆弾だと間違えたのだ。可愛い娘さん。私を許してくれ」

アレクサンドル1世に手をとられ、牢獄から出されたクリステルはアレクサンドル1世からウィーンの宮殿に招待されたのである。

出迎えの豪華な馬車に乗り込んだクリステルは、町の人の歓呼を受けて、シンデレラになった気分で歌い始めた。

「これは夢かしら。ああ、どうしたらいいの？
おとぎ話がついに現実に！
たった一度だけ。二度とないこの奇跡。
でも明日には終わってしまう」

宮殿で待っていたアレクサンドル1世はうやうやしくクリステルの手をとってキスすると、顔を赤らめて言った。

「クリステル、君のことが忘れられなくなってしまったのだ……！」

「まあ、陛下♡」

*

さてメッテルニヒは配管を盗み聞きして、ロシア皇帝がウィーン娘に惚れてしまったことをかぎつけた。

「ふふふ、アレクサンドル1世が恋にうつつをぬかしてくれれば、会議は私のペースで進められるぞ。この恋は応援してやらなくては！」

やれやれ、会議はどうなりますことやら。

*

映画『会議は踊る』は1931年にドイツで作られたミュージカル映画です。豪華なセットと美しい衣装、巧みな役者の演技と歌、そして映画全体に流れるウィンナーワルツの素晴らしさは見事なものです。

復習ポイント の答え

ナポレオンの戦いで試験に出やすいものは以下のとおり。

中にはイタリア遠征やエジプト遠征、スペイン反乱、ロシア遠征などの名前でひとからげにされている戦いもある。

「勝ち」はナポレオンの勝利、「負け」はナポレオンの敗北である。（↗）

試験に出てくる戦争はナポレオンが敗北した戦争が多い。

トゥーロン港攻囲戦（1793年）、アルコレ橋の戦い（1796年）、マレンゴの戦い（1800年）、フリートラントの戦い（1807年）、ワグラムの戦い（1809年）、ボロディノの戦い（1812年）など、記念碑的なナポレオンが勝利した戦争はあまり試験に出てこない。言いかえれば、**それだけナポレオンに勝つことは難しかったのだ。**

戦いの名前	時期	相手	勝敗
アブキール湾の戦い	1798年 8月	イギリスのネルソン提督	負け
トラファルガーの海戦	1805年 10月	イギリスのネルソン提督（この海戦で戦死）	負け
アウステルリッツの戦い （三帝会戦）	1805年 12月	ロシア（アレクサンドル1世） オーストリア（神聖ローマ皇帝フランツ2世）	勝ち
イエナの戦い	1806年 10月	プロイセン	勝ち
ライプツィヒの戦い（諸国民戦争）	1813年 10月	プロイセン・ロシア・オーストリア	負け
ワーテルローの戦い	1815年 6月	イギリス（ウェリントン公爵）・プロイセン・オランダ	負け

アクティヴィティ の答えの一つ

得をした国は海外植民地を新たに手に入れた**イギリス**である。

損をした国はイタリア王国で、ウィーン議定書でオーストリアに支配されることになり、イタリアが統一されるまでかなり苦心することになる。また**ワルシャワ大公国**はナポレオンの没落とともに崩壊し、ロシアの支配を受けることになる。つまり主権国家として確立していない、ナポレオンの衛星国が最後に割を食うことになる。

最後の門 の答え

問1　(1)　ライプツィヒ
　　　(2)　ワーテルロー
問2　エルバ島
（解説）
問1　ナポレオンの戦いで入試に出やすいものは「ナポレオンの負けいくさ」が多いことに注意。
問2　うっかりセントヘレナ島と書いてしまうのだが、これは出題者のワナなので、問題をしっかり読むことが大切である。

12 ラテンアメリカ独立とウィーン体制の動揺
——遠い地の大乱闘

メッテルニヒは保守反動の政治家だが、敵ながらあっぱれなヤツと言わなくてはならない。たしかに「勢力均衡」は世界平和の要となった。彼が築いたウィーン体制の影響で1853〜1856年のクリミア戦争を除き、ヨーロッパは第一次世界大戦まで長い平和を楽しむことができたのだ。

選手の入場

「自由主義」と「ナショナリズム」が新しい時代のテーマ曲

　メッテルニヒのやり方はナポレオン戦争で荒廃したヨーロッパをセメントでコテコテに固めて治療することだった。「治るまで動いてはならんぞよ！」。しかし……動いてしまうものだよ。革命を歴史から削除することは誰にもできないことである。そこで19世紀初めに革命運動が起こった時の主題となったのは**自由主義**と**ナショナリズム**だった。

　自由主義とは「**ブルジョワジーが主張した、個人の自由と平等を重んじる考え**」を意味する。**個人の自由と平等**は、アメリカ独立宣言やフランス人権宣言で主張された<u>近代独自の考え</u>だな。ブルジョワジー階級、つまり商工業者にとっては、国と結び付いている大商人（例：東インド会社）が独占していた富を自分たちが手に入れるのに都合のよい主張となった。「われわれは皆自由で平等だから、独り占めはいかん。利益は皆で分かち合おう」となる。そしてナショナリズム（**国民主義**）は「**民族の統一によって国民国家を作っていこうとする考え**」を意味する。フランス革命が起こるまでは、民族というものは国家の重要な単位ではなかった。むしろ階級や宗教の方が重要だったのだ。例えば、神聖ローマ帝国やオスマン帝国などは多くの民族から成り立っている。このように多くの民族や地域を一人の皇帝<u>が支配している国家形態を帝国と呼ぶ</u>。しかしフランス革命で、一つの民族から形成され

自由主義

ナショナリズム

ている国民国家の方が、ゴチャまぜの帝国よりも団結力があり、戦争にも強いことが証明されたのだ。そこでヨーロッパ各国では国民国家を作ることが急務となった。特にドイツでは「ドイツ人を中心とする国民国家を作ろう」という運動が盛んになってきたのだ。

第1ラウンド ハイチの嵐 ——お父さんがリング場外で大乱闘！

　実は最初に革命が起こったのは、ヨーロッパから離れたカリブ海に浮かぶサン＝ドマングだった。この地方はイスパニョーラ島の西側3分の1を占めるフランス領である。一握りのフランス人たちがアフリカから三角貿易で連れて来られた黒人奴隷たちをサトウキビ畑でこき使い、砂糖生産でボロもうけをしていた。なにしろ<u>当時の世界の砂糖の40%はこの島で作られていた</u>のだからな。黒人奴隷はこのサン＝ドマングに50万人もおり、支配者の白人は4万人にすぎなかったので、白人は暴力と恐怖で黒人を押さえつけていた。だが、支配国のフランスで革命が起こると、サン＝ドマングでも革命の影響を受ける人々があらわれた。その一人がハイチ独立革命の英雄**トゥサン＝ルヴェルチュール**である。彼は奴隷出身だったが、プランテーションの管理人として恵まれた地位にあり、読書を好む人物であった。私は彼のことを、敬愛を込めて「父さん」と呼ぶのだが、彼の名前のトゥサンにかけてある。実際、彼が革命に参加したのは子育てが終わった40代からなので、そう呼んでもいいだろう。トゥサンは山岳派の自由と平等の思想に憧れ、国民公会が植民地における黒人奴隷制を廃止したことからフランス革命政府を支持した。黒人奴隷の反乱軍を率いた彼はイギリスやスペインの侵入軍を撃退し、軍人としての名声をあげる。しかしテルミドールの反動が起こり保守派が権力を握ると、奴隷制度の復活の機運がフランス本国で高まってきた。危機を感じたトゥサンはフランスからハイチ独立運動を指導するようになる。かつて黒人を虐待した白人に対し、トゥサンは寛大な態度をとったので人望はさらに高まった。しかし豊かな植民地を失うことを恐れたナポレオンは軍隊を派遣し、トゥサンを捕らえてしまう。フランスに連行されたトゥサンは1803年に牢獄でみじめな死を迎えるが、彼の理想を受け継いだ後継者が1804年に世界初の黒人共和国としてハイチの独立を果たしたのである。そしてスペインの植民地であったメキシコでも1810年に**イダルゴ神父**(→)が独

イダルゴ神父

ハイチの革命

トゥサン＝ルヴェルチュール

12

立運動を起こすが、これについてはコラムを見てもらいたい。

第2ラウンド ラテンアメリカの独立 ——二人のクリオーリョの大格闘

　1810年以降、ラテンアメリカ諸国で独立が相次ぐようになった。それはスペイン本国が
ナポレオン軍の侵略で弱体化したこと、そして革命運動の機運がラテンアメリカにもたら
されたことも大きい。

　ラテンアメリカとはメキシコから南のスペインやポルトガルの植民地だったことからくる
言葉だ。つまりローマ帝国から生まれた文化(例えばラテン語から生まれた言語やカトリック)を
背景としている地域を意味する。

　まずラテンアメリカを知るためには、人種の構成と地位を知る必要がある。まずラテン
アメリカで一番威張っていたのが本国スペインから派遣されていた総督や将軍で、**ペニ
ンスラール**(ヨーロッパ生まれの白人)と呼ばれる彼らが権力をすべて握っていた。その次が
クリオーリョと呼ばれる**植民地生まれの白人**たちである。クリオーリョの多くはプランテー
ションや農園の所有者で、カネは持っていたのだが、権力を持っていないことに強い不満
を抱いていた。そして支配される側としては、白人とインディオ(先住民)の混血である**メス
ティーソ**や、白人と黒人の混血である**ムラート**がいた。メスティーソやムラートは権利もな
く、奴隷身分であることが多かった。そして社会の最底辺にはインディオ(先住民)や黒人
がおり、白人層にこき使われていた。

　さて、ここで重要なのは二人の独立運動の指導者、**シモン＝ボリバル**と**サン＝マルティ
ン**である。二人ともクリオーリョの出身でフランスに留学し、フランス革命とナポレオン戦
争を体験していた。そして啓蒙主義と革命に見事に染まって帰って来たのだ。久しぶりの
故郷は自由と平等とほど遠い、人種差別と不公平の大地だった。憤った二人は革命軍を
組織すると、本国スペインに対して激しい独立戦争をおこなったのだ。シモン＝ボリバル
は主に南アメリカ大陸の北部の独立運動で活躍し、故郷のベネズエラ・コロンビア・エク
アドルを一つにした**大コロンビア**を1819年に建国している。シモン＝ボリバルの理想は
南アメリカを合衆国のような一つの共和国にすることだったらしい。1825年にシモン＝ボ
リバルの部下が中部南アメリカ地域の独立に成功し、この国をシモン＝ボリバルの名前を

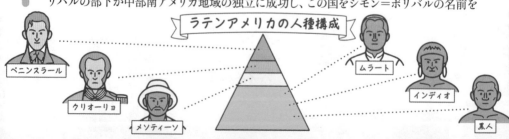

ラテンアメリカの人種構成

ペニンスラール　クリオーリョ　メソティーソ　ムラート　インディオ　黒人

とって**ボリビア**と名付けている。また南部ではサン=マルティンがアルゼンチンから革命軍を引き連れてチリとペルーの独立に成功した。しかしグアヤキルで会談したシモン=ボリバルとサン=マルティンはこれからの方針をめぐって対立してしまった。保守的なクリオーリョの地主勢力に配慮し、「君主政もやむなし」とするサン=マルティンに対し、シモン=ボリバルは共和政を強く主張したのである。ケンカ別れの後、大コロンビア

大コロンビア
1819〜30年

中央アメ｛グアテマラ
リカ連邦　エルサルバドル
1823〜　ホンジュラス
1840年頃｛ニカラグア
　　　　　コスタリカ

はクリオーリョの地主たちの抵抗や地域間の利害不一致のために1830年にはベネズエラ・コロンビア・エクアドルに分裂してしまった。引退したシモン=ボリバルは肺病に苦しみながら「革命をおこなうなんて、海を耕そうとするのと同じだ……」と無念の声を上げて亡くなる。とどのつまりラテンアメリカの革命は社会を変えることなく、スペイン人の総督を追い出すだけの結果に終わってしまった。

　しかし失意のうちに死んだシモン=ボリバルは、自由と平等を目指した「解放者」(エル=リベルタドール)として人々に今も深く尊敬されているのだ。

第**3**ラウンド　ウィーン体制の動揺
——メッテルニヒの乱入に待ったがかかる

　さて、ウィーンにいたメッテルニヒはびっくりした。遠いラテンアメリカでメッテルニヒが嫌がった「革命」と「独立」が起こっているのである。さっそくメッテルニヒは独立運動に介入しようとしたのだが、待ったがかかってしまった。イギリス外相の**カニング**がラテンアメリカ諸国の独立を承認したのである。

うーんと、イギリスってメッテルニヒのフレンドじゃ……？

　そうだ。だがラテンアメリカがスペインの植民地のままでは、ラテンアメリカとの貿易に高い関税がかけられてしまう。独立を認めてやった方が関税は安くなり、イギリスの貿易には都合がよい。まあ、お友達との約束よりも自分の利益を優先したわけだな。

　もう一つ、アメリカ合衆国の5代目大統領モンローによる**モンロー教書**が重要だ。これ

シモン=ボリバル　サン=マルティン

は「合衆国はヨーロッパの政治や体制に干渉しない。その代わり、ヨーロッパ諸国はアメリカ大陸の政治や体制に干渉してはならぬ」という内容の宣言だ。ちなみに「教書」は大統領が合衆国議会に対して政治の一般方針を示す文書を指す。注意するべきことは、ヨーロッパ諸国に対して「干渉してはならぬ」としている先が合衆国ではなく、**南北アメリカ大陸**になっていることだ。要するに「ラテンアメリカは合衆国のテリトリーだから、お前らは入って来るな。その代わり合衆国はヨーロッパには口出しをしないからな」と言っているわけだ。このような「お互い同士のことに口出しない」合衆国の姿勢のことを<u>孤立主義</u>と言う。アメリカ合衆国の孤立主義は第二次世界大戦に参戦するまで続くことになる。

　こうしてメッテルニヒが築き上げたウィーン体制も、ラテンアメリカ諸国の独立によって、その根元が揺さぶられていくことになる。

🙍‍♀️あら？　ブラジルやんなかったですねー。

　ブラジルは南アメリカの中でも変わっていてな。ブラジルは18世紀に金の発見に伴うゴールドラッシュによって、アマゾン川奥地まで探検が進んでいる。そのために地図で見るとブラジルは西の方にまで領土がめり込んでいるのだ。19世紀になるとポルトガル王室がナポレオンの侵略を避けてブラジルに避難していたのだが、戦争終了後、本国へ帰らずに残った王子が1822年にブラジルの皇帝となって独立したのだ。王家が中心になったため、他のラテンアメリカの独立にくらべ流血は少なくて済んだが、その分だけ社会改革は進まず、奴隷解放はアメリカ合衆国よりも遅い1888年になってやっと実施されている。しかし、この奴隷解放がブラジルの地主たちの反感を買ってしまい、1889年に皇帝は追い出されて、ブラジルは共和政の国になったのだ。

108

復習ポイント

　シモン＝ボリバルとサン＝マルティンが独立させた国々を整理してみよう。

アクティヴィティ

　ラテンアメリカの独立革命が起こった原因と限界を考えてみよう。

ハイチとラテンアメリカ独立史年表

(ハイチ)	1791年	サン=ドマングで黒人奴隷による反乱勃発
	1794年	フランス本国の国民公会が黒人奴隷制廃止を決定
	1798年	トゥサン=ルヴェルチュールがイギリス軍を撃退
	1803年	トゥサン=ルヴェルチュール、ナポレオンによって逮捕、獄死
	1804年	ハイチ共和国独立達成
(ラテンアメリカ諸国)	1810年	イダルゴ神父がメキシコで独立運動を起こす →翌年、イダルゴ神父銃殺される
	1816年	サン=マルティンによりアルゼンチン独立
	1818年	サン=マルティンによりチリ独立
	1819年	シモン=ボリバルにより大コロンビア独立
	1821年	サン=マルティンとシモン=ボリバルによりペルー独立
	1821年	メキシコ独立を達成
	1823年	モンロー教書で合衆国がヨーロッパの干渉を抑える
	1825年	シモン=ボリバルの部下によりボリビア独立
	1830年	大コロンビアの解体→同年、シモン=ボリバル病死

最後の門 下の問題は大学入試問題を出典にした問題です。答えなさい。

　ラテンアメリカ諸国の多くは、ナポレオンのスペイン占領による本国の政治危機を契機として1810年代から20年代にかけて独立した。(中略)メキシコでは1810年の(1)の蜂起に始まる約10年の闘いを経て独立が達成され、南米大陸では北からシモン=ボリバル、南からサン=マルティンを指導者とする独立軍が各国を解放し、1824年にはスペイン国王派に対して決定的勝利をおさめた。

問1　(1)に入る適語を書きなさい。

問2　下線部の人物に関する説明として誤っているものはどれか。

　　a. ベネズエラ生まれの白人層の出身である。　　b. 彼の名はボリビアという国名として残っている。

　　c. 彼が成立させた大コロンビア共和国は、後にベネズエラ、コロンビア、ボリビアに分裂した。

　　d. ラテンアメリカ統一を目指していたが、地域間の利害や理念の不一致から実現しなかった。

(上智大・改)

ジェームズ=モンロー　　メッテルニヒ

インディオのために立ち上がった神父
イダルゴ神父の叫び

ラテンアメリカで起こった独立運動は、あくまでも「クリオーリョの、クリオーリョによる、クリオーリョのための」革命であった。

ラテンアメリカ独立運動の先駆者である**シモン＝ボリバル**はベネズエラの裕福なクリオーリョ出身で、若き日にフランスへ留学して、ナポレオンに仕えたこともある。シモン＝ボリバルによる独立運動の道のりは平坦ではなかったがなんとか成功できたのは、スペイン本国に反感を抱くクリオーリョたちがシモン＝ボリバルを支援していたことがやはり大きかった。

＊

メキシコのドローレスという寒村に**イダルゴ**というハゲ頭で初老の冴えない神父がいた。彼はクリオーリョであったが、強制労働で使われるインディオに対し強い同情心を持ち、教会の土地にインディオが使用できる共同農場までも作っていた。しかし個人の努力では限界がある。このメキシコの現状を変えない限り、メスティーソやインディオたちへの差別と搾取はいつまでも続くだろう。

ついに意を決したイダルゴ神父は1810年9月16日、ドローレスの教会で鐘を鳴らし、住民を呼び集めると激しい演説をおこなった。

「ついに自由になる時がやってきた。自由の鐘が鳴らされたのだ。われわれは暴君のくびきを打ち壊した。もはや君主も年貢も存在しない。われわれは自由の民である。しかし、その自由のために戦わなくてはならない。私に続け！ われわれは自由と国のために戦うのだ！ メキシコ人、メキシコ万歳、万歳っ！」

人々は歓呼の声をもって神父を支持し、グアダルーペ聖母像の旗を掲げながら、行進を始めた。この演説は「**ドローレスの叫び**」と呼ばれ、イダルゴ神父がこの演説をおこなった9月16日は現在メキシコの独立記念日となっている。

＊

行進は数万人に膨れ上がる。行進を弾圧しようとした政府軍を打ち破ったイダルゴ神父は、奴隷制の撤廃、インディオへの土地の返還、租税の撤廃を人々に約束する。独立革命は成功するかに見えた。

しかし革命に参加したインディオたちが日頃、自分たちをいじめている白人を怒りのあまり虐殺してしまったことはさすがにまずかった。白人、特にカネを持っているクリオーリョたちはイダルゴ神父の独立革命に批判的になり、イダルゴ神父たちを弾圧し始めたのである。

クリオーリョたちの政府軍に打ち破られ、革命軍は敗北した。イダルゴ神父は捕らえられ、銃殺された後、生首をさらしものにされた。

しかしイダルゴ神父の灯した独立革命の火は消えず、1821年についにメキシコはスペインからの独立を果たす。

＊

イダルゴ神父は自分も属するクリオーリョの利益のために独立しようとしたのではなかった。彼はインディオやメスティーソのような貧しき人々のために独立を志したのである。

それゆえ彼の革命は失敗したが、彼の名は不滅のものとなった。

メキシコの画家オロスコは戦うイダルゴ神父の肖像を壁画に描いた。壁画ならば美術館と違い、貧しい人でも自由に見ることができるからだ。

メキシコの母たちは子どもたちを壁画に連れて行き、イダルゴ神父がどのような人であったか、誰のために死んだかを涙とともに語る。そして子どもたちは自分もイダルゴ神父のような人になることを誓うのだ。

解答と解説

■ 復習ポイント ■ の答え

南アメリカ大陸の多くの地域がシモン=ボリバルとサン=マルティンによって独立を果たすことができた。地図でそれぞれの国の位置を確認しておくとよい。

独立指導者	国名	独立年
シモン=ボリバル	**大コロンビア**	（大コロンビア）
	↓分裂	成立1819年
	エクアドル	↓
	コロンビア	分裂1830年
	ベネズエラ	
	ボリビア	1825年
サン=マルティン	アルゼンチン	1816年
	チリ	1818年
ボリバル&マルティン	ペルー	1821年

サン=マルティンの軍隊がアンデス山脈を越えてチリへ向かい、その後に北上してペルーを独立させていることに注意。二人は1822年にグアヤキルで1度きりの会見をしたが、互いに相手の政治方針にかなり失望したらしい。

■ アクティヴィティ ■ の答えの一つ

（原因）

ラテンアメリカは人種間の差別が著しく、**社会的な不公平**が広がっていた。宗主国スペインの搾取を感じていたクリオーリョ（現地生まれの白人層）が独立革命を支える大きな基盤となっていた。そして指導者であるシモン=ボリバルとサン=マルティンの二人は**啓蒙思想の影響**を受けていた。ナポレオンの侵略を受けていた**宗主国スペインが弱体化していた**ことも独立運動を促している。

（限界）

ラテンアメリカの独立革命を支えていたのがクリオーリョであったため、スペインからの独立が達成されると、それ以上の社会改革がおこなわれることはなかった。そのためラテンアメリカの社会的不公平は解決されることがなく、20世紀にラテンアメリカにおいて社会主義勢力が強まることになった。

■ 最後の門 ■ の答え

問1　イダルゴ神父　　問2　c

（解説）

問1　難問。ついシモン=ボリバルかサン=マルティンの名前を書いてしまいそうだが、正解はイダルゴ神父である。

問2　aかcか迷うところだが、実はボリビアの位置を知っていれば推測することは可能である。と、言うのも大コロンビアがあった南アメリカ北部から離れた南アメリカ中央にボリビアがあるからだ。

上智大の問題に見られるように、「どれが間違いの文か？」という質問は入試によく出てきます。中には結構トリビアっぽい知識を問われる問題があるので、その場合の解き方を教えておきましょう。どこから見ても正しく見える部分を省いて、残った部分が誤りの可能性が高いと考えて、問題を解くとよいでしょう。

13 七月革命
──『レ=ミゼラブル』の舞台がこれ

> 今回は悪役の入場から始まるんですね。

ウィーン会議を主導したオーストリアの外相メッテルニヒは、その後宰相となり、保守反動の国際秩序であるウィーン体制によるヨーロッパの平和の要となったが、自由を求める者から見れば、最強の悪役と言える。ヨーロッパでは、ウィーン体制に対する反逆の歴史が始まるんだ。

悪役の入場 「私の縄張りで勝手なマネはさせんぞ」

　メッテルニヒのお膝元のヨーロッパでは、保守反動のウィーン体制が革命運動を押さえ付けていた。特にロシアは「ウィーン体制の警察官」と呼ばれるほどの石頭ぶりを発揮して、独立や革命運動を押さえ込んでいた。しかしメッテルニヒの心からは不安が消えなかった。

　「五国同盟を結んでいても、最後まで皆が団結できるのだろうか……?　勢力均衡と平和の理想を押し潰してしまうのは、列強各国のエゴイズムなのかもしれぬ。特にゼニに貪欲なイギリスの動きが心配だ……」

第1ラウンド 保守反動の大嵐!
──悪役絶叫「逆らうヤツは血祭りだ!」

　革命運動に最初に夢中になるのは血が頭に上りやすい若いモンだ。ドイツではイエナ大学生が**ブルシェンシャフト**という大学生組合を作って革命運動を盛り上げ始めた。最初は「僕たちは皆自由で平等だ!」「国民国家を作ろうよ、みんな!」と、学生が古城に集まってはドンドン焚きをしながら、革命歌を高歌放吟する程度のたわいもないものだった。

ヴァルトブルク城

ところが1817年からこの組合が全国規模に拡大し始めたことから、笑って見ていたメッテルニヒも無視できなくなった。1819年にメッテルニヒはドイツの**カールスバート**でドイツ連邦の会議を開き、言論統制と大学の監視を決定した。これを**カールスバート決議**と呼ぶ。

　この頃、南イタリアで**カルボナリ**の動きが目立ってきた。カルボナリは<u>自由主義革命を主張する秘密結社</u>なのだ。

なんか、スパゲッティのカルボナーラと似てるんですけど？

　カンがいいな！　カルボナリとは「炭焼き職人」のことで、党員が暗号に炭焼き職人っぽい用語を使っていたことからカルボナリと呼ばれるようになった。そしてパスタのカルボナーラ（→）は、かかっている黒コショウが「炭のかけら」のように見えることから付けられた名前なのだ。ナポレオンの兄

ジョゼフが1806年にナポリ王になった時、ナポリを中心に共和思想や自由主義の考えが広まってカルボナリが生まれたらしい。カルボナリの勢力は北イタリアにも広まり、1820年からナポリや北イタリアで革命を目指す蜂起が起こっている。メッテルニヒの処置はすばやかった。ヨーロッパ列強の承認を取り付けるとオーストリア軍を使ってカルボナリを弾圧したのだ。フランスに逃げ込んだカルボナリたちは七月革命でも大きな役割を果たしている。

　この頃スペインでは立憲革命運動が燃え上がっていた。ナポレオンがスペインに侵入しブルボン家の王を追放した時、占領されていなかったカディスの町でスペイン国民議会が開かれ、立憲君主制を定めた自由主義的憲法が制定されたのだ。しかしナポレオン没落後、復帰したブルボン家の王様が「わしゃそんな憲法など知らん」と憲法を廃止してしまった。これに反発したスペイン軍人リエゴが1820年にブルボン家に対して反乱を起こし、自由主義的憲法を復活させている。この動きを**スペイン立憲革命**と呼ぶ。しかし、この革命運動はフランスの介入によって潰され、捕らわれたリエゴも処刑されてしまう。

シモン＝ボリバルもそうだけど、革命家って軍人さんが多いねえ

　軍人はタダで勉強できるし、外国に留学することも多いので啓蒙思想などの進んだ思

カルボナリの蜂起

想に触れる機会が多かったのだ。1825年にロシアで**デカブリスト(十二月党員)の乱**が起こるのだが、これも青年将校たちが起こした革命運動なのだ。ロシアの青年将校は貴族のお坊ちゃんが多かったのだが、ナポレオンを追ってパリに進軍した時に、花の都のパリに魅了されてしまったのだ。そして啓蒙思想にかぶれて国に帰ってみると故郷ロシアは皇帝独裁の専制国家であった。こりゃいかん、ということで青年将校が革命運動のための秘密結社を作ったのだ。そして1825年に皇帝アレクサンドル1世が亡くなったのを機会に、1825年12月に秘密結社が兵員を動員して起こしたのが「**デカブリスト(十二月党員)の乱**」である。ただし貴族の甘ちゃん坊ちゃんが起こしただけに、兵隊たちに「専制反対」を叫ばせるのがやっとという反乱「ごっこ」になってしまい、新皇帝**ニコライ1世**によってデカブリストは逮捕され、処刑されてしまったのだ。

反乱を起こしても、みーんな失敗ばかりじゃん

　敵のメッテルニヒの腕前が優れていたと認めなくてはならないな。

第2ラウンド　ギリシア独立戦争 ――一枚の絵が流れを変えてしもうた!

　ところがギリシアで独立運動が起こってしまった。当時のギリシアはオスマン帝国のゆるやかな支配下にあり、一定の自治権はあったのだ。ギリシアは昔から海運業が盛んで、それで財を築いた資本家もいた。人間、カネがあると子どもの教育資金に回すもので、多くの資本家のセガレたちがヨーロッパに留学していたのだ。ところがフランス革命が勃発するとすっかり革命に洗脳されてしまった子弟がギリシアに帰国して1821年から独立革命運動をおっぱじめてしまったのだ。オスマン帝国はこれを厳しく弾圧する際、キオス島の住民まで虐殺してしまった。写真がない当時、この虐殺を画家**ドラクロワ**が「**キオス島の虐殺**」(→)という絵画であおるように描いたため、この事件を知った人々の間で大変な騒ぎになってしまった。「ヨーロッパ文化の故郷であるギリシアがイスラームの暴行を受けているとはっ!」「これは許せんっ!」。ゲーテも認めたイギリスの大詩人

スペイン立憲革命

1　1　4

バイロンまでも一兵卒としてギリシア独立戦争の義勇軍に参加したものだから、世論はギリシア独立運動を応援するようになってしまった。ただ一人メッテルニヒだけが独立運動を弾圧しようとしたが、民衆の熱気がそれを許さない。またヨーロッパ各国もギリシア独立運動を支援したため、1829年にオスマン帝国はロシアと**アドリアノープル条約**を結び、ギリシア独立を認めることになった。また1830年には**ロンドン会議**でギリシア独立は国際的に認められたのだ。メッテルニヒは苦虫を噛み潰したような顔で思ったろう。「大衆のノリに各国が動かされるとは！　ウィーン体制の堤防もアリの穴一つで崩れるのだ！」

第3ラウンド 七月革命
——革命の本場パリで逆転のスープレックス！

　さて、フランスでは1824年にルイ18世が子孫を残さずに死んでしまったので、弟の**シャルル10世**が王位を継いだ。ところがシャルルはズル賢いルイ18世にくらべると、やり方がド直球であった。アンシャン＝レジームの復活を露骨に狙い、聖職者や貴族を優遇し、出版・集会・言論の自由を平気で抑圧したのだ。王の政策に不満を持ったブルジョワジーを中心とする自由主義派は国民の支持を得るようになり、危機感を持ったシャルル10世は国民の不満をそらすためにアフリカにある**アルジェリアへの出兵**を決めたのだ。地中海を挟んでフランスの対岸にあるアルジェリアは当時オスマン帝国の支配下にあった。しょうもない話だが、アルジェリア太守がフランス領事の傲慢な態度に怒って、扇子で領事をひっぱたいたことが開戦の口実になってしまったようだ。

👩💬 んな、まさかハリセンのどつき漫才で戦争が起こるとは……！

　結果から言えば、この出兵は効果がなく、怒ったシャルル10世は召集してもいない議会を解散し、選挙権を貴族や富裕層に限定しようとした。この処置に怒った市民たちがついに**1830年7月**にパリで反乱を起こし、「栄光の3日間」と呼ばれる市街戦を勝ち抜いた。これが**七月革命**だ。その市街戦の勝利を描いたのが有名な**ドラクロワ**の「**民衆を導く自由の女神**」である。シャルル10世はロンドンに亡命し、ブルジョワジーに理解があると評判のオルレアン家の**ルイ＝フィリップ**が新たに王に迎えられ、**七月王政**が成立する。このオルレアン家はブルボン家の遠縁にあたる。

デカブリスト（十二月党員）の乱

最終ラウンド ## 七月革命の影響
──脳髄が揺さぶられる強烈なブロー！

　七月革命のニュースはヨーロッパ中に広まり、各地で独立運動や革命が頻発した。このうち成功したのは**ベルギーの独立**で、1830年にオランダと戦い、乱闘の末に独立を宣言して1831年に立憲王国となったのだ。同じく**ポーランド・ドイツ・イタリア**でも反乱が起こったが鎮圧されてしまう。特にポーランドで独立革命が起こった時、当時演奏旅行の途中だった大作曲家のショパンは故国に戻って兵隊になろうとしたらしい。この時、病身のショパンの健康を案じた友人が「君は祖国のために曲を書きたまえ！」と説得した。そしてショパンが憂国の思いに駆られて書いた曲が「12の練習曲」（作品10）の第12番**「革命」**だった。

復習ポイント

　ウィーン体制を揺るがしたヨーロッパ内の事件を整理してみよう。

アクティヴィティ

　七月革命で「共和政」にならず「王政」が存続した理由を考えてみよう。

ギリシア独立戦争

ヨーロッパにおけるウィーン体制への反逆史年表

1815年	ドイツで大学生組合ブルシェンシャフト結成

1819年	カールスバート決議→ブルシェンシャフトを弾圧

1820年	秘密結社カルボナリがナポリや北イタリアで蜂起 →オーストリア軍の干渉で弾圧される

1820年	スペイン軍人リエゴがスペイン立憲革命を起こす →フランス軍の干渉で挫折する

1825年	ロシアでデカブリスト（十二月党員）の乱が起こる →皇帝ニコライ1世によって弾圧される 「ここまでは五国同盟はウィーン体制を守っていたのだが……」

1829年	アドリアノープル条約でオスマン帝国がギリシア独立を認める

1830年	ロンドン会議でギリシア独立が国際的に承認される 「ギリシア独立とラテンアメリカ独立がウィーン体制を崩した」

1830年	フランスによるアルジェリア出兵

1830年	フランスで七月革命が起こり、シャルル10世が亡命しオルレアン家のルイ＝フィリップが王となる（七月王政）

1831年	ベルギーが立憲王国としてオランダから独立 「革命が起こっても一気に共和政になっていないことに注意だ」

最後の門 下の問題は大学入試問題を出典にした問題です。答えなさい。

問 ウィーン体制へのヨーロッパ各地の抵抗運動について、最も適切なものを選びなさい。

A. ドイツでは自由と統一を求めて、イエナ大学で大学生の組合であるブルシェンシャフトが結成された。

B. イタリアでは、マッツィーニがカルボナリを結成し、蜂起した。

C. スペインではハプスブルク家の専制支配に対して立憲革命が起こった。

D. ロシアではアレクサンドル2世の即位に際して、デカブリストの乱が起きた。

（明治大・改）

七月革命

『レ＝ミゼラブル』

1815年。フランスのディーニュの町に一人の男がやって来た。

中年の男の名は**ジャン＝バルジャン**。貧しさゆえにパン屋の店先にあった一本のパンを盗んでしまったことから、脱走を繰り返し、なんと19年も刑務所に入っていたのだ。釈放されたジャンを泊め、食事を与えてくれたのはディーニュの司教だった。しかしジャンは悪い心を起こし、銀の皿を盗んで逃げてしまった。すぐ警官に捕まり、司教館にひったてられたが、司教の証言は意外だった。

「おお、この皿は私がさしあげたのです」

警官は不審そうに帰っていった。呆然とするジャンに司教が言う。

「あなたにこの銀のろうそく立てもあげましょう。この銀の道具はあなたが真人間になった記念品ですよ。さあ、約束を忘れないように」

微笑む司教の言葉にジャンは激しいショックを受ける。ジャンの半生は憎まれ、いじめられ、殴られ、追い立てられた人生だった。

この日、ジャンは司教によって初めて「愛」の存在を知った。**そしてこの瞬間、ジャンは生まれ変わったのである。**

＊

パリの近くのモンフェルメイユの町でテナルディエという強欲な男が宿屋を営んでいた。この宿屋でボロを着て働いている娘がいた。

この**コゼット**という幼い少女は貧しい母親の借金のかたに働かされ、5歳にならないうちに朝早くからの掃除、荷物運び、皿洗いを無理強いされていた。コゼットはすっかりやせ細り、青ざめていた。この哀れなコゼットを見かけたのがジャンだった。

ジャンは強欲なテナルディエ夫婦に金を払い、酷使されるコゼットを救った。そしてコゼットを伴ってパリに向かったのである。

幸いなことに二人はパリの女子修道院にかくまわれ、コゼットは修道院で教育を受け、ジャンは庭番として修道院で働くことができた。

10年の時が流れた。

ナポレオンに仕えた父を持つ青年、**マリウス**はパリのリュクサンブール公園で散歩をする時、いつも見かける一人の美しい少女に心を奪われた。その少女はいつも一人の威厳のある老人とベンチに腰掛けている。それは成長したコゼットと老いたジャン＝バルジャンの姿であった。コゼットもマリウスを見かけた時に好意を感じる。二人は導かれるように出会い、付き合うようになった。それを見るジャンの心は複雑だった。娘のように愛したコゼットを若者に取られるのを恐れるのと同時に、マリウスとコゼットの幸福を願う気持ちもあった。

1830年に**七月革命**が起きる。

シャルル10世が亡命し、自由主義に理解のある**オルレアン家のルイ＝フィリップ**が国王になった。しかし青年たちの中には、ルイ＝フィリップの政治に我慢できず、共和政を目指して立ち上がる若者も数多くいた。マリウスも共和政を求める青年の一人だった。

1832年、ルイ＝フィリップに対する青年たちの反乱が起こった時、その先頭に立ったマリウスは銃弾を受け、倒れる。重傷を負ったマリウスを背負い、パリの地下道を伝って助けたのは老いたジャン＝バルジャンだった……。

＊

フランスの文豪ヴィクトル＝ユゴーが1862年に発表した大河小説『レ＝ミゼラブル』は世界中で愛読されています。劇団四季がミュージカルにし、アン＝ハサウェイ出演で映画化されたことでも有名です。

復習ポイント の答え

ウィーン体制を揺るがしたものは「革命」と「独立運動」。メッテルニヒにとってフランス革命前の社会を理想とするウィーン体制を壊そうとする「革命」やら「独立運動」は皆潰しておく必要があった。**下の①〜④は潰してのけたが、⑤だけは列強各国の裏切りにより潰すことができず、7月革命の導火線となる。**

① **ブルシェンシャフト**（ドイツの大学生組合）の自由主義運動
② **カルボナリ**（イタリアやフランスの自由主義的な秘密結社）の蜂起
③ **スペイン立憲革命**（リエゴが指導者）
④ **デカブリスト**（十二月党員）の乱
⑤ **ギリシア独立運動**

アクティヴィティ の答えの一つ

革命が起こっても必ず共和政になるとは限らない。フランスもベルギーも、1830年の革命後も王政の形態をとっている。

理由としては革命後にイギリスとは違い、**共和政の受け皿になる政党が未発達だった**ことが挙げられる。カルボナリもデカブリストも非公認の秘密結社であり政党ではなかったから、自分がメンバーであることがバレたらお縄になるハメになる。政党の力がなかったことが議会政治を困難にさせている。

そのため、メッテルニヒなどの**保守派も納得できる政権を作る必要があった**ため、ブルジョワジーに理解がある王族を選んで王政をおこなったのである。

最後の門 の答え

A
（解説）

迷った時は選択肢を「黒」「グレー」「シロ」と刑事みたいに分けていきます。例えばAは「イエナ大学」は本テーマに記述アリでクロ。Bは「マッツィーニ」が誰、この人？　となるのでグレー。Cはスペイン王家はスペイン継承戦争後からブルボン家（上巻テーマ80参照）なのでこれはシロ。Dはアレクサンドル2世でなくニコライ1世なのでシロと分けていく。A・Bが怪しいのだが、Bのマッツィーニはテーマ18のイタリア統一で出てくる人で政治組織の「青年イタリア」を結成した人です。まだ学習しておらずとも、Aが正解とわかります。

14 自由主義と社会主義の発展
——「自由」と「平等」がスローガン

メッテルニヒって革命嫌いだよね。七月革命はじゃましなかった？

じゃまはしたかったのだが、できなかったのだ。なにしろフランスに共和政が建てられたわけではなし、王政のままだった。体制が変わったわけではなかったのでツッコミができなかったのだ。こうして、いわゆる「なしくずし」に革命が認知されてしまったわけだ。

序曲 **自由主義思想がイギリスでも盛り上がって、どうにも止まらない**

　まずイギリスなのだが、ブルジョワジー階級の成長が目立ってきている。ここでのブルジョワジーとは「商工業者」のことで、上は貴族や地主、そして下は労働者に挟まれた中層階級だ。ブルジョワジーの発展には18世紀の産業革命や植民地拡大が大きな原動力になっているが、それだけではないだろう。やはりフランス革命の影響はあったと思う。特に「自由と平等」はブルジョワジーを励ました言葉だ。彼らブルジョワジーの敵は貴族や地主だけでなく、国家と結び付いて大もうけしている特権商人がラスボスで、その代表は**イギリス東インド会社**だった。「あいつらばかりなぜもうけてる？　われわれにも権利があるっ！　チャンスを平等にしろ」とブルジョワジーたちが**自由主義**を叫び始めたのだ。イギリス自由主義の発展は1820年代から盛んになっているぞ。

時代劇で言うと、悪代官とつるんでいる越後屋が敵なわけだ

イギリス東インド会社

ブルジョワジー

第1幕 イギリスの改革①
──宗教が突破口となる

　まず、1820年代のイギリスで最も問題とされたのは「**宗教**」である。イギリスには**審査法**（上巻テーマ79参照）という法律があり、イギリス国教会の信者以外は公職につけないことになっていた。しかしイギリスの裕福なブルジョワジーにはピューリタン（カルヴァン派のこと）が多く、この不公平な法律に強い不満を持っていた。政府もブルジョワジーの発言力を無視できなくなったのだ。この法律はいくらなんでも時代遅れだろうということで、1828年に**審査法が廃止**されたのだ。だがカトリックだけは相変わらず公職につくことがガンコに禁止されていたので、アイルランドの弁護士で自由主義者の**オコネル**が運動してついに1829年に**カトリック教徒解放法**が成立したのだ。この時イギリスにおける宗教的差別がすべて廃止された。ちなみにアイルランドではオコネルは国の英雄として讃えられ、首都ダブリンの目抜き通りであるオコネル通りには、彼の立派な銅像が建てられているぞ。

　そして1830年にフランスで七月革命が起こるとイギリスでも改革の機運が高まってくる。なにしろ同じ年の1830年にスティーヴンソンの蒸気機関車がマンチェスター〜リヴァプール間に開通しているのだ。交通機関の発達とともに貿易も盛んになり、ブルジョワジーの勢いも活発化していたのだ。ちょうどいい塩梅にそれまで50年もイギリスの国政を担っていたトーリ党から**ホイッグ党のグレイ内閣**に政権が代わり、1832年に**第1回選挙法改正**がおこなわれている。内容は①**選挙資格をブルジョワジーに拡大**、②**腐敗選挙区の廃止**の2点だ。説明しよう。まず①の選挙資格だが、それまでは貴族や地主などにしか認められていなかった選挙資格をブルジョワジーに広めたのだ。こうしてブルジョワジーの意見が国政に直接反映されるようになった。ただしこの時、労働者には選挙権は与えられていないことに注意しよう。そして②「腐敗選挙区」だが、腐った選挙区とは、大昔に定められた選挙区がそのまんまに放っておかれている状態を指した言葉なのだ。ま、昔は人口が多かった地域も今となってしまえば過疎化してしまい、昔はド田舎だった地域が現在は大都市になっていることはよくあることだ。そうなると、例えば人口が1000人しかいない地域に10人もの議員数が割り当てられ、人口が50万人の地域に議員数が1人しか割り当てられない地域が出てくるといったことが起こり得る。このような状態は、昔からその地域を支

カトリック教徒解放法

配している貴族や地主にとっては大変に都合がよい状態である。自分が議員に立候補する際にパワハラが効く過疎地の住民へ「オレに投票しなければ、どうなるかわかっているな……！」とガンを利かせれば簡単に当選できるわけだ。これはいくらなんでも不公平なので、人口比率を配慮した選挙区に改めたわけである。

ところがブルジョワジーだけでなく、下層の労働者が1830年代後半から選挙権を請願する大規模な請願運動を起こした。労働者たちは「**男性普通選挙の実施**」「**議員の財産資格の廃止**」を要求する**人民憲章**をプラカードに掲げて行進したのだが、憲章のことをチャーターと呼ぶことから、この労働者の民権運動を**チャーティスト運動**と呼ぶ。だが労働者が選挙権を求めるには時期が早すぎたようで、結局、彼らの要求はこの時点で満たされることはなかったのだ。

あと、1833年に**イギリスで奴隷制度が廃止された**。なんとアメリカの奴隷制度廃止より30年も早い。これは敬虔なキリスト教信者であった下院議員**ウィルバーフォース**の献身的な活動が大きい。

第**2**幕 ## イギリスの改革②──ブルジョワジーが貿易の自由を求めて大反撃

イギリスで自由と平等を求める運動が盛んになると、ブルジョワジーも「貿易の自由」を求め始めた。いわゆる**自由貿易政策**の推進だ。

「自由貿易」とか「貿易の自由化」の意味が、全然わかりません

「自由」は英語で言うとフリーダムfreedom。「自由貿易政策」とは「貿易や関税を自由（free）にする政策」のこと。簡単に言えば「**誰でも貿易に参加できる**」「**関税は安くする。できればタダ(free)にする**」ことを意味する。この「自由貿易」はブルジョワジーには有利な政策だ。競争力のある工業製品を安く輸出し、もうけることができるからな。

まずブルジョワジーが目のカタキにしたのが世界最大の商社**イギリス東インド会社**だった。フランスとの植民地戦争に勝ち抜いたイギリス東インド会社はインド貿易を独占していたのだ（テーマ4参照）。インドの綿織物をヨーロッパに輸出して大もうけしていたイギリス東インド会社は、その殿様商売ぶりが本国で非難の対象となり、1813年に**インド貿易**

チャーティスト運動

独占権が廃止されたのだ。さらに選挙権を得たブルジョワジーたちの圧力で1833年に**中国貿易の独占権も廃止**されてしまった。イギリス東インド会社は今まで貿易を独占していたからこそ商売ができたわけだ。これが自由競争になってしまうと、楽をしてすっかり怠け者になっていたイギリス東インド会社が競争に勝てるわけがない。ということでイギリス東インド会社はギブアップしてすべての商業活動を停止したのだ。イギリス東インド会社は「なあに、商売しなくてもインドの統治者として、住民から税金を搾り上げればよい」と甘いことを考えたが……、ひどいしっぺ返しを食らうことになる。

　こうして巨人のイギリス東インド会社をやっつけたイギリスのブルジョワジーたちが次に標的にしたのは**穀物法**である。かつてナポレオンが大陸封鎖令を出した時、大陸から輸入していた小麦などの穀物が値上がりしてしまった。この時に穀物を売ってもうけたイギリスの地主たちはナポレオンの没落後、外国から入ってくる安い穀物に高い関税をかける「穀物法」という法律を制定したのだ。この法律の目的は地主たちの利益を守ることだ。だがブルジョワジーたちにとっては関税が高いと自分たちが作った工業製品も輸出する時に値段が高くなり売れなくなってしまう。そこでブルジョワジーは穀物法を廃止して、関税を自由化（＝もっと安く）しようとしたのだ。**コブデン**と**ブライト**という二人の議員の<u>反穀物法同盟</u>による運動のおかげで1846年に**穀物法の廃止**が定められ、さらにクロムウェルの昔から続いていた**航海法**（オランダ船貿易を制限して自国貿易を保護する法律：上巻テーマ79参照）を1849年に廃止した。こうして<u>イギリスの貿易制限はすべて取り払われ自由貿易の方向が決定する</u>と、イギリスはついに工業を中心とする貿易大国となった。

第3幕　社会主義の台頭 ──おとぎ話のユートピアから始まった

　「自由と平等」は革命のスローガンではあるが、「自由」と「平等」は実は対立する考えだと言える。「自由」を求めると不平等が生まれるし、「平等」を求めると自由は制限されてしまう。どっちを重視するかで政治の思想や姿勢が決まってしまうのだ。「自由」を重んじる人々は自由主義者に、「平等」を重んじる人々は社会主義者に分類されてしまう。

　そして19世紀の問題は、<u>資本主義の発達と同時に貧富の格差が大きくなってしまったことだ</u>。貧富の差が開いた社会では**経済的平等を求める社会主義**の考え方が発展し、広

チャールズ＝グレイ　　　　　　　　　　　　　　　　　ウェリントン

まるようになる。

①　空想的社会主義 ──「みーんなが平等なネバーランドを作るぞっ」

　最初の頃の社会主義は「みんなが平等な理想の村を作ろう」といったユートピア思想が強かった。このような初期の社会主義は「空想的社会主義」と呼ばれている。例えばイギリスの**ロバート＝オーウェン**やフランスの**サン＝シモン**、**フーリエ**がその代表だが、彼らについてはコラムを見てほしい。結果から言うと、彼らの「理想の村建設」はあっけなく失敗に終わってしまった。失敗した理由は、「現実の裏付けがない空想や理想はあっけなく潰れるもの」だからだろう。

②　無政府主義 ── はっきり言って社会主義の異端児

　社会主義は「平等」を重んじる考えなのだが、一部の社会主義者の中には「自由」の方を重んじる思想がある。それが**無政府主義（アナーキズム）**だ。代表者はフランスの**プルードン**やロシアの**バクーニン**。プルードンは著書『**財産とは何か**』で「**財産とは盗みである**」と言い放ち、皆が財産を共有することを主張した社会主義者だが、同時に権力や権威を憎み、政府という抑圧組織のない社会を理想としたのだ。

③　科学的社会主義 ──「科学的に社会主義をご説明しよう」

　社会主義の中心となってくるのは、**科学的社会主義**であった。代表者は『**共産党宣言**』を書いたドイツの**カール＝マルクス**と**エンゲルス**だ。カール＝マルクスとエンゲルスは空想的社会主義を「方法が科学的でない」と批判し、経済学を基本として「資本主義社会から社会主義社会への移行」を説明したのだ。彼らは世界を社会主義に変えていくためには「**労働者の団結**」と「**革命**」が必要であると説いている。

復習ポイント

　自由主義がイギリスにもたらした変革を整理してみよう。

アクティヴィティ

　日本の社会の中で最も「平等」が実現されているのはどこでしょう？

穀物法の廃止

イギリスの自由主義的改革の歴史年表

1828年	審査法廃止
	→ピューリタンでも公職につけるようになる

1829年	オコネルの働きでカトリック教徒解放法が成立
	→カトリック信者でも公職につけるようになる

1832年	第1回選挙法改正
	→①選挙権がブルジョワジーにまで広まる
	②腐敗選挙区が廃止される

1833年	イギリス東インド会社の中国貿易独占権の廃止

1830年代後半～50年代	チャーティスト運動が活発化

1846年	コブデンとブライトによる穀物法の廃止

1849年	航海法の廃止
	「ン？　なんだか『廃止』ばかりですね」
	「今までブルジョワジーをしばっていた鎖を断ち切ったのだ」

最後の門　下の問題は大学入試問題を出典にした問題です。答えなさい。

　産業革命が発展したイギリスでは、自由主義的改革が進められ、1828年には①文武の公職就任者を国教徒に限るとした法が廃止され、非国教徒に公職就任の権利が保障された。（　1　）年にはカトリック教徒解放法が成立して、カトリックも公職につけるようになった。また、1832年、②第1回選挙法改正が実現し、産業資本家をはじめとする中産階級が選挙権を得た。しかし選挙権を獲得できなかった③労働者は、1830年代後半から、男性普通選挙の実施などを要求する運動を展開した。更に、対外的にも産業資本家の求める自由貿易政策がとられ、④反穀物法同盟による運動の結果、1846年に穀物法が廃止され、1849年には、オランダ船排除とイギリス貿易の保護・促進を目的として1651年に制定された（　2　）も廃止された。

問1　（　1　）（　2　）にあてはまる語句、もしくは数字を答えよ。

問2　下線部①の法の名称を答えよ。

問3　下線部②の法改正で、社会構造の変化と人口の移動により、有権者が著しく減少した結果、地域有力者の支配下に置かれていた選挙区が廃止された、この選挙区を何というか答えよ。

問4　下線部③の運動の名称を答えよ。

問5　下線部④を拠点にして、穀物法廃止運動を指導した自由主義政治家を1名あげよ。　（北海学園大・改）

空想的社会主義

無政府主義

科学的社会主義

偉大なる（？）「三大思想家」

「**空想的社会主義**」とは、「人道主義的な立場から、地方共同体を中心に平等な理想社会を作る考え」を意味する。

実際にそんなユートピアを作ろうとしたのが、イギリスの**ロバート＝オーウェン**である。オーウェンは小学校しか出ていない事業家で、紡績の工場経営者として成功した人物だった。スコットランドのニューラナークにある紡績工場の経営に乗り出したオーウェンはこの工場で働く労働者の環境改善に乗り出した。オーウェン自身も児童労働者だったため、子どもの労働者の存在に心を痛めたオーウェンは、「**人間の性格は環境によって形成される。子どもにはよい環境を与えるべきだ**」という信念を持って、工場のそばに「**性格形成学院**」という学校を作り、労働者の子どもたちを通わせた。

理想の村を作るべくオーウェンはアメリカ合衆国に「ニューハーモニー」という、「皆が完全に平等な共同体農村」を建設した。しかし入村希望者を選びもしないで受け入れたため、分裂騒ぎが起こり、結局は失敗に終わる。だが生涯の最後まで協同組合や共同体建設に取り組んだオーウェンの姿はやはり偉大であった。オーウェンの運動の影響で、1819年には**工場法**が制定され、9歳未満の児童労働の禁止と16歳未満の児童による1日12時間以上の長時間労働の禁止が決められたのだ。

＊

サン＝シモンはフランスを代表する名門貴族の息子であった。軍役につき、アメリカ独立戦争に参加したことがサン＝シモンの人生の大きな転機となった。「**アメリカにはオレのような貴族はおらず、皆が産業にたずさわって生活している！　これこそあるべき社会だ！**」と感動したサン＝シモンはフランス革命が始まると自分の領地に帰り「**オレは貴族を辞めるぞぉ！**」と宣言し、貴族の領地や収入をすべて捨てた。彼は人間が能力を発揮してモノを制作する人（農民・職人・商人）を「**産業者**」と呼び、社会の富を作る根源とした。そして貴族や法律家、そして金利でもうけている人々を「**産業者にたかる社会の寄生虫**」として攻撃したのだ。ところが貴族を辞めた彼に待っていたのは赤貧の生活だった。文筆では食っていけず、以前の召使いにすがって恵んでもらうまで落ちぶれた。しかしサン＝シモンは貧弱でも自分の理想を生き抜いた。

＊

フーリエは商人の子だったが「ウソをついてもうける」商売が大嫌いだった。しかし9歳の時に父が死んだので、しかたなく商人となる。商才があったため財産を築いたが、フランス革命の動乱で全財産を没収されてしまい、これをきっかけに思想家としての道を歩むことになった。彼は商業を憎み、農業を中心とする小規模な「**共同体**」（ファランジュ）からなる理想社会を考えた。死後に弟子たちがフーリエのプランに基づいてアメリカに「共同体」を作ったが、多くは失敗に終わってしまう。

だが彼らの「平等な共同体」の夢は後の時代に引き継がれた。日本の宮沢賢治の「羅須地人協会」や、武者小路実篤が宮崎県に作った「新しき村」は、空想的社会主義者たちの夢をベースにして作られた理想郷への試みだ。

復習ポイント の答え

自由主義は「政治」と「経済」に大きな影響を
与えている。

政治に求められた自由とは、「産業資本家など
の中流階級（ブルジョワジー）が政治に参加でき
る権利」を意味する。

この**政治に参加できる権利**は具体的には
①**公職につける権利**と②**選挙権**の二つを
指している。イギリスでは、①は1828年の審査
法の廃止と、1829年のカトリック教徒解放法に
よって実現された。また②は1832年の第1回
選挙法改正によって実現されている。しかし労
働者にも選挙の自由が広がっていくのはまだ後
の話となる。

そして**経済に参加する自由**は具体的には①
政府と結び付いている特権企業の活動停止と
②**地主に都合のよい保護関税を廃止して自由
貿易にする**の二つを指す。①は1833年の「イ
ギリス東インド会社の中国貿易独占権の廃止」
という形で、そして②は1846年の「穀物法の廃
止」という形で実現されている。こうしてイギリ
スのブルジョワジーたちは、1833年以降は中国
との「お茶」や「アヘン」貿易に堂々と参加できる
ようになったのだ。

アクティヴィティ の答えの一つ

日本で「みんなが平等」な、社会主義が実現さ
れている場所は、**刑務所**と**学校**である。社
会における差別と不公平が真っ先にあらわれる
のは「髪型」と「ファッション」なので、学校と刑
務所では皆が同じ制服を着、同じ髪型にさせる。
食事も同じ給食である。

平等を維持するために自由は制限される。好
き勝手から不平等が生まれてしまうからだ。

外国では、これに「軍隊」が加わるのであろう
が、軍隊には階級があるので平等とは言えない。

最後の門 の答え

問1　（1）　1829　　（2）　航海法
問2　審査法　　問3　腐敗選挙区
問4　チャーティスト運動
問5　コブデンorブライト

（解説）

問1　カトリック教徒解放法の年代は「謝肉
　　（1829）祭だよ、カトリック」でダジャレで覚
　　えよう。

問2　イギリス史（古代ローマ史や中国史もそうだ
　　が）には法律が多く出てくるので注意してお
　　こう。世界の中核となった国々の安定の秘訣
　　は「法律がしっかりしていた」ことにある。

問5　問題に「1名あげよ」と書いてあるのがワ
　　ナ。「コブデンとブライト」と2人タッグで覚
　　えているので、1名と言われてしまうとディ
　　ズレーリとかグラッドストンの名前をうっか
　　り書いてしまう。コブデン・ブライトの二人
　　のうちどちらかの名前を書けばOK。

いずれにせよ19世紀前半のイギリス史
は法律の成立と廃止が中心となって出題さ
れるので、法律の一覧表を作って覚えれば、
かなりの点稼ぎができる。

第**3**章

19世紀
ヨーロッパの
野望

生き残るためには
統一と近代化だっ！

15 二月革命と三月革命
——ドミノ倒しのように革命が連続爆破

うーん、イギリスって不思議に革命起こらないですねぇ?

イギリス革命で風船が破裂しなかったのは、政党を中心とする議会政治がすでにおこなわれていたからだ。つまり「ガス抜き」されていたわけだ。その代わり改革や刷新はやっていた。チャーティスト運動のような労働者の参政権獲得運動が内乱にまで発展しなかったのは、労働者の参政権が議会で審議されていたからだな。その結果、1867年に都市労働者、1884年に農業労働者の選挙権が認められている。

第1幕への前奏曲 社会主義が革命の旗印になってしゃしゃり出る

オルレアン家のルイ=フィリップは王家の血を引くにもかかわらず、自由主義に染まって革命期はフランス革命軍に入隊し、ナポレオン時代はヨーロッパやアメリカで教師をして細々と生活していた苦労人だ。

1830年のフランス七月革命ではブルジョワジーに理解のある人物として王位についたのだが、ブルジョワジーでも「大」ブルジョワジーだけをひいきにしたためにルイ=フィリップの人気は急落していた。

産業革命がフランスでも本格化すると、労働者などの下層階級が増えてきてしまう。しかも折あしく凶作と不況のダブルパンチで失業者が増えてしまった。貧富の差が深刻化する1840年代後半に入ると、自由主義とともに新たに社会主義が台頭してきたのだ。

第1幕 フランス二月革命
——なんと「宴会」で倒されてしまった王政

第1場:首相の大失言によりノックアウトされたルイ=フィリップ

さて、フランスでは王に反対する集会やデモが増えてくると、ルイ=フィリップは政治集

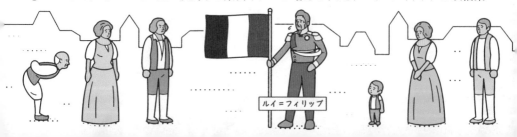

ルイ=フィリップ

会の禁止令を出した。この禁止令に反発した市民たちが新しく考えたのが「**改革宴会**」だ。「ただ今、宴会中」のプラカードを掲げて、酒瓶を持って集会をおこなうのが「改革宴会」。洋の東西を問わず政治集会には厳しく目を光らせる警察も、酔っ払いの宴会には変に甘いのは日本のお花見を見てもわかるだろう。パリの市民たちも「宴会」を装って実は「集会」をやったわけだ。

　ルイ＝フィリップのもとで、首相の**ギゾー**は金持ち優遇政策をおこない、制限選挙にこだわっていた。しかも「**選挙権が欲しければ金持ちになればよい**」と歴史に残る大失言をしてしまったため、王政への反対運動が激化してしまった。ギゾーはクビになったが市民の怒りは収まらず**1848年2月**についにルイ＝フィリップは亡命し、新しい**臨時政府**が誕生した。これが**二月革命**であり、この革命で生まれた新しい政治体制を歴史では**第二共和政**と呼ぶのだ。ちなみに第一共和政はギロチン恐怖政治で知られるフランス革命時の政治体制を指す。

第2場：自らの怠けによって自滅する社会主義勢力

　この新政府誕生に大きな役割を果たしたのは社会主義を信じる労働者たちの力だった。そのため社会主義者の**ルイ＝ブラン**が内閣に参加した。

　彼はすべての労働者が平等である**国立作業場**を作ったのだ。ここで働くものは皆同じ賃金をもらえる。残業しようが怠けようが同じ賃金ならば、怠けるのが人間の常というもの。全国から失業者が集まり、国立作業場で働く労働者は10万人を超えたらしい。そして労働者たちは給料をもらうばかりで仕事は怠けていた。彼らの給料は税金から払われたが、その税金を負担しているのはブルジョワジーたちだ。ブルジョワジーは二月革命の時は労働者と手を握っていたが、しだいに対立が深まるようになる。

　発足した臨時政府のリーダーは**ラ＝マルティーヌ**という詩人で、ブルジョワジー勢力を代表していた。ブルジョワジーと労働者の間に立ったラ＝マルティーヌは「ま、争いは置いておいて、まず選挙をしましょう。話はそれからです」と対立を収めてしまった。4月に**男性普通選挙**を実施したのだが、結果は社会主義者の大敗北に終わってしまう。「怠け者」に対する農民やブルジョワジーの目は厳しかったのだ。

　ということで、5月に国立作業場は閉鎖になってしまうのだが、失業してしまった労働者たちは自分たちの怠けぶりは棚に上げて、政府を攻撃し、ついに**六月蜂起**という反乱を起

改革宴会

こしてしまった。結果から言うと蜂起は大失敗で、カヴェニャック将軍が軍を率いて蜂起を鎮圧し、1000人以上の労働者が殺されてしまったのだ。この六月蜂起の失敗で社会主義革命勢力は衰え、ブルジョワジーが共和政の主体となる。

第3場：漁夫の利で、最後に勝利を手にしたルイ＝ナポレオン

1848年もいよいよ押しつまり、11月に共和国憲法が発布され、憲法に従って12月に大統領選がおこなわれた。カヴェニャック将軍も自信満々で立候補したが、とんでもない落下傘候補が出てきた。**ルイ＝ナポレオン**である。あのナポレオン1世の弟の子、すなわち甥にあたる。なにせおじさんがあの大ナポレオン。知名度は抜群で、ブルジョワジーに人気があった。しかも社会主義に理解のある本も書いており、労働者にもウケがよかった。

その結果、選挙はルイ＝ナポレオンの大勝利だった。右の絵は、二月革命で誰が最後の勝利者だったのかを示している当時の傑作マンガ（→）だ。一番右のルイ＝フィリップを蹴

飛ばしている詩人ラ＝マルティーヌをさらにカヴェニャック将軍が蹴飛ばし、最後にそのカヴェニャックをルイ＝ナポレオンが蹴飛ばしている。このマンガは二月革命が実はルイ＝ナポレオンの独裁を準備する前段階にすぎなかったことを皮肉っている。

新憲法による大統領職は4年任期で、再選はない。ルイ＝ナポレオンを小物と侮った議会は平気で逆らい始めた。これでは政治ができないと考えたルイ＝ナポレオンは1851年に軍隊を率いてクーデタを起こして議会を解散し、ついに独裁権力を握った。流れに乗ったルイ＝ナポレオンは1852年におじさんと同じく国民の賛同を得て帝政を宣言し、**ナポレオン3世**と名乗る。このナポレオン3世による皇帝支配を、フランスの歴史では**第二帝政**と呼ぶのだ。

第**2**幕

三月革命
——民衆の力によって、ついにラスボス敗北

二月革命の知らせはヨーロッパ中に広まった。当時はもう電信が使われ、ニュースはすぐに新聞で民衆に伝わったのだ。オーストリアの宰相メッテルニヒがウィーンの町を散歩していると町の様子が異様だった。労働者や市民が平気で政治に関する演説を道端でし

国立作業場

ているのである。「これはいかん」とメッテルニヒは市民を押さえ付けようとしたが、時の流れの激流にはメッテルニヒでさえも逆らえなかった。結局メッテルニヒは二月革命が起きた1848年3月に宰相を辞任し、ほとんど着の身着のままでロンドンに亡命したのだ。

　メッテルニヒの失脚と亡命の知らせはヨーロッパ各地に伝えられ、いたる所で革命騒ぎが起こった。例えばプロイセンの首都ベルリンでは学生や民衆が憲法の制定を要求して立ち上がっている。プロイセン国王**フリードリヒ＝ヴィルヘルム4世**は押し寄せる民衆になすすべを知らず、立憲政治をおこなうことを国民に約束し、自由主義者を中心とする新しい内閣を発足させたのだ。このようなオーストリアやプロイセンで起こった一連の政治の大変革を**三月革命**と呼び、ウィーン体制を崩壊させることになる。

第3幕　諸国民の春──過熱して起こった革命は冷めると潰される

　独立や革命を押さえ込んでいた巨頭メッテルニヒが失脚したことにより、ヨーロッパ各国では**民族独立運動**が盛んになった。例えば**ハンガリー**だ。この国はオーストリア帝国の一部としてハプスブルク家の支配を受けていたが、ハンガリーの愛国者の**コシュート**が独立運動をついに起こした。1848年のパリ二月革命勃発をチャンスとして、コシュートは憲法改正とハンガリーに内閣を作ることをオーストリアに要求し、自らハンガリー初の内閣で大蔵大臣に就任している。しかしパリで六月蜂起が失敗し、革命運動が下火になってくるとオーストリアの反撃が強くなってきた。コシュートは1849年にヤケのやんぱちでハンガリー独立宣言をおこなったが、オーストリアとロシア軍に攻め込まれ、結局ロンドンに亡命するハメになった。

　同じように東欧や南欧では民族独立運動が相次ぐことになる。例えば**ポーランドやベーメン、北イタリア**だが、これまた六月蜂起の失敗後に列強が反動化すると、民族独立運動は潰されてしまうことになる。これら1848年の三月革命によって起こったヨーロッパの一連の民族独立運動を「**諸国民の春**」と呼ぶのだ。

ナポレオン3世　凱旋門

終幕 フランクフルト国民議会
──ずっこけてしまったドイツ統一

　ドイツは統一を目指す運動はあったのだが、メッテルニヒの目の黒いうちは統一なんて不可能だった。しかし1848年の三月革命以降、ドイツでも統一の機運が盛り上がってきた。そこで当時のドイツ最大の都市であるフランクフルトで自由主義的な学識者などを集めて統一を話し合う**フランクフルト国民議会**が開催されたのだ。この議会の目的は、「話し合い」によってドイツの統一を達成することだったが、理想主義的な学者ばかりが集まったことが災いし、まるで学会のような長々とした学術的なお話し合いの場になり、結論がなかなかまとまらなかった。

「会議は踊る」のウィーン会議みたいにダラダラしたわけか～

　そうこうしているうちに六月蜂起が失敗して革命勢力が衰退し、王権や保守体制が力を盛り返してしまった。例えばプロイセン王は民衆の要求で一度は作った自由主義内閣を、六月蜂起の失敗以降になると潰してしまうのだ。慌てたフランクフルト国民議会はドイツ皇帝の王冠をプロイセン王に与え、統一ドイツの中心になってもらうように頼み込んだのだが、<u>プロイセン王はドイツ皇帝になることを拒否してしまう</u>。フランクフルト国民議会もすっかり尻すぼみになり、1849年に武力弾圧により解散させられてしまうのだ。これら1848年に起こった革命や民族運動をすべてひっくるめて**1848年革命**と呼ぶ。

復習ポイント

　1848年革命の内容をフランスを中心に整理してみよう。

アクティヴィティ

　なぜプロイセン王はドイツ皇帝の帝冠を拒否したのだろう？（くれるというものは、もらっておけばいいのに……）

ベルリン三月革命

1848年を中心とする革命の歴史年表

1848年2月 フランスのパリで二月革命が起こる
→フランス国王ルイ＝フィリップは退位して亡命
⇒フランス第二共和政の成立
社会主義勢力の入閣→国立作業場の成立

1848年3月 ウィーンとベルリンで三月革命が起こる
→メッテルニヒ失脚。プロイセン国王は立憲政治を約束
⇒自由主義を中心とする政治体制が成立

1848年3月 コシュートを中心とするハンガリー民族独立運動
北イタリアで独立を求める反乱が起こる

1848年4月 フランスで男性普通選挙の実施→社会主義勢力の敗北

1848年5月 国立作業場の閉鎖
ドイツでフランクフルト国民議会が開かれる

1848年6月 パリで労働者による六月蜂起
→失敗し、ブルジョワジー保守派の勢力が強まる
「六月蜂起が失敗してからは、ヨーロッパ各地で保守派の巻き返しが起こってしまうのだ……」

1849年 フランクフルト国民議会がプロイセン国王をドイツ皇帝に推薦するが、国王は拒否
→議会は解散へ
「まあ、『下々の差し出す位など必要ない』ということかな」

1
3
5

最後の門 下の問題は大学入試問題を出典にした問題です。答えなさい。

　フランス第二共和政下で実施されたことに関する説明として間違っているものを一つ選び、その記号を答えよ。すべて正しい場合にはオを選べ。

　ア．1948年4月に実施された選挙は、男性普通選挙であった。

　イ．この選挙の結果、国民の多数を占める労働者の意見が反映され、社会主義者の意向を反映した政府が成立した。

　ウ．1848年12月に実施された大統領選挙で当選したのは、ルイ＝ナポレオンであった。

　エ．ルイ＝ナポレオンは、1851年にクーデタを起こし議会を解散し、翌年に国民投票により帝政に移行することの承認を得た。

（法政大・改）

フランクフルト国民議会

あの栄光をもう一度
新旧ナポレオン対決

　叔父のナポレオン1世と甥のナポレオン3世には、多くの共通点と一つの致命的な相違点があった。まず共通点から。

共通点その1：二人ともフランス語がヘタ。

　ナポレオン1世はコルシカ島生まれで、コルシカ方言の強いフランス語しか話せなかった。ナポレオン1世の没落後、ナポレオン3世は母親の亡命先のスイスで育ち、ドイツ語を母国語として育ってしまった。ドイツで高等教育を受けたルイはスイスの砲兵隊に入隊して、軍隊生活を送っていた。しかし彼は自我に目覚める。「オレはナポレオンの血を受け継いでいるのだっ！　こんな山の中にいられるか！」

　というわけで、この軽薄な青年はフランスを目指すことになる。

共通点その2：二人ともブルジョワジーの味方。

　ちょうどグッドタイミングであった。**二月革命**の混乱の時期にルイ＝ナポレオンの登場だ。「**きっとおじさんと同じようにブルジョワジーを守ってくれる**」と信じたブルジョワジーはこの男を担いで、大統領にした。そこでルイ＝ナポレオンはブルジョワジーのための政治をバンバンおこなった。まず1855年にパリ万博を開催することを決め、それに合わせてパリの大改造をオスマン男爵に命じておこなわせた。

　それまでのパリは糞尿の臭いがただよう、暗い不潔な町であった。

　ルイはパリに下水道を完備させ、公園や道路などのインフラを整備させる。この結果、パリはファッショナブルな町に変身した。好況のため失業者も減り、快適な生活に満足したブルジ

ョワジーや労働者はルイを熱烈に支持した。またルイは農民の土地所有権を保護してやったため、農民もルイ＝ナポレオンを支持した。

　ブルジョワジーと労働者、農民の支持の均衡の上に立っていたナポレオン3世の政治を歴史では**ボナパルティズム**と呼ぶ。

共通点その3：二人とも道楽者だった。

　道楽者であったナポレオン3世は音楽や美術にも造詣が深く、オペラ座では最新のオッフェンバックのオペレッタやワーグナーの楽劇を上演させていた。印象派の画家たちが皆コンクールに落選するのに憤り、1863年には彼らの作品を集めてわざわざ「落選展」（笑）という展覧会を開いてやったりもした。

　文化保護者として得意満面のナポレオン3世だったが、おじさんと似ているのはここまで。

致命的相違点：**おじさんと違い、ナポレオン3世は戦争がヘタだった。**

　ナポレオン1世が国民に人気があったのは戦争が強かったからだ。ナポレオン3世にしてみれば自分にも軍事的才能があることを国民に見せつけたい。そこでメキシコやインドシナ半島に野心を見せていたが、化けの皮が剥がれる時がやってきてしまった。プロイセン宰相**ビスマルク**の計略に引っかかってドイツ＝フランス（独仏）戦争（プロイセン＝フランス戦争）をおっぱじめ、なんとプロイセンの捕虜になってしまったのだ。この後ナポレオン3世は皇帝を退位し、イギリスに亡命する。

＊

　後世のナポレオン3世の人気が低かったのは経済学者**カール＝マルクス**の評価がからいことからもわかる。

　「歴史は2度繰り返される。1度目は威厳たっぷりに、そして2度目はお笑いとして」

　（カール＝マルクス『ルイ＝ボナパルトのブリュメール18日』より）

解答と解説

復習ポイント の答え

1848年にフランスで二月革命が起こると、周囲へ波紋が広がるように革命も連鎖的に広まっていった。図にすると以下のようになる。

① （1848年2〜3月）

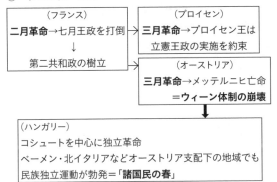

② （1848年6月以降）

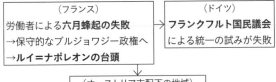

（オーストリア支配下の地域）
オーストリアとロシアの介入によって独立運動を阻止される

アクティヴィティ の答えの一つ

フランクフルト国民議会が与えようとしたドイツ皇帝の帝冠を、プロイセン王が拒否したのは「受け取ってしまったら王は国民議会の下に立たなければならない」と王が考えたからであろう。王の下に立つべき議会から皇帝の位を受け取ってしまったら、議会の方が王よりも上位にあることを認めてしまうことになる。それゆえプロイセン王は皇帝の位を拒否し、憲法も認めず、議会を解散してしまったのである。

最後の門 の答え

イ
（解説）
「すべて正しい場合にはオを選べ」が困ってしまう。歴史の流れをつかんでいないと、どれもこれも正しい文章に見える。ちょっと見るとウがいかにも間違っている文にも感じられるのがワナである。対応するには二月革命の流れを把握しておくしかない。

本文を見てほしい。1848年4月の選挙の結果は社会主義者の大敗北に終わり、労働者ではなくブルジョワジーの意向を反映した政府が成立したのである。

16 ロシアと東方問題
——凍らない港を狙うストーカー？

「保守反動」って言葉がよく出てくるけど、わからないですう。

テーマ11にも出てきた言葉だな。「いきすぎた革命の<u>反動</u>で、昔の<u>保守的な体制に戻ろうとすること</u>」を保守反動と言う。この保守反動にこだわった国が専制君主の力が強いオーストリアとロシアで、結局は民主的な改革や憲法の制定を認めず、支配下にあったヨーロッパ諸国の独立運動を力ずくで押さえ込んでいたのだ。

第1幕への前奏曲 不凍港へのまぶしい憧れ——君よ知るや南の国

　ロシアという国はだだっ広い上にさえぎるものがなく、川も冬になると凍ってしまうから、昔から外国や異民族の侵入をくらっていた。そこで国を守るためにロシアは隣接する外国の重要拠点を最初に手に入れ国内防衛の要にするようになる。まさしくロシアの領土拡大は国内防御のためだった。近世に入ると領土の防衛に海軍が欠かせないことに気が付き、港、それも冬でも凍ることのない**不凍港**を求めるようになる。イギリスとの交易が動機だったピョートル1世（大帝）がペテルブルクを作り、エカチェリーナ2世がクリミア半島を手に入れたのも不凍港への憧れがあってこそだ。不凍港を手に入れるためロシアは南下政策をおこない、東ヨーロッパの民族独立運動に介入して、南下への足がかりを作ろうとした。そのため西欧列強はロシアと対立したが、この対立を**東方問題**と呼ぶ。

第1幕 ロシアの地中海進出大作戦
——下心を隠してオスマン帝国を口説く

第1場：「二つの海峡を手に入れたいロシアの下心」の巻
　ロシアは冬でも凍らない港セヴァストーポリを持つ**クリミア半島**をすでに手に入れてい

クリミア　エカチェリーナ2世　東方問題

たが、この半島が難ありでな……。実はクリミア半島から地中海に出るには二つの海峡を通り抜けなければならない。その二つの海峡が**ボスフォラス海峡**と**ダーダネルス海峡**という狭い海峡だ。この二つの海峡の持ち主はオスマン帝国なので、なんとかブン捕るチャンスをロシアはじーっと狙っていた。タイミングよく起こってくれたのが**エジプト=トルコ戦争**なのだ。

第2場：エジプト=トルコ戦争 ── 下心丸出しで「あのカワイ子ちゃんを奪ったれ」

　エジプト総督**ムハンマド=アリー**は野心満々の英傑だ。この人物は面白いので、後でも取り上げるぞ。ムハンマド=アリーは宗主国のオスマン帝国に対し、自分がシリアとエジプトを統治する権利を要求して戦争をおっぱじめている。この戦争を**エジプト=トルコ戦争**と言うが、なんと2回もやっている（1831〜1833年、1839〜1840年）。

　第1回目の戦争の時はイギリス・フランス・オーストリアがエジプトを支援し、ロシアがオスマン帝国を支援した。ロシアは言い寄った。

　「戦争とは大変ですね。私がオスマン帝国を支援してあげましょう。なに、友達じゃないですか。助け合うのは当然ですよ。お礼？　ほんのちょっとでいいんですよ。お友達じゃないですか。うははははは♡」

　しかし**フランス**などの援助を受けているムハンマド=アリーのエジプト軍は強く、結局オスマン帝国はムハンマド=アリーにシリアとエジプトの統治権を認めるハメになった。この時、ロシアが言ってきた。

　「おっと、知らんとは言わせないぞ。君を助けてあげたよな。お礼は払ってもらうぜ。そのお礼とは二人のカワイ子ちゃんの独占だ！」

　この二人のカワイ子ちゃんとはボスフォラス海峡・ダーダネルス海峡のことだ。オスマン帝国は泣く泣くロシアの要求を呑み、ロシアにのみこの二つの海峡を航行する権利を与えた。これが1833年の**ウンキャル=スケレッシ条約**だ。ロシアは堂々と地中海に出られるようになった。

第3場：ロンドン会議で待ったがかかる ──「そうは問屋がおろさんぞ」

　ロシアの地中海進出に驚いたのが世界最大の海軍国イギリスだ。地中海は自他ともに認めるイギリスの庭である。その庭を土足で他人に荒らされたのではたまらない。ロシアの進出に脅威を感じていたイギリスに再び塩梅よく**第2次エジプト=トルコ戦争**が起こっ

たのだ。

　英雄ムハンマド＝アリーも人の親。70歳を超えた今となっては自分の子どもにエジプトとシリア総督を譲りたくてしかたがない。そこでムハンマド＝アリーはシリア総督の世襲権（せしゅう）をオスマン帝国に求めた。が、オスマン帝国は認めるわけがない。そこで再びエジプトとオスマン帝国の間に戦争が起こってしまった。今度はイギリスが動いた。プロイセン・オーストリアとともにオスマン帝国に味方してエジプト軍をやっつけ、まずエジプトに影響力を強めようとしたフランスの野心を潰した。そしてイギリスは1840年に**ロンドン会議**を開き、**各国のボスフォラス海峡・ダーダネルス海峡の軍艦通行を禁止したのだ。「えっ、そんなぁ！」「ロシア君。あの二人のカワイ子ちゃんを君だけが独占してはダメだ。われわれも手を出さないから、君も我慢したまえ」**。二つの海峡の軍艦通行を禁止することで、イギリスはロシアを黒海に封印し、地中海に出られないようにしたのだ。こうして地中海進出というロシアの南下政策の野心は、策士イギリスによってまんまと妨害されたのである。

第2幕　クリミア戦争──「フン、言うことを聞かなけりゃ力ずくだっ！」

👩💬 **まあ、これでロシアも南下政策から手を引くでしょう。うふふ**

　いや、ロシアはこんなもんであきらめるようなタマではない。ロックオンしたら、地べたを這いドロ水をすすっても追いかけてくるのがロシアだ。1852年にフランスのナポレオン3世が聖地イェルサレムの管理権をオスマン帝国から譲り受けた時、ロシアがオスマン帝国にイチャモンをつけてきた。宗教が理由だと国民が納得しやすいからだ。**「おい、カトリックのフランスには聖地管理権を認めたくせに、ギリシア正教のわしにはなんで管理権を認めないんじゃ。コラァ！」**

👩💬 **口説いてダメなら力ずくって、ロシアってサイテーじゃん**

　ロシアが力ずくでオスマン帝国にケンカをふっかけてきたのは、1848年の二月革命・三月革命の大混乱で、こんな時にわざわざオスマン帝国に味方するようなヒマ人はいないだろうとふんだからだ。だが、甘かった。ヨーロッパ諸国はそこまでフヌケではない。**イギリ**

スとフランス、そして**サルデーニャ**がオスマン帝国に味方し、ロシアのしつこい南下政策を断固防ごうとしたのだ。これが**クリミア戦争**（1853〜1856年）だ。イギリスがヨーロッパに大部隊を派遣したのは、ナポレオン戦争〜第一次世界大戦の期間中ではクリミア戦争の時だけだった。

👩‍🦰 あのー。サルデーニャって何なんですか？　パスタの名前？

　いや、サルデーニャは王国の名前だ。この国はイタリア統一運動の中心となるので、また後で詳しく説明するぞ。この時サルデーニャがクリミア戦争に加わったのは、イタリア統一に向けた外交的駆け引きのためだ。さて、クリミア戦争の頂上決戦は、ロシアの文豪トルストイも若き日に従軍した**セヴァストーポリ**包囲戦だった。クリミア半島にある軍港セヴァストーポリ要塞を囲んだイギリス・フランス軍は1年間かけてついにこの要塞を陥落させ、とうとうロシアを敗北させたのだ。ロシア皇帝**ニコライ1世**はこの知らせを聞く前に亡くなってしまった。そして**1856年のパリ条約**で**オスマン帝国の領土保全**（もうオスマン帝国にちょっかいは出すな）と**黒海の中立化**（黒海に要塞や軍港を作ってはならん）が決められてしまった。こうしてロシアの力ずくの南下政策はまたまた挫折してしまったのだ。

第3幕　ロシアの農奴解放令
——結局は解放されていないロシアの農奴

　さすがにクリミア戦争の敗北の影響は大きかった。ロシアも力ずくだけではヨーロッパ列強に勝てないことを思い知ったのだ。そこで反省の時間だ。「**うむむ、勝てなかったのはロシア社会全体が近代化しておらず古くさかったからだな。その代表例が農奴制だ。地主に平気で売り買いされ、人格を否定されている農奴が、戦争の時に命がけで戦えようか。ヨーロッパ列強のように農奴制を廃止しよう**」ということでニコライ1世の息子、ロシア皇帝**アレクサンドル2世**は大胆にも**農奴解放令**を1861年に発表したのである。かのリンカンによる奴隷解放宣言（1863年）より2年早かった。農奴は人権を認められ、移動の自由を認められたが、問題は「どうやって食っていくか」である。字も読めない農奴は農業を続けるしかないのだが、肝心の土地はタダでは与えられず「欲しかったら買え」だった。だが土地を買える余裕のある農奴なんかいるわけがない。農奴が耕していた土地は**ミール**

1
4
1

クリミア戦争

と呼ばれる農村共同体がローン支払いをおこなって貴族から買ったので、そこで働く「元農奴」たちは、今度は「ムラの掟」に従うハメになった。つまり、ロシアの農奴は本当の意味での「自由」にはなれなかったのだ……。

第4幕 ナロードニキの挫折 ──理想主義者がコケるとテロリストにっ！

　産業革命が育っていなかったロシアではブルジョワジーが少なく、力もなかった。このロシアの社会で改革の担い手となったのが貴族の坊ちゃんあがりの知識人だ。この知識人たちを**インテリゲンツィア**と呼ぶ。これがインテリの語源である。彼らは自由主義や社会主義に影響されて、農村の解放を訴えたのだ。**「僕たちは農村に行って農民を教育して、農民を中心とする平等な社会を作るんだぁー」**という主張だった。彼らを**ナロードニキ**（人民主義者）と呼ぶのだが、元々は「人民の中へ」（**ヴ＝ナロード**）という彼らの標語から来ている。理想を持ったのは立派だが現実というものは厳しい。農民たちはナロードニキがとなえる自由主義や社会主義には無関心で、夜に開かれる勉強会でも、畑仕事で疲れているから眠くなるばかりだ。つまり<u>ナロードニキ運動は失敗してしまった</u>。うまくいかないとキレるのがお坊ちゃんの常で、社会変革のための最短コースとして「**テロ**」を彼らは選んでしまう。1863年にポーランドで武装蜂起が起こって以来、反動化してしまったアレクサンドル2世を1881年に暗殺してしまったのはナロードニキ出身のテロリストたちだ。

復習ポイント

　「エジプト＝トルコ戦争」と「クリミア戦争」で対立する国々を整理しよう。

アクティヴィティ

　あなたがロシア皇帝ならば、凍らない港としてどこを狙いますか？

農奴解放令

ロシアの東ヨーロッパを中心とする「東方問題」史年表

1821～1829年	ギリシア独立戦争にロシアが介入
1829年	アドリアノープル条約でオスマン帝国はギリシア独立とあわせてロシアの黒海とボスフォラス・ダーダネルス両海峡の自由航行権を承認する
1831～1833年	第1次エジプト＝トルコ戦争
1833年	ウンキャル＝スケレッシ条約でオスマン帝国はロシア以外の外国軍艦がボスフォラス・ダーダネルス両海峡を通行することを禁止
1839～1840年	第2次エジプト＝トルコ戦争
1840年	ロンドン会議でロシアも含めた外国軍艦がボスフォラス・ダーダネルス両海峡を通行することを禁止
1853～1856年	クリミア戦争でロシア敗北
1856年	パリ条約で黒海の中立化が定められる
1861年	ロシア皇帝アレクサンドル2世による農奴解放令
1870年代	ナロードニキの活動の活発化
1881年	アレクサンドル2世をテロリストが爆弾で暗殺

最後の門 下の問題は大学入試問題を出典にした問題です。答えなさい。

1853年には南下をもくろむロシアとこれに反対するオスマン帝国、イギリス、サルデーニャ王国、（　1　）の連合軍の間にクリミア戦争が勃発した。最大の激戦は（　2　）要塞をめぐる攻防であった。『戦争と平和』の著者として名高いロシア人作家（　3　）も従軍し、その経験を作品としている。

問1　下線部の年に起こった出来事として、正しいものを以下の中から選びなさい。

ア・ペリー、浦賀に来航　　イ・イギリス、穀物法廃止

ウ・太平天国の乱の勃発　　エ・イタリア王国成立

問2　空欄（　1　）～（　3　）にあてはまる語句を以下の語群から選びなさい。

（1）　ア・アメリカ　　イ・メキシコ　　ウ・ポーランド　　エ・フランス

（2）　ア・ジブラルタル　　イ・セヴァストーポリ　　ウ・バスティーユ　　エ・ボスフォラス

（3）　ア・トゥルゲーネフ　　イ・プーシキン　　ウ・ドストエフスキー　　エ・トルストイ

（獨協大・改）

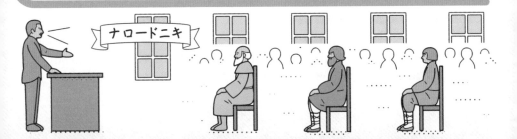

シベリア鉄道の旅ばなし

　シベリア鉄道。世界最長の鉄道でモスクワ～ウラジヴォストーク間の距離がなんと**9300 km**もある（以下の情報は2017年のもの）。

　シベリア鉄道に乗るにはまず、新潟からフェリーでウラジヴォストークまで行く。日本海沿岸にある軍港ウラジヴォストークからシベリア鉄道の「ロシア号」に乗り込む（予約が必要だが、旅行社に頼むと手数料をけっこう取られる）。モスクワまで**6泊7日**の旅となるので、カップ麺をたくさん用意しておこう。列車にはサモワールという湯沸かし器があるので、24時間お湯が手に入る。マグカップを持って行くべし。

　発車した時は窓から見える広大なシベリアの景色に見とれてしまう。しかし、行けども変化がないのでそのうちに風景に慣れてしまう。

　車内に食堂車はある。**ボルシチ**がとても美味しいが、お値段はちょっと高めで、三度三度食べているとやはり飽きてくる。

　なにしろ列車は止まらない。数時間に1回、20分ぐらい駅に停車するのだがこの時がチャンスだ。財布を持ってホームに降りよう。その土地ならではの料理を日本の駅弁よろしくオバちゃんが売っている。おすすめはやっぱり**ピロシキ**だ。ただし油断していると、放送も合図もなく列車は発車してしまうので発車時間は必ず確認しておこう。

＊

　友達を作りたいのなら三等車寝台がおすすめ。6人1組の狭っ苦しい寝台にはカーテンがなく、プライバシーもない。いろんな人種の旅人がまるで修学旅行のように一緒に旅の仲間になってくれる。英語は通じないと思った方がよい。ロシア語会話集や辞書を片手に飛び込んでみよう。焦らなくても大丈夫。時間だけはたっぷりある。トランプやら、その場でプリントできるポラロイド式カメラがあれば大ウケ間違いなし。今ならスマホもマストアイテムだ。君もコンパートメントの人気者になれる。

　洗濯物は皆トイレの洗面所で洗う。そして自分のベッドにロープを張って下着でもなんでも干す。最初は恥ずかしいが、仲間意識が湧いてくると平気になってくるから不思議だ。**フロやシャワーはない**。車掌に頼んでカネを払えば乗務員用のシャワーを使えるという噂があるが、これははっきり言って裏技である。部屋は乾燥しているので皆フロには入らないし、とりたてて臭くはならないようだ。

　余裕があれば途中下車したいところだ。極東ロシアの中心都市**ハバロフスク**、バイカル湖のほとりの**イルクーツク**、西シベリアの灯台ノ**ヴォシビルスク**。どれも立派なヨーロッパ風の美しい大都市である。

＊

　虎や熊や山賊がいた巨大なタイガ（シベリアの針葉樹林帯）の中に、これだけの長距離鉄道をよく敷いたものだ。そのための大苦労は並大抵のものではない。囚人や捕虜にも鉄道建設にあたらせ、第二次世界大戦末期にソ連の捕虜となった日本兵もこの鉄道を作らされた。

　ヨーロッパとアジアを結ぶ壮大なスケールの大鉄道。これを作ったロシア人の力にはまったく度肝を抜かれる。そもそも日本人は「ごめんなさい。私、カレがいるの」の一言ですぐご引き下がる。しかし、ロシア人はあきらめない。決してあきらめないのだ。どんな困難があろうとも必ずやりとげてしまう。アジア極東の不凍港への憧れを貫いてシベリアを横断してしまうのがスラヴ魂なのだろう。

144

解答と解説

復習ポイント の答え

エジプトやオスマン帝国を支援している国々は、別にその国が好きだから支援しているわけではない。**その国の混乱や戦争を利用して利権や権益を手に入れようとしていたのである。**

（塗ってある枠の方が敗北者）

（第1次エジプト＝トルコ戦争　1831〜1833年）

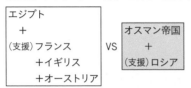

エジプト
＋
（支援）フランス
＋イギリス
＋オーストリア

VS

オスマン帝国
＋
（支援）ロシア

（第2次エジプト＝トルコ戦争　1839〜1840年）

エジプト
＋
（支援）フランス

VS

オスマン帝国
＋
（支援）ロシア＋イギリス
＋プロイセン
＋オーストリア

オスマン帝国を支援してもイギリスの妨害でボスフォラス海峡・ダーダネルス海峡が手に入らなかったロシアは、オスマン帝国にケンカを売って、強引に南下を試みた。これがクリミア戦争となる。

（クリミア戦争　1853〜1856年）

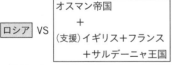

ロシア

VS

オスマン帝国
＋
（支援）イギリス＋フランス
＋サルデーニャ王国

実はロシアの南下政策をすべてイギリスが妨害している。

アクティヴィティ の答えの一つ

ヨーロッパ方面への南下はイギリスの妨害が激しく、困難であることはクリミア戦争を見てもわかる。アラビアやインドもイギリスのテリトリーだ。そこでおすすめは、極東の中国・韓国・日

本の港町である。特に中国の**旅順**や**大連**、北朝鮮の**元山**（ウォンサン）、韓国の**釜山**（プサン）、日本の**福岡・舞鶴**は不凍港であり、ロシアにとっては魅力が高い。ロシアがシベリア鉄道を建設したのも極東の不凍港への憧れがあったからだ。

最後の門 の答え

問1　ア
問2　（1）エ　　（2）イ　　（3）エ

（解説）

問1　ペリー来航は1853年、穀物法廃止は1846年、太平天国（たいへいてんごく）の乱の勃発は1851年、イタリア王国成立は1861年である。

問2　（1）クリミア戦争は入試にもよく出てくるので注意が必要。特にオスマン帝国に味方した3国は知っておいた方がよい。（3）のロシア人作家が少し難しい。『戦争と平和』という著作名が大きなヒントになる。

ヴィクトリア女王時代と第二帝政
──先手を打つのがイギリスの得意技

「守ってあげよう」って甘い言葉をかけてくる国は要注意です！

友情をエサに近付いてくる人間には注意した方がいいのと同じだ。植民地にして、自分のものにしてやろうといういやらしい下心があるから友達を装うのだ。美味しい援助には毒があることに気を付けよう。

序曲　**ヴィクトリア女王時代**
　　　　──もうかりすぎて笑いが止まらない

　ヴィクトリア女王が君臨していた1837年から1901年は<u>イギリスが大きく発展した時期</u>である。ヴィクトリア女王の生涯についてはコラムを参照してもらいたい。ヴィクトリア女王の時代の1851年に**最初の万国博覧会**がロンドンで開かれ、600万人も入場する空前の成功を収めている。この万博において旅行業者のトマス＝クックが企画した団体旅行が大当たりしたことが、現代の「大衆参加社会」を作るきっかけとなったのだ。

　ヴィクトリア女王の時代のイギリスは、最盛期であった。イギリスは世界各国の植民地から原材料を手に入れ、産業革命で発展した近代工業力をもって本国で加工し、完成した製造品を世界に売りつける方法で経済的に大いに繁栄した。このためイギリスは「**世界の工場**」と呼ばれていたのだ。ド簡単に言えば、世界を舞台にしての「**買う**」→「**作る**」→「**売る**」の過程で大もうけしたわけだ。

　この経済発展の基盤になったのが①**二大政党制の成立と政治の安定**、そして②**海外植民地の拡大**だったことを知っておこう。

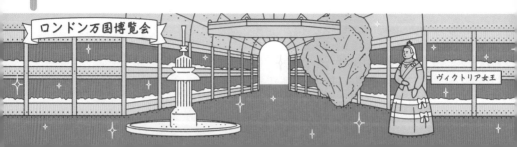

ロンドン万国博覧会

ヴィクトリア女王

二大政党制の確立
——東西両横綱の土俵入り

第1場：第2回・第3回選挙法改正——時代の先を読んで繰り出す妙手

　というわけでまず政党の成立からやろう。イギリスでは1830年代にホイッグ党が**自由党**へ、トーリ党が**保守党**へと名前を変えている。え？　名前を変えた理由？　うーむ、1832年に**第1回選挙法改正**をおこなったのだが、今までの貴族や地主を代表する「派閥めいた」名前よりは、幅広い国民に通用する「一般的な政策」を党の名前として掲げるようになったのだ。まあ名前を見てもわかるのだが保守党は地主勢力が中心で、自由党は自由主義を旗印としたブルジョワジーが中心の政党だ。

　イギリスの選挙法改正はヴィクトリア女王時代の重要なテーマである。注意点は①**どの内閣が実施したか**、②**なぜ実施したか**、だ。この2点はぜひ覚えておきたいものだ。

　まず**第1回選挙法改正**は、ヴィクトリア女王が即位する5年前におこなわれたのでヴィクトリア女王時代の政治には入らないが、**ブルジョワジーの選挙権を初めて認めた大改革である**。詳しくはテーマ14に書いてあるので見てもらいたい。実施したのはホイッグ党の**グレイ内閣**であるが、この時の首相グレイ伯爵は紅茶「アールグレイ」の名前（アールEarlは「伯爵」の意味）でも知られている。この第1回選挙法改正が実施されたきっかけとなったのは1830年のフランス七月革命だ。選挙法を改正してブルジョワジーの権利を認めたことで、革命で台頭した自由主義勢力の突き上げと要求に対応したわけだ。

　第2回・第3回の選挙法改正はヴィクトリア女王時代の改革である。

　第2回選挙法改正は**1867年**に保守党の**ダービー内閣**が実施しているが、この改正を首相に提案したのは後に出てくる政治家**ディズレーリ**だ。この第2回の改正で**都市労働者にも選挙権を認めるようになった**のだ。ところで「よくもまあ、石頭の保守党が都市労働者の選挙権を認めたものだ」と不思議に思うよ。実は選挙戦に勝つための公約だったので実行せざるを得なかったのだ。しかし1864年に**カール＝マルクス**が中心となって世界最初の国際労働者団体である**第1インターナショナル**がロンドンで結成されたことも大きい。時の流れを読むことに長けているディズレーリは、先んじて都市労働者に参政権を与えることで革命の動きを食い止めることに成功したとも言える。まったくイギリスは常に「先へ

保守党　　グレイ　　自由党

第1回選挙法改正

先へと手を打つ」ことがうまい国だ。

第3回選挙法改正は1884年に自由党のグラッドストン内閣がおこなった改正である。第3回の改正で**農業労働者**や**鉱山労働者**にも選挙権を認めるようになったのだ。

ちょっと待った。女性の参政権はどうなってるのっ！

女性参政権は1918年の第4回、1928年の第5回選挙法改正の中心テーマとなる。これはヴィクトリア女王の死後に起こった改革なので、第一次世界大戦の時に扱うぞ。その時までちょいと待ってくれ。

第2場：二大政治家の登場 ── 火花を散らすライバルの登場と大激戦

イギリスで**二大政党制**が確立したのは、保守党と自由党でそれぞれ強力なリーダーが出現したことによるところが大きい。1870年代にイギリスの首相として活躍したのが保守党の**ディズレーリ**だ。小説家出身のユダヤ人なのだが、政治家としての腕前は超一流で、ヴィクトリア女王の信任も厚かった。ディズレーリの政策の特徴は①**帝国主義的な植民地拡大**、②**地主勢力の利益を重んじた保護貿易主義**である。植民地を拡大することでイギリスの経済力を高め、さらに南下しようとするロシアを抑えることで世界の勢力均衡と安定をディズレーリは目指したわけだ。

ディズレーリは機を見るに敏な政治家で、フランス人レセップスが開通させた**スエズ運河の株を1875年に買い占めて、イギリスの領有とした**。スエズ運河を領有することで、エジプトに対するフランスの野心を断ち切り、地中海からインドに向かう最短ルートをイギリスが手に入れたのだ。またディズレーリは**1877年**に**インド帝国**を樹立させ、**ヴィクトリア女王をインド皇帝に即位させた**のである。こうしてイギリス～地中海～スエズ運河～インドのルートを掌握することにより、イギリスは最後の目的地中国に向かって驀進（ばくしん）するようになったのだ。また南進するロシアの勢いを食い止めたのもディズレーリなのだが、ロシア対イギリスの火花を散らす外交戦は後に取り上げよう。

また、その一方でディズレーリは社会の中流～下層階級にも関心を寄せ、労働者に配慮する政策をおこなっていることも見逃せない。

もう一方の大物は1880年代にイギリス首相として活躍した自由党の**グラッドストン**だ。グラッドストンの政治はディズレーリと対照的で、①**帝国主義への反対、植民地に自治権**

ベンジャミン＝ディズレーリ　ダービー

第2回選挙法改正

を認可、②ブルジョワジーの利益を重んじた**自由貿易主義**を特徴としている。ディズレーリが現実主義者だとするとグラッドストンは理想主義者と言えるだろう。第3回選挙法改正をおこなったのはグラッドストン内閣であり、農業労働者が多いアイルランドを自由党の味方にするためにもアイルランドに自治を認める政策を実施したのだ。グラッドストン内閣は**アイルランド自治法案**を2回も議会に提出したものの、ガンコな保守勢力によって残念ながらこの法案は否決されてしまう。

　グラッドストンは内政でも大きな業績を残した。第1次内閣の際に定めた1870年の**教育法**では公立学校を増やし、1880年には初等教育を義務にしたのだ。また労働者の票を得るため**労働組合法**を制定したのもグラッドストン内閣だ。今までは組合と言ったら資本家から迫害をくらうのが常だったが、グラッドストンの法律制定以来、労働組合は合法化されるようになったのだ。

　ディズレーリとグラッドストンは気質が違い、終生対立し合ったライバルであったが、二人とも労働者階級に対する関心の強さは共通しており、20世紀に向かうイギリスを作り上げていくのである。

第2幕 アイルランド独立問題 ──未解決が現代まで遺恨を残す

　さて、イギリスのお隣にあるアイルランドはアングロ＝サクソン人で国教会のイギリスとは違い、**ケルト人**で**カトリック**の国だ。

　しかし12世紀にイギリス王ヘンリ2世の侵略を受け、さらに17世紀にはクロムウェルによって征服されてしまう。クロムウェルの征服については上巻テーマ79にも書いてあるぞ。結果として<u>1801年にアイルランドはイギリスについに併合されてしまったのだ</u>。アイルランドの農民は土地をイギリス人の地主に奪われ、小作人としてジャガイモで食いつないでいた。根菜だったら地面の下に育つためイギリス人の地主に見つからないからだ。ところが**1840年代半ば**にジャガイモが病気によって全滅してしまい、アイルランドが**大飢饉**に襲われたのだ。この飢饉でなんと100万人が飢え死にし、100万人が**アメリカへの移住**を余儀なくされた。驚いたイギリス政府は1846年の穀物法廃止（テーマ14参照）で安い穀物を海外から輸入したが焼け石に水だった。

インド帝国樹立

グラッドストンはアイルランドに自治権を与えようと試みたが、保守派の反対に阻まれ失敗に終わってしまった。そしてイギリスが自治権を認めなかったことによりアイルランドの独立運動は激しくなり、ついには武力闘争にまで発展してしまうのだ。

第3幕 ナポレオン3世の第二帝政 ──戦争の才能はDNAで遺伝しない！

さて、フランス皇帝**ナポレオン3世**は1852年の皇帝即位以来、権威主義的な皇帝政治をおこない、パリ大改造などの業績をあげ、資本家・労働者・農民の支持バランスの上に政権を維持していた。このナポレオン3世の巧みな権力維持政策を**ボナパルティズム**と呼ぶことはテーマ15のコラムでも言及した。だが、どうも一味足らない。それはおじさんのナポレオン1世が持っていた対外戦争の武勲だ。そこでナポレオン3世は国民の支持を確固たるものとするため、対外戦争に力を注ぎ始めた。ナポレオン3世がおこなった対外戦争や植民地獲得戦争を年代順に挙げると次のようになる。①1853〜1856年の**クリミア戦争**、②1856〜1860年に中国で起こった**アロー戦争**、③1858〜67年、東南アジアのベトナムを中心とする地域である**インドシナへの出兵**、④1859年の**イタリア統一戦争**、⑤1861〜1867年におこなった**メキシコ遠征**などだ。おっと①のクリミア戦争以外はまだ勉強してなかったな。これらは重要な戦争だから後で説明されると思うぞ。結果から言ってしまうと、これらの戦争は失敗に終わったケースも多く、ナポレオン3世にはおじさんほどの戦争の才能がなかったことが満天下に明らかになってしまったのだ。

［復習ポイント］

第1回〜第3回の選挙法改正の内容を表にしてまとめてみよう。

［アクティヴィティ］

アイルランド移民の子孫でアメリカ大統領になった人物は誰だろう？

グラッドストン内閣

イギリス・ヴィクトリア朝史年表

1837〜1901年	ヴィクトリア女王によるイギリス統治
1840年代半ば	アイルランドでジャガイモ飢饉
1851年	第1回万国博覧会がロンドンで開かれ、大成功を収める
1864年	世界初の国際労働者団体である第1インターナショナルがロンドンで設立される
1867年	第2回選挙法改正で都市労働者に選挙権を与える
1870年	自由党のグラッドストン内閣が教育法を制定
1871年	グラッドストン内閣が労働組合法を制定
1875年	保守党のディズレーリ内閣がスエズ運河を買収
1877年	ディズレーリ内閣がインド帝国を作り、インド皇帝にヴィクトリア女王が即位する
	「要するにインドをイギリスの植民地にしたわけだ」
1884年	第3回選挙法改正で農業労働者や鉱山労働者に選挙権を与える
1886、1893年	グラッドストン内閣によるアイルランド自治法案提出→上院の反対により通過せず未成立
	「アイルランド問題は後々まで大英帝国の暗い影となる」

最後の門 下の問題は大学入試問題を出典にした問題です。答えなさい。

　19世紀のなかばになると、イギリスは（　1　）女王のもとで繁栄の絶頂にあった。（　a　）年には、のべ600万人が入場したロンドン万国博覧会が開かれ、人々に近代工業力の成果を誇示した。政治においては、二大政党が総選挙の結果に基づき交代で政権を担当する典型的な議会政党政治が成立し、保守党のディズレーリ、自由党の（　2　）の時に重要な改革が実現された。他方、以前からイギリスの圧迫を受け、（　b　）年に正式に併合されて「連合王国」に組み込まれたアイルランドでは、住民の多くがカトリックで、イギリス人不在地主に対する小作人の地位におかれていたために生活が苦しかった。1840年代なかばに大飢饉（ジャガイモ飢饉）を経験したアイルランドからは、その後わずか数年間で100万を超える人々が移民として（　3　）にわたった。1880年代以降、グラッドストンが提出したアイルランド自治法案は議会を通過せず、（　4　）系民族の国アイルランドをめぐる問題は未解決のまま、20世紀を迎えた。

問1　（　1　）〜（　4　）にあてはまる適語を書きなさい。

問2　（　a　）（　b　）にあてはまる年代を下から選び、記号を書きなさい。

　　ア・1801　　イ・1814　　ウ・1849　　エ・1851　　オ・1854

（同志社大・改）

ボナパルティズム

ナポレオン3世

ヴィクトリア女王の栄光と苦悩

ヴィクトリアはイギリス国王ジョージ3世の四男の一人娘として1819年に生まれた。王子といえども四男坊ともなると生活費の支給も安い。父は生活費の高いロンドンを避けて、ベルギーやドイツでなんとか暮らす始末。ある時父はスペインでロマ女性の予言を聞いた。

「あなたには娘が生まれるが、その娘は必ず女王になる」

＊

ヴィクトリアが生まれてから8か月後、父が肺炎をこじらせて死んだ。

それだけではない、おじさんたちがみんな死んでしまったのである。ヴィクトリアの王位継承者としての地位が上がるにつれて、威張りだしたのは母親だ。女王同然の振る舞いに周囲の反発は強まった。

そんな中でもヴィクトリアは有能な家庭教師の指導により教養の深い、誠実な女性に育っていった。そしてヴィクトリアが18歳になった時、最後のおじさんである国王ウィリアム4世が亡くなった。

この瞬間、ヴィクトリアはついに女王の座に上りつめた。

＊

「全力をあげて国に対する義務を果たす」と日記に書いた女王ヴィクトリアは、最初に母親と自分の寝室を別にした。政治に口を出したがる母親をシャットアウトしたのである。

次に有能な政治家を彼女は次々と登用し、進んで援助した。人種や貴族の家柄よりも、人格や有能さを重視したヴィクトリア女王のもとで、イギリスの政治はいよいよ活発となった。ヴィクトリア女王お気に入りの首相**ディズレーリ**はイギリス系ではなかったが、彼女は気にもとめなかった。

女王は小説家出身の首相へ自分が朝に摘んだサクラソウを送り、ディズレーリは大いに喜んで、このサクラソウを胸に飾り登院したのだ。

＊

お年頃のヴィクトリア女王に結婚話が持ち込まれるようになる。周囲のすすめでお見合いしたのが、**いとこのアルバート。なんとドイツ人**だ。

ヴィクトリア女王はアルバートを見て一目惚れ。とんとん拍子に話が進み、二人はめでたく結婚した。ところが国民はブーイング。

「なんでまあ、女王は血の近いドイツ人なんぞと結婚するんかねぇ！」

だがアルバートはなかなかの人物であった。1851年に世界最初の万博をロンドンで開くことを提唱し、ロンドンの開発をおこない、万博を成功させている。家庭においてもよき夫でありヴィクトリア女王との間に9人の子どもを作った。ところが、このアルバートが結婚後21年で急死してしまう。ヴィクトリア女王の嘆きと悲しみは深かった。

彼女は夫の死後、ずっと黒の喪服を着ていたため、イギリス人のファッションも真っ黒けになってしまった。男も女も黒の服を着るのがノーマルになってしまい、現在にいたるまで正装と言うと黒が常識になってしまう。

ヴィクトリア女王の悲嘆は続く。彼女の子どもたちは皆ヨーロッパの王族に嫁いだか、婚に行ったため、ヴィクトリア女王の家系がヨーロッパの王家に広がった。ところがヴィクトリア女王自身が実は**血友病（血が止まらなくなってしまう病気）**の因子を持っていたため、ヨーロッパの王族にこの病が広がってしまったのだ。

ヴィクトリア女王は長生きした。なんと63年7か月も女王の座にあったのだ。

解答と解説

復習ポイント の答え

　イギリスの選挙法改正は試験でも狙われやすい箇所なので、表を作って覚えておくとよい。今回はまだ言及していない第4、5、6回選挙法改正も含めた全選挙法改正の一覧表を挙げておこう。

選挙法	年代	実施した内閣と政党	内容
第1回	1832	ホイッグ党グレイ内閣	① 腐敗選挙区の廃止 ② **ブルジョワジー**の参政権を認める
第2回	1867	保守党ダービー内閣	**都市労働者**の参政権を認める
第3回	1884	自由党グラッドストン内閣	**農業労働者や鉱山労働者**の参政権を認める
第4回	1918	ロイド=ジョージ挙国一致内閣	**満30歳以上の女性**の参政権を認める（男性は満21歳以上）
第5回	1928	保守党ボールドウィン内閣	**満21歳以上の男女**の参政権を認める

アクティヴィティ の答えの一つ

　実はアメリカ大統領に上りつめた約半数にはアイルランド系の血が入っている。特に覚えておきたいのは**ジョン＝F＝ケネディ**大統領（第**35代大統領　1961〜1963年**）と**ロナルド＝レーガン**大統領（第**40代大統領　1981〜1989年**）である。

　ケネディ・レーガンの二人の業績は高く評価されており、ニューヨーク国際空港にはケネディの名が、そしてヴァージニア州アーリントンにあるワシントン・ナショナル空港にはレーガンの名前が付いており、アメリカ海軍の代表的空母の名前にも「ロナルド＝レーガン」の名前が付いている。

最後の門 の答え

問1　(1)　ヴィクトリア
　　　(2)　グラッドストン
　　　(3)　アメリカ（合衆国）　　(4)　ケルト
問2　(a)　エ　　　(b)　ア
（解説）

問2　ロンドンで開かれた第1回万国博覧会は教科書でもよく扱われており、知っておきたいイベントである。年代は知らないとギブアップなので、なんとか覚えておきたい。

アイルランドのイギリス併合の年代も注意しておきたい。

文章の中で先に挙げられた年代の方が必ずしも早い時代ではないので、時系列に気をつけること。

18 パリ=コミューンとイタリア統一
──どっちも「あの3世」が影の主役

私はできのいい妹とくらべられるのが一番嫌だな。

身内にズバ抜けた人がいるのも考えものだ。ナポレオン3世はおじさんのナポレオン1世に風貌が全然似ていないので、業績だけでも追い付きたいと焦ったのだろうな。そんな必要はなかったのに。

第1幕 帝政の終了と第三共和政 ──メキシコ遠征が仇となる

第1場：ナポレオン3世のメキシコ遠征大失敗と皇帝退位

ナポレオン3世の評価を一気に下げてしまったのは**メキシコ遠征**だ。メキシコではインディオ出身の**フアレス大統領**を中心とする自由主義派が地主などの保守派と争う内乱が起こっていた。1861年に自由主義派が勝利したのだが、ナポレオン3世は保守派に肩入れしてメキシコに軍を送り、共和政を打ち倒そうとしたのだ。目的はフランスの影響力をアメリカ大陸に及ぼすことだった。ちょうどその時のアメリカは南北戦争の最中だったから、フランスの介入を妨害する余裕はないと思われたのだ。だがナポレオン3世が先頭に立って介入しては、列強の反対が強くなる。そこでオーストリア皇帝の弟**マクシミリアン**をメキシコ皇帝に仕立てたのだ。いわゆる操り人形扱いだな。ところがこの介入が大失敗に終

わってしまう。アメリカ合衆国の援助を受けた自由主義派はフランス軍を打ち破り、フランス軍はメキシコからさっさと退却してしまった。哀れなことにマクシミリアン自身は捕らえられ、自由主義派によって銃殺されたのだ。右は印象派の画家マネが描いた「皇帝マクシミリアンの処刑」という絵画（→）だが、射殺されている

ナポレオン3世　　マクシミリアン　　メキシコ内乱　　ベニート=フアレス　　エイブラハム=リンカン

人物のうちの真ん中がマクシミリアンだ。マクシミリアンを見捨ててしまったナポレオン3世の国際的信用は急落してしまった。

あげくの果てにプロイセン首相のビスマルクの策略に引っかかり、**ドイツ＝フランス（独仏）戦争（プロイセン＝フランス戦争）**を始めてしまい、スダン（セダン）の町でナポレオン3世はプロイセンの捕虜になってしまった。結局、国民や議会から見放されたナポレオン3世は1870年9月に皇帝を辞めさせられ、イギリスに亡命するハメになってしまう。

第2場：臨時政府とパリ＝コミューンの戦い ── 味方が多い方が勝つ！

ナポレオン3世の皇帝退位とともにフランスの第二帝政は終了し、**第三共和政**が発足する。しかし共和政発足当初、パリはプロイセン軍に囲まれ兵糧攻めにあっている真っ最中だった。やむを得ずブルジョワ共和派の**ティエール**を首班とする**臨時政府**がドイツに敗北を認め、1871年2月に多額の賠償金とアルザス・ロレーヌ地方を割譲する屈辱的な条件の仮講和条約を結んだ。パリの民衆は臨時政府の休戦条約の内容を知って激怒した。1871年3月に全市民が改めて選挙で選んだ**パリ＝コミューン**という自治政府が成立し、臨時政府からの自立を宣言したのである。**このパリ＝コミューンは史上初の労働者による政府である。**企業を国営にして、労働組合が自主管理するなどの新しいプランを打ち出したが、いかんせん支配期間が短すぎた。臨時政府はドイツの援助を得て逆襲に出たのだ。ドイツにとっては臨時政府が崩壊したら仮講和条約はなしになってしまうので、臨時政府を応援したのである。また労働者の勢力が強いのはパリだけで、地方の農民は労働者に共感なんかしなかったのでパリ＝コミューンは孤立してしまう。結局は臨時政府による5月の「血の週間」の弾圧で3万人ものコミューン派のパリ市民が虐殺され、**パリ＝コミューンは2か月ちょっとの天下で終わった。**こうしてティエールを初代大統領とする共和政政府が始まったのだが、なにせ敗戦と同士打ちのあげくにできた政府なので<u>左右両派からの攻撃を受ける不安定な政権</u>になってしまう。

第2幕 ## イタリア統一運動 ── 七転び八起きで必死に這い上がって統一へ

第1場：カヴール登場 ── 太っちょの口説きが功を奏し、イタリア統一へ

さあ、いよいよイタリアをやろう。イタリアは19世紀に入っても国家としての統一ができ

臨時政府

アドルフティエール

アルザス・ロレーヌ

パリコミューン

ておらず、地方は領主や貴族たちが支配する状態が中世以降ずっと続いていた。しかし18世紀末から19世紀にかけてナポレオンによる支配や、自由主義運動の高まりがきっかけとなって統一国家への機運が生まれてきた。このイタリア統一運動を**リソルジメント**と呼ぶ。最初は**カルボナリ**などの秘密結社が統一運動の担い手だったが、メッテルニヒに潰されてしまった（テーマ13参照）。この後にカルボナリ出身の**マッツィーニ**が新たな政治組織である**青年イタリア**を作り、1848年の二月

革命の時にローマを支配して、**ローマ共和国**を建国したことがあった。しかし**ルイ＝ナポレオン**、後のナポレオン3世の弾圧によって失敗してしまう。

なんで、そこでルイ＝ナポレオンが出てきてじゃますんですか？

　それはルイ＝ナポレオンがカトリック教会を保護して、自国の農民たちの人気を得ようとしたからだ。ローマはカトリックの本拠地だから、革命派に渡すわけにはいかなかったのだ。その結果、マッツィーニは敗北してロンドンに亡命してしまう。ここでわかってくることなのだが、イタリアの統一のためには秘密結社や政治組織だけではない、軍事力を持った運動の核となる権力が必要だったのだ。そこでイタリア統一の中心になってくるのが**サルデーニャ王国**である。イタリア半島の西にあるサルデーニャ王国は工業が発達した地域で、国力も高かった。**カルロ＝アルベルト**王は1848年の二月革命の時に、イタリア統一を実現するべく、北イタリアを支配していたオーストリアと戦ったが、戦争に敗北し、退位させられてしまう。後に王位を継いだのは子の**ヴィットーリオ＝エマヌエーレ2世**で、凡庸な王であった。が、一つ優れたことをおこなった。それは優秀な政治家である**カヴール**を宰相に起用したことだ。カヴールは見かけこそ太っちょだが、頭脳は諸葛亮孔明並みである。

　「イタリア統一に必要なことは戦略だ。二人の敵とは戦っても勝てない。<u>まずフランスを味方にしてから、オーストリアと戦うべきである</u>」

　そこでカヴールはフランスの支配者ナポレオン3世を味方にするために、ありとあらゆる

リソルジメント

方法で口説いてフランスの気を引こうとした。その一つが1855年の**クリミア戦争参戦**であった。サルデーニャ軍はセヴァストーポリ包囲戦で大活躍したため、サルデーニャ王国の国際的地位は高まり、ナポレオン3世も無視できなくなってしまったのだ。そこで1858年、カヴールはナポレオン3世とフランスの温泉地プロンビエールでこっそり会い、**サヴォイアとニース**をフランスに譲る代わりに、オーストリア戦争で支援してもらう約束を取り付けた。これを**プロンビエール密約**と言う。「機は熟した！　今こそやるべし！」とサルデーニャ王国は1859年に北イタリアを支配しているオーストリアと戦争を始めた。これが**イタリア統一戦争**の始まりである。

　最初はサルデーニャ王国の連勝だったが、どうもナポレオン3世の様子がおかしい。実はナポレオン3世はオーストリアとのソルフェリーノの戦いで両軍合わせて4万人もの死者を出してしまったのである。被害の大きさにうろたえてしまったナポレオン3世はフランス軍を撤退させてしまったのだ。このため、サルデーニャ王国は**ロンバルディア**を獲得しただけで満足しなければならなかった。だが、カヴールは懲りなかった。あきらめずにニースとサヴォイアをエサにしてフランスを釣り、再び欲の深いナポレオン3世を味方に付けることができた。こうして1860年にサルデーニャ王国は**中部イタリア**の併合にも成功したのである。

第2場：ガリバルディ登場 ── 赤シャツ着こなす粋なイタリアオヤジ

　ここで英雄ガリバルディが登場する。元々「青年イタリア」の党員だったがイタリア統一運動に発奮し、1860年に義勇兵部隊を編成して、赤いシャツを着せて両シチリア王国に攻め込んだ。

赤シャツは夏目漱石『坊っちゃん』だと、キザなイメージがある

　イタリア人が着ると、不思議にカッコいいのだな、これが。両シチリア王国でも市民たちの歓迎を受けた赤シャツ隊は両シチリア王国の征服に成功する。ガリバルディは自分が得た南イタリアをサルデーニャ王ヴィットーリオ＝エマヌエーレ2世に献上し、自分は引退して晩年は農業をして暮らしていたと言う。こうしてカヴールやガリバルディの活躍でイタリア統一にめどをつけたサルデーニャ王国は、改めて**イタリア王国**の成立を1861年3月に宣言したのだ。初代国王はヴィットーリオ＝エマヌエーレ2世で、**首都はサルデーニ**

ャ王国の首都だったトリノである。後に1865年からはフィレンツェが、1871年からは**ローマ**が首都となる。

　しかし、イタリア王国が統一していない重要な地域があった。それはヴェネツィア地方とローマ教皇領だ。

　北部の**ヴェネツィア地方**はオーストリアが支配していたが、1866年にプロイセン＝オーストリア戦争（「普墺戦争」とも呼ぶ）が始まった時、イタリア王国はプロイセンと同盟を結び、1866年にヴェネツィア地方を併合してしまった。

　またイタリア中央部にはローマ教皇が所有する**ローマ教皇領**があり、ローマ教皇の保護者であるフランスのナポレオン3世が守護していた。しかし1870年にフランスがプロイセンと戦争（ドイツ＝フランス〔独仏〕戦争〔プロイセン＝フランス戦争〕）を始めてしまい、教皇領を守備していた軍隊を引き上げてしまった。これをチャンスとばかりに、イタリア王国は1870年にローマ教皇領を併合したのだ。この火事場泥棒のような併合に立腹したローマ教皇はイタリア王国の存在を認めなかった。教皇とイタリア王国が仲直りするのは1929年の**ラテラノ（ラテラン）条約**まで待たなければならない。

　🗣️**いやー、イタリアも統一できてめでたし、めでたしっ！　ですね**

　いや、イタリアはまだ併合できていない地域があった。例えば**南チロル**や**トリエステ**だ。これらはイタリアが領土として主張している地域だが、実際はオーストリアが支配していた。これらの地域を「**未回収のイタリア**」と呼ぶ。これらの土地を回収するのは1919年のことである。

　┃復習ポイント┃

　イタリア統一の流れを年代順に表にしてまとめてみよう。

　┃アクティヴィティ┃

　文化先進地域のイタリアはなぜ19世紀まで分裂していたのでしょう？

ガリバルディ

赤シャツ隊

イタリア統一史年表 (19世紀中頃)

1848〜1849年	サルデーニャ国王カルロ=アルベルトがイタリア統一を目指し、オーストリアと戦う→失敗し、翌年退位
1849年	マッツィーニが率いる青年イタリアが二月革命の混乱を利用してローマ共和国を建国→フランスの干渉で失敗
1852年	サルデーニャ王国宰相にカヴールが就任 (〜1861年) 👤「カヴールはイタリア王国成立直後にマラリアで急死してしまう」
1855年	クリミア戦争にサルデーニャ王国参戦
1858年	プロンビエール密約でフランスがサルデーニャ王国を支援することを決定 →対オーストリア戦へ
1859年	イタリア統一戦争。サルデーニャ王国が勝利し、ロンバルディア併合。フランス軍の撤退により不徹底に終わる
1860年	サルデーニャ王国、ナポレオン3世の同意を取り付け、中部イタリアを併合 →サヴォイアとニースをフランスに割譲
1860年	ガリバルディが両シチリア王国を征服→南イタリアをサルデーニャ国王に献上
1861年	<u>イタリア王国成立</u> (初代国王：ヴィットーリオ=エマヌエーレ2世)
1866年	イタリア王国が普墺戦争を利用し、ヴェネツィアを併合
1870年	イタリア王国がドイツ=フランス (独仏) 戦争を利用し、ローマ教皇領を併合

**　最後の門　** 下の問題は大学入試問題を出典にした問題です。答えなさい。

問 第二帝政後に成立したフランスの自治政府について、次のア〜エのうち間違っているものを一つ選び、その記号をマークせよ。すべて正しい場合はオを選べ。

ア. この自治政府が出来るきっかけは、臨時政府がプロイセンとの戦争の敗北を認め、パリ国民兵の武装解除を進めようとしたことに、民衆が反発したことによる。

イ. パリの民衆は、選挙でコミューン議会を樹立して、臨時政府からの自立を宣言した。この政権は、労働者や中小市民による政権としては史上初のものであった。

ウ. 自治政権は、労働者による仕事場の自主管理などを試みた。

エ. 臨時政府は、ドイツの支援を受け、自治政府と「血の月間」と呼ばれた壮絶な市街戦を行い鎮圧した。自治政権は、約1年間で崩壊した。

(法政大・改)

イタリア王国の成立

ヴィットーリオ=エマヌエーレ2世

『山猫』

夏の風が壮麗な邸宅のレースのカーテンをそよがせている。シチリア島のドンナ＝フガータの支配者サリーナ＝ブルモンティ家の主人、サリーナ公爵と家族が絨毯にひざまずいてアヴェ＝マリアをとなえている。その豪華な居間の中央に飾られているのは、この島に君臨してきたサリーナ家の「山猫」の紋章であった。

しかしこのシチリアにも異変が起ころうとしていた。1860年、**ガリバルディ**が率いる**赤シャツ隊**がイタリア統一のためにシチリアに上陸して来たのだ。赤シャツ隊は100年以上この島を治めていたブルボン王家の軍隊を打ち破り、破竹の勢いで進撃していた。

＊

ある日、サリーナ公爵のもとにわが子のように可愛がっている甥のタンクレディが訪れた。出迎えたサリーナ公爵は驚く。タンクレディがなんと赤シャツを着ていたのだ。

「お前もガリバルディの仲間になったのか！」

「おじさん、これからはもう貴族の時代じゃない。山猫一族の時代は終わったよ。統一されるイタリアに僕は参加するんだ！」

サリーナ公爵は天を仰いで嘆息した。今、時代が変わろうとしている。

「今のままでいたいならば、私たちが変わらねばならないのか……」

＊

ガリバルディがシチリアを占領した後、イタリア王国の軍服を着たタンクレディが久しぶりに公爵を訪れて来た。

「実は、僕は結婚しようと思っています」

「ほお、どの家柄の貴族の娘さんとだね？」

「いや。貴族ではなく……、ブルジョワジーの娘のアンジェリカです」

公爵は唖然とした。一族の中でそんな卑しい身分の者と結婚した者などいない。だが、サリーナ家も昔のような栄華はない。

名誉と尊厳は貴族のものだが、カネはブルジョワジーが握る時代になってしまったのだ。

数日後、シチリア中の貴族が集う大舞踏会が開かれた。アンジェリカの初めての社交界デビューだ。アンジェリカは白い華麗なドレスを着てタンクレディと踊った。ただサリーナ公爵だけは沈んでいた。

ブルジョワジーが台頭してきたこの世界の中では、貴族はもはや不要なのだ。だがブルジョワジーが支配する新しい世界に真の自由や平等があるのか？

「かつてわれわれは山猫であり、獅子であった。だが山犬や羊に取って代わられるのだ……」

踊りにのぼせたアンジェリカがやって来て公爵を誘った。

「公爵様。私とマズルカを踊ってください！」

マズルカは農民の踊りだ。

「アンジェリカ、マズルカは無理です。ワルツなら踊りましょう」

その時、音楽が優雅な貴族の踊りであるワルツに変わった。アンジェリカに促され、公爵はワルツをアンジェリカと踊る。

二人の優雅で高貴なワルツ。それはかつて壮麗な時代を築いた貴族階級が歴史から退場する時に見せた一瞬の輝きだった。

＊

イタリア貴族であったトマージ＝ディ＝ランペドゥーザが書いた小説『山猫』は、名門貴族出身のルキーノ＝ヴィスコンティ監督が映画化しており、カンヌ国際映画祭グランプリを獲得しています。

復習ポイント の答え

イタリア統一の過程は、何年にどこを支配できたか、どこまで領域を拡大できたか、が主なテーマになる。

主語はサルデーニャ王国で、主役はカヴールだが、途中でガリバルディにいいところを取られてしまう。

地図とあわせて覚えたい。地図問題が出題されやすいからだ。

○は成功、×は失敗、▲は途中で挫折、を意味する。

年代	事件・戦争		結果
1848～ 1849年	国王カルロ=アルベルトが統一のためオーストリアと戦争	×	敗北し、国王は退位の上亡命
1858年	カヴールがナポレオン3世とプロンビエール密約を結ぶ	▲	ナポレオン3世の変心により、ロンバル
1859年	イタリア統一戦争	▲	ディアのみ獲得
1860年	ナポレオン3世からサヴォイアとニースを代償にイタリア中部併合の合意を取り付ける	○	トスカナ地方などイタリア中部を併合
1860年	ガリバルディの赤シャツ隊による両シチリア王国征服	○	南イタリアを併合
1861年	イタリア王国成立	○	ヴェネツィアとローマ教皇領と「未回収のイタリア」を除くイタリアを統一

アクティヴィティ の答えの一つ

ルネサンスやバロックで栄えた文化的先進地域であったイタリアが、統一ができなかったのはローマ教皇の存在が大きい。政治的に強大な権力がイタリアを統一してしまうことは、教会の影響力の失墜を意味するため、教皇はイタリアの政治的統一をできるだけ妨害していた。

また、イタリアが商業・文化で栄えた土地であったため、外国勢力のイタリア侵入が多かったことも、イタリアの統一を妨げていた。そして王族や貴族などの保守的勢力がイタリアに長く影響力を及ぼしたのは、侵入する外国との結び付きが深かったことも関係している。

最後の門 の答え

エ

（解説）

「すべて正しい場合は○を選べ」という条件が入ってきた場合、どこかの文に明らかに間違っている箇所が入っているケースが多い。この問題の場合、自治政府はパリ=コミューンを指していることをまず理解しよう。パリ=コミューンは「血の週間」と呼ばれる市街戦により、約2か月で崩壊しているので、「血の月間」や約1年間は間違いである。

19 ビスマルクとドイツ帝国
——情報操作で他国をケンカに引きずり込む

テーマ15でドイツ統一はずっこけたって言ってましたね。

よく覚えていたね。三月革命後に、ドイツ統一のためのフランクフルト国民議会ができたが、結論が出せないまま解散になってしまった。強力なリーダーのビスマルクの登場で動き出すぞ。

ドイツ統一への布石
——保護貿易でDFを固める

　ドイツ人というものは、ナポレオン戦争の時の**シュタイン・ハルデンベルクの改革**もそうだったが、まず冷静に基礎固めをすることが好きな連中だ。われわれのようにむやみにキレて暴走はしない。例えば統一運動でも布石は十分に打って、守りを固めるのがドイツ流だ。まずは**1834年**に経済学者**リスト**の提唱で**ドイツ関税同盟**が結成された。プロイセンが中心となって領邦同士が手をつなぎ合い、関税を廃止して経済的な統一をまず進めていこうとしたのだ。現在の**EU**の原型だな。

　リストって、あのカッコいいピアニスト兼作曲家の人ですか？

　いや別人だ。イケメン作曲家の方はフランツ＝リストと言うが、経済学者の方はフリードリヒ＝リストと言う。見た目はオッサンだが、保護貿易主義を主張した優れた学者だぞ。彼はイギリスのアダム＝スミスやリカードが主張した自由貿易を批判し、ドイツにおける**保護貿易**の必要性を力説したのだ。リスト曰く、

　「経済力の弱いドイツが自由貿易をやるなんて、子どもが大人とケンカするようなものだ。歴史的にまだ子どものドイツ経済には保護が必要だ」

　こうして同盟を結んだ領邦間では関所のような関税がなくなり、それぞれの領邦をつな

ドイツ関税同盟

フリードリヒ＝リスト

ぐ鉄道が整備されたため、鉄鋼生産が盛んとなった。

 第1幕 大ドイツ主義と小ドイツ主義
──どっちもプラマイあり

　さてドイツ統一が視野に入ってくると、統一の方法が問題になってくる。ドイツ統一のために二つの方法が論じられたのだが、最初の一つが**大ドイツ主義**だ。これは老舗の**オーストリアを中心としてドイツを統一する考え方**だ。利点はオーストリア帝国自体が大きな領域を持っているので、実現すればドイツの領域や人口が大きくなることだ。もう一つの考え方が**小ドイツ主義**で、新興の**プロイセンを中心としてドイツを統一する考え方**だ。大ドイツ主義にくらべると統一された時の国土の領域や人口は小さくなる。フランクフルト国民議会でどちらの方法で統一するかが議論され、結局は小ドイツ主義が採択されている。さあ、そこで質問だ。小ドイツ主義の利点は何だかわかるかな?

　わかんないけど、**面倒なトラブルが少なくなるんじゃないの?**

　お、いいポイントを突いているな。大ドイツ主義にするとドイツが抱えこむ**民族**の数が多くなってしまうのだ。すでにオーストリアには多くの民族が住んでいるので、<u>オーストリアを中心にドイツを統一すると多民族国家としてのトラブルも抱え込むハメになるのだ</u>。

　フランクフルト国民議会では長い問答の末にやっと小ドイツ主義に決まったものの、統一へのタイミングを逃してしまった。結局はプロイセン国王にドイツ皇帝の帝冠を差し出したものの、「お前らの指図は受けぬ」と帝冠を突っ返されてしまう(テーマ15参照)。

第2幕 ビスマルク登場──「眠たいこと言っとらんで、力で勝負や!」

　1861年、プロイセン王に**ヴィルヘルム1世**が即位すると、翌年の62年に**オットー=フォン=ビスマルク**を首相に任命した。ビスマルクはユンカー(領主貴族)出身の優れた政治家であるが、まあ、細かいことはコラムを読んでもらおう。ビスマルクという男は<u>「ドイツ統一には議論よりも武力が必要だ」</u>と信じていた。就任したその年にビスマルクは議会でさっそく「現在の大問題は言論や多数決でなく、鉄と血によって解決されるのだ」という大

フランツ=ヨーゼフ1世　　大ドイツ主義と小ドイツ主義　　フリードリヒ=ヴィルヘルム4世

演説をしている。ビスマルクの軍備拡張政策を**鉄血政策**と呼ぶのは、この演説が基になっている。鉄とは兵器を意味し、血は兵士を意味するのだ。

ビスマルクという政治家は大変な現実主義者だった。フランクフルト国民議会でダラダラとおこなわれた生ぬるい話し合いよりも、軍事力を背景にしたすばやい行動の方が問題を解決できると信じていたのだ。

ドイツ統一をじゃまする敵は二つあった。オーストリアとフランスである。この二つの国は統一ドイツの成立なんか認めっこないだろう。え？　なんで認めないかってっ？　では、たとえ話で説明しよう。君が総合スーパーの支店長だったとする。突然、君のスーパーの隣に何の断りもなくもっとでかい総合スーパーができるとする。君は黙ってそのスーパーが建つのを認めるか？

いや、認めない。敵ができる前に何がなんでも潰すっ

フランスもオーストリアも自分の国の隣に、ドイツという強大な国ができることなんか認めるわけがないのだ。それよりは無力でバラバラな状態の領邦国家の方が自分のもうけには役に立つわけだ。

第3幕 プロイセン＝オーストリア戦争 ——ワナにはめるテクニック！

ドイツ統一のため、ビスマルクはまずオーストリアから料理していくことに決めた。オーストリアはドイツ統一の最大のライバルだ。こいつをへこまさないとドイツ統一へのリーダーシップが握れない。

まずビスマルクはドイツの北にある**シュレスヴィヒ・ホルシュタイン両州**を利用することにした。

	凡例
	1866年以前のプロイセン領
	1866年以後のプロイセン領
	1867年成立の北ドイツ連邦の南界
	1871年成立のドイツ帝国の境界

この両州はナショナリズムの高まりとともにドイツへの帰属を求めていた。だが野心満々のデンマーク王がこの地方を自分の領土にすることを宣言してしまったのだ。ビスマルクはオーストリアにこの地域を取り戻すための共同作

クルップ砲　　　ビスマルク

戦をもちかけ、デンマークとの戦争に勝利した。戦後、北のシュレスヴィヒをプロイセン、南のホルシュタインをオーストリアの行政下に置くことになったが、この支配をめぐってトラブルが起こり、プロイセンの挑発にまんまと乗ったオーストリアが戦争を受けて立ってしまった。ビスマルクがしかけたフェイントにオーストリアが引っかかってしまったわけだな。この戦争を**プロイセン＝オーストリア戦争**（普墺戦争：1866年）と呼ぶ。プロイセンは戦争準備が万端だった。事前に鉄道や電線などを準備し、後込式の最新銃を用意したプロイセン軍がサドヴァ（ケーニヒグレーツ）の戦いで圧勝し、たった7週間でオーストリアを敗北させたのだ。

ビスマルクの戦い方というのは戦争を始める前に勝つための条件を整えておき、戦争を始めた時にはもう勝った状態にしてしまうのが流儀だ。ビスマルクは、まったくケンカ慣れしている男だと思う。

ビスマルクはオーストリアに寛大な条件で降伏を認めた。ホルシュタインしか領土を取らなかったのだ。オーストリアは敵ではあるが、同じドイツ人が中心となっている国なので、未来は味方になってくれる可能性がある。だから寛大な処置をとったのだ。ただしウィーン会議以来オーストリアが議長を務めてきた**ドイツ連邦**（テーマ11参照）は解体し、新たにプロイセンが中心となる**北ドイツ連邦**を結成している。構成国がドイツ北部の国々が中心だったので北ドイツ連邦と言うのだ。この連邦結成で、ドイツがプロイセンを中心とする小ドイツ主義で統一されることが明らかになったわけだ。

オーストリアは敗戦後、帝国内の諸民族の反抗を抑えるためにハンガリーのマジャール人の自治を認めることにした。これをドイツ語で**アウスグライヒ**（妥協）と呼ぶ。政府や議会は別々だが、オーストリア皇帝はハンガリー国王を兼ねるようになった。これが**オーストリア＝ハンガリー帝国**だ。ま、ハンガリーにここまで妥協したのだな。

| 第**4**幕 | ドイツ＝フランス戦争 ——「情報操作でワナにはめたるわい」 |

さてビスマルクの次の狙いはフランスだ。フランスをギャフンと言わせない限りドイツの統一はあり得ない。タイミングよく1868年にスペイン王位継承問題が起こっていた。スペインではクーデタによって女王が亡命しており、後継者としてプロイセン王家に白羽の矢

普墺戦争

がたったのだ。この事態を「まずい」と感じたのがフランスのナポレオン3世だ。スペイン王がプロイセン王家から選ばれればフランスはプロイセンとスペインに挟まれてしまう。そこでナポレオン3世はプロイセン王のヴィルヘルム1世に「プロイセン王家からスペイン王を出さないでください」と頼み込んだ。野心がないヴィルヘルム1世はナポレオン3世の頼みをあっさりと了承した。しかし不安だったナポレオン3世は余計なことをしでかした。温泉地エムスに滞在していたヴィルヘルム1世に「これからもスペイン王を出さないようにお願いします」と確認の公使を派遣したのだ。さすがにムッとしたヴィルヘルム1世はビスマルクにこの電報を任せ、ビスマルクは短縮してアレンジして発表したのだ。これを**エムス電報事件**と呼ぶ。

え、どーゆう風に手を入れたの？

わかりやすくマンガ風に言うと、「『**一族から、これから未来永劫にわたって、絶対にスペイン王を出さないと誓え**』と言ってきたのでわし（ヴィルヘルム1世）は電報を持って来たフランス大使を追い返してやったわい」かな。これを新聞で読んだ独仏両国民は激怒し、あっという間に**ドイツ＝フランス（独仏）戦争**（**プロイセン＝フランス戦争**）（**1870～1871年**）が始まってしまう。プロイセン側は戦争に向けて入念に準備をしていたのに対し、フランス側は油断していたため、戦場のスダン（セダン）の町で皇帝ナポレオン3世は捕虜となってしまい、フランスは敗北してしまった。

復習ポイント

ドイツが統一されるまでの問題点（統一の方法、戦争など）を整理してみよう。

アクティヴィティ

なぜプロイセンはドイツの統一運動において中心になれたのでしょう？

アウスグライヒ

ドイツ統一史年表（19世紀中頃）

1834年	フリードリヒ＝リストが提唱したドイツ関税同盟結成 →ドイツの経済的統一への基礎となる
1849年	フランクフルト国民議会で小ドイツ主義が採用されるが……、プロイセン国王に皇帝即位を拒否され挫折 「ここのいきさつはテーマ15を振り返って見てくれ」
1861年	プロイセン国王にヴィルヘルム1世が即位
1862年	ビスマルクがプロイセン宰相に任命される
1866年	プロイセン＝オーストリア戦争（普墺戦争）→プロイセン勝利、オーストリア敗北 「早くカタがついたので『七週戦争』とも呼ばれる」
1867年	オーストリア＝ハンガリー帝国成立 「宝塚歌劇『エリザベート』でも有名なオーストリア皇后のエリザベートがハンガリー好きで、彼女の働きかけでオーストリア＝ハンガリー帝国が実現したと言われている」
1870年	エムス電報事件でプロイセン＝フランス関係が悪化 「ビスマルクがわざと起こした事件で、目的は戦争だった」
1870～1871年	ドイツ＝フランス（独仏）戦争（プロイセン＝フランス戦争） →プロイセン勝利、フランス敗北

> **最後の門** 下の問題は大学入試問題を出典にした問題です。答えなさい。

問 プロイセン＝オーストリア戦争に関する記述で誤っているものはどれか。

a. 前の戦いで獲得したシュレスヴィヒ・ホルシュタインの統治問題から、戦争が始まった。

b. サドヴァの戦い（ケーニヒグレーツの戦い）でプロイセンが圧勝した。

c. 短期間でプロイセンが圧勝したので、六日間戦争とも言われる。

d. この戦争の結果、ドイツ連邦が解体された。

e. 敗北したオーストリアは、マジャール人のハンガリー王国の自立を認め、オーストリア＝ハンガリー帝国へと体制を変更した。

（上智大・改）

ナポレオン3世

ドイツ＝フランス戦争

軍師ビスマルク
その栄光と失意①

　オットー＝フォン＝ビスマルクはウィーン会議の真っ最中の1815年古いユンカー（領主貴族）の家に生まれた。

　望まない結婚をしたためか、母はオットーには厳しく、冷たかった。この愛のない関係がビスマルク少年に深い傷を与えることになる。

　ビスマルクは寄宿制のギムナジウム（中等高等学校）に入学したが、その学校について彼はこう言っている。「まるで刑務所のようだった」

　ビスマルクはゲッティンゲン大学に進み、法律と政治を学んだ。大学時代のビスマルクは手のつけられない暴れん坊で、得意のフェンシングで何度も決闘騒ぎを起こしている。

　大学を卒業したビスマルクは高級役人になった。しかしイギリス人の美女にうつつをぬかし、豪勢なプレゼント合戦をしたあげく、フラれてしまい役人を辞めてしまった。借金を抱え、自殺用の首吊りロープを買ったこの時がビスマルクにとって最悪の時期だったろう。

　30歳をすぎて結婚したビスマルクは愛する妻を得て、政治に対する情熱を取り戻す。時はあたかも二月革命・三月革命の激動期。王党派として活躍したビスマルクは、王から信頼され、外交官に任命される。

　ロシア大使、フランス大使を務めたビスマルクは有能であった。

　ダンスがうまくフランス語を巧みに操り、優雅なマナーを身に付けていたが、いざという時の度胸のよさは一級品で、学生時代に鍛えたケンカが役に立った。

＊

　1861年に**ヴィルヘルム1世**がプロイセン国王に即位するとビスマルクは次の年に首相に任命される。異例の抜擢だった。

　さっそくビスマルクは議会で有名な「**鉄血演説**」をおこなった。彼はドイツ統一のためには話し合いよりも、「鉄と血」つまり、「武力と戦争」しか方法がないことを訴えたのだ。

　ビスマルクのやり方はこうだ。**①まず戦争をしなければならない相手（ドイツ統一の反対者）を見定める、②戦争のための軍備・補給について万全の準備をしておく、③外交的な根回しをしておき、戦争中に他国の干渉が入らないようにする、④準備が整ったところで相手を挑発し、相手がキレて手を出してくるのを待つ、⑤そしてコテンパンに叩く。**

　「**まずドイツを統一するには、オーストリアとフランスが大きなじゃまとなる。ただしオーストリアは同じドイツ系の国だから、将来はドイツの味方になってくれる可能性が高い。なのでオーストリアは完全に敵に回さない方が得策だ。問題はフランスだ。ナポレオン3世率いるフランスを徹底的に打ちのめさない限りドイツは統一できん。そのようにドイツを統一した場合、フランスはドイツの永遠の宿敵となるだろう。まあ、それでもエエわい**」

　ビスマルクは覚悟を決めた。「**戦争やるべし！**」。軍の参謀総長**モルトケ**とコンビを組み、プロイセンの軍事力を強力に磨き上げたのだ。

＊

　ビスマルクは**プロイセン＝オーストリア戦争（普墺戦争）**と**ドイツ＝フランス（独仏）戦争（プロイセン＝フランス戦争）**に勝って、ドイツ統一を成しとげたが、フランスに対しては過酷な要求を突きつけた。

　「どうせフランスとは敵になるのだから、取れるうちに奪っておけ！」

　この愛のない考えが後のドイツとフランスの関係に深い傷を残すことになる。

解答と解説

復習ポイント の答え

ドイツが統一するまでにはクリアしなくては
ならない問題点があった。まず、**①どのような方
法で統一していくか、②どのような政治を統一
に向けておこなうか、③どのような敵と戦うか、**
である。

　方法だが、二通りある。**小ドイツ主義**と**大ド
イツ主義**である。

　小ドイツ主義は統一時の面積や人口は小さく
なるが、多民族を抱え込まなくてもよいのが利
点である。また国家としての核は新興の工業国
プロイセンになるため、統一されたドイツは工
業国となる。もしもオーストリア中心の大ドイツ
主義で統一されたなら、ドイツは農業国になっ
ていた可能性はあるだろう。

　政治だが、**保護貿易主義**で国内産業を保護
し、国際的な競争力をつけなくてはならない。そ
のために**ドイツ関税同盟**を結び、最新の蒸気機
関車で同盟国同士を結び付け、資本家を育てた。

　プロイセンにとってドイツ統一を妨げる**敵**は
オーストリアと**フランス**であった。両国について
ビスマルクはカヴールのように「一方と手を結び、
他方と戦う」方法はとらず、各個撃破で打ち破る
方法を選んでいる。安直に手を結べる相手では
なかったからだ。

アクティヴィティ の答えの一つ

　プロイセンがドイツ統一の中心となれた理由
は、当たり前のことだが「強国」であったことが
理由となる。ただし国が強くなるまでには大変
な努力があった。

　まず**①人口を確保する、②産業を育成する、
③国家体制を近代化する、④軍事力を強化する、**
という「**富国強兵策**」を実施しなければならな
かった。①ユグノー戦争などの宗教戦争の混乱を
利用して宗教難民を積極的に受け入れたのがプ

ロイセンの発達の第一歩となっている。また②
フリードリヒ２世（大王）をはじめとして積極的な
産業育成をおこない、そのために大王は鉄を産
するシュレジエン地方をあえてオーストリアか
ら奪ったほどだ。③についてはシュタイン・ハル
デンベルクの改革で近代化を目指し、④軍事力
強化はビスマルクが「鉄血政策」を実施した。こ
れらの積み重ねがプロイセンを強力にしたので
あった。

最後の門 の答え

c
（解説）

　けっこうな難問。b のサドヴァ（ケーニヒグレ
ーツ）の戦いがマイナーなので、大いに迷うとこ
ろではある。実は c の「六日間戦争」が間違い。
プロイセン＝オーストリア戦争（普墺戦争）は短
期間でケリがついた戦争で、「七週戦争」と呼ば
れるのだが、「六日間戦争」は1967年にイスラ
エルとアラブ諸国が起こした「第三次中東戦争」
の別名である。惑わされやすい問題である。

⑳ ビスマルクの内政と外交①
──なんと一転して平和をアピール！

> ビスマルクって、敵に回すと怖そうですねえ。

そのとおり。敵と味方に分け、敵に対して容赦しないのがビスマルク流だ。フランスに対して「どうせ敵になるのだから、かまうもんか」とアルザス・ロレーヌ地方や50億フランもの賠償金を取った。あげくの果てにはドイツ帝国成立の儀式をフランスの至宝ヴェルサイユ宮殿でわざとおこなっている。この仕打ちにフランス人は泣いてドイツを恨んだのだ！

第1幕への前奏曲 ドイツ帝国成立──ドイツは皇帝と宰相が強い

　1871年1月にヴェルサイユ宮殿でドイツ帝国が成立した。プロイセン王がドイツ皇帝を兼ねる形で、ヴィルヘルム1世として即位し、それまでバラバラだったドイツが初めて一つの国家に統一されたのだ。もちろん核となったのはプロイセン。ドイツ帝国は4月に憲法を制定した。この憲法ではドイツ皇帝の権力が強く、**宰相**は皇帝が任命し、皇帝にだけ責任を負った。したがってドイツ帝国宰相は議会には責任を持たず、議会を無視して政治をおこなうことが可能だった。ドイツ帝国議会は25歳以上の男性普通選挙で選ばれていたから、1884年に農業労働者・鉱山労働者にまで選挙権が拡大したイギリスよりも男性普通選挙の実現は早い。しかし議会自体の権限が小さかったので、普通選挙も役には立たなかった。この皇帝権が強いドイツ帝国憲法は大日本帝国憲法のお手本となっている。

第1幕 ビスマルクの内政
──「アメと鞭」で相手を意のままに？

第1場：保護貿易で点数稼ぎ ── 鉄と穀物の同盟

ヴィルヘルム1世

ビスマルク

ドイツ帝国議会

プロイセンの首相だったビスマルクは、ドイツ帝国の宰相となり、ドイツの産業の育成を重んじた。自由貿易主義のイギリスとは異なり、まだ弱体だったドイツ産業を守るための**保護貿易主義**を実施したのだ。外国からの輸入穀物と工業製品に重い関税を課す1879年の**保護関税法**は、ドイツの農業と工業保護のため制定されている。だが一石二鳥を狙うのがビスマルク風。この法律の実施で、ビスマルクは自分の支持基盤である産業資本家とユンカー（領主貴族）を優遇したのだ。そのため保護関税法は「**鉄と穀物の同盟**」と呼ばれた。鉄は産業資本家、穀物はユンカーを指しているのだな。

第2場：カトリック教会との闘争 ── 中世のような古くさい権威は認めん

　ビスマルクは、その権限の大きさにもかかわらず、政治運営にはけっこう苦労している。まずビスマルクの前に立ちはだかった敵は**カトリック教会**だった。カトリックはドイツ帝国に迎合した南ドイツに信者が多く、プロテスタントが主流のプロイセンに反感を持っていた。カトリックを基盤とする政党の**中央党**はプロイセンの中央集権に強く反発しており、ビスマルクに攻撃的な態度をとっていたのだ。ビスマルクは中央党をはじめとするカトリック勢力と激しく戦ったのだが、これを**文化闘争**と呼ぶ。変な名前だが、ビスマルクの「カトリック教会の態度は、（近代の）文化に対する挑戦だ」という発言からきている。ビスマルクは敵に対して容赦しない。カトリック教会や中央党をとことん締めつけ、弾圧する作戦に出たのだ。しかしすぐにビスマルクはもっと恐ろしい敵と遭遇することになる。それは**社会主義**だった。

第3場：社会主義との闘争 ── ついに伝家の宝刀「アメと鞭」を抜く

　ドイツでの産業革命が進むにつれて貧富の差が拡大してしまい、労働者階級を中心とする社会主義運動が盛り上がっていたのだ。その社会主義運動の中心となったのが1860年代に「全ドイツ労働者協会」という組織を作った**ラサール**というユダヤ人のお兄さんだった。試しにビスマルクはラサールと会談したが、かなりよい印象を持ったようだ。ところが残念なことにラサールは女性をめぐる決闘で死んでしまう。

　次に1869年に「社会民主労働者党」（アイゼナハ派）を作ったベーベルが社会主義の親玉になったのだが、ベーベルは革命を主張するガチガチのマルクス主義者で、ビスマルクに真っ向から歯向かってきた。その上、ラサール派とアイゼナハ派が1875年に合体して「ドイツ社会主義労働者党（のちの**ドイツ社会民主党**）」を結党したのだ。強力な社会主義政

産業資本家　　保護関税法　　ユンカー

党の成立に、そもそもユンカー(領主貴族)出身のビスマルクは「やっ！　こいつらは敵だっ！」とはっきり認識した。ビスマルクにとってカトリックが「過去の亡霊」だとすると、社会主義は「未来の悪夢」だったのだ。

　1880年代からビスマルクはカトリック教会と急いで手打ちをおこない仲直りすると、今度は社会主義を激しく弾圧し始めた。ここでビスマルクは伝家の宝刀「**アメと鞭**」を使っている。まずは1878年に**社会主義者鎮圧法**という法律を作り、社会主義団体を規制し、厳しく監視した。これがビスマルクの鞭だ。その一方で労働者に対して**社会保険制度**を実施し、労働者階級を自分の味方に引きつけておこうとした。これがビスマルクのアメだ。**疾病保険・災害保険・養老保険**を1880年代に整備したが、これが世界最初に実施された社会保険制度となる。

第2幕 ビスマルクの外交①──「フランス大包囲網」のためのラブ＆ピース

第1場：ロシア＝トルコ戦争 ──「ロシアより愛を込めて」うふふふ

　ビスマルクはドイツ統一後、「戦争大好きじいさん」から「平和大好きじいさん」に見事に変身している。ドイツの産業の発展のためには平和が必要だったのだ。そのためには和平の斡旋人の役も買っている。

　ドイツが戦争に巻き込まれるとしたら、それはフランスの復讐が考えられる。アルザス・ロレーヌを取り返すためにはフランスはどんな手でも使ってくるだろう。フランスとの戦争を恐れたビスマルクは「ともかくフランスを孤立させる」ことを目的とした。**1873年にロシア、オーストリアとドイツが三帝同盟**を結んだのは「この3国の帝国で囲めばフランスは手出しできまい」というビスマルクの読みがあった。ただし、ロシアとオーストリアの両国がバルカン半島を中心とする東方問題で対立しており、イザコザばかり起こしていたのが悩みだった。

　1877年、ロシアはパン＝スラブ主義(バルカンのスラブ系民族が自立しようとする運動)を名目にオスマン帝国と開戦した。これを**ロシア＝トルコ(露土)戦争**と呼ぶ。強国ロシアにかなうわけもなくオスマン帝国は敗れ、1878年に**サン＝ステファノ条約**を結ぶことになった。この条約の内容は、①**オスマン帝国からルーマニア・セルビア・モンテネグロが独立する**

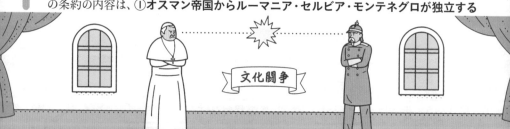

文化闘争

ことと、②ブルガリアをロシアの保護下に置いた

ことの2点だ。まあ、バルカン3国の独立は目くら

ましのための手段だったが、ロシアの本命は実は

ブルガリアの保護国化だった。サン=ステファノ

条約ではブルガリアの領域が赤線で示したよう

にやけに大きかった（→）。そのロシアのココロは、

「地中海進出のためにボスフォラス海峡・ダーダ

ネルス海峡にこだわっていては、またイギリスに

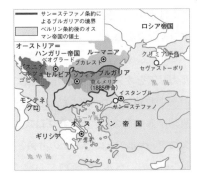

気付かれてじゃまされる。そこでブルガリアの領域をエーゲ海まで広げれば、あの二つの

海峡にこだわる必要はない。なあにブルガリアはオレの子分のような立場だから、領域内

にロシアの軍事基地や軍港を作らせてくれるだろう。ふふ、この神謀にはイギリスも気が

付くまい。これで地中海はオレのものだ！」

　だが、具眼の士（ぐがんのし）というものはどこの国にもいるものだ。ロシアの暗いたくらみに気が付い

たのがイギリスの**ディズレーリ**だった。「ロシアの地中海進出の計画を見破られぬと思った

か。そうは問屋がおろさぬ！」。ディズレーリじいさんはロシアに猛抗議し、あわやロシアと

イギリスの大戦争になるかと思われた。そこにビスマルクが割って入った。「私が『**誠実な**

仲介人』として中立な立場で会議をおこないます。まずは話し合いをしましょう」というこ

とで1878年に**ベルリン会議**が開かれた。

第2場：ベルリン会議へ ── あんた、それでも誠実な仲介人！？

　ベルリン会議にはヨーロッパ主要国の代表が集まったが、イギリス代表として首相のディ

ズレーリ自らが乗り込んで来た。困ったビスマルクは、ドイツの平和のためにロシアに泣

いてもらうことにした。

ビスマルク「ロシア君、君の目的は不凍港をブルガリアに作ることじゃないのか？」。

ロシア「な、何をバカなことを……」。

ビスマルク「いやあ、イギリスのディズレーリがそう言い張っているのだよ。僕も『誠実な

仲介人』なので、みんなの意見を平等に聞かなければならないのだ。本当なのかい？」。

ロシア「ま、まさか。われわれはバルカン半島の国々の独立を応援しているだけさ」。

ビスマルク「よし、君の顔を立てて、ルーマニア・セルビア・モンテネグロの独立は承認し

アメと鞭

てあげよう。ただしブルガリアの領域を小さくする必要がある。ブルガリアの南端は、ボスフォラス海峡より北にするべきだねぇ」

　こうしてベルリン会議ではビスマルクの舵取りによって**ブルガリアの領土の縮小**と、**ブルガリアをオスマン帝国の自治領にする**ことが決められてしまった。これによって<u>ロシアの南下政策はブロックされてしまった</u>のだ。しかもベルリン会議では棚からボタモチで、東地中海防御の根拠地、**キプロス島**をイギリスに、そしてバルカン半島の西の門である**ボスニア・ヘルツェゴヴィナ**の占領と行政権をオーストリアに認めたのである。これらを取り決めたのが**ベルリン条約**で、ロシアがロシア＝トルコ（露土）戦争で勝ち取った<u>サン＝ステファノ条約</u>は破棄されてしまったのだ。

　バルカン半島の勢力均衡がビスマルクのもくろみだったが、**ロシアはこの判定を恨みに思い、三帝同盟は事実上、解消される**ことになる。

| 復習ポイント |

　ビスマルクが「敵」「味方」に対しておこなった内政を整理してみよう。

| アクティヴィティ |

　強力な相手（例えばフランス）に勝つ方法は何でしょう？

ディズレーリ

アレクサンドル2世

ドイツ帝国史年表（19世紀後半）

1871年	ドイツ帝国成立：初代皇帝はプロイセン王ヴィルヘルム1世、宰相はビスマルク

1871～1880年　文化闘争：カトリックの中央党と争う

1873年　三帝同盟（ロシア・オーストリア・ドイツ）を結ぶ

1875年　「ドイツ社会主義労働者党」結党：社会主義のラサール派とアイゼナハ派が合同した政党

1878年　ビスマルクが社会主義者鎮圧法を制定
　　　　「社会主義政党の禁止、集会や出版の禁止が内容で、ビスマルクの『鞭』だな」

1878年　ベルリン会議をビスマルクが主催
　　→イギリスやオーストリアの肩を持ち、ロシアの南下政策を防ぐ

1879年　保護関税法制定：いわゆる「鉄と穀物の同盟」
　　　　「ビスマルクの保護貿易が後のドイツ産業を作るわけだ」

1883～1889年　社会保険制度（疾病保険制度・災害保険法・養老保険法）をビスマルクが成立させる
　　　　「元々は労働者を味方に付けるための『アメ』だった」

最後の門　下の問題は大学入試問題を出典にした問題です。答えなさい。

　ドイツ統一を達成したプロイセンの首相は、ドイツ統一後はドイツ宰相となり、一転して、自国が戦争にならないように、オーストリアとは親しく結び、①ドイツに恨みを抱いている（　　　）は孤立させて自国の安全を確保する、複雑な同盟網をヨーロッパの中に構築した。これをビスマルク体制という。また、ビスマルクは自国の膨張を控え、列強の対立の調停役を務めた。

問1　（　　　）にあてはまる適語を書きなさい。

問2　下線部①の、ドイツへの恨みの説明として無関係なものはどれか。

　a. この国には50億フランもの賠償金が課せられた。

　b. この国はアルザス・ロレーヌ地方を割譲しなくてはならなかった。

　c. プロイセン軍は首都に進軍し、この国を混乱させた。

　d. この国の由緒正しき宮殿で、ドイツ帝国成立の儀式がおこなわれた。

　e. 戦後、この国には厳しい軍備制限が課せられた。

（上智大・改）

誠実な仲介人

小説
『最後の授業』

その日、小学生の僕は学校に行くのを怠けて、野原で遊ぶのに夢中になっていた。実はアメル先生から出されていた課題を全然覚えていなかったのだ。しかし結局は学校に行くことにした。遅刻しても、始業時のいつもの生徒の騒ぎにまぎれてクラスにもぐり込む魂胆だ。

＊

学校に着いた僕は異様な雰囲気に驚いた。教室は日曜日と間違えるぐらい静かだった。そして教室の後ろには村長をはじめとする大人たちが沈鬱な表情で座っていた。アメル先生は礼装を着て黒板の前に立っている。この静まりかえった教室に入って行かなければならないとは何と恥ずかしく、恐ろしかったことだろう。

「フランツ、座りなさい。君がいなくても始めるところだった」

そしてアメル先生は言った。

「皆さん。今日で私の授業はおしまいです。普仏戦争の敗戦により『このアルザスとロレーヌの学校ではドイツ語しか教えてはいけない』という命令がベルリンからきました。明日、新しい先生がいらっしゃいます。今日が、フランス語を教える最後の授業となります」

フランス語の最後の授業！　僕はフランス語を少ししか書けない。今となっては、学校を無視して川や森で遊んだことを恨めしく思った。教科書やノートが、去っていく友達と同じように愛おしく思えた。

先生は授業をしつつ、僕をあてた。課題の文章を暗唱しなければならない。だが覚えていなかった。机の前で、僕は黙ったまま下を向いて立っていた。この時に先生に答えることができ

たなら、僕はどのようなことでもしただろうに！

アメル先生は僕を叱らなかった。そして話した。フランス語こそは世界で最も美しく、力強い言語であることを。ある民族がたとえ奴隷にされても国語を忘れなければ、牢獄の鍵を握っているようなものであることを。フランス語を決して忘れてはいけないことを。

先生は文法の本を読み上げた。こんなにやさしく文法が頭に入ってくるのは初めてだった。小さな子どもたちまでも一心不乱にノートに書いている。先生は学校を去る前に、すべてを僕たちの頭に入れたかったのだ。だが、ついに授業が終わる時がきてしまった。

教会の鐘がなり、プロイセン兵がラッパを吹き鳴らした。その時、アメル先生は真っ青な顔で教壇に立つと言った。「皆さん……私は……！」。しかし、先生は言葉を終わらせることができなかった。先生は白墨を取ると黒板に大きな文字を書いた。「**フランス万歳！**」と。

アメル先生はしばらく動かなかった。そして言った。

「もう行きなさい。授業は終わった」

＊

昔の日本では国語の時間に、フランスの作家アルフォンス＝ドーデの短編『最後の授業』を教えられたものです。そのため、ある日本人の作家は訪れたアルザス・ロレーヌ地方で慣れぬフランス語を必死に話そうとしました。住民が見かねて言いました。「ドイツ語で話したら？」。驚いた作家が、「話していいのですか」と聞いたところ、住民は聞き返しました。「なんでドイツ語はダメなの？」

アルザス・ロレーヌ地方は神聖ローマ帝国の領域であり、住民は元々ドイツ語の方言であるアルザス語を話していました。

ここの住民にとってはドイツ語もフランス語も実は外国語なのです。

復習ポイント の答え

　ビスマルクが内政において味方としたのは**ユンカー（領主貴族）と産業資本家**たちで、その逆に敵としたのは**カトリックと社会主義者**でした。

　ビスマルクは味方である ユンカーや産業資本家 には**保護関税法**を成立させ、味方をもうけさせる政策をとっています。

　敵である カトリック に対しては**文化闘争**をおこない、中央集権に抵抗する、カトリックを代表する中央党を追い落とそうとはかりました。しかし 社会主義 が有力になり、「ドイツ社会主義労働者党」が生まれると、カトリックには譲歩して、社会主義を潰すべく**社会主義者鎮圧法**を制定します。また**社会保護制度**を実施し、労働者の取り込みをはかりました。しかしビスマルクが宰相を引退した1890年に社会主義者鎮圧法は撤廃され、ドイツ社会主義労働者党は「**ドイツ社会民主党**」と名前を変えて、復活することになります。

　ビスマルクはありとあらゆる手を駆使して敵を滅ぼそうとしたのですが、結局、滅ぼすことはできなかったのです。

アクティヴィティ の答えの一つ

　強い相手に勝つためには二つの方法が考えられる。

　一つは「**相手よりも強い人物や勢力と手を結ぶこと**」、もう一つは「**大勢で一人を囲む**」ことだ。はっきり言って「汚いやり口」だが、負けるよりはマシだ。

　ビスマルクがとったのは「大勢で一人を囲む」やり方で、たしかにビスマルクの目の黒いうちは、フランスはドイツに復讐できなかった。その代わり、国民や議会に相談せずに平気で「軍事同盟」を他国と結ぶことは、後に国家を戦争に引きずり込むきっかけを作るものとして強い批判を受けることになる。なお、ビスマルクが最強のイギリスと軍事同盟を結ばなかったのは、イギリスが当時「光栄ある孤立」と称して、どこの国とも軍事同盟を結んでいなかったことによる。

最後の門 の答え

問1　フランス
問2　e
（解説）

　問1はわかりやすいが、問2は難しい。フランスでは厳しい軍備制限がおこなわれなかったので、eが正解。

　軍備制限をフランスに課さなかった理由は、軍備がなければ「パリ＝コミューン」などの社会主義の革命や内乱に対しブルジョワ政府は対応できなかったからである。「フランス革命」の祖国フランスで革命が起これば、再び革命が世界に広まってしまう確率は高かったのだ。

21 ビスマルクの外交②と北欧
——ヒゲオヤジ、歴史からの退場

えっ、まだビスマルクやるのー！

このヒゲオヤジは、けっこう重要な人物なので今日もやらざるを得ないが、彼もついに今回で終わりだ。フランスを囲む包囲網を作るために苦労しているが、どのような結果になるのやら。

第1幕 ビスマルクの外交②
——口説きのテクニックでたらしこむ

　1878年の**ベルリン会議**で、南下政策を阻止されたロシアは怒って三帝同盟は事実上、解消されてしまった。そこでビスマルクは1882年、**オーストリア・イタリア**と新たに**三国同盟**を結んで、再びフランスを囲む大同盟を作った。実はイタリアは、アフリカのリビアを植民地として狙っていて、その隣の**チュニジア**を前の年の1881年にフランスが占領したことに、大きな衝撃を受けていたのだ。そこで、ビスマルクが怒るイタリアを口説き落として、対仏包囲網に組み入れたわけだ。ただし問題はあった。イタリアは「**未回収のイタリア**」（テーマ19参照）をオーストリアに支配されており、仲が悪かったのだ。三国同盟はビスマルクあってこそなんとか保てたようなものだな。

　そして次に、ビスマルクは1887年にロシアと**再保障条約**を結んでいる。ロシアはフランスと元々は仲が悪くない国だったので、2国の接近を恐れたビスマルクがロシアを口説き落としたのだ。そのココロは、「いやー、オフクロ（＝オーストリア）が口やかましいので、やむを得ず別居することになりましたが、オレが本当に好きなのは恋人（＝ロシア）の君なんです。オレと付き合ってくださいっ！」。「まあ……♡」

　仲の悪いフランスと引き離して、ロシアと付き合い続ける魂胆だったのが再保障条約だったのだ。まあ、ロシアにも下心があって、アジア方面への南下をイギリスにじゃまされて

オーストリア

ロシア

イタリア

いたので、ロシアとしてはぜひともドイツを味方に付けたかったのだ。

「サイホショー」の意味がわからないんですけど

このドイツとロシアとの条約はオーストリアにはナイショだった。オーストリアとは先の三国同盟でドイツの安全は保障しているので、今回のロシアとの条約でドイツの安全はダブルで保障してあることになる。なので再保障条約となるのだ。まあ、ここまで念を入れたドイツの安全だったが、もしもオーストリアにバレたら一巻の終わりだな。したがってビスマルクの外交は実に「綱わたり外交」だったのだ。

第2幕 ビスマルクの引退 ──後ろ盾亡くなって泣く泣く去る

しかし、おごれるビスマルクも久しからず、とやらでビスマルクにも最後がきてしまう。ドイツ皇帝**ヴィルヘルム1世**が亡くなったのだ。1888年、91歳の大往生だった。皇太子が跡を継いだが、がんのため100日足らずで死去。孫の**ヴィルヘルム2世**が跡を継ぐことになる。このヴィルヘルム2世は「**世界政策**」と言って植民地獲得に積極的な姿勢を示していた。ビスマルクは反対したものの、ドイツでは皇帝は全権を握っている。やむを得ず1890年に**ビスマルクはついに辞職**し、政界から離れることになる。ビスマルク辞職のもたらした騒動はコラムを見てもらいたい。ビスマルク体制の舵取りから離れたドイツという船は、しだいに帝国主義的な危ない航路をとるようになってくるのだ。

ヴィルヘルム2世と並ぶ、一番太っていた頃のビスマルク（右、1888年）

第3幕 国際的諸運動 ──手をつないで世界に花を咲かせる

19世紀後半になると、国にとらわれない世界的な視野を持つ運動が盛んになってきた。いわゆるワールド・スケールの国際的な運動だ。

ヴィルヘルム2世

まずは労働者の政治運動を見てみよう。例えば世界で最初の国際的な労働者の組織である**第1インターナショナル**だが、**1864年**に**ロンドン**を本部として設立されているぞ。今までは労働者が団体を作って運動しても、チャーティスト運動(テーマ14参照)のように尻すぼみになってしまうか、もしくは潰されてしまうかだった。そこでもっと強力な「万国の労働者よ、団結せよ」のための組織が設立されたのだ。フランス人労働者が、社会主義に理解のあったナポレオン3世の援助で1862年のロンドン万博を見学に来たことが発足のきっかけと言われている。交通網や観光旅行の発達も、国際組織設立に役立っているのだな。第1インターナショナルの仕切りは経済学者の**マルクス**がおこなっていたが、じきに無政府主義者のプルードン派やバクーニン派(これもテーマ14参照)と内部で対立してしまい、1876年にあっけなく解散してしまった。

だが、あきらめの悪い社会主義者たちは**1889年**に**第2インターナショナル**を結成している。これも労働者の国際的組織だが、**パリ**が本部となっている。イギリスでは1884年に第3回選挙法改正で農業労働者と鉱山労働者の参政権が認められたこともあり、社会主義は勢いに乗っていたのだ。今回の第2インターナショナルでは無政府主義者は排除され、**ドイツ社会民主党**が中心的な社会主義政党として組織を引っ張るようになった。このドイツ社会民主党は現在でも二大政党の一つとしてドイツで活躍している政党だ。しかし、20世紀に入ると国際的な組織であるインターナショナルでも各国ごとの利害が対立するようになり、第一次世界大戦の勃発で1914年についに解散してしまうのである。

19世紀後半は医学が大いに進歩した時代でもある。だいたい戦場での傷病者の扱いはひどいもので、麻酔がなかった。看護医術なんか存在せず、戦場での死亡率はナポレオン戦争の頃は驚くべき高さだった。しかしクリミア戦争の時、イギリス出身の**ナイティンゲール**が多くの看護師たちと戦場を訪れ、敵味方かかわらず傷病兵を献身的に看護したのだ。そのため医師も見放した患者たちも彼女のおかげで死の淵から生還できたのだ。こうしてナイティンゲールの努力によって看護医術が確立したのである。

スイスの**アンリ＝デュナン**は1859年、旅行中にイタリア統一戦争のソルフェリーノの戦いに遭遇した。多くの傷病兵の悲鳴を聞いたデュナンは義心に駆られ、救急箱を持って兵たちの看護にあたっている。クリミア戦争でのナイティンゲールの活躍に感銘を受けたデュナンは、**国際赤十字組織**を1864年にスイスのジュネーヴで設立したのだ。後にデュナ

第1インターナショナル

カール＝マルクス

ンは事業に失敗し、パリでホームレス生活に陥るほどの貧苦を経験したが、デュナンが作った赤十字は世界中に広まり、多くの人々を今も救っている。第1回ノーベル平和賞はデュナンに与えられたが、当然のことだと思う。

そして最後に**万国博覧会**と**国際オリンピック大会**だ。元々産業とスポーツを通じて世界の人々が互いに知り合い、友愛を築くのが目的のイベントである。万国博覧会はイギリス女王ヴィクトリアの夫、アルバート公の肝いりで1851年にロンドンで始まり、国際オリンピック大会はフランスの教育者**クーベルタン**男爵により古代オリンピックの精神を受け継いで、1896年のアテネ大会から開かれている。

第4幕 北欧の歴史
──戦争に懲りてとった平和路線

そして北欧の歴史だ。まず国々の位置を地図で覚えてくれ。まとめて言うと列強の帝国主義の餌食にされかかったが、独自路線で生き延びることができた歴史なのだ。北欧の国々は16世紀の宗教改革の折にほとんどがプロテスタントに改宗している。カトリック教会の財産を没収して、強力な国家建設をおこなうことが目的だった。プロテスタントになった北欧諸国の勢いは三十年戦争の時にはっきりしてくる。ベーメンの新教徒に味方してカトリックの神聖ローマ帝国に逆らったのは、最初は北欧の**デンマーク**であり、その後グスタフ＝アドルフ率いる**スウェーデン**が続いた(上巻テーマ78参照)。三十年戦争の結果、17世紀中頃にはスウェーデンはバルト海を支配する強力な帝国を築き上げている。しかしロシアのピョートル1世(大帝)と北方戦争で戦い、敗北してしまったスウェーデンはバルト海東岸を失い、プロイセンにもバルト海沿岸地方を奪われてしまうハメになった。

19世紀の初めナポレオンはティルジット条約(1807年)の後、ロシアに命じてスウェーデンを攻撃させ、フィンランドを併合させた。スウェーデン国会は、ロシアからのフィンランド奪回を期待して、ナポレオンの部下のベルナドット元帥を即位させたが、元帥はあえてナポレオンに逆らい、優れた指導力をもってスウェーデン独自の道を切りひらいたのだ。現在のスウェーデン王家は元帥の子孫である。

デンマークはナポレオンと同盟を結んでしまったことが響いてしまった。ウィーン会議でそれまで支配していたノルウェーをスウェーデンに割譲することになってしまうのだ。こ

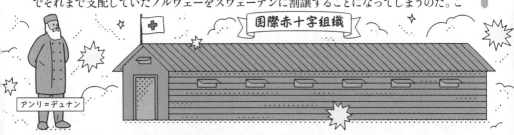

国際赤十字組織

アンリ＝デュナン

の時ノルウェーはスウェーデンとの連合を嫌がって独自の憲法を作って抵抗したのだが、スウェーデンはノルウェーの憲法を承認することで友好的に連合することに成功している。ノーベル賞授賞式はスウェーデンのストックホルムでおこなうのだが、平和賞だけノルウェーのオスロでおこなっている。これはスウェーデンとノルウェーが連合していた時の名残である。そして<u>1905年**ノルウェー**は国民投票で平和的に独立を達成した。</u>

さてデンマークのその後だが、南にあるシュレスヴィヒ・ホルシュタイン地方の併合をもくろんだものの、プロイセンとオーストリアに奪われプロイセン＝オーストリア戦争（普墺戦争）に利用されてしまった（テーマ19参照）。これに懲りてデンマークは農業国として再出発し、自主的な平和路線をとるようになった。

そもそもデンマークは位置的にイギリス・フランスなどの人口の多い先進国に囲まれているので、牛乳やチーズやバターなどの農業生産物の輸出先が近くにある。実は無理して帝国主義的拡大などしなくてもよかったわけだ。そのためデンマークは農業国でありながら、文化や福祉に高い成果をあげることができたのだ。

> **復習ポイント**

ビスマルク体制を図にして、まとめてみよう。

> **アクティヴィティ**

19世紀から20世紀にかけて北欧が生んだ文化人を調べてみよう。

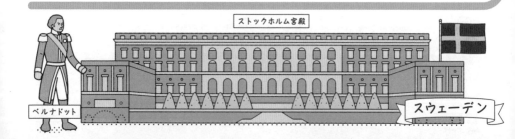

ストックホルム宮殿

ベルナドット

スウェーデン

ドイツ帝国史年表 (19世紀末)

1882年	三国同盟成立 (ドイツ・オーストリア・イタリア)
	「三帝同盟 (1873年) とは構成国も違うから、混同しないように！」
1887年	再保障条約成立 (ドイツ・ロシア)
	「これでロシアはフランスと手を組まないことを保障したのだ」
1888年	ドイツ皇帝ヴィルヘルム1世死去
	孫のヴィルヘルム2世がドイツ皇帝に即位
1890年	ビスマルクが宰相を辞任→引退

北欧史年表 (19〜20世紀)

1809年	(フィンランド) ロシアに併合される
1815年	(スウェーデン) ウィーン会議でノルウェーをデンマークから得る
	→スウェーデンとノルウェーは同君連合に
1864年	(デンマーク) シュレスヴィヒ・ホルシュタイン地方をプロイセンとオーストリアに奪われる
	→農業改革と福祉政策に努める
1905年	(ノルウェー) 国民投票で独立を達成

最後の門 下の問題は大学入試問題を出典にした問題です。答えなさい。

問1 北欧諸国に関する記述として正しいものを選びなさい。

ア・スウェーデンはシュレスヴィヒとホルシュタインをプロイセンとオーストリアに奪われた。

イ・ノルウェーは国民投票でスウェーデンから独立した。

ウ・スウェーデンはグスタフ゠アドルフのもとで北方戦争を戦った。

エ・デンマークのノーベルがダイナマイトを発明した。

(南山大・改)

問2 ( ) を適切な語で埋めなさい。

ノルウェーは1814〜15年におこなわれた (1) の結果、スウェーデンと再び同君連合を形成したが、1905年、国民投票によって平和的に独立を達成した。かつて強国だった (2) 王国はノルウェーを失ったのみならず、更に19世紀後半には (3) 地方をプロイセンとオーストリアに奪われた。

(聖心女子大)

軍師ビスマルク
その栄光と失意②

1888年、宰相の座にあったビスマルクはなんとも言えぬ不安に襲われていた。もうかれこれ30年間近く政治を動かしてきたが、ビスマルクは連日の心労がたたってか、不眠症になっていた。うとうと眠りにつこうとすると憎い政敵が夢に出てくるので、ビスマルクは怒りのあまり飛び起きてしまうのである。

ビスマルクのもとでドイツは安定し、平和を享受してきた。産業は発展し、ドイツの工業も農業も栄えている。社会主義者も押さえ込んでいる。「宿敵のフランスはドイツに手を出すことすらできやしない。なあに、こちらは三国同盟も再保障条約も結んでいるのだ。わ、わしは勝ったのだっ、わはははははは。……だが、この不安はなんなんだ……！」

その後、皇帝ヴィルヘルム1世が91歳で亡くなった。約束を守る、古武士のような人物で、ビスマルクを登用した人物であった。衝撃を受けたビスマルクは告別式で送別の文書を読み終わると、そのまま号泣してしまう。**ビスマルクは「皇帝あってこその宰相なのだ」と改めて思い知った。**跡を継いだフリードリヒ3世はがんのため100日足らずで亡くなり、次を継いだのがヴィルヘルム1世の孫の**ヴィルヘルム2世**だった。

お坊ちゃんヴィルヘルム2世はおじいちゃんとは違う軽薄な若者で、帝国主義的侵略を平気でやりたがっていた。

「なりませぬっ！ 陛下！ 海外を侵略すれば列強はドイツに対立し、ドイツは戦争に巻き込まれます。ここは平和を守り、同盟と調停を組ん……」

「うるさい！ 引っこんでおれ。未来のドイツは私が仕切るっ」

1890年、ヴィルヘルム2世と対立したビスマルクは辞表を提出し、怒りにふるえながらベルリンを離れた。

＊

晩年のビスマルクにはみじめな運命が待っていた。

まずフランスが「ビスマルク引退」の知らせに歓喜した。怖い者がいなくなった、ということでフランスは「ビスマルク体制」の切り崩しを始めることができるわけだ。フランスがロシアに手を伸ばそうとしていることに対し、ヴィルヘルム2世はまったくの無策だった。

自分の作った成果が崩れ去るのを、ビスマルクはじっと眺めている他なかったのだ。

私生活で問題となったのは彼の太りすぎである。ストレスと精神不安定からの過食が原因で身長190cmに対し、体重は最大120kgにもなっていた。ビスマルクは大食いでも有名で、特に卵は何個でも平らげてしまうほどの大好物だった（それゆえに料理の名前で「ビスマルク風」と付くと、それは卵料理を意味することになる）。

ビスマルクは足が弱まり、体重を支え切れず、車椅子での生活になってしまった。

最後にして最大のショックは自分を支えてくれた最愛の妻、ヨハンナの死であった。政治に無関心で、ただひたすら夫を支えてくれた妻の死をビスマルクは深く悲しんだ。死ぬ前には「妻に再び会えることだけが楽しみだ……」と、うわごとのようにつぶやいていたと言う。

1898年、ビスマルクが亡くなった時に世界史は新しい時代を迎える。

解答と解説

復習ポイント の答え

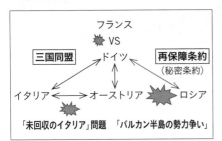

フランス
VS
三国同盟　ドイツ　**再保障条約**
　　　　　　　　　　　　（秘密条約）

イタリア ← → オーストリア ← → ロシア

「未回収のイタリア」問題　「バルカン半島の勢力争い」

　ビスマルク体制とはドイツ・イタリア・オーストリア・ロシアによる「フランス大包囲網」であり、**三国同盟**と**再保障条約**によって築き上げられている。しかし構成国同士は領土問題や勢力争いで仲が悪く（💥は対立関係）、ビスマルクの綱わたりによってなんとか保たれている状態だった。

アクティヴィティ の答えの一つ

　北欧諸国では文化が発展し、多くの文化人を出した。19～20世紀にかけてだけでも**デンマーク**の文学者アンデルセン、哲学者キルケゴール、作曲家ニールセン、**ノルウェー**の画家ムンク、作家イプセン、作曲家グリーグ、**スウェーデン**ではダイナマイトの発明者ノーベル、作家で『長靴下のピッピ』の作者アストリッド＝リンドグレーン、そして**フィンランド**では作曲家のシベリウスや、「ムーミン」シリーズの作者トーヴェ＝ヤンソンなどだ。北欧全体での人口は約2750万人で、日本の約5分の1しかないのにも驚く。

最後の門 の答え

問1　イ
問2　(1)　ウィーン会議
　　　(2)　デンマーク
　　　(3)　シュレスヴィヒ・ホルシュタイン
（解説）
問1　間違っているものから消去していくとよい。
　アは、スウェーデンでなくデンマークである。ウは、北方戦争を戦ったのはグスタフ＝アドルフではなく、カール12世である。エは、ノーベルはデンマーク人ではなく、スウェーデン人である。残ったものはイということになる。
問2　(1)北欧史に特に詳しくなくても、年代で察しがつけば答えられる。(2)一瞬、迷うが(3)が「シュレスヴィヒ・ホルシュタイン」地方であることがわかれば解ける。

22 アメリカ合衆国と南北戦争
──世界に誇る最強国はこの時作られた

南北戦争は黒人奴隷解放のための戦いだったとはカッコいいね。

一応、名目は黒人奴隷解放をめぐる戦いなのだが、実際にはアメリカの「南」と「北」が国のポリシーをめぐって争った戦いだったのだ。

第1幕への前奏曲 ルイジアナ買収── 1000年に1度の大バーゲン！

1803年、フランス第一統領ナポレオンから大変な話がアメリカ合衆国に持ち込まれた。なんと**ミシシッピ川以西のルイジアナ**を合衆国に売却する話だ。ミシシッピ川以西のルイジアナは1763年のパリ条約で一時はスペインの領地になっていたのだが、後にナポレオンの時にフランスの領地に戻っていたのだ。ミシシッピ川以西のルイジアナは総面積214万km^2、日本の5倍以上の広さだ。値段はたった1500万ドル。1ドル100円で計算すると**約15億円**だ。この時のアメリカ大統領は第3代目の**トマス＝ジェファソン**で、この土地を買ったのである。

第1幕 アメリカ＝イギリス戦争──アメリカが結束を意識し始めた瞬間

1812～1814年に**アメリカ＝イギリス(米英)戦争**が始まったのは、実はナポレオンがらみだった。初代大統領のワシントンは、ナポレオン戦争に対しては中立の立場をとっていたが、1806年にナポレオンが大陸封鎖令を出した時、アメリカ合衆国はヨーロッパ大陸と相変わらず貿易を続けていたのだ。「中立」の立場なので貿易を続けてもいいじゃないか、というわけだ。ところがイギリスは大陸諸国を干上がらせるために、ヨーロッパを封鎖して

ルイジアナ買収

トマス＝ジェファソン

ナポレオン＝ボナパルト

アメリカとヨーロッパの貿易を妨害したのだ。イギリスの強引な逆封鎖に怒ったアメリカがついにイギリスと戦争に突入してしまったわけで、これがアメリカ＝イギリス戦争となる。結果から言うとダラダラした戦いが続いたあげく、引き分けで終了することになってしまった。ただし、**この戦争によって「アメリカ合衆国」という国家の意識は高まった。**バラバラな州の集まりでは戦争に勝てないからだ。そのあらわれがアメリカ国歌の誕生なのだが、これはコラムを見てくれ。また、この戦争の間はイギリスから工業製品が輸入されなかったので、「ええい、自分で作るしかないな」というDo It Yourself精神を発揮して、**北部を中心に工業製品を作り始めるようになったのだ。**工業国アメリカの起源はここに始まった。

第2幕 ジャクソニアン＝デモクラシー ──白人だけの平等と選挙権

1829年に第7代目大統領となった**ジャクソン**は初めての西部出身の大統領で、貧民出身の荒っぽい人物だった。アメリカ＝イギリス戦争で活躍して大統領に選ばれたのだが、金持ちへの反感が強いのが特徴だ。まず彼は白人男性の普通選挙権を拡大させている。ジャクソン大統領が推進させた民主主義を**ジャクソニアン＝デモクラシー**と呼ぶ。イギリスで男性普通選挙が実施されたのが1918年の第4回選挙法改正なので、アメリカの方がずっと早いわけだ。特に南部の農民や下層市民がジャクソンを熱烈に支持し、**民主党**(Democratic Party)を結成する。これに対し北部の金持ち工業資本家は反ジャクソン派としてホイッグ党を作るのだが、ホイッグ党の一部が後の**共和党**(Republican Party)を築くことになる。ジャクソン大統領は下層民の支持を背景に、**先住民強制移住法**を制定して、先住民をミシシッピ川以西の「**保留地**」に力ずくで移住させている。奪った土地は白人の自営農民に与えたので、白人有権者の支持を得ることができた。そして「**西漸運動**」と呼ばれる西部開拓が加速し、先住民に対する迫害や虐殺によって、元は100万人の人口が1890年には25万人にまで激減してしまったことは伝えなくてはならない。

第3幕 西漸運動 ──アメリカが自分をドンドン広げ始める

アメリカがめちゃくちゃ拡張したのは第11代の**ポーク大統領**の時だ。いや、笑ってはい

アメリカ＝イギリス戦争

かん。れっきとした大統領の名前だぞ。ポーク大統領は合衆国の西への領土拡大を「神から与えられた**明白なる運命（マニフェスト＝デスティニー）である**」と正当化したのだ。そしてテキサスとオレゴン、カリフォルニアなど西部地方をドンドン併合していったのだ。元々**オレゴン**はイギリス領だったものを1846年に協議の上で併合したものだ。だが**テキサス**は1845年にメキシコから併合したものであり、**カリフォルニア**は1848年にメキシコ領であったものを合衆国が**アメリカ＝メキシコ戦争**（1846〜1848年）を起こして力ずくで併合したものだ。しかもカリフォルニアは、併合したその1848年に金鉱が発見され、世界中から移民が殺到した。これを**ゴールドラッシュ**と言う。このゴールドラッシュのおかげで大西洋に行き着くまでの途中の地域よりも、太平洋岸にあるカリフォルニアの方が先に開拓されているのだ。

アメリカ合衆国の拡大

第4幕への前奏曲 南北戦争への前奏曲が始まる

1820年代あたりからアメリカでの南北の差がしだいに目立ってくる。

南部 はプランテーション中心の**大土地農業**が盛んで、特に**綿花の生産**が増大していた。単純労働の人手も必要だったから**黒人奴隷の存続**が求められた。また、加工地のイギリスへ綿花の輸出を増やすために、貿易の体制として南部は**自由貿易**を要求していた。

北部 は自営農民が中心となって開拓した土地であり、大土地農業よりも**工業**が発達していた。工場で欲しいのは労働者であり、**黒人奴隷の存在は求められていなかった**。また工業が盛んな北部ではイギリスの安い工場製品に対抗するために**保護貿易**を要求していたのだ。

このようにアメリカで南北の違いが際立つようになると、奴隷制の存続をめぐって南部と北部の間で激しい対立が起こるようになる。

アメリカ合衆国ではその地域の人口が6万人に達すると、その地域が州に昇格できるこ

ジャクソン

ジャクソニアン＝デモクラシー

とになっていた。そして、州になる時は奴隷制を定めた**奴隷州**か、奴隷制を定めない**自由州**かを決定することになっていた。**1820年**に北部に属するミズーリ州がめでたく州に昇格することになったのだが、ミズーリ州は奴隷州であることを求めたので大問題になってしまった。そこで特例としてミズーリ州は奴隷州として認めるが、北緯36度30分以北には奴隷州を認めないことを取り決めた。これを**ミズーリ協定**と呼ぶ。この北緯36度30分のラインはミズーリ州の南の境界線なのだ。さて、**1854年**にカンザスとネブラスカが準州に

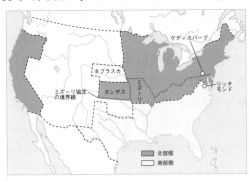

昇格することになった。本来36度30分以北にあるこの両準州は自由州になる取り決めだったのだが、「自由州か奴隷州になるかは住民の投票で決めることにする」と決められてしまったのだ。これを**カンザス・ネブラスカ法**と呼ぶのだが、ミズーリ協定をなしくずしに無視することになるので、この法律を機に南北の対立が激化したのだ。

第4幕　南北戦争──アメリカ合衆国最大の大戦争で生まれた新たな国家

　1860年、貧農出身の共和党候補**リンカン**が第16代大統領に当選した。**初めての共和党出身の大統領**だ。共和党はホイッグ党の一部が作った党であり、北部の工業資本家を代表している。もちろん奴隷制には反対だ。そこでこの選挙結果に怒った南部諸州は合衆国を脱退して**アメリカ連合国**を作った。連合国の大統領は**ジェファソン＝デヴィス**で、首都は**リッチモンド**である。こうしてアメリカ合衆国（北軍）と連合国（南軍）はついに戦争に突入した。これが**南北戦争(Civil War)**(1861〜1865年)だ。ワシントンとリッチモンドは意外に近く、日本で言えば東京と静岡ぐらいの距離である。この区間の間で激しい戦闘が繰り広げられ、南北両軍合わせてなんと62万人もの死者が出たのだ。

　最初は南軍の方が優勢だった。だが工業力の差がジワジワと響き始めてくる。北の合衆国が持っているヨーロッパ諸国との外交関係も有利に働き、南は輸入や補給に困るよう

ゴールドラッシュ

になってしまった。また、リンカン大統領も**ホームステッド法**を1862年に実施して、西部の農民を味方に付けることに成功している。このホームステッド法というのは「公有地で5年間定住して開墾した農民には160エーカーの土地をタダで与える」という内容の法律だ。160エーカーというのは、わかりやすく言えば東京ドーム14個弱の広さにあたる。これだけの土地をタダでもらえるのならば味方にもなるだろう。そして1863年にリンカン大統領は**奴隷解放宣言**をおこない、南部の黒人奴隷の解放をおこなった。これらの諸政策の結果、1863年の**ゲティスバーグの戦い**で北軍が決定的な勝利をあげることができたのだ。この戦いの4か月後にリンカン大統領は戦場のゲティスバーグで演説をおこない、アメリカが何のために南北戦争を戦ったのかを簡潔に人々に示した。それは「**人民の、人民による、人民のための政治**」を守るためだったのだ。さらにリンカン大統領は南部だけの奴隷解放では意味がないと考え、死の直前の1865年に**憲法修正第13条**を定め、<u>奴隷制度を全面廃止した</u>のである。南北戦争は1865年に北軍の勝利で終わり、合衆国は再統一されたが、リンカン大統領は南軍の降伏の5日後に暗殺されてしまう。黒人は奴隷制からは解放されたものの、土地を持たない黒人は食べていくことができず、**シェアクロッパー（分益小作人**：土地を小作人にシェアして地代を取る制度）となって白人の旦那に地代を払うしかなかった。また南部で奴隷制度を支持する白人は黒人を差別するための法律を定め、**クー＝クラックス＝クラン（KKK）**など黒人迫害の秘密結社を作ったのだ。

　しかし南北戦争の結末はアメリカ合衆国の将来を決定した。**アメリカは工業国として新たに誕生した**のである。南北戦争後の1867年に**アラスカをロシアから買収**し、**1869年に大陸横断鉄道を開通させた**アメリカは、世界中から多くの移民を迎え、豊かな資本と労働力を持った最強の国家として世界史に登場するのだ。

190

［復習ポイント］

アメリカ北部と南部の違いを表にして、まとめてみよう。

［アクティヴィティ］

南北戦争で南軍が勝っていたらアメリカはどのような国になったでしょう？

リンカン

南北戦争

ジェファソン＝デヴィス

アメリカ合衆国史年表 (19世紀)

1803年	フランスからミシシッピ川以西のルイジアナを買収
1820年	ミズーリ協定で36度30分以北を自由州と定める
1823年	5代目モンロー大統領、モンロー教書でヨーロッパ諸国への不干渉を宣言
1829年	7代目ジャクソン大統領就任→民主主義の発展 (ジャクソニアン=デモクラシー)
1830年	先住民強制移住法→先住民を辺境へ追放
1845年	テキサス併合 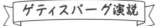「最初に『テキサス共和国』という国をアメリカ人に作らせてから、合衆国への併合を要請するという段取りにしたのだ」
1846年	オレゴン併合
1848年	アメリカ=メキシコ戦争でアメリカ勝利 →カリフォルニア併合→翌年ゴールドラッシュ
1854年	カンザス・ネブラスカ法によってミズーリ協定が撤廃→南北の対立が激化
1860年	共和党のリンカンが第16代大統領に選出される
1861年	反発した南部がアメリカ連合国を建国
1861〜1865年	南北戦争 (Civil War)
1862年	ホームステッド法発布→西部農民が北部を支持
1863年	奴隷解放宣言→南部の黒人のみを対象
1863年	ゲティスバーグの戦いで北軍勝利 →11月にリンカンがゲティスバーグ演説をおこなう
1865年	4月9日南軍降伏　4月14日リンカン銃撃される

最後の門 下の問題は大学入試問題を出典にした問題です。答えなさい。

問1 奴隷制をめぐる南北対立の中で1820年にA準州は奴隷州として昇格することが認められたが、そのAの存在を例外とし、以降、新州の成立に際し、北緯36度30分以北を自由州、以南を奴隷州とすることが定められた。A州の名称を記しなさい。

問2 アメリカ南北戦争最大の激戦地であり、その4か月後、戦闘に没した兵士への追悼式典で、時の大統領が発した「人民の、人民による、人民のための政治」という言葉がアメリカ民主主義を象徴するものと言われる、その地の名を記しなさい。

(早稲田大・改)

ゲティスバーグ演説

The Star - Spangled Banner
アメリカ合衆国国歌「星条旗」

　アメリカ合衆国の国歌 The Star - Spangled Banner は世界一有名な国歌であろう。この歌が独立戦争の時にできたものと思っている人も多いかもしれない。実はアメリカ＝イギリス（米英）戦争の時に生まれた曲なのだ。

　イギリスとアメリカが戦った時、ボルティモアにあるマックヘンリ要塞を陥落させるため、イギリス海軍は艦砲射撃を繰り返していた。この時フランシス＝スコットキーという合衆国の弁護士がイギリスの軍艦に捕虜の釈放交渉のため乗り合わせていた。すると、「これからマックヘンリ要塞を砲撃するから」と告げられ、キーは船の中に閉じ込められてしまった。そして要塞に向かって砲撃が始まった。

　「ああ、こんな激しい砲撃ではわが要塞も粉々だ」

　朝になった。すると、あれほど激しい砲撃だったのにもかかわらず砦に星条旗がはためいているではないですか！　この光景に感激したキーが即座に詩を作って発表したところ大ウケし、居酒屋で歌われていた俗謡に乗せて歌われたのがアメリカ国歌の始まりなのである。

＊

O, say can you see,
おお、君たちに見えるだろうか
by the dawn's early light,
夜明けの光の中で
What so proudly we hail'd
at the twilight's last gleaming,
薄明の中でわれわれがあれほど誇らしく仰いだものが

Whose broad stripes and bright stars
あの星条旗が
through the perilous fight
危険に満ちた戦闘の最中にも
O'er the ramparts we watch'd
われわれが戦っている砦の上で
were so gallantly streaming?
勇ましくひるがえっていたではないか
And the rocket's red glare,
ロケットの赤い閃光と
the bomb bursting in air,
空中で炸裂する爆弾が
Gave proof through the night that
一晩中証明していた
our flag was still there,
われわれの旗がまだそこにあるということを。
O say does that
おお、あの星条旗は
star-spangled banner yet wave
今もはためいているだろうか
O'er the land of the free
この自由の地に
and the home of the brave?
勇者の祖国の上に！

＊

　どうせならアメリカ国歌を日本語で歌えるように歌詞に手を入れて意訳してみた。

＊

見よ、夜明けに
苦難の中、ひるがえりし
雄々しき旗を。
誇りに満ち、われらは呼ぶ
敵の弾をものともせずに
照り輝くその星々、
これこそわが星条旗と！
おお、今ひるがえる星条旗が
自由の国に、勇者の地に！

解答と解説

■ 復習ポイント の答え

アメリカ北部と南部は同じ国とは思えないほど
方向性が違う。
大きく分けると下の表のようになる。

	中心産業	対英貿易	奴隷制	政体・政党
北部	資本主義的商工業	**保護貿易**政策	反対	連邦主義(**共和党**)
南部	プランテーション大農園(綿花)	**自由貿易**政策	**賛成**	州権主義(**民主党**)

(貿易関税)

北部 イギリスにくらべてまだ規模が小さい
商工業を守るために、北部は保護貿易を主張
して、イギリス製品に高い関税をかけること
を主張していた。

南部 綿花をイギリスに多く輸出するために、
南部は自由貿易を主張して、関税の撤廃を主
張していた。

(奴隷制)

北部 工場に必要なのは「一生養わなくては
ならない」奴隷でなく、「いつでもクビにでき
る」労働者であるため奴隷制は不要。

南部 綿花プランテーションのために南部は
奴隷制を必要とした。

(政体)

北部 商工業の発展のために、国力の集中化
と強国化が見込める連邦主義(中央集権を重
視)を優先。

南部 農業プランテーションの発展のため、
州の自治を基本とする州権主義(地方自治を重
視)を優先。

■ アクティヴィティ の答えの一つ

　南北戦争で南部が勝利
した場合、まずアメリカ連
合国の国旗(→)に代わっ
ていただろう。そしてオー

ストラリアや南アフリカ共和国と似たような農
業中心の国家になっていたことは間違いない。
人種差別も各州法に守られて残っていただろう
し、移民にも強い制限が残っていたと思われる。
アメリカは世界の中心にはならず、世界の辺境
になっていた可能性は高い。

■ 最後の門 の答え

問1　ミズーリ州
問2　ゲティスバーグ
(解説)
問1　1820年の年代と36度30分がよいヒン
　　　トになる。
問2　「最大の激戦地」と「人民の、人民による、
　　　人民のための政治」がヒント。リンカンのゲ
　　　ティスバーグ演説は短いもので、わずか2
　　　分で終わったが、不滅の演説となった。

23 ロマン主義と19世紀文化
──ブルジョワ文化はゴージャス

文学ってさ、歴史にあまり関係ないんじゃない？

そうは簡単に言えない。ストウが書いた『アンクル＝トムの小屋』が南北戦争を引き起こす大きなきっかけとなったのは事実なのだ。

第1組曲　19世紀文化の流れ──感情的なロマン主義と土着的なナショナリズム

　18世紀までは文化というものは貴族や教会など一握りの特権階級の独占物だった。絵画や音楽などは彼ら特権階級を飾るための装飾にすぎなかった。ところがフランス革命のとどろきとともに、文化も広く市民階級に開かれるようになったのだ。

　19世紀において市民階級に特に好まれたのは**ロマン主義**と**ナショナリズム**の文化である。テーマ10で扱った**自由主義**と**ナショナリズム**が芸術分野に広がってきたのだな。革命に裏打ちされた変革と嵐、疾風怒濤の文化はロマン主義の特徴で、古典的な形式美を乗り越え、破壊するものであった。そのロマン主義の先駆者となってしまったのが、皮肉にも古典主義の完成者であったゲーテやシラー、ベートーヴェンだった。

　そして18世紀までは文化の基準は階級であったのに対し、19世紀後半に入ると民族性を重んじるナショナリズムが新たに台頭してくる。特に国民国家が19世紀後半まで存在しなかったイタリアやドイツで、**ヴェルディ**や**ヴァーグナー**などの偉大な作曲家があらわれ、民族や国民性を強調する舞台音楽を書いたことは注目に値しよう。バルカン半島や東欧でも民族を強調する音楽文化は**スメタナ**や**ドヴォルザーク**、そして**チャイコフスキー**が代表となってあらわれてくる。彼らのナショナリズムの偉大なところは、民族を超えて世界中の人々に愛好されるようになったことだろうな。

写実主義・自然主義・印象派
──見たままに描こうとする！

19世紀後半になると芸術や文化に**写実主義や自然主義**が生まれるようになる。写実主義は**「自然や人間のありさまを飾ることなくそのまま描写していこうとする考え」**だ。「見たこともない天使なんて描けん」という画家の**クールベ**の言葉は写実主義を代表するものだろう。その写実主義は文学において**バルザック**や**ドストエフスキー**などの文豪を生んだのだ。そう、人間存在を厳しく、ありのままに描こうとしたのだよ。さらに**「たとえ醜いものであっても、人間の社会を矛盾も含めて描こうとする考え」**を示す自然主義が生まれるようになった。これは社会への批判が強く、「貧富の差」や「人種差別」もあえて描こうとするので、大変にキツい内容だ。文学では**モーパッサン**や**ゾラ**が自然主義の代表となるが、ゾラは後にユダヤ人差別問題にも命がけで取り組むことになる。

そして絵画の世界に**印象派**がついに登場することになる。絵画では「神話」ばかり描いていた時代があった。これに対して印象派は「現実に見える世界」にこだわろうとしたのだ。**モネ**の「散歩、日傘をさす女」を見てもらおう（→）。現実の世界の中の女性を、あふれ出る光の中の「印象」で描いた作品であり、光と風の匂いまで感じられる絵画だ！

第3組曲

近代的人文・社会学の発展
──科学的なアプローチが目立つ

（哲学） 18～19世紀にかけて大学が市民階級の前に開放されたことは大きい。それまでの大学は教会の指導に従っていたからな。特にドイツで**シュタイン**と**ハルデンベルク**の改革によって近代的な大学が建てられるようになってから、学問の発展は著しかった。

まず哲学だが、19世紀の哲学が神学からしだいに離れてきたことが大きいと思う。**カント**の**ドイツ観念論哲学**や**ヘーゲル**の**弁証法哲学**、そしてヘーゲル派から生まれ**マルクス**に受け継がれた**唯物論**によって哲学は客観的な学問に変わっていったのだ。……え、言ってることが全然わからないって？　しかたないなー。簡単にまとめてみよう。まずドイツ

クロード＝モネ

観念論哲学だが、世界を構成する要素として「精神」や「内面性」を重視する考えを「観念論」と呼ぶ。それに対して「いや、世界を構成しているのはモノだ」と考えるやり方を「唯物論」と言うのだ。「弁証法」とは物事はyesとnoだけで成り立つのではない、対立する二つの考えの融合によって世界は発展するという考え方を言う。ドイツのカントやヘーゲルは世界を精神の動きによって説明したのだが、イギリスでは経験を重視する立場から功利主義が生まれるようになった。功利主義とは「人生の目的は幸福になることであり、その幸福は計測できる」という考えだ。

幸福って目盛りみたいに計ることができるのぉ？

経済を重んじるイギリス人だから「できる」と考えたのだろうな。ベンサムが功利主義の代表者だが、同じイギリスのミルやスペンサーは科学の視点で哲学を考えようとした。そしてフランスではコントが実証主義を打ち立てている。実証主義とは「学問は空想から始まったが、実証できてこそ真の知識となる」、「実証できないものは学問ではない」とする考え方だ。だが、計測や経験など科学に頼った哲学は限界があると思うぞ。例えば功利主義や実証主義では「不安」を説明することができない。そこで科学的なアプローチとは別に人間の存在を内面性でさぐる哲学も19世紀の後半にあらわれている。これを実存哲学と呼ぶのだが、これは人間の生きる価値を一番に重要視する哲学で、デンマークのキェルケゴールやドイツのニーチェが代表的な哲学者だ。

（歴史学）　歴史学科がある大学の教授が黙っていないのが歴史学の分野だ。19世紀では「ヘレニズム」という言葉を生んだドイツのドロイゼンや哲学者のヘーゲルなどは「歴史はこのようにあらねばならぬ」という考えを持っていた。しかしドイツの歴史家ランケは「歴史はそれがいかにあったのかという真実をさぐる学問である。自分の思想や決めつけで歴史を見てはいけない」という考えを主張するようになった。また、フランスの歴史家ミシュレもランケと同じ19世紀に活躍した歴史家だが、膨大な史料を使って社会と人間のありさまを叙述した人物である。今までの文学や哲学から語られた歴史とは違い、ランケやミシュレが史料批判に基づく近代的な歴史学を作り上げたのだ。

（経済学）

弁証法

YES　NO

功利主義

Happiness

ベンサム

経済って、放っておけばなんとかなるんじゃないの？

　いい考えだ。「経済は放っておくべきだ」という考えを極端にまとめた学問を**古典派経済**
学と呼ぶ。要するに「**重商主義**みたいに国家がもうけ目当てに商業を動かすのは間違って
いる」、「商業は商人たちの自由放任にすべきなのだ」という、アダム＝スミスを創始者とす
る考え方を指すのである（テーマ5参照）。19世紀初頭における古典派経済学の代表がイギ
リスの**マルサス**や**リカード**だ。うーんと簡単にまとめるとマルサスは「このまま放っておく
と人口ばかり増えて、食料は足らなくなる。ということは貧困が広まる一方だ」という『**人口**
論』、**リカード**は「いや、なに、たくさん取れるものを輸出に回し、取れないものは輸入すれ
ば貧困は拡大しないし、経済は発達する」という「**比較生産費説**」を主張したのだ。これら
の古典派経済学は自由主義経済の基礎を形作っていく。しかしその一方、ドイツではリス
トが**保護貿易主義**を中心とする**歴史学派経済学**を築いている。歴史学派経済学とは「経
済学にはその国や民族の歴史を考慮しなければならない」という考え方を指す。マルクス
はこれらの経済学の基礎の上に「歴史というものを動かしているのは精神ではなく、モノ
である」という**史的唯物論**を作り上げていった。これが**マルクス主義経済学**となっていくぞ。

第4組曲 自然科学の発展
——学問の進歩がはっきり目立つフィールド

　19世紀は現代科学の基礎の多くが作られた実に重要な時代である。19世紀後半に入
ると今までの石炭に代わり、石油と電気を用いる**第2次産業革命**の時代に入ってくる。特
に電気について**電磁気学**で大きな活躍をしたのがイギリスの**ファラデー**である。彼は本
屋の奉公から大科学者になった人物だ。あと、ドイツの**マイヤー**と**ヘルムホルツ**の二人は
エネルギー保存の法則の発見でも有名、またドイツの**リービヒ**は**有機化学**で有名。有機
化学とは生物からとれる物質である有機化合物を研究対象とする学問で、英語では
organic chemistryと呼んでいる。だが、自然科学で巨大な影響を与えたのは、著書『種
の起源』で**進化論**をとなえた**ダーウィン**だろう。なにしろそれまでは「人間は神が創られた
特別な生き物である」とされていたからな。いや、この現代にも「進化論を信じる人々よ、
厄災が起きても神に救いを求めるな。あなた方は神を拒否したのだ。何かあればダーウィ

古典派経済学

マルクス主義経済学

ンを呼べ」と説く牧師がいるのだから驚くぞ。

　19世紀は医学では業績が明らかだ。特に細菌学ではドイツの**コッホ**が結核菌を、フランスの**パストゥール**が狂犬病の予防接種を開発し、予防医学の発展に大きな貢献を成しとげた。これにより幼児死亡率は格段に低下し、平均寿命が確実に延びるようになった。

第5組曲　探検と冒険、そして都市の発達

　17世紀にオランダのタスマンが、18世紀にイギリスのクックがオーストラリアやニュージーランドを探検したが、この冒険熱は19世紀に入るとますます盛んになった。「暗黒大陸」と呼ばれたアフリカは宣教師の**リヴィングストン**と、新聞記者の**スタンリー**によって内陸部の探検がおこなわれ、20世紀初めにはアメリカの**ピアリ**が北極点に、そしてノルウェーの**アムンゼン**が南極点に到達したのだ。ただ、惜しむらくはこれらの探検の成果がヨーロッパ列強の植民地拡大のために役に立ってしまったことだ。

　そして19世紀の後半で目立つのは**欧米での都市文化の発達**である。ヨーロッパ諸都市がこんなに清潔になったのは19世紀中頃のナポレオン3世によるパリの大改造からだ。先頭に立って都市改造を実践した**オスマン男爵**の指導により上下水道、いわば水洗便所が完備された花の都パリが出現したのだ。そして都市を支えていたブルジョワジーの発展とともに、市民が楽しめる美術館やコンサートホールが建てられた。いや、それだけではない。大学や博物館、そして動物園までブルジョワジーの肝いりで建設されるようになったのだ。これはパリだけでなくロンドンやウィーン、ニューヨークなどの大都市でも見られた現象であり、20世紀に入ると、欧米の大都市で映画館やデパートなどの大衆商業施設が立ち並ぶようになるのだ。

1
9
8

復習ポイント
　19世紀における文学分野の業績を簡単にまとめてみよう。

アクティヴィティ
　ナポレオン3世が改造に取り組む前のパリはどんな町だったでしょうか？

進化論

チャールズ＝ダーウィン

ヨーロッパ文化一覧表 (19世紀)　(作品名は色字で表示)

（自然科学）　**レントゲン**(独)…**X線の発見**

　　　　　　キュリー夫妻(仏：マリーはポーランド出身)…**ラジウムの発見**

　　　　　　メンデル(墺)…**遺伝の法則**

　　　　　　エディソン(米)…**電灯・蓄音機の発明**

　　　　　　ベル(米)…**電話の発明**

　　　　　　ノーベル(スウェーデン)…**ダイナマイトの発明**

（美術）　　**ダヴィド**(仏)…**古典主義「ナポレオンの戴冠式」**

　　　　　　ドラクロワ(仏)…**ロマン派「キオス島の虐殺」「民衆を導く自由の女神」**

　　　　　　クールベ(仏)…**写実主義「石割り」**

　　　　　　ミレー(仏)…**バルビゾン派**(農民の生活を描写)**「落ち穂拾い」**

　　　　　　印象派 …**マネ・モネ・ルノワール**

　　　　　　後期印象派 …**セザンヌ・ゴーガン・ゴッホ**

（音楽）　　**ベートーヴェン**(独)…**古典派「交響曲第9番(合唱)」**

　　　　　　シューベルト(墺)…**ロマン派音楽「未完成交響曲」「冬の旅」**

　　　　　　ショパン(ポーランド)…**ロマン派音楽「マズルカ」「ポロネーズ」**

　　　　　　ヴァーグナー(独)…**ロマン派音楽「ニーベルングの指環」**

最後の門　下の問題は大学入試問題を出典にした問題です。答えなさい。

問　19世紀ヨーロッパ文化に関する以下の各問①～⑤の記述のうち正しいものを一つ選べ。

①　ドイツではランケを中心に保護貿易主義、特に歴史学派経済学がうちたてられ、その系譜につらなるリストはドイツ関税同盟の結成に尽力した。

②　フランスの重農主義経済学者ケネーは、アダム=スミスの『諸国民の富』(『国富論』)をフランスに紹介して、自由主義経済学の発展に貢献した。

③　『経済学および課税の原理』を著したリカードは、古典派経済学の創始者となった。

④　コントは、実証主義哲学の方法を社会に適用して近代社会学の創始者となった。

⑤　ベンサムは『人口論』をあらわし、社会の貧困の要因を食糧生産と人口増加の不均衡な関係に求め、人口抑制を説いた。

（成蹊大・改）

ナポレオン3世

オスマン男爵

パリの都市改造

これが、これが、ロマン派だっ！
「幻想交響曲」

エクトル＝ベルリオーズはフランス・ロマン派を代表する危ない作曲家である。この男の目の前にどえらい美人があらわれた。**ハリエット＝スミッソン**という女優だ。シェークスピア劇でヒロインを演じる姿を見たベルリオーズは夢中になってしまい、しつこくつけ回し、当然フラれた。ベルリオーズはひどいショックを受ける。

「偉大な天才である自分をフルなんて！」というわけでベルリオーズは自分の失恋を正当化する超大曲を書いた。

それが**「幻想交響曲」**(作品14)である。演奏に50分以上もかかる大曲で、楽器編成はそれまでの常識を超えていた。ティンパニ奏者が4人も必要であり、クラリネットやイングリッシュ＝ホルンなどの新発明の楽器を平気で使う。打楽器は大太鼓・小太鼓・木琴・シンバルの他に教会の鐘も必要である。この異様な曲が書かれたのは1830年。ベートーヴェンが死んでわずか3年後であった。

（第一楽章：夢と情熱）

恋に破れたベルリオーズは毒を飲み、自殺しようとするが、毒の量が足りなかったため、死に切れず、奇怪な夢を見る……

ベルリオーズはスミッソンに出会い、彼女に恋心を抱く。スミッソンの姿は主題として演奏され、そのスミッソンの主題は全曲を通じて、偏執的に何度も何度も甘美に出現する。片思いの恋人を見たベルリオーズは激しい歓喜と苦悩と狂乱に襲われ、曲は不安定に揺れ動く。

（第二楽章：舞踏会）

華やかな舞踏会で優雅にワルツを踊るスミッソン。他の男とうれしそうに踊るスミッソンの姿を見たベルリオーズは、どす黒い嫉妬と激怒の発作に襲われる。

（第三楽章：野辺の風景）

静かな野山を散策するベルリオーズ。牧童たちが笛を吹き交わすその美しい自然の情景もベルリオーズの歪んだ心を癒すことはできない。青空もいつの間にか雲に覆われ、遠くで不気味な雷鳴が響いてくる。そして牧童の吹く笛には返事が返ってこなくなってしまう。

ベルリオーズの心にも善の呼びかけは通じなくなり、失恋の絶望と真っ黒な狂気が重苦しく支配するのであった。

（第四楽章：ギロチン台への行進）

ついにベルリオーズはスミッソンを殺してしまった。

捕まったベルリオーズは裁判で死刑を宣告される。罵声を放つ群衆の中、ギロチン台にひったてられたベルリオーズは、一瞬、スミッソンを思い出す。

その時、小太鼓の連打の中でギロチンが重い音をたてて落下する。

（第五楽章：地獄の饗宴）

呪われた芸術家ベルリオーズはついに地獄に堕ちてしまう。

暗く恐ろしい地獄に響く怪鳥の鳴き声。2本のチューバがグレゴリオ聖歌の「怒りの日」を演奏する中、ついに最後の審判が始まった。ベルリオーズには永遠の地獄堕ちが宣告され、唖然とするベルリオーズを悪魔たちが、からかうように跳ね回って嘲る。

その時スミッソンの亡霊がベルリオーズの前にあらわれた。その彼女のあまりの醜さにベルリオーズは思わず悲鳴を上げる。

そして地獄の悪魔たちの歓喜の絶叫の中で、この異常な曲は狂乱の終結をとげるのだ。

復習ポイント の答え

主な業績は以下のとおり。

	代表者	代表作品	一言コメント
ロマン主義 (幻想的・主観的文学)	ハイネ	『ドイツ冬物語』	故郷自慢
	バイロン	『チャイルド＝ハロルドの遍歴』	ロマンチック
	プーシキン	『スペードの女王』	破滅バクチ
	ヴィクトル＝ユゴー	『レ＝ミゼラブル』	大河ロマン
	ポー	『大鴉』『黄金虫』	不気味幻想
	ホイットマン	『草の葉』	格調が高い
写実主義 (客観的・冷酷) ↓	スタンダール	『赤と黒』	美形の悪党物語
	バルザック	『人間喜劇』	人間の恐ろしさ
	フロベール	『ボヴァリー夫人』	女性の転落物語
	ドストエフスキー	『罪と罰』『カラマーゾフの兄弟』	最高峰の文学
自然主義 (露骨・社会告発)	ゾラ	『居酒屋』『ナナ』	どこまでも堕ちる
	モーパッサン	『女の一生』	怖ろしい一生

アクティヴィティ の答えの一つ

　ナポレオン3世の改造前のパリは上水道がないため、セーヌ川からくんだ水を水売りから買って飲んでいた。そのためコレラなどの伝染病が猛威を振るっていた。また、下水道も不完全なためトイレはお丸にし、風呂も印象派の画家ドガが描いた下の絵のとおりに水浴していた。

　ナポレオン3世がパリを改造したのは、民衆がバリケードを作ってデモや革命を起こしやすい狭い裏通りを整理したかったからと伝えられている。

最後の門 の答え

④

(解説)

① ランケは歴史学者であって経済学者ではない。歴史学派経済学を作ったのも、ドイツ関税同盟の結成に尽力したのも F.リストの功績。

② アダム＝スミスとケネーは18世紀の経済学者で、19世紀の人物ではない。アダム＝スミスの『国富論』が出版された1776年にはケネーはすでに亡くなっていた。

③ 古典派経済学の創始者はリカードではなく、アダム＝スミス。

⑤ 『人口論』を書いたのはベンサムではなく、マルサス。

19世紀アジアの苦悩
奴隷になりたくなければ自分が変わるしかない

第4章

オスマン帝国の動揺
——明治維新よりも早かった改革

あ、また先生が変わっているぞい。こんどはヒゲのおじさんだ。

マリウス君に代わって私が近代のアジア史を教えましょう。ハッサンと気安く呼びかけてけっこう。オスマン帝国の官吏ですよ。

ハッサン先生

第1幕への前奏曲 チューリップの冠をかぶって衰退するオスマン

やれやれ、教えることができるのがわがオスマン帝国の全盛期ではなく、没落の歴史とは悲しいことです。オスマン帝国は1529年の第1次ウィーン包囲の時には、あともう少しでこのハプスブルク家の本拠地を陥落できたほどでした。しかし1683年の**第2次ウィーン包囲**に失敗してしまいます。この時にはコーヒー伝来の愉快な話が伝わっていますが（テーマ6のコラム参照）、大航海時代において経済力を強めたヨーロッパにはすでにかなわなくなっていたのが実情でした。国力の違いが浮き彫りになったのは**1699年のカルロヴィッツ条約**です。この条約でオーストリアにハンガリーとトランシルヴァニア（あのドラキュラの故郷）を与えたのですが、これはオスマン帝国が初めてヨーロッパに領土を割譲したケースとなりました。

イケイケの時はすべてうまく行くものですが、負けがこむとツキから見放されるもので、18世紀にはオスマン帝国の長い衰退の時代が始まります。エカチェリーナ2世によって1774年にはロシアにアゾフ海の地域を奪われ、1783年にはクリミア半島も奪われてしまいます。18世紀前半のオスマン帝国ではチューリップが大流行し、いたる所で植えられるようになりました。そこで18世紀前半のオスマン帝国を「チューリップ時代」と呼ぶのです。ちなみにチューリップはトルコ原産で、後にオランダなどのヨーロッパに輸出され、栽培されるようになった植物ですよ。

スルタンアフメット＝ジャーミィ

ロシア

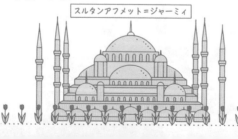

ハプスブルク帝国

エジプト＝トルコ戦争
——飼い犬に手を噛まれてしもうた！

　18世紀に起こった大事件はイブン＝アブドゥル＝ワッハーブがアラビア半島で起こした**宗教改革**です。ワッハーブは「スーフィズム（上巻テーマ45参照）やイランのシーア派で盛んな聖者崇拝はすべてイスラームの堕落である」と決めつけ、「預言者ムハンマドの教えに帰れ」を合言葉に**イスラーム原理運動**を始めました。アラビア半島中央に勢力をはる豪族の**サウード家**はこの**ワッハーブ派**に協力して、オスマン帝国から独立し、**ワッハーブ王国**を建設してしまいます。ここで始まるイスラーム改革運動は現在のタリバーンやIS（イスラーム国）につながるイスラーム原理主義の源泉となり、オスマン帝国から独立しようとするアラブ諸国の運動と深く結び付きます。

　以前ならこんな謀反(むほん)は簡単に叩き潰すオスマン帝国ですが、衰退期となっては人材がいない。そこで目を付けたのがエジプト総督の**ムハンマド＝アリー**でした。彼についてはテーマ16でも取り上げられているが、大変な英傑です。彼はエジプト人ではなくバルカン半島のマケドニア出身。「アレクサンドロス大王と出身が同じ」ことがムハンマド＝アリーの自慢のタネだったようです。ナポレオンがエジプト遠征をおこなった時、マケドニア派遣軍の一員としてフランス相手の戦争に参加し、たちまちのうちに頭角をあらわします。ナポレオンとの戦いで「近代戦」のノウハウを知ったムハンマド＝アリーはエジプト総督に出世しています。ムハンマド＝アリーは、1805年にエジプトを一族支配の国としてムハンマド＝アリー朝をおこし、1811年にオスマン帝国よりワッハーブ王国討伐の命を受けます。また彼は、「エジプトの**マムルーク**（トルコ人の軍人奴隷）は時代遅れで、これからのいくさには役立たずである。それならば、いっそのこと皆殺しにしてやれ」と、とんでもないことを考えました。司令官の任命式と宴会をやるから、と言ってマムルークを宴会場におびき出すと、門を閉めて鉄砲で皆殺しにしてしまったのです。この絵（→）が虐殺シ

ーンですが、左側の平然と皆殺しを見物しているのがムハンマド＝アリーその人です。

ムハンマド＝アリー

第1次サウード朝

ワッハーブ

態度が余裕のよっちゃんですね

英雄だけに度胸がすわっているのでしょうねえ。近代式軍隊を整えたムハンマド＝アリーはワッハーブ王国を簡単に滅ぼしてしまいました。オスマン帝国内の実権を手中にしたムハンマド＝アリーはオスマン帝国から「ギリシア独立運動を叩き潰してくれ」という命令を受けます。1820年代のギリシア独立運動についてはテーマ13に書かれていますが、なにせギリシア側にはヨーロッパ諸国が味方しています。近代化軍隊を整えつつあったムハンマド＝アリーだけがヨーロッパに対抗できる海軍を持っていたので、オスマン帝国皇帝**マフムト2世**が命令してきたのです。「参戦したらシリア総督の地位も認めよう！」という約束だったのでムハンマド＝アリーは出陣したのですが1827年の**ナヴァリノの海戦**で惨敗してしまいました。虎の子の海軍が大損害を受けたムハンマド＝アリーは「せめてシリア総督の地位だけでも認めてください」とお願いしたのですが、敗戦でキレていたマフムト2世は「勝ってもいないのにやるものか！」と拒否。怒ったムハンマド＝アリーは**第1次エジプト＝トルコ戦争**(1831〜1833年)でシリア総督の地位を手に入れたのです。

第2次エジプト＝トルコ戦争(1839〜1840年)では、さすがにロシアの東方政策などのヨーロッパ列強の思惑がからみ、シリア総督の地位を失ってしまいます。ま、これはテーマ16も見てください。ですが1840年のロンドン4国条約でムハンマド＝アリーは、エジプト総督の世襲権だけは認められ、**ムハンマド＝アリー朝**が国際的に認められました。この王朝はエジプトの近代化政策を熱心におこなったのですが、そのためカネがなくなってしまい、1875年にはフランスが開通させたスエズ運河の株の4割をイギリスの**ディズレーリ**首相に売却してしまいます。が、結局は焼け石に水で1876年にエジプトは破産してしまい、イギリス・フランスの国際管理下に置かれるハメになりました。

カネがないと本当にマンガ『ナニワ金融道』の世界になるんですねー

この状態に憤った軍人の**ウラービー**(オラービー)が「**エジプト人のためのエジプト**」のスローガンを掲げて内政干渉をおこなう列強に対する反乱を起こします。これが**ウラービー**(オラービー)運動(1881〜1882年)ですが、イギリス軍によって鎮圧され、イギリスはエジ

ナヴァリノの海戦

プト全域を事実上保護国化してしまいます。

タンジマートとミドハト憲法
──アジアで一番早い憲法だぞっ！

オスマン帝国は身内の謀反（エジプト＝トルコ戦争）や外国の進出（特にロシアの南下運動）で、いよいよ改革を迫られてしまいます。なにしろ自分を変えていかなければ生き残れないのですからね！　そんな折に改革をおこなったのは皇帝マフムト2世で、お母さんはフランス人です。詳しくはコラムを見てください。かつては権勢をほしいままにした親衛隊のイェニチェリ（上巻テーマ46参照）を廃止して、軍制をヨーロッパ風に変えました。皇帝の肖像もヨーロッパ風になっていますね（→）。

しかし、改革王マフムト2世をもってしてもエジプト＝トルコ戦争では敗北し、ヨーロッパ列強の干渉を避けることはできませんでした。そこで次の皇帝**アブデュルメジト1世**は即位早々の1839年に**ギュルハネ勅令**（**改革の勅令**）を出して西欧化改革（タンジマート）を開始したのです。この「西欧化改革」（タンジマート）とはオスマン帝国が司法・行政・財政・軍事などの方面において西欧化を目指した改革運動の総称です。例えば今までのイスラーム国家としての支配から、法治主義に基づく近代国家に変え、非イスラーム教徒の法的平等をも確認しています。

 お、こりゃ日本の明治維新の動きと似ていますねえ

実際に、西欧化改革（タンジマート）の効果はあがり、列強の助けを借りたとは言え、クリミア戦争でロシアに勝利することもできたのです。そこでオスマン帝国では憲法の導入を求める声が高まり、1876年に大宰相**ミドハト＝パシャ**の起草した近代的なオスマン帝国憲法（ミドハト憲法）が成立します。近代化政策も板についてきたように見えたのですが、保守反動の皇帝**アブデュルハミト2世**は、憲法制定の次の年の1877年にロシア＝トルコ（露土）（テーマ20参照）戦争が起こると、「国家の非常事態」を言い訳にして議会を閉鎖し、憲法を停止してしまいました。ミドハト＝パシャは流刑先で処刑され、ついにアブデュルハミト2世の暗い独裁時代が始まってしまうのです……。

エジプト＝トルコ戦争

マフムト2世

第3幕 イラン
──イスラームにも男女平等の思想はあるのだっ

　イランのサファヴィー朝については上巻テーマ47で説明していますが、サファヴィー朝が滅びた後、出現するのが**テヘラン**を都とする**ガージャール朝**（1796～1925年）です。このガージャール朝は外国に不平等条約を認めてしまったことで悪名が高い。例えば1828年の**トルコマンチャーイ条約**でロシアに対し治外法権を認めた上に、関税自主権を失ってしまい、おまけに東アルメニアまでロシアに譲渡したのですから。ちなみにアルメニアとはココです（→）。すると他の列強諸国とも同じような不平等条約を結ぶハメになってしまいます。

👩‍🦰**トルコマンチャーイってトルコと結んだ条約のように見えます**

　これは条約を結んだ地名でして、実はロシアと結んだ条約なのです。こんな腰抜けのガージャール朝に怒ったのが**バーブ教徒**です。彼らはイスラームのシーア派の新興宗派で、「**男女平等**」を主張する大変に革新的な宗派でした。バーブ教徒は1848年にガージャール朝に反乱を起こしましたが、教祖様が捕らえられて処刑されてしまい、教団も大弾圧を受けて壊滅状態にさせられてしまうのです。

　復習ポイント

　19世紀にオスマン帝国とエジプトがおこなった近代化を簡単にまとめてみよう。

　アクティヴィティ

　明治維新が成功し、タンジマートが失敗した理由を考えてみましょう。

タンジマートによる西欧化

オスマン帝国とアラブ史年表 (17~19世紀)

1683年	オスマン帝国による第2次ウィーン包囲→失敗
1699年	カルロヴィッツ条約でオスマン帝国が領土を割譲
1818年	ムハンマド＝アリーがワッハーブ王国を滅ぼす
1828年	トルコマンチャーイ条約でロシアがイランに不平等条約を押し付ける
1831~1833年	第1次エジプト＝トルコ戦争
1839~1840年	第2次エジプト＝トルコ戦争
1839年	皇帝アブデュルメジト1世がタンジマートを開始
1848~1852年	イランでバーブ教徒の乱が起こる→鎮圧
1869年	フランス人レセップスがスエズ運河を開通
1875年	エジプトの財政難を利用したイギリス首相ディズレーリがスエズ運河株の4割を買収→スエズ運河を支配
1876年	オスマン帝国でオスマン帝国憲法 (ミドハト憲法) が成立→78年に停止
1881~1882年	エジプトでウラービー (オラービー) 運動が起こる

最後の門 下の問題は大学入試問題を出典にした問題です。答えなさい。

　アジア・ヨーロッパ・アフリカへと拡大したオスマン帝国も、17世紀後半におこなわれた（　1　）包囲の失敗によって、領土を縮小し衰退への道をたどることになった。(中略)ナポレオンのエジプト遠征の後に生じた混乱期に、（　2　）がエジプトの支配者となり、エジプト総督の地位をオスマン帝国に認めさせた。（　2　）はエジプトの近代化を推進し、アラビア半島に進出していた①ワッハーブ王国を滅ぼした。彼の野望はシリア領有にまで及んだので、オスマン帝国がこれを拒否すると②二度にわたる戦争になったが、彼はこれにも勝利した。しかしながら、この事態は列強の介入をまねくこととなった。また急激な近代化と累積した戦費のために③エジプトは、19世紀半ば以降イギリス・フランスの管理下に置かれて、内政干渉を受けることになった。

問1　（　1　）（　2　）に適当な語句を入れよ。

問2　下線部①について、この国を建国した人々の思想について説明せよ。

問3　下線部②について、この戦争の名を記せ。

問4　下線部③について、1881年に外国支配に反抗したエジプト人の名前を記せ。また、彼の主張を説明せよ。

(新潟大・改)

トルコマンチャーイ条約

ニコライ1世

アルメニア

ファトフ＝アリー＝シャー

ある少女の数奇な運命の伝説

フランスの植民地マルティニカにはコーヒー占いをやるばあさんがいて、よくあたると評判だった。クレオール（クリオーリョのフランス語表現）だったいとこ同士の二人の少女が、婆さんに占ってもらったところ「二人とも皇帝の奥方になりますよ」という答えが返ってきた。

一人の少女の名はジョセフィーヌ。後にフランス皇帝ナポレオン1世の妻となった。もう一人の少女が今回の主人公であるエメ＝ドゥブク＝ド＝リヴュリで、数奇な運命をたどることになる。

*

フランスの修道院で教育を受けたエメは、植民地へ帰る途中にアルジェリアの海賊にさらわれてしまう。船長はエメの美貌に驚き、オスマン帝国の皇帝アブデュルハミト1世に献上した。**こうしてフランス人エメはオスマン皇帝のハーレムに入れられることになってしまった。**

ハーレムに入って驚いた。ここは皇帝に仕える女たちだけが住む区域で、日本で言う「**大奥**」だ。男でここに入れるのはオスマン帝国皇帝（スルタン）だけ。中では女同士のドロドロとした権力争いとお局によるいじめが横行している。このハーレムで勝者となるための条件は皇帝の子ども、それも男の子を産んだ女性となることだ。

エメは非常に気立てのよい、明るい娘だったらしく、どんな人にも差別なく接したので、だれからも慕われていたと言う。

エメの評判を聞いた皇帝はエメのもとを訪れるようになった。

皇帝は初老の紳士で、エメに対しては常にやさしかった。エメのために宮殿の庭をチューリップの花で埋めさせたりした。1年後エメは男の子を産む。この子が後に「改革王」と讃えられる、皇帝マフムト2世である。

5年後、皇帝が死んだ。跡を継いだのは甥にあたるセリム3世（在位1789〜1807年）である。セリムは以前、エメによって助けられたことがあり、彼女への感謝の気持ちを忘れなかった。彼はエメの意見をよく取り入れ、オスマン帝国は近代化への道を歩み始めるようになる。

不慮の災難でセリム3世が死んだ数年後、エメが産んだ**マフムト2世（在位1808〜1839年）**がオスマン帝国皇帝となる。

マフムト2世はフランス人の家庭教師から学問を教わり、フランス語をネイティブスピーカー並みに話した。彼は没落しつつあるオスマン帝国を再興させるべく、近代化政策をおこない「改革王」と呼ばれるようになる。マフムト2世はプロシア（プロイセン）の軍事顧問のもと、近代的な軍隊を作ろうとした。しかしマフムト2世一人の努力では帝国の衰退は止めることができなくなっていたのだ。

*

ある嵐の晩、イスタンブルにあるカトリック修道院の扉が激しくノックされ、トルコ兵に案内された修道院長は急いで表へ出た。

修道院長が着いた先はトプカプ宮殿の美しい1室で、その中央のベッドには老いた、美しい女性が横たわっていた。エメだった。

死を迎えようとしていたエメはカトリック教徒として死ぬことを望み、皇帝マフムト2世は母の望みを叶えようとした。

修道院長はエメのとぎれがちな告解を聞き、臨終の秘蹟を与える。部屋の片隅では、皇帝が母のために必死にアッラーに祈っていた。

明け方、エメは死んだ。エメの肖像は残されておらず、墓もわかっていない。

復習ポイント の答え

オスマン帝国とムハンマド＝アリー朝のエジプトは、近代化改革に取り組んだことで共通しています。

オスマン帝国とムハンマド＝アリー朝のエジプトは軍隊の近代化改革に取り組んだことで共通しています。

まずオスマン帝国ではイェニチェリを、そしてエジプトではマムルークを廃止しています。この二つは日本でいう旗本・小姓軍団で、列強の近代的な火砲に立ち向かえない時代遅れの軍団だったからです。そして火砲を強化し、洋服を着た西洋化された近代的な軍隊を作ることを目指しました。

ただし、近代化された軍隊には大変に金がかかるため、軍隊を支えるために国家財政が破綻してしまう危機がついて回ることになります。

アクティヴィティ の答えの一つ

一番大きいのは、**オスマン帝国がせっかく制定した憲法や設立した議会を、独裁政治を目指す皇帝（スルタン）が停止してしまったことです。**日本の場合、大日本帝国憲法発布は1889年と、オスマン帝国憲法（ミドハト憲法）の1876年よりも遅いのですが、明治天皇は一貫して憲法や議会に従い守りました。これが成功と失敗を分けた大きな境目になったと思います。つまり日本の場合、憲法や議会を中心とする国民国家の成立に成功したのです。オスマン帝国は複数の国家や民族を統治する「帝国」ゆえに国民国家の成立に失敗してしまいます。そして国民国家が成立するには後のムスタファ＝ケマル（アタテュルク）による1923年のトルコ共和国成立まで待たなくてはなりません。

そして日本は日清戦争で対外的に勝利を得て、賠償金を得たために財政的に破綻を免れ、**近代**的産業をおこすことができたことも大きいと言えるでしょう。

最後の門 の答え

問1　(1)　第2次ウィーン
　　　(2)　ムハンマド＝アリー
問2　イスラームに広まっていたスーフィズム（神秘主義）や聖者崇拝を強く批判し、預言者ムハンマドの思想に帰ることを主張した。
問3　エジプト＝トルコ戦争
問4　ウラービー（オラービー）
　　「エジプト人のためのエジプト」を主張して列強の内政干渉に反対した。
（補足）
　日本人外交官柴四朗（ペンネームは東海散士）はスリランカに島流しにされていたウラービー（オラービー）に会い、その人となりを日本文学史にも出てくる作品『佳人之奇遇』で紹介している。

25 中央アジア・インドの植民地化
——会社が1国を支配！

> イスラームって、宗派がいろいろあるんですねー。

はい。ワッハーブ派のように「ムハンマドの教えに帰れ」と主張する原理主義もあるし、バーブ教のようにイスラームに新しい解釈を示す宗派もあり。でも、それはすべての宗教に共通していることですね。

第1幕 アフガニスタン
——「インドへの門」を取り合うゲームの開始！

さて、次は**アフガニスタン**ですが、この国は位置がめちゃくちゃにいい。なにせ、インドに陸路で入る唯一のゲートである**カイバル峠**があるのだからね（上巻テーマ19参照）。

> 地図見ていると、インドじゃなくてパキスタンに続いてますけど

パキスタンという国は1947年に独立するまではインドの一部だったのですよ。古代のアーリヤ人もアレクサンドロス大王も、イスラーム教徒もこのカイバル峠を越えてインドに侵入して来たのです。元々アフガニスタンは民族や言語が分裂している山岳地帯なのですが、古代から「インドへの門」として異民族の侵入を受けていた土地なので、いざという時の団結力は大変に強い地域です。アフガニスタンはその分裂が災いして統一した国が作れず、イランのサファヴィー朝やインドのムガル帝国に支配されていたのですが18世紀半ばにやっと独立できたのです。

このアフガニスタンに目を付けたのは**ロシア**です。不凍港を求めるロシアはバルカン半島に手を伸ばそうとして、1853〜1856年のクリミア戦争で痛い目にあっています（テーマ16

アレクサンドル2世

ロシアの東方進出

参照)。だがこんなもんであっさりあきらめるロシアではない。今度は中央アジアを狙い始めます。

あのですね、中央アジアには海ないんですけど

そのとおり。だが中央アジアの南にはインドがありますっ！ 「インドへの門」であるアフガニスタンを手に入れれば、カイバル峠を越えてインドへはもうすぐなのです。そのために1868年に**ブハラ＝ハン国**（現在のウズベキスタン）、1873年に**ヒヴァ＝ハン国**（現在のタジキスタン）を保護国にし、1876年に**コーカンド＝ハン国**（現在のキルギス）を併合してしまいます。あ、注意しておきますが、当時のハン国と現在の国とは必ずしも合致しませんよ。と言うのも昔はイスラーム系王朝が支配していたのですが、今の世界では民族中心の共和国になっているからです。さあ、もう一山越えればアフガニスタンだ。

ところがイギリスがロシアの南下運動に気が付いてしまったのです。「こりゃいかん」とイギリスがアフガニスタンを力ずくでブン捕ってしまおうとして、アフガニスタンに攻め込んだのですが、いやこれが手間取ってしまった。この戦いを**アフガン戦争**（第1次1838〜1842年、第2次1878〜1880年、第3次1919年）と呼ぶのですが、いやアフガン人たちの山岳戦が強い強い！　イギリスは大苦戦の末に2回目でやっとこさアフガニスタンの保護国化に成功します。こうしてイギリスはかろうじてロシアの南下を食い止めました。ロシアは同時期に極東の東アジアに不凍港を得ようとします。このように南下をしようとするロシア、それをじゃまするイギリスのイタチごっこはユーラシア大陸一帯に繰り広げられます。特に中央アジアをめぐるロシアVSイギリスの争いは歴史では**グレートゲーム**と呼ばれています。

第2幕	**イギリス東インド会社の野望① ──お家争いの内輪もめをまんまと悪用**

さて、18世紀からインドを狙っていたのはイギリス東インド会社（上巻テーマ77参照）ですね。本当はイギリス東インド会社は香辛料がとれるモルッカ諸島を狙っていたのですが、**アンボイナ事件**（テーマ3参照）でオランダに撃退されてしまったので、しかたなくインド経営に専念したわけです。が、残り物には福がありましたね。インドは綿織物の世界的大産地だったのです。しかし18世紀まではインドを支配していたのは**ムガル帝国**で、その全

ドースト＝ムハンマド

アフガン戦争

盛期の第6代皇帝アウラングゼーブの目の黒いうちはイギリスも手が出せなかった。だがアウラングゼーブ帝の死後、イギリス東インド会社がフランス東インド会社との血まみれの死闘を演じたあげく、ついにインドを独り占めにした経過はテーマ4を見てください。

1757年の**プラッシーの戦い**で勝利したイギリス東インド会社の**クライヴ**（→）はインド東部の大穀倉地帯であるベンガル初代知事となり、1764年、**ブクサールの戦い**でムガル皇帝らを破り、翌年ベンガルとオリッサ、ビハールの3地方のディーワーニーと呼ばれる徴税権を手に入れました。これで会社は大もうけができたわけです。クライヴは後に汚職で私腹を肥やしたと疑われ、本国に送還された後に自殺してしまいます。

　／ま、これだけのタイコ腹をしてりゃ、そう疑われてもしかたがありませんねぇ

　放漫経営を咎められたイギリス東インド会社はイギリス政府が任命する**ベンガル総督**が監督と経営にあたるようになりました。元々インドは民族や宗教がバラバラな地域なので、ムガル帝国が弱体化すると内紛状態に陥ってしまいます。そんなインドの内紛につけ込んだイギリス東インド会社が次に狙ったのはインド南部の**マイソール王国**でした。マイソール王国を征服するための戦いを**マイソール戦争**と呼びますが、ほとんど18世紀後半にわたる長期間の戦争になってしまいます。と、言うのもマイソール国王が大変に勇敢で英明な王であったことと（テーマ26コラム参照）、ちょうど時期がアメリカ独立戦争やフランス革命と重なっていて、イギリス本国も大変であったことが響いたのです。

　ともかくもマイソール王国と4回も戦争をしたあげく、イギリス東インド会社は国王を敗死させ、豊かなマイソール王国の征服に成功します。さらに標的となったのはデカン高原西部の

イギリス＆フランス東インド会社

NO!

アウラングゼーブ

ムガル帝国

ヒンドゥー教諸侯が結成した**マラーター同盟**でした。元々マイソール王国と仲が悪く、よく争っていたのですが、マイソール王国がイギリスの支配下になってしまい、自分たちにイギリス東インド会社の暗い圧力が直接かかってきたのです。この**マラーター戦争**(1775〜1782、1803〜1805、1817〜1818年)でイギリス東インド会社は同盟を打ち破り、インド中西部を支配してしまいます。

　さて、イギリス東インド会社の次の目標はアフガニスタンへとつながる北西部インドを支配する**シク王国**です。この王国は16世紀初めに**ナーナク**が作った**シク教**(上巻テーマ47参照)の信者が作った王国です。シク教は簡単に言えばイスラームとヒンドゥー教を融合した宗教で、カースト差別を強く否定します。友愛をモットーとし、信者の助け合い精神が強固ですね。聖地はインド北部パンジャーブ州にある**アムリットサール**の黄金寺院で、ここで礼拝する人には貴賤（きせん）の区別なく食事が振る舞われます。信者はヒンドゥー教徒のような肉食や職業のタブーが少ないため、ガッチリした体格の人が目立ちます。また、現代ではコンピューター技師のようなモダンな職業についている人も多いですね。また、シク教徒の男性は髪の毛を切らず、ヒゲも剃らず、ターバンをしている人が多い。インドでターバンをしている人を見かけたらシク教徒と思ってよいでしょう。ただし、私の体験では若い人の中には髪を短くしてヒゲを剃っている人も多いようです。

　イギリス東インド会社はこのシク王国との**シク戦争**(1845〜1846、1848〜1849年)に勝利し、ついにインド全域を制圧してしまいます。考えてみれば一つの会社があんな広大な地域を支配するとはまったく驚きです。実際には支配地域の一部は**マハラジャ**などと呼ばれる**藩王**に土地を支配させる間接統治の形をとり、残りの土地はイギリス東インド会社が直接支配しました。

第3幕　イギリス東インド会社の野望② ──税金の取り立ても楽ではない

　インドという豊かな国を手に入れた一企業であるイギリス東インド会社は、**地税を徴収して富を手に入れました**。ところが、この地税の徴収が面倒くさい。戸籍から検地までやらなくてはならないのです。そこで会社はベンガル地方の徴税権を手に入れた時、地方の顔役を使って徴税請負人にさせました。彼らベンガル地方の顔役をザミンダールと呼ぶ

アムリットサール黄金寺院

シク教徒

ので、「**徴税請負人を使う北部インドでの徴税制度**」のことをザミンダーリー制と呼びます。実はですねえ、この制度はいろいろと問題があるのですよ。まずイギリスにはジェントリという地主がいて、この地主が地税を払うのですが、インドにはジェントリのような大土地所有者がいません。イギリス東インド会社は困って、「税を払うのは地主である」というイギリスの制度をむりやりインド社会にあてはめたのです。インドの村や地域で最高の納税額を払う人にその村の土地所有権を認め、その人物を徴税請負人に任命したのです。あまりよい言い方ではないのですが、日本にあてはめれば「地域のヤクザの親分さんを、その地域の土地所有者に認定して、徴税を請け負わせる」制度ですかねえ。そして、ザミンダールたちは中間搾取、わかりやすく言えば税のヌキ取りが多かったためイギリス東インド会社の実入りが少なくなります。

　イギリス東インド会社が諸戦争で新たに手に入れた地域には「顔役」にあたる人物がおらず、村は長老、日本風に言えば「爺さま」が仕切っていました。そこでイギリス東インド会社はもっと実入りのよい**ライヤットワーリー制**を導入します。これは「**農民（ライヤット）に土地の保有権を認めて、直接に税を取る制度**」です。戸籍登録や検地など面倒な作業は伴うが中間搾取がないことがライヤットワーリー制の特徴です。ただしこの制度には大きな問題がありまして……それはまた次回！

復習ポイント

　イギリス東インド会社のインド侵略の順番を整理してみよう。

アクティヴィティ

　イギリス東インド会社は世界最大の株式会社で独占企業です。この会社の欠点は何でしょう？

マイソール戦争

イギリス東インド会社の侵略史年表 (18～20世紀)

1757年	プラッシーの戦い→イギリス東インド会社がベンガル支配

1765年 イギリス東インド会社がベンガル・オリッサ・ビハール3地方の徴税権(ディーワーニー)を手に入れる

1767～1769、1780～1784、1790～1792、1799年 マイソール戦争でイギリス東インド会社がインド南部支配

1775～1782、1803～1805、1817～1818年 マラーター戦争でイギリス東インド会社がインド西部を支配

1813年 イギリス東インド会社のインド貿易独占権の廃止
　　　「産業革命で成長したブルジョワジーの要求による」

1833年 イギリス東インド会社の商業活動全面停止
　　　「これから会社は貿易ではなく地税に収入を頼るようになる」

1838～1842年 第1次アフガン戦争→失敗と退却

1845～1846、1848～1849年 シク戦争でインド北西部パンジャーブ地方を支配
　　　→イギリス東インド会社によるインド征服の完成

1878～1880年 第2次アフガン戦争→アフガニスタンを保護国化
　　　「シャーロック=ホームズのワトソン君が負傷したのはこの戦争」

1919年 第3次アフガン戦争→アフガニスタン独立に成功
　　　「第一次世界大戦でイギリスが弱体化したので独立できたのだ」

最後の門　下の問題は大学入試問題を出典にした問題です。答えなさい。

　イギリス東インド会社がインドでの領土獲得に踏み出すのは、18世紀半ば以降、特に3次にわたるカーナティック戦争で(1)東インド会社を破り、インドにおけるイギリス東インド会社の優位を確定させてからである。特に、1765年、ムガル皇帝からベンガル地域の徴税権を獲得し、会社自体が「領主」となったことが、領土獲得の大きなきっかけとなった。当時、ムガル帝国は弱体化し藩王などが各地に割拠していたが、イギリス東インド会社は、南インドの(2)王国、デカン高原西部の(3)同盟、パンジャーブ地方の(4)王国などを次々と制圧し、19世紀半ばまでにインド全体を植民地化した。

問1　(1)～(4)に適当な語句を入れよ。

問2　下線部について、一般に第6代ムガル皇帝の死後、こうした傾向が強まったとされる。この皇帝の名前を答えなさい。

（聖心女子大・改）

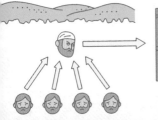

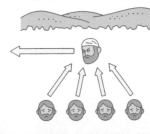

ザミンダーリー制

イギリス東インド会社の堕落と没落①

　ビッグベンの鐘の音、おごれる東インド会社も久しからず……

　　　　　　＊

　1757年、イギリス東インド会社のクライヴは、商売ガタキのフランスを**プラッシーの戦い**で打ち破った。その後、1764年のブクサールの戦いでムガル皇帝とベンガル太守の連合軍を打ち破り、翌年、ムガル皇帝はふるえる手でクライヴにベンガル・オリッサ・ビハール3地方の徴税権（ディーワーニー）を認める条約書を手渡した。条約書を受け取ったクライヴは満面の笑みだった。これで、インドで最も豊かな地方の税金を独り占めできることになったからだ。

　イギリス東インド会社がベンガル地方から手に入れた税収は、当時の金額で年160万ポンドと言うから、約2000億円を懐にしていたわけだ。このためにさすがに豊かであったベンガル地方は荒廃し、スリムだったクライヴの腹は年を追うごとに太っ腹になった。

　イギリス東インド会社は軍隊が持てる。兵隊はカネで雇う傭兵である。イギリス人はカネがかかるので士官に限り、**シパーヒー**（英語風にはセポイ）と呼ばれるインド人傭兵を雇うことにした。給料が安くて済むからだ。イギリス東インド会社はこのシパーヒーたちを使って、インドのマイソールやマラーターなどの地域に侵略をおこなった。

　イギリス東インド会社の振る舞いは本国議会でも問題になった。だいたい民間の株式会社が植民地を支配したり、軍隊を持っていたりしてよいわけがない。国の中にもう一つの国を抱えているようなものである。そこでイギリス政府は1773年に**ベンガル総督**を指名して、インドに派遣し、イギリス東インド会社を運営・監督させるようにした。つまりイギリス東インド会社の経営にイギリス政府が干渉したのである。教科書でインド征服と支配をおこなっているのがイギリス政府なのか、イギリス東インド会社なのかゴッチャになって混乱するところがあるのは、このようなシステム構造が原因なのである。

　インド貿易で笑いが止まらないイギリス東インド会社であったが、その背後に不吉な黒雲が湧き起こり始めた。それは**産業革命**である。娘思いのハーグリーヴズが必死に作った「ジェニー紡績機」などによってイギリス国内の綿織物生産が爆発的に急増し、それまで世界一だったインドのキャラコ（綿織物）がさっぱり売れなくなってしまった。そのためイギリス東インド会社は方向転換をし、主力商品を**中国茶**に変えたのである。これはもうかった。イギリス人は茶が大好きで、貴族も労働者も大喜びで茶をガブ飲みしたからである。しかし産業革命で財を蓄えたブルジョワジー階級はイギリス東インド会社が中国貿易を独占していることが不満だった。「イギリス東インド会社だけが商売を独占していることは許せん！　われわれにも商売のチャンスを与えろ！」と貿易の自由を主張した。その結果1813年に「**イギリス東インド会社のインド貿易独占権の廃止**」が定められ、1832年の第1回選挙法改正によって代表を議会に送り込んだブルジョワジーたちの力により、**1833年**に「**イギリス東インド会社の商業活動の全面停止**」と「**中国での貿易独占権の廃止**」が定められてしまった。さすがにこのトリプルパンチは効いた！　アジア貿易のもうけを独占できなくなったのだ、が、これで大地に膝をつけるようなイギリス東インド会社ではなかったのだ！（②に続く）

の答え

ややこしかったり、入り組んでいる事件や戦争がからんでくる場合には自分で表や図にして書いてみると覚えやすい。

カーナティック戦争
（1744〜1748、1750〜1754、1758〜1763年）
→インドをめぐってフランス東インド会社との縄張り争い（フランス優位）。
↓
プラッシーの戦い（1757年）
→フランス VS イギリスの関ヶ原。
（結果）フランスの敗北とインド撤退。

マイソール戦争
（1767〜1769、1780〜1784、1790〜1792、1799年）
→（結果）南インドのマイソール王国を征服。

マラーター戦争
（1775〜1782、1803〜1805、1817〜1818）
→（結果）インド中西部のマラーター同盟を支配。

シク戦争（1845〜1846、1848〜1849年）
→（結果）インド北西部のシク王国を征服。

インドの全域を支配。

の答えの一つ

一言で言ってしまえば「怠け癖がついてしまった」こと。市場を独占してしまった企業が陥るのはほとんどこの癖です。なにしろ働かなくてもカネが手に入るのだったら、働く方がおかしい。やる気マンマンの新興ブルジョワジーと競争しても、サービスと価格で負けてしまうのはやむを得ない。特に1813年にインド貿易独占権が

廃止され、1833年に商業活動が全面停止されてから、インドと中国という最大の市場が独占できなくなってしまうと、お殿様として生活する道——つまり地代を住民からふんだくって生きる道——しかできなくなってしまいます。この怠け癖がテーマ26に出てくる巨大な一揆であるインド大反乱（1857年）を引き起こしてしまうのです。

の答え

問1　（1）　フランス
　　　（2）　マイソール
　　　（3）　マラーター
　　　（4）　シク
問2　アウラングゼーブ
（解説）
問1
（1）　カーナティック戦争はイギリス東インド会社とフランス東インド会社との間の戦争のこと。テーマ4を参照のこと。
（2）〜（4）　イギリス東インド会社のインド侵略の順番は大学入試でも問われるので復習ポイントのように覚えておくこと。
問2　「第6代ムガル皇帝」と言われると慌ててしまうが、要するに教科書に出てくる歴代ムガル皇帝最後の人。上巻テーマ47参照。

26 インド大反乱とインド帝国の成立
── 楽してもうけようとしてバチがあたる

税金の取り方もややこしいですねぇー。

楽をすれば横取りされ、もうけようとすると手間がかかる。実はですね、税金の取り方でいろいろと工夫している国は中国なのですよ。

第1幕への前奏曲 インド農村を襲う悪代官のイギリス東インド会社

ライヤットワーリー制という税の取り方について前回説明したのですが、これは農民に土地の保有権を認めて税を取るやり方でしたね。イギリス人たちが導入した税制ですが、これがインド社会を一変させてしまうことになります。と、言うのもインドの村はけっこう「自給自足」の共同体社会で、農業にたずさわらない職人たちも一定の農業生産物がもらえるようになっていたのです。まあ、「貧しいながらも豊かなわれら」という環境でした。しかし突然、悪代官のようなイギリス人がやって来て、「いいか！ 農民は今日から土地を所有するっ！ ありがたく思え！ その代わり税はきっちり払ってもらうからなっ！」とのたまわり、「あのう、あっしら職人はどうすりゃいいんです？」の問いには「お前らも土地を耕せ！」の一言。こうしてインド農村の自給社会は解体され、いわば「年貢を払うための農民組織」になってしまった。しかも税額は以前より重くなり、その年が飢饉になっても税はかまわず徴収したのです。こうしてインドの農村は荒廃してしまった。農民の多くは税が払えなくなったため、土地を売るハメになったが、この時、土地を手に入れたのは悪代官に仕える越後屋…ではなくイギリス東インド会社と関係を持つ都市の商人や高利貸したちでした……。

ライヤットワーリー制

第1幕 インド大反乱・原因 ── 一揆の原因は一滴一滴たまっていくもの

悪代官の暴政が続けば、農民一揆も起こるというもの。怒りというものは一滴一滴ずつたまっていって、ある日突然あふれ出すものです。

まず**社会的原因**ですが、産業革命の発展により<u>イギリス製綿織物が大量にインドに流入してきたこと</u>が重要です。イギリスの綿織物は機械で作るので品質が一定しており、しかも安い。それまでインドは世界最大の綿織物の生産国でしたが、ライヤットワーリー制によりインドの綿織物職人が壊滅してしまったことも響きました。これによってインドの綿織物工業は深刻な打撃を受けたのです。かくしてインドは綿花や藍(あい)などの染料をイギリスに輸出し、イギリスはその材料を使って綿織物生産をおこない世界に輸出してもうけるというシステムができてしまいました。まあ、早い話がインドは、イギリスという本社に部品を納める下請け業者に転落してしまったのです。それまでインドは世界の中心の一つだったのに、中核国に原料を納める周辺国になっちゃったわけですね。イギリスに綿花を輸出するだけでは足りないので、イギリス東インド会社は、なんとアヘン(!)などの麻薬もインドで作らせて中国などに輸出していたのです。おぬしもワルよのう。

インド人の反乱の**直接の原因**となったのはイギリス東インド会社が起こした次の三つの出来事です。①**藩王の取り潰し政策**:インドの経済をイギリス東インド会社に乗っ取られたムガル帝国はすっかり落ちぶれてしまいました。ムガル皇帝も名目こそ皇帝ですが、支配地はデリー城の中だけで、イギリス東インド会社から年金をもらうだけの存在になってしまいます。聞いたところによれば日本の徳川幕府も江戸時代の初期にしきりに大名を取り潰す政策をおこなっていたようですが、イギリス東インド会社もマハラジャなどと呼ばれていた藩王を取り潰そうとしていました。イギリス東インド会社は藩王の相続問題にイチャモンをつけては藩王国の領土を自分のものにしようと狙っていたのです。この政策が藩王たちの反発を呼んでしまったのです。②**インド人傭兵(シパーヒー)の解雇**:1849年にシク戦争が終結して、インドの全域がイギリス東インド会社の支配下に入ったことから、もうシパーヒーたちはいらなくなってしまった。「あー、お前たちはもうクビだ」と言われれば誰だって頭にくる。③**鉄砲の弾薬包の問題**:実は銃に込める弾薬包が宗教上の問題に触れて

しまったのですよ。

何ですか、その弾薬包というのは？

　これです（→）。実はですねえ、最初の火縄銃というものは火薬を筒先から入れて弾丸を入れ、棒でつついて固めてから発射するものでした。これは火薬が湿気（しっけ）やすく、しかも銃に入れる量の調整が難しかった。しかし、19世紀中頃のエンフィールド銃では最初から紙袋で包まれた弾薬包が使われるようになったのです。紙袋には湿気や雨から火薬を守るために油が塗られており、それを歯でかみ切って銃身に入れる必要があります。ところがこの弾薬包に塗ってある脂にイスラームがタブーとしている豚や、ヒンドゥー教が神聖視している牛が使ってあるという噂（うわさ）が流れたのです。弾薬包を歯でかみ切る時、豚や牛の脂が口についてしまうことにシパーヒーが怒って反乱が起こってしまったのです。この時、農民や藩王もこの反乱に加わりました。こうして1857年に**インド大反乱**が起こったのです。ちょうどプラッシーの戦いの100年後でした。以前は英語風のセポイの乱と言われていたのですが、ウルドゥー語にならって**シパーヒーの乱**と言われるようになったのです。ですが「傭兵だけでなくインドの多くの住民が加わったのだからシパーヒーの乱という言い方はおかしい」という意見が出され、インド大反乱と呼ばれるようになりました。

第2幕　インド大反乱・結果 ——ムガル帝国の滅亡が早まってしまった！

　このインド大反乱は大変な勢いで燃え広がりました。それだけイギリスに対する怒りと恨みが深かったのです。反乱軍はすっかり名目だけとなっていたムガル皇帝を担ぎ出し自分たちの旗頭にして戦いました。この大反乱で有名なのが**ラクシュミー＝バーイー**（次ページ銅像の人物）の大奮闘ですが、これはぜひコラムを読んでください。

　しかし、シパーヒーたちはただの傭兵にすぎず、地図の読み方も作戦の立て方もわからない。担ぎ上げたムガル皇帝は人のいいおじいさんで、リーダーシップなんか持っていま

インド大反乱

せん。あげくの果てに多くの藩主に裏切られてしまい、荒れ狂ったインド大反乱も発生から2年後の1859年にはイギリス軍の力によって鎮圧されてしまいます。すぐに捕らえられてしまったムガル皇帝は1858年にビルマ（ミャンマー）に流され、**ムガル帝国はあっけなく滅亡してしまいました。**

　また、このような大反乱を引き起こす原因を作ってしまったイギリス東インド会社の責任も追及され、インド大反乱勃発の翌年1858年にイギリス東インド会社はイギリス議会からとうとう解散を命じられてしまいます。ここから得る歴史の教訓は「民間企業に国家運営をまかせてはいかん」の一言です。それ以降、インドはイギリス政府が直接統治することになり、**1877年保守党のディズレーリ内閣の時に、ヴィクトリア女王をインド皇帝とするインド帝国が成立したのです。**

<table>
<tr><td>第3幕</td><td>大英帝国の野望
──血祭りにあげられるビルマの運命</td></tr>
</table>

第3幕　大英帝国の野望──血祭りにあげられるビルマの運命

　さて、豊かなインドをついにわがものにしたイギリス政府には大きな不安がありました。それは宝くじを当てて金持ちになった人でないとわからない心理かもしれない。つまりせっかく手に入れた財宝を他人に奪われてしまうのではないかという不安です。玄関には厳重な鍵をつけ、誰もインドという家に入れないようにしなくてはならない。特に不安なのは北の貪欲な隣人ロシアと、昔からインドをジーッと狙っているフランスですね。

　そこで1877年にインド帝国を成立させたイギリス政府は、北のロシアの南下に備え**アフガニスタンを確保します。**前テーマでもやりましたが、第2次アフガン戦争でイギリスは**アフガニスタンを保護国にした**のです。北の要所はなんとか押さえたが、心配なのは東のインドシナ半島を根城にしてインドを狙っているフランスです。特にインド経済の心臓部であるベンガル地方が狙われたらまずいので、イギリス政府はベンガル地方の東に位置する**ビルマ**（ミャンマー）を手に入れて、フランスの侵略を防ごうとしたのです。

ビルマの歴史って……あー、忘れてしまったですぅ！

うーん、無理もないか。ちゃんとした説明をしたのは、上巻テーマ21だからね。では簡単にビルマの歴史を見てみよう。

　まずビルマの最初の統一王朝は1044年におこった**パガン朝**で、上座部仏教が栄えたことが知られています。次は1531年におこった**タウングー朝**で、交易で栄え強い軍事力を持ち、隣のタイのアユタヤ朝によく侵入をしていました。タウングー朝は上巻テーマ50にチラと出てきます。このタウングー朝が中国人の反乱で滅びた後は**コンバウン朝**が1752年におこります。一時はタイのアユタヤ朝を1767年に滅ぼしてしまうほど強い王朝でした。イギリスが狙ったのはこのコンバウン朝だったのです。え？　ビルマの王朝の成立年代が覚えられないって？　年代暗記法の本で覚えればよいのですが、今回のビルマだけ、こっそり教えてあげましょう。

　「人は紳士（1044）だパガン朝、一度ゴミ一つ（1531）トング（＝タウングー）で取り、イナゴに（1752）もこんばんは（＝コンバウン）」

　強大を誇ったコンバウン朝も3次にわたる**ビルマ戦争**（1824～1826、1852～1853、1885年）でイギリス軍に敗れてしまい、1885年にコンバウン朝は滅ぼされ、その翌年の<u>1886年にビルマはインド帝国に併合</u>されてしまいます。

[復習ポイント]

　イギリス東インド会社が実施したインドでの税制を整理してみよう。

[アクティヴィティ]

　インド大反乱が成功するための条件は何だったでしょうか？

ディズレーリ　　　印　　　ヴィクトリア女王

インド大反乱とインド帝国成立史年表 (19世紀)

1857年	インド大反乱 (シパーヒーの反乱) 発生、ムガル皇帝を反乱の旗頭に引き立てる
1858年	イギリス軍に捕らわれたムガル皇帝がビルマに流刑 ＝ムガル帝国の滅亡 「最後のムガル皇帝はいわば『和歌を好むおじいさん』だった」
1858年	イギリス政府によりイギリス東インド会社が解散 「あれほど強大だったイギリス東インド会社が解散するとは……」
1859年	インド大反乱終結
1877年	イギリスによりインド帝国成立 →皇帝はヴィクトリア女王 「ディズレーリ首相が女王に贈ったプレゼントですかね」
1885年	第3次ビルマ戦争 (イギリス VS コンバウン朝) →コンバウン朝の滅亡
1886年	ビルマをインド帝国へ併合 「これでイギリスはインドの東の門を固めたわけです」

最後の門 下の問題は大学入試問題を出典にした問題です。答えなさい。

　イギリスのインド支配は現地社会の経済活動にも大きな影響を与えた。特に19世紀初頭にはインドの綿織物業は大きな打撃を受けて没落し、原料としての綿花の供給地に位置付けられることになった。イギリスによる植民地支配に対し、旧藩王やその家臣、農民、手工業者などが強い不満を抱き、19世紀半ばにはインド各地で反乱が起こった。(1)と呼ばれた傭兵の蜂起を契機とするインド大反乱は、その頂点をなすものであった。これに対しイギリスはムガル皇帝を廃し、東インド会社も解散させて、本国政府が直接インドを支配する体制を作った。こうして、1877年、イギリスの(2)女王がインド皇帝となり、イギリス領インド帝国が成立した。

問1 (1)〜(2)に適当な語句を入れよ。

問2 下線部について、インドの綿織物業が打撃を受けたのはなぜか、その背景を説明しなさい。

(聖心女子大・改)

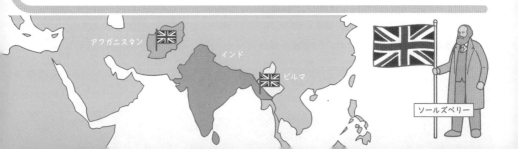

「マイソールの虎」と

「インドのジャンヌ＝ダルク」

イギリス東インド会社がインドを飲み込んでいく中、その暗い力に抵抗した英雄が二人出現した。一人は18世紀のマイソール国王**ティプー＝スルタン**であり、もう一人は19世紀、インド大反乱の先頭を切って戦った女性**ラクシュミー＝バーイー**である。

*

ティプー＝スルタンは、「**マイソールの虎**」としてイギリス人に恐れられた人物であった。18世紀末にマイソール王国の王となり、マイソール戦争でイギリス東インド会社に立ち向かった英雄である。座右の銘は「**羊として一生を送るより、ライオンとして１日を送った方がマシ**」であった。宗教はイスラーム教であったが、幼少時にフランス軍人から西洋の軍事知識を学び、フランス語をはじめとして数か国語に堪能であった。マイソール王国の近代化に励み、絹織物の工場を建て、外国人の指導者を招いて指導をおこなわせている。また世界初の**ロケット兵器**の生産もおこない、マイソール戦争で兵器として使用してイギリス東インド会社軍に多大な被害を与えている（これがきっかけとなり、イギリスではロケット兵器の開発が盛んになった）。

イギリスには終生屈することはなく、フランスに使節を送って自ら山岳派のメンバーとなり、ナポレオンとも同盟を結ぼうとした。この同盟に前向きになったナポレオンは、イギリスとインドの連絡路を断ち切るためにエジプト遠征をおこなったとされている。

1799年、第４次マイソール戦争ではイギリスの降伏勧告を拒絶し、「**外国からお情けで年金をもらうよりも軍人として死にたい**」との返事を送った。そして自らライフルを撃って戦い見事に戦死をとげた。

*

その約60年後、インド大反乱で大活躍したのがジャーンシー藩王国の王妃**ラクシュミー＝バーイー**である。彼女はジャーンシー藩王国の藩王に若くしてお嫁入りしたが、子どもに恵まれないまま、夫を病で失った。養子をとったが、イギリス東インド会社はそれを認めず、ジャーンシー藩王国は取り潰されてしまった。インド大反乱が起きた時、ラクシュミー＝バーイーは自分の藩王国の復興とインドの独立を願って反乱に参加したのである。うら若きラクシュミー＝バーイーはサリーを脱ぎ捨てて、男装をし、鎧を着て剣を振るい、ライフルを撃って前線で戦った。その壮烈な戦いぶりは「**インドのジャンヌ＝ダルク**」と讃えられるほどであった。当時のイギリスの士官は彼女のことを「最も優れて、勇敢なる敵」と述べている。しかし押し寄せるイギリス軍にはかなわず、ジャーンシー城から撤退し、グワリオル城で転戦した彼女はグワリオル城が陥落する時の戦いで戦死する。わずか23年の生涯だったが、ラクシュミー＝バーイーの姿はインドの人々の心の中に不滅のものとして残った。今でもグワリオルの町には馬に乗り、戦う勇壮なラクシュミー＝バーイーの銅像が建っている。

現、「**非暴力・不服従**」という新しい政策、マスコミの積極的な利用がはかられたからと言える。

■ 最後の門 の答え

問1 （1） シパーヒー
　　 （2） ヴィクトリア
問2 イギリスでおこなわれた産業革命によって、多くの機械製の安い綿織物がインドに輸入され、インドで作られる綿織物が売れなくなってしまったため。

（解説）
問1 （1） 最近「セポイ」という言い方はしなくなったので、シパーヒーと書こう。
　　 （2） インド帝国の皇帝の名前はよく聞かれるので覚えておこう。そう、彼女です。
問2 世界中の産業を潰し、イギリスやヨーロッパ列強に原料を供給する周辺国にしてしまったのは「産業革命」です。

■ 復習ポイント の答え

　インドは広い国で、各地によって税制はかなり異なっていた。
（ベンガル・ビハール地方など主に北インド方面で実施した税制）

ザミンダーリー制

　…地域の勢力家に土地所有権を認め、彼らに徴税請負の義務を負わせた制度。地主を介在させて地租を取る制度であったが、欠点として地主による中間搾取も多かったことが挙げられる。
（西・南インド方面で実施した税制）

ライヤットワーリー制

　…農民に土地保有を認め、彼らに直接納税責任を負わせた制度。農民から直接税を取る制度であった。
ザミンダーリー制でもライヤットワーリー制でも農民の負担は重く、税金額は固定されていたため、不作の時には税を払い切れない農民が多く出ることになった。税を払うため彼らが売った土地は資本家のものとなり、後のインドのプランテーション農場となってしまう。

■ アクティヴィティ の答えの一つ

　強大な軍事力を誇るイギリス東インド会社に打ち勝つためには①仲間同士の強い**連帯力**、②**強力なリーダーシップを持つリーダーの存在**、③なぜ自分たちが立ち上がるのかという意識を国民に徹底させる**教育力**、④自己の正しさを訴え、外国との結び付きをはかる**宣伝能力**、そして⑤**戦うための強力な方針と政策**、が必要。
　以上の条件をインド大反乱のシパーヒーたちは皆持っていなかった。特に宗教や民族が混在しているインドでは連帯力を養うのは難しい。20世紀に入ってインドが独立を勝ち取ったのは、ガンディーやネルーのような優れた指導者の出

27 東南アジアの植民地化
──タイ以外はみーんなやられた！

しかし、アジアってヨーロッパ列強にやられてばかりだね。

理由はありますよ。アジアの国家は①武器が旧式、②国民国家がなかったため団結心が薄くバラバラ、そして肝心なのは③憲法も議会もない皇帝や国王中心の独裁国家だったためシステムが古びている。まあ、言うなればアジアは「アンシャン＝レジーム」（旧体制）でした……。

第1幕への前奏曲 世界支配者になりたければ海峡を覚えよう！

インドと中国を結ぶ海のルートは古代から現代にいたるまで「銀座通り」で、その中でもマラッカ海峡は現在でも大人気の海峡です。このマラッカ海峡については上巻テーマ21でも紹介しています。マラッカ海峡を越えていった有名人と言ったらインドにお経を求めに行った義浄、イスラームの探検家イブン＝バットゥータ、イタリアの商人マルコ＝ポーロ、明の鄭和の艦隊、黒船を率いて日本に来たペリー、そしてバルチック艦隊などが挙げられます。ただしマラッカ海峡には実は多くの欠点があるのですよ。まず、①狭い、②浅い、③海賊が出る、の三つです。それでも多くの船がマラッカ海峡を通って行くのは、何と言っても①インドと中国を結ぶ最短ルート、②台風などの時、逃げ込む港がたくさんある、の2点でしょうね。ただし石油を満載したタンカーは浅いマラッカ海峡を通れないので、遠回りでも水深のあるロンボク海峡（次ページのイラスト参照）を通っていくようです。特にマラッカの町は、マラッカ海峡で最も幅が狭い場所に位置しており、この海峡を支配するのに絶好の環境です。そこでイスラーム教徒がこの町を貿易と宣教の拠点とし、15世紀にイスラームのマラッカ王国が成立し、16世紀にポルトガルが占領し、17世紀にはオランダが、そして19世紀前半にはイギリスがこの町を手に入れました。考えてみればマラッカ海峡を支配した者が世界経済の支配者となるわけです。

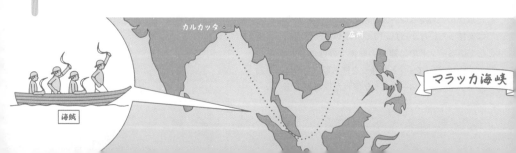

カルカッタ

広州

マラッカ海峡

海賊

オランダのインドネシア支配
──ボスの支配にシマは荒れ果てる

　オランダ人の植民地侵略についてはテーマ3に書いてあるから、復習してもらいたいですね。まずオランダは17世紀の間に**ケープ植民地→マラッカ海峡→インドネシア→台湾→長崎**と世界に広がる貿易ルートをまたたく間に築いてしまいます。いったん、オランダ人は1623年の**アンボイナ事件**でイギリス人をインドネシアから追い出してジャワ島の**バタヴィア**を中心に大いに栄えました。そこでオランダ東インド会社は豊かなジャワ島全域を手に入れようとたくらみ始めます。

　ジャワ島の**東側**には稲作が豊かだった**マタラム王国**というイスラームの王国がありましたが、この国が内紛でもめているのを利用してオランダ東インド会社が1755年にマタラム王国を滅ぼしてしまいました。そしてジャワ島の**西側**にあり、香辛料貿易で栄えていたイスラームのバンテン王国をオランダ政府は1813年にとうとう滅ぼしてしまいます。こうしてジャワ島を完全制圧したオランダですが、実は肝心の本国がさんざんな目にあっていたのです。

　オランダは17世紀にはイギリス＝オランダ（英蘭）戦争に敗北した上に、18世紀にイギリス産業革命に圧倒されてしまったことから、**オランダ東インド会社は1799年に解散**し、その時からインドネシアなどの海外植民地はオランダ政府が直に統治するようになります。

　さらに19世紀に入るとオランダはナポレオンに占領されてしまい、イギリスからナポレオンに協力したことに因縁をつけられケープ植民地とセイロン島（スリランカ）を奪われてしまいます（テーマ11参照）。

　1824年になると**イギリス＝オランダ協定**で、マラッカ海峡を境に、北のマレー半島をイギリス、南のスマトラ島とジャワ島をオランダの勢力圏とすることが決められました。勝ったのはイギリスの方でマラッカの町をオランダは失ってしまったのです。この協定のため、それまで一つの文化圏だったマレー半島とスマトラ島が切り離されてしまうことになってしまいました。

　ナポレオン戦争で荒れ果てた本国に仕送りをするため、オランダ領東インド総督は豊かなジャワ島に重税を課したのですが、住民の怒りを買い、**ジャワ戦争**（1825〜1830年）に

スンダ海峡

バンテン王国

マタラム王国

ジャワ島

ロンボク海峡

オランダ船

発展してしまいました。この戦争は結局、住民側の内部分裂などの事情によりオランダが勝利し、新たに赴任したオランダ領東インド総督の**ファン＝デン＝ボス**はジャワ島の農地の5分の1にコーヒーや染料の藍、サトウキビなどの商品作物を強制的に植えさせて、安値で買い取るという強制栽培制度を住民に押し付けたのです。

これが本当の、「コーヒーのBOSS」だ！

スペルは違うけれどもね。この制度によって稲を植える農地を奪われたジャワ島の農村は衰退し、飢餓に襲われるようになったのです。

第2幕 イギリスのマレー半島支配 ──ついにマラッカ海峡を握る！

スマトラ島の対岸にあるマレー半島の歴史は上巻テーマ44に書かれているとおりです。ポルトガルが16世紀初めにマラッカ王国を征服した後、1641年にオランダがマラッカを支配しました。しかし後の19世紀初めにナポレオンの侵略によってオランダの勢いが衰えた時に、前々からマラッカ海峡を狙っていたイギリスが1824年の**イギリス＝オランダ協定**でマラッカをついにゲットします。

実はそれ以前にイギリスの植民地行政官である**ラッフルズ**がマレー半島の先端にある港に目を付けていました。「うむ、こりゃいい港になる」ということで1819年に現地のジョホール王からこの港を買い取って、新しい町を建設しました。それが**シンガポール**です。ちなみにシンガポールという名前は「ライオンの町」という意味で、それゆえに町のシンボルは「マーライオン」なのです。またシンガポールにあるラッフルズホテルは世界最高級のホテルとしても有名ですよ。

そしてイギリスは**1826年**にペナン島・マラッカ・シンガポールを**海峡植民地**として支配し、マラッカ海峡を完全に押さえたのです。それまではイギリス東インド会社がこの地域の支配者であったのですが、1858年にイギリス東インド会社が解散した後、1867年からイギリス政府がマラッカ海峡を直接支配していくことになります。そしてイギリス政府はマレー半島が錫の大産地であることを知ってしまいます。錫はブリキ板や食器、工業製品として大いに使われるので、色めき立ったイギリスはマレー半島の内陸部も占領し、1895

ファン＝デン＝ボス

強制栽培制度

年に**マレー連合州**を作り上げます。イギリスはマレー半島に**ゴム**の木の大プランテーションを作り、インドや中国の出稼ぎ労働者を使って大量のゴムを生産したのです。

間奏曲

フィリピン
──もうけのために飢え死にが出てしまう……

フィリピンがスペインの植民地となったいきさつは上巻テーマ71で説明してあります。この地域はインドからの文化的影響が少なかったので、仏教の力が弱かった。そのためスペインはフィリピンの住民をカトリックに強制的に改宗させました。しかし一番南のミンダナオ島だけはイスラームとの交易が盛んだった関係でムスリムが多く、現在でもカトリックは南部のイスラーム勢力と対立関係にあります。

このフィリピンは**中国との貿易中継地**としても重要です。特にマニラ港が重要な拠点となります。スペインは**ガレオン船**、そう、映画の『パイレーツ・オブ・カリビアン』に出てきた船ですよ。ともかくこの船を使って**メキシコ銀**を運び、中国から**生糸・絹織物・陶磁器**を購入したわけです。この時スペインが持って来たメキシコ銀が、後の中国の一条鞭法や地丁銀などの税制を生むきっかけになりますよ。スペインもフィリピンでは水田を潰し、高く売れる商品作物ばかり作るプランテーション農業をおこなっています。その代表が**サトウキビ**や**マニラ麻**、**タバコ**です。このためフィリピンでも飢餓が頻繁に起こるようになってしまいます。

第3幕

フランスのベトナム支配
──ピニョーの助けを借りたのがビミョー

ベトナムについては、モンゴルの侵入に抵抗した陳朝を上巻テーマ41で説明していますが、その後のベトナムでは黎朝が1428年に成立します。ですが、この王朝の権力は実際には北部の鄭氏と、南部の阮氏が握っていました。この分裂の中、西山村出身の阮氏3兄弟が勢力を伸ばし、ついに、**西山(タイソン)朝**を作り、1789年に黎朝を滅ぼします。この西山政権を最後に滅ぼしたのが南部阮氏の一族の**阮福暎**という人物です。

👩 チョット、チョット！　阮ばかりでわけがわかりません

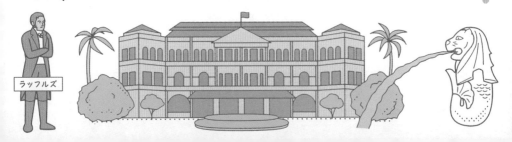

ラッフルズ

　阮とは漢字の当て字で、本来は「グエン」と言うのです。この名前が日本の鈴木さんや佐藤さん並みにベトナムではとても多いので面倒。阮福暎は西山政権相手に最初負けてばかりいたのですが、そこに力を貸してくれたのがフランス人のカトリック司教で宣教師**ピニョー**です。ピニョーはフランス王ルイ16世に働きかけたり、武器や義勇兵を都合してくれたりしたので、西山政権に勝利することができたのです。今までのベトナム王朝（李朝→陳朝→黎朝）は都がすべてハノイ（昇竜）だったのですが、阮福暎はベトナム中部の町**フエ**（ユエ）を都にして、**阮朝**を1802年に建国します。ところがこのピニョーつながりでフランス、特にナポレオン3世が忌まわしい下心をもってベトナムに近付き始めるのです。

　まず阮朝がチョンボをしてしまった。初代の阮福暎はピニョーに助けてもらった恩義があり、カトリックに理解があったのですが、その後の王たちはカトリックを弾圧し、フランス人宣教師を血祭りにあげてしまったのです。このことがフランスの軍事介入のよい口実にされてしまいました。ナポレオン3世はサイゴン周辺を武力占領し、やむなく阮朝はフランスと**1862年**に**サイゴン条約**を結びます。内容はサイゴンを中心とするベトナム南部のコーチシナ東部3省をフランスに譲る内容でした。おっと、続きはテーマ30でやりましょう。

　ラストの**タイ**についてはコラムで取り上げます。ちなみに右の人物はコラムに出てくるタイのラタナコーシン朝（チャクリ朝）の王、**ラーマ4世**（モンクット王）です（→）。

復習ポイント

マラッカ海峡を支配した国や王朝を整理してみよう。

アクティヴィティ

あなたは世界支配をするために重要な水域はどこだと思いますか？

ガレオン船

東南アジア史年表 (18〜19世紀)

1755年	オランダ東インド会社がジャワ島東部の**マタラム王国**を滅亡させる
1789年	ベトナムで西山政権が黎朝を滅ぼす 「西山を『タイソン』と呼ぶのはベトナム語の音なのですよ」
1799年	オランダ東インド会社の解散
1802年	ベトナムに阮朝が成立
1813年	オランダがジャワ島西部のバンテン王国を滅亡させる 「マタラムとこのバンテンの区別がわかりづらいね」
1819年	イギリスの**ラッフルズ**がシンガポールを買収
1824年	イギリス=オランダ協定でイギリスがマレー半島を、オランダがスマトラ島とジャワ島を勢力下に置く
1826年	イギリス東インド会社がペナン島・マラッカ・シンガポールを海峡植民地として支配 「こうしてイギリスは中国への門も手に入れたのです」
1830年〜	オランダの**ファン=デン=ボス**が強制栽培制度をジャワ島で実施
1862年	サイゴン条約でフランスがサイゴンを中心とするベトナム南部のコーチシナ東部3省を獲得 「サイゴンは現在のホーチミン市で、ベトナム商業の中心地だから、ここをフランスに取られたのは痛かったです」

最後の門 下の問題は大学入試問題を出典にした問題です。答えなさい。

　東アジアや東南アジアでは19世紀以降西欧による植民地支配が広がり、そのような動きに促されるようにして経済や交易の新たな拠点が成長した。東南アジアでは16世紀にポルトガルがマラッカを、17世紀には（ 1 ）が（ 2 ）を拠点にしていたが、19世紀の初め、（ 1 ）の勢力の衰えに乗じた（ 3 ）は、マラッカや（ 4 ）を獲得して（ 5 ）を成立させた。これによって（ 6 ）半島の開発は進み、その南端にあって自由港とされた（ 4 ）は中国南部からの多数の移住者を受け入れ、東南アジア方面における中継貿易の一大中心地となっていく。

問　（ 1 ）〜（ 6 ）に適当な語句を入れよ。

（関西大・改）

阮朝

フエ(ユエ)の王宮

阮福暎　ピニョー

タイの王様と私たち

タイという国は最初のスコータイ朝からチャオプラヤ川沿いに都が南下してきた歴史を持つ。アユタヤ朝がビルマのコンバウン朝によって1767年に滅ぼされた後、**ラタナコーシン朝（チャクリ朝）**が1782年に成立する。この王朝は後にバンコクを都とした。このラタナコーシン朝は現在も続いている。そう、タイはアジアの中で日本と並び、列強の植民地にされなかった国なのである。独立を維持できた秘密は日本と同じ、国の近代化であった。この近代化に最初に取り組んだのが**ラーマ4世**、別名**モンクット王**（在位1851～1868年）である。

＊

タイの人たちは「あだ名」で互いに呼び合う習慣がある。このあだ名は自分で考えて付けてよい。そして国王も例外ではない。ラタナコーシン朝は初代のラーマ1世のあだ名が「チャクリ」だったので、チャクリ朝とも呼ばれている。ラーマ4世は「モンクット」、ラーマ5世は「チュラロンコン」が尊称としてのあだ名である。

＊

モンクット王は、自分より皇位継承順位が下だった兄のラーマ3世に王位を譲って僧侶となり、仏典の勉強に励んでいたが、キリスト教の宣教師と出会い、宣教師から英語とラテン語を学んだ。その勉強の中でヨーロッパ諸国の進んだ技術と学問を学ぶことが多かった。

＊

兄が亡くなり、王位についたモンクット王はタイの近代化政策を実施する。その初めの一歩としてイギリス人女性アンナ＝レオノーウェンズを王子や姫の家庭教師に招き、英語や西洋の諸学問を教えさせたことが有名である。このことは後に『アンナとシャム王』という小説になり、有名なミュージカル映画『**王様と私**』の原作となった（ただしこの映画は王室を侮辱しているという理由でタイでは上映禁止になっている）。モンクット王はイギリスの侵入を食い止めるため、不平等条約である**ボーリング条約**を1855年に結んだ。イギリスに対し領事裁判権と低関税を認めた屈辱的な条約であったが、日本の1858年の日米修好通商条約と同じように、列強との友好関係を保つことに成功している。この条約を機会にモンクット王はタイの水田開発に努め、米を主要な輸出品として財政の充実をはかった。

＊

日食観察に出かけた時にマラリアで亡くなったモンクット王の跡を継いだのは**ラーマ5世（チュラロンコン王**：在位1868～1910年）だった。在位期間は明治天皇とほぼ同じで、タイの近代化に努めた偉大な王である。まず奴隷制度を廃止した。議会制度の基盤を作り、タイで学校教育制度を始めたのもチュラロンコン王である。そのためタイ最高の大学の名前はチュラロンコン大学と呼ばれている。王はイギリスにマレー半島の一部を、フランスにカンボジアとラオスを与えつつも国内の近代化をはかり、タイの独立を維持することに成功したのである。

＊

アジアで独立を維持できたのは日本とタイだけであり、日本の皇室とタイの王室は深い友好関係で結ばれている。

名古屋市千種区に覚王山日泰寺という超宗派のお寺がある。この寺には日本とタイの友好を願い、チュラロンコン王が寄贈した真舎利（本当のブッダの遺骨）と仏像が祀られている。そしてこの寺には日本人・タイ人の参拝が現在でも絶えることがない。

▶ 復習ポイント の答え

マラッカ海峡の支配者は海の道の支配者となり、貿易で富み栄えました。数字はその王国がマラッカ海峡を支配していた時代。そして斜体の字はその王国が奉じていた宗教、最後はその王国や王朝を説明した場所です。

シュリーヴィジャヤ王国（7〜14世紀・*大乗仏教*・上巻テーマ21）

→マジャパヒト王国（14〜15世紀・*ヒンドゥー教*・上巻テーマ39、44）

→マラッカ王国（15〜16世紀・*仏教→イスラーム*・上巻テーマ44）

→ポルトガル王国（16〜17世紀・*カトリック*・上巻テーマ70）

→オランダ東インド会社（17〜18世紀・*プロテスタント*・テーマ3）

→イギリス東インド会社（19世紀前半・*プロテスタント*・テーマ27）

→イギリス王国（19世紀後半〜20世紀・*プロテスタント*・テーマ27）

まさしく「マラッカ海峡を制する者は世界を制す」です。

▶ アクティヴィティ の答えの一つ

少なくとも、次の場所は世界貿易からも軍事から見ても、シーレーン（海上航通路）としても大変に重要な地域です。ネットなどで位置を確認してみましょう。ここをあなたが押さえれば、世界はあなたにひれふします。

①マラッカ海峡
②ホルムズ海峡
③ジブラルタル海峡
④スエズ運河
⑤パナマ運河

特にマラッカ海峡とホルムズ海峡は日本に石油を運び込む重要航路にあたります。あわせてスンダ海峡とロンボク海峡をあなたが手に入れれば、日本は石油を国内に運べなくなり、お手あげ状態になるでしょう。

▶ 最後の門 の答え

(1)　オランダ
(2)　バタヴィア
(3)　イギリス
(4)　シンガポール
(5)　海峡植民地
(6)　マレー

（解説）

文章から見て、(1)に国名、(2)に都市名が入るものと推理できます。(1)の国は19世紀には衰えていると考えれば、ここにはオランダが入ります。オランダが拠点にしている中心都市はバタヴィアと書きましょう。ジャカルタはオランダから独立した後の都市名となります。オランダの後にマラッカ海峡を手に入れた国として(3)にはイギリスが、そして(4)には「(6)マレー半島の……南端」となっているのでシンガポールが入ります。マラッカ＋シンガポールは(5)の海峡植民地となります。

28 アヘン戦争とアロー戦争
——中国王朝の終わりの始まり

えっ、今回は麻薬の話ですか？　ヤクの話はまずいのでは……。

これをしないと世界史がわからないので我慢していただきましょう。私が思うに、世界史を変えた植物は①イモ、②綿、③茶、④麻薬ですね。特に麻薬はその効能と恐ろしさをよく知る必要があります。

恐怖のイントロダクション 麻薬の種類とそのおぞましい効き目……

　麻薬の作用は大きく分けて①興奮、②抑制、③幻覚の3種類があります。今回の主人公のアヘンは②の代表です。不思議に気分が落ち着き、うっとりとした幸福感が襲ってくるそうですよ。ケシのうち特定の種類の花が落ちた後の果実（→）に傷を付けると、ドロッとした液が出てくる。これが原料となり、できたアヘンをキセルで吸引します。

　そして麻薬には強い依存性がありまして、1回でも体験してしまうと強い禁断症状が起こり、止めようとしても止められなくなってしまうわけです。そして常用するうちに確実に体をむしばんでいきます。ただしアヘンから精製した物質「モルヒネ」は、強烈な痛みと苦しみをやわらげてくれる貴重な医薬品でもあるため、現在の日本でもケシは、国家の厳重な管理のもとで栽培されています。

第1幕 中国・インド・イギリスの三角貿易
——お茶と麻薬のギンギンな関係

　さて、ここからが本題です。日本人もお茶は大好きだが、イギリス人も紅茶が大好きで、特に18世紀に入ると、貴族が「お茶会」で、労働者が工場の休憩時間で紅茶を飲みまくったため、イギリスでは茶が足りなくなってしまいました。

お茶の最大の生産国は中国でしたが清朝は貿易には消極的で、貿易港は広州だけ、貿易相手は**公行**と呼ばれる特権商人組合だけでした。茶の輸出拡大と自由貿易にまつわるドタバタは上巻テーマ53を見てもらいたいのですが、茶の貿易交渉は大失敗に終わってしまいます。いよいよ茶の需要が高まり、イギリスが茶を爆買いするようになると、茶の代金として**銀**が中国に大量に支払われるようになってしまい（当時は貿易の代金は銀で払うのが一般的でした）、そのためイギリス国内では銀が足りなくなってしまい大赤字になってしまったのです。銀が底をついてしまったイギリスはとうとう悪魔のような貿易を思いつきました。な、なんと**インドで作らせたアヘンを茶の代価として売り込んだ**のです。イギリスはイン

ドに**綿織物**を売り、インドで栽培した**アヘン**を中国に運んで売り、中国は**茶や銀**をアヘンの代価としてイギリスに支払うという**三角貿易**（→）の形態ができ上がったのです。この三角貿易で得をするのはイギリスだけなのですがね。最初はイギリス東インド会社が中国茶の貿易を独占して

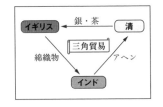

いたのですが**1833年**の**イギリス東インド会社の中国貿易独占権廃止**（テーマ25コラム参照）によってイギリスのブルジョワジーも中国との貿易に参入するようになりました。アヘン貿易はイギリス東インド会社も実はおこなってはいたのですが、独占権廃止以来、統制がとれずついに野放し状態になってしまいました。特に悪名が高いのは**ジャーディン＝マセソン商会**で、アヘンと茶の交換貿易で大もうけをしていたのです。

第2幕　アヘン戦争 ——「イギリス史上最悪の戦争」ついに起こる

　中国の清王朝は**乾隆帝**が1799年に亡くなると、だんだんと動揺がひどくなります。まず**白蓮教徒の乱**がまだ乾隆帝が生きている18世紀の終わりから起こっていました。この白蓮教とは「人は死ねば極楽に往生できる」と「弥勒菩薩が最後に皆を救う」という浄土信仰と救世主信仰が合わさった宗教結社で、税の重さに苦しんだ農民がすがり農民反乱を起こす原動力となったのです。この乱はなんとか鎮圧できたものの、次に欧米列強との貿易問題が起こります。清王朝はアヘンに無知だったため最初はアヘン流入に無関心だったのですが、ヤクの恐ろしい本性に気が付いてアヘン貿易を禁止するようになります。清の

道光帝はアヘン厳禁主義者の官僚林則徐を1838年に欽差大臣（皇帝の任命で特別に派遣される大臣）に任命し、1839年に交易場の広州に派遣しました。林則徐は広州でイギリス人商人が持っていたアヘンを没収・廃棄して通商を禁止しました。大損をくらったイギリス人たちは本国議会に泣きつき、議会では中国に対する戦争を決議してしまいました。この時、下院議員であった若きグラッドストンは「**その原因がかくも正義に反し、この国を永続的に不名誉のもとに置き続けることになる戦争を私はかつて知らない！**」と強く批判しましたが、結局開戦が決定してしまいます。これが悪名高い**アヘン戦争**（1840〜1842年）です。広州の民衆が**平英団**という組織を作ってイギリスに抵抗しましたが、結果はイギリス軍が勝利し、林則徐は流刑にされてしまいます。そして勝利したイギリスは中国と1842年に南京条約を結び、以下のことを取り決めました。それは①**香港島のイギリスへの割譲**、②**上海・福州・寧波・厦門・広州の5港の開港**、③**公行の廃止**、④**賠償金の支払い**です。

なんでイギリスはホンコンに目を付けたのでしょう？

　香港島は広州の近くにあるので、イギリス人は何回か行き来しているうちにこの島が港として絶好の土地であることを見破ったのでしょう。さすがに海の民イギリス人だけあって、その観察眼は確かでした。この1年後の1843年7月に**五港通商章程**で清はイギリスの領事裁判権を認め、同年10月には**虎門寨追加条約**で①**清の関税自主権の喪失**、②**イギリスの片務的最恵国待遇**、③開港場におけるイギリスの**土地租借**と居住権を清はイギリスに認めたのです。

ん？　ヘンム的サイケイコクタイグーって何ですか？？

　つまり最恵国待遇とは「**他の国に与えた有利な条約の内容は、自動的に自国にも適用される**」という虫のいい内容なのです。都合のよい内容は強者にだけ適用されるので「片務的」（片一方だけ）と呼ばれるのです。

　するとアメリカとフランスまでもが入ってきました。**1844年にアメリカが望厦条約**を、フランスが**黄埔条約**を清と結んだのですが、内容は清がイギリスと結んだ諸条約と同じで、しかも片務的最恵国待遇もちゃんと付いていました。不平等な関係に新たな強国が二つも加わったわけです。

アヘン戦争

アロー戦争——ついにやってしまった「ヤクザの言いがかり」戦争

「ふふふ、商売のじゃまばかりしている商人組合の公行は潰してやったし、五つも港を開いたのだから、これで中国貿易は大繁盛だな！」と南京条約の時にイギリスは思っていたのですが、実際は期待したほどにはもうからなかった。あれ、なぜなんだ？　と考えてみたら、中国という国は古来から、自給自足できる国なので、海外貿易よりも国内貿易の方が盛んだったのです。海沿いの5港よりも、長江などの川沿い地域の都市の方が貿易ではもうかりやすい。そのことに気が付いたイギリスは「よし、次は川沿いの港を開港させてしまおう！」と次の機会を狙ったのです。

ここでイギリスの政治家**パーマストン**について言及しておきましょう。彼はイギリス外相、首相を歴任した自由党の政治家であり、イギリスの国益を何よりも優先した人でした。つまり、かなり攻撃的な帝国主義政治家です。外相時代には東方問題やアヘン戦争、第1次アフガン戦争を担当し、首相となってからはクリミア戦争を主導している人物ですね。そのパーマストンが首相の時の**1856年**に**アロー号事件**が起こってしまいます。イギリス船籍のアロー号という船が清王朝の役人によって検査され、何人かの船員が海賊の疑いで逮捕されたのです。この時、イギリス領事のパークス（後の駐日公使）が「アロー号のイギリス国旗が引きずり下ろされたのはけしからん」と問題をわざと大きくしたのです。その時、パーマストンは「こりゃいいチャンス」とばかりにアロー号事件を国の侮辱と決めつけて、中国と再び戦争を起こしました。これを**アロー戦争**（1856～1860年）と言います。この時、フランスのナポレオン3世もフランス人宣教師殺害事件を理由にイギリスとともに中国戦に参加しました。早い話、言いがかりです。

結果は清軍が敗北し、**天津条約（1858年）**が結ばれました。内容は①**外国公使の北京駐在権**、②**南京・漢口など**長江流域の港町を含む**10港の開港**、③**外国船の長江航行の自由と外国人の中国国内旅行の自由**、④**キリスト教布教の自由**、⑤**賠償金支払い**でした。ま、④でキリスト教布教が公認されると中国人はキリスト教に反対する**仇教運動**を起こしましたが、キリスト教は後の中国史に大きな変動を与えてしまうのです。ところが当時の清の**咸豊帝**はこの不平等条約に不満で、「もう辛抱たまらん」と批准書交換のため北京に

南京条約

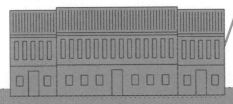

向かう外交団に向けて大砲をぶっ放してしまった。外交使節に害を加えるのは最大の侮辱行為なので、戦争は再開され、北京郊外にあったバロック式宮殿の**円明園**も、英仏軍の攻撃と略奪によって廃墟になってしまいます。咸豊帝もついに屈服し、**北京条約（1860年）**が結ばれたのですが、これは天津条約の内容に、①**開港場に天津を加える**、②**香港島の北にある九竜半島南部をイギリスに割譲する**、③**賠償金の増額**という条項が上乗せされたのです。

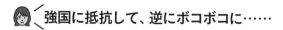 強国に抵抗して、逆にボコボコに……

240

復習ポイント

　南京条約・天津条約・北京条約の内容を整理してみよう。

アクティヴィティ

　イギリスは「アヘン戦争」「アロー戦争」で中国に何を成しとげたのでしょうか？

アロー号事件

中国への欧米列強進出史年表 (19世紀中頃)

1839年	林則徐が広州に派遣され、アヘンを取り締まる
1840～1842年	アヘン戦争→イギリスの勝利、清の敗北
1842年	南京条約で清は5港を開港する
1843年	五港通商章程(7月)でイギリスの領事裁判権を認める 虎門寨追加条約(10月)で清は関税自主権を喪失しイギリスの片務的最恵国待遇を認める
1844年	アメリカは望厦条約、フランスは黄埔条約でイギリスと同等の条件で清と条約を結ぶ 「虎門寨・望厦・黄埔もマカオ～広州間にある要塞の地名です」
1856～1860年	アロー戦争→清の敗北
1858年	天津条約で開港場が増加、キリスト教布教が認められる →天津条約を認めない中国側が外交団を攻撃したことで戦争再開 →英仏軍が円明園を破壊、勝利。清は再び敗北する
1860年	北京条約で天津条約にさらに条件が追加される 「勝てないケンカは買ってはダメだ、という歴史の教訓です」

最後の門 下の問題は大学入試問題を出典にした問題です。答えなさい。

イギリス東インド会社は、本国からの需要の増大に伴い、中国から(1)などを独占的に輸入していたが、中国への輸出は少なく、輸入超過の結果、大量の銀が中国に流出した。この状況を打開するために、イギリスは、インド産のアヘンを中国に輸出した。その結果、中国へのアヘン流入は急増し、アヘンの害毒が蔓延するとともに、中国から銀が流出するようになった。そこで清は、1838年に(2)を(3)に派遣して、大量のアヘンを没収、廃棄して通商を禁止した。これに対しイギリスは貿易拡大をとなえ、1840年にアヘン戦争を起こした。2年にわたる戦いでイギリスは勝利し、1842年に(4)条約を結んだ。

問1　(1)～(4)に適当な語句を入れよ。　　　　　　　　　　　　　　　　　　　　（東洋大・改）

問2　(4)条約に含まれる内容として最も適切なものを下から選べ。

①　清が外国公使の北京駐在を認める。

②　清が天津など11港を開港する。

③　清が沿海州をロシアに割譲する。

④　公行を廃止する。　　　　　　　　　　　　　　　　　　　　　　　　　　　　　　（大阪経済大・改）

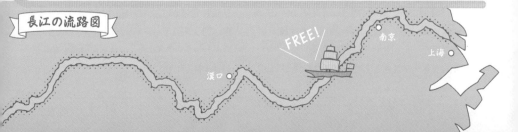

長江の流路図

FREE!

南京

上海

漢口

ちょっとだけよ〜♡
茶の歴史

　茶の歴史は大変に古い。なにしろ『三国志』にも出てくるぐらいである。中国の人々は漢王朝の時代から「薬」として飲んでいた。お茶に薬効成分が豊富に含まれていることは言うまでもない。

　「喫茶店」が始まったのは唐代らしい。日本に茶が伝播したのは12世紀の終わり頃、臨済宗を開いた栄西が、留学していた中国から茶の苗木を持ち帰ったのが始まりと言う。その後、日本では貴族や武士階級に喫茶が広まり、戦国時代の千利休によって「茶道」が大成される。

＊

ヨーロッパ人がお茶を飲むようになったのは17世紀からだ。

　オランダ東インド会社が日本から緑茶を運んで来たのが始まりとされる。つまり、17世紀のヨーロッパ人は緑茶を飲んでいたのだ。

　ヨーロッパ人が「紅茶」を飲み始めたのは18世紀からである。

　中国からヨーロッパへ帰る貿易船がアフリカ沿岸を回る時、赤道直下のあまりの暑さに茶葉がムレて発酵してしまい、イギリスに着いて箱を開けてみたら茶葉が真っ赤になっていた。苦労して運んだのに捨てるのはもったいない、「ええい、ままよ」とばかりに飲んでみたら意外にうまかった、というのが紅茶の始まり（という伝説がある）。

　17世紀に市民階級の間で流行したコーヒーハウスは、アツい政治談議が多く、男性ばかりの世界だった。18世紀初頭に紅茶に目を付けた商人**トーマス＝トワイニング**は女性が利用できる喫茶店を開き、紅茶の小売を始めるようになった。紅茶という飲み物は甘いお菓子と相性が抜群であったため、やんごとない貴族階級の女性たちの間で紅茶とお菓子から成る「お茶会」がおこなわれるようになる。マフィンやケーキと紅茶からなるアフタヌーンティーが上流階級の間に広まると、喫茶がいよいよ世間に広まった。どの時代でもレディーのたしなむ趣味は社会に広まるものである。

　19世紀に入ってくると茶の需要は急速に高まった。労働者までもが茶を飲み始めたからである。紅茶に砂糖を入れる習慣が広まるのもこの頃だった。茶はボーッとした頭をスッキリさせ、砂糖は疲労回復に効果がある。そこで工場経営者はティータイムを作って労働者に喫茶をすすめた。労働者がヤカンに入れて来た紅茶を休憩時間にガブ飲みし始めると、いよいよ紅茶がイギリスで足りなくなってしまう。

　当時、世界最高の茶を作っていたのは中国だが、清王朝は広州1港しか開港していなかった。そのため茶はいつも品薄だった。

　そこで19世紀後半になると、機転の利く商人たちがお茶を中国だけでなく植民地であったインドでも栽培するようになった。朝霧が立ち込める高原のような冷涼な地域でよい茶葉が育つ。そのためインド東北部の高原地方**アッサム**と**ダージリン**は香り豊かな茶葉で有名になった。またマドラスに近いデカン高原南部の**ニルギリ**はその香りが通に大人気の高級茶である。また高原の多いセイロン島では**トーマス＝リプトン**が茶を栽培して大成功を収めている。

　アメリカは「ボストン茶会事件」後、コーヒーを飲む習慣が広まった国であるが（テーマ7参照）、20世紀にティーバッグが発明されると、その手軽さからアメリカ人や日本人の間でも紅茶が好まれるようになる。

■ 復習ポイント ■ の答え

南京条約・天津条約・北京条約は試験でよく聞
かれるところなのでぜひ覚えておきたい。
＊南京条約前→開港場は広州のみ、貿易相手は
公行（特権商人組合）のみ。

条約	南京条約（1842年）	天津条約（1858年）	北京条約（1860年）
開港場	5港（上海・福州・寧波・厦門・広州）	10港（南京・漢口など）	天津条約の10港＋天津→11港
イギリスへの割譲	香港島		九竜半島南部
その他	公行の廃止	① 外国公使の北京駐在権 ② 外国人の中国国内旅行の自由 ③ キリスト教布教の自由	ロシアに沿海州を割譲（テーマ29参照）

■ アクティヴィティ ■ の答えの一つ

　まず**自由貿易を中国に強制**することに成功し
ました。自由貿易を必要としない国は①国力が
弱いために保護貿易に頼らなくてはならない国、
②自国が豊かで自給自足が可能であり、鎖国体
制が可能な国、の二つで、中国はそのうち②に
あてはまります。しかし中国は「茶」という世界
が欲しがる生産物を持っており、イギリスをはじ
めとする西欧列強は何が何でも中国を世界経済
システムに加える必要がありました。そのために
戦争をもって中国の固いフタをこじあけたので
す。そして**中国にキリスト教を布教**することに
成功しました。キリスト教は後に「太平天国の乱」
という形で中国に影響を与えます。

■ 最後の門 ■ の答え

問1　(1)　茶

　　　(2)　林則徐

　　　(3)　広州

　　　(4)　南京

問2　④

（解説）

問1　(1)には「絹」や「陶磁器」も入るかもしれ
ないが、銀の貯蔵量を脅かすほどイギリス人が
買い込んだ中国産品はやはり茶です。(2)と(3)
は、(2)が人名、(3)が地名であることを推測で
きれば答えることができます。(4)の南京条約に
ついては、むしろ復習ポイントにも挙げた「条約
の内容」を把握していることが大切です。開港し
た5港の名前や位置を聞かれることが多いので
気をつけましょう。

問2　①は天津条約（1858年）、②③は北京条約
（1860年）の内容です。②は天津が出てくるので
天津条約と思ってしまうのですが、これは北京
条約です。

29 ロシアの中国進出と太平天国の乱
──落第生の夢から始まった大反乱

円明園を壊すなんて、ひどいことをやってますね。

文化財を平気で壊すとは悲しいことです。歴史や文化に無知な人々が
おこなう破壊行為こそ本当の「野蛮」というものでしょう。

第1幕への前奏曲 ロシアの暗い野望──「極東南下大作戦」

　ロシアは常に南下政策をとっていましたが、イギリスにじゃまされていたことは皆勉強し
ていますね。クリミア戦争でやられ、ベルリン会議でへこまされ、アフガン戦争で先手を
取られてしまいます（テーマ16、20、25参照）。ヨーロッパ・西アジア・中央アジアへの進出に
ついては負けが続いていました。だが、こんなものであきらめるロシアではない。並行して
狙っていたのがユーラシア大陸の一番東の極東です。中国と朝鮮半島と日本には不凍港
がそろっており、ここを手に入れれば、ロシアが太平洋の支配者になることができるのです。

　最初、1853年にペリーに遅れること1か月でロシアの**プチャーチン**が日本に来訪して貿
易交渉を始めます。プチャーチンはペリーと違い紳士的な態度で交渉を進めたので、幕府
の高官は好感を持ったようです（笑）。ところが下田に停めてあった船が安政大地震で大
被害を受けてしまいました。この時、**日露和親条約**をまとめたプチャーチンは幕府高官の
助けを借り、日本人大工の手で船を建造して帰国できました。よかったですね。ところが
クリミア戦争が敗北に終わってしまい、ロシアのヨーロッパ方面での南下が絶望的になる
と、極東方面にいよいよ牙をむき始めたのです。

ウラジヴォストーク

ロシアの南下政策

2
4
4

第1幕 ロシアの極東進出──「次はお前の番だ！首を洗って待っていろ」

1847年に**ムラヴィヨフ**が東シベリア総督に任命されました。この東シベリア総督というのは、皇帝を除いて極東方面で全権力を好きなだけ使える役職で、しかもムラヴィヨフは大変に有能な人物だったのです。**ネルチンスク条約**（1689年、上巻テーマ52参照）の国境線はアルグン川とスタノヴォイ山脈でしたが、

ムラヴィヨフは南の**黒竜江（アムール川）**に目を付けました。「ここは清の見張りが少ないのでチャンスや」と考えたムラヴィヨフは、清がアロー戦争で困っているのをいいことに、**1858年のアイグン条約**で黒竜江をロシアと中国の国境線にしてしまいました。

勢いに乗ったムラヴィヨフは、英仏が起こしたアロー戦争の仲介役になり北京条約を結ばせますが、その際にロシアは**1860年の北京条約**にぬけぬけと加わり、日本海沿岸の沿海州を獲得します。この沿海州の南端にムラヴィヨフは**ウラジヴォストーク**という軍港を建設しました。このウラジヴォストーク（Владивосток）の名前ですが実は「**東方を征服せよ**」という恐ろしい意味を持っています。この町の東にあるのは他ならぬ日本だったのです。このロシア語の意味がわかった日本人はふるえ上がったでしょう。幕末の志士たちがあれほど倒幕を急いだのはロシアの迫り来る圧力があったからですよ。

第2幕 中央アジアで中国と争う──「そうだ、中央アジアへ行こう」

さて、もっと南に行こうとしたロシアですが、南には北京条約で天津を開港させたイギリスがにらんでいるので、さすがのロシアもこれ以上は南に行けません。そこでロシアは遠回りすることにして、中央アジアに目を向けたのです。1860〜1870年代にかけて**ブラフ＝ハン国、ヒヴァ＝ハン国、コーカンド＝ハン国**の3国をロシアが勢力下に置いたことはテ

ムラヴィヨフ

ーマ25で勉強したかと思います。

　中央アジア方面ではかつて清の乾隆帝がジュンガルに遠征して、この地のイスラーム教徒を制圧し、「新疆」と名付けていたことは上巻テーマ52でも勉強していますね。ところが1860年代にはこの方面、**東トルキスタン**（現在の新疆ウイグル自治区）で清の支配に対し不満を持つイスラーム教徒が反乱をよく起こしていました。特に1865年にはイスラーム教徒の**ヤークーブ＝ベク**が大反乱を起こし、カシュガルを本拠地として、東トルキスタン一帯を清から奪い、自分の支配下に置いたのです。

　一時は天山南路一帯を支配したヤークーブ＝ベクですが、裏ではイギリスとロシアが援助していたのです。ヤークーブ＝ベクを先頭に立てて中央アジアの東トルキスタン方面を手に入れるつもりだったのですよ。しかし清に**左宗棠**という優れた官僚が出現します。左宗棠はロシアの南下に対する防御と近代化をとなえていた人物で、西洋式の武器を装備する清軍を率いて1875年にヤークーブ＝ベクを打ち破り、東トルキスタンを奪い返しました。ちょうどこの時、ロシアは**ロシア＝トルコ**（露土）**戦争**（テーマ20参照）の真っ最中だったので、一段落した**1881年**にロシアは清と**イリ条約**を結び、今まであいまいだった中央アジアの国境線を取り決めます。このイリ条約で定められた国境線が現在のキルギス共和国やカザフスタン共和国と中華人民共和国との国境線になっているわけです。

第**3**幕
太平天国の活躍
——科挙の落第生が夢見たこの世の天国

　さて、1842年の南京条約の後、中国にはイギリスによって大量のアヘンが持ち込まれました。それによりアヘンを買うための銀が中国で足りなくなってしまいます。銀が少なくなると銀の相場は上がってしまうもの。当時の清王朝は銀本位の**地丁銀**という制度（上巻テーマ53参照）。農民は銅銭で納税しますが税額は銀を基準にしていたため、銀の相場が上がると、税金を払えなくなってしまいます。税を払わなければ昔は死刑が当たり前でしたから、追い詰められた農民たちは破れかぶれになってしまいます。そこへ**1851年**に中国南部の、広西省から大反乱ののろしが上がったのです。これこそ**太平天国の乱**で、首謀者は**洪秀全**という科挙の落第生でした。洪秀全がどのような人物であったかはコラムを読んでみてください。

ヤークーブ＝ベク

東トルキスタン

左宗棠

この乱の根本的な思想になったのは、天津条約以降、中国に入り込むようになったキリスト教の教えです。キリスト教の影響を受けた洪秀全は「万人が上帝ヤハウェのもとで平等である」という強力な平等思想によって貧しい農民をひきつけたのです。宗教結社**上帝会**を組織し、1851年に**広西省金田村**で挙兵した洪秀全は、信者の軍を率いて1853年に南京を占領し、この都市を**天京**と名付けます。太平天国というのは「この世に実現すべき神の国」であり、洪秀全が掲げた理想の国家でした。**滅満興漢**（満洲人の清王朝を滅ぼして漢民族の国を作ろう）というスローガンを掲げた太平天国はさっそくアヘン喫煙や**纏足**を禁止しています。え？　纏足というのはですね、女の子の足を幼少の時から布できつーくしばって、わざと小さくしてしまう習慣のことです。小さい足でよちよち歩くのがセクシーだと当時は思われていたのです。いや、笑いごとではないと思うよ！　現代でも女性はハイヒールなどを好んで履きますが、外反母趾のような骨の異常を生んでしまうことでは纏足に通じます。そして洪秀全は**男女平等**を主張し、すべての農民に土地を平等に分け与える**天朝田畝制度**を打ち出します。ただしこれは実施にはいたりませんでした。というのも……。

第4幕 太平天国の没落 ——結局は科挙合格者に潰される太平天国

　実施できなかったのは、太平天国の組織が「天京」を手中にした後に腐敗・堕落してしまったからです。最初はすがって来た農民たちも土地をむさぼる上層部の姿に呆れ、教団から逃げ出してしまいます。

　太平天国が堕落すると、平等思想に反発する地主や官僚たちが逃げ出して来た農民を集めて義勇軍を作り始めました。清王朝の正規軍である八旗や緑営は、日本の幕末の時の旗本と同じように旧式で実戦では使い物にならず、義勇軍の方がはるかに役に立ったのです。このような義勇軍を郷勇と呼ぶのですが、郷勇の中でも科挙に合格した官僚あがりの曾国藩が組織した湘軍と、同じく官僚あがりの李鴻章が組織した淮軍が太平天国との戦いで大活躍します。

　また1860年に**北京条約**を清朝と結んだ列強も太平天国を圧迫するようになりました。この時、**ウォード**というアメリカ人の冒険野郎が**常勝軍**という洋式軍隊を組織して太平天

イリ条約

国と戦い始めます。この常勝軍は中国兵が西洋風の軍服を着て、新式銃や大砲を装備しており、大変に強力でした。李鴻章は常勝軍を見学して、大砲の撃ち方をウォードから習ったほどです。しかしウォードは太平天国との戦いで戦死し、代わってイギリスの軍人ゴードンが常勝軍を率いるようになります。

　周囲の状況の悪化と内部の腐敗によって太平天国の勢いがふるわなくなると、洪秀全は誇大妄想の状態に陥り、断食や祈りに没頭したあげく、ついに病死してしまいます。その20日後に郷勇の攻撃によって天京はついに陥落し、太平天国の夢はついえてしまいました。

⎧復習ポイント⎫

　ロシアと清が結んだアイグン条約・北京条約・イリ条約の内容を整理してみよう。

⎧アクティヴィティ⎫

　同じキリスト教なのに、欧米列強はなぜ太平天国と敵対したのでしょう？

中国への欧米列強進出史年表 (19世紀中頃〜19世紀後半)

1847年	ムラヴィヨフがロシアの東シベリア総督となる
1851年	洪秀全が広西省金田村で挙兵→太平天国の乱へ
1853年	太平天国によって南京が陥落、天京と改称して太平天国の都となる
1858年	ロシアと清がアイグン条約を結び、黒竜江 (アムール川) を清とロシアの国境線とする

1860年　北京条約でロシアは沿海州を獲得

「アイグン条約・北京条約で決まったロシアと中国の国境線は現在の中国・ロシアの国境線になっています」

↓

北京条約以降、列強が清王朝を支援して太平天国を圧迫する

1864年	天京が陥落し、太平天国が滅びる

1865年　ヤークーブ＝ベクが中央アジアで自立する

(ヤークーブ＝ベクの乱) →左宗棠に破れ、1877年に死去

「イギリスとロシアはヤークーブ＝ベクを支援して、中央アジアの覇権を握ろうとたくらんだのです」

1881年　ロシアと清がイリ条約を結び、ロシアはイリ地方の北西を領土とし、貿易上の利権を得る

「1880年にイギリスが第2次アフガン戦争でアフガニスタンを保護国化したことから、ロシアは南下ができなくなり、その腹いせにイリ地方北西部を奪った、という見方もできますね」

最後の門　下の問題は大学入試問題を出典にした問題です。答えなさい。

　清の正規軍は太平天国に対抗できず、これと戦ったのは漢人官僚たちが郷里で組織した義勇軍だった。曾国藩の（　1　）軍、李鴻章の（　2　）軍などが有名である。列強ははじめ中立的な立場をとっていたが、1860年（　3　）条約が調印されると、清の支援に転じ、アメリカ人の（　4　）、ついでイギリス人の（　5　）に率いられた常勝軍が清に協力して太平天国を破った。

問　（　1　）〜（　5　）に適当な語句を入れよ。　　　　　　　　　　(駒澤大)

郷勇

湘軍　　　　淮軍

太平天国の夢
と没落

「太平天国の乱」を起こした歴史に残る謀反人、洪秀全は広東省の客家（古代に江南に住み着いた一族）の家に生まれた。洪秀全は幼い頃から頭がよく、秀才と呼ばれていたので、官僚になるため科挙を受験したのだが3回も落ちてしまった。がっかりして試験会場から故郷に帰る時に、洪秀全はプロテスタントの宣教師からキリスト教布教のためのパンフレットをもらう。ヒマ潰しに一通り読んでは見たものの、結局はほったらかしていた。故郷に帰った洪秀全は落第の絶望のあまり病気になってしまった。ある晩、洪秀全は異様な夢を見る。

「上帝ヤハウェ」と名乗る黒衣を着た、輝く老人があらわれて言った。

「わが息子、秀全よ。今の中国は外国の侵略と役人の腐敗によって乱れておる。そなたには中国にはびこる悪魔をやっつける使命を与える。ゆえに破邪の剣を汝に授けよう。これを受け取るがよい」

ふるえる手でアイテムを取った洪秀全にヒゲの長い人物が近付いた。

「わが弟、秀全よ。私はイエスである。父の命に従い、お前の大事業には私も力を貸そう」

飛び起きた洪秀全は、汗まみれになっていた。

そして失敗の連続であったみじめな前半生が消え、神によって新たな使命が自分に与えられたことを感じ、力がみなぎった。

病から回復した洪秀全はキリスト教の教会におもむき、洗礼を受けようとしたが、**「父が神、兄がイエス」**と主張する洪秀全を教会が相手にしてくれるわけがない。しかたないので洪秀

全はドンブリに水を入れ、絶叫一番、水をぶっかけて自分で自分に洗礼を施してしまった。

洪秀全は熱心に布教活動をおこなうが、故郷の広東省では全然信者が集まらなかったので、故郷を去り、広西省金田村に本拠地を移した。そして現世でのご利益を旗印にしたところ、農民を信者に集めることができた。成功に気をよくした洪秀全は、いよいよ世直しのための革命を起こすべく、信者に武装させ始める。

＊

上帝会と名付けた組織を作っていた洪秀全は、1851年に国号を太平天国とし、自身を天王と名乗った。信者を率いた洪秀全は金田村を出発し、湖南・江西省を転戦した。

洪秀全のカリスマ性はものすごく、信者は命を捨てて戦った。勢いに乗った太平天国軍はついに南京を陥落させ、**天京**と名前を改めた。

天京に移った洪秀全は改革に取り組む。まず**天朝田畝制度**という制度を実施しようとした。これは田を均等に人民に分配し、田からとれる生産物は家族の分を除いて国に納める制度である。その代わり育児・教育・養老・冠婚葬祭の費用はすべて国が出すようになっていた。そして**男女差別を禁止し**、纏足も禁止した。

＊

だがこの頃から、太平天国の没落が始まる。

教祖の洪秀全は、宮殿の奥深くに隠れ、怪しげな宗教行事に熱中していた。幹部は堕落し、ぜいたくな生活に溺れ始めた。民心が離れ、逃げ出す兵隊や、失望して教団から離れる人々も相次いだ。

1864年6月、洪秀全は宗教行事に熱中しすぎて、栄養失調で死ぬ。

その20日後に天京は陥落し、夢の国、太平天国は滅んだ。

復習ポイント の答え

　ロシアと清が結んだアイグン条約・北京条約・イリ条約は現在のロシア・中国間の**国境**を決定した条約です。どのようなラインが国境になったかを地図を含めて覚えておくことが大切です。
＊アイグン条約前→かなり北方のスタノヴォイ山脈が国境線であった。

条約	**アイグン条約**（1858年）	**北京条約**（1860年）	**イリ条約**（1881年）
国境線	**黒竜江**（アムール川）がロシアと清の国境線となる。（国境線の南下）	**沿海州**がロシア領となる。（日本海に面する海沿いの地域がロシア領となる）→軍港**ウラジヴォストーク**建設	新疆の西北にある**イリ地方**の一部がロシア領となる

アクティヴィティ の答えの一つ

　まず上帝会の神学が一般のキリスト教会とくらべ**明らかに異端**でした。教祖様の「父がヤハウェ、兄がイエス」という主張ははっきり言って変。列強にとっては同意することのできない教えです。
　しかも北京条約でせっかく列強にとって**有利な条約が得られた**（イギリスにとっては11港の開港、ロシアにとっては沿海州の獲得）のに、もし太平天国が天下を取ったなら、せっかくの条約がすべてリセットされてしまいます。そこで列強は清王朝を支援し、太平天国を圧迫する方に回ったのでした。

最後の門 の答え

(1)　湘

(2)　淮

(3)　北京

(4)　ウォード

(5)　ゴードン

（解説）

　(1)、(2)は漢字がきっちり書けるかが問題。「湘軍」「淮軍」の漢字は書けるように練習しておきましょう。
　(3)では条約の名前が問題になります。19世紀に入ると中国史では王朝・制度名よりも条約名が聞かれるケースが多くなります。中国にイギリスやアメリカ、ロシアなどの欧米列強が絡んでくるため西洋史の特徴である「条約・戦争・同盟」が中国史の中に露骨に入ってくるためです。
　中国史の中に出てくる西洋人は試験で聞かれることが多いので注意しましょう。特に常勝軍を率いた二人が重要です。

30 洋務運動と日本・朝鮮の開国
——近代化の取り組みで明暗が分かれた

太平天国（たいへいてんごく）も残念な結果になってしまいましたね。

どうも「この世を天国にしよう」とか「世界の汚れを取り除こう」という極端な運動は、堕落と腐敗が早いように思えます。人間は元々清らかではなく、罪深い存在であるのかもしれません。

 同治中興
——ついに西太后の政治デビュー

1861年に中国史初の大事件が起こります。新たに外交を担当する総理各国事務衙門（そうりかっこくじむがもん）（**総理衙門**）という役所が作られたのですが、この役所に大きな丸テーブルが運ばれたのです。今まで朝貢（ちょうこう）や冊封（さくほう）しか認めず、相手国に土下座させてきた中国がこの時から丸テーブルに座り、歴史上初めて相手国と対等の立場で交渉するようになったのです。

その1861年、北京条約が結ばれた後に**咸豊帝**（かんぽうてい）がわずか30歳で病死してしまいます。どうも結核だったようですね。跡を継いだのは息子の**同治帝**（どうちてい）ですが、まだたったの5歳。政治がとれるわけがない。なので咸豊帝の皇后である東太后と、第2夫人で同治帝の実母である**西太后**（せいたいこう）が同治帝の玉座の後ろにある御簾（みす）に隠れて政治を司ることになったのです。これを垂簾政治（すいれんせいじ）と言いますが、元々勉強熱心だった西太后がこの時期にめきめきと政治力を身に付けてきたのです。同治帝の時代になってから太平天国の乱も収まり、同じ時期に起こっていた捻軍（ねんぐん）と呼ばれる農民軍の反乱も鎮圧されてきました。そこで同治帝の時代の束の間の平和を**同治中興**（どうちちゅうこう）と呼びます。

同治帝　西太后

洋務運動
──やっとこさの近代化も中身は昔のまんま

アヘン戦争・アロー戦争・太平天国の乱と危機に直面していた清王朝はようやと「**西洋の技術を取り入れなくてはいくさには勝てん**」ことに気が付いてきました。特に最前線に立ってきた**曾国藩・李鴻章・左宗棠**らの官僚たちは近代化の必要性を痛感していました。そこでさっそく富国強兵のための近代化政策を始めますが、この近代化政策を歴史では**洋務運動**と呼びます。1860年頃から始まるこの洋務運動が同治中興の目玉となりました。

まずは鉱山を開発して製鉄所を建設し、銃や大砲作りを試みました。「まず軍隊の近代化が大切」という意識があったからです。しかし洋務運動にも限界がありました。右の写真は洋務運動の時期の中国の兵器工場の写真です（→）。写っている人は中国服ですね。つまり近代化が徹底されていなかったわけです。日本やわが

オスマン帝国では洋服が近代化のシンボルとして真っ先に採用されたのですが、中国は「技術だけは西洋のものを取り入れるが、文化や慣習は中国のものを守る」という姿勢を貫きます。この姿勢を**中体西用**（中華文明が主体となって西洋の技術のみ用いる）と呼びます。中国は自国の文化に対して大変にプライドが高かったのですね。

😊 そういえば、日本の文明開化はすごいスピードでしたよね

さて、話は南の**ベトナム**にいきますよ。ベトナムに勢力を伸ばすフランスの動き（テーマ27参照）に対して、阮朝に仕えていた中国から亡命した劉永福は義勇軍の黒旗軍を組織してよく戦いました。が、残念ながらフランスの力には勝てず、阮朝は**1883・1884年**にフエ(ユエ)条約を結び、ベトナムはフランスの保護国となってしまったのです。この事態に、ベトナムの**宗主国**である中国は物言いをつけます。あ、宗主国というのは、いわば保護者のことだね。ここでベトナムを狙うフランスと、ベトナムを守る清王朝の間で**清仏戦争**（**1884〜1885年**）が起こってしまいます。清にとっては洋務運動の成果を試すよい機会だったのですが、清はなんと負けてしまい、**1885年の天津条約**で清はベトナムの宗主権を

宗主権放棄

放棄し、フランスによる保護国化を承認したのです。おまけに朝鮮半島をめぐる宗主権の争いで日本と**日清戦争**（1894〜1895年）を戦いますが、なんと日本にも負けてしまい、1895年の下関条約で清は朝鮮の宗主権を放棄するハメになったのです。

第2幕 明治維新──新しい時代には新しい政治が必要というわけだ

　さて日本です。外国との貿易を制限してきた日本ですが、**ペリー**の黒船の圧力に負け、ついに幕府は1854年に**日米和親条約**を結びました。この条約は下田と箱館（現在の函館）の2港を開港し、アメリカに片務的最恵国待遇を認めた内容でした。その後1858年にアメリカ総領事の**ハリス**によって日米修好通商条約が結ばれます。これはさらに4港の開港とアメリカの領事裁判権と日本の関税自主権の放棄を幕府が認めたものです。この年には、同様の条約をオランダ・ロシア・イギリス・フランスと結んだのです（安政の五ヵ国条約）。はっきり言ってこれらの諸条約は不平等条約でしたが、これらの交渉を通じて日本人は「世界の中の日本」の位置を意識するようになったのです。

　そして幕府のシステムが封建的な「アンシャン＝レジーム」（旧体制）であることが当時の日本人にもわかってきました。そこで新しい国民国家を作ろうとする運動が起こり、**明治維新**を経て天皇を頂点とする新政府が成立します。まず明治政府は**1871年**に**日清修好条規**を定め、清との国交を正式に結びます。しかし、台湾に漂着した琉球住民が台湾人に殺害された事件が起きたことから1874年に**台湾出兵**を行います。この時、大久保利通が直接に総理各国事務衙門と交渉した結果、清は琉球人を殺めたことを謝罪することになりました。実はこのワビ状が琉球の運命を決めてしまいます。日本にワビを入れたということは、清が琉球を日本の領土として認めたことを意味するからです。こうして1879年に明治政府は今まで独立国だった琉球を沖縄県として日本に編入しますが、この編入を**琉球処分**と呼びます。

　さて、明治政府の大問題はロシアとの外交です。日本とロシアは幕府と**プチャーチン**が1855年に結んだ**日露和親条約**で、択捉島以南を日本領とし、樺太（サハリン）を日露両国民の雑居地域と定めていました。しかしクリミア戦争敗北以降、アイグン条約や北京条約で極東への南下を強めるロシアに対し、明治政府はロシアと新たな国境線を定める必要に

西郷隆盛

大久保利通

木戸孝允

明治維新

迫られたのです。結果、**1875年に樺太・千島交換条約を結び、樺太をすべてロシア領とし、**その代わりウルップ島以北の千島列島を日本領とすることを相互に認めました。

間宮林蔵が探検した樺太を、なんでロシアにあげたのかな？

開拓使長官の黒田清隆の「遠い樺太よりも近い北海道の開拓を急ぐべきである」という意見が通ったからだと思います。その後、日本は富国強兵を目指し、1877年の西南戦争を頂点とする諸内乱を克服して国内統一の形を作り上げました。そして1889年に**大日本帝国憲法を発布**し、1890年には**国会を召集して近代国家の道を踏み出します。**そして1895年、日清戦争で日本は清に勝利することができたのです。

第3幕　朝鮮王朝の動揺
——なんと中身は「嫁と義理の父との権力闘争」

14世紀におこった**朝鮮王朝**はすでに500年も続いてきた王朝ですから歴史が長い！上巻のテーマ49やテーマ51を復習してください。16世紀末の豊臣秀吉の侵入による荒廃の後、朝鮮王朝は清の属国となりながら、なんとか平和を守ってきました。日本の江戸幕府には**朝鮮通信使**と呼ばれる使節を送って友好を深めています。しかし王室の相続をめぐって官僚の派閥争い（党争）が起こり、宮廷の混乱状態が絶えませんでした。

あ、そのゴタゴタって、韓流時代劇でやっていますよね

その混乱は政治にも影響し、地方でも19世紀初めに**洪景来の乱**が起こるなど動揺が広がっていました。そもそも朝鮮王朝は清と日本としか国交関係がなかったのですが、19世紀に入ると、欧米列強がしきりに開国の圧力をかけてくるようになります。時の国王の**高宗**の父であり、政治の実権を握った**大院君**は攘夷政策をとり、軍隊を派遣して外国船を皆追い払ってしまいます。ところが大院君は息子の嫁さん（閔妃）の一族である**閔氏**と仲が悪く、最後には血みどろのバトルになりました。まあ詳しいことはコラムを読んでみてください。この嫁の一族と舅の戦いは結局、嫁の一族の閔氏が勝利し1873年に大院君はついに隠居に追い込まれてしまいます。

大院君の隠居を見た日本の明治政府が「鬼の居ぬ間に」と朝鮮にちょっかいを出してき

日本の領土確定

ました。日本は1875年に樺太・千島交換条約をロシアと結んで北方国境を安定させた後、同じ年に朝鮮沿岸で軍事行動を起こします(江華島事件)。朝鮮王朝を屈服させて**1876年**に**日朝修好条規**を結び、朝鮮に日本の領事裁判権や釜山・元山・仁川の3港の開港を認めさせました。これは明らかに不平等条約ですね。

　この不平等条約によって安い日本製品が流入し、自国商品が売れなくなり困窮した民衆は、身びいきが多い閔氏の政治に不満を持つようになります。返り咲きのチャンスと見た大院君は**1882年**に反閔氏クーデタである**壬午軍乱**で擁立され、日本公使館を襲撃します。そこへ閔妃の要請を受けた清朝の軍隊が介入し、大院君は中国に連れ去られて幽閉されてしまいました。この軍乱によって、閔氏の後ろ盾となった清が勢力を強めました。日本としては一本取り返したいところなので、朝鮮の近代化に意欲的な優秀な官僚金玉均とその仲間を支援して**1884年**に反閔氏クーデタである**甲申事変**を起こさせます。しかし閔氏を支援する清の反撃で、甲申事変は失敗してしまいました。これらの反乱やクーデタで日中間の軋轢が激しくなったため、日本と清は1885年に**天津条約**を結び、日中両軍が朝鮮から撤兵し、将来、朝鮮に出兵する場合は事前通告することを取り決めます。

　さて朝鮮では**崔済愚**が儒教・道教・仏教・民間信仰を合わせた**東学**という新興宗教を作り、東学の幹部であった**全琫準**が朝鮮の地方役所の暴政に反抗して1894年に**東学の乱**(甲午農民戦争)を起こします。この反乱を鎮圧すべく日中両軍が朝鮮に出兵して激突したのが**日清戦争**でした。これに勝利した日本は1895年の**下関条約**で、朝鮮の独立、日本に対する遼東半島・台湾・澎湖諸島の割譲、賠償金の支払いを定めます。そして清の後ろ盾を失った閔妃も、1895年に日本によって暗殺されてしまいます。

復習ポイント

「天津条約」はいくつあるのでしょうか。整理してみよう。

アクティヴィティ

　中国は洋務運動で軍備を近代化させたのに、フランスだけでなく日本にまでも戦争で負けたのはなぜだろうか。

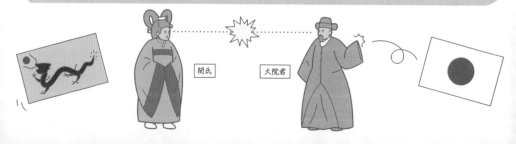

条約を主とする東アジア関係史年表 (19世紀後半)

1854年	日米和親条約が幕府とペリーの間で結ばれる
1858年	日米修好通商条約が幕府とハリスの間で結ばれる
1861年	清朝に総理各国事務衙門 (現在の外務省) ができる 「玉座への土下座から、丸テーブルでの対等の話し合いに変化」
1861〜1875年	清の同治帝の治世＝同治中興 (1862〜1874年) →洋務運動が進展
1868〜1877年	明治維新
1871年	日清修好条規＝対等な関係で正式な国交を成立
1875年5月	樺太・千島交換条約を明治政府とロシアが定める
9月	江華島事件…朝鮮沖合の江華島で日朝の軍事衝突
1876年	日朝修好条規が明治政府と朝鮮王朝の間で結ばれる
1882年	壬午軍乱 (閔氏に対する大院君派のクーデタ) →失敗
1884年	甲申事変 (閔氏に対する開化派のクーデタ) →失敗
1884〜1885年	清仏戦争 (ベトナムの宗主権をめぐる戦い、清が敗北) →天津条約 (1885年)
1894年	東学の乱 (甲午農民戦争) が朝鮮半島で勃発→日本と清が介入
1894〜1895年	日清戦争 (朝鮮の宗主権をめぐる戦い、清が敗北) →下関条約 (1895年)
1895年	日本による閔妃殺害事件

最後の門 下の問題は大学入試問題を出典にした問題です。答えなさい。

　19世紀後半に入ると (朝鮮に対し) 欧米諸国が開国を要求する。このような中で第26代国王高宗の父 (1) が実権を握ると、王権の強化のためにさまざまな施策を講じた。この間日本は、1875年に (2) を起こして開国を迫り、76年には領事裁判権や釜山・元山・仁川の開港など、不平等な条項を含む (3) を締結させた。1894年、甲午農民戦争をきっかけとして日清両国が朝鮮へ出兵し、日清戦争となった。

問1　(1)〜(3) に適当な語句を入れよ。

問2　下線部について、この民衆反乱の指導者には、儒教・仏教・道教・民間信仰をあわせて1860年頃に成立した民衆的宗教の幹部が含まれていた。この宗教は何と呼ばれるか。

(成城大・改)

まるで韓国ドラマ
閔氏皇后伝
びんし

1863年、朝鮮王朝で哲宗が若くして死んだ時、実子がいなかったので親戚の高宗がわずか12歳で国王となった。この高宗の父が**大院君**である。大院君が息子の高宗にあてがったお嫁さんが**閔妃**だ。閔妃は名門の生まれだが没落し、幼い時には極端な貧乏生活を体験している。性格は聡明にして野心満々だった。高宗の夫人になった閔妃は待望の男の子が変死したことから舅の大院君を激しく憎むようになる（一説によると、大院君が誕生祝いに贈った最高級の朝鮮人参を飲んだ直後に赤ちゃんが急死したと言われている）。閔妃は攘夷主義者の大院君に対抗して日本に近付き援助を得ると、官僚たちを買収して大院君を孤立させ、隠居に追い込んだのだ。**この時から大院君は閔妃に対する復讐の鬼となる。**

1876年の**日朝修好条規**により、日本製品が朝鮮に安く流れ込んでくると、商品が売れなくなり生活に困った庶民は日本と結んだ閔氏を激しく恨むようになった。この時勢を見て喜んだ反閔氏一派が大院君を担ぎ上げて起こしたクーデタが**壬午軍乱**である。怒り狂った暴徒は日本公使館を襲って日本人を殺したが、日本公使は逃亡に成功し、なんとか命は助かった。「閔妃を探せぇ!」という大院君の声が響く中、山の中に隠れていた**閔妃は、今までの親日政策を捨て、密使を送り清王朝に接近することにした。**清は大喜びで朝鮮に出兵し、大院君を捕らえて中国に幽閉した。憎い舅を追い出し閔妃は得意満面であった。清に頼って政権維持をもくろむ閔氏一派を**事大党**（事大とは「権威主義」の意味）と呼ぶ。

手のひらを返すように日本から中国に乗りかえた閔妃の節操のなさを憎む人々がいた。それは**金玉均**を中心とする**開化派**のメンバーだ。彼らは外国に留学経験を持つエリートで、近代化のための維新革命を朝鮮に起こすことを夢見ていた。特に日本に留学していた金玉均は、その聡明さから福沢諭吉をはじめとする日本人と親しかった。日本の援助を得た金玉均は、事大党を倒すべくクーデタを起こした。これが**甲申事変**である。このクーデタはあっけなく失敗した。またもや閔妃の要請で、清が軍隊を送って来たからだ。クーデタは3日で壊滅。金玉均は日本に亡命し、朝鮮半島における日本の勢力は再び後退した。

*

朝鮮の動乱は続く。反キリスト教を訴える**東学**が農民反乱を起こしたのだ。これを**東学の乱**（甲午農民戦争）と呼ぶ。この反乱鎮圧を口実として日中両国は朝鮮半島で激突、これが**日清戦争**となった。この戦争で勝った日本は朝鮮からついに中国勢力を追い出すことに成功する。

頼みにしていた中国が負けてしまったことにショックを受けた閔妃は次に**ロシア**に頼ろうとした。不凍港が欲しくてうずうずしていたロシアは閔氏の支持はわたりに船だ。かつて閔妃の要請で清が朝鮮に介入し、壬午軍乱で苦労した日本にとって、閔氏がロシアと結ぶとロシアに朝鮮進出の口実を与えることになる。1895年、ついに閔妃は景福宮で殺された。日本公使の三浦梧楼が浪人を雇い、彼らに閔妃を襲わせて殺害させたと言う。**現在、ソウルの景福宮の裏側には閔妃殺害現場の記念碑が建っている。**

復習ポイント の答え

天津条約は主なもので三つもあります。天津は北京に一番近い貿易港なので、清王朝が諸外国と一番条約を結びやすかった町だったかもしれません。整理しておかないと混乱する恐れがあります。

＊主な「天津条約」の一覧

年	1858年	1885年	1885年
相手国	英・仏・米・露	フランス	日本
内容	アロー戦争の終結条約 ・外国公使の北京駐在権 ・キリスト教布教の自由 ・外国人の中国国内旅行の自由 ・10港の開港場を増加	清仏戦争の終結条約 ・清はベトナムの宗主権を放棄 ・フランスがベトナムを保護国とすることを清が承認 ・清の南部数省でのフランスの特権を清が承認	甲申事変の調停条約 ・朝鮮半島から清と日本は撤兵 ・両国が朝鮮半島に出兵する時は事前に相手国に通告する

アクティヴィティ の答えの一つ

清の軍隊は洋務運動のため武器も近代化されており、フランスや日本に劣るものではありませんでした。特に日清戦争の時の軍艦の質は清の方が上でした。それでも負けてしまったのは、劉永福の黒旗軍のような義勇軍を除き、兵の戦意が乏しかったからです。そして戦意が乏しかったのは国民国家の意識が少なかったからです。「戦争に負ければ自分たちの国や故郷が植民地になってしまう」と思うことが国民国家を意識することでしょう。民衆が皇帝の奴隷のような状態の国には国民国家の意識は起こらないのです。中国にそのような国民国家の意識が高まるのには孫文の登場を待たなければなりません。

最後の門 の答え

問1　(1)　大院君　　(2)　江華島事件
　　　(3)　日朝修好条規
問2　東学
（解説）
問1　(3)　19世紀中頃からアジア史でも条約が増えてくるので条約の名前を正確に覚えておく必要があります。日米修好通商条約（1858年）や日清修好条規（1871年）、日朝修好条規（1876年）のようなまぎらわしい条約名を整理しておくとミスが少なくなります。
問2　キリスト教を中心とする西洋の学問を「西学」と呼び、儒教・仏教・道教などを合わせた新興宗教を「東学」と呼びます。全琫準など東学の指導者は東学の乱（甲午農民戦争）で敗北した結果、処刑されてしまいます。そしてキリスト教にあれほど反発した韓国は、現在では人口の約4分の1が熱心なキリスト教徒です。

帝国主義

世界支配の野望、
そして植民地の目覚めと抵抗

第**5**章

㉛ 帝国主義の成立
——合体した巨人同士がブン捕り合戦

下関条約で独立が認められたら朝鮮にとってもgoodじゃない？

いや、全然。と言うのも「独立＝清は朝鮮王朝の宗主国（そうしゅこく）であることをやめます」という意味になるので、独りで放っておかれてしまった朝鮮を日本だけでなく、ロシアまでもが狙っているからです。

序幕 近代ってナニ？
——流れ込んでくる新しい時代の渦

　ここで歴史区分を頭に入れておくことが大切ですね。例えば「中世」と「近世」の違いは上巻テーマ75でシュッツ牧師が解説していますが、「近世」と「近代」の違いがわかると歴史の構造が理解しやすくなります。

近世と近代って同じじゃない？　名前が似てるし

　いや、実は違うのですよ。では、中世も含めて「中世−近世−近代」を説明しましょう。**中世**は大雑把に言って①**商いが地域限定**、②**一つの宗教や哲学のみが信じられ**、③**領主や豪族によってバラバラに治められている**時代だとします。それに対して**近世**は地域によってあらわれてくる時代は違うけれども、①**世界中の品物が手に入るようになり**（「世界の一体化」）、②**たくさんの種類の宗教や哲学がもたらされるようになり**（「価値の多元化」）、③**国王や王朝が中央集権で治めるようになる**（「主権国家の形成」）時代のことを意味します。

　近代の特徴は、欧米が主導権を握る時代であることです。**欧米で近代が始まるのはフランス革命の時**ですし、**欧米以外の地域で近代が始まるのは、欧米と深い関わりが生まれてくる時**ですよ。日本で言えば天保期（1830〜40年代）や黒船来航の頃から近代が始まります。近代とは①**鉄道や電信によって世界の一体化が加速する時代**、②**欧米の価値観が**

三国干渉

中心となる時代（例えば洋服や思想など）、③民主主義が主権国家の基本となる時代であると言えます。土佐の坂本龍馬がアメリカの民主主義を知り感激して「下女が大統領を選ぶとは、まっことあめりかは立派じゃあ！」と叫んだ時、龍馬の胸に近代が点火したのです。

第1幕　第2次産業革命 ——合体っ！ に成功した企業が勝利する

　近代を作り上げる「近代化」を推進させたのは**第2次産業革命**です。18世紀に始まった産業革命が石炭と蒸気を主な動力源としていたのに対し、19世紀後半から**石油と電気**が新しい動力源として活用されるようになるのですが、これを第2次産業革命と呼ぶのです。例えば自動車でも蒸気自動車があったのです。ガソリンとエンジンを使った自動車よりも振動が少なく、運転が楽なのですが、ボイラーに点火して動かせるようになるまで15分もかかったので不便です。結局はガソリンエンジンの自動車が普及するようになりました。

　そして石油と電気を利用する**重化学工業**やアルミニウムなどの**非鉄金属工業**が発展するようになったのですが、このような工場は設備にカネがかかるため、工場の運営には巨額の資金が必要になります。そこで企業は**合併（トラスト）**を繰り返して巨大な独占企業グループ（**コンツェルン**）を作り、市場を支配するようになったのです。

「スーパー戦隊」シリーズみたいに合体して強くなるわけだ

　ま、まあ、そのとおりです。このような合体した巨大企業のアタマの部分にあたるのが銀行などのカネを操る金融資本ですな。

　第2次産業革命が一番発達し、19世紀末に工業生産力で世界1位になったのがアメリカ合衆国で、ロックフェラー財閥による石油業、カーネギー財閥による鉄鋼業などが大発展したのです。これらの大企業が発達できたのは実はアメリカには**移民**という豊かな労働力が常に流入していたからです。アメリカには貴族がいないため、移民であっても立身出世は夢ではありません。いわゆる**アメリカンドリーム**というやつです。アメリカに次いで世界2位になったのがドイツでした。ビスマルクによる統一事業と保護貿易によって資本主義が急激に発展し、**クルップ社**をはじめとする軍需企業や鉄鋼業が発展したのが大きい

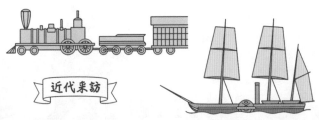

近代来訪

マシュー＝ペリー

ですね。

第2幕 帝国主義
——いき着くところまでいけば世界の破滅

さてアメリカのように第2次産業革命が発達した国では、次々と作られる商品を国内だけではさばき切れないため、海外に市場を求める必要が出てきました。「売れなけりゃオマンマは食っていけねぇ」というわけです。そこで欧米列強では帝国主義の考えがしだいに広がってきます。これは「**金融資本と結び付いた列強諸国が、植民地を広げることによってより高い利益を得ようとする考え**」のことを指します。え、わからない？　では思い切って「植民地ゲットで、もうけを独り占めにしようとする考え」とまとめましょう。いささか乱暴ではあるのですが。

16～18世紀に流行った**重商主義**との違いがわかりづらいので、こう区別しましょう。まず重商主義が「国が主導して特定の商人を助け、貿易でもうける考え」で、ここで言う特定の商人とは東インド会社みたいな特権商人です。まあ時代劇で言えば悪代官が国、越後屋が重商主義の特権商人ですね。それに対し、帝国主義は「自由主義競争で勝ち残った商人（というかコンツェルン）が主導して国と結び付き、植民地金融でもうける考え」と言えます。19世紀以来の自由主義の競争で努力と能力で勝ち残った大商人、例えばロスチャイルド家やモルガン家、日本で言えば三菱の岩崎家などが国家と結び付き、銀行金融で植民地にカネを貸したり、投資したりしてもうけるやり方が帝国主義です。植民地にモノを売りつけるのもいいけれど、カネがカネを産む金融業の方がもうけも大きく楽ができて、美味しいのです。

濡れ手に粟だね

産業革命が発展した列強、例えば工業力があるイギリスやフランスは、強力な軍事力を使って自分たちを中核国として世界各地を植民地にし、植民地を周辺国としてモノを売り付けたり、原料を作らせたり、暴利でカネを貸したりと支配したのです。やりたい放題にむさぼってカネをもうけたわけですねえ。このような植民地ではモノを運ぶためにどうしても鉄道が必要なので、鉄道をドンドン敷いたし、有能な役人（いわば子分）を作るために学

独占資本
石油
鉄鋼

校も作っています。

その一方、19世紀になってやっと国内統一に成功したドイツ・イタリア・日本は植民地ゲットに出遅れていたので、20世紀の初めから植民地獲得に大いに乗り出します。特にドイツ皇帝の**ヴィルヘルム2世**は植民地や勢力圏の**再配分**を求めて活発な軍事行動を起こし、またロシアは不凍港を求める南下政策に熱心であったので、植民地の獲得のために列強各国の対立が深刻化するようになったのです。この世界には限りがあるので、最後には植民地をめぐって世界最終戦争にまで突き進んでしまう可能性も出てきました。しかしウィーン体制による勢力均衡のおかげでヨーロッパ内では、クリミア戦争を除き、大きな戦争は起こらず、19世紀を通じてヨーロッパは平和を享受できたのです。そのため19世紀末からは**世紀末文化**と呼ばれる優れた文化が栄えました。これを**ベルエポック**（素晴らしい時代）と呼びますが、まさしくヨーロッパ文化の黄昏の白銀の光でした。チェコの画家**ミュシャ**のポスターがその例です（「ジスモンダ」→）。

第3幕 イギリスの帝国主義① ——「同じ仲間なら自立も認めてやるか」

帝国主義列強については、イギリスから話を始めましょう。海の王者であるイギリスはロシアの南下を巧みに防ぎつつ、世界各地の重要ポイントに植民地を広げていきます。イギリスの特徴は港と港をつなぐ「点と線」で植民地を広げることにあります。インドなどの豊かな地域を除き、維持に手間もカネもかかる「面」で植民地を広げることに執着しません。そこがフランスやロシアと大きく異なるところです。イギリスは工業生産力を背景に関税を低く抑える**自由貿易**を世界に広め、安い自国製品を世界中に輸出してもうけたわけです。するとイギリス国内では「自由貿易でもうかるのだったら植民地を無理して手に入れることはない」という意見も出てきます。そこでイギリスも考えるようになった。白人が多いか、主導的な地位を占める地域では、ある程度の自治を認めるようにした方が安上がりに治めることができるのではないかと。かつて力ずくで押さえ込んでアメリカ合衆国が反発して独立してしまった例もあるしね。そこで**1867年**にカナダの自治が認められ、**カナダ連邦と**

帝国主義

名乗ることになったのです。そのずっと後になりますが**1901年**に**オーストラリア**が、**1907年**に**ニュージーランド**が、そして**1910年**には南アフリカが自治を認められ、**南アフリカ連邦**と名乗るようになります。

　しかしイギリスがガンとして自治を認めなかったのがアイルランドとインドです。アイルランドは自由党のグラッドストン首相が2度もアイルランド自治法案を議会に提出したのに、保守派によって否決されてしまいました。その理由はまずアイルランドがカトリック教徒の国であること、そしてイギリスの産業資本家があまりにもアイルランドの利権（土地やら工場など）と関わりすぎていたため、今さら自治を認めると損が大きすぎるということでした。またインドは白人の人口があまりに少なく、キリスト教徒の国でもなかった。またアイルランドと同じように、イギリスの産業資本家がインドの利権と大きく関わっていたことも大きな理由です。要するにアイルランドとインドはイギリスに対する忠誠や信用度に欠けると思われたのですね。

復習ポイント

　19世紀にあらわれた、社会・経済での「考えや思想」を整理してみましょう。

アクティヴィティ

　「近代」と「現代」の違いはなんだと思いますか？

ヴィクトリア女王　　　　ヴィルヘルム2世　　　ニコライ2世

イギリス帝国主義関係史年表 (19世紀中頃〜20世紀初め)

〔復習を含む〕

| 1867年 | カナダを自治領とする→カナダ連邦成立 |

| 1875年 | ディズレーリ首相がスエズ運河買収 |

1881〜1882年 エジプトのウラービー (オラービー) 運動を鎮圧し、エジプトを事実上保護国化→インドへの道を確保

| 1901年 | オーストラリアを自治領とする |

| 1907年 | ニュージーランドを自治領とする |

1910年 南アフリカを自治領とする→南アフリカ連邦成立

「白人やイギリス国教会信者が指導者層か、人口が多い地域なら自治をまかせた方が信用はできるし、安上がりという考え方ですよ」

最後の門 下の問題は大学入試問題を出典にした問題です。答えなさい。

19世紀後半以降、著しい発展を見せる科学の諸々の成果は産業に応用され、19世紀末には（ A ）を動力源とする技術革新が発達した。こうして起こった重化学工業などを中心とした工業生産の飛躍的な拡大は（ 1 ）と呼ばれている。また、これらの新しい産業は大規模な設備投資を必要とすることから、資本の独占化が進んだ。なかでも、いちはやく独占資本の形成が進み新産業分野の発展を先導して、世紀末までに工業生産において世界1位、2位を占めることになったのは、後発工業国の（ B ）であった。

欧米各国は工業製品の市場や資本の輸出先、資源確保のためにアジア・アフリカなどに進出し、強大な軍事力を背景に植民地獲得や勢力圏拡大の競争を繰り広げた。資本主義列強による対外膨張政策が展開された政治・経済・社会の動向は（ 2 ）と呼ばれている。

問1 （ 1 ）〜（ 2 ）に適当な語句を入れよ。

問2 文中の（ A ）に適切な語句を下から選び、記号で答えよ。

　　ア・石油や電力　　イ・地熱や風力　　ウ・石炭や蒸気機関

問3 文中の（ B ）に適切な語句を下から選び、記号で答えよ。

　　ア・アメリカとドイツ　　イ・ドイツとイギリス　　ウ・イギリスとアメリカ　　　　　　(札幌大・改)

アイルランド　　　　　　　　　　　　　　　　　　　イギリス領インド

ベルエポックの輝き
ミュシャ

ベルエポックBelle Époqueとはフランス語で「よい時代」という意味である。ヨーロッパは帝国主義によって世界中から集まった富をもとに19世紀末から華麗な文化を築き上げてきた。特に美術では**アルフォンス＝ミュシャ**を生み出している。

＊

1860年にオーストリア帝国内のモラヴィアで生まれたミュシャMuchaは母国語のチェコ語の発音ではムハと呼ぶ。最初は音楽家を志したが、夜間学校で絵を習い、さらにミュンヘンからパリへとわたって絵を学んだ。花の都のパリは世紀末芸術の一大中心地であり、ロートレックらの都会的で粋なポスターがもてはやされていたのだ。

パリで食うや食わずの生活をしていたミュシャだが、チャンスは突然にやってきた。1894年、大女優サラ＝ベルナールの新年の舞台のための新しいポスターを製作することになったのだ。その時、ひいきの画家がクリスマス休暇で留守だったので、貧乏画家ミュシャに依頼が舞い込んできた。寒さにこごえながらミュシャが渾身の力を込めて描いた舞台「ジスモンダ」のポスターを見たサラ＝ベルナールはこの作品に一目惚れしてしまい、さっそくミュシャを専属のポスター制作者に指名する。

この時からミュシャの運が開けた。化粧品からタバコや自転車の広告、カレンダーのイラストにいたるまでミュシャは描きまくり、そのどれもが傑作となった。甘美な世紀末の幻想にあふれたミュシャの作品は、**新芸術を意味するアー**ル＝ヌーヴォーの代表とされた。そして彼の作品は後のイラストレーターや漫画家にこぞってマネされるほど世界中で人気を博したのである。

しかしミュシャはしだいに物足りなさを感じるようになった。

「自分は画家である。商業作品やポスターよりも『絵』が描きたい！ もうけのためよりも自分の魂と祖国のために作品を作りたいのだ」

アメリカ人のパトロンから援助を受けられるようになったミュシャは1910年に故郷のチェコに帰り、画家としての新しい道を模索した。

チェコの作曲家スメタナの交響詩「わが祖国」を聞いたことから、故郷のチェコと自分の民族であるスラヴ民族のための作品を描くことを志すようになった。そしてミュシャは巨大な絵画群**「スラヴ叙事詩」**を描き始めるようになる。この作品群は完成まで20年近くもかかった。

1918年、第一次世界大戦の結果、故郷のモラヴィアがチェコスロヴァキア共和国の一部として独立すると、ミュシャは祖国のために国章や切手、紙幣のデザインを担当した。これらはすべて無償でおこなっている。

1939年、ナチス＝ドイツがチェコスロヴァキア共和国を解体すると78歳だったミュシャは反ドイツ主義者の疑いで逮捕され、拷問に近い尋問を受けた。ミュシャの老体はこの仕打ちに耐えられず、4か月後に故郷のチェコで死ぬ。

チェコとスラヴを思い続けながら描いた20枚の「スラヴ叙事詩」は1枚が大きなもので6ｍ×8ｍもある巨大な壁のような作品群である。長いこと美術館には引き取られず、田舎の城館にしまわれていたが、21世紀に入ってからプラハ国立美術館に常設されるようになった。

そして「スラヴ叙事詩」は2017年春についに東京で公開された。その巨人たちの姿は、見た人々の心に圧倒的な刻印を残している。

解答と解説

復習ポイント の答え

　19世紀に西洋にあらわれた社会・経済における考えや思想は世界を揺るがす巨大な運動になっていきます。主なもので四つありますが、それを整理してみましょう。

① 自由主義 …国家や権力からの自由を主張した考え。思想だけでなく政治の自由（＝参政権の拡大）や関税からの自由（＝自由貿易）なども自由主義に入る。
　代表的な思想家はロック・アダム＝スミス・ミルなど。

② ナショナリズム …国民を文化や社会の中心とする考え。18世紀の貴族社会が階級中心の社会であったのに対し、国民を社会の中心として考える。国民ではなく民族を中心とするとKKK（クー＝クラックス＝クラン）やナチスなどの排他的右翼に発展してしまう恐れがある。代表的思想家はフィヒテ・サヴィニーなど。

③ 社会主義 …社会的平等を重視する考え。社会における貧富の格差を否定し、社会的・経済的平等を重んじる。代表的な思想家はマルクス・レーニン・毛沢東など。

④ 帝国主義 …植民地支配による経済的帝国建設を主張する考え。古代ローマ帝国やナポレオン帝国と異なり、政治支配よりも経済の支配と利益を重んじる。代表的な思想家（政治家に多い）はパーマストン・ディズレーリなど。

アクティヴィティ の答えの一つ

　現代contemporaryは「時を共にする」というラテン語からきています。つまり「今」なのですが、明治などの「近代」とくらべて大きく違うところはあります。近代の欧米の支配は現代では弱くなり、欧米以外の国々（中国など）が力を持ってきています。そして**情報**です。テレビ・PC・スマートフォンなどによって情報をすばやく集め、整理できるようになった結果、科学をはじめとする知識の増大が可能になりました。次に**移動**です。より早く、快適になり、人類は宇宙にも達しています。そして**無人化**です。チケットやネット販売などで人間と触れ合わなくても生活が可能になっていますが、これらの特徴によって現代が抱えるようになった負の問題も当然起こっています。

最後の門 の答え

問1　(1)　第2次産業革命
　　　(2)　帝国主義
問2　ア
問3　ア
（解説）
　産業革命には18〜19世紀の第1次と19世紀後半の第2次があり、その大きな違いは動力源にあります（第1次は石炭と蒸気、第2次は石油と電気）。これを理解していれば問1の(1)と問2は解けます。問3は文中に「後発工業国」という言葉が入っているので、答えにイギリスが入っていないことがわかります。

32 帝国主義下の英仏
——ゆがみがとうとうモロ出しになる帝国主義

イギリスって19世紀末にアメリカとドイツに抜かれましたね。

よく勉強していますねぇ。イギリスの工業生産力が落ちてきたのは昔ながらの石炭や蒸気機関に頼った古い工場設備のままで、いわゆるイノベーション（技術革新）に欠けていたからです。そこで「世界の工場」の地位を失ったイギリスは代わりに植民地相手の金融業に力を入れるようになり、「世界の銀行」と呼ばれるようになったのですよ。

第1幕 イギリスの帝国主義政策
——世紀末覇者ジョジョ（ジョゼフ＝チェンバレン）

　イギリス近代史の中で帝国主義者として有名なのが、アヘン戦争やアロー戦争を戦いまくった自由党の**パーマストン**（テーマ28参照）や、スエズ運河を買収し、インド帝国を作った保守党の**ディズレーリ首相**（テーマ17参照）です。もう一人少し変わった帝国主義者を紹介しておきましょう。それが**ジョゼフ＝チェンバレン**です。工場経営者の家に生まれ、大学で学んだものの父の工場で労働者と一緒に靴作りで働いた経験がある人です。元々は社会主義者で、工場労働者の生活向上のために自由党から下院に立候補して、ブルジョワジーや労働者の支持を受けて当選しました。グラッドストン内閣では商務相として辣腕（らつわん）を振るいます。ジョゼフ曰（いわ）く「汗水たらさない貴族のためのイギリスではない。働く者のためのイギリスであるべきだ」として、小作人に土地の私有を認め、労働者にはドイツのビスマルクのように労災保険や疾病保険などの社会保障政策を実行したのです。ところが社会保障政策には膨大な財源が必要になる。するとジョゼフは「なに、**財源がなければ植民地から引っ張ってくればよいではないか。そのための植民地なのだからな**」と言い放ちます。つまりジョゼフは「社会主義的帝国主義者」だったのです。そのためアイルランド自治法案をめぐってグラッドストン首相と対立し、ケンカ別れしてしまいます。ジョゼフはアイ

ジョゼフ＝チェンバレン

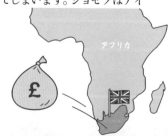

アフリカ

£

ルランドに自治なんか認めなかったのです。これは後の話なのですが、アイルランド自治法案は3度目の正直で1914年にやっと成立しました。しかしその年に第一次世界大戦が始まってしまったため、実施は延期になってしまいます。しかもアイルランドの東北部**アルスター**は工業地帯で、移住していたイギリス人も多く、彼らはアイルランドの自治に大反対していたのです。すると1905年に結成されたアイルランドの民族主義政党である**シン＝フェイン党**が「アテにならないイギリス人の約束を信じるよりも、武力闘争で独立を勝ち取ろう」という方針をとるようになり、急進派が1916年4月にダブリンで**イースター蜂起**を起こしました。結果は大失敗で、反乱に加担した人物の中には、捕らわれて処刑されてしまった者もいました。

　さて、ジョゼフに話を戻しましょう。ジョゼフは19世紀末には保守党のソールズベリー内閣の植民相として、帝国主義政策をバンバン推進しました。その代表が**1899～1902年の南アフリカ（南ア、ブール）戦争**でした。実は南アフリカは元々**アフリカーナー（ブール人）**と呼ばれるオランダなどのヨーロッパ人の末裔の農民が植民していた土地なのです。農民のことをオランダ語で**ボーア Boer**と言うのですよ（英語風に発音すると**ブール**）。彼らの多くは宗教的迫害を逃れてこの地に来た人々なので、アメリカの「ピルグリム＝ファーザーズ」と同じように根性がすわっています。ところがウィーン会議で海沿いのケープ植民地をイギリスに取られてしまったためにアフリカーナーは内陸部に家族を引き連れて大移動し、先住民族と戦って**トランスヴァール共和国**と**オレンジ自由国**を打ち立てました。ところがこの両国でダイヤモンドと金の鉱山が見つかってしまったのです。カネに困っているジョゼフがこの宝の山を見逃すわけがない。彼は現地の有力者**セシル＝ローズ**と組んで南アフリカ（南ア、ブール）戦争を起こし、このお宝をブン捕ろうとしたのですが、この戦争は実は大変な騒ぎになってしまいます。おっと、この続きはテーマ35でやりましょうね。

  第2幕

イギリス労働党の成立
──仲良しクラブが巨大政党に成長

　なり振りかまわず帝国主義に走って自国の貧富の差を解決しようとしたジョゼフでしたが、「人の家に泥棒に入って山分けは平等」というのは無理がありました。そこで19世紀末のイギリスでは、知識人や労働者階級の間で、帝国主義によらない社会主義勢力の勢い

イースター蜂起

が盛んになってきます。その例が**フェビアン協会**ですね。設立は1884年です。フェビアンとはポエニ戦争で戦い、退却戦法でハンニバルを悩ませた古代ローマの将軍ファビウスのことです。中心になったのは劇作家の**バーナード＝ショー**や改革主義者の**ウェッブ夫妻**などの知識人で、穏やかな議会制民主主義による社会主義改革を求めた団体です。でも、これはあくまでも仲良しクラブのような団体であって、選挙に訴える政党ではなかったことに注意してください。しかし社会問題を取り上げて議論を進めていくうちに政治に積極的に関わる必要性を協会は感じるようになります。そこでフェビアン協会が主体となって1900年に**労働代表委員会**が作られ、この委員会が発展して**1906年**に**労働党**が結成されました。初代党首は**ケア＝ハーディ**です。労働党の特徴は、革命ではなく<u>穏健な社会主義的改革を目指す政党</u>です。落ち目の自由党に代わり、保守党と並ぶイギリス二大政党の一つとして現在も活発に活動しています。

第3幕 フランス第三共和政 ——左右からの攻撃に信用失墜の政府

第1場：フランス第三共和政とブーランジェ事件

19世紀末のフランスは、文化ではベルエポックの中心地として栄えたのですが、政治ではけっこうな混乱状態でした。**ナポレオン3世**が退位した後の**第三共和政**が安定していなかったのです。

うーん、その第三共和政というのがわかりません

フランスという国は、**王政→共和政→帝政**という変動を繰り返してきた国です。イギリスのような政治体制の安定感はありませんね。

ただし特徴はあります。まず<u>王政は1848年の二月革命以降はもう二度とフランス史に出てきません</u>。そして2度の帝政時に皇帝になったのは、二人ともボナパルト一族であったことです。つまりフランスは19世紀後半までに中断を繰り返しながら3回も共和政を実施してきたわけです。ところがこの3回目の共和政は1871年の**ドイツ＝フランス（独仏）戦争**の敗戦に伴う急ごしらえでできたような政治体制なので、いろいろな不満が各方面から出てきました。最初は王党派の勢力が強く、政権運営も大変でしたが、ブルジョワジーた

南アフリカ戦争

ちを中心とする市民たちが共和政を支持するようになると、1880年代に入ってやっと共和政も安定するようになります。やれやれ。しかし「喉元過ぎれば熱さを忘れる」とやらで、政権が安定するようになるとフランスは帝国主義的な植民地拡大に再び熱中するようになりました。例えば1883・1884年に**フエ（ユエ）条約**を阮朝と結んでベトナムを保護国にしたのも、1884年に**清仏戦争**を起こしたのも皆第三共和政がおこなったことです（テーマ30参照）。

　しかし本国ではこのような植民地拡大政策は評判がよくありません。「そんなことをやっているカネと軍備があるのだったら、なんでドイツに復讐しないのだ！」というわけです。そう、独仏戦争で敗れた恨みと悔しさだけは忘れません。おまけにドイツの**ビスマルク**がフランス孤立包囲網を作っている最中だったのでフランス人のドイツに対する恨みと悔しさはひとしおでした（テーマ20、21参照）。そういった状況では「威勢のいい愛国者」が国民の人気を博すもので、その代表が**ブーランジェ将軍**でした。陸軍大臣だったブーランジェは大いに「対ドイツ強硬論」をアピールしたので、時の勢いとやらで民衆の人気はうなぎのぼり。ついに**1889年**に右翼的民衆がブーランジェ将軍のもとに押しかけて「将軍っ！　今の情けない第三共和政をぶっ倒しましょう！　われわれは将軍を応援します！」とクーデタを迫ってきたのです。意外に肝の小さかったブーランジェ将軍は日頃の景気のよい言動はどこへやら、「君たち、ぼ、暴力は……い、いけないよ」と、外国に亡命してしまったため、民衆の熱気も冷めてしまいます。

🧑 えっ！　逃げちゃったんですか？

　はい。この第三共和政に対するクーデタ未遂事件を**ブーランジェ事件**と呼びます。
第2場：ドレフュス事件 ── 世界史上最大の冤罪事件

　期待していた愛国者が実はヘタレだったことがわかり、フランス民衆の怒りがゆがんだ方向にため込まれていきます。つまりイケニエとしての「裏切り者」を求めるようになったのです。そして**1894年**についに**ドレフュス事件**が起こりました。ドイツにフランスの軍事機密を売った犯人として**ドレフュス大尉**が告発されたのですが、ドレフュス大尉は**ユダヤ人**だったのです。フランスの世論は大いに湧きました「ユダヤ人の仕業だったのか！　フン、いつかはやると思っていたぜ！」。ドレフュス大尉は裁判で必死に無罪を主張しましたが、

フェビアン協会　　　　労働党

バーナード＝ショー　　　ケア＝ハーディ

怒号の中で彼の声はかき消されてしまいます。ドレフュスは終身刑を宣告され、流刑にされてしまいました。いや、本当は死刑にしたかったのだが証拠が少なすぎたのです。結果から言うと後にドレフュスが無罪であることが明らかになり、彼に罪をなすりつけた軍部の威信は地に堕ちてしまいました。ドレフュス事件をめぐる大論争は国を二分するほどの騒ぎになり、政治は混乱状態に陥ってしまいます。この混乱の中でフランスでは**サンディカリズム**という過激な思想が生まれてきます。これは**政党ではなく労働組合が中心になり、ストライキによって革命を起こしてしまおうとする考え**ですが、これは過激な考えですよ。そこでドレフュスを支援する共和主義者が1901年に**急進社会党**を作り、これを母体として1905年に**フランス社会党**が結成され、穏健な社会主義改革を目指すことによって、サンディカリズムをなんとか押さえ込むことに成功しています。また急進社会党はカトリック教会が政治に干渉することを防ぐため、1905年に**政教分離法**を定めました。現在のフランス政府がイスラーム女子学生に学校でのスカーフ着用を禁止しているのは、この法律によるものなのです。

復習ポイント

フランス革命から第三共和政までのフランスの政治体制をまとめてみましょう。

アクティヴィティ

「帝国主義」が生み出す長所と短所は何だと思いますか。

ブーランジェ事件

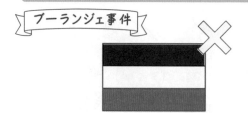

イギリス・フランスの動向年表（19世紀後半〜20世紀初め）

1870（1871）〜1940年	（仏）**フランス第三共和政**
1884年	（英）**フェビアン協会結成**…社会主義的サークル
1887〜1889年	（仏）**ブーランジェ事件**
1894年	（仏）**ドレフュス事件発生**
1899〜1902年	（英）**南アフリカ**（南ア、ブール）**戦争**
1905年	（仏）**フランス社会党成立**
	（仏）**政教分離法成立**
1906年	（英）**労働党成立**…初代党首ケア＝ハーディ
1914年	（英）**アイルランド自治法成立**…第一次世界大戦により実施が延期
1916年	（英）**イースター蜂起**がアイルランドのダブリンで勃発

最後の門 下の問題は大学入試問題を出典にした問題です。答えなさい。

　フランス国内に目を向けると、1889年には右翼の反議会主義勢力が対独復讐・議会解散・憲法改正を唱えて（　1　）と呼ばれるクーデタ未遂事件を起こし、ついで1894年に軍事機密漏洩の罪に問われたユダヤ系将校の名前をとってドレフュス事件と呼ばれる冤罪事件をきっかけに起こった論争が国論を二分し共和国を揺るがした。更に、労働運動では、労働組合のゼネストなど直接行動によって社会改革を目指す（　2　）の勢いが増していった。

問1　（　1　）〜（　2　）に適当な語句を入れよ。　　　　　　　　　　　　（札幌大・改）

問2　ドレフュス事件に関する記述として正しいものを選びなさい。

　① ユダヤ系の将校ドレフュスがドイツのスパイとして終身刑を宣告されたが、後に冤罪と判明した。

　② ユダヤ系の将校ドレフュスがイギリスのスパイとして死刑を宣告されたが、後に冤罪と判明した。

　③ ユダヤ系の将校ドレフュスがドイツのスパイとして死刑を宣告されたが、後に冤罪と判明した。

　④ ユダヤ系の将校ドレフュスがイギリスのスパイとして終身刑を宣告されたが、後に冤罪と判明した。

（南山大・改）

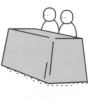

ドレフュス事件

フランス史の暗黒
ドレフュス事件

1894年、フランス陸軍情報部はフランス軍関係者の中にドイツのスパイがいることを知った。残されたメモの筆跡が似ていることから参謀本部付きの砲兵大尉アルフレッド＝ドレフュスが逮捕される。

そのドレフュス大尉はアルザス地方出身のユダヤ人だったのだ。

反ユダヤ系新聞『自由言論』はこの事件を大々的に報じ、「**ユダヤ人は祖国を裏切る売国奴である**」と決めつけた。ドイツに負けて悶々としていた国民はこれに飛びつき、**ドレフュスを血祭りにあげろ**と騒ぎ始める。さっそく軍法会議が開かれ、証拠不十分にもかかわらずドレフュスに有罪を宣告した。ドレフュスは無罪を強く訴えたが無駄だった。

ドレフュスの「**階位剥奪式**」という前代未聞の行事がさらしものにするためにおこなわれる。軍人たちが居並び、市民たちが興味本位で見物する中、直立不動のドレフュスの胸から多くの勲章が剥ぎ取られ、サーベルがへし折られた。すさまじい周囲の罵声をあびつつドレフュスは屈辱に耐えながら雄々しく立っていた。そしてドレフュスは南アメリカのギアナ沖の**悪魔島**に流された。なにしろ生きて帰って来た囚人がいないという酷暑と害虫と病原菌の地獄島だ。やせっぽちのドレフュスならば1年以内に死んでしまうだろうと関係者はたかをくくっていた。しかしドレフュスは死ななかった。悪魔島で彼は生き抜いていたのだ。

＊

1896年、陸軍情報部長となった**ピカール中佐**は、ふとしたことからこの事件の真犯人のスパイがハンガリー生まれの貴族フェルディナン＝エステラジー少佐であることを突き止めた。バクチ好きの少佐はカネに困っていたことも明らかになった。正義感の強いピカール中佐は義憤に燃え、エステラジー少佐を軍事法廷に告訴したのである。軍の上層部は慌てふためいた。もしも由緒ある貴族のエステラジー少佐が有罪、そしてドレフュス大尉が無罪となったら軍の威信が失墜してしまうであろう！

そこで軍上層部はピカール中佐を左遷したあげくにクビにした。次いで形式的な裁判でエステラジー少佐を無罪にしてしまったのだ。

その裁判の翌日、1898年1月13日の新聞『オーロール（曙）』に小説『居酒屋』や『ナナ』で知られる自然主義の大作家、**エミール＝ゾラ**の**「私は弾劾する」**という公開状が出た。名文だった。ゾラは徹底的な調査の上で、ドレフュスの無罪と反ユダヤ主義を利用した軍上層部の陰謀をあばき出したのである。**フランス中が騒然となった。**

ゾラに対する攻撃はすさまじかった。右翼による脅迫、そして名誉毀損でゾラは告訴され、一時ゾラはイギリスに亡命を余儀なくされる。

その一方でゾラの訴えに動かされドレフュスの無罪を確信する人々も増えてきた。軍は世論に押されやむなく軍法会議を開いたが、ドレフュスは無罪にならなかった。

1899年、ドレフュスは大統領の特赦で釈放された。そして**ついに1906年、ドレフュスは念願の無罪判決を勝ち取ることができた。**しかしゾラはドレフュスの無罪を知ることはなかった。1902年、ゾラはガス事故で死亡する。しかし彼の死を事故ではないと信じる人は現在も多い。

解答と解説

復習ポイント の答え

フランス政治体制の変化はややこしいので、整理しておくと試験などに対応できます。

ブルボン家の王政→フランス革命により王権が停止（1792年）

① 第一共和政

（国民公会のジロンド派、山岳派、テルミドール派、総裁政府、統領政府の支配）

→ナポレオンが皇帝に即位（1804年）

② 第一帝政 （ナポレオン1世による支配）

→ナポレオンの退位によってブルボン王政の復活（1814年）

→七月革命が起き（1830年）、七月王政の立憲君主政が成立

→二月革命（1848年）による王政の廃止と共和政の復活

③ 第二共和政

（ブルジョワジーを中心とした支配）

→ルイ＝ナポレオンが皇帝に即位（1852年）

④ 第二帝政 （ナポレオン3世による支配）

→独仏戦争の敗北とナポレオン3世の退位（1870年）

⑤ 第三共和政

（ブルジョワジーを中心とした支配：～1940年）

アクティヴィティ の答えの一つ

帝国主義の長所＝①世界各国から原料や資金を集めることが可能。

②周辺国から安い人件費で原材料を調達できる。

③市場や資金の投資先を容易に見つけることができる。

帝国主義の短所＝①軍隊や役所など植民地の維持にカネがかかる。

②植民地の取り合いのため、他の列強と戦争が起きやすい。

最後の門 の答え

問1　(1)　ブーランジェ事件

(2)　サンディカリズム

問2　①

（解説）

　問1は問題文のキーワードから正答を推測する必要があります。(1)は「1889年」という年代と「右翼」「対独復讐」というキーワードでブーランジェ事件が導き出せます。

　(2)は「労働組合のゼネスト」という言葉がヒントになります。

　問2はまぎらわしいのですが、ドレフュスがドイツのスパイであることを疑われたこと、死刑にならなかったこと、の2点を知っていれば対処はできます。

33 帝国主義下の独露
——事件は「会議」で起こった

えっ、ロシアって憲法も議会もなかったんですか？

なかったんですよ。すべて皇帝の独裁だったから、ピョートル1世の
ような有能な人物がトップならばいいけれども、第2幕のニコライ2
世のような凡庸な人物がトップだと最悪ですね……。
では、ドイツ・ロシアの順に見ていきましょう。

第1幕 ドイツの帝国主義政策
——カイゼルヒゲの「世界政策」

　1898年に即位したドイツ帝国の**ヴィルヘルム2世**は、宰相**ビスマ
ルク**と折り合いが悪く、彼が1890年に引退した後、みずから政治を主
導しました。

　うふふふ、変なヒゲですねー！

　こんなピンと立てたヒゲのことを、皇帝を意味するドイツ語の Kaiser カイザーから、「カ
イゼルヒゲ」と呼ぶようになったのです。

　皇帝ヴィルヘルム2世は、ビスマルクの政策によりドイツの工業生産力が大いに上がっ
てきたことに気をよくし、市場を求めて海外植民地をどんどん広げようとします。「**ドイツ
は植民地獲得に出遅れたからな。大いに盛り返さないといかん**」というわけで、世界政策
という名のもとで帝国主義政策をとります。海外植民地を手に入れるためには海軍が必要
ということで**海軍の大拡張**をはかりますが、これがいかんかった。海軍国であるイギリスを
モロ刺激して敵に回してしまったのです。またヴィルヘルム2世は、ビスマルクがロシアと
の間に苦労して結んでいた**再保障条約**(テーマ21参照)を1890年に更新する際、更新を拒

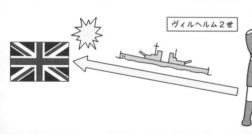

ヴィルヘルム2世

バルカン半島

否してしまいました。ロシアの方は更新に乗り気だったのですが、ヴィルヘルム2世は「どうせ、あんたとはこれからケンカするのだから、更新なんかせん」と言わずもがなのことを言い、陸軍国であるロシアをモロ刺激して敵に回してしまったのです。

 なんか、ヴィルヘルム2世っていろいろ残念ですね……

実はヴィルヘルム2世はバルカン半島を自分の新たなテリトリーにしようと狙っていたのです。前からバルカン半島を狙っていたロシアは**パン＝スラヴ主義**という主張をとなえていたのですが、このパン＝スラヴ主義とは「**われわれスラヴ民族は連帯して、自分たちの国を作っていこう**」という内容です。ロシア人もスラヴ民族なので、同じスラヴ系のセルビア人やチェック人に対してこの主張であおって味方に付け、バルカン半島を自分の影響下に置こうとしたのです。

これに対し、ヴィルヘルム2世は「**国外のドイツ民族を統合し、東方植民のいる東ヨーロッパからバルカン半島にかけてを支配しよう**」とする**パン＝ゲルマン主義**をとなえて、バルカン半島への権利を主張し始めたのです。どちらにせよ、ずっとバルカン半島を維持し続けてきたわれわれ**オスマン帝国**の人間にとっては、両方ともまったく迷惑な主義主張ですよ。

資本主義が発達し、貧富の格差が生まれてきていたドイツでも帝国主義に反対する社会主義勢力が強くなってきました。そのきっかけを作ったのは他ならぬ皇帝ヴィルヘルム2世自身でして、ビスマルクが作った社会主義者鎮圧法を1890年に廃止してしまったのです。「じいの作ったこの法律は時代遅れだからな」というのが理由。おかげで社会主義勢力が息を吹き返し、その年のうちに禁止されていたドイツ社会主義労働者党（テーマ20参照）が**ドイツ社会民主党**としてよみがえります。ただし、この社会民主党はマルクスがとなえるような過激な革命路線はとらず、議会制民主主義による穏やかな社会主義的改革路線をとるようになります。このような議会を中心にした社会主義路線はドイツの社会主義経済学者ベルンシュタインがとなえたもので、**修正主義**と言われています。この政治路線をとる政党は**中道左派**と呼ばれ、社会民主主義をとった**ドイツ社会民主党・フランス社会党・イギリス労働党**は「ヨーロッパ中道左派ご三家」として現在に至るまで、数多くの首相を輩出しています。

ドイツ社会民主党員

ベルンシュタイン

第2幕 帝国主義下のロシア ——おフランスと仲良くする「お坊ちゃん」

　次はロシアの番ですが、19世紀中頃のロシアの皇帝**アレクサンドル2世**についてはテーマ16に書いてあります。一言で言えば改革に熱心な皇帝であり1861年に農奴解放令まで出した皇帝です。ただし南下政策にも熱心な皇帝で、アイグン条約・北京条約・ロシア＝トルコ（露土）戦争・イリ条約などはみーんなアレクサンドル2世が関わっていた事件です。

　1881年にアレクサンドル2世がテロリストによって暗殺された後、跡を継いだ息子の**アレクサンドル3世**は堅実で質素な皇帝で、対外侵略よりは国内の鉄道の建設や鉱山の開発にも力を入れています。と、言うのもロシアは欧米にくらべ近代化が遅れていたからです。列強と手を結び、多くの融資を受け、できるだけ早く工業化・近代化を進めることがアレクサンドル3世の狙いでした。

　そのために、まずは仲良しさんのドイツからカネを借りようとしたのですが、皇帝ヴィルヘルム2世に断られ、再保障条約の更新まで打ち切られてしまいます。そこで1894年に**露仏同盟**を結び、フランスと手を結んで、フランスから多くの融資を受けることができました。しかし1894年、アレクサンドル3世は政務の苦労がたたって49歳の若さで亡くなってしまいます。跡を継いだのが**ニコライ2世**で、この人がロシア最後の皇帝となります。この皇帝は人はよいのですが、それが裏目に出て他人の意見に流されることも多かった。ガンコ一徹のお父さんとは正反対の性格です。まあ、ニコライ2世をあらわすと「お坊ちゃん」ですかね。その「お坊ちゃん」が世界最大の独裁権力者であるロシア皇帝（ツァーリ）になったのですから問題です。このお坊ちゃんを補佐していたのは父帝が遺してくれた官僚たちで、その筆頭が自由主義的な思想を持つ**ウィッテ**です。この人は日露戦争のポーツマス条約の時のロシア全権大使になっていますね。ウィッテはフランスから借りたカネをロシアの産業の近代化につぎ込みましたが、しかしあまりにも拙速な近代化というものは国民への負担が大きくなります。都市では工場が建てられ、ブルジョワジーの数も増えてきたのですが、その一方で貧富の格差が大きくなり、低賃金の労働者たちは生活の苦しさから過激な社会主義に走るようになります。

第3幕 ロシアの社会主義運動 ——血に染まった日曜日が大きな転換点

　というわけでロシアにも労働者を主体とする社会主義の政党ができることになりました。その名も**ロシア社会民主労働党**。ところが1898年に結成した直後に、執行部のほとんどが政治犯として逮捕され、党は解体してしまいます。そこでめげずに1903年に再び結成したのですが、なんと結成直後に方針をめぐって党が二つに分裂してしまいました。一つ目の派閥は**ボリシェヴィキ**と言い、ロシア語で多数派という意味です。過激な革命路線を主張する一派で、リーダーは**レーニン**です。レーニンは超有名人だから、テーマ44でまた取り上げましょう。もう一つの派閥は**メンシェヴィキ**と言い、少数派という意味です。穏健な社会主義路線をとる派閥で、リーダーは**プレハーノフ**です。

　その他にもロシアでは20世紀に入ると多くの政党ができるようになります。1901年には**エスエル**（社会主義者・革命家党）が結成されますがこの党は農民を中心とする社会主義政党で、ナロードニキ（テーマ16参照）の流れを受け継いでいる政党です。次に**立憲民主党**が1905年に結成されますが、これはブルジョワジー中心の政党です。

なんだか政党の名前ばっかり多くて、覚えづらいです！

　うん。19世紀までは王朝の名前ばかり出てきてうんざりするのだけれども、20世紀からは政党の名前ばかりが出てきますね。これも**20世紀が近代の影響を受けた民主主義の時代になってくるからです**。ヒントと言ってはなんだけれども、「社会」とか「労働」が名前に付いている党は社会主義の党か、社会主義の影響を受けている党ですよ。

　1904年にいよいよ**日露戦争**が始まります。この戦争についてはテーマ39で詳しく言いますが、ロシアはチョンマゲ日本に楽勝で勝てると思っていました。しかし意外な大苦戦と被害の大きさに、ロシア民衆の間に不満や戦争を嫌がる気分が高まってきます。そして1905年1月22日の日曜日、**ガポン司祭**に率いられた民衆が皇帝の肖像や十字架を掲げながら、皇帝の住む宮殿に平和や労働者の権利を求めて、請願のための行進をおこないました。いや、これはデモではありません。あくまでも皇帝にお願いするための穏やかな行進だったのです。ところが無防備な民衆に対して警備隊が発砲を始め、なんと1000人を超

ニコライ2世　　ウィッテ

える死者が出てしまいました。これを**血の日曜日事件**と呼びます。この事件により皇帝への信頼は大きく揺らぎ、各地で農民反乱や労働者のストが起こり、あげくの果てに海軍の一部が反乱を起こし始めました。モスクワでは労働者が自治組織**ソヴィエト**（評議会）を作って武装蜂起に立ち上がったのです。これら1905年に起こった一連の騒乱を**1905年革命**と歴史では呼びます。もうこうなると日露戦争どころではなくなってしまいました。ニコライ2世はウィッテが起草した**十月宣言**を出して自由主義の導入と国会（ドゥーマ）の開設、憲法の制定を国民に約束し、この十月宣言のおかげで革命騒ぎはやっと下火になります。

　この時、活躍したのは初代首相のウィッテの跡を1906年に継いだ**ストルイピン**首相で、強い政治力を背景に農村の改革を試みます。ロシアの農村は**ミール**と呼ばれる、中世日本の「惣村」のような自治的な共同体で運営されていました。ストルイピンは希望する農民には「みんなが平等」というミールから、私有地付きで脱退できる権利を認めたのです。だいたい組織に頼らない独立自尊の農民ほど「やる気」のある農民が多かったので、富農になれる可能性が高いのです。実はこの改革の目的は、農民一揆の巣窟であるミールから富農を引き離して政府の味方にすることでした。このストルイピンの「農民分断作戦」は挫折に終わり、1911年にストルイピンは劇場で暗殺されてしまいました。

　その後、ニコライ2世はよりによって怪僧**ラスプーチン**を頼ってしまったため、ロシアは革命に突入してしまいます。

復習ポイント

　19世紀末からヨーロッパに生まれた社会主義政党を整理してみよう。

アクティヴィティ

　「社会主義」を育てる土壌と環境は何でしょうか？

レーニン

プレハーノフ

ドイツ・ロシアの動向年表 (19世紀末～20世紀初め)

1890年	ヴィルヘルム2世、再保障条約の更新を拒否 社会主義者鎮圧法を廃止→ドイツ社会民主党の成立
1894年	ロシアがフランスと露仏同盟を結ぶ
1898年	ロシア社会民主労働党が成立するも多くの幹部の逮捕で解体
1901年	ロシアでエスエル (社会主義者・革命家党) が成立
1903年	ロシア社会民主労働党が復活、しかし…… ↓ ボリシェヴィキ (多数派) とメンシェヴィキ (少数派) に分裂
1905年	血の日曜日事件→各地で反乱とストが頻発 ↓ 皇帝ニコライ2世、十月宣言で国会の開設と憲法の制定を約束 →ロシア立憲民主党成立 「約束はしたのだが、革命の勢いが落ち着くとニコライ2世はなしくずしに約束を無視し、専制政治を押し通そうとします」
1906年	ストルイピン首相によるミール解体 →1911年に首相が暗殺されたことにより改革は失敗

最後の門 下の問題は大学入試問題を出典にした問題です。答えなさい。

（ロシアでは）20世紀初頭、地主への従属が続くことに激しく抗議する農民運動や工場労働者のストライキが起こり、また知識人や社会主義者のなかからも専制体制の転換を求める声が高まっていった。そして日露戦争中の1905年、血の日曜日事件をきっかけとして第1次ロシア革命が起こった。ニコライ2世は、自由主義的な政治家ウィッテの起草による（ 1 ）を出して、立法権をもつ国会 (ドゥーマ) の開設などを約束した。しかし国会の立法権は制限され、選挙制度も不平等であった上、ニコライ2世は再び専制的姿勢を強めていった。1906年、首相となった（ 2 ）は帝政の支持基盤を広げるため、農村共同体 (ミール) を解体し、独立自営農民を育成しようとしたが挫折した。

問1　（ 1 ）～（ 2 ）に適当な語句を入れよ。

問2　下線部について、血の日曜日事件の際に冬宮請願デモを主唱し、事件後、秘密警察のスパイ容疑で暗殺されたロシアの聖職者は誰か。記入せよ。

(名城大・改)

血の日曜日事件

映画
『戦艦ポチョムキン』

　最初に、港に激しく打ちつける波と嵐の映像が映し出される。

　ショスタコーヴィチの「交響曲第5番」の冒頭の重い運命のテーマがとどろく中、レーニンの次の言葉が画面に映し出される。

　「革命は戦争である。そして唯一、合法化された正しい戦争である」

＊

　1905年。戦艦ポチョムキン号は日露戦争に備えて南ロシアのオデッサ港に停泊していた。しかし艦内では将校や下士官による兵隊いじめがはびこり、水兵たちは陰鬱な日々を過ごしていた。その中で「血の日曜日事件」が起こったことを水兵は知る。そしてある日、食事で腐った肉のスープが出された時、水兵の怒りが高まった。

　「日本にいる捕虜の方が、はるかにマシなものを食っているぞ！」

　水兵の不満を感じた艦長ゴリコフは、力ずくで水兵たちを弾圧し、何人かの水兵を見せしめに銃殺しようとした。

　あまりの冷酷無残な艦長の態度に水兵たちはついに怒りを爆発させ、反乱を起こして戦艦を制圧した。しかし先頭に立った水兵ワクリンチュクは将校によって撃ち殺されてしまう。

　水兵たちはワクリンチュクの死体をオデッサ港に運び、そまつなテントの中に安置した。港を散歩していたオデッサ市民たちがテントの中のワクリンチュクの死体に気が付き、帽子を脱いで頭をたれた。そして多くの人々が戦艦ポチョムキンで起こった悲劇と反乱を知った。

　死者の無言の呼びかけに答えるように、オデッサの人々は港で自主的に集会を開き、互いに腕を組み、誓いを叫び始める。

　「われわれは兄弟として助け合おう！　皇帝の専制政治を倒そう！」

　「皆は一人のために！　一人は皆のために！」

　すると一人の尊大な金持ちが、バカにしたように声を上げた。

　「うへへへ、ユダヤ人は皆死んじまえーっ」

　その時、人々は怒りを込めて振り返った。逃げようとする金持ちを取り囲む。

＊

　市民はオデッサ階段に集まり、戦艦に手を振って水兵を支持した。その時、いきなり女の叫び声が響いた。皇帝の軍隊がオデッサ階段の頂上から一斉射撃を開始したのである。階段にいた市民たちは悲鳴を上げ、階段を駆け下りる。次々に射撃がおこなわれ、一人の母親が撃たれてこと切れる。赤ちゃんの乗っている乳母車が母親の手から離れ、オデッサ階段をガタゴトと落ちていく。その乳母車が階段を下っていく中で、多くの市民たちが地獄絵のように無差別に殺されていく。

　この残忍な行為に怒った戦艦ポチョムキンの水兵たちは報復攻撃をおこなった。戦艦から放たれた砲弾によってオデッサ劇場にある軍司令部は粉々に破壊された。そのもうもうとあがる煙の中でオデッサ劇場に置いてあるライオンの彫像がしだいに起き上がり、咆哮し始める。それは立ち上がる民衆の力そのものだった。

＊

　1925年にソ連で制作されたセルゲイ＝エイゼンシュテイン監督の映画『戦艦ポチョムキン』は古いサイレント映画ですが、映画の歴史を作り上げた傑作です。特に「オデッサ階段の虐殺」の6分間のシーンは「映画とはこう作るものだ」という見本となっています。

解答と解説 ━━━━━━━━━━━━━━━━━━━━━━

■ 復習ポイント ■ の答え

　ヨーロッパの社会主義政党を整理してみましょう。

国名	政党名	結成年	備考
ドイツ	社会民主党	1890年	ラサール派とアイゼナハ派が合体した「ドイツ社会主義労働者党」から発展（テーマ20参照）
フランス	社会党	1905年	ドレフュス事件で軍部や右派に反対する急進社会党から発展
イギリス	労働党	1906年	フェビアン協会を主体に設立された労働代表委員会から発展
ロシア	社会民主労働党 →ボリシェヴィキと 　メンシェヴィキに分裂	1898年	→1903年に分裂。 ボリシェヴィキが後の「ロシア共産党」となる

ボリシェヴィキ以外はすべて議会制民主主義に立った改革を目指す政党であり、ボリシェヴィキのみ革命路線をとる。

■ アクティヴィティ ■ の答えの一つ

　社会主義を育てる土壌は、まず**①社会が不公平で貧富の差が極端**、**②社会や経済の平等を求める意識や思想を皆が共有**、**③組合や政党という組織が存在**、ですが、この条件はテーマ8で取り上げた「革命の条件」と同じです。付け加えるのなら**④近代化により工業が発展し、労働者人口が多くなっていること**、**⑤労働条件が極端に悪く、長時間労働が当たり前の状況で、しかも改善が困難であること**、などが考えられます。工業が発展していない地域でも、帝国主義の影響によって社会的な差別や搾取がおこなわれている地域（中国やベトナムなど）でも社会主義はすくすく育っていきます。

■ 最後の門 ■ の答え

問1　(1)　十月宣言
　　　(2)　ストルイピン
問2　ガポン

（解説）

　細かな知識が問われます。(1)自由主義者のウィッテが社会的混乱を抑えるために起草したのが、十月宣言です。「自由主義的」な、ということはつまり「開明的・進歩的」な内容です。
(2)　ミールの解体がヒントになります。
問2は少しトリビアで難しいかも知れません。
　ガポンはロシア正教の聖職者で、工場での布教を通じて労働者問題に深い関心を持つようになり、積極的に組合活動にたずさわった人物です。血の日曜日事件で行進の先頭に立ち、銃撃で負傷した後、海外に亡命します。十月宣言の後にロシアに帰国しますが、皇帝のスパイであることを疑われ、エスエル（社会主義者・革命家党）の党員によって暗殺されてしまいます。

34 帝国主義下のアメリカ
──貴族のいない実力主義の国

アメリカの大統領の名前って、全員覚えるんですか？

20世紀に入ってからのアメリカ大統領は、できれば覚えた方がいい。と言うのも、20世紀に入るとアメリカは世界の中でも超大国になってくるからです。アメリカ大統領がよくも悪くも世界を動かすのです。

第1幕への前奏曲 トイレでわかるアメリカの発展

　アメリカ合衆国は、19世紀末までは素朴な農業社会だったのです。1880年には合衆国の人口の7割以上の人が農村に住んでいたのですが、1920年代になると人口の過半数が都市に集中して住むようになってきました。1880年くらいまではアメリカ合衆国は自給自足の世界でして、衣服も食料も自家製か近所のおすそ分け。照明は石油ランプ、排泄は裏庭にある屋外トイレでするのが主でした。地方では紙なんか使わず、食べた後のトウモロコシの芯でふくのが普通だったのですよ。ま、これは当時はどこでも同じような状態ではあったのですがね。

　しかし、1880年以降のアメリカでは近代設備や技術の発展によって、大きな変化をとげることになりました。例えば保冷設備や保冷車の発展により肉や野菜の保存や都会への大量運搬が可能になります。そしてミシンの開発により既製服の工業生産が可能になりました。そしてトイレも鎖を引っ張って水を流す水洗便所（→）が開発され、都市ではトイレットペーパーを使うことが当たり前になりました。都市生活が快適になると、多くの人々が労働者として都市に移り住むようになったのです。いわゆる都市化の発展です。このような都市化が起こったのは、南北戦争終了後の北部の保護貿易主義によるアメリカの工業の発展によるのですよ。

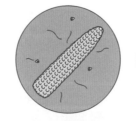

合衆国の発展と革新主義
──社会主義よりも革新主義

　1869年に**大陸横断鉄道**を開通させ、先住民から土地を奪い、**フロンティアを消滅させ**たアメリカは大西洋から太平洋にいたる豊かな資源を手に入れます。そして石油の**ロックフェラー**財閥や鉄鋼の**カーネギー**財閥、金融の**モルガン**商会などの巨大資本が市場を独占し、1894年にはイギリスを抜いて工業生産力で世界第1位になりました。このような工業生産力を維持するには労働力、簡単に言うと「人手」が必要なのですが、アメリカは移民が海外からドンドンやって来るので、労働力には困りません。しかし移民たちは劣悪な条件で働かされていたのが事実です。貧しい農民や労働者は社会の不公平さに憤ってストや社会運動を起こしており、また巨大資本の独占を快く思わない中産階級の人々も政治運動に参加しています。このように19世紀末には腐敗や独占に反対し、自由主義の復活や政界の浄化を求める**革新主義**という流れが生まれ、政府もこの流れに対応する政策をおこなう必要に迫られてきたのです。そのあらわれが**1890年の反トラスト法**（シャーマン法）で、大企業の合併と独占を制限する法律が生まれたのです。

🧑 うーん、アメリカでは社会主義って、流行（は）らなかったの？

　流行りませんでしたね。理由はいくつかあるけれども、大きいのは「腹が一杯の人間は革命なんか起こそうとはしない」ということですよ。たしかに社会主義の運動はあったけれど、合衆国の体制を揺るがすような運動にはなりませんでした。そこがロシアとの大きな違いです。

　アメリカは世界一の工業国として快適な生活を送れるだけでなく、都市には鉄道を通じて豊富な食材が送られ、缶詰の普及もあって食料を安い値段で安定して買うことができたのです。移民たちにとっては厳しい生活であっても、食うや食わずの貧しい故郷にくらべれば天国には違いなかったでしょう。こんな天国を壊す必要はなかったのです。そしてアメリカには貴族がいなかったことも大きい。努力しだいでは貧しい移民でもカーネギーのように大金持ちになれるという**アメリカンドリーム**がありました。そのために「社会の不公正の是正は求めても、社会革命までは求めない」という革新主義の意識の方が盛ん

革新主義

でした。

　アメリカ合衆国では巨大企業が議会を牛耳ることが実情でしたが、19世紀末以降の歴代大統領は中産階級や労働者の票狙いで革新主義を推し進めます。

第2幕　アメリカ合衆国の帝国主義①　──陽気な大統領の門戸解放

　1897年に大統領になった共和党の**マッキンリー**は海外への進出に意欲的に取り組んだ、最初の「帝国主義的」大統領でしょう。背景には「フロンティアがなくなってしまった今、商品を売るための新しい市場が欲しいですっ」という資本家たちの要求がありました。マッキンリー大統領については、コラムに書いておきましたから、見てくださいね。マッキンリーはまずカリブ海に目を向けます。何と言っても合衆国の内海みたいな場所でしたからね。そこで**1898年にアメリカ＝スペイン(米西)戦争**を始め、スペインと戦ってカリブ海の**プエルトリコ**、そして太平洋の**グアム島**や**フィリピン**を手に入れました。そして**キューバを独立**させたのですが、これは日本が朝鮮を独立させたのと同じで、いわば自分のものにするための手順だったのです。その証拠が1901年にキューバ憲法に盛り込ませた**プラット条項**で、**キューバの外交権の制約、アメリカ合衆国のキューバ内政への干渉権や海軍基地設置権**を認めさせ<u>保護国化</u>したのです。これに基づき、グアンタナモ海軍基地が設けられました。このプラット条項はキューバ革命が成功し、<u>1934年にフランクリン＝ローズヴェルト大統領が廃止してキューバ独立を承認するまで続きます。</u>

　この時のアメリカ国務長官(日本で言えば外務大臣)**ジョン＝ヘイ**は、「次は中国の番」と狙いをつけて**1899～1900年**に**門戸開放宣言**をおこないました。これは中国への**門戸開放・機会均等・領土保全**を提唱した宣言なのです。え？　意味わからない？　それでは説明しましょう。「中国の主権は脅かさないようにしよう、そして中国への貿易の機会はみんなで均等にしよう、つまりアメリカ合衆国が中国市場に参入するチャンスを認めるべきだ」というわけなのです。もちろん列強各国はこんな虫のよすぎる宣言なんか認めたくないので、見て見ぬフリをしていたのですが、アメリカは「沈黙は肯定を意味するということだな」と都合よく解釈し、帝国主義的進出を海外に大っぴらにおこなうようになったのです。

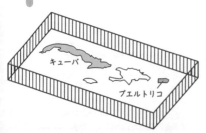

アメリカ合衆国の帝国主義②
──テディから宣教師までズラっとそろう

　マッキンリー大統領は1901年に有権者と握手会をやっている最中、銃で暗殺されてしまいます。跡を継いだのが共和党の**セオドア＝ローズヴェルト**（任期1901〜1909年）は革新主義を推進し、**反トラスト法**を発動して<u>独占資本を制限</u>するという庶民の立場に立っていたため、今でもアメリカでは人気のある大統領です。狩猟が飯より好きで、よく熊を撃ちに行っていたのですが、ある日、1匹も捕れなかった。そこでお付きの人が、気を利かせて前もって捕まえておいた小熊を撃つようにすすめたところ、セオドア＝ローズヴェルトは激しく怒りました。「**なんと残酷な！　そんなスポーツマン精神にもとることはせんぞ！**」小熊の命を救った大統領の美談は世界に広まり、ドイツのベルリンに住むシュタイフという女性の人形職人が、この話からアイデアを思いついて、小熊の人形を作ったそうです。これが**テディベア**の始まりです（セオドアTheodoreの愛称は「テディTeddy」）。有名なラシュモ

ア山の彫刻の大統領のうち右から2番目がセオドア＝ローズヴェルトですよ（→：左からワシントン・ジェファソン・セオドア＝ローズヴェルト・リンカン）。さて、セオドア＝ローズヴェルトのおこなった外交ですが、実は典型的な帝国主義政策でした。例えばセオドア＝ローズヴェルトはカリブ海諸国に大っぴらに干渉・進出をやっています。中南米のパナマをコロンビアから強引に取り上げて独立させ、1904年に**パナマ運河**の工事を開始、1914年にアメリカが開通させています。このようなセオドア＝ローズヴェルトの軍事力を背景にした、<u>力ずくの外交</u>を**棍棒外交**（こんぼう）と呼びます。それに対し、セオドア＝ローズヴェルトの次の共和党の大統領**タフト**（任期1909〜1913年）は財力を背景にした、カネずくの外交をしたので、タフト大統領の外交を**ドル外交**と呼びます。1910年には中国に対しイギリス・ドイツ・フランス・アメリカの**四国借款団**（しゃっかん）を結成します。「借款」というのはお金を借すことです。清王朝に鉄道建設のためのカネを貸して中国を意のままにしようとたくらんだのです。しかしこの金貸しは逆に中国人民の反感を買ってしまい、1912年の**中華民国**の建国につながってしまいます。

　タフトの次が民主党の**ウィルソン**（任期1913〜1921年）ですが、学者出身の大統領で理

中国

門戸開放

ジョン＝ヘイ

想主義が持ち味です。ウィルソンから選挙にスローガンを持ち込みますが、それが「**新しい自由**」です。これは「金持ちの独占を打破して、民衆のための政治をおこなう」ことを主張した標語で、意味している内容は革新主義と変わりありません。ですがスローガンにすると、アントニオ猪木の「燃える闘魂」みたいにカッコよく響き、民衆が注目しやすくなるのです。

さて、ウィルソンの外交ですが、いかにも学者あがりの大統領らしくラテンアメリカ諸国に対し「自由と民主主義の国であるアメリカ合衆国の優位」をとなえたので、宣教師外交と皮肉られました。要するに、この宣教師外交とは道徳と倫理を背景にした、理想主義の外交のことを意味するのです。しかし実はこの宣教師は力もカネもあるので、無力で貧しい中南米の国々は言うことを聞かなければなりませんでした。

そしてウィルソンが大統領の時にちょうど第一次世界大戦が起こります。この大戦に遅れて参加することになったアメリカは、見事にその力を世界に見せつけました。第一次世界大戦の結果、世界はアメリカという自由と民主主義を布教する宣教師の前にひれふすことになってしまい、ここから20世紀という新たな時代が始まるのです。

［復習ポイント］

マッキンリーからウィルソンまでの歴代大統領の外交を整理してみよう。

［アクティヴィティ］

アメリカ大統領になるための条件とは何でしょうか？　調べてみよう。

セオドア＝ローズベルト

棍棒外交

パナマ

アメリカ帝国主義関係史年表 (19世紀末～20世紀初め)

1890年	反トラスト法 (シャーマン法) 成立 革新主義の要求で大企業による独占を規制

1890年 反トラスト法 (シャーマン法) 成立
革新主義の要求で大企業による独占を規制

1898年 アメリカ＝スペイン (米西) 戦争
→アメリカはスペインを破り、プエルトリコ・グアム島・フィリピンを獲得し、キューバを独立させる
「独立は自由を意味しない。むしろ不自由を意味する場合あり」

1899～1900年 国務長官ジョン＝ヘイによる門戸開放宣言
「2年間にわたるのは、門戸開放・機会均等が1899年に出され、とってつけたように領土保全が1900年に出されたからです」

1904年 セオドア＝ローズヴェルト大統領がコロンビアからパナマを独立させ (1903年)、パナマ運河建設開始 (棍棒外交)

1910年 タフト大統領が中国への四国借款団を結成 (ドル外交)

1912年 ウィルソンが「新しい自由」を訴えて大統領に当選 (宣教師外交)
「どの外交も目的は一つ。『帝国主義支配の拡大』ですよ」

> **最後の門** 下の問題は大学入試問題を出典にした問題です。答えなさい。

　アメリカ合衆国はスペイン植民地であったキューバの独立運動を支援するとして（　1　）年、①米艦メイン号爆破事件を口実に開戦し、スペインを破った。これにより②キューバは名目上独立したが、実際にはアメリカ合衆国の保護国同然であった。

問1　（　1　）に入る年はどれか。

　　a.1881　　　b.1898　　　c.1901　　　d.1908

問2　下線部①について、この戦争を実行した大統領は誰か。

問3　下線部②に関する記述として誤っているものはどれか。

　a. アメリカ合衆国は外交権の制約や内政干渉権を内容とするプラット条項をキューバ憲法に盛り込ませた。

　b. プラット条項はアメリカ合衆国に海軍基地建設権を認めており、これに基づいてグアンタナモ海軍基地が設けられた。

　c. プラット条項はカストロのキューバ革命が成功するまで維持された。

(上智大・改)

宣教師外交

ウッドロウ＝ウィルソン

渡る世間は鬼に棍棒
鬼の目に涙でテディベア
アメリカ大統領の野望

「モンロー宣言」に見られるように海外に関心がなかったアメリカが、植民地を欲しがるようになるのは**マッキンリー大統領**からである。

この大統領は眉毛がモジャモジャで威圧的な顔をしている。自信たっぷりで、実にアメリカっぽい楽観的な性格をしていた。彼は気楽に海外に植民地を作ってやろうともくろむ。アメリカの西端カリフォルニアの向こうに広がっているのは太平洋。その太平洋の中で、彼方の中国とアメリカの間にあったのが**ハワイ諸島**である。

マッキンリー大統領はこの島に目を付け、19世紀初頭に建てられた**ハワイ王国**最後の女王である**リリウオカラニ**を幽閉し、1898年にこの諸島をアメリカに併合してしまった（このリリウオカラニ女王が幽閉中に作ったのがフラダンスの名曲「アロハオエ」と言われている）。

加えて産業革命に乗り遅れて弱体化しているスペインと戦った。これが**アメリカ＝スペイン（米西）戦争**である。もちろん余裕でアメリカは勝利し、スペインの植民地であった**フィリピン**やグアム島、プエルトリコを手に入れた。

さて、いよいよ狙いを中国に向け始める。国務長官**ジョン＝ヘイ**に命じて「**門戸開放宣言**」を発表させた。つまり「**オレにも中国を手に入れるチャンスをくれ**」ということである。まあ、厚かましい。

この自信がマッキンリーの命を縮めてしまった。遊説旅行の際に、護衛を遠ざけ、国民と気軽に接触したため、テロリストに至近距離から拳銃で撃たれ、死亡するハメになる。

大統領の暗殺によって、副大統領であった**セオドア＝ローズヴェルト**が大統領となった。オランダ系移民の子孫であった。

セオドア＝ローズヴェルトは外交においては、マッキンリーと同じ帝国主義者で、特に中南米の進出に熱心だった（その証拠に、セオドア＝ローズヴェルト時代の国務長官はやはりジョン＝ヘイである）。

新聞記者から外交方針を問われたセオドア＝ローズヴェルトは「**大きな棍棒（軍隊のこと）を持って、穏やかに話す**」と答えたことから、セオドア＝ローズヴェルトの外交を「**棍棒外交**」（軍事力をちらつかせた外交）と呼ぶ。

「棍棒外交」の手始めとして、彼は中南米のパナマをコロンビアからむりやり独立させて、ここに「**パナマ運河**」を作ることにした。

コロンビアからパナマを独立させたのは、自分の言いなりになる政府をパナマに作るためであり、これによってアメリカはパナマ運河の租借権をまんまとパナマ政府から勝ち取ることができた。

アメリカはパナマ運河を持つことにより膨大な通行税を手に入れ、パナマ政府にはわずかな借地料しか支払わなかったのである（ちなみにパナマ運河は1999年にパナマに返還されている）。

*

セオドア＝ローズヴェルトは日露戦争の講和条約であるポーツマス条約を仲介した大統領としても知られている。

表向きの理由は日本の外交官、金子堅太郎がハーヴァード大学時代の同期生で、セオドア＝ローズヴェルトと仲がよかったことから、金子の頼みで仲介の労をとったことになっている。でも本当の理由は、日露の争いにつけ込む漁夫の利を狙って、中国に対する進出の機会をうかがおうとしたことにあった（テディ、おぬしもワルじゃのう）。

解答と解説

復習ポイント の答え

簡単に19世紀末〜20世紀前半のアメリカ大統領の外交を整理してみましょう。これが意外と試験には出やすいので注意が必要です。
※人名の下は大統領の任期年

大統領	政党名	外交	出来事
マッキンリー(1897〜1901年)	共和党	(アメリカの帝国主義的進出の始まり)	アメリカ=スペイン(米西)戦争門戸開放宣言
セオドア=ローズヴェルト(1901〜1909年)	共和党	**棍棒外交**	パナマ運河建設開始日露戦争の調停(ポーツマス条約)
タフト(1909〜1913年)	共和党	**ドル外交**	清王朝への四国借款団結成
ウィルソン(1913〜1921年)	民主党	**宣教師外交**	第一次世界大戦への参加→「十四カ条」の平和原則

＊ウィルソンの「十四カ条」は後の第一次世界大戦後のテーマ46で出てきます。

アクティヴィティ の答えの一つ

アメリカ大統領に必要な条件は①**アメリカで生まれていること**、②**35歳以上であること**、③**アメリカに14年以上住んでいること**、です。民族・人種・宗教は関係ありません。ただし選挙で当選しなければならないので、マイノリティー(少数派)出身だと当選はかなり困難です。あなたが自分の子どもを大統領にしたいのであるならば、アメリカで出産することが第1条件になります。

最後の門 の答え

問1　b
問2　マッキンリー
問3　c
(解説)

トリビアな問題です。入試でも意外に年代を聞かれたりするので、重要な戦争や条約、同盟の年代は覚えた方がよいでしょう。アメリカ=スペイン(米西)戦争は1898年で、大統領はマッキンリーです。

問3はやや難しい。bのグアンタナモ海軍基地はキューバ島東南にあるアメリカ合衆国の基地で、1903年に合衆国がキューバ政府から永久租借したものです。1959年の革命でキューバを支配するようになったカストロ政権はこの海軍基地を認めておらず、基地の周囲は地雷原になっているため、事実上脱走は不可能です。またアメリカでもキューバでもない土地なので、アメリカの法律が及ばない地域です。そのためアフガニスタンやイランなどのテロリストはこの基地に監禁されています。プラット条項自体はすでにフランクリン=ローズヴェルト大統領が「善隣外交」の一端として1934年に廃止していますので、cが誤っている文となります。

35 アフリカの植民地化
——先に手をつけたモンが勝ち

この人はだれですか?

右の肖像はエチオピア皇帝メネリク2世が1896年にアドワの戦いでイタリアを打ち破った時の画ですが、皇帝がズボンをはいていることに注目してもらいたい。この皇帝は国内に郵便や鉄道を広め、近代化に積極的な態度を貫いた人でした。

第1幕への前奏曲 善意の信仰が生んでしまったアフリカ侵攻

アフリカ大陸はヨーロッパ人にとって「暗黒大陸」でした。西海岸から見るアフリカの景色は熱帯の密林地帯で、その中には人食い人種がいると思い込んでいた。黒人奴隷貿易では白人は手を汚さず、現地の部族同士の争いを利用して奴隷を手に入れていました(テーマ4参照)。実はアフリカ大陸内部に高い文明が存在していたのですが(上巻テーマ44参照)、それはイスラーム教徒が知っていた情報であって、ヨーロッパ人はアフリカについては無知でした。

この「暗黒大陸」にチャレンジしたのはイギリスの宣教師**リヴィングストン**(テーマ23参照)でした。彼は布教と黒人奴隷解放の熱意をもって家族を引き連れ、アフリカの奥地に入っていたのです。しかし数度の探検のあげく妻子をマラリアで失い、自身も行方不明になってしまいました。「きっと人食い人種に食べられてしまったんだべ」との噂が立ちます。そこでアメリカの新聞記者**スタンリー**がリヴィングストン捜索をおこない、1871年、タンガニーカ湖のほとりでリヴィングストンについに出会います。リヴィングストンは熱病に倒れたのですが、現地の人々の介護によって死なずに済んだのです。彼の作った正確な地図と報告により、アフリカ奥地の事情がヨーロッパにもたらされてしまいます。

スタンリー

リヴィングストン

第1幕 ベルリン会議（ベルリン＝コンゴ会議）──よーい、ドン！ のビーチ＝フラッグ競争が始まる

リヴィングストンとスタンリーのもたらしたアフリカ事情に不健全な興味を示したのは**ベルギー国王レオポルド2世**です。彼はコンゴ国際協会という団体を作ったのですが、実はアフリカを植民地にするための支配組織です。王はスタンリーを雇ってアフリカを探検させ、得た知識を基にアフリカ中央部に植民地を築こうとしたのです。このレオポルド2世の腹黒い処置にヨーロッパ各国から一斉に非難の声が上がりました。いや、人道的非難ではない。アフリカ西海岸一帯に利権を持っていたポルトガルとイギリスがレオポルド2世の植民地獲得に大反対したわけです。一方、植民地獲得ではイギリスと仲が悪いフランスは隣国のよしみもあり、ベルギーを支持します。ヨーロッパに紛争が起こることを懸念したドイツのビスマルクは**1884年**にベルリン会議（ベルリン＝コンゴ会議）を開きます。「私は誠実な仲介人なので、えこひいきなく会議を進めますから、ご安心ください」がビスマルクのモットーでした。

む、そのセリフどっかで聞いたような？

1878年のベルリン会議(テーマ20参照)でも出てきたセリフです。この2度目のベルリン会議で決まった内容は次のとおりでした。まず①「**先にその土地を占有した国が、そこに植民地を領有できる**」という**先占権**の原則を確認する、したがって、②コンゴ国際協会が探検開発した土地はベルギーの植民地として認める、の二つです。要するに、先にその土地に居座ってしまった国が、その地域を自分のものにできるわけです。

ベルギー国王は植民地領有をベルリン会議で認められたので、1885年に**コンゴ自由国**を建国させます。自由国と名乗っていますが、実は王の私有地でして、この国を基地として王はプランテーション開発や黒人奴隷貿易でもうけようとしたのです。そしてこのベルリン会議から、ヨーロッパ列強はアフリカの「**早い者勝ちのブン捕り合戦**」を繰り広げるようになり、20世紀までにアフリカのほとんどが西欧列強によって支配されてしまうのです。

レオポルド2世

STOP!

オットー＝フォン＝ビスマルク

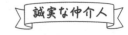

誠実な仲介人

第2幕 列強のアフリカ進出
——つかみ取りにも戦略が必要

第1場：イギリス —— 適当な規模の民族反乱は植民地支配の口実になる

　もっとも黙って支配されるほどアフリカの人々もフヌケではない。エジプトでは1881年に軍人の**ウラービー（オラービー）**が列強に抵抗する運動を始め「**エジプト人のためのエジプト**」を訴えました。しかし力に押し潰され、エジプトはイギリスの事実上の保護国にされてしまいます。

　次いでイギリスはエジプトの南にある**スーダン**に攻め込みましたが、救世主を信じるイスラーム宗派の**マフディー派**が激しく抵抗します。かつて中国の太平天国の乱の時、常勝軍を率いた**ゴードン将軍**（テーマ29参照）がエジプト軍救出のためスーダンのハルツームの町に赴任していましたが、マフディー派に取り囲まれ最後には殺されてしまいます。怒ったイギリスはスーダンを攻め立て、1899年にようやっと征服しました。こうしてイギリスはナイル川周辺を獲得したのです。

　イギリスはすでに1815年のウィーン議定書でアフリカ大陸の南端ケープ植民地を手に入れましたが、さらにその北部への侵略をケープ植民地の首相であった**セシル＝ローズ**がたくらみます。この侵略をイギリス植民相ジョゼフ＝チェンバレンが引き継いで、1899年から**南アフリカ（南ア、ブール）戦争**（テーマ32参照）を始めるのです。目当ては北部で産出される金とダイヤモンドでしたが、この北部を支配していたオランダなどのヨーロッパ人の末裔の植民者アフリカーナーが、予想以上に強かった……！　なにしろ地理に詳しい上に、近代的装備をしているのでイギリス軍は大苦戦をしてしまいます。後に首相としてイギリスをヒトラーから防いだあのチャーチルでさえ、この戦争の時は従軍記者としてアフリカーナーの捕虜になってしまったほどですからねえ。しかしイギリス軍は1902年までねばって南アフリカ（南ア、ブール）戦争に勝利します。が、この勝利は高くつきました。アフリカーナーの政治的地位を認め、現地の黒人に対する優越的権利を認めたため、南アフリカには**アパルトヘイト**（アフリカーンス語で「分離政策」という意味）という人種差別制度が根付いてしまうのです。

　こうしてイギリスは、**カイロ**Cairoと**ケープタウン**Capetownを結ぶアフリカのタテの

マフディー運動

ゴードン

線を押さえると、インドの**カルカッタ Calcutta**を結ぶ巨大な三角形の内側の地域の植民地化を目指すようになります。このイギリスの帝国主義政策を**3C政策**と呼びます。

第2場：フランス ── アフリカ大陸をヨコから食べていくパック○ン

　アフリカ大陸をタテに割っていったイギリスに対し、フランスはアフリカ大陸をヨコ切っていきます。まず1830年の**アルジェリア出兵**(テーマ13参照)を皮切りに、1881年にはアルジェリアの東にある**チュニジア**を保護国にしてしまいます。イタリアはチュニジアの隣のリビアを狙っていたのでこれに衝撃を受け、1882年にフランスの孤立化を狙う三国同盟に加わったことはテーマ21でやりましたよね。

　フランスはその南にあるサハラ砂漠を越えて大西洋岸にまで進出します。フランスはインド洋に面する**ジブチ**という港を持っていましたので、大西洋からインド洋のジブチまでアフリカを制覇する計画をたてました。イギリスの**アフリカ縦断政策**に対して、このフランスの帝国主義政策を**アフリカ横断政策**と呼びます。いかにも壮大な計画なのですが、このフランス領のほとんどが不毛なサハラ砂漠であったのが実態ですよ。

　そしてタテとヨコの勢力がぶつかったのが1898年の**ファショダ事件**です。エジプトの南にあるスーダンのファショダという場所で英仏軍が衝突したのですが、この時は英仏の政府が交渉し、フランスが引き下がることで戦争はなんとか避けることができました。その結果、英仏が接近し**1904年に英仏協商**が結ばれます。この協商でイギリスがエジプト、フランスがモロッコにおける優越権を互いに認め合うことが決められました。

😟 うーん、みんなで山分けしたみたいですね

第3場：ドイツ──「おっと！　オイラにも権利はあるんだぜ！」

　ところが19世紀から20世紀にかけて力を増してきたのがドイツです。内政を重んじたビスマルクの時代には、ひっそりと落穂拾いのようにアフリカの無風地帯を植民地として手に入れてきたドイツですが、**ヴィルヘルム2世**の時代になると露骨にアフリカの植民地化を目指すようになります。英仏協商に反対したヴィルヘルム2世は2度にわたって**モロッコ事件**を起こしました。まず**1905年**にモロッコのタンジール港に軍艦で乗り付けて上陸したヴィルヘルム2世は「モロッコ領有は国際会議で検討するべきだ」と主張します。これを**第1次モロッコ事件(タンジール事件)**と呼びます。そのココロは「モロッコをオレによこ

南アフリカ戦争

イギリス兵

ジョゼフ＝チェンバレン

アフリカーナー

せ」です。そこで1906年に**アルヘシラス国際会議**が開かれましたが、ドイツのわがままな主張は簡単に退けられてしまいました。懲りないヴィルヘルム2世は1911年にはモロッコのアガディール港に軍艦を派遣し、「アフリカの一部をオレによこせ」と、また子どものように要求します。これを**第2次モロッコ事件（アガディール事件）**と言います。英仏は大人の余裕で受け流しますが、アフリカ問題をきっかけに列強間に戦争の危ない雰囲気がただよい始めます。

終幕　列強に食い散らかされてしまうアフリカ

　最終的にアフリカのほとんどの土地が20世紀初頭までに西欧列強の支配下になってしまいます（→）。<u>独立を維持できたのは**リベリア**と**エチオピア**の2国だけでした。</u>リベリアはアメリカ黒人がアフリカに帰還して作った国であり、背後に合衆国の存在があったため独立を維持できました。またエチオピアは、古代からキリスト教を奉じる由緒ある国家であり、皇帝**メネリク2世**が軍の近代化政策を推進し、侵入してきたイタリア軍を1896年の**アドワの戦い**

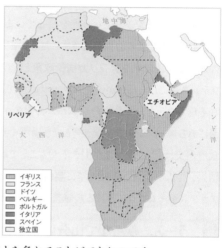

で撃退できたために、列強の植民地になることを免れることができたのです。

復習ポイント

　イギリスとフランスがおこなったアフリカ植民地化政策を整理してみよう。

アクティヴィティ

　アフリカが簡単に植民地になってしまった理由は何でしょうか？

アフリカ分割史年表（19世紀〜20世紀初め）

1830年　フランスがアルジェリアに出兵

1881年　フランスがチュニジアを保護国化

1881〜1882年　イギリスがウラービー（オラービー）運動を鎮圧
　　　　　　　　→エジプトを事実上保護国化
　　　「1914年までエジプトは、名義上はオスマン帝国が宗主国だった」

1881〜1899年　イギリスに対するスーダンのマフディー運動

1884〜1885年　ベルリン会議（ベルリン＝コンゴ会議）で占有権の原則が確認される
　　　「要するにアフリカは早い者勝ちということが決まったのです」

1896年　アドワの戦いでエチオピアがイタリア侵入軍を破る

1898年　ファショダ事件
　　　　　…英仏がスーダンのファショダで衝突。戦争の危機

1899〜1902年　南アフリカ（南ア、ブール）戦争

1904年　英仏協商の成立

1905年　第1次モロッコ事件（タンジール事件）

1911年　第2次モロッコ事件（アガディール事件）
　　　「モロッコ事件とは、ドイツが『僕にもモロッコをくれよ〜』とゴネた事件なのですよ。ちと子どもっぽいですね」

最後の門　下の問題は大学入試問題を出典にした問題です。答えなさい。

　イギリスは1880年代初め、（　1　）の反乱を武力で制圧して、エジプトを事実上の保護下に置き、更にスーダンに侵入した。スーダンでは（　2　）派が抵抗して、（　3　）指揮下のイギリス軍を破り、一時侵入を阻止したが、後に征服された。アフリカ南部では、イギリス人（　4　）の指導で、ケープ植民地から周辺に侵攻する政策がとられた。1899年にはオランダなどのヨーロッパ人の末裔の移民である（　5　）人に対する南アフリカ戦争が始まり、激しい抵抗を受けながら、イギリスはトランスヴァール共和国と（　6　）の両国を併合した。

　フランスは1881年に（　7　）を保護国にし、更にサハラ砂漠地帯をおさえ、アフリカを横断して、（　8　）及びマダガスカルに連結しようとした。この計画はイギリスの縦断政策と衝突し、1898年に（　9　）事件が起こったが、フランスが譲歩して解決した。

問　（　1　）〜（　9　）にあてはまる語句を記入しなさい。

（同志社大・改）

ヴィルヘルム2世　　モロッコ事件

支店長セシル＝ローズの暴走

　世界最大級の帝国主義者**セシル＝ローズ**は1853年イギリスの牧師の家に生まれた。病気がちの虚弱な子どもで、兄が働いている南アフリカで療養することになった。セシルは南アフリカ高原の空気で健康になり、兄と一緒に鉱山でつるはしを振るうことになる。

　運命の女神はセシルに微笑んだ。なんと**ダイヤモンド鉱山**を掘り当てたのである。セシルが設立した**デビアス社**は、現在では世界最大級のダイヤモンド鉱山会社・販売会社となっている。それだけではない、セシルは南アフリカの鉄道・通信・新聞も傘下に置いて支配したのだ。

　大富豪になったセシルは政治の道を志し、1880年にケープ植民地議会の議員に当選、1890年にはケープ植民地の首相に上りつめる。

　1889年にセシル＝ローズは警察権・統治権を持つイギリス南アフリカ会社を設立し、かつての東インド会社と並ぶ巨大会社に仕立て上げた。この会社の軍隊はアフリカーナーの国の北方にある黒人先住民の居住区に派遣され、広大な領土を所有した。この領土はローズの名前をとって**ローデシア**と呼ばれるようになった。これが現在の**ジンバブエとザンビア**である。

　さて、セシル＝ローズの人物だが、ガンコな人種差別主義者であり、帝国主義者であった。言っていることがひどい。

　「イギリスのアングロ＝サクソン人こそ最高の民族である。アングロ＝サクソンによって地球が支配されることが人類の幸福である」

　「神は世界地図が、より多くイギリス領に塗られることを望んでおられる。できるならば、空に浮かぶ星々をも私は併合したいのだっ！」

＊

　元々ケープ植民地を黒人から奪い、開拓したのは移民のオランダ人など、ヨーロッパ人の末裔の**アフリカーナー**である。しかしイギリスは1815年のウィーン議定書でケープ植民地をオランダからまんまと手に入れた。ウィルバーフォースの努力により1833年にイギリスで奴隷制が廃止された時、黒人奴隷を多数使役していたアフリカーナーは反発して、ケープ植民地を離れて北方に新天地を求めようとする。家族を連れて幌馬車で「グレート＝トレック」と呼ばれる民族大移動を始めたアフリカーナーは、先住民族と戦って、**トランスヴァール共和国とオレンジ自由国**を作り上げた。ところがこの土地で金とダイヤモンドの鉱山が発見されたのである。この富に目がくらんだセシル＝ローズは、アフリカーナーからお宝を奪う作戦をたくらむ。騒動をアフリカーナーの国で引き起こし、混乱にかこつけて南アフリカ会社の軍隊を派遣して一気にアフリカーナーを支配してしまうことを考えたのだ。しかし、この陰謀は見事に失敗してしまい、国際世論に批判されて1896年にセシル＝ローズは植民地首相と南アフリカ会社社長を辞めざるを得なくなった。

＊

　この時のイギリス本国植民相は**ジョゼフ＝チェンバレン**である。セシル＝ローズが地方支店の辣腕支店長だとすると、ジョゼフは本店の営業担当の重役である。騒動が起こった時、「すみませんねえ。ウチの支店長が勝手にやったことなんですよ。厳しく叱っておきますから」と言っていたジョゼフだが、ジョゼフも実は帝国主義者である。セシルがやろうとしたアフリカーナー支配の戦略を引き継いで、ついに**南アフリカ（南ア、ブール）戦争**を引き起こしてしまうのだ。

復習ポイント の答え

　イギリスとフランスのアフリカ植民地化政策をタテ・ヨコの表であらわすと、ビジュアル的にも覚えやすいですよ。

イギリス
（エジプト）**ウラービー（オラービー）運動**（1881〜1882年）を鎮圧し、エジプトを事実上保護国化 （スーダン）**マフディー運動**（1881〜1898年）を制圧

| フランス | （アルジェリア）
1830年に出兵
（チュニジア）
1881年に保護国化 | 💥英仏が南スーダンで衝突
＝**ファショダ事件**（1898年）
→**英仏協商** | 19世紀後半にインド洋沿岸の**ジブチ**を領有 |

（ケープ植民地）1815年のウィーン議定書でオランダから獲得 →南アフリカ（南ア、ブール）戦争（1899〜1902年）を経て、南アフリカ連邦が成立

アクティヴィティ の答えの一つ

　テーマ4のアクティヴィティでも取り上げましたが、アフリカの諸地域は武力を持っていました。しかし、<u>国内の政治・経済を近代化するためのシステム（例：憲法や議会など）を持っていなかったため</u>、開明的な皇帝がいたエチオピアなどの例外を除き、多くの地域が植民地化されていきます。現在でもアフリカの一部の地域は国家システムが不備であるため、テロリストや反政府ゲリラの攻撃に苦しんでいます。

最後の門 の答え

(1) ウラービー（オラービー）

(2) マフディー　　(3) ゴードン

(4) セシル＝ローズ　(5) ブール

(6) オレンジ自由国　(7) チュニジア

(8) ジブチ　　(9) ファショダ

（解説）

　アフリカの植民地化は大学入試問題でも狙われやすいので注意が必要です。基本的な知識をしっかり整えておきましょう。

　アフリカーナーが作った二つの国（トランスヴァール共和国とオレンジ自由国）が意外に盲点なので、覚えておく必要があります（テーマ32参照）。

　ブール戦争のことを「ボーア戦争」と表記する学校があります。Boerとはオランダ語の「農民」を意味します。南アフリカへのオランダ人などのヨーロッパ人の末裔の植民者は農民出身が多かったため、ボーア人と呼ばれました。このスペルを英語読みにすると「ブール」となります。

36 太平洋地域の分割とメキシコ革命
——ついに横綱アメリカの進出

海外進出だけど、アメリカってやる気マンマンじゃない？

イギリスは「大英帝国」を作るべく世界支配をもくろんでいたラスボスに例えることはできるかもね。だがアメリカは「正義の味方」であり、「キャプテン＝アメリカ」であるから、露骨なワルとしては振る舞えない。でも「列強の一員であるからには自国商品を売る市場が欲しい」という下心はアメリカも同じように持っていたと思いますよ。

第1幕への前奏曲 リゾートでも有名な太平洋の島々の地理を知ろう！

さて、次は太平洋方面です。まずは太平洋の地理区分を知っておきましょう。太平洋の諸地域は地理的に**ミクロネシア・メラネシア・ポリネシア**と三つに分けることができます。まず日本に近い所から**ミクロネシア**です

が、グアム島がある地域です。ミクロネシアとはギリシア語で「小さな島々」という意味なのです。そう、ミクロってギリシア語だったのですね。その南の**メラネシア**はニューギニア島やフィジー諸島などの島々がある地域で、やはりギリシア語で「(肌の色が)黒い(人々の)島々」という意味です。そしてハワイ諸島やタヒチ島、南はニュージーランド、東はイースター島を含む広い地域を**ポリネシア**と呼びます。ギリシア語で「多くの島々」という意味なのです。この地理区分をまず覚えておきましょう。

フィジーの暮らし

列強の太平洋進出
——まんまと裏目に出たクック船長の熱意

　太平洋を探索し、ニュージーランド西海岸にたどり着いたのが17世紀のオランダ人船長の**タスマン**です。オーストラリア南方のタスマニア島はこの人の名前から付けられたもの。続く18世紀にはイギリスの**クック船長**が太平洋を航海し、北はベーリング海峡から南はニュージーランドまで探検します。クック船長はただの冒険野郎ではなく、天文学や測地術を修めた学究肌の探検家でした。しかし1779年、ハワイで観測活動をおこなっている時に、コミュニケーションのミスからクック船長は現地人に殺されてしまいます。

　考えてみればリヴィングストンもクックも布教や測地学のために命がけで探検をしたのですが、その業績を帝国主義的進出のために列強に利用されてしまうのはまことに悲劇的なことです。

　まず**イギリス**が**オーストラリア**に押しかけて領土にしてしまいました。クック船長の探検の結果、東海岸を含めたオーストラリアの全貌が明らかになったのが災いになったのです。最初は囚人を島流しにする地でしたが、1851年に金鉱が見つかるとゴールドラッシュが起こってしまいました。この時、中国人の移民まで押しかけて来たので、中国人移民を制限したイギリス人は露骨な人種差別政策をとりました。これを「白豪主義」と言います。そしてオーストラリアの先住民である**アボリジニー**は白人に土地を奪われ、内陸の砂漠地帯に追い詰められてしまいます。

　同じく**ニュージーランド**もイギリスが領有し、先住民の**マオリ人**も抑圧されてしまいます。

　フランスはポリネシアに進出して、19世紀にタヒチ島を支配した他、メラネシア方面にも手を伸ばし、ニューカレドニアを手に入れます。

　このニューカレドニアは最初、政治犯の流刑地だったのですがニッケルを産出する宝島であることがわかってきました。ニッケルは50円玉や100円玉の材料になるので、ニューカレドニアのニッケルの半分は日本企業が買っていますよ。それからタヒチ島はフランスの画家ゴーガンが滞在し、数々の傑作を残した島としても知られています。

　遅れて植民地をあさり始めた**ドイツ**ですが、1880年代にはメラネシアやミクロネシアの

クック船長の最期

島々を手に入れます。特にメラネシアのニューギニア島の沖にあるビスマルク諸島は宰相の名前が付いていますね。この島々の中には、後に日本軍が飛行場を作ったニューブリテン島のラバウルがありますよ。

第2幕 アメリカのハワイ併合 ——フラダンスに潜む悲しい歴史

　いよいよ**アメリカ合衆国**です。アメリカが太平洋に勢力を広げようとした目的は中国へ行く時の中継地点の確保です。その中でポリネシアの一番北方にある**ハワイ**が標的にされます。ハワイはアメリカと中国のちょうど中間にあって、場所が便利なのですよ。実はアメリカはペリーが日本に来航する1850年代からハワイを狙っていたのです。

　ハワイの簡単な歴史ですが、クック船長が殺された後の時代に**カメハメハ大王**がハワイ諸島を統一して、カメハメハ朝を作っています。

🗣️ **あ、マンガ『ドラゴンボール』の「かめはめ波ー！」だっ**

　大王の名前から付けたのだね。1870年代に国王に即位したカラカウア王はアメリカの進出を止めようと試み、日本を訪れて明治天皇にも会っています。ですが努力も空しく1891年に王は亡くなってしまいます。跡を継いだ**リリウオカラニ女王**は1893年にアメリカによって幽閉されてしまい、マッキンリー大統領の時代の1898年にハワイはついにアメリカに併合されてしまいました。同じ1898年にアメリカ＝スペイン（米西）戦争で勝利したアメリカ合衆国はグアム島とフィリピンを手に入れ、さらに中国に対し**門戸開放宣言**をおこなって、中国に不気味にすり寄ってくるのです（テーマ34参照）。

第3幕 メキシコ革命 ——止めることができない「メキシコの嵐」

　次はラテンアメリカの19世紀です。ラテンアメリカの国々はシモン＝ボリバルとサン＝マルティンの活躍で独立を果たしています（テーマ12参照）。ですがクリオーリョの大地主の力が強く、貧富の差が大きい地域でもありました。ちなみにラテンアメリカは貧しい地域ではありません。それどころか農業資源や地下資源が大変に豊かです。そこでアメリカ合衆

ゴーガン

国やイギリスから食料や原料供給地、市場として狙われてしまうのですよ。

　しかし、19世紀後半からラテンアメリカでも貧富の差を批判する農民や労働者の抵抗運動が頻発するようになりました。その影響で、1888年に**ブラジル**ではやっとこさ奴隷制が廃止され、1889年には帝政も廃止されています。また、アメリカ合衆国のすぐ南にあるメキシコでは**フアレス大統領**(→)が共和派をまとめて、ナポレオン3世がおこなったフランスの侵入を撃退しました。あ、このことについてはテーマ18を見て復習してくださいね。メキシコの民主化につとめたフアレス大統領ですが1872年、執務中に心臓発作で急死してしまいます。そ

の後クーデタを起こして大統領になった**ディアス**は名目上の再選を繰り返し、メキシコを1911年にいたるまで支配します。ディアスが独裁政権を築くことができたのは地主階級を優遇し、合衆国などの外国資本に従属する態度をとったからですよ。

　さて、アメリカ合衆国にとっては、「モンロー教書」でも宣言しているように<u>ラテンアメリカ諸国は自分の縄張りでした</u>。その影響力を示しておく必要があるので、**1889年**にワシントンD.C.で**パン＝アメリカ会議**を開いてラテンアメリカ諸国と通商協定を結んだり、紛争の仲裁をしたりしています。しかしアメリカの締めつけは、すぐ南にあるメキシコでしだいにほころび始めてくるのです。

　さあ、いよいよ**メキシコ革命**の話です。経済発展はとげたものの金持ちや地主だけを優遇し、貧富の差が広まるばかりのディアスの独裁政治に対する不満が高まり、1910年、自由主義者の**マデロ**が中心となって武装蜂起が起こります。ついにディアスは1911年にフランスに亡命し、独裁政権は打倒され、マデロが大統領になりました。しかし国内の貧富の差の解消に否定的だったマデロに対する農民や労働者の不満が高まり、最後にマデロは軍部によって暗殺されてしまいます。

　この後、マデロの武装蜂起の呼びかけに応えた**サパタ**やビリャが社会主義的な政策を掲げて農民軍を率い、軍部と戦います。この一連の闘争を**メキシコ革命**と呼びます。

　メキシコ革命で最後に勝利したのはサパタでもビリャでもなく、実はアメリカ合衆国の支持を取り付けて1917年に大統領になった**カランサ**でした。政教分離を含む民主的なメキシコ憲法を作ったのですが、憲法は忠実に実施されず、結局はカランサまでも殺されてしまいます。

カラカウア王

明治天皇

なにやら、メキシコ革命ってコロシばかりですねえ

　革命自体が社会体制を破壊する暴力なのですから、重要人物の処刑や暗殺がつきまとってくるのです。これは悲しいことです。

　このような血なまぐさい展開のメキシコ革命の背後にはやっぱりアメリカの影がありました。アメリカにとっては国境線を接する国ですから、特に自分にヘコヘコ従属してくれる政権が望ましいのですが、そううまくはいかなかったのです。特に1910年代後半のアメリカ大統領はウィルソンで「宣教師外交」をとなえた理想主義者でしたから、ラテンアメリカに「**民主的で**」、しかも「**アメリカの言いなりになる**」ことを求めたのです。が、「アメリカの言いなりになるのは独裁政権ばかり」で、「民主的な政権はアメリカの言いなりにはならない」のが問題でした。

　マデロからサパタ、ビリャ、カランサにいたるまで、メキシコ革命の志士たちは皆非命に倒れたのですが、彼らの革命の理想は後の時代に引き継がれていきます。1930年代にメキシコ大統領になった**カルデナス**は社会主義の思想を持った人物で、メキシコ革命の後継者でした。彼はアメリカの意向に逆らい、労働者保護に努め、<u>メキシコの石油を初めて国有化</u>しています。

復習ポイント

　太平洋の有名な島々をチェックして、それぞれどの海域にあるのかを整理してみよう。

アクティヴィティ

　植民地をほとんど持たないアメリカ合衆国は、どのようなやり方で帝国主義的支配をおこなっていったのでしょうか？

ディアス

ディアスの独裁

太平洋分割史年表（18世紀～19世紀）

1768～1779年	イギリスのクック船長による探検航海→1779年にハワイで殺される
1840年	ニュージーランドがイギリスの植民地となる→マオリ人への迫害
1842年	タヒチ島がフランス領となる
1851年	オーストラリアでゴールドラッシュが起こる→アボリジニーへの迫害
1853年	ニューカレドニアがフランス領となる
1884年	ビスマルク諸島がドイツ領とされる
1893年	ハワイのリリウオカラニ女王がアメリカ系市民のクーデタにより幽閉される
1898年	マッキンリー大統領がハワイを併合

ラテンアメリカ史年表（19世紀末～20世紀初め）

1888～1889年	ブラジルで奴隷制廃止（1888年）、帝政廃止（1889年）
1889年	パン＝アメリカ会議をワシントンD.C.で開催
1910年	マデロがディアス大統領への武装蜂起を呼びかける →メキシコ革命（1910～1917年）の始まり
1917年	カランサがメキシコ革命に勝利し、憲法を発布 「メキシコ革命はロシア革命よりも早いですよ！」

最後の門　下の問題は大学入試問題を出典にした問題です。答えなさい。

問1　メキシコの自由主義派の指導者で、同国初の先住民出身の大統領となったのは誰か。

問2　メキシコで1870年代半ばから30数年にわたって敷かれた独裁体制に関する記述で誤っているものを一つ選びなさい。

　a. 武力で政権を奪取したディアスは反対派を弾圧し、名目上の再選を繰り返しながら長期政権を維持した。

　b. 外国資本の導入によりメキシコは急速な経済発展をとげたが、主要産業は外国資本に支配され、農民や労働者は劣悪な労働環境のもとに置かれた。

　c. ディアス大統領の再選反対を掲げるカランサが1910年に武装蜂起を呼びかけた。

　d. 武装蜂起の呼びかけを受けて、農民指導者のサパタが反乱を起こした。

（上智大・改）

革命児サパタと戦うパンチョ＝ビリャ

1910年。メキシコに激動の嵐が訪れていた。

35年にわたってメキシコをわが物としてきた独裁者ディアス大統領に対し、怒った民衆がついに立ち上がったのだ。先頭に立ったのは自由主義者の**マデロ**だ。メキシコでも一、二を争う大金持ちの出身で、フランスやアメリカの大学に留学したエリートである。革命と民主主義の祖国で教育を受けたマデロは独裁制に反対し、自由と民主主義を訴えてディアス政権打倒を人々に呼びかけた。その結果、老いた独裁者ディアス大統領は1911年にフランスに亡命し、ついに革命は成就した…と、思ったらそうじゃなかった。

＊

問題は、新しく大統領に選ばれたマデロが、民主主義の実現だけで満足し、根深い貧富の差の解決に取り組もうとしなかったことにある。まあ、マデロもしょせんは金持ちの坊ちゃんにすぎなかったのだ。

このマデロの姿勢に最初に反発したのが「**革命児**」**サパタ**である。

サパタはメキシコ、モレロス州の農民出身であった。モレロス州はインディオの住民が多く貧富の差が激しかった。正義感の強いサパタは若い時から貧しい人々を救い、よく農民の心をつかんでいた。マデロの武装蜂起にサパタは農民を率いて参加したのである。

ちょうど同じ頃、メキシコ北部で革命活動をしていたのが**パンチョ＝ビリャ**である。元々はチワワ州（あのチワワ犬はメキシコのこの州で作られた品種）の山賊だったのだが、財政行政官ゴンザレスと出会い基本的な教育を受けることがで

きた。パンチョ＝ビリャはこの時、ゴンザレスから社会主義の思想を学び、世界に目が開かれることになる。

＊

1913年、軍部のボス、ウエルタ将軍はマデロ大統領をクーデタによって殺害し、メキシコに独裁体制をしいた。この時、パンチョ＝ビリャの恩人ゴンザレスもウエルタ将軍の手によって無残にも殺された。知らせを聞いたパンチョ＝ビリャは絶叫号泣し、天に向かって復讐を誓ったと言う。

新たな独裁者ウエルタ将軍を打倒するために、サパタとパンチョ＝ビリャは農民軍を率いて立ち上がった。二人の英雄は、互いにウエルタ将軍打倒と土地制度の改革を誓う。

しかしこの二人を出し抜いて漁夫の利を得たのはコアウイラ州知事の**カランサ**である。カランサは穏健な自由主義者で、メキシコの富裕層や中間層を味方に付けることに成功する。重要だったのはメキシコで社会主義革命が起こることを恐れたアメリカがカランサを支持したことだった。アメリカの援助のもとで、1914年、カランサはウエルタ将軍を打倒し、1917年にはメキシコ革命の成果としての新憲法を発表し、広い階層の支持を集めた。

「**カランサの憲法は貧農のことを無視している！　われらは私有財産制の撤廃と土地の平等な分配を求める！**」と叫んだサパタとパンチョ＝ビリャはカランサ派と戦いを続けたが、しだいに孤立していく。

サパタは世界観が狭く、モレロス州の問題にしか関心がなかったし、パンチョ＝ビリャは革命運動に熱中したあげく、山賊時代の癖が出てカランサ政府を支持するアメリカ人を殺すというテロをおこなってしまった。

無知と過激さを嫌われて農民以外に支持者がいなくなってしまった二人はついに武器を捨てて投降し、最後には暗殺されるハメになる。

解答と解説

復習ポイント の答え

太平洋の地図に下のように書き込めればわかりやすくなります。

日本

ミクロネシア

北マリアナ諸島 (U.S.A)

フィリピン

グアム島 (U.S.A)　マーシャル諸島

●ハワイ諸島 (U.S.A)

パラオ

ポリネシア

ナウル　キリバス

赤道

パプアニューギニア

ソロモン諸島

トケラウ諸島 (N.Z.)

ツバル

マルキーズ諸島 (Fr.)

●フィジー　●サモア諸島 (U.S.A)

フランス領ポリネシア

オーストラリア

ニューカレドニア島 (Fr.)

メラネシア

トンガ　クック諸島

●タヒチ島 (Fr.)

オーストラル諸島 (Fr.)

イースター島

●ニュージーランド

アクティヴィティ の答えの一つ

アメリカ合衆国自身が元々イギリスの植民地であったこと、独立宣言で「自由と平等」を高らかにうたっていることから、表立った植民地支配はできませんでした。そこでアメリカ＝スペイン（米西）戦争で手に入れたグアム・フィリピン・プエルトリコなどの例外は除き、アメリカはカネも手間もかかる植民地支配よりも、あやつれる政権による自治支配を望んだのです。キューバのバティスタ政権などはその典型です。つまりアメリカの経済支配のシステムに入れる方を重視したのです。しかし傘下に入れた第二次世界大戦後のドイツや日本が意外にも急成長し、アメリカのライバル＝パートナーになってしまうというオマケも付いてしまいます。

最後の門 の答え

問1　フアレス
問2　c
（解説）
問1　スペイン系の名前は「ス」や「タ」で終わる場合が多いので区別が大切（フアレス・ディアス・サパタ・ウエルタなど）。
問2　はっきりと間違っているものを選びましょう。この場合、1910年に武装蜂起を呼びかけたのはカランサではなく、マデロです。

37 列強の二極化と中国分割
──三国同盟と三国協商のにらみ合い

三国同盟と三国協商って、何ですか？

三国同盟はテーマ21で出てきたけど、ドイツを中心とするドイツ・オーストリア・イタリアの同盟。三国協商はこれから出てくる、イギリスを中心とするイギリス・フランス・ロシアの協力関係です。覚えておいてくださいね。

第1幕 ドイツの3B政策──列強に割り込んできたのは、あのカイゼルヒゲ

　まず19世紀後半のヨーロッパの勢力均衡を支えていたのがビスマルクであったことは疑いありません。彼が構築した**三国同盟**と**再保障条約**がフランスの力をずっと封印していたのですから（テーマ21参照）。

　しかし若き**ヴィルヘルム2世**（テーマ33参照）が皇帝になり、1890年にビスマルクが引退すると、ヨーロッパは新たな体制に変わり始めます。まずドイツに再保障条約の更新を断られてしまったロシアは、フランスと**露仏同盟**（1894年）を結びますが、これによってフランスはビスマルクがしかけた孤立状態からやっと抜け出すことができたのです。

　この時、世界の注目を集めていたのはイギリスでした。なにせイギリスは他の同盟に加わることなく、「**光栄ある孤立**」（Splendid Isolation）を維持していたのです。なにしろ同盟に加わっていたらいらん義務も制約も出てくるし、他国の戦争に巻き込まれてしまう可能性が大きくなりますからね。それにイギリスは同盟に加わらなくてもやっていけるだけの軍事大国であったことも大きい。「**イギリスを仲間にできるかどうか**」が世界を握る大きな一手であったことは間違いないでしょう。

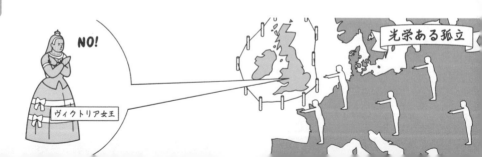

ところがヴィルヘルム2世はイギリスと手を結ぶことをしなかった。政治的な理由ならまだしも、実は「大嫌いな母ちゃんがイギリス人だから」というのが理由だったらしい(笑)。ただし、ヴィルヘルム2世はおばあちゃんのヴィクトリア女王が大好き♡で毎年のように会いに行っていたし、死の床のヴィクトリア女王を介護していたのもヴィルヘルム2世でした。右の写真で中央のおばあちゃんのヴィクトリア女王の横に座っているのがヴィルヘルム2世だね(→)。彼についてはコラムを参考にしてください。

　そのヴィルヘルム2世が、またいらんことをやってしまいました。なんとイギリスの3C政策に対して**3B政策**を打ち出したのです。すなわち、**ベルリンBerlin**、**ビザンティウム**(＝イスタンブル)**Byzantium**、**バグダードBaghdad**の三つの都市を結ぶ鉄道計画をぶち上げて、イギリスの3C政策に対抗しようとしたのです。実際に1899年にバグダード鉄道の敷設権を手に入れたドイツは、西アジアへの帝国主義的進出を狙い始めました。し

かし、この三つの都市を結ぶ鉄道のベクトルは、イギリスの3Cの風船に突き刺さる針のようになっていますので、イギリスとしては心穏やかではありません。そこでイギリスは西アジアを狙うドイツや極東を狙うロシアに対抗すべく、これまでの「光栄ある孤立」政策を見直して、他国との同盟を考えるようになります。

第2幕　三国協商の成立 ——もちろん主役はイギリスですよ

そのイギリスが、ロシアに対抗するために最初に打ち出した一手は<u>日本との同盟</u>でした。

東アジアではロシアが不凍港を築くために不気味に南下している最中で、中国に利権を持つイギリスとしてはロシアをなんとしても抑える必要があります。しかし1899年からの南アフリカ（南ア、ブール）戦争が大苦戦になってしまったため、イギリスは東アジアに兵力を出せなくなってしまいました。そこで「日本を動かして、自分の身代わりにロシアと戦わせよう」とイギリスは考えたのです。これが**1902年の日英同盟**となります。日本はイギリスの下心は十分にわかっていましたが、どうせ朝鮮半島を取り合うためにロシアとは戦わなくてはならないのです。そこで日本はこの日英同盟を喜んで結びます。そして1904〜1905年の**日露戦争**では、日本は大苦戦の末にやっと有利な状況に立って**ポーツマス条約**を結ぶことができました（テーマ39参照）。この日露戦争でのイギリスの動きはめざましく、もしも日英同盟がなかったら日本が日露戦争で敗北した可能性は正直言って大きかったでしょう。

　次にイギリスがドイツに対抗するために打ち出した一手がフランスとの同盟です。アフリカのファショダ事件をきっかけとしてフランスに近付き**1904年に英仏協商**を結んだことは、すでにテーマ35で言及しましたね。イギリスはドイツの宿敵であるフランスと同盟を結ぶことでドイツの進出を抑えようとはかったわけです。

　ところが日露戦争後、イギリスは日英同盟を結んでいた日本に強い警戒心を抱くようになります。日露戦争でロシアと日本が共倒れしてくれることが本当はイギリスの理想だったのですが、実際はそうはならず、からくも戦争に勝利した日本は朝鮮半島を足がかりとして中国に進出するようになったのです。「この状況はまずい……」と考えたイギリスは新たな一手を打つ必要に迫られました。「朝鮮半島から中国に迫る日本と、バルカン半島から西アジアに迫るドイツの両方を抑えるには、やはりロシアの力が必要だ！」ということでイギリスはロシアとの同盟を打ち出して、**1907年に英露協商**を結びます。いや、エロ協商ではなく、英露協商だからね！　テーマ33で説明しているように、すでにフランスはロシアと露仏同盟を1894年に締結していますから、結果としてこの1907年の英露協商によって**イギリス・フランス・ロシアの3国は同盟で結ばれた関係になった**わけです。そこで英・仏・露3国の軍事同盟を歴史では**三国協商**と呼んでいます。「協商」と一応は呼びますが、実際は軍事同盟で、積み重ねの結果として3国の軍事同盟ができあがってしまったわけです。1国が戦争に突入した場合、他の2国もその国に加勢して戦争に加わらなくてはなりま

せん。

😟〈ううう、それって本当に危ない関係じゃん

　こうして列強はドイツを中心とする三国同盟と、イギリスを中心とする三国協商の「にらみ合い状態」にもつれ込んでしまったのです。

第3幕　列強の中国分割──ケーキの山分け

　中国に舞台は移りますよ。中国の清王朝はアヘン戦争・アロー戦争と負け続きでしたが、列強はそれでも中国進出には慎重でした。と、言うのも中国は「眠れる獅子」であって、本気になって暴れ始めたら大ケガをすると皆が信じていたからです。ところがその中国が1894〜1895年の**日清戦争**で小国日本にあっさり負けてしまったのです。すると列強は、寄ってたかって中国進出を始めたわけです。まず日本が1895年の下関条約で**遼東半島**をブン捕ると、ロシアがフランス・ドイツと組んで「遼東半島を中国に返してやれ。もし、嫌と言うなら……」と日本を脅したのです。いわゆる三国干渉ですね。この時の日本はロシアと戦って勝つ自信などなかったので、涙をのんで遼東半島を中国に返しました。するとロシアは中国に対し「オレ様のおかげで遼東半島が返ってきたんだ。感謝の気持ちを示してもらわんとなぁ」と、1896年に**東清鉄道の敷設権**を手に入れました。この東清鉄道はシベリア鉄道の一部なのですが、なんと中国領内を通っているのです。ロシアにとっては中国領内に鉄道を通した方がウラジヴォストークまでの距離が短くて済むのですよ。早い話が**他国の中に自国の鉄道を敷いてしまったわけです。**

　次に二人のドイツ人神父が中国で殺されてしまう事件が1897年に起こります。この事

三国協商の成立

ヴィルヘルム2世

クレマンソー

件をきっかけにドイツのヴィルヘルム2世は山東省に軍隊を派遣して占領し、1898年に膠州湾を中国から租借してしまいました。あ、租借とは「**期限をつけて他国の領土を借りること**」です。期限は一応つけますが、中国に返す気なんてまったくありません。するとロシアも「ドイツに負けるものか」とばかりに遼東半島南部を租借してしまいます。だれかが取ると、われもわれもとむしり取っていくわけです。

　今度はイギリスが同じ1898年に山東半島の先っぽにある威海衛を中国から租借します。この威海衛がいい港でして、ロシアが借りている遼東半島先端の旅順・大連と、ドイツが借りている膠州湾の中間に位置しており、両者の動きを見張ることができるのです。しかもイギリスは香港の北にある**九竜半島**を同じ年の1898年に99年間の期限で租借します。実はイギリスは1860年の**北京条約**で九竜半島の南部をすでに割譲させているのですが（テーマ28参照）、この機会に九竜半島の北部もちゃっかり借りちゃったわけです。

前は割譲なのに、今回は租借ですか？

　戦争で相手を負かしたわけではないので、奪うことはさすがにできません。そこで「なあに、奪うわけじゃない。ちょっと借りるだけだぜぇ」という名目にしたのです。そのため99年経った1997年にイギリスは香港全体を中国に返還することになります。

　フランスは中国との清仏戦争（1884～1885年）で勝利し（テーマ30参照）、**1887年**にベトナムを中心とした**フランス領インドシナ連邦**を成立させていました。そこでフランスは連邦に隣接する南の広州湾を**1899年**に租借してしまうのです。また、列強の動きを見ていたアメリカも「オレにもチャンスをくれっ！」と1899～1900年に**門戸開放宣言**（テーマ34参照）を出すわけです。

復習ポイント

　日露戦争の前と後の列強の同盟関係を整理してみましょう。

アクティヴィティ

　西欧列強のうち1国が中国を独占できなかった理由はなんでしょうか。

三国干渉

遼東半島

列強の動きと中国分割史年表 (19世紀後半〜20世紀初め)

1882年	ドイツ・オーストリア・イタリアの三国同盟成立
1884〜1885年	清仏戦争でフランスが清に勝利する
1887年	フランス領インドシナ連邦成立 (1899年にラオスも編入)
1890年	ビスマルク引退=ヴィルヘルム2世の親政
1894年	露仏同盟成立=ビスマルクの対仏包囲網の崩壊
1894〜1895年	日清戦争
1895年	ロシア・ドイツ・フランスによる三国干渉
1896年	ロシアが東清鉄道の敷設権を中国から得る
1898年	ドイツが前年の宣教師殺害事件をきっかけに中国から膠州湾を租借する
	「青島は膠州湾沿いにある町で、ドイツ人が伝えた青島ビールでも有名です」
	イギリスは香港の北にある九竜半島 (新界) を租借
1899年	フランスが広州湾を租借
1899〜1900年	アメリカが門戸開放宣言をおこなう
1902年	日英同盟
1904年	英仏協商成立
1904〜1905年	日露戦争
1907年	英露協商成立→英・仏・露の三国協商が成立する

最後の門 下の問題は大学入試問題を出典にした問題です。答えなさい。

ロシアは皇帝(1)のもと南下政策を進めていたが、日清戦争後、日本に清からの利権の一部撤回を要求する(2)を主導した。その見返りとして、ロシアは清国から1896年に東清鉄道の敷設権などを獲得した。同じ頃列強諸国は、清国内での利権獲得競争を繰り広げた。例えばドイツは、1898年にa膠州湾を、同年、イギリスは威海衛とb九竜半島(新界)を租借し、またフランスも1899年にc広州湾を租借している。

問1 (1)(2)に適当な語句を入れよ。

問2 下線部a〜cに関して、該当する場所を地図の①〜⑤から選択せよ。

(新潟大・改)

ヴィルヘルム2世のご乱行

1888年、ドイツ皇帝ヴィルヘルム1世は91歳の高齢で亡くなった。

皇太子がフリードリヒ3世として即位したが、即位後100日足らずで世を去った。そこでヴィルヘルム1世の孫にあたる**ヴィルヘルム2世**が29歳の若さでドイツ皇帝となった。

*

ヴィルヘルム2世は生まれつき左手が不自由だった。イギリス王家出身の母ヴィクトリア（イギリスのヴィクトリア女王の娘。同名なので面倒）はこの子を冷たく扱ったので、ヴィルヘルム2世はいじけた少年となった。そして彼は生涯、母を憎んだ。

ヴィルヘルム2世は乗馬に熱中し、右手だけで馬を乗りこなせるようになった。驚いた周囲の大人たちは少年をほめたが、ヴィルヘルム2世は自信過剰な人間になってしまう。

ヴィルヘルム2世の未熟さをいち早く見抜いたのは宰相のビスマルクで、こう述べている。**「彼は怒りっぽく、黙っていることができず、お世辞に弱い。ドイツをそれと知らずに戦争に向かわせる危険性がある」**

ヴィルヘルム2世は自分をガキ扱いしてくるビスマルクをさっさとクビにすると、自分のやりたい政治を始めた。それが**「世界政策」**という植民地拡大政策だ。すでにドイツは資本主義が十分発達しており、商工業は順調に発展していた。この商工業をもっと育成するために、さらに植民地を手に入れよう、というわけだ。

でも1890年代には世界のほとんどの地域は列強によって分割が終了しており、ドイツが手に入れる土地はほとんどなくなっている。

そこでヴィルヘルム2世は**「3B政策」**をぶち上げる。しかしこれは無謀な計画だった。**イスタンブル～バグダードはすでにイギリスのテリトリーであって、この地域を手に入れようとすると、イギリスとの仲が険悪になってしまう。**

喜んだのはフランスだ。ドイツの「世界政策」に不安感を持つイギリスに近付いて同盟を結ぶことに成功したのだ（**英仏協商：1904年**）。

ヴィルヘルム2世は自分がきっかけを作ったのにもかかわらず、この英仏協商に激怒した。さっそく軍艦に乗り込むとフランス領モロッコのタンジール港に押しかけて、**「モロッコをよこせ」**と圧力をかけた。この幼稚な事件（**第1次モロッコ事件**）は世界の失笑を買ってしまう。

また、ビスマルクがあれほど苦労して作ったロシアとの同盟（再保障条約）も平気で無視し、ロシアを敵に回してしまった。

ヴィルヘルム2世の無知と思い上がりによって、ビスマルクの建設した対仏大包囲網はあっけなく崩れた。逆にドイツはイギリス・ロシア・フランスによる「三国協商」によって包囲されてしまう。

*

「三国同盟」と「三国協商」の対立の結果として第一次世界大戦が起こり、ドイツは敗北する。ヴィルヘルム2世はオランダに亡命し、余生をそこで過ごすこととなる。しかし本心では皇帝復帰の野心を失わず、トレードマークとなった**「カイゼルヒゲ」**の手入れも欠かさなかった。

ヴィルヘルム2世は長生きした。ナチスが第二次世界大戦を始め、オランダを占領した次の年である1941年に、ヴィルヘルム2世はオランダで死去。82歳だった。

復習ポイント の答え

　日露戦争が列強の二極化の大きな分岐点になります。列強の関係のbeforeとafterは下の図のようになります。

日露戦争前（before）

アメリカ（日本に好意的中立）

日露戦争後（after）

アメリカ（日本の中国進出に警戒）

アクティヴィティ の答えの一つ

　西欧列強が中国を独占しようとしてできなかったのは、**中国がヨーロッパからあまりにも遠すぎた**からだと思います。アフリカ・中近東・インドと違い、「極東」の中国は遠距離にあり、維持に十分な兵員を駐留させることが難しい状況でした。それに対し、中国に比較的近かったのはシベリア鉄道を持つ**ロシア**、隣国の**日本**、太平洋を挟んだ**アメリカ**の3国でした。イギリスですらアフリカで南アフリカ（南ア、ブール）戦争が起こった時は日本と同盟を結ばざるを得なかったほどです。この露・日・米の3国が中国に対し接近をはかり、特に日露戦争で勝利した日本が中国独占を狙って1930年代から露骨に中国に侵略をしかけます。

最後の門 の答え

問1　（1）　ニコライ2世
　　　（2）　三国干渉
問2　a　②
　　　b　④
　　　c　⑤
（解説）
問1　（1）の皇帝は悩むかもしれませんが、三国干渉の時の皇帝なのでニコライ2世が正解です。
問2　大学入試問題では地図問題が多く出されますので気をつけてください。教科書の地図をよく確認すること（実は教科書の地図はとてもできがよく、見やすいです）。①は遼東半島の大連、③は上海です。

38 戊戌の変法と義和団戦争
──政治改革よりもカンフーが暴発

中国って、迷惑住民に住み着かれた大家さんみたいですね？

そのとおりかもしれないね。「やめてくれ！」と強く言うためには中国も日本をマネてマッチョになる（近代化する）しかない。だが、今さら中国は筋トレする気にはなれない。本当にやる気を出すためには、やはり追い詰められなければダメなんですよ。

第1幕への前奏曲　中国をシェアしてむさぼり食う列強（含・日本）

清王朝から土地を租借しまくった列強は、中国に自国の勢力範囲を設定します。<u>ロシアと日本が中国北部など、ドイツが山東省、イギリスが長江流域と広東省の一部、フランスが中国南部というのが列強の縄張りでした。</u>

三国干渉により遼東半島（りょうとう）を手放した日本は、ロシアが1898年にその遼東半島南部を租借してしまったことに衝撃を受けます。新たに獲得した台湾と澎湖（ほうこ）諸島を守るため、同じ年に日本は清と交渉して、「台湾の向かい側にある福建省の利権は日本に優先的に認めるし、他国には租借させない」というお墨付きをまんまと手に入れました。こうして福建省の利権を獲得した日本も中国分割に一枚加わってしまうのです。

第1幕　戊戌の変法──日本を見習い中国も改革へGo!　だがしかし……

やられ放題の中国では、洋務（ようむ）運動の「中体西用」(テーマ30参照)に対する批判と反省が起こっていました。「自分に都合のいいとこ取りの改革ではダメだ。日本を見習って制度や文化にいたるまで改革しないといけない」として、中国の根本的な改革（変法）を主張したのが公羊（くよう）学派の政治家康有為（こうゆうい）です。公羊学派というのは儒学の一派ですが、大まかに言うと、「孔子（こうし）を改革主義者として考える儒学の一派」のことです。それまでは国政改革の

列強による中国分割

光緒帝

際に、改革に反対する守旧派が一番のよりどころにしたのが旧来の儒教の教えでした。しかし公羊学派は儒教の創始者である孔子自身を改革主義者と考えますから、政治改革を儒教の教えに沿って正当化することができたのです。実は康有為とその弟子の梁啓超は政治の根本的な改革を何度も宮廷に訴えていたのですが、そのたびごとに守旧派に退けられていました。ですが、日清戦争の敗北にガックリきていた光緒帝の目にとまり、ついに皇帝の裁可を得て改革が始まります。これが**1898年**の**戊戌の変法**です。主な内容は①**議会政治の導入**、②**憲法の制定**、③**近代的教育機関の設立と留学生の海外派遣**の3点です。

🗣 なかなかの大改革ですね。で、成功したの？

　残念ながら失敗しました。光緒帝の叔母にあたる**西太后**を中心とする守旧派のクーデタにより改革運動は見事に潰されてしまったのです。戊戌の変法と同じ年の1898年に起こったこの保守派のクーデタを**戊戌の政変**と呼びます。康有為と梁啓超は命からがら日本に亡命しますが、他の改革主義者たちは逮捕され、殺されてしまいました。

第2幕　義和団戦争──カンフー軍団、大暴れの果ての大自滅

　独裁者、西太后は中国の代表的「悪女」としてその名が高い人物です。詳しくはコラムを見てもらいましょう。

　西太后の権力の絶頂期に、山東省を中心に**義和団**という宗教結社が反乱を起こします。当時、キリスト教布教が列強の進出の手段とされていたために、19世紀後半にキリスト教布教に反対する**仇教運動**が起こり、民衆による反帝国主義運動にまで高まっていました。義和団はキリスト教を嫌い、白蓮教を狂信している団体で、「**汚れた外国の鉄砲弾では自分たちは絶対に死なない**」という不思議な信仰を持っていました。義和拳という拳法を操る彼らは、外国人を憎み、「**扶清滅洋**」（清王朝を助け、外国人をやっつける）というスローガンをとなえ、外国人に襲いかかっては、カンフー技で打ち倒していたらしいですね。

🗣 外国人と言っても、日本人は同じ東洋人だから大丈夫でしょ

孔子

戊戌の変法

いや、「強国に魂を売った連中」として、攻撃の対象になったのです。そして義和団は、1900年に山東省から北京に進出し、同じ中国人のキリスト教徒を血祭りにあげ、日本とドイツの外交官を殺害してしまいました。これを知った西太后は、勢いで義和団に味方し、列強に宣戦布告をしてしまいます。外国人たちは北京の一角にある外国公使館に立てこもり、孤軍奮闘して義和団の激しい攻撃に耐え抜き、55日後に駆け付けた8か国共同出兵軍がついに義和団を打ち破りました。義和団は総崩れになって、汚れた外国の鉄砲玉で皆殺しにされてしまいます。1900～1901年の、この一連の動きを**義和団戦争**と呼びます。右はその時に出動した連合軍将兵の写真です。

🧑‍🦰／これ、教科書にも載っている写真だけれど、何かビミョーに違う

教科書や資料集の写真は真ん中あたりの兵士が少しダラけているのですが、この写真は全員、見事に「気をつけ」をしています。私が思うに、たぶん教科書の写真は写真家がフランス語かなんかで「休め」と言った時、言葉がわかった兵士だけがホッとして足を広げたところを撮った写真なのではないでしょうか。

義和団戦争の結果、清朝は宣戦布告の責任をとらされ、**1901年**に**北京議定書**を列強と結ばされます。その内容は**外国軍の北京駐屯**と巨額の賠償金の支払いを中心とするものです。この北京議定書によって中国の半植民地化がいっそう進んでしまうことになりました。

さて義和団戦争の際に、庶民に変装して北京を脱出した西太后は、北京に帰る時、生まれて初めて汽車に乗りました。この体験が彼女をガラリと変えてしまいます。汽車旅行のあまりの快適さに感動してしまった西太后は今までの排外主義をあっさり捨ててしまい、熱心な外国崇拝主義者になってしまったのです。ああ、これでは死んだ義和団員も浮かばれないですよ。

次ページの絵はアメリカ人の女性画家に描かせた西太后の肖像画でして、かなり美化されて描かれています。

義和団事件

うわわ、ネイルが長っ！

　左手の爪が長いことは、「私はやんごとない人間ですので、肉体労働なんかしません」という証になるのです。上流階級ほど爪を伸ばしていたのです。

第3幕　大韓帝国の成立と日韓協約
──コテコテにしばり上げて自由を奪う

　テーマ30でも取り上げたけれど、日清戦争で敗北した清は朝鮮半島獲得レースから脱落してしまい、ロシアと日本が朝鮮半島をめぐって、デッドヒートを繰り広げます。危機にさらされた朝鮮王朝は、自らが独立国であることを示すため、1897年に**大韓帝国**を名乗ります。皇帝になったのは国王の高宗ですよ。

帝国と名乗っても、朝鮮王朝は他国を支配してませんねえ

　お、鋭いね！　日本だって**大日本帝国**を名乗っていますが、琉球や台湾を支配下には置いていますから、まあ、帝国を名乗れないことはない。しかし、当時の日本だって一歩間違えば、列強の植民地にされてしまう可能性は大でした。弱い国は「**わ、私に近付くと、ぶっとばすわよっ、こ、怖いんだからねっ！**」と警戒信号をあげるために、イギリスの「**大英帝国**」を見習って、「大」とか「帝国」という偉そうな名称を付けるものです。しかし日本は近代化政策と、憲法制定や議会の開設によって、着々と力をつけることができました。それに対し韓国は、日本とは反対に議会開設を主張する「独立協会」などの開化主義者を弾圧し、近代化に消極的だったため、結局は植民地にされる運命になってしまうのです。

　まず**1904年**に日露戦争が始まると、2月に日本は韓国と**日韓議定書**を結び、韓国から軍事協力のための便宜を受けられるようにします。朝鮮半島からロシア軍を追い出すと、次に日本は韓国を力でしばり上げてしまいます。同じ年の8月に日本は朝鮮半島に軍隊を送り、**第1次日韓協約**をむりやり結ばせました。これは、韓国政府は「**日本が派遣する財政・外交顧問と相談しなければ政治をおこなうことはできない**」ことを確認させた協約です。これはロシアにすがらないように日本政府が韓国の足をしばったわけです。

西太后

　日露戦争に勝利した日本は、**1905年**に**第2次日韓協約**を結ばせます。これは「**韓国政府から外交権を奪う**」内容の協約でした。この第2次日韓協約により外国大使館はソウルからなくなってしまいます。これは日本が韓国の口をふさいで、外国に助けを呼ぶことができないようにしたのです。この第2次日韓協約の結果、韓国は日本の**保護国**とされます。統監府を置いて日本政府から派遣された**統監**が韓国の外交と内政の監督をおこなうことになりました。初代統監は明治維新の元老**伊藤博文**です。日本の干渉に悲鳴を上げた高宗は、1907年にオランダのハーグで開かれた第2回万国平和会議に3人の密使を送って、日本支配の不当さを訴えさせようとしました。なにしろ外国大使館がないために、このような方法を使わないと自国の主張をおこなうことができなかったのです。国際法や外国語に知識の深い3人の官僚を密使としてハーグに派遣しましたが、日本にバレてしまい、3人は会議場に入ることを阻止されてしまいました。これが**ハーグ密使事件**です。この事件に大激怒した伊藤博文は韓国宮廷に押しかけ、ふるえ上がった高宗は皇帝を退位して、皇太子に譲位することになりました。そして同じ**1907年**に**第3次日韓協約**が結ばれ、「**韓国の内政権を日本の統監が支配する**」「**韓国軍は解散する**」ことが決められます。日本は最後に韓国を身動きがとれないように手までしばったわけです。

　韓国の民衆の多くがこのような日本の横暴に反発し、武器を取って反日闘争（義兵闘争）に立ち上がりました。日本はこの闘争の弾圧にどえらく苦心することになります。

　復習ポイント

　3回にわたる日韓協約の内容を整理してみましょう。

　アクティヴィティ

　義和団が列強をカンフーで追い払えなかった理由は何でしょうか。

第1次・第2次日韓協約

高宗

伊藤博文

19世紀末～20世紀初めの中国・韓国史年表

1897年	大韓帝国成立。初代皇帝は高宗

1898年 　戊戌の変法(6月)＝康有為・梁啓超らによる改革運動
　　　　　戊戌の政変(9月)＝保守派と西太后によるクーデタ
　　　　　→中国における改革運動の失敗
　　　　　👳「戊戌の変法には外国人顧問が一枚かんでいたので、外国の介入を避けるため
　　　　　　　に西太后らが政変を起こしたという評価も出ています」

1900年 　義和団戦争に同調した清朝が列強に宣戦布告→失敗

1901年 　北京議定書で、清は外国軍の北京駐屯を認める
　　　　　👳「安直な民衆反乱は列強の植民地化の格好な理由になってしまう……」

1904年 　日露戦争の勃発
　　　　　→日韓議定書(2月)
　　　　　第1次日韓協約(8月)…日本の顧問が韓国の政治に関与

1905年 　日露戦争での日本勝利→第2次日韓協約により統監府が設置され、日本の統監が
　　　　　外交と内政の監督をおこなう

1907年 　ハーグ密使事件→第3次日韓協約
　　　　　日本の統監が韓国の内政権を支配するようになる

最後の門 　下の問題は大学入試問題を出典にした問題です。答えなさい。

問1 　下の文章の(　)に入る最も適当な語句を書きなさい。

　(清は)対外戦争の相次ぐ敗北の中、日本の明治維新にならい、改革を目指す変法派が台頭する。その代表は公羊学者の康有為であり、彼は立憲君主制への移行をとなえ、(　1　)帝を説得して政治の主導権を握った。しかし、保守派が西太后と結んでクーデタを起こすと、改革はわずか3か月あまりで挫折する。(　1　)帝は幽閉され、康有為や(　2　)は日本に亡命した。干支に因み、康有為らの改革を(　3　)の変法、保守派の反動を(　3　)の政変という。

(駒澤大・改)

問2 　日本による韓国への干渉に関する記述として、誤りを含むものはどれか。

　a. 日韓議定書により、日露戦争中の便宜供与を認めさせた。

　b. 第1次日韓協約により、日本が推薦する財政・外交顧問を任用させた。

　c. 第2次日韓協約により、外交権を奪った。

　d. 第3次日韓協約により、統監府を設置した。

(関西学院大・改)

ハーグ密使事件

西太后
強烈猛女野心伝

　19世紀中国の怪物、悪逆・非道の女帝と呼ばれる**西太后**。幼い時の名は蘭児。地方の女真の小役人の娘に生まれた。

　賢い蘭児は父親から教育を与えられ、読み書きが自由にできた。これは当時の女子としては異例のことである。1850年、若き咸豊帝が即位すると、正室や側室選びがおこなわれた。一番低いランクの候補者に選ばれた蘭児は歴史や政治の勉強に励み、トロい后たちの中で頭角をあらわす。

　当時、太平天国の乱やアロー戦争などの国難を抱え政治から逃避していた咸豊帝に代わって政務を見たのが蘭児だった。

　この時、政治と権力のうまみを彼女は知る。

＊

　1861年に咸豊帝が30歳で死ぬと、わずか5歳の同治帝が跡を継ぐ。同治帝の母である蘭児はついに皇太后となった。

　ただし前帝の正妃ではなかったため、正妃とともに、幼い皇帝の玉座の後ろに御簾（すだれ）をたらし、その後ろに座して摂政として政務を助けることになった。これを「**垂簾政治**」と呼ぶ。

　正妃は東の屋敷に住んでいたため東太后と呼ばれ、蘭児は西の屋敷に住んでいたので**西太后**と呼ばれるようになる。東太后は控えめであったため、政務は西太后にまかせっ切りにした。これが幸いし、西太后が政務をおこない、国を独裁するようになった。

　小さい時は操り人形であった同治帝も、成長してくるにつれ、自我を持つようになる。聡明・尊大で意思が強い西太后に、同治帝は反発した。自分に逆らう者は、たとえ自分の息子であろうと容赦しないのが西太后である。1875年、同治帝は突然不慮の死をとげた。

　次に皇帝になったのは西太后の妹の子である光緒帝で、まだ4歳。

　幼児の光緒帝を操るのにじゃまな存在になってきたのが東太后である。1881年に東太后は突然死んだ。脳卒中によるものらしい。

　こうして西太后はついに絶対権力を手に入れた。

＊

　1894年、日清戦争が勃発した。この時、西太后は巨大別荘「頤和園」の拡張工事をおこない、巨額の国家予算を横流しした。そのため軍事費は欠乏し、中国は新興国の日本に敗北してしまったと言われる。

　成人した光緒帝は、西太后の専横に怒りを抑えられなくなっていた。正義肌の光緒帝は、中国の政治制度や法律の西欧化を主張する**康有為**の意見に心動かされる。そして光緒帝はついに政治改革を決意し、実行に移す。この政治改革は「**戊戌の変法**」と呼ばれた。西太后は戊戌の変法に大反対だった。彼女は極端な保守主義者だったし、「議会」「憲法」などの外国の制度は自分の独裁のじゃまになる。そこで西太后は軍部の実力者、袁世凱を味方に付け、光緒帝を幽閉する。西太后によるこのクーデタを「**戊戌の政変**」と呼ぶ。こうして近代化を求める政治改革は100日あまりで潰されてしまった。

＊

　1908年、死を迎えようとしていた西太后は**「自分だけでは死なんぞ」**と叫び、幽閉していた光緒帝を毒殺し、まだ幼い**溥儀**を皇帝に指名した。溥儀は宣統帝という名で、清王朝最後の皇帝となり、後に「**ラストエンペラー**」と呼ばれる人物である。

復習ポイント の答え

日韓協約を整理してみましょう。

協約	年	きっかけ	内容
第1次	1904年		① 日本が派遣する**顧問**が韓国の政治に参加
第2次	1905年	日露戦争勝利	① 日本は韓国から**外交権を奪う**
			② **統監府を設置**。日本が派遣する**統監**が韓国の外交・内政を監督する（初代統監：**伊藤博文**）→韓国を**保護国とする**
第3次	1907年	ハーグ密使事件	① **日本の統監が韓国の内政権を支配する**
			② 韓国軍を解散する

アクティヴィティ の答えの一つ

　義和団戦争に見られるような単なる民族意識に駆られた暴動や反乱の多くは失敗してしまい、列強の進出の口実にされてしまいます。それは武装の不十分さもさることながら、目的や戦略のない暴発であったがゆえに鎮圧することが容易であったからです。同じような例はインド大反乱（テーマ26）が挙げられます。武装蜂起が暴発で終わらないようにするためには、アメリカ独立革命のように武装蜂起するための理想や目的意識を統一し、組織をしっかり固めることが必要です。そのためには地道ながらも政治や教育のシステムの変革と近代化が重要です。しかし中国の戊戌の変法や朝鮮の甲申事変（テーマ30）のような変革運動は失敗してしまい、結果として列強の進出が加速してしまいます。

最後の門 の答え

問1　(1)　光緒

　　　(2)　梁啓超

　　　(3)　戊戌

問2　d

（解説）

問1　漢字が難しい！　実際の問題は語群から選択できるようになっていますが、やはり書けるようになった方が試験に有利です。

問2　明らかに違う文章を選びましょう。日本が統監府を設置したのは1905年の第2次日韓協約です。難しいですが、それぞれの日韓協約で何を決めたのかを整理しておけばクリア可能な問題です。

39 日露戦争と韓国併合
──独り占めするためのあれやこれや

韓国が保護国になってしまった、その理由は？

地理的な問題です。日本と中国の間に位置する朝鮮半島は、両国が対外進出や自国防衛をする時に、ぜひ自分の支配下に置きたい場所にあるのです。そのことは沿海州を手に入れたロシアにも言えることでして、この３国の政治や思惑によって朝鮮半島は動かされているのです。このように地理と政治が結び付いた学問を「地政学」と呼びます。

第1幕への前奏曲 大国ロシアに勝つための条件とは？

えーと、朝鮮半島は中国が日清戦争の敗北で脱落してしまった後は、日本とロシアの取り合いになるのですが、ロシアという大国とケンカして勝てる自信なんか、日本は持っていませんでした。でもケンカしなければ朝鮮半島はロシアに取られて、日本もロシアに支配されてしまうかもしれませんから、なんとかしなければなりませんっ。むむむ。

そこへロシアの極東進出を恐れるイギリスから同盟の話が持ち込まれたので、日本は**1902年に日英同盟**を結びます。そして戦争になった場合、モスクワまで攻め込むなんて絶対に無理ですから、適当なところで講和、つまり「よい取引で戦争を終わらせる」ことが必要です。ケンカのほどよいところで、講和をセッティングしてくれる第三者が欲しいのですが、それはアメリカが最適です。え？　なぜかって？　そりゃあなた、列強の中で植民地を欲しがっていない（フリをしている）のはアメリカだけでしたからね。利害関係が少ないアメリカが仲を取り持ってくれれば、ケンカでアツくなっているロシアも納得しやすい。

このように、強い相手とケンカをする時は、まず「仲間を作ること」、「ボコにするのが無理ならば、相手に勝つための条件（敵艦隊撃滅など）を明確にすること」、「勝負の取り持ち役を作ること」が必要です。

日本は講和のセッティングをお願いするために、官僚の**金子堅太郎**をアメリカに派遣し

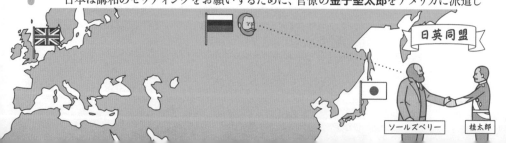

日英同盟

ソールズベリー　桂太郎

ました。金子とアメリカ大統領の**セオドア＝ローズヴェルト**はハーヴァード大学の同期生でして、仲もよかったものですから日本はそこにすがったわけです。セオドア＝ローズヴェルトは金子と気持ちよく会ってくれましたが、「君、日本の肩ばかり持つわけにはいかんよ。それだけの成績をあげなければ僕だって旗は振れないからねぇ」と釘を刺されてしまいます。さて、追い詰められた日本はどう戦うか？！

第1幕 日露戦争──勝利条件がキツい！ 世界の歴史を変えた大戦争

さて、日本の勝利条件です。日本は大借金をして戦争に臨んでいるのですから、債権者が納得する方向で戦争を進めないと戦費が尽きてしまうので、条件は厳しいです。最低でも①朝鮮半島と満洲からロシア軍を追い払う、②旅順にいるロシア艦隊を海に沈めてしまう、が勝利条件でした。日本は陸軍を朝鮮半島に上陸させ、日韓議定書を結んで有利に戦いを進めます。ただしナポレオン戦でもやったけれど、ロシア軍は後退して奥地に誘い込むのが得意だから油断はできない。しかも旅順にいるロシア艦隊は旅順港から出て来ず、その旅順港はロシアによってゲーム『ドラゴンクエスト®』の「はぐれメタル」みたいに堅い要塞にされていたのです。

実はロシアは艦隊を何セットも持っていて、ロシア皇帝はヨーロッパに持っていた**バルチック艦隊**を旅順に派遣することを決定したのです。旅順艦隊とバルチック艦隊が合体したら日本海軍はどうあがいても勝てないので、バルチック艦隊が来航する前に旅順艦隊を叩く必要がありました。そこで乃木希典将軍が司令官となり、別機動軍を率いて旅順を攻めたのですが、すさまじい大苦戦を味わいます。ともかく大損害を出しながらも乃木は旅順艦隊を沈め、旅順を陥落させます。

満洲の日本軍は**奉天会戦**で強力なロシア軍を攻め続け、なんとか抑えて優勢に持ち込みます。そして対馬海峡をわたって日本海に進んできたバルチック艦隊を、**東郷平八郎**提督が率いる日本の連合艦隊が**日本海海戦**で打ち破りました。この時の日本の勝利は、列強の植民地に明るい希望を与えます。なにしろアジアの小国が超大国ロシアを初めて打ち破ったのですからね。ロシアにさんざん苦しめられていたわがオスマン帝国でも、日露戦争の日本の勝利に熱狂して、自分の子どもに「ノギ」や「トーゴー」と名付けることが

東郷平八郎

日露戦争

流行_{はや}ったほどですから。

　一方、ロシアでは革命運動が盛んになり、**血の日曜日事件**（テーマ33参照）が起こると、もう戦争どころではなくなってしまいます。

第2幕　ポーツマス条約──「カネはあんたにはビタ一文も渡さん」

　ここで待望のアメリカが動きます。カネのない日本と、余裕のないロシアは**セオドア＝ローズヴェルト大統領**の仲介で、1905年にアメリカの**ポーツマス**で会談を開きます。日本代表は**小村寿太郎**、ロシア代表は自由主義政治家の**ウィッテ**です。小村はこまごまと精力的に働くことから「ねずみ」と呼ばれていた人物ですが、外交手腕は日本一でした。その小村がポーツマスでは旅順以上の大苦戦をしてしまいます。ロシアは賠償金だけは絶対に払おうとはしなかったのです。ロシア曰く、「不満ならばもっと戦うが、いかがかな」。皇帝は負けを認める賠償金だけは払うな、とウィッテに厳命していたのです。日本は体力を使い果たし、もう戦争はできません。小村は泣く泣く賠償金はあきらめて、1905年9月に**ポーツマス条約**をロシアと結びます。ポーツマス条約の内容は①ロシアは日本の**韓国保護権**を認める、②**遼東半島南部**の租借権を日本に譲る、③**南満洲鉄道**とその沿線の利権を日本に認める、④**南樺太**を日本に割譲する、と日本に有利な内容でした。ただしロシアは賠償金だけは払わなかったために、ロシアでは現在も「日露戦争に負けていない」と教えています。しかし、ロシアが多くの領土や権益を日本に与えたことは事実でした。こうしてロシアは朝鮮半島から去っていったのです。すでに1905年7月、日本はアメリカとの間に、アメリカのフィリピン優先権と日本の韓国優先権を互いに認める**桂・タフト協定**を手回しよく結んでいました。こうして露・米の承認のもとに日本は1905年11月に**第2次日韓協約**を結んで、韓国から外交権を奪ったのです。「みんな、見捨てないで！」とハーグに密使を派遣（テーマ38参照）しましたが、韓国の声は届きませんでした。

第3幕　韓国併合──ピストルの引き金が日韓併合の合図となってしまう

　日本は1907年6月にフランスと**日仏協約**を結び、アジアにおける相互の勢力圏（日本の

ポーツマス条約

小村寿太郎　　　　ウィッテ

朝鮮半島、フランスのインドシナなど)を認定し合いました。こうしてフランスまでも朝鮮を見捨てる中、日本の支配が強化されていきました。義兵闘争まで弾圧され、義兵闘争に参加していた**安重根**は、1909年、ハルビン駅に来ていた安重根は、1909年、ハルビン駅に来ていた伊藤博文をピストルで暗殺してしまいます。伊藤博文は初代統監として韓国政治に干渉し、その強引な態度が韓国民衆の怒りを買っていました。しかし伊藤自身は韓国を併合することには反対しており、自分が統監であるうちに韓国の近代化をはかろうとしていたと言われています。韓国民衆へのアピールのために、自ら韓服を着た写真(→)も撮らせていました。

　そして暗殺犯の安重根ですが、その素顔は熱心な愛国者であり、また純朴なカトリック信者でもありました。監獄で彼に接した日本人の看守の中にはその人格に強い印象を受けた者もいました。また、助命嘆願をする日本人もいたほどです。安重根は絞首刑となりましたが、右の写真は処刑される前に、フランス人神父と最後の面会をする安重根です(→)。おそらく安重根は信者として臨終の秘跡を受けるために神父との面会を希望したのでしょう。そして彼の希望は受け入れられたのです。ただし、彼のおこなった暗殺の手段はテロと言われてもしかたがない。テロは干渉や介入

のいい口実にされてしまうもので、伊藤暗殺の翌年、**1910年**にとうとう韓国は日本に併合されてしまうのです(**韓国併合**)。

　日本政府は韓国のソウルに**朝鮮総督府**を置き、**寺内正毅**が初代総督となります。注意してほしいのは統監と総督がまぎらわしいことですね。どっちがどっちだかわからなくなってしまうのですが、伊藤も寺内も同じ長州閥であることは大きな特徴です。寺内正毅は憲兵による力ずくの朝鮮支配を断行しますが、これを**武断政治**と呼びます。しかしゲンコツによる強引な支配は反抗しか生まないもので、日本の朝鮮半島支配は民衆の激しい抵抗を受けてしまいます。

フィリピン　　ウィリアムタフト　桂太郎　桂タフト協定　韓国

次回予告

中国革命の幕開け
——革命は列車に乗ってやってくる

さて、中国の話題です。義和団戦争以来、列車の旅の快適さに魅了され、西洋好きに豹変した西太后のもと、改革派の官僚たちが近代化政策を実施します。これらの近代化政策を当時の皇帝の名前をとって**光緒新政**と呼ぶのですが、実質的なボスはもちろん西太后でした。

光緒新政では、**1905年に科挙を廃止**します。科挙は官吏採用試験で、その内容は儒学を中心とした文系小論文試験でした。科挙をやっている時代の中国の学校は、皆古文や漢文ばっかり教えている予備校か学習塾みたいなもので、体育館や理科実験室もなかったのです。このような教育は新しい時代にはそぐわないので、思い切って科挙は廃止し、近代的な大学の卒業生を役人として採用するようになったのです。

次に**1908年に憲法大綱**を発表します。「わが国は9年以内に国会を開設することを約束します。その時の憲法の中心となる内容も発表します」ということです。その憲法の中心とは**「清朝は日本と同じように立憲君主政になる」**でした。しかし発表した時点で、もうすでにこの憲法は時代遅れになっていたのです。この1908年に西太后が病死してしまうのですが、その時に幽閉していた光緒帝を毒殺してしまいました。死の床で西太后はわずか2歳の溥儀を次の皇帝に指名しますが、幼い溥儀は即位式で泣き出してしまい、父親があやします。「大丈夫だよ、もうすぐ終わるから」。そのとおり。西太后の死後わずか4年後の1912年に清王朝は滅びてしまうのです。

復習ポイント

日本が韓国併合のために結んだ列強との条約や協約を整理してみましょう。

アクティヴィティ

強国との戦争に追い込まれた時、戦略の面で優先して配慮するべきポイントを考えてみましょう。

伊藤博文暗殺

安重根

20世紀初めの中国・韓国史年表

1902年	日英同盟成立
1904年	日露戦争開始→第1次日韓協約
1905年	日本海海戦の勝利(5月) 桂・タフト協定(7月) ポーツマス条約(9月) 第2次日韓協約(11月)
1907年	日仏協約…フランスのインドシナ、日本の韓国・関東州への相互の地位を承認 ハーグ密使事件 ↓ 第3次日韓協約 「日韓協約については前回のテーマ38を見てください」
1909年	安重根による伊藤博文暗殺
1910年	韓国併合 「日本人の文学者で韓国併合についてコメントしているのは石川啄木ぐらい。 同じ年の大逆事件での圧力が響いたのかも」

最後の門　下の問題は大学入試問題を出典にした問題です。答えなさい。

　朝鮮半島の支配権をめぐって対立した日本とロシアの間で、1904年日露戦争が勃発し、アメリカ大統領(　a　)の仲介により、両国間で結ばれた(　b　)条約には、日本が朝鮮に優先的な政治的・軍事的・経済的利益を有することを認める、とする条項が含まれていた。これを受けて日本は、<u>第2次日韓協約</u>で韓国の外交権を奪い、保護国化した。そして1910年、「韓国併合条約」によって、韓国は日本の領土に編入されることになったのである。

問1　空欄(　a　)(　b　)を埋めるのに最も適当な語句を記せ。

問2　下線部について、

(1)　第2次日韓協約において、日本政府が韓国の外国事務管理と内政監督のために設けた官庁の長官を何というか。

(2)　初めて上記の長官に就任した伊藤博文を、1909年、ハルビン駅で暗殺した朝鮮の独立運動家の名前を記せ。

(成城大・改)

溥儀の即位式

軍神？　愚将？
乃木将軍伝

1849（嘉永2）年のクリスマスの日に、乃木希典は長州藩士の子として江戸の乃木坂に生まれた。虚弱な泣き虫で、周囲からいじめられ、なんと妹からも泣かされていた。ある時、生きている犬を日本刀で試し斬りするように強要され、どうしても斬ることができず嘲笑を受けた。学問好きの乃木は、吉田松陰の師匠である玉木文之進に住み込みで教えを受ける。玉木文之進の教育は厳格を極めたが、乃木はよく師に従った。明治に入ると、従兄弟から「お前は教師になるのか、それとも軍人になるのか、はっきりせい」と詰め寄られ、「……軍人になります」と答えたことが、彼と日本の運命を変えてしまう。

*

1871（明治4）年、従兄弟の推薦状を持って東京へ出た乃木は、薩摩の黒田清隆に軍への就職の斡旋を願い出た。長州閥の顔を立てた黒田は「おはんは明日から陸軍少佐でごわす」と乃木に告げた。乃木は大喜びで陸軍少佐の特別仕立ての軍服を注文し、その服を着てわざわざ写真を撮りに行っている。足が長かった乃木は軍服やブーツがよく似合った。

1877（明治10）年、西南戦争が起こると乃木は政府軍の指揮官として隊を率いて出陣したが、なんと軍旗を西郷軍に奪われる、という前代未聞のヘマをしでかしてしまった。乃木の生活はこの頃から荒れ始める。毎日のように酒を飲みまくり、泥酔した乃木はこともあろうことか自分の結婚式になんと5時間も遅刻している。

1886（明治19）年に乃木はドイツ留学を軍から命じられる。ドイツでは軍人たちが威厳に満ちて軍服を着こなしていることに乃木は衝撃を受けた。酒場で泥酔し、芋掘り踊りをやっていた過去の自分の姿に赤面した乃木は、今までの自分を完全に放棄した。**こうして乃木は生まれ変わる。**

*

日本に帰って来た乃木は厳格極まる生活をするようになった。冬でもコートは着ずにむしろ冷水をあび、寝る時も軍服のままで、厳寒の中でも毛布を一枚だけしかかぶらなかった。日露戦争が始まった時、予備役であった乃木は栃木県那須で開拓農耕に従事していたが、突然、呼び出しを受ける。

「第3軍司令官に就任して、旅順のロシア軍の要塞を攻撃せよ！」

この旅順攻撃が日本史上最大級の大苦戦となった。要塞に張られた鉄条網に止められた日本兵は、頑強なトーチカにこもるロシア軍の機関銃によって無残に皆殺しにされてしまう。この一連の攻撃により乃木は自分の二人の息子までも戦場で失った。無謀な突撃を繰り返し、何万もの死者を出したあげく、**「203高地**という高台を占領すれば旅順港が見える」ことに気が付いた。大被害を出しながらついに乃木軍は203高地を奪取した。203高地に観測機を設置した乃木軍は旅順港内にいたロシア旅順艦隊を大砲で狙い撃ちにし、皆沈めることに成功する。「もはやこれまで」と降伏したロシアの司令官ステッセルと乃木は会談し、乃木はステッセルに対し紳士的な配慮を示した。この美談は新聞で世界中に知られることとなる。

明治天皇に信頼されていた乃木は、江戸時代の主君に対する武士のように天皇に忠誠を誓っていた。明治天皇が1912（明治45）年に亡くなると、その大喪の日に、乃木はなんと妻を道連れにして天皇の後を追い、割腹自殺をとげてしまう。

■ 復習ポイント の答え

日本は韓国を手に入れるために、ここまで手間をかけて列強の承諾を得ています。

年	相手国	条約名	内容
1895年	**清**	下関条約	**朝鮮**の完全独立（清の宗主権の放棄） →清は日本の朝鮮進出を黙認
1902年	**イギリス**	日英同盟	日本は清国におけるイギリスの特殊権益を認め、イギリスは**朝鮮**・清国における日本の特殊権益を認める
1905年	**アメリカ**	桂・タフト協定	日本の**韓国**に対する、アメリカのフィリピンに対する優先権を相互に尊重することを確認
1905年	**ロシア**	ポーツマス条約	ロシアは日本の韓国保護権を認める
1907年	**フランス**	日仏協約	フランスのインドシナ、日本の**韓国**・関東州における相互の地位を承認。

■ アクティヴィティ の答えの一つ

やみくもに戦っても負けてしまいます。まず勝利条件を考えなくてはなりません。勝利が無理なら、せめて和睦に持ち込めるように手段を考えましょう。

強国が相手ですので、相手国の首都を占領して屈服させるのは無理です。そこで、基本的な戦略としては

①強力な友好国を作り、物資や兵器の補充を確保する。②国民の士気を上げて、モチベーションを高める。③相手国の軍隊や国民の士気を下げ、やる気を失わせる。そして④仲介役を有力な第三国に依頼し、自国が有利な時点での停戦を設定してもらう。

というのが大切な条件になります。

これらは日露戦争の時の日本がおこなった戦略ですね。

■ 最後の門 の答え

問1　(a)　セオドア＝ローズヴェルト
　　　(b)　ポーツマス
問2　(1)　統監
　　　(2)　安重根

（解説）

問1　(a)　ローズヴェルト姓の大統領は二人いますので、「セオドア」は必ず入れましょう。
　　　(b)　下関条約と間違えないこと。
問2　(1)　<u>「統監」と「総督」を間違えないように</u>！
　　　(2)　出題されやすい有名な人なのでしっかり覚えておきましょう。

40 辛亥革命
──革命は列車に乗ってやってくる

死に際に皇帝を毒殺するとは……！　えー、本当ですか？

本当です。光緒帝の墓から髪の毛を採取して、科学的に分析したところ、毒物のヒ素が大量に検出されたそうですよ。光緒帝は西太后の妹の子なのですが、戊戌の政変以来、北京城の池の中の島に幽閉されていました。皇帝と言っても名前だけで、ひどい時は腐ったものまで食べさせられていたそうです。自分の死後に復権することを嫌がった西太后が、光緒帝に毒をもったのです。光緒帝には子がなかったので、光緒帝の弟の子である幼い溥儀を皇帝に指名したわけですね。

第1幕への前奏曲 「機関車トーマス」が運んで来た中国の民族意識

　なにしろ、義和団戦争の賠償や西太后の無駄遣いで清朝にはカネがない。そこで、1910年にアメリカを中心とする**四国借款団**が、「中国はん。お困りのようでんな。カネでしたらご用立てしますさかいに」とすり寄って来ました。借款とは「カネを貸す」ことですが、本当の目的は中国を借金でコテコテにしばり上げて、列強の勢力範囲にしてしまうことだったのです。これはアメリカ、タフト大統領の「**ドル外交**」のやり口でした（テーマ34参照）。アメリカだけでやるとスケベ心が丸見えなのでイギリス・フランス・ドイツと組んで借款団を作ったのです。借款団曰く、「中国国内の鉄道を担保にしていただけるのでしたら、カネはいくらでも貸しまんがな」。あまーい誘惑に屈服してしまった清朝は、中国の**幹線鉄道国有化**をおこなおうとしたのです。

　20世紀初頭、**民族資本家**と呼ばれた中国人の産業資本家の成長が著しく、商品や原料の移送や輸出のために、彼らは鉄道路線を自費で作っていました。彼ら民族資本家の中には「**鉄道は国の命である。買い戻して中国の植民地化を防ごう！**」と、外国が作った

ドル外交

ウィリアム＝タフト

$

鉄道路線を自費で買い戻しているケースもありました。鉄道の発展とともに中国の民族意識も育ってきたのです。ところが清王朝は財政難解決のために、民族資本家がせっかく作った鉄道を国有鉄道にして自分の財産にしようとはかったのです。そこで民族資本家を中心に激しい反対運動が起こります。

第1幕　四川暴動と武昌蜂起──中国の中心で起こったので激震になる

　1911年、中国の奥地、四川地方で幹線鉄道国有化に反対する武装蜂起がついに発生してしまいます。これを**四川暴動**と呼びます。こんな大暴動が起こってしまったのには理由がありました。まず、四川地方では民族資本家が作った鉄道を国がタダで取り上げようとしたこと。しかも四川省は鉄道建設にかかるカネを株式だけでなく税金で搾り取ったため、資本家だけでなく、一般の庶民までもが被害を受けたことです。警察は怒り狂った民衆からボコにされてしまったので、政府は四川省に軍隊を派遣しようとしました。四川省の右隣の湖北省にある武昌に軍隊を集結させましたが、武昌に残された一部の軍の兵士たちが四川省の民衆に同調してしまい、銃を取って清朝に反乱を起こしたのです。この兵士たちの反乱が歴史に残る**武昌蜂起**です。この武昌は昔の『三国志』の時代は荊州と呼ばれ、蜀の関羽が死守したことでも有名。中国全体の中央に位置し、交通と産業が栄えた重要な地域です。それだけに武昌で反乱が起こったことにより、中国各地に革命運動が広まり、蜂起が頻発するようになります。そして、なんと14省が清朝からの独立宣言を出してしまいました。

　「清朝は**ＨＰ**と**ＭＰ**に複数のダメージを受けた」ですかー！

　……、さーて、ここでいよいよ孫文の出番です。

第2幕　中国の国父、孫文登場──「キャッチフレーズ」が歴史に残った！

　孫文の生い立ちはコラムに書いてあるので見てください。ハワイで教育を受け、プロテスタント信者となり、医者として活躍するという恵まれた環境の中で育った人でした。しか

武昌蜂起

し清仏戦争で敗北した中国の現状を憂い、医者を辞めて革命家として立ち上がります。孫文は友人が多い**ハワイ**で革命のための秘密結社である「**興中会**」を1894年に結成しますが、肝心の友人たちの多くがビビって参加してくれなかったため、賛成者はわずか20人というみじめなスタートでした。しかし逆境にめげないのが孫文の強みです。日清戦争敗北直後の1895年、仲間をかき集めて広州で武装蜂起をはかりますが、計画が事前に漏れたため国外に逃亡し、長い亡命生活に入ります。

外国での生活は苦労も多かったのですが、新しい知見と友人を得ることができました。特に日本での計10年におよぶ生活で多くの支援者に恵まれた孫文は、**1905年**、**東京**で「**中国同盟会**」を結成します。その結成式は日本の国会議員の別荘を借りておこなったのですが、熱気に満ちた中国と日本の革命家が会場にわんさか押しかけて来たため、あまりの人数の重みにタタミが潰れ、多くの参加者が穴にはまって、ころげ落ちてしまったほどでした。この時に決まった基本原則が「**三民主義**」と「**四大綱領**」です。ああ、これはとても重要な原則なので、ぜひぜひ覚えてもらいたいですね。

まず三民主義ですが、①「**民族の独立**」、②「**民権の伸長**」、③「**民生の安定**」の三つの主張から成り立っています。三つとも「民」の字が重なってキマっていますが、孫文はキャッチフレーズを作るのがうまい人でした。①の「民族の独立」は「**漢民族は独立すべし**」という意味で、明らかに<u>ナショナリズム</u>の影響を受けた主張です。満洲人の支配を受けていた当時の漢民族にとって、実に共感できる主張ですね。②の「民権の伸長」とは、「**民が政治を決める権利を持つべし**」という意味です。③の「民生の安定」とは、「**貧富の差をなくして、民衆が安心して暮らせるようにするべし**」という意味で、<u>社会主義</u>の影響を受けています。これはロンドンの貧民街を見て、豊かな国にも貧富の差があることにショックを受けた孫文が、必死に社会主義の勉強をおこなった影響があらわれているのです。次の**四大綱領**ですが、①「**駆除韃虜**」(異民族を政権から追放する)、②「**恢復中華**」(中国人が政権を回復する)、③「**創立民国**」(中国を民主主義の国にする)、④「**平均地権**」(土地を民に平等に分ける)から成ります。これらの主張の中で注目すべきは、「平均地権」で、孫文の故郷の近くで起こった「太平天国の乱」の「天朝田畝制度」や、「社会主義」の影響が伝わってくるメッセージです。

孫文と中国同盟会

辛亥革命の成立──やっぱりリーダーは彼でなくっちゃ！

孫文は運動に挫折して、へこむことも多かったけれども、日本人の友人たちの援助や励ましによって頑張る気持ちを保つことができました。右の写真は孫文（右端）と日本の友人たちとの有名な記念写真なのですが、後列中央の大男、宮崎滔天とは終生の友情を結びます。そうしているうちの

1911年に中国で**四川暴動**と**武昌蜂起**の大事件が起こってしまいました。この時、孫文は中国に居合わせず、アメリカを旅行中でした。中国に革命が起こっても孫文はノンビリとしていました。「ま、武昌は私のテリトリーじゃないから、行っても相手にされんだろ」と思っていたのです。ところが宮崎滔天らに守られながら南京に着いてみると、中国同盟会のメンバーが孫文を出迎え、大歓迎でした。蜂起が始まると、日本に留学していた中国留学生たちも一斉に帰国して、革命運動に参加していたのです。

革命側は清朝に対抗して政府を作ろうとしたのですが、リーダーには知名度が高く、外国にも友人が多い孫文がベストでした。こうして**1912年1月1日**、南京で**中華民国**の建国が宣言され、孫文が**臨時大総統**に就任します。アジアで初めての共和国でした。この中国における、**1911年9月の四川暴動開始**から**1912年3月の臨時約法**（憲法）発布までの一連の革命運動を、**辛亥革命**と歴史では呼びます。

第4幕 革命の崩壊──理想主義者・孫文VSタヌキジジイ・袁世凱

思いがけず権力の頂点に立った孫文でしたが、問題は山積でした。

まず中華民国ができたものの、清朝は滅びたわけではない。その中華民国も屋台普請で急いでおっ建てたものだから、中核の中国同盟会も方針をめぐって内部分裂している始末。こんな時に清朝に攻撃されたならば武力がない中華民国はひとたまりもないでしょう。

清朝の皇帝、**宣統帝**（**溥儀**）はまだ5歳。幼稚園児の歳なので政治は無理です。そこで李

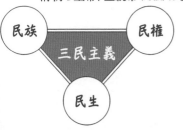

三民主義
民族　民権　民生

四大綱領
平均地権
創立民国
恢復中華
駆除韃虜

鴻章の後継者として**北洋軍**を率いていた**袁世凱**という実力者が政治の実権を握っていました。孫文はこの袁世凱と取引をすることにしたのです。袁世凱は清朝の余命が長くないことを知っていましたので、この話に乗ってきました。

孫文は袁世凱に会って言います。「清朝をあなたの手で滅ぼしていただければ、臨時大総統の職はあなたに譲りましょう」。袁世凱にとって悪くない条件でした。「しかし」と孫文は言いました。「共和政の精神だけは守ってもらいたい。よろしいですね！」。袁世凱曰く、「よっしゃ、よっしゃ、いいともっ」。こうして二人の話し合いで清朝の運命は決まってしまいました。宣統帝（溥儀）は袁世凱の強要によって退位し、**1912年2月についに清朝は滅んでしまいます**。

孫文は約束通り、**1912年3月**に臨時大総統の座を袁世凱に譲ります。孫文が臨時大総統の座にあったのはわずか3か月でした。

ところが袁世凱は、煮ても焼いても食えないタヌキジジイでして、すぐに共和政を無視し始めます。憲法ができるまでの基本法「臨時約法」に従って選挙はおこなったのですが、宋教仁が1912年8月に結成した政党**国民党**が**1913年**の選挙で、民衆の人気を得て大勝したことに怒った袁世凱は、国民党を武力で弾圧し始めます。国民党は**1913年7月**に「**第二革命**」と称して袁世凱に抵抗しますが、武力に勝る袁世凱によって弾圧されてしまいました。危険を感じた孫文は、再び東京に亡命するハメになってしまいます。

復習ポイント

孫文の「三民主義」と「四大綱領」を整理してみましょう。

アクティヴィティ

孫文を構成する重要な要素は何でしょうか。考えてみよう。

辛亥革命をめぐる中国史年表

1894年	孫文、ハワイに秘密結社興中会を設立→1895年広州で武装蜂起失敗
1905年	孫文、亡命先の東京に革命団体中国同盟会を設立
1905年	科挙（かきょ）の廃止
1908年	憲法大綱の発表…9年以内の国会開設を約束
1910年	四国借款団の働きかけ
1911年	幹線鉄道国有化→民族資本家を中心に激しい反対運動
1911年	四川暴動の発生(9月) 武昌蜂起の発生(10月)
1912年	中華民国成立(1月1日)…孫文が臨時大総統へ 袁世凱、宣統帝(溥儀)を退位させ、清王朝滅亡(2月) 孫文、臨時大総統を袁世凱に譲る(3月)
1913年	袁世凱に対する第二革命失敗→孫文、日本に再亡命

最後の門 下の問題は大学入試問題を出典にした問題です。答えなさい。

　義和団事件の後、清朝は近代国家建設に向けてさまざまな改革に取り組んだ。一方、海外では漢人による、清朝打倒を目指す革命運動が盛んになっており、孫文は1905年に（　1　）で中国同盟会を組織した。

　1911年10月、湖北省の（　2　）の軍隊にいた革命派が蜂起した。蜂起は各省に広がり、大半の省が清朝からの独立を表明するにいたった。革命派は孫文を臨時大総統に選び、1912年1月、（　3　）で中華民国の設立を宣言した。清朝は袁世凱を起用して革命側との交渉にあたったが、彼は清朝を見限り、（　4　）を退位させた。

問1　（　1　）～（　4　）にあてはまる適語を書きなさい。

　〔（　1　）、（　2　）、（　3　）は都市名、（　4　）は人名が入ります〕

問2　下線部に含まれる最も適切なものを以下から選べ。

①　憲法大綱を発表した。　　　　　　　　②　女性が科挙を受験できるようにした。

③　総理各国事務衙門（総理衙門）を設置した。　　④　府兵制を導入した。

（大阪経済大・改）

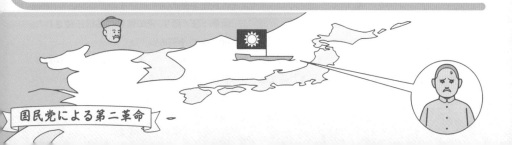

国民党による第二革命

孫文
第壱話「終わる世界」

孫文は中国の広東省香山（中山）県に1866年に生まれた。故郷、広東地方は南国の豊饒の地であったが、清王朝による収奪によって、多くの農民が貧窮の生活を強いられていた。孫文の生家も貧農だったが、幸運にも孫文の兄はハワイでの農場経営に成功することができた。兄を頼ってハワイにわたった12歳の孫文は、ミッションスクールで学び、アメリカ風の民主主義に初めて出会う。

19歳で中国に帰国した孫文は、香港のイギリス系ミッションスクールに通い医科大学に進学した。この時期、孫文はクリスチャンとなったが、入信に怒った兄から勘当され、故郷の村から追い出されてしまう。孫文はアルバイトをしながら学業に励み、成績は常に一番であった。医科大学を卒業した孫文は外科・産婦人科医師として高い評判を得たが、運命は彼にまったく別の人生を用意していた。

1885年、清王朝がフランスとの戦争に負けたことが転機となった。

祖国の敗北に発奮した孫文は、この頃から政治に熱中し、「**清王朝を滅ぼして、民主的な政府を作るしか救国の道はない**」という確信を得るにいたった。1894年に日清戦争が勃発した時、憂国の思いに駆られた孫文は、ついに医師を辞め革命家として歩み始めた。

*

孫文はアメリカ・ヨーロッパを回って、現地の華僑に中国革命の必要性を説いた。しかし、ロンドンで孫文は中国公使館によって逮捕・監禁されてしまう。暗い牢獄で万策尽きた孫文はついにひざまずいて祈りを捧げた。すると神は見捨てたまわず、香港時代のイギリス人恩師が駆け付け、孫文は牢獄から釈放される。

この苦難を乗り越えた孫文は、人間として大きく成長していた。

ロンドンの貧民街イーストエンドのありさまを見て、世界の社会や経済を知る必要性を感じた孫文は、大英博物館の図書館にこもり勉強に打ち込む。そしてこの時、彼は社会主義と出会い、深い影響を受けた。くしくも大英博物館の図書館は、社会主義の理論を作り上げたマルクスがかつて勉強していた場所であった。

*

1897年、孫文は日本の地を踏んだ。日本は中国に近く、華僑や中国人留学生も多かった。孫文は日本を根拠地にして中国の革命運動を進めることを決意し、横浜に居を構える。

ここで孫文は日本人の親友を得た。**宮崎滔天**である。

身長190cmの巨漢、宮崎滔天はキリスト教徒であり、ルソーの影響を受けて民主主義を強く信奉していた。常に政治運動に身を捧げていた宮崎滔天は、生活のために浪花節語りとして稼いでいたが、その美声の評判で人間関係は多彩だった。以前から孫文の評判を聞いていた滔天は、つてをたどって孫文に会うことができた。このことは滔天の自伝『三十三年の夢』に詳しい。

「私は孫君を見てひどく失望した。小男（孫文の身長は156cm）なうえ、顔も貧相だ。ところが席を改めて会見すると、彼はきちんとした洋服に着替え、礼儀作法もさわやかであった。中国に民主主義の国を建設する夢について、孫君は熱っぽく語り、その情熱に私は圧倒された」（原文改変・省略あり）

この出会いから、孫文と宮崎滔天の真の男の友情が始まった。そしてこの友情が辛亥革命に大きな影響を及ぼすのである。（続く）

復習ポイント の答え

「三民主義」と「四大綱領」は、孫文による中国革命の背骨と言える基本構想です。**三民主義の共通点は少数の独占を批判し、多数の政治参加と利益配分を主張したことで、これらは20世紀の政治の中心主題となります。**

(三民主義)

民族の独立	少数の満洲人が利益を独占していることを批判し、漢民族による民族国家を樹立しようとする考え
民権の伸長	君主一人が利益を独占することを批判し、民主主義による政治をおこなおうとする考え
民生の安定	少数の金持ちが利益を独占することを批判し、皆が経済的に平等であろうとする考え

(四大綱領)

駆除韃虜	満洲人を政権から追放する←**ナショナリズムの影響**
恢復中華	漢民族が政権を回復する ←**ナショナリズムの影響**
創立民国	中国を民主主義の国にする←**民主主義の影響**
平均地権	土地を民に平等に分ける ←**社会主義の影響**

アクティヴィティ の答えの一つ

孫文は19世紀が作り上げた思想から強い影響を受けています。上の四大綱領の表からわかるように、**ナショナリズム(国民主義)、アメリカ民主主義、社会主義**などの思想が孫文を形作っていることに注意してください。また、孫文は**クリスチャン**であり、キリスト教の平等思想や、キリスト教を通じた人間的つながりからも孫文は大きな恵みと影響を受けていることにも注目するべきでしょう。

ただし孫文は医者あがりの**インテリ知識人**という「読書人階級」であり、それゆえに毛沢東と違って中国人民の中に深い根っ子を持つことはできませんでした。この点が孫文の大きな**弱点**となってきます。

最後の門 の答え

問1 (1) 東京　　(2) 武昌
　　(3) 南京　　(4) 宣統帝(溥儀)

問2 ①

(解説)

問1 (1) 孫文が活躍した都市に、「東京」が出てくることに注意。

　　(3) 中華民国設立の都市名は覚えておきましょう。

問2 ②科挙は最初から最後まで女性は参加できませんでした。③総理各国事務衙門(総理衙門)はすでに1861年に設立されています。④府兵制は、西魏から始まり、唐王朝でも採用された兵制の名前です。

41 中国革命とインド民族運動
——オヤジとジジイの大活躍

孫文も袁世凱なんてジジイと組まなければよかったんだ。

孫文の第1目的は清朝を倒すことですから、どうしても袁世凱と手を組む必要がありました。その袁世凱に裏切られてしまったのですから、たまったものではありません。それもこれも孫文が軍事力を持っていなかったからです。孫文は医者あがりなので医学はわかっても、兵を率いて戦場で戦うやり方はわからなかった。そこで孫文は自分の党の中に、人材でも武器でも軍事力を備える必要を痛感したのですよ。

第1幕 袁世凱の野望と失望——夢破れたジジイの死とその後

　袁世凱に追われて、東京に亡命した孫文ですが、孫文は日本に頼れる友人がたくさんいました。友人たちの励ましと援助で力を盛り返した孫文は、再び1914年に秘密結社を東京で結成します。**中華革命党**といいます。

秘密結社に逆戻りとは。「ふりだしに戻る」？

　孫文は中国同盟会では内部分裂で苦しんだからね。そこで中華革命党では、自分に忠誠を誓う仲間を厳選したわけだ。組織を改めて一枚岩にして、仕切り直した孫文は大陸の状況をうかがいました。

　国民党による第二革命を弾圧した後、1913年10月に正式な大総統に就任した袁世凱は野心をむき出しにして、ついに自分が皇帝になろうとし、1916年には皇帝即位式までおこなっています。しかし20世紀に入って帝政をおこなうとは時代錯誤もいいところですよ。これに反発した民衆や国民党系の軍人の蜂起が各地で起こりますが、これを**第三革命**と呼びます。列強も袁世凱皇帝就任に反対したため、帝政をあきらめた袁世凱は、失意のう

袁世凱の皇帝即位式

ちに1916年に病死してしまいました。袁世凱というリーダーを失ってしまった**北洋軍**は、袁世凱の子分の将軍たちによって分割され、**軍閥**と呼ばれる軍事政権が割拠して、地方を支配するようになります。

　袁世凱の死後、頃はよしと見た孫文は1917年に自分の本拠地である広東省に戻り、地元の軍閥と手を組んで軍政府を作ります。しかし孫文の力が爆発するのは第一次世界大戦後まで待たなければなりません。

第2幕　中国周辺諸国の動き──レーニンにすがった国が独立達成！

　中国の清朝が倒され中華民国が成立した時、中華民国はモンゴルやチベットなど周辺諸地域をかつてと同じく中国の領土としていました。ですが辛亥革命の進行とともに、周辺諸民族も民族独立の意識を持つようになってきます。しかし孫文も袁世凱も周辺諸民族の独立は認めませんでした。三民主義で「民族の独立」を訴えた孫文ですが、それはあくまで漢民族の独立に限ったのです。これは孫文の限界を示すものだと思われます。

　モンゴルは内モンゴルと外モンゴルの二つに分かれていますが、中国から見て内側が「**内モンゴル**」、外側が「**外モンゴル**」にあたります。その区分は19世紀中頃から始まりますが、大きな違いは「中国人の植民や農業化が進んでいるか、どうか」でした。はっきりした区分がつけられるようになったのは1907年の**日露協約**からで、外モンゴルがロシアの勢力範囲と定められたからです。辛亥革命の影響を受けた外モンゴルは1911年に独立を宣言しましたが、肝心のロシアや中国から無視されてしまいます。後に1917年にロシア革命が起こると、外モンゴルの人々は新しいロシアの指導者レーニンにすがりました。こうしてソ連の援助のもとに**1924年**にモンゴル人民革命党の**チョイバルサン**を首班としてモンゴル人民共和国を建国します。このモンゴル人民共和国はソ連以外では初めての社会主義の国となります。しかし同じモンゴルでも内モンゴルは中国からの独立は認められず、自治区として現在も中華人民共和国の中にあります。

　チベットはチベット仏教の教主である**ダライ＝ラマ13世**によって独立宣言が1913年に出されましたが、孫文や袁世凱はチベットの独立を認めませんでした。その後、中国の混乱の中でチベットはなんとか自治を保っていましたが、1959年に中華人民共和国軍が

チョイバルサン

外モンゴル

内モンゴル

モンゴル人民共和国

チベットを支配し、ダライ＝ラマ14世はインドに亡命します。チベットは自治区となっていますが、このチベットの動きはブラッド＝ピット主演の映画『セブン・イヤーズ・イン・チベット』にも描かれています。

第3幕への前奏曲　インドでもやっぱり機関車が大活躍でっせ

　次はインドに移りますが、準備はよろしいかな？　インドがイギリスの植民地とされてしまった経過はテーマ25、26に書いてあるから復習してみてくださいね。まず、インドは綿花の大産地で、とれた綿花はイギリスへ運び、イギリスで加工された綿織物は再びインドに運ばれて売られたわけです。つまりインドはイギリス産業の原料供給地であり、市場でもあったのですよ。もちろん原材料と製品の輸送に必要だから、イギリスは植民地インドに**鉄道路線**を作りまくっている。イギリスは「大きいことはいいことだ」ということでブロードゲージの広い幅の線路を敷いたのだが、もちろん資金はインド人から租税で取り立てていました。しかし、インド各地のマハラジャたちやインド人の産業資本家も自分の鉄道を

敷くようになりました。中国もそうですが、広いインドでは鉄道は便利だったからです。ただしカネがかかるブロードゲージは作れなかったので、自分に都合がよい幅の狭い線路を引いてしまいます。このため、インドは4種類ものゲージが混在するややこしい国になってしまいます。

　何はともあれ、鉄道路線の拡大とともにインド人の産業資本家、そう**民族資本家**が大いにもうけのチャンスをつかんで成長するようになります。特にインドの港湾部に住む**パールシー**と呼ばれるゾロアスター教徒はカーストのしばりがないので、イギリス人相手の貿易を自由におこなって事業を拡大します。特に1861年からアメリカで南北戦争が始まると、アメリカ南部の綿花に代わってインド産の綿花がヨーロッパに輸出されるようになり、インド人の民族資本家が大きく発展するようになりました。インドは中国と同じように、革命勃発に必要な条件である「ブルジョワジーの発展」という条件を満たしたのですよ。

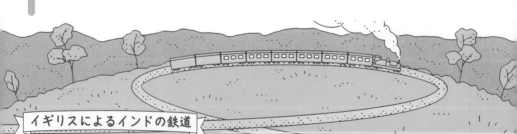

イギリスによるインドの鉄道

第3幕 民族運動への動き──差別はダメ、絶対

　豊かな財産を築いたインドの民族資本家たちは子弟の教育にカネをかけます。親というのはね、自分の子どもには人から尊敬されるような教養人になってもらいたいものですよ。というわけで子どもをイギリスの名門パブリックスクールからオックスフォードやケンブリッジのような名門大学で学ばせますが、ひどい目にあってしまいます。それは<u>イギリス人による民族差別の存在</u>でした。どんなに優れた学歴があってもインド人は役所の官僚になることができず、イギリスの銀行もカネをインドの民族資本家に貸してくれなかったのです。このようなイギリス人の差別政策への怒りがインド独立運動の支えになってしまうのです。

　そしてインド人の中にも啓蒙主義が紹介され、ヒンドゥー教の問題点の見直しや、新たなヒンドゥー教の模索と紹介がおこなわれるようになります。その代表的な啓蒙主義者こそ**ラーム＝モーハン＝ローイ**ですが、彼についてはコラムで紹介しましょう。

　一方、イギリス人はトラブル対処法がうまい人たちですから、インド人が民族運動で騒ぎを起こす前に手を打っておこうとしました。すなわち、イギリスの味方になりそうな勢力を自分の側に付けておこうとしたのです。この「味方になりそうな勢力」とは、インドの支配層である**地主**や**民族資本家**、**知識人**たちです。こうして**1885年**、イギリスの肝いりで**インド国民会議**が開かれます。第1回会議はインドの中で最もイギリス風な町である**ボンベイ**（現在のムンバイ）で開かれますが、最初はインド人の意見を聞くための諮問機関でした。

第4幕 カルカッタ大会へ──民族紛争をズル賢く利用するイギリス

　イギリスは国民会議をインド支配の「イエスマン」組織にしようとしたのですが、「インドの富が流失したのはイギリスのせい」と説く思想家の**ナオロジー**や、社会革命家の**バネルジー**が国民会議の指導者となると、イギリスへの批判勢力として**国民会議派**が生まれてきます。

それって、ガンディーとあわせて「三爺」ですねえ（笑）

　そして元数学教師の**ティラク**がインド国民会議派のリーダーになると、イギリスへの批

インド総督府　　　インド人差別　　　オクスフォード大学

判がいっそう激しくなります。1905年にインド総督であったカーゾンが**ベンガル分割令**を出しますが、これはインドの東側にあるベンガル州をイスラーム教徒が多い地域とヒンドゥー教徒の多い地域に住み分けさせる法律です。この法律の目的は両教徒の分断と反目を激しくさせることでした。そうすればイギリス支配に対する民族運動を弱めることができる、とふんだわけです。

ティラクを中心とする**国民会議派**はベンガル分割令に反対し、**1906年**ベンガル州の中心都市カルカッタで**カルカッタ大会**を開き、ベンガル分割令を激しく攻撃するとともに、**カルカッタ大会4綱領**を定めました。ちょうど時期が同じである孫文の四大綱領と並べられる綱領です。内容は①**英貨排斥**：「**イギリスが作ったものを買うな**」、②スワデーシ（国産品愛用）：「**インド人が作ったものを買って使おう**」、③スワラージ（自治の獲得）：「**インド人の自治を求める**」、④**民族教育**：「**イギリスべったりの植民地教育を否定し、インド人の誇りと自覚を育てる教育を求める**」、の四つでした。

イギリスはこの運動に直面して、インドの民族運動がただならぬことを思い知ります。やむを得ず1911年にベンガル分割令は取り下げますが、カルカッタ大会と同じ年の**1906年**に**全インド＝ムスリム連盟**を立ち上げさせます。これはヒンドゥー教徒と仲の悪いイスラーム教徒を団結させることで、国民会議派の分断をはかったのですよ。

インドの地域、宗教やカーストによって被支配者を分断しようとするイギリスの**分割統治**は成功し、ヒンドゥーとムスリムの対立は今でも絶えることがないのです。ああ……。

▎復習ポイント

孫文の「四大綱領」と「カルカッタ大会4綱領」を整理してみましょう。

▎アクティヴィティ

孫文の「四大綱領」と、「カルカッタ大会4綱領」はどんな事件が支えになっているでしょうか。起こった年に注意してください。

インド国民会議

ティラク

民族問題に揺れる中国史とインド史年表

1885年	インド国民会議がボンベイで設立
1905年	インド総督カーゾンによるベンガル分割令
1905年	日露戦争での日本の勝利
1906年	国民会議派の**カルカッタ大会4綱領**の採択→イギリスに対し自治などを要求 ↓ **イギリスの支援で全インド＝ムスリム連盟を結成** （国民会議派の分断を狙う） 👳「抵抗する相手には分割統治で支配することが効果的」
1911年	中国で辛亥革命勃発→外モンゴルの独立宣言
1912年	中華民国成立（1月1日）
1913年	チベットのダライ＝ラマ13世が独立宣言
1914年	孫文、東京で秘密結社中華革命党を結成
1916年	袁世凱、帝政をもくろむも、国内での第三革命と外国の反対で撤廃→6月、袁世凱病死 👳「20世紀は皇帝の時代ではなく、政党と革命の時代なのです」

最後の門 下の問題は大学入試問題を出典にした問題です。答えなさい。

問1 以下のことがらを古い方から時代順に並べた場合に、3番目に来るものはどれか。

　a. 宣統帝の退位

　b. 外モンゴルの独立宣言

　c. ダライ＝ラマ13世によるチベット独立宣言

　d. 中華民国の成立

（早稲田大・改）

問2 イギリスが支配するインド帝国に関する説明として、間違っているのはどれか。

　① 宗教やカーストの違いや地域差によって被支配者を分断する「分割統治」がおこなわれた。

　② インド人の意見を諮問する機関として1885年にインド国民会議が結成された。

　③ シク教徒とヒンドゥー教徒を反目させるために、1905年にカシミール分割令が発表された。

（国士舘大・改）

サティーを知っていますか？

インドのヒンドゥー教は古代から続く宗教である。しかし、その伝統によって、ヒンドゥー教に誤った習慣や偏見が残ってしまった。

その因習の最たるものは「カースト制」と「女性差別」である。

夫が死亡した場合、未亡人に待っている運命は「**サティー**」である。「サティー」とは夫を火葬する際に、未亡人を生きながら一緒に火で焼いてしまうという恐ろしい悪習を指す言葉だ。元々ヒンドゥー教の神話から生まれた習慣らしい。

＊

インドでは古代から当たり前のようにおこなわれてきた「サティー」であるが、近代になるとこのような悪習に対し、批判するインド人が出てきた。その代表が**ラーム＝モーハン＝ローイ**である。

ローイは1772年、ベンガル地方のバラモンの家に生まれた。彼は敬虔なヒンドゥー教徒だったので、サンスクリット語やアラビア語を勉強してヒンドゥー教の古典やイスラームへの知識を深めた。後にイギリス人宣教師との交友によって英語とキリスト教を知り、大きな精神的影響を受けた。イスラームやキリスト教を知るにつれ、ローイはヒンドゥー教の悪習を強く批判するようになる。彼は敬虔なヒンドゥー教徒であったがゆえに、「**ヒンドゥー教を新しく改革するべきだ**」と感じたのである。そのために、不当な女性差別、特に「サティー」を止めさせるための運動を積極的に始めた。

最初は一人だけだった。パンフレットを書い

て、配り始め、理想の宗教のあり方を追求するためのサークル「**ブラフモ協会**」も作った。この協会には数人しか集まらなかった。小さな運動と組織だったが、これがインドを変える大きな力になっていく。

ローイの熱心な運動により、**イギリスのインド政庁は1829年についに「サティー」を禁止**した。抵抗するインド人も多かったが、彼は屈しない。1830年にイギリスを旅行して、演説会を開き、イギリス人から温かい歓迎を受けたが、旅の途中で病に倒れ、ブリストルの病院で亡くなった。現在、ローイの銅像が、亡くなったその地イギリスのブリストル大聖堂の前に建っている。

＊

ラーム＝モーハン＝ローイの意思を継ぎ、ヒンドゥー教の刷新と海外への紹介に活躍したのは**スワミ＝ヴィヴェーカーナンダ**である。

裕福なヒンドゥー教徒の家に生まれ、カルカッタ大学で高い教育を受けたヴィヴェーカーナンダは、「ブラフモ協会」でも活躍していた。

1893年、アメリカのシカゴでの世界宗教会議に参加する機会を得たヴィヴェーカーナンダはアメリカにわたり、世界の宗教の相互理解と友愛を強調する演説をおこなう。

「**すべての宗教は一つのものです。普遍的な神をあがめる心に違いはありません**」「**私は過去の宗教をすべて認め、彼らすべてとともに神を崇拝します**」

ヴィヴェーカーナンダの演説は聴衆を魅了し、深い感銘を与えた。

日本・アメリカ・ヨーロッパで講演し、注目と尊敬を集めたヴィヴェーカーナンダであったが1902年に39歳の若さで亡くなった。

ラーム＝モーハン＝ローイとスワミ＝ヴィヴェーカーナンダの二人の偉人の精神はこの後、インドの目覚めと自治独立の原動力となる。

解答と解説

復習ポイント の答え

　同じ「四大綱領」なのですが、中国とインドでは似ていてもやはり違いがあります。表にするとわかりやすいかも。

中国同盟会 四大綱領	内容	カルカッタ大会 4綱領	内容
駆除韃虜	満洲人を排斥	**英貨排斥**	イギリス商品排斥
平均地権	土地の平等	**スワデーシ**	国産品愛用
恢復中華	中国人国家建設	**スワラージ**	インド人自治獲得
創立民国	民主主義建設	**民族教育**	民族教育導入

　中国同盟会の四大綱領は、理想主義的な知識人が作った目標ですが、インドのカルカッタ大会4綱領は民族資本家に代表される商人、ブルジョワジー階級が作った目標の匂いがします。それは「イギリス商品を買うな」「国産品を買え」という要求が、中国にはないからです。

アクティヴィティ の答えの一つ

　中国同盟会結成もカルカッタ大会開催も、日本の**日露戦争の勝利**（1905年）が明らかに大きく影響しています。中国同盟会結成も1905年、カルカッタ大会は翌年の1906年におこなわれています。日本がロシアに勝利したことは、多くのアジア人や植民地人への励ましになったことは確実です。その他、日露戦争がきっかけとなっている世界史の事件は**イラン立憲革命**（1905〜1911年）、**青年トルコ革命**（1908年）などが挙げられるでしょう。これらの事件は次回のテーマで説明します。

最後の門 の答え

問1　a　　問2　③
（解説）
　問1は難しい問題です。年代の上に、さらに事件の順番を知っていないと解けません。aの宣統帝の退位は1912年、bの外モンゴルの独立宣言が1911年、cのチベット独立宣言が1913年、dの中華民国の成立は1912年です。1912年が二つ重なってしまうので迷うところですが、中華民国の成立は1月1日なので1912年ではこれが1番早い。そしてその1か月後に宣統帝が退位します。したがって順番は、b→d→a→cの順となります。

　問2は③が間違っています。1905年に制定されたのは「カシミール」ではなくベンガル分割令ですし、宗教はシク教ではなくイスラーム教です。

42 東南アジア・西アジア民族運動
──人は死して名を残す

ねえねえ、ガンディー出てこないですね。まだ？

まだです。カルカッタ大会の頃ガンディーは南アフリカで人種差別問題に取り組んでいまして、まだインドに帰っていなかったのです。だから「ガンディーの指導のもとに国民会議派はカルカッタ大会を開いた」という文は○か×か？　と聞かれたら×ですよ。

第1組曲 東南アジアにとどろく嵐──日本が与えた希望と失望

① **インドネシア ── 民族主義と宗教と社会主義が合体！**

　インドネシアは東南アジアの中でもマラッカ海峡などの海上貿易路を持っており、農業も資源も豊かです。そこを狙ったオランダによってインドネシアは支配され、強制栽培制度で土地も農作物もオランダに収奪されてしまいました（テーマ27参照）。オランダの支配に抵抗して19世紀末に起こったのが**サミン運動**でした。これはサミンというイスラーム教徒の農民が「救世主」を名乗って反オランダ抵抗運動を起こしたのです。このサミン運動はオランダ支配の中心地ジャワ島で広がりましたが、結局はオランダによって弾圧されてしまいます。サミン運動においては支配者に税を払わず、山奥に原始共産的共同体を作り、目上の人間にも敬語を使わない、という徹底的な平等主義を貫いたのです。そして現在のインドネシアでもサミン主義者はいるようですね。後のインドネシアにおいて社会主義が広まっていくのはサミン運動という基盤があったからですよ。

　対するオランダ当局は、20世紀初頭には「**倫理政策**」を実施します。これは現地人への福祉や教育、キリスト教布教を重視する政策でして、インドネシア人にも積極的に教育が与えられるようになりました。しかし教育を受けることができるのは裕福な階層の子弟、それも男子が中心でした。そのような状況の中で教育を受けたインドネシア人の知識人の中

サミン運動

に民族的自覚が生まれていくようになりました。その代表が**カルティ
ニ**(→)です。カルティニは短い一生でしたが、インドネシア民族
の自覚を促した英雄として深く尊敬されている女性です。ぜひコラ
ムを見てください。そして1908年に**ブディ=ウトモ**というインドネ
シア民族団体が設立されますが、知識人中心の穏健な民権運動団
体でした。その後、1911～1912年、というと中華民国建国と同じ時
期なのですが、インドネシアに**イスラーム同盟**(サレカット=イスラム)という組織が成立しま
す。これは元々華僑商人に対抗するための組織だったのですが、政治的独立を求めるイ
ンドネシア民族運動では中心的役割を果たしました。しかし後に、オランダ植民地政府の
弾圧を受けて崩壊します。

② **フィリピン ──「私に触るな！ エッチ！」**

　フィリピンは1565年以来、長い間スペインに植民地として支配
されてきました。しかし19世紀末から高い教育を受けたフィリピン
人がスペインの植民地支配に立ち向かうようになります。その代表
者が**ホセ=リサール**(東京・日比谷公園にある銅像→)です。ホセ=リサー
ルは『**われに触れるな**』(『ノリ=メ=タンヘレ』Noli Me Tangere)とい
う作品を書き、フィリピンの民族意識を大いに高めた人で、フィリピ
ンの民族的英雄です。カルティニと同じくコラムを参考にしてください。

「触っちゃイヤ～ン」なんて、色っぽいですね

　いや、このラテン語の言葉はまじめな意味です。『新約聖書』ヨハネ福音書20章17節で、
復活したイエスを見たマグダラのマリアが驚きのあまりイエスに触れようとした時、イエス
が「私に触れてはならない。まだ父のもとに上っていないのだから」と答える場面があるの
ですが、そこからとっています。「復活しつつあるフィリピンに外国は介入して触れてはな
らない」という意味です。しかしそうはならなかった。1896年に**カティプーナン**という独立
目的の秘密結社が**フィリピン革命**を起こし、スペインと戦いました。そして**アギナルド**を
中心とする革命軍が**フィリピン共和国**を建国したのですが、そこへアメリカが介入してき
たのです。アメリカ=スペイン(米西)戦争(テーマ34参照)で勝利したアメリカ合衆国は

イスラーム同盟

1899年にフィリピンに攻め込んで、**フィリピン＝アメリカ戦争**を起こします。結果として
アギナルドは降伏し、フィリピンはアメリカ合衆国の植民地支配を受けることになります。

③　ベトナム──「さあ若者よ！　日本に行って、日本に学べ」

　ベトナムは1887年からフランス領インドシナの中心地として厳しい植民地支配を受け
ていました。しかしベトナムでも20世紀に入ると知識人が先頭に立って独立運動が盛ん
になってきます。特に**ファン＝ボイ＝チャウ**という役人出身の学者が1904年に**維新会**を
作り、教育の重要性を主張して、有能な若者を日本に留学させる**ドンズー**（東遊）**運動**を始
めます。「**日本の近代化を学び、ベトナム独立の手段にしよう**」というドンズー運動は、日
露戦争の影響がベトナムにもあらわれたのですね。ファン＝ボイ＝チャウ自身も日本にお
もむき、犬養毅などの政治家に留学生の受け入れを働きかけていました。しかし朝鮮半島
を手に入れたい日本は1907年の**日仏協約**（テーマ39参照）で、フランスと手を組んでしまっ
たのです。それ以降、日本はファン＝ボイ＝チャウが送って来た留学生たちを、フランスの
要請でベトナムに追い返してしまいました。こうして見ると、「アジアの解放のための日露
戦争」という日本の大義名分がまやかしであり、本心は「朝鮮半島を手に入れるための日
露戦争」であったことが、なんとなくわかります……。

　日本に裏切られてしまったファン＝ボイ＝チャウは、方向を武力闘争に切り替え、1912
年に中国の**広東**で秘密結社**ベトナム光復会**を結成します。ですが、この光復会もフラン
スに弾圧されてしまいます。

　一方、教育に活路を見出そうとしたのが**ファン＝チュー＝チン**という民族運動家です。
彼は日本の慶應義塾に見習い、1907年に**ドンキン義塾**をハノイに設立します。しかし、フ
ァン＝ボイ＝チャウもファン＝チュー＝チンの二人ともフランスによって逮捕され、ファン
＝ボイ＝チャウは死ぬまで監禁されてしまいます。そしてファン＝チュー＝チンは祖国の
ベトナムからはるかに遠いフランスの地で、当局の監視を受けながら細々と教育活動を続
け、1926年にベトナムでひっそりと亡くなります。しかしファン＝チュー＝チンの最後の弟
子たちの中から、ベトナム独立の父、**ホー＝チ＝ミン**があらわれるのですよ。

フィリピン

ホセ＝リサール

NOLI ME TANGERE

アフガーニー──イスラームの吉田松陰── 今も響きわたる改革の訴え

　次は西アジアの民族運動を見ていきますよ。東南アジアも西アジアも抱えていた問題は同じで、「いかにして帝国主義と戦うか」でした。その中で、西アジアではイスラームを中心として帝国主義と戦おうとする大きな運動があらわれてきます。その中心人物が**アフガーニー**です。

　アフガーニーですが、まず何人なのかがわかっていません。イラン人である可能性が高いけれど、少数派のシーア派が中心のイラン人では自分の思想を広く伝えるのには都合が悪い。そこでスンナ派が多いアフガン人を装って、「アフガーニー」というペンネームにしたようです。最初インドに留学したのが、ちょうどインド大反乱の時期だった。イギリスの強大な軍事力と帝国主義の実態を見たアフガーニーはイラン・アフガニスタン・オスマン帝国・エジプト・インド・イギリス・フランスなどの諸国を訪れ、帝国主義に対抗する方法を考え、模索するようになります。ヨーロッパをも訪問したアフガーニーは、ヨーロッパの思想からも大きな影響を受けていますよ。そしてアフガーニーは「**イスラーム思想を新しく改革し、今まで希薄だった民族意識を高めよう**」「**シーア派、スンナ派の対立を止めて、ともに連帯して帝国主義に対抗しよう**」「**そのために憲法や議会などの西洋政治思想を積極的に導入しよう**」とムスリムに呼びかけたのです。

　エジプトではアフガーニーの弟子であった**ウラービー（オラービー）**が1881年にイギリスに対して反乱を起こしています。また、イランではアフガーニーの思想の影響のもとに、**1891年にタバコ＝ボイコット運動**が起こります。イスラームではアルコールは厳禁なのでタバコをたしなむ人が多く、イランではタバコを多く生産していました。ところが、1890年にガージャール朝（テーマ24参照）の国王がイギリスの会社にタバコの生産・独占の利権を売ろうとしたのです。イランの重要産業をイギリスに独占されたら国は破滅してしまうので、イランの人々は「タバコをイギリスの会社から買わないようにしよう！　禁煙をしよう！」と互いに呼びかけ合ったのです。このタバコ＝ボイコット運動により、国王はついに利権をイギリスの会社に売ることを断念しました。また日露戦争の影響もあって**1905年には立憲革命**が起こり、1906年には議会が開設され、憲法も定められます。しかし「イランが近

ファン＝ボイ＝チャウ

ベトナム

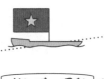

ドンズー運動

代化したらまずい。この国を支配できなくなる」と慌てたイギリスとロシアはこの革命を潰し、1907年に**英露協商**（テーマ37参照）を結んで、イランを南北に山分けしてしまいます。元々英露協商はバルカン半島に進出してくるドイツをけん制するために結ばれたものですが、イランを山分けすることも実は目的の一つだったのです。

アフガーニーは最後に訪れたオスマン帝国の都、イスタンブルで捕らえられ、1897年に獄中で亡くなります。危険人物としてにらまれていたアフガーニーは、オスマン帝国のスルタンであったアブデュルハミト2世によって「殺された」という説もありますが、まあ……、あのスルタンは残念ながら、やりかねない人ではありましたね。しかし、オスマン帝国でもトルコ人の民族意識は高まり、ミドハト憲法の復活を求める知識人や軍人たちが**青年トルコ人**を作ります。そして1908年にエンヴェル＝パシャをリーダーとする青年トルコ人はギリシアのサロニカで**青年トルコ革命**を起こし、ついに政権を奪取しました。そしていったんは廃止されたミドハト憲法の復活に成功します。が……、政権を握ったとたん、青年トルコ人は残念なことに内輪もめと専制支配を繰り返してしまい、真のトルコ維新を起こすことに失敗します。

うむむ、トルコの夜明けはまだ遠いぜよ

イスラームの連帯を呼びかけるアフガーニーの思想は、**パン＝イスラーム主義**と呼ばれ、多くの弟子たちに引き継がれます。有名な弟子はウラービー（オラービー）ですが、同じエジプト人の弟子**ムハンマド＝アブドゥフ**もイスラームの改革にたずさわり、イスラーム復興の基礎を作っています。

復習ポイント

アジアで1890〜1912年に起こった革命運動をまとめてみましょう。

アクティヴィティ

アジアの帝国主義への抵抗運動はどのような特徴を持っているでしょうか。

アフガーニー

東南アジアと西アジア史年表

19世紀末	サミン運動がインドネシア、ジャワ島で起こる
	オランダは支配方法を「倫理政策」に転換
1891年	タバコ＝ボイコット運動がイランで起こる
1896年	フィリピン革命がアギナルドを中心にして起こる
1898年	アメリカ＝スペイン（米西）戦争でのアメリカの勝利
	→1899年にアギナルドらがフィリピン共和国を成立させる
	→フィリピン＝アメリカ戦争の勃発（～1902年）
1904年	ベトナムのファン＝ボイ＝チャウが維新会を設立
	→ドンズー運動を起こす
1905～1911年	イラン立憲革命←英露の圧力で挫折
1907年	日仏協約締結→ドンズー運動を日本が弾圧
1908年	青年トルコ革命→ミドハト憲法復活に成功
	「『青年トルコ人』は若者中心に見えるのだが、中心は知識人や軍人」
1912年	ファン＝ボイ＝チャウが広東でベトナム光復会を設立
	→武力革命でベトナム独立を目指すが挫折

最後の門 下の問題は大学入試問題を出典にした問題です。答えなさい。

問1 ベトナムに関する以下の記述の下線部のうち、誤っているものを選びなさい。すべて正しい場合は⑤を選びなさい。

　ファン＝ボイ＝チャウらは独立と立憲君主制を目指して1904年に①維新会をつくり、日本への留学をすすめる②ドンズー運動を組織した。しかし、③アメリカの要請により、日本政府はベトナム人留学生を追放した。その後、1912年に④広東でベトナム光復会が結成された。

（南山大・改）

問2 アフガーニーが広めたパン＝イスラーム主義について述べた文として最も適切なものを、次の中から一つ選べ。

① エジプトのウラービー運動では、「エジプト人のためのエジプト」が説かれた。

② スーダンのタバコ＝ボイコット運動では、タバコの独占利権に対する反対がとなえられた。

③ オスマン帝国では労働者層の若者たちが自らを「青年トルコ人」と称して革命を起こした。

④ イランでは、カージャール朝の専制に対する武装蜂起が生じた。

（東洋大・改）

ミドハト憲法

青年トルコ革命

南国の故郷への想い
カルティニとホセ＝リサール

カルティニは1879年、ジャワ島の貴族の娘として誕生した。

オランダ人の学校で教育を受けたカルティニは、より高い教育を求めたが、女性の身で大学教育を受けることはできなかった。当時は女子が教育を受けられないことが当たり前であった。女子教育の貧困を嘆いたカルティニは、自ら女子のための塾を開き、女子教育のための最初の礎を築いたのである。しかし親の命令で結婚したカルティニは、努力の果実を見ることなく1904年にわずか25歳で産褥熱のために亡くなっている。短い人生ではあったが残したものは大きかった。若きカルティニはオランダ人女性の友人とオランダ語で文通していたが、カルティニの死後、残された手紙がこの友人の手によって出版される。その手紙には故郷であるジャワへのカルティニの熱い思いが込められ、インドネシアの人々の独立意識を高めたのである。

「私たちは西洋の思想や感覚に影響されているのかもしれませんが、私たちの血、私たちの血管の中を熱く流れているジャワの血を消すことはできません。花の香りや、ガムランの響き、ヤシの木をざわめかせる風の音、ハトの鳴き声、風にそよぐ稲の葉音などの中に私たちはそれを感じるのです」

現在、インドネシアの各地にカルティニ女学校が建てられており、カルティニの誕生日である4月21日は「カルティニの日」としてインドネシアで祝われている。

*

ホセ＝リサールは1861年にフィリピンの裕福な家に生まれた。彼は大変な知能の持ち主で、20か国以上の言語に堪能であった（その中には日本語も入っている！）。フィリピンの大学を中退し、ヨーロッパへ留学して医学と哲学を修めたホセ＝リサールはヨーロッパ留学中の25歳の時、スペイン語で小説『われに触れるな』を書いて注目されるようになる。この小説で、フィリピンを支配するスペインの暴政とカトリック修道院の腐敗をあばき出したホセ＝リサールは、フィリピンの民族運動の輝かしい一歩をしるすことになった。

しかし官憲から迫害を受けたホセ＝リサールは海外に亡命を余儀なくされる。ヨーロッパへ向かう途中、ホセ＝リサールは日本を訪れて1か月滞在したことがあり、日本の文化に深い感銘を受けている。政治思想家の末広鉄腸はホセ＝リサールと親友になり、ホセ＝リサールを主人公とした小説も書いている。

ヨーロッパでは学者として活躍したホセ＝リサールであったが、祖国フィリピンへの望郷の思いには勝てず、ついにフィリピンに帰って来た。現地で医師・教師として活動したホセ＝リサールは民族運動と教育活動に身を捧げ、**フィリピン民族同盟**を結成したが、数日後に逮捕され、流刑されてしまった。

知識人であるホセ＝リサールは、武力革命を主張するアギナルドとは異なり、平和的方法による民族独立を目指した。しかし急進的な秘密結社**カティプーナン**が、1896年に独立のため武装蜂起を起こした時、ホセ＝リサールは関係者とみなされて逮捕され、銃殺されてしまう。その時わずか35歳であった。

ホセ＝リサールは民族の英雄として現在もフィリピン国民から深く尊敬されており、フィリピンでは彼の銅像が多く建てられている。

復習ポイント の答え

1890～1910年代はアジアで革命運動が頻発していますが、ちょうどフランス革命から100年経っている時期です。

1891年	イランで**タバコ=ボイコット運動**が起こる
1896年（～1902年）	**フィリピン革命**（秘密結社カティプーナン中心）
1904年	**ファン=ボイ=チャウ**による**維新会**結成→ドンズー運動へ
1905年（～1911年）	イランで**立憲革命**
1905年	孫文による**中国同盟会**結成→三民主義・四大綱領
1905年～	韓国における**反日義兵闘争**の激化
1906年	インドでティラクを中心とする国民会議派が**カルカッタ大会**を開く→4綱領
1908年	**青年トルコ革命** インドネシアで知識人により**ブディ=ウトモ**結成
1911年	中国で**辛亥革命**が勃発
1911～1912年	インドネシアで**イスラーム同盟**（サレカット=イスラム）が結成 ファン=ボイ=チャウによる**ベトナム光復会**結成

フランス革命から100年経った19世紀末～20世紀初めにアジアでも革命の嵐が次々と起こります。しかし1917年のロシア革命以降はアジア民族革命において社会主義の影響力が強まってきます。

アクティヴィティ の答えの一つ

帝国主義的侵略をおこなう列強に対し、アジアの民衆は暴動や反乱で対処しようとしますが、列強の強大な軍事力によって潰されてしまいました。その例がインド大反乱や義和団戦争です。

そこで、アジア各国での抵抗運動では、最初に知識人を核とした、啓蒙運動や教育活動が中心となります。この活動では、反帝国主義の意識を民衆に広めることが主な主題となります。そのような運動の中心となった知識人とは孫文、**魯迅、ファン=ボイ=チャウ、ホセ=リサール、カルティニ、アフガーニー、ティラク**でした。彼らに共通していることは民族運動を核としていることであり、この民族運動が19世紀末から20世紀にかけての反帝国主義運動の要となります。

最後の門 の答え

問1　③　　問2　①

（解説）

問1　日本に要請したのはフランスで、日仏協約によります。

問2　①は正しい。テーマ35を参照。
②はスーダンではなくイラン。
③　「青年トルコ人」の中心となったのは、労働者層の若者ではなく知識人や軍人。
④　アフガーニーの影響で起こったタバコ=ボイコット運動はガージャール朝への武装蜂起ではなく、反帝国主義の民衆運動。

第**6**章

世界大戦と新しい世界の誕生

社会主義の台頭とアジア独立運動

43 第一次世界大戦
──バルカンのイザコザから勃発

いよいよ第一次世界大戦ですね。

わがオスマン帝国も深く関係しているバルカン半島のゴタゴタが、第一次世界大戦の引き金となってしまいました。この世界大戦で人類は今までとまったく違う戦争の恐ろしさを経験することになるのです。

序幕 **バルカン半島の危機──人の家の火事につけ込む列強諸国**

1905年の日露戦争の敗北でいったんは極東から去ったロシアでしたが、またもやバルカン半島に舞い戻り、あの手この手で南下運動を試みます。もう南に行くのが本能、としか言いようがない。

もっともロシアが表に出ると、せっかく英露協商を1907年に結んだイギリスの機嫌をそこねてしまうので、自分の身代わりとして子分たちに代理でドンパチさせることにしたのですよ。「いや、私は一切、手を出しておりません。ですがね、私のために身を投げ出して働こうとする子分たちを止めることもできませんからねぇ」という立場です。その子分たちとはセルビアなどのスラヴ人を中心とする国々でした。

1908年にわがオスマン帝国で**青年トルコ革命**が起きます。その火事場騒ぎのドサクサにまぎれて今まではオスマン帝国の自治領だったブルガリアが完全独立を宣言し、また**ボスニア・ヘルツェゴヴィナ**をオーストリアが力ずくで併合してしまいます。これらの地域は元々、わがオスマン帝国の領土だったのですが、1878年のベルリン条約でブルガリアは自治領となり、ボスニア・ヘルツェゴヴィナはオースト

ニコライ2世

ロシアの南下運動

リアに占領と行政権を認めていたのです（テーマ20参照）。ところがオーストリアは青年トルコ革命の混乱時に、ボスニア・ヘルツェゴヴィナを自分の領土にしてしまいました。ああ、なんということでしょう。実はですね、ボスニア・ヘルツェゴヴィナはスラヴ系住民が多く住んでいたので、スラヴ系国家であるセルビアも領有を狙っていたのです。ですが、その望みを無視しての一方的な併合でしたので、勝手な行動をしでかしたオーストリアをセルビアは激しく恨みました。この憎しみが後に大戦争を生んでしまうのです。

　1911年は第2次モロッコ事件が起こるなど、ヨーロッパに緊張と不安が高まった年でした。その1911年にイタリアがわがオスマン帝国と**イタリア＝トルコ戦争**を起こし、オスマン帝国の領土である**トリポリ・キレナイカ**（現在のリビア）を奪ってしまいます。すると、「なんや、イタリアに負けるなんて、オスマン帝国弱いやんけ」と人の足元を見たバルカン半島のセルビア・ギリシア・ブルガリア・モンテネグロの4国が翌1912年に**バルカン同盟**を結びます。もちろん背後の黒幕はロシアです。そして1912年にこのバルカン同盟がオスマン帝国と戦争を始めますが、これを**第1次バルカン戦争**と呼びます。情けないことにわがオスマン帝国は敗北し、イスタンブルを除くヨーロッパの領土とクレタ島をこいつらに奪われてしまいました。ところがブン捕ったマケドニア地方の取り分が少ないことに文句をつけたブルガリアが、1913年にセルビア・ギリシア・モンテネグロと戦争を起こします。これを**第2次バルカン戦争**と呼びます。この時、ブルガリアの強大化を恐れたルーマニアとオスマン帝国もブルガリアに攻め込んだので、ブルガリアは大敗してしまいました。ブルガリアは親分のロシアに頼ろうとしたのですが、ロシアまでも「お前ばかりかまっているわけにはいかんわい。他の子分どものメンツも立てんといかんしな」と冷たい態度でした。これに怒ったブルガリアは親分のロシアに盃を叩き返し、かつて敵の組であったオーストリアに近付くようになります。ブルガリアが第一次世界大戦の時、ドイツ・オーストリア側に味方したのは、こんなヤクザ映画みたいな事情があったからなのです。

第1幕　サライェヴォ事件の勃発──テロは戦争の格好な口実に！

　そして、その日がやってきました。1914年6月28日。ボスニア・ヘルツェゴヴィナの中心都市**サライェヴォ**を訪問していた**オーストリア皇位継承者フランツ＝フェルディナント**

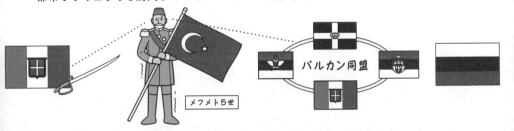

メフメト5世

バルカン同盟

夫妻がピストルで撃たれ、夫婦とも暗殺される事件が起こったのです。

余談ですが、フランツ=フェルディナントは当時のオーストリア皇帝フランツ=ヨーゼフ1世の子どもではありません。実はですねえ、オーストリア皇太子は踊り子と心中してしまったのです。そのため親戚のフランツ=フェルディナントが皇位継承者になっていました。

このフランツ=フェルディナントは実は1893年(明治26年)に日本を訪れたことがあり、浴衣を着て家臣とはしゃいでいる写真が残されています(前列中央→)。それ以来、日本の思い出が忘れられず、ウィーンのシェーンブルン宮殿に日本庭園まで作っていました。このフランツ=フェルディナントを暗殺した犯人がセルビア人の学生だったので、怒ったオーストリアはセルビアに宣戦を布告しました。オーストリアにとってはバルカン半島に勢力を伸ばすよいチャンスだと思ったのでしょう。ところが、セルビアのボスであるロシアが可愛い子分の肩を持ってオーストリアに宣戦布告をしたのです。オーストリアにバルカン半島を乗っ取られてはたまらない、と考えたのでしょう。こうなると、あとは連鎖反応です。三国協商国(連合国)側のロシア・イギリス・フランスが三国同盟国側のオーストリア・ドイツと戦う世界大戦に広がってしまうのです。

第2幕 第一次世界大戦の舞台裏──結局、どちらに付くかは自分の都合

まず本来、ドイツなどの三国同盟国側に付いているはずの**イタリア**の動きがおかしかった。中立を決め込んでいたのです。実はイタリアは「未回収のイタリア」を返してくれないオーストリアに対し腹を立てていたのです。そこへイギリスが**1915年**の**ロンドン条約**で**「協商国側に寝返ってくれたら、未回収の領土を返してやろう」**と約束したので、イタリアは協商国側に寝返ってしまったのです。

> 　／イギリスにとってイタリアは「なかまになりたそうにこちらをみている！」ですかねー

次に日本が頼まれもしないのに、日英同盟を理由にして協商国側に参戦してきました。

サライェヴォ事件

「エゲレス殿、お困りですな。拙者が助太刀致す」というわけです。イギリスは中国にあるドイツの租借地などが目当ての日本のスケベ心がわかっていましたから、「いや、間に合っております」と断りました。ところが日本は「まあ、そうおっしゃらずに、拙者が一肌脱ぎましょう」と言って、アジアにあるドイツの植民地を自分のものにしてしまいました。1915年には、日本は中国の袁世凱政府に「二十一カ条の要求」を突き付け、満洲を始めとする中国北部の利権を要求したのです。袁世凱は拒否しましたが、どの列強も大戦中なので助けてくれず、袁世凱は泣く泣く日本の要求のほとんどを認めました。

　さらに、わがオスマン帝国とブルガリアは同盟国側に参戦しました。なにしろ恨み重なる他のバルカン同盟諸国（セルビア・ギリシア・モンテネグロ）が協商国（連合国）側に付いたので、この機会にバルカン同盟や背後のロシアを叩き潰して、領土を取り戻すことを狙ったのです。しかし、復讐戦は両国にとって高くつくハメになりました……。

　最後にアメリカ合衆国は「ヨーロッパに口を出さないモンロー主義」に従って、中立を守っていました。しかし、イギリスの客船ルシタニア号がドイツの潜水艦によって撃沈され、多くの死者を出しました。その死者には100人を超えるアメリカ人が入っていたため、アメリカの世論は激高し、そして1917年にドイツが「交戦水域に入った船はどこの国の船であろうと攻撃する」という無制限潜水艦作戦を発表したため、ついにアメリカも1917年、協商国側について参戦することになりました。そのアメリカにとってたった一つ気がかりだったのは、アメリカがヨーロッパ戦線で戦っている最中に日本が勝手に中国に手を伸ばしてくる可能性があったことです。そこで1917年、アメリカは日本と石井・ランシング協定を結び、アメリカは中国における日本の特殊権益を認め、日本はアメリカの中国への機会均等を認めることになりました。いわば困った時のために相互安全保険をかけたわけですが、日本にとっては中国に進出するためのお墨付きをアメリカからもらったようなものです。

第3幕 第一次世界大戦の実情──猫の手も借りたい大戦争

　まずドイツ軍ですが、ロシアとフランス両国と戦わなくてはなりません。そこでドイツは、まずはロシアを後回しにして、フランスを先にやっつけることにしました。フランスはマジノ線という強固な防衛線を独仏国境沿いに作っていたので、そこでドイツは中立国のベル

二十一カ条の要求

大隈重信　日置益　21　袁世凱

ギーを通ってフランスに攻め込んだのです。しかし補給がついえたところをパリの東方の**マルヌ**でフランス軍の反撃をくらってしまいます（**マルヌの戦い**）。この時、ヨーロッパ諸国は

近代兵器の恐ろしさを味わいました。まず**機関銃**です。突撃しても**鉄条網**に阻まれ、皆撃ち殺されてしまうのです。ですが、このような事態は日露戦争で日本軍が経験していたことですよ。そこでドイツ軍は長大な塹壕（ざんごう）（→）を掘って防御に専念するようになります。また、今までのお飾りの軍帽を捨て、銃弾の被害をあびないように鉄兜（かぶと）（→）を作り、装備させました。

おお、なんか、ダース＝ベイダーみたい

そして国際法で使用を禁止されている**毒ガス**までも平気で戦場で使ってきたのです。第一次世界大戦では、近代兵器がどんどん投入されていますよ。鉄条網を破るために**戦車**が開発され、**飛行機**も戦争用兵器として投入されます。そう、有名な映画の『紅の豚』のポルコ＝ロッソは第一次世界大戦のエース＝パイロットだったのです。

男は皆前線に兵士として徴用されてしまうので、女性が工場で弾丸や兵器を作り、国民全体が戦争に協力するようになりました。このような国力全体を搾り尽くす戦い方を**総力戦**と呼びます。

復習ポイント

協商国軍（連合国軍）と同盟国軍の国々を整理してみましょう。

アクティヴィティ

「総力戦」の短所と長所を考えてみましょう。

石井菊次郎　　ロバート＝ランシング

石井・ランシング協定

第一次世界大戦史年表

1908年	**青年トルコ革命→オスマン帝国の動揺** **→①ブルガリア独立宣言、②オーストリアがボスニア・ヘルツェゴヴィナを併合** 「他人の不幸は己の幸せ、という言葉を悲しく思い出しますね」
1911年	**イタリア・トルコ戦争（～1912年）でトリポリ・キレナイカをイタリアが奪う**
1912年	**バルカン同盟結成（セルビア・ギリシア・ブルガリア・モンテネグロ）** ↓ **第1次バルカン戦争でオスマン帝国に圧勝**
1913年	**第2次バルカン戦争でバルカン同盟内が争う** **→ブルガリアが敗北し、ブルガリアはドイツ・オーストリアに接近** 「バルカン同盟も、結局は共食いで終わってしまいます」
1914年	**サライェヴォ事件勃発→第一次世界大戦開始**
1915年	**ロンドン条約でイタリアは協商国側で参戦**
1917年	**ドイツの無制限潜水艦作戦によりアメリカが協商国側で参戦** **→石井・ランシング協定で日米の中国への権利を確認** 「三国協商の国々以外にも多くの国が加わったので、協商国軍とは言わず、『連合国軍』と呼ぶようになったのだ」 「アメリカの参戦で連合国軍は圧倒的に有利になりましたねえ」

最後の門 下の問題は大学入試問題を出典にした問題です。答えなさい。

問 2次にわたるバルカン戦争について、以下の文章の①から⑤にあてはまる国名を書きなさい。

　1908年、ボスニア・ヘルツェゴヴィナの（　①　）による併合を余儀なく承認したロシアは、併合に強く反対した（　②　）と、ベルリン条約で領土を狭められたことに不満を持ってきた（　③　）の二国間に同盟関係を成立させるべく画策した。この後、（　②　）、（　③　）とエーゲ海に面する（　④　）、また（　⑤　）が条約を締結し、四国のバルカン同盟が形成された。第1次バルカン戦争は、四国のオスマン帝国に対する戦いとなった。この戦争はバルカン同盟の勝利に終わり、オスマン帝国の解体を更に明らかにした。しかし、領土配分に不満な（　③　）は、第2次バルカン戦争を起こした。

（法政大・改）

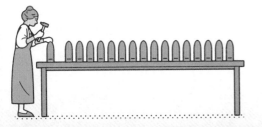

第一次世界大戦

エリザベート
ハプスブルクの悲劇

　エリザベートは輝くような美人だった。その美貌には皆魅了された。身長は172 cm、ウェスト50 cm、体重が50 kgという驚異的なプロポーションで、しかもこの体型を死ぬまで維持し続けたと言う。

　生まれもまたよかった。バイエルン王家の一族のお嬢さんだったのである。ノイシュヴァンシュタイン城などを作った「狂王」ルートヴィヒ2世とはいとこにあたり、仲がよく、二人で馬を走らせながら「現実逃避的な」（＝オタク的な）話に夢中になっていたらしい。

　このべっぴんさんに惚れてしまったのが、オーストリア皇帝にしてハプスブルク家当主のフランツ＝ヨーゼフ1世である。お見合いで結婚したのだが、この時エリザベートは16歳。お妃教育を受けるハメになったのだが、そのあまりの退屈さにエリザベートはしょっちゅうヒステリーを起こしたらしい。

　結婚生活には一発で飽きた。しかも姑の皇太后が何かにつけてこの美貌の嫁をいびりにいびったため、精神障がいを悪化させたエリザベートはついに宮廷から逃げ出してしまう。

　エリザベートが行った先はハンガリーだった。乗馬が大好きなエリザベートは、良馬がたくさんいるハンガリーによく出かけては乗馬の腕前を披露していた。その見事さと優雅さにひきつけられたハンガリー人たちは一発でエリザベートのファンになり、エリザベートもこの国が大好きになっていたからであろう。

　後の1866年にオーストリアがプロイセンとの戦争に負け（プロイセン・オーストリア戦争）、ハンガリー人が独立運動を起こした時、フランツ＝ヨーゼフ1世は、アウスグライヒ（妥協）に応じてハンガリーに大幅な自治権を与え、その代わりにハンガリー人はフランツ＝ヨーゼフ1世をハンガリー国王として認めることに同意した。この時にハンガリーの味方になって自治権獲得に動いたのが妃のエリザベートであったため、現在でもハンガリー人はこの美貌の皇后への敬愛を欠かさない。

＊

　いつしかエリザベートに不幸の影がさすようになる。 1886年に仲のよかったいとこのバイエルン国王ルートヴィヒ2世が、城を作りまくったあげく湖に投身自殺し、息子のルドルフ皇太子が、なーんと1889年に踊り子と一緒に心中してしまったのである。悲しみのエリザベートは一生を喪服を着て過ごす。

　エリザベート自身も1898年、スイスのレマン湖のほとりでイタリア人の無政府主義者に刺されて、暗殺されてしまう。

＊

　妻を失ったフランツ＝ヨーゼフ1世は悲しみにくれつつも、仕事を休むことは1日もなかった。皇太子が自殺してしまったので、やむをえず親戚のフランツ＝フェルディナントを皇位継承者にした。しかし、時は刻々と迫っていたのだ。

　1914年6月28日。ボスニア・ヘルツェゴヴィナの中心都市サライェヴォを訪問していた皇位継承者夫妻は、うれしそうに車の上から手を振っていた。

　その時、セルビア人の民族主義者の青年がいきなり飛び出して、夫妻の胸にめがけて銃弾を撃ち込んだのである。

＊

　子どもに自殺され、後継者と妻を暗殺されたフランツ＝ヨーゼフ1世は1916年、第一次世界大戦中に86歳の高齢で亡くなった。人々に対する口癖はいつも「とても、うれしい」であった。

解答と解説

復習ポイント の答え

第一次世界大戦の敵対国は三国協商と三国同盟
を基盤にしています。

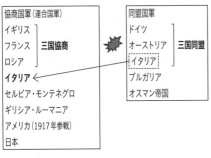

アクティヴィティ の答えの一つ

「総力戦」の短所は①**国民生活を犠牲にする**
こと、が第1です。物資を軍に優先的に回すため
に統制経済になり、食料などの生活必需品は皆
配給にされてしまいます。②**国民全体を巻き込**
む無差別攻撃、が第2の短所です。要塞攻撃が
中心だったそれまでの戦争にくらべ、新しい総
力戦では都市の爆撃が中心となり、民間人や子
どもまでもが犠牲になってしまいました。その一
方、「総力戦」の長所は①**女性の地位と権利の向**
上、です。「戦争に参加する者が政治に参加する」
という原則に従えば、戦時中に工場で武器・弾
薬を生産していた女性たちも戦争に参加してい
ることになるため、戦後、女性の地位は向上し、
参政権も認められるようになります。②**戦争で**
死亡したり、傷ついた国民に対する年金の保障
が広まったのも「総力戦」がもたらしたものです。

最後の門 の答え

① オーストリア
② セルビア　③ ブルガリア
④ ギリシア
⑤ モンテネグロ

（解説）
　意外に難しい問題です。バルカン同盟の参加
国を知っていると同時に、それぞれの国の地理
的条件や歴史も知らないと答えられません。①
は「1908年のボスニア・ヘルツェゴヴィナ」の
「併合」がヒントです。②でこの時のオーストリ
アによる併合に反対したのはセルビアです。③
1878年のベルリン条約で領土を狭められた国
はブルガリアです。また、第1次バルカン戦争後
の領土配分に不満を持っていたのもブルガリア
で、最後の行もヒントになります。④エーゲ海に
面しているのはギリシアで、⑤モンテネグロは
アドリア海に面しています。

44 ロシア革命①

──世界史で初めて成功した労働者のための革命

しかしまあ、第一次世界大戦ってえげつない戦争ですねえ。

近代、そして現代になるにつれ戦争は非人間的なものに変わってしまいました。昔はサラディンのように情けのある騎士道が戦いの華でしたが、第一次世界大戦から血も涙もない虐殺になってしまいます……。

革命への序幕

ロシアの大敗北と怪僧ラスプーチンが乱す国政

　第一次世界大戦が始まる前のロシアの歴史はテーマ33に書いてあるけれど、復習しましょう。ロシアで革命騒ぎが大きくなったのは日露戦争中の1905年で、血の日曜日事件が革命の引き金になってしまいました。ウィッテの起草による十月宣言で皇帝が憲法制定と国会（ドゥーマ）の設置を約束したので、革命騒ぎを弱めることには成功しましたが、まだ火種は残ったままでした。すなわちロシア近代化による貧富の差の拡大の問題が解決されていなかったのです。

　何はともあれ国会（ドゥーマ）開設前後に、ロシアにもいろいろな党が設立されますが、表にすると以下のとおりです。

党名	ボリシェヴィキ	メンシェヴィキ	エスエル（社会主義者・革命家党）	立憲民主党
設立	1903年	1903年	1901年	1905年
代表者	レーニン	プレハーノフ	ケレンスキー	
支持者	労働者・兵士（マルクス主義系）		農民（ナロードニキ系）	産業資本家
政策	戦争反対 暴力革命主張	戦争賛成 民主的革命主張	戦争賛成 土地の分配	戦争賛成 自由主義

レーニン

ボリシェヴィキ

プレハーノフ

メンシェヴィキ

この表の右側がいわゆる「右派」で、左側が「左派」にあたります。**レーニンを親分**とするボリシェヴィキは勢いがありましたが、レーニンをはじめとする指導者たちの多くがおたずね者で、外国に亡命するか、シベリア流刑にされていたのが問題でしたね。

　第一次世界大戦が始まった時、工場で労働者に対し革命を叫んでいたボリシェヴィキのメンバーは、「ちょうどいいやっかい払い」とばかりに前線送りになってしまったのですが、これがまずい結果になります。

　1914年8月、ロシア軍はドイツ領内に進撃したが、ドイツ軍の名将**ヒンデンブルク**将軍によって**タンネンベルクの戦い**で大敗北を喫してしまいます。この戦いでロシア軍の勢いは尻すぼみになってしまい、意気消沈した前線では元労働者が兵隊たちに「反戦」を訴え始めました。「**おい、みんな！　誰のために戦争をしているんだ！　皇帝の見栄のためや、ブルジョワジーの金もうけのために命を捨てるのはバカげているぞ！　オレたちの自治組織（ソヴィエト）を作って、戦争に反対しよう！**」。こうして兵士と労働者がしだいに一体となって「評議会」という意味の自治組織（**ソヴィエト**）を作り、戦争反対の運動を起こします。このソヴィエトとは、テーマ33に書いてあるとおり、1905年の第1次ロシア革命の時にいったんは結成された自治組織です。最初は愛国心に駆られて戦争に協力してきた民衆も、戦争によって食料が不足し、配給も足らなくなってしまうと、あまりの負けいくさに戦争反対を支持し始めます。つまり、革命の機運が盛り上がってきたのです。

　こんな大変な事態に皇帝ニコライ2世は無関心でした。この時期の彼の日記には、趣味の「散歩とスポーツとお茶」のことぐらいしか書いていないのですから。しかも外国人の奥さんの言いなりです。

👩 むむ、フランス革命のルイ16世と似てますね

　そのとおり。后はイギリスのヴィクトリア女王の孫娘で、ドイツ出身でした。この后がこともあろうにロシア正教の修道士であるラスプーチン（→）に洗脳されて、入れあげてしまい、国政までもこの怪僧が操る始末。ラスプーチンは後に貴族によって暗殺されてしまいますが、それでも革命の動きを抑えることはできませんでした。ロシア社会の病根は皇帝専制そのものにあったからです。

ソヴィエトの結成

ニコライ2世

第1幕 皇帝退位と二月（三月）革命──ストとデモと母ちゃんたちの力で達成

　ロシア革命の直接的な原因は「パン不足と反戦」でした。腹が減ると人間は怒りっぽくなるもの。ついに1917年3月8日に民衆による大規模なデモやストライキが**ペトログラード**で起こってしまいます。

ペトログラード？　何ですか、その名前？

　ロシアの首都であった**ペテルブルク**のことです。**ピョートル1世**が作ったこの町は元々、ドイツ語で「ペテロの町」という意味でした。しかしドイツは第一次世界大戦で敵国になってしまったので、ロシア語風にペトログラードと改名されたのです。この町はロシア革命後にレーニンを記念して**レニングラード**と改名され、現代では元のように**サンクト＝ペテルブルク**と呼ばれていますね。あ、サンクトはロシア語で「聖」という意味ですよ。

　この群衆のデモを警官隊が制圧しようとしましたが、腹が減って気がたっている民衆にボコにされてしまいます。そこで3月12日に軍隊が出動しますが、デモの先頭を行進していた女性たちが兵隊の銃の先を握りしめ、「銃を引っ込めな！　私たちの仲間におなりっ！」と叫んだため、動揺した兵隊たちは銃口を下げ、民衆の味方になったのです。中国の武昌蜂起でも言えるのですが、革命の勝利条件は「軍隊を味方に付ける」ことです。フランス革命だって、『ベルサイユのばら』でもオスカル様率いる衛兵隊がバスティーユ牢獄襲撃で民衆に味方したことが、後の革命の成功要因になっているのですからね。3月12日に兵士と労働者が**ソヴィエト**を結成すると、政府はデモを鎮圧する力を失ってしまい、ついに民衆の力に屈服した皇帝ニコライ2世は皇帝を退位し、<u>約300年間ロシアを支配したロマノフ朝は崩壊してしまいます</u>。

　帝政が崩壊した後、ロシアでは**臨時政府**が成立しますが、この政府の代表は産業資本家が支持している立憲民主党と、自由主義を信じる国会（ドゥーマ）議員たちでした。革命の中心勢力である労働者の代表であるボリシェヴィキは臨時政府の代表になっていません。その理由として、ボリシェヴィキのリーダーたちが亡命中やら流刑中であったため、中心となる指導者が不在であったことが大きいと思いますよ。

МЫ ПРОТИВ ВОЙНЫ
（戦争反対）

三月革命

このロシアでの一連の動きを、歴史では**三月革命**と呼びます。ただしロシアではこの革命を**二月革命**と呼んでいますね。当時のロシアでは西欧諸国のグレゴリウス暦と異なりローマ帝国以来のユリウス暦を使っていたのですが、ユリウス暦はグレゴリウス暦から13日遅れていました。そのために3月初めに起こった「三月革命」が、ロシアのユリウス暦では「二月革命」になってしまうのです。

第2幕　十月革命（十一月革命）──「残酷な四月の　テーゼ、レーニンよ神話になれっ！」

　臨時政府が樹立された後も、労働者・兵士ソヴィエト（自治組織）も存続したため、ロシアは不安定な**二重権力構造**が続きます。そこへレーニンが1917年4月に亡命先のスイスから、「封印列車」（コラム参照！）に乗ってロシアに帰って来ました。ペトログラードで大群衆の出迎えを受けたレーニンは演説を始めます（→）。

　「労働者、兵士諸君っ！　今の臨時政府を信じてはならない！　われわれが求めるのは**パンと平和**なのだ！　すべての権力をソヴィエトに集めよう！」。後にこれを文章にしたものが「**四月テーゼ**」と呼ばれています。これはボリシェヴィキのこれからの運動方針を示したもので、その内容は「**臨時政府との対決、即時和平達成、ソヴィエト（自治組織）への権力集中**」を訴えたものです。そしてこの四月テーゼ以来、ボリシェヴィキにおけるレーニンの権力は不動のものとなっていきます。

　さて、新しい臨時政府でしだいに力を握るようになったのはエスエルの**ケレンスキー**（→）です。

🙎‍♀️ なんだか「ケロロ軍曹」みたいな顔だなあ

　立憲民主党が臨時政府のメンバーを占める中、ペトログラードの労働者ソヴィエトの副議長であったケレンスキーは、臨時政府に唯一ソヴィエトを代表して入閣した人物でしたから、労働者や農民の人気がありました。そこでケレンスキーは臨時政府の中で力を伸ばし、1917年7月についに首相にまで上りつめたのです。しかしケレンスキー自身は戦争継続を主張し、むりやり戦争を継続させたので、戦争反対を訴えるレーニンなどのボリシェ

ケレンスキー　　　　　　　　　　　　臨時政府

ヴィキと対立してしまいます。新しい改革を期待されたケレンスキーの臨時政府でしたが、「反戦」と「パン」を求める民衆の願いを無視したので、民衆の不満が高まってしまいました。しかもウクライナやフィンランドの独立の請願も無視したため、これらの国々でも民族独立運動が勃発します。「なんや、臨時政府は社会を変えることは全部拒否か！　これじゃ帝政と何も変わらんやんけ。ボリシェヴィキの方がまだ希望が持てるわい」

　民衆の支持がボリシェヴィキに集中したことを知ったレーニンは委員会を開き、方針を検討しました。その会議でレーニンは叫びます。**「今こそ機は熟したのだ！　いつ革命を行うべきか？　今だろ！！　諸君、ついに今こそ歴史的な瞬間がやってきたのだっ！」**

　革命の実行が決議され、11月7日、ボリシェヴィキ幹部の**トロツキー**が指導する群衆と兵士たちが武器を手に臨時政府に向かい、抵抗をはねのけて政府のメンバーを逮捕しました。しかし親分のケレンスキーだけは取り逃がしてしまいます。一説によると女装して逃亡したと言われていますが、いくらなんでもウソですよ。結局、ケレンスキーはアメリカに亡命し、ボリシェヴィキは11月8日に**全ロシア＝ソヴィエト会議**を開催して、レーニンを議長とする**人民委員会議**を選出します。この日本の内閣にあたる人民委員会議はボリシェヴィキが中心となって構成されており、ソヴィエトを代表する政治権力となります。

　臨時政府が潰されて、ボリシェヴィキが権力を握るまでの一連の動きを**十一月革命**と呼びますが、ロシアでは**十月革命**と呼んでいます。それは第1幕で言ったように、グレゴリウス暦とユリウス暦のズレが原因となっています。ボリシェヴィキの中央委員会は、新しい労働者による政府の発足を宣言し、レーニンが**「平和に関する布告」**と**「土地に関する布告」**を提出し、全員の賛成で採択されました。内容は次ページ年表を見てほしい。

　1917年11月8日。この日に人類は新しい時代をついに迎えます。労働者の政府がついに誕生したのですよ。

復習ポイント

あれほど強力なロシア帝政を滅ぼした事件や問題を整理してみよう。

アクティヴィティ

「革命」の勃発を防ぐにはどのような手段が有効でしょうか？

封印列車

ロシア革命史年表

1914年7月 ロシア、第一次世界大戦に参戦

1914年8月 タンネンベルクの戦いでヒンデンブルク将軍率いるドイツ軍がロシア軍を破る→ロシアの戦意低下

1917年3月8日 ペトログラード蜂起開始＝二月革命（三月革命）

1917年3月15日 皇帝ニコライ2世退位→帝政の崩壊
立憲民主党を中心とする臨時政府が成立→戦争を続行

「ロマノフ朝は、ピョートル1世・エカチェリーナ2世・アレクサンドル1世・2世と、けっこう有名人だらけですよ」

1917年4月 スイス亡命中だったレーニンがロシアに帰還、「四月テーゼ」を発表→和平を主張

1917年11月7日 ボリシェヴィキ武装蜂起により臨時政府が倒される＝十月革命（十一月革命）

1917年11月8日 レーニンが「平和に関する布告」「土地に関する布告」を発表
「『平和に関する布告』は<u>無併合・無償金・民族自決</u>の和平を交戦国に訴える内容、『土地に関する布告』は、地主が持つ<u>土地</u>を無償で没収する内容だったのだ」

最後の門 下の問題は大学入試問題を出典にした問題です。答えなさい。

　第一次世界大戦下のロシア帝国では都市の食糧不足状況が強まり、aペトログラードの混乱と二月革命が起きました。そしてこの状況は、自由主義政党の（　1　）、ナロードニキ系の（　2　）、マルクス主義系の（　3　）が加わった臨時政府にも引き継がれた。しかし、臨時政府はこの課題にも対応できず、十月革命が起こった。ナロードニキ系の政治家として臨時政府に入閣し、後に首相になった（　4　）は、その後亡命した。こうしてマルクス主義系の別組織である（　5　）を中心とした社会主義政権が誕生した。

問1 （　1　）～（　5　）にあてはまる適語を書け。

問2 下線部aについて以下の問に答えよ。

① ペトログラードは、バルト海のフィン湾沿岸に建設された都市である。この建設を命じた人物を書きなさい。

② 建設の始まった時の都市名を書きなさい。

（法政大・改）

十一月革命

列寧本紀
レーニン
「封印列車」の巻

レーニン、本名はウラディーミル＝イリイチ＝ウリヤノフという長ったらしい名前で、高級役人の息子としてヴォルガ河畔に生まれた。

幼い時から大変な神童で、学校ではすべての教科でトップを通している。だが彼が17歳の時、兄が皇帝暗殺計画に参加していた疑いで絞首刑にされてしまった。この恨みをレーニンは忘れず、後に皇帝に復讐することになる。

カザン大学に入学したものの、すぐに革命運動に染まって退学になってしまう。ペテルブルク大学法学部の検定試験に合格して弁護士になったが、弁護士の仕事に退屈して革命家になってしまった。

なにしろ頭は抜群によかった。ギリシア語・ラテン語・ドイツ語・フランス語・英語を習得し、自由に操ることができた。しかし彼の悩みは**若ハゲ**で、すでに25歳の時、頭皮から後光が輝く状態だった。

首都のペテルブルクで革命活動に従事しているところを逮捕され、シベリアのレナ川のほとりへ流刑にされてしまう。この流刑地の川の名前から彼は「**レーニン**」（Ленин＝「レナ川の人」）というペンネームを使うようになった。1900年に刑期を終えたレーニンはスイスに亡命して、経済学や哲学を独学で学んでいる。

1914年、第一次世界大戦が始まり、ロシアは協商国側で参戦することになる。1917年に三月革命が勃発し、帝政が壊滅したが、臨時政府は相変わらず戦争を継続していた。「協商国との約束だから」というのが言い訳だったが、本音ではブルジョワジーにとって戦争ほどもうかる商売はなかったからだ。

このロシアの動きを見て「こらあかん」と不安に駆られたのがスイスのチューリヒに亡命していたレーニンだった。**「なんでブルジョワジーの言いなりになって戦争を継続せにゃならんのか！　パンと平和こそ民衆が求めているものなのだ。うーん、こりゃオレがロシアに戻ってボリシェヴィキを指導しなけりゃいかんようだ。だが問題はどうやってロシアに戻るかだぞ。スイスとロシアの間は激しい戦場になっていて、とても通れないからなあ」**

そこへロシアと戦っていたドイツからすごいオファーがきた。

「ロシアに帰るのならドイツを通ってもいいよ。列車も出してあげよう。条件はただ一つ、ドイツで途中下車しないことだ」

レーニンはこの条件を受け入れた。ドイツにとってみれば、戦争反対をとなえていたレーニンがロシアで革命を起こして権力を握れば、ロシアとドイツは講和ができる。そうすればドイツは西部戦線に全力を集中できる。ただし革命はロシアで起こしてもらえばいいのであって、ドイツで革命なんか起こしてもらっては困る。そこでレーニンの途中下車を禁止したのであった。

1917年4月。レーニンと仲間たちはスイスとドイツの国境で、ドイツが用意した有名な「封印列車」に乗り込んだ。

封印列車は別に鉄板で「封印」されていたわけではなく、ドアにカギがかけられていた程度で、実際には駅に停まるとレーニンの仲間が、新聞やビールなどを買いにこっそり下車していたようである。

封印列車はベルリン経由でバルト海にたどり着くと、レーニン一行は船でスウェーデンにわたり、フィンランド経由でついにペトログラードに到着したのである。

ス抜きをし)、国民の生活に必要なものを与え(治
安を保障し、満腹にさせ)ることです。

■ 復習ポイント ■ の答え

問題点として、ロシア帝政は民衆が求めている変化を与えなかったことが失政と崩壊のきっかけとなります。すなわち、それは「パン」と「平和」でした。

第一次世界大戦自体が「祖国防衛」などの大義名分のある戦争ではなく、むしろ「帝国主義戦争」でした。しかも総力戦であるので、民衆にまで戦争の負担が重くのしかかってきます。そのため、戦争の敗北と配給物資の不足が続く限り、「パン」と「平和」を強調するレーニン率いるボリシェヴィキの革命勢力を強めることになってしまいました。

具体的な事件として、労働者と兵士を中心とする民衆の不満が頂点に達したのが、1917年3月8日に始まるデモやストライキでした。このデモに対して1905年の「十月宣言」のような機敏な対応ができなかったため帝政は崩壊し、跡を継いだ臨時政府も戦争を続行してしまいます。そして、1917年に帰国したレーニンが発表した「四月テーゼ」は即時和平を強調したため、兵士・労働者ソヴィエトはボリシェヴィキを支持し、十一月革命が起こるきっかけを作ります。

■ アクティヴィティ ■ の答えの一つ

革命を防ぐためには、革命が起こる前に必要な手を先んじて打っておくことが必要です。まず、①不利な条件であっても戦争を止めて、配給制に頼らない経済政策をおこない、食料の供給を目指すことが大切。満腹になった人民は革命を求めないものです。②憲法を制定し、議会を開設し、政党政治をおこなって国民の意見を取り上げること。イギリスや日本で革命が起こらなかったのはこのプロセスを重視したからです。

民主政治をおこなって国民の意見を聞き(ガ

■ 最後の門 ■ の答え

問1　(1)　立憲民主党
　　　(2)　エスエル(社会主義者・革命家党)
　　　(3)　メンシェヴィキ
　　　(4)　ケレンスキー
　　　(5)　ボリシェヴィキ
問2　①　ピョートル1世
　　　②　ペテルブルク

(解説)

問1　20世紀に入ると日本史でも世界史でも「党」がたくさん出てきます。近現代史では必要なのでぜひ党名は覚えておきましょう。ロシアの党名は革命への序幕の表を参考にしてください。

問2　都市ペテルブルクは名前の変遷が聞かれます。第1幕最初の解説を参考にしてください。要するに「ペテロの町」。

ロシア革命②と大戦の経過
――イギリス三枚舌外交の炸裂

あのォ～、レーニンの「ナントカに関する布告」ってなんですか？

二つとも天下を取ったレーニンが出した文書で、「平和に関する布告」は「無併合・無償金・民族自決を条件として、交戦国に和平を呼びかける」ものです。そして、「土地に関する布告」は「地主の土地をタダで取り上げて、農民に均等に再分配する」ことを告知した文書です。まあ、ボリシェヴィキが公約を実行することを民衆に示した文書ですが、実はレーニンが考えているほど現実は甘くはなかったのです。

第1幕 議会と講和条約でつまずくレーニン――高くついた平和

さて、力ずくで革命を起こして、権力を握ったレーニンとボリシェヴィキですが、やることをせにゃいかん。それは**憲法制定会議**の開催です。民衆は「憲法制定会議」が開かれることを期待していましたが、臨時政府はこれを無視し続けてきたのです。そのために臨時政府が愛想を尽かされてしまったことを知っていたボリシェヴィキは「憲法制定会議」を1918年1月に開くことにし、そのための選挙の実施を公約しました。選挙についてはレーニンもボリシェヴィキも自信がありました。「二つの布告でロシア人はボリシェヴィキの政策に賛同してくれたろう。まあ、選挙をやってもボリシェヴィキが第1党さ！」。ところがどっこい、選挙の結果はエスエルが1位で、ボリシェヴィキの議席数はエスエルの半分にも及ばない大敗北でした。選挙権を得た農民たちがみーんなエスエルに投票したのです。1918年1月18日に普通選挙で選ばれた議員によるロシア初めての議会、憲法制定会議が開かれましたが、会議がボリシェヴィキの政策に反発することにキレたレーニンの指令で会議は解散させられ、それ以降、憲法制定会議は二度と開かれませんでした。こうしてボリシェヴィキは民主主義的な路線を投げ捨てて、ソヴィエトを中心とする社会主義路線

平和に関する布告　　　　　土地に関する布告

をとることになり、とうとう**ボリシェヴィキによる独裁が始まります。**

　次に戦争を終わらせなければなりません。外務人民委員、まあ外務大臣のことですが、**トロツキー**が交渉を始めますが、ドイツ帝国が厳しい条件を出してきたので、交渉は決裂してしまいます。ですが休戦をしなければ、ボリシェ
ヴィキ政府も臨時政府と同じようにすぐに崩壊して
しまうでしょう。レーニンはやむを得ずドイツ側の要
求を呑んで講和をまとめました。これが1918年3月
の**ブレスト＝リトフスク条約**です。この条約によりソ
ヴィエト＝ロシアはポーランド・ウクライナ・フィンラ
ンドをドイツに取られてしまいます（→）が、戦争から
離脱することには成功しました。この条約により、ペ

トログラードがあまりにも国境線に近くなってしまったので、首都をモスクワに遷し、党名
もボリシェヴィキから**共産党**に変えました。

第2幕　コミンテルンと対ソ干渉戦争──理想と現実の厳しい差

　さて、ロシアではなんとか社会主義革命は成功したのですが、社会主義というものは平
等を目指すために世界経済を根底からひっくり返す思想なので、世界中で革命を成功さ
せる必要がありました。そこで1919年3月に**コミンテルン**（共産主義インターナショナル、第3
インターナショナル）という組織が結成されます。目的は世界中の社会主義革命を推進する
ことで、本部は**モスクワ**です。えっ？　第1と第2インターナショナルがわからん？　イン
ターナショナルとは国際的な労働者組織のことなのですが、テーマ21を見て復習すること
をおすすめいたしますね。ところが、このコミンテルンがコケてしまった。期待していたド
イツやハンガリーの社会主義革命は弾圧されるし、アジアでもモンゴルや中国以外は革
命運動は失敗してしまいます。それどころか、ロシア国内で帝政派や反ボリシェヴィキの
軍人たちが革命に反対して各地に拠点を作り、武装闘争を始めてしまいました。そして連
合国が「社会主義が広まらないうちに、ロシアの共産党を滅ぼしてしまおう」と考えて、
1918年に軍隊をロシアに派遣して**対ソ干渉戦争**を始めてしまいます。この内戦と干渉戦

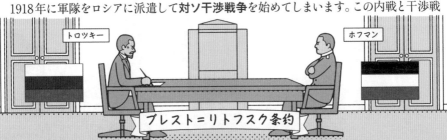

争のダブルパンチは強烈で、レーニンですら「もうダメだ……！」と悲鳴を上げたほどでした。そこでソヴィエト政府は戦争に勝つため、という目的もあり**戦時共産主義**と呼ばれる厳しい経済政策をおこないます。内容は「**私企業をすべて禁止**」「**中小企業の国有化**」「**農民からの穀物強制徴収**」「**食料の配給制**」などです。なにしろ腹が減ってはいくさができないので、農村から穀物を強制的に奪い取って、兵士や労働者に分配するという強引な手段を実施したのです。そしてソヴィエト政権は自らの軍隊である**赤軍**を

作って反革命軍（白軍）や外国軍と戦いました。この時に大活躍したのが、事実上の赤軍の創設者である**トロツキー**（→）で、赤軍を率いて各地を転戦して、勝利したのです。結局、外国の派遣軍は大した成果をあげられないまま、欲の深い日本以外は1920年には撤退してしまいました。内戦と干渉戦争にやっとの思いで勝利したソヴィエト政権でしたが、強引な戦時共産主義によって国内の経済は疲弊してしまい、餓死者が300万人以上も出してしまう状況になってしまったのです。そこでレーニンは極度に低下した生産を回復するために1921年、特別処置として**新経済政策**（ネップ）を実施し、小規模な私企業や農業の自由経営を認めます。ネップ効果はてきめんで、経済状況はみるみる改善されていきました。やはり経済は生きものですから、お題目だけではダメでして、欲望を刺激しないと成長しないのですね。

　1922年に日本の干渉軍がついにシベリアから撤退した後、同じ**22年にロシア・ウクライナ・ベラルーシ**（白ロシア）**・ザカフカース**の四つのソヴィエト共和国が連合して**ソヴィエト社会主義共和国連邦**（ソ連邦、ソ連）が結成されました。そして1924年には**ソヴィエト社会主義共和国連邦憲法**も公布されます。

第3幕　イギリスの中東政策――実は守る気がない約束を連発

　さて、再び第一次世界大戦の戦場に戻りましょう。オスマン帝国がドイツ側に付いたことで、ドイツが簡単に中東方面へ進出できるようになってしまうことはイギリスにとっては脅威でした。できれば中東にイギリス兵を差し向けたかったのですが、西部戦線の激戦で手一杯で、そんな余裕はとてもありません。そこでイギリスはアラブ民族を味方に付けて、

ジノヴィエフ

コミンテルン

オスマン帝国への武力闘争をおこなわせようとします。後に映画『**ア
ラビアのロレンス**』で知られる T.E. ロレンス大尉（→）をイギリスは
アラブに派遣し、ハーシム家の当主でアラブの指導者フセインに接
触させます。そしてイギリスは**1915年**に**フセイン・マクマホン協
定**を結び、オスマン帝国への抵抗と引き換えに、戦後のアラブ民族
のオスマン帝国からの独立を約束しました。この協定でやる気を出
したアラブ人たちは、ロレンスの指揮のもとオスマン帝国とゲリラ戦
を戦い、イギリスの勝利に大きく貢献したのです。

　ところがイギリスはこの協定を守る気はさらさらありませんでした。**1916年**にフランス・
ロシアと**サイクス・ピコ協定**という秘密条約を結び、戦後のオスマン帝国をこの3国が勝
手に分割・支配する約束を取り付けたのです。

　🗣️✒️**イギリスともあろう国が、約束を平気で破るとはショックっ**

　いや、それだけではない。戦争の経過とともに財政難に陥ってしまったイギリスは、
1917年にロンドンにあったヨーロッパ最大級のユダヤ系大財閥**ロスチャイルド家**に助け
を求めました。「軍事費をぜひ用立てていただけないだろうか。していただけるのであれば、
イギリスは戦後にユダヤ人がパレスチナで民族的郷土を作る運動（**シオニズム**）を応援しま
す」。この文書は、オファーをした当時の外務大臣の名前をとって**バルフォア宣言**と呼びま
す。ロスチャイルド家の当主はこの宣言を了承し、さっそくイギリスの財政を援助しました。
しかしアラブ人の独立とユダヤ人のパレスチナでの民族的郷土建設はやっぱり矛盾があ
りました。しかも、中東を連合国で山分けすることが実はイギリスの本音なのですから。こ
のようなイギリスの安直な約束手形発行を**三枚舌外交**と呼びます。

終幕　第一次世界大戦の経過──腹が減ったら革命が起こりやすし

　さて、肝心のヨーロッパですが1917年まではドイツ軍が大奮闘し、東部戦線ではロシ
アを圧倒していました。しかし、しだいに連合国側が有利になってきます。それはイギリス
とフランスが植民地に恵まれていたため、物資などの補給に恵まれていたことが大きいで

トロツキーと赤軍

すね。ドイツなど同盟国側は植民地が少なく、物資の補給に苦しみ、食料を配給制にして
も飢餓を避けることができませんでした。連合国側はドイツの無制限潜水艦作戦にはビビ
ったけれども、アメリカ合衆国の参戦が大きな決め手になります。しかし、1917年にロシ
ア革命が起こったため、1918年のブレスト＝リトフスク条約でロシア革命政府と講和を結
べたことはドイツにとってラッキーでした。これでドイツは西部戦線に全力攻撃をかけるこ
とが可能になったのですが、ヨレヨレの骨皮筋右衛門の攻撃ではたかが知れています。ア
メリカも加わった連合軍の反撃により、西部戦線の総攻撃も結局は失敗してしまいました。

　そして仲間がドンドン脱落していきます。まず1918年9月にブルガリアが最初に休戦
を申し込み、そして10月にオスマン帝国が、11月にはオーストリアが降伏してしまいます。
残されたドイツも、「こりゃあかん」と焦り始めました。まずいことにドイツでも「パンをくれ」
「戦争反対」のデモやストが頻繁に起こるようになってしまいます。

「パンよこせ」「戦争反対」なんてロシア革命と似てますねぇ

　そのとおり。そしてついにドイツでも大事件が起きてしまいました。

　ドイツ海軍軍令部はなんとか艦隊を温存してきたので、1918年10月末にキール軍港に
艦隊を集結させます。どうせ負けるのなら最後に一発イギリス海軍に特攻してやろう、と
いうわけです。しかし水兵たちがこの無謀な計画に気が付いて、「玉砕は嫌だっ！」と即時
講和を求めて11月初めに反乱を起こしてしまいました。前年の1917年にロシア革命が成
功して、水兵たちが勇気づけられたことも大きかった。

　これがドイツ革命の発端となった**キール軍港の水兵反乱**です。

復習ポイント

　第一次世界大戦中に結ばれた条約・協定を整理してみましょう。

アクティヴィティ

　いったん起こした「革命」を成功させるための条件はなんだろう？

三枚舌外交

ロシア革命史年表

1918年1月　ボリシェヴィキが憲法制定会議を解散→ボリシェヴィキ独裁へ

「ソヴィエトとボリシェヴィキの違いがわかりませーん」

「ソヴィエトは**労働者・兵士の自治組織**のことです。十月革命（十一月革命）以降はソヴィエトが国を動かす機関となりますが、最初の頃はボリシェヴィキだけでなく、**他の党も加わっていました**。ところが1918〜1921年にボリシェヴィキはソヴィエトから他の党の勢力も追い出したのです。こうしてソヴィエトという体を、ボリシェヴィキ（共産党）だけが脳として動かすようになったわけです」

1918年3月　ソヴィエト政権はドイツとブレスト＝リトフスク条約を結び、ロシアは第一次世界大戦から離脱

1918年4月（〜1922年）　対ソ干渉戦争（日本も「シベリア出兵」として参加）

1918年〜1921年　戦時共産主義の実施

1919年　コミンテルン（共産主義インターナショナル、第3インターナショナル）創設

1921年　新経済政策（ネップ）実施

1922年　ソヴィエト社会主義共和国連邦（ソ連邦、ソ連）成立

1924年　ソヴィエト社会主義共和国連邦憲法公布

第一次世界大戦・中東史年表

1915年　フセイン・マクマホン協定

1916年　サイクス・ピコ協定

1917年　バルフォア宣言

最後の門　下の問題は大学入試問題を出典にした問題です。答えなさい。

　第一次世界大戦中の1917年、ロシアでは3月（ロシア暦2月）、11月（ロシア暦10月）と相次いで革命が起こった。二月革命（三月革命）後、臨時政府以降の各政権の戦争への姿勢に触れながら、ロシアが大戦から離脱するまでの経過について、次の語をすべて用いて述べなさい。（300字以内）

ニコライ2世　　ソヴィエト　　「平和に関する布告」　　ブレスト・リトフスク条約

（津田塾大・改）

キール軍港の水兵反乱

『アラビアの ロレンス』

1888年に生まれた**トマス＝エドワード＝ロレンス**はオクスフォード大学で考古学を学び、十字軍の研究のためパレスチナを訪れ、すっかりアラブ世界の魅力にとりつかれてしまった。流暢にアラビア語を使い、『コーラン』を暗記していたロレンスは、第一次世界大戦の勃発と同時に軍隊に招集され、当時のアラブ世界の指導者であった**フセイン**の息子のファイサルに会ってイギリス軍に味方するよう交渉をすることを命じられる。

*

ファイサルは、ムハンマドの子孫に連なるイスラーム世界の名家の生まれであり、アラブ独立運動の指導者である。ファイサルの根拠地に着いてみると、なんとオスマン帝国の攻撃を受けている最中であった。オスマン帝国に支配されているアラブ人の境遇にロレンスは純粋に心を痛め、ファイサルに進言した。

「いっそ紅海の奥にある港町アカバを攻めましょう！ 軍事的に重要な町でありながらオスマン帝国は油断しています。ここをアラブ独立の足がかりにするべきです。イギリスはアラブに援助を惜しみません！」

ファイサルは迷いつつ決断した。アラブ軍はアカバに進撃を始めた。

*

アラブの文化に共感し、味方するロレンスの献身的な態度に、最初はよそ者扱いをしていたアラブ人たちも親しみを持つようになった。アラブ軍は砂漠を夜進み、灼熱の昼は休む。

砂漠を横断し、アカバを攻め落としたロレンスはスエズ運河におもむき、イギリス軍司令部に戦果を報告した。司令官は尊大に言った。

「よし、ロレンス、この調子でオスマン帝国の拠点を落とし、敵の後方を攪乱してゲリラ活動を行うんだ。アラブのヤツらにやらせろ」

「司令官、アラブは立ち上がっています！ 戦勝の暁にイギリスはフセイン・マクマホン協定に従いアラブの独立を認めてくれますね？」

「ま、まあな。それより君は大英帝国の利益のために働くべきだぞ！」

アラブ軍はイギリスの武器や物資の補給を受け、ロレンスの指揮のもとでオスマン帝国に対し勝利を重ねていった。ロレンスに対するアラブ人の信頼も厚くなっていく中、ロレンスは嫌な噂を聞く。

「イギリス外交官のサイクス氏とフランス外交官のピコ氏が、勝手にアラブ地域を分割する条約を結んだらしい（サイクス・ピコ協定）。イギリスが約束したアラブの独立はウソだったのか！ ああ、オレはアラブに何と言えばいいのだ！」

ロレンスはついに決心する。**祖国を裏切ってアラブに付くことにしたのだ。**シリアの中心都市ダマスクスを、イギリス軍やフランス軍より早くアラブ軍を率いて奪ってしまうことにした。オスマン帝国が支配するこの町をアラブ人が陥落させれば、将来のアラブ独立の時に大きな実績として残るからだ。ロレンスはアラブ軍を率いてダマスクスを陥落させたが、見事に本国の怒りを買ってしまった。

「ロレンス！ バカなことをしたな！ 軍法会議ものだが、もうマスコミによってアラブの英雄になっている！ 早くイギリスに帰れ！」

司令官の罵声をあびたロレンスは愛するアラビアを離れ、心ならずもイギリスに帰国した。ロレンスはアラビアの砂漠を二度と見ることなく、1935年にオートバイ事故で不慮の死をとげることになる。

解答と解説

復習ポイント の答え

第一次世界大戦中に結ばれた条約・協定は出題率も高く、覚えておくと便利です。こうして見ると、イギリスが身もフタもなく約束を連発しているのがわかります。

年	名前	関係国・民族	内容
1915年	ロンドン条約	イギリス・フランス・ロシア・イタリア	「未回収のイタリア」の割譲を条件に、イタリアが連合国側に参加
1915年	フセイン・マクマホン協定	イギリス・アラブ	戦後のアラブの独立を条件に、アラブ人がイギリスに協力
1916年	サイクス・ピコ協定	イギリス・フランス・ロシア	戦後の中東にあるオスマン帝国領の分割を約束
1917年	バルフォア宣言	イギリス・ユダヤ	戦後、パレスチナに民族的郷土の建設を条件に、ユダヤ財閥がイギリスに協力
1918年	ブレスト=リトフスク条約	ドイツ・ロシア	ウクライナなど領土の割譲を条件に、ロシアとドイツが講和。戦後、無効となる。

アクティヴィティ の答えの一つ

前回のアクティヴィティとはまったく逆の条件が必要です。

革命を成功させるには、何よりも、**革命側が外国の承認を受けることが大切**です。戦争をおこなっている場合には、不利な条件でも講和条約を結ぶことが重要。講和条約を結べば外国は革命政府を承認したことになり、外国からの干渉や妨害を減らすことが可能です。また**革命を支えている階級を優遇することも大切**で、ソ連の場合は革命政府が労働者・兵士に食料を優先的に配給することによって、支持を得ることができました。

最後の門 の答え

皇帝ニコライ2世が二月革命で退位した後、樹立された臨時政府と、労働者と兵士からなる自治組織ソヴィエトの二重権力構造が続いた。臨時政府は戦争を継続する姿勢を保ち続けたが、ソヴィエトは反戦を強く主張し、両者は対立した。帰国したボリシェヴィキの指導者レーニンは「四月テーゼ」を発表して、「すべての権力をソヴィエトへ」と主張し、即時停戦を唱えた。十月革命で臨時政府を倒し、ソヴィエト政権を成立させたレーニンは「平和に関する布告」を発表し、無併合・無償金・民族自決の原則にのっとった講和を全交戦国に呼びかけた。1918年にソヴィエト政権はドイツ帝国とブレスト=リトフスク条約を結び、第一次世界大戦より離脱した。(300字)

(解説)

記入すべき単語が指定されている場合の論述問題(例えば東大入試)の場合、その単語について必要なポイントを挙げておく必要があります。例題について言えば、「ニコライ2世」→「二月革命で退位」、「平和に関する布告」→「無併合・無償金・民族自決」、「ソヴィエト」→「労働者・兵士の自治組織」「臨時政府との二重権力構造」を記入しておきましょう。そしてこれらの事項を出題者の求めている出題テーマに沿って整理する必要があります。この場合は「戦争への姿勢」なので、各政権が参戦か講和かのどちらの姿勢をとったかを時間の経過に従って書きましょう。字数に注意!

46 終戦とパリ講和会議
──やっぱり問題が残った平和

わあ、初めて女の先生だ！

マリエッタ＝ダンカン先生

ハッサンはオスマン帝国が降伏した姿がショックだったみたいで、少しお休みするみたい。なので、続きは私が話します。名前はマリエッタ＝ダンカン、ミラノでデザイナーやっているのよ。

 序幕　ドイツ革命──ロシア革命とは違うバッド＝エンディング

　1918年11月3日に起こった**キール軍港の水兵反乱**まで話を聞いたはず。薪というものは火をつけるまでは一苦労だけれど、いったん火がついたならばすぐに燃え広がるもの。あっという間にドイツ全土に革命が広がってしまったわ。これを**ドイツ革命**と言います。革命の担い手になったのは兵士や労働者たちで、彼らは自治組織**レーテ**を作って革命運動を広めたのよ。レーテって？　ドイツ語でRäteと書くのだけれど、「評議会」という意味で、「ソヴィエト」と同じ。でもレーテに革命を指示していたのは後のドイツ共産党の前身となる社会主義団体の**スパルタクス団**で、もちろんこの名前は古代ローマの奴隷反乱の首領スパルタクスの名前からとったもの。スパルタクス団のリーダーとして活躍したのは、経済学者としても著名な革命家の**ローザ＝ルクセンブルク**と仲間の**カール＝リープクネヒト**よ。

　え、ローザ＝ルクセンブルクって、女の人？

　そ、ユダヤ人。革命の闘士でね。刑務所に何回もブチ込められている。実は彼女を尊敬しているわ。ふふふ。

　1918年11月9日、ドイツ革命のあおりを受けた労働者や民衆がベルリンの議会に押し

カール＝リープクネヒト　　ローザ＝ルクセンブルク　　ドイツ革命

寄せて来た時、元々穏健だった**社会民主党**は革命騒ぎをなんとか抑えようとしたけれど無駄だったの。そこで社会民主党のシャイデマンがまったくの独断でバルコニーに出て、「**すでに皇帝は退位したっ！　本日よりドイツは共和国になったのだ！**」と勝手に宣言してしまった。実は皇帝はまだ退位なんかしてなかったのよ。民衆は「えっ」と一瞬驚いたようだけど、ワーッと大喝采。引っ込みがつかなくなった皇帝ヴィルヘルム2世は本当に退位して、オランダに亡命してしまったというわけ。こうしてドイツでは帝政が終わり、11月10日に新たに共和国となり、新しい共和国政府は11月11日に休戦協定を連合国と結びます。こうして長かった第一次世界大戦がやっと終わったの。ふぅ。

　この共和国で中心となったのが社会民主党なのだけれども、政権の中核となったことで「守り」の姿勢に入ってしまった社会民主党は、軍部と手を結んで、スパルタクス団を中心に組織された**ドイツ共産党**などの過激派を抑え込むことに成功します。そして、ローザ＝ルクセンブルクとカール＝リープクネヒトの二人は1919年1月に軍隊に捕らえられ、なんと殺されてしまったのよ。革命のリーダーを失ったことや、兵士たちが右派と左派に分裂してしまったことで、結局、ドイツ革命は尻すぼみに終わったわけね。

　この弾圧の後、1919年2月に共和国は革命騒ぎの多いベルリンを避けて、文化都市として知られるヴァイマルに議会を開きます。このヴァイマル国民議会では**ヴァイマル憲法**が制定され、ヴァイマル共和国が成立しました。内容は①**主権在民**、②**20歳以上の男女平等の普通選挙**、③**労働者の団結権と団体交渉権の保障**、④**7年任期の強力な大統領制**で、当時では世界で最も民主的な憲法と呼ばれたのよ。あのイギリスですら完全な男女平等の普通選挙はまだだったのだから、私はこの憲法をとても評価しているわ。そして大統領には社会民主党の党首である**エーベルト**が選ばれます。

　こうして、ドイツも共和国としての形ができ上がっていったのだけれど、これから連合国と講和条約を結ぶ大苦労が待っているわけ。

第1幕 パリ講和会議──「十四カ条」VS タヌキジジイたちの現実主義

　さーて、いよいよ**パリ講和会議**ね。1919年1月18日に始まったこの会議は、ドイツなど同盟国に対する講和条約の内容を検討するために開かれたのです。だけれども肝心のド

ドイツ帝国の最後

オランダ　　ドイツ

ヴィルヘルム2世

シャイデマン

イツをはじめとする同盟国は参加することができず、いわば「判決を待つ被告人」状態だっ
たわ。新しく建国されたソヴィエト＝ロシアも呼ばれず、仲間外れだった。この講和会議
に新たに参加してきたのがアメリカの**ウィルソン大統領**。彼についてはテーマ34に少し
書いてあるけれど、**宣教師外交**をとなえた学者出身の理想主義のお坊ちゃね。会議参
加にあたって「**十四カ条**」の平和原則を掲げて世界平和をアピールしたので、パリ市民は
彼を大歓迎よ。え、内容？　うん、大切ね。でも十四カ条を全部覚えるのは大変だから、
一部でいいわ。重要なものは下の六つ。

① 　秘密外交の廃止　　② 　軍備縮小　　③ 　関税障壁の廃止　　④ 　海洋の自由

⑤ 　民族自決　　⑥ 　国際平和機構の設立

ありっ？　「民族自決」ってどこかで見た気がするっ

　ふーん、あなた、頭はいいようね。以前、レーニンが挙げた「平和に関する布告」の中に
「**無併合・無償金・民族自決**」ってあったけれど、それよ。意味は「**民族は、自分の運命を自
分で決定する権利を持つ**」ということ。重要な用語だから覚えておいた方がいいわ。別の
言い方をすれば、「列強の植民地にされている民族でも、独立できる権利を持っている」と
いうことになるわね。この「民族自決」というお題目が世界史を変えちゃうんだから注意し
た方がいいわ。実はこの「十四カ条」には裏話があってね。民族自決を含むレーニンの「平
和に関する布告」のスローガンが世界に好意をもって受け入れられていることを知ったウ
ィルソンが、「ここは自分も一発新しい主張をしなければ、戦後世界のリーダーになれんわ
い！」と危機感を感じて、作ったのがこの「十四カ条」なの。この十四カ条で戦後の平和世
界を作っていこうとしたウィルソン大統領だけれど、現実は厳しかったようね。

　と言うのもパリ講和会議の英仏の代表が老獪な現実主義者の政治家だったからよ。フ
ランス代表の首相**クレマンソー**、イギリス代表の首相**ロイド＝ジョージ**は年季の入った海
千山千のタヌキジジイたちで、お坊ちゃまのウィルソンがかなうような相手ではなかったの。

　なにしろイギリスやフランスにとって民族自決は大変に嫌なことだったのよ。え、なんで
嫌だったのかって？　それはあなたが考えることよ。うふふ。タヌキジジイたちはこんな「民
族自決」なんか無視したかったけれど、アメリカには戦争で借金があったため、どうしても
ウィルソンの主張を無視することはできなかったのね。そこで英仏はウィルソンを体よくあ

「十四カ条」の平和原則

しらうことにしたわ。

「ウィルソン大統領閣下。この民族自決ですがねぇ、ま、ウチらは例外にして、敵の同盟国側にだけ適用させることにいたしましょう」

「『民族自決』は大切なテーゼ。普遍的特性をもって扱うべきです」

「まあ、そのテーゼとやらはいったん横に置いておくことにしましょう。もっと具体的な話をしましょうや。へへへ、賠償金のことですがね」

「ドイツへの賠償金は原則的に戦争被害の償金にとどめるべきです」

「ウチも戦費を使っちまったもんですから、うんと払ってもらわんと困るんですよ。アメリカが借金の額をまけてくれる、と言うんでしたらドイツの賠償を安くしてやってもいいんですがねぇ〜」

「……それとこれとは話が別です」

会議で話していても、イギリスとフランスの首相にうまくかわされてしまい、のれんに腕押し状態。ウィルソンもしだいに理想主義だけでは現実の政治の荒波をくぐり抜けることは無理なことに気が付いた。そこでウィルソンは最優先課題の「民族自決」と「国際平和機構の設立」に重点を置き、あとは妥協することにしたわ。賠償金の額については計算が必要なので後に回すことにし、ドイツの負うべき責務を取り決め、5月にドイツ代表を呼び寄せてその条件を突きつけました。その条件が大変に厳しいもので、しかも反論を許さずに「2週間以内に返事をしろ」というものだったわ。ドイツ国民は皆激怒したけれど、なにしろ戦う体力がもうないので、泣く泣く認めたわけ。

こうして1919年6月28日、ヴェルサイユ宮殿鏡の間でドイツ代表は連合国との間に**ヴェルサイユ条約**を結びます。内容は①ドイツの領土の一部を周辺諸国に割譲、②ドイツの海外植民地は全部没収、③東プ

ロイセンのダンツィヒ港を国際連盟の管理下に置く、④東プロイセンとドイツ本国の間にはポーランド回廊が置かれ、ポーランド領とする、⑤アルザス・ロレーヌをフランスに返還、⑥フランスとの国境地帯にあるドイツのラインラント地方を非武装地帯にする、⑦ドイツに軍備制限を実施、徴兵制は禁止。陸軍兵力は**10万人以下**、海軍は**1万5000人以下**、空軍は禁止とする。たくさんあるから頑張って覚えるのよっ。

ドイツの軍隊なんて、全部禁止しちゃえばいいのに？　ダメなの？

　ダメよ。軍隊が一人もいなくなると、ドイツ国内で革命が起こった場合、抑止する力がなくなるから。そして賠償金だけれども1921年にやっと**1320億金マルク**と決まったわ。換算するのは難しいけれど日本円にすると、100〜200兆円ぐらいかしら。きっつい額ね。

　そして同盟国が順番に講和条約を結ぶハメになったわ。まず1919年にオーストリアと**サン＝ジェルマン条約**を、そしてブルガリアと**ヌイイ条約**を、1920年にはハンガリーと**トリアノン条約**を、そしてオスマン帝国と**セーヴル条約**を結びます。内容はウィルソンが主張した「民族自決」を実行したもので、諸民族の国家建設を認めたものよ。その結果、新しく**フィンランド・エストニア・ラトヴィア・リトアニア・ポーランド・チェコスロヴァキア・ハンガリー・ユーゴスラヴィア**の八つの国が誕生したわ。でも民族自決は負けた国だけに適用されたのよ。

　このヴェルサイユ条約でのドイツへの一方的な厳しい処置はドイツ国民の激しい怒りを買い、後にこう言われるようになったわ。

　「ヒトラーを生んだのはブラウナウ（ヒトラーの出生地）ではない、ヴェルサイユである」

復習ポイント

　同盟国（敗戦国）の講和条約を整理してみよう。

アクティヴィティ

　「民族自決」を連合国に適用したらどうなっていただろうか？

ドイツ革命史年表

1918年11月3日	**キール軍港の水兵反乱→ドイツ革命へ**

「ロシア十月革命（十一月革命）のちょうど１年後ね」

1918年11月10日	**ドイツ共和国の成立** →皇帝ヴィルヘルム２世は退位してオランダに亡命
1918年11月11日	**ドイツが休戦協定に調印→大戦の終結**
1918年11月～1919年1月	**ドイツ革命の拡大**→ドイツ共産党が成立するも、軍部と右派による弾圧で鎮圧される
1919年2月	**ヴァイマル国民議会が招集**→ヴァイマル憲法成立（8月） ヴァイマル共和国成立、大統領は社会民主党のエーベルト

第一次世界大戦の終結史年表

1919年1月	**パリ講和会議が始まる**
1919年6月	**連合国とドイツの間にヴェルサイユ条約が結ばれる**
1919年9月	**連合国とオーストリアの間にサン＝ジェルマン条約が結ばれる**
1919年11月	**連合国とブルガリアの間にヌイイ条約が結ばれる**
1920年6月	**連合国とハンガリーの間にトリアノン条約が結ばれる**
1920年8月	**連合国とオスマン帝国の間にセーヴル条約が結ばれる**

「ヌイイとかトリアノンとかは、パリやパリ郊外の宮殿や地名よ」

最後の門 下の問題は大学入試問題を出典にした問題です。答えなさい。

問 第一次世界大戦の講和条約はドイツ以外の敗戦諸国とも締結されたが、その組み合わせとして間違っているものを一つ選びなさい。

A. オーストリア…サン＝ジェルマン条約

B. ハンガリー…トリアノン条約

C. ブルガリア…ヌイイ条約

D. オスマン帝国…ローザンヌ条約

(明治大)

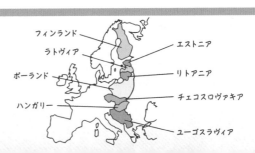

フィンランド
ラトヴィア
ポーランド
ハンガリー
エストニア
リトアニア
チェコスロヴァキア
ユーゴスラヴィア

ローザ＝ルクセンブルクの生と死

　ローザ＝ルクセンブルクは1871年にポーランドで生まれた。と、言っても、当時、ポーランドはロシアの支配下であった。ユダヤ人の生まれで生家は裕福、本人は美しく、さらに大変に知能が高く、少女時代からシラーやゲーテを読み耽っていたと言う。

　ワルシャワの女子ギムナジウム(高等学校)を優秀な成績で卒業した頃から、彼女は「社会主義」に染まって、過激な組織に加わって活動し始めていた。慌てた親の判断でスイスのチューリヒ大学に留学させられたローザは経済学や歴史を学び、社会主義経済学の大理論家として頭角をあらわすようになる。1897年には法学博士号を取得、その頃には第2インターナショナルを支える理論家になっていた。

　偽装結婚でまんまとドイツ市民権を手に入れたローザは、ドイツ社会民主党に入党し、ゴリゴリのマルクス主義者として論陣を張り、新聞記事もバンバン書きまくった。そのため3回も刑務所に放り込まれている。ローザは知的な相貌にもかかわらず、相当に「フダ付き」の活動家になっていた。

＊

　1907年、ロンドンの社会主義大会でレーニンと初めて会ったローザは意気投合。大会の戦争反対の決議案を二人で書き上げた。

　ベルリンに戻ったローザは、ドイツ社会民主党の運営する教育センターの教授となり、経済学を教えている。この頃の生徒に後にドイツ共和国初代大統領になった**エーベルト**がいた。

　1914年に第一次世界大戦が始まった。壊滅した第2インターナショナルに代わって、新しい組織を作らなくてはならない。同志の**カール＝リープクネヒト**とともに作ったのが「**スパルタクス団**」である。古代ローマで自由を求めて立ち上がった剣闘士スパルタクスの名を冠したこの団体は戦争反対のストを指導したため、指導者のローザとカールはまた刑務所に放り込まれてしまった。この獄中で1917年、十月革命(十一月革命)の勃発を聞くと、彼女はレーニンの独裁の姿勢に強い批判をおこなっている。

　「プロレタリア独裁とは、階級の独裁を意味するのである。ボリシェヴィキのような一党一派の独裁ではない。民主的自由を抑圧しているレーニンの革命は、ボリシェヴィキによる新たな独裁を生むだろう」

　「自由とは、常に思想を異にする者のための自由なのである」

＊

　1818年、キール軍港で水兵の反乱が起こり、ドイツ皇帝が退位するとローザも釈放された。1918年12月31日に「スパルタクス団」を中心に**ドイツ共産党**が設立され、ローザとカールが指導者に選出された。

　ドイツ共和国初代大統領エーベルトはドイツ社会民主党員だったが、ドイツ革命に不安を抱き、右派や軍部と結び付いて共産党を弾圧することを決めたのだ。

　1919年1月9日から激しい戦闘が起こり、軍部や義勇軍の攻撃を受けたレーテは壊滅した。そして15日、ローザとカールはついに逮捕され、虐殺された。カール＝リープクネヒトは後頭部を撃たれ、身元不明の死体置き場に埋められた。ローザは銃床で殴り殺された後、死体は近くの川に投げ込まれ、6か月も放置されていたと言う。

復習ポイント の答え

第一次世界大戦後に結ばれた条約も重要なので、把握してください。

年	名前	敗戦国	内容
1919年	**ヴェルサイユ条約**	ドイツ	・ドイツに対する領土削減 ・軍備制限 ・非武装地帯の設定 ・ポーランド回廊の設置など
1919年	**サン＝ジェルマン条約**	オーストリア	・領土の削減 ・「民族自決」に従って、領内の諸民族の独立を認める
1919年	**ヌイイ条約**	ブルガリア	
1920年	**トリアノン条約**	ハンガリー	
1920年	**セーヴル条約**	オスマン帝国	

ハンガリーだけが新しくできた独立国なのに敗戦国として扱われたのは、第一次世界大戦の時は「オーストリア＝ハンガリー帝国」として同盟国側で戦い、戦後はハンガリー王国として独立したため。

アクティヴィティ の答えの一つ

イギリスのインド、フランスのインドシナ、そして両国が支配していたアフリカなど多くの植民地を手放すハメになったことでしょう。また、海外だけでなく国内でも、ケルト系住民が多いアイルランド・スコットランド・ウェールズなどの地方が分離独立し、フランスでもブルターニュ半島やアルザス・ロレーヌなどが分離独立する可能性があります。もちろん、これらの地域の民族運動は現在のEUで起こっているものですが、「民族自決」の考えが連合国にも適用されれば、これらの民族運動はこの頃に勃発していたかもしれません。

最後の門 の答え

問　D
（解説）
問　オスマン帝国が結んだのは1920年のセーヴル条約であり、ローザンヌ条約（1923年）は、オスマン帝国を廃止して成立したトルコ新政権が連合国と結び直した条約です。

47 ヴェルサイユ体制とワシントン体制
──アメリカが太平洋をオレ様の庭に！

うーん、ケンカに勝った方が負けた相手にやりたい放題ですね。

ふふ、世間ってそんなもんよ。勝った者の天国ってのは当然ね。でもね、これだけは覚えていた方がいいわ、お嬢ちゃん。「人にしたことは結局、全部自分に返ってくる」ことをね。

序曲 **ヴェルサイユ体制の成立──欠点だらけの船出でヨロヨロ**

パリ講和会議を通して成立した国際的体制を**ヴェルサイユ体制**と呼ぶの。特徴を言うと、①ドイツを弱体化させる、②反ソ連・反共産主義を徹底させる、③敗戦国のドイツ・オーストリア支配下の諸民族は民族自決を認める、④戦勝国支配下の諸民族には民族自決は基本的に認めない、というふうに実は戦勝国に都合のよい体制だったのよ。

このヴェルサイユ体制の元になった条約の一つであるヴェルサイユ条約にムカついたのは**中国**で、ヴェルサイユ条約の調印を拒否しているわ。それはヴェルサイユ条約が列強、特に日本の中国に対する権益や租借を当たり前のように認めていたからよ。

しかし、ウィルソン大統領の望みどおり、正義のヒーローのように世界の平和を守る組織、**国際連盟**がついに発足。本部はスイスの**ジュネーヴ**に設置されたわ。常任理事国はイギリス・フランス・イタリア・日本よ。

あれ、アメリカがいないやんけ

それよ。ウィルソン大統領はアメリカに帰国した後、議会に国際連盟加入を批准（認めてもらうこと）してもらおうとしたのだけれども、議会に否決されてしまったの。アメリカはモンロー教書以来の孤立主義を守りたかったし、世界のお守なんかしたくなかった、というの

国際連盟の発足

が本音ね。というわけで、国際連盟にはアメリカをはじめ、ドイツ・オーストリアなどの敗戦国、ソ連などの社会主義国が加盟していなかった。つまり**主要超大国が参加していない**という欠点を持っていたの。そして**侵略国**に対して、**武力制裁の手段を持っていなかっ**たこと。また総会は**全会一致が原則**であったことも国際連盟の大きな問題ね。

第**1**組曲 ワシントン体制の成立──アジアの平和はアメリカのものじゃ

　ウィルソン大統領が大統領を辞めた後、大統領になったのは共和党の**ハーディング**（→）だった。がっしりした体つきで健康が自慢のハーディングが、まさか現職中に亡くなるとは誰も予測できなかったわ。このハーディングが<u>アジア太平洋方面の勢力均衡とアメリカの参入</u>をもくろんでおこなったのが1921～1922年の**ワシントン会議**。もちろん国民や世界を納得させるために、会議の主要目的として「**海軍の主力艦の保有数を減らして軍縮をおこなう**」ことをアピールしたの。戦争に疲れていた世界の主要国はハーディングの提案を受け入れ、会議に参加したわ。でもね、ハーディングの本音は「海軍力においてアメリカが世界のトップに立つ」ことだった。そのため彼がまず標的にしたのが**日本**。と言うのも日本は日露戦争や第一次世界大戦への参加で中国や太平洋方面に不気味に勢力を伸ばしてきていたので、日本をシメておく必要があったのよ。

　1922年の海軍軍備制限条約では、戦艦などの主力艦保有比率をアメリカ5、イギリス5、日本3、フランス1.67、イタリア1.67に定めました。日本海軍はこの比率に大反対だったけれど首相の**高橋是清**は日本の国力の貧しさを知っていたから、この軍縮には賛成して、この条約を締結したわ。

　でも、日本にとって問題だったのはこのワシントン会議で定められた「**九カ国条約**」と「**四カ国条約**」の方だったのよ。早い話が、この二つの条約は日本の中国と太平洋への進出をけん制する内容のもので、「**太平洋はアメリカの庭で、中国はアメリカの新しいフロンティアである。アメリカは太平洋や中国に進出し、利益を得る権利があるのだ**」というのがアメリカの主張でした。要するに「**おい、日本！　太平洋と中国はお前の好きにはさせないズラ**」ということだったのよ。ただしアメリカ1国でこんなエゴ丸出しの主張をしたら日本

海軍軍備制限条約

加藤友三郎　　ウォレン゠ハーディング

とケンカになってしまうので、賢く仲間と組んで日本を囲んだのね。

　最初の**四カ国条約**は1921年にアメリカ・イギリス・フランス・日本が結んだ条約で、その内容は「**太平洋における4か国の領土と統治領を尊重しつつ、現状維持を守る**」ことを確認したもの。聞こえはいいけれども、要するに日英同盟を盾に第一次世界大戦に参戦して、ドイツの植民地であった南洋諸島を支配した日本を押さえ込む条約なの。

　日本「日英同盟に従ってわが国はドイツと戦ったのです。これも太平洋の安全を守るためでした。その日英同盟はどうなるのですか？」

　アメリカ「**太平洋は広いですから、日英だけで守り切るのは難しいでしょう**（太平洋はオレ様の庭だ）。**日英同盟はやはり2国間の協定にすぎないので、失効してもよいのでは？**（イギリスも日本の勢力が伸びることにムカついているんだぞ。空気を読めっ）。**これからは4か国で太平洋を守りましょう**（日本は太平洋をこれ以上荒らすな！）」。

　四カ国条約の結果、「日英同盟」は解消されてしまい、アメリカが太平洋の管理と支配に乗り出してきます。

　次の**九カ国条約**は**1922年**に中国・アメリカ・イギリス・フランス・イタリア・オランダ・ベルギー・ポルトガル・日本が結んだ条約よ。全部の国を覚える必要はないけれど、中国に植民地を持っている国か、植民地を持つ気マンマンの国ばかりね。九カ国条約の内容は、「**中国の主権尊重・機会均等・領土保全**」を約束したもので、聞こえはいいけれど、そのココロは第一次世界大戦中に「二十一カ条の要求」で中国に利権を要求してきた日本を押さえるための条約よ。やりとりは……。

　日本「えっ？　日米両国の中国利権を確認し合った、かつての『石井・ランシング協定』（1917年）はどうなるんです？」

　アメリカ「**あの時とは状況が変わったのです**（あの時は第一次世界大戦の最中でアメリカに余裕がなかったのだ）。**『石井・ランシング協定』は2国間の協定にすぎないので、失効してもよいです**（あの時は日本と組んでおかないと背後が安全ではなかったからな）。**今度は九カ国が寄り添って中国を守りましょうね！**（今度は8か国で見張るから、日本に勝手なマネはさせんぞ！）」。

　ま、こんなところが本音かしら。

　九カ国条約が結ばれた結果、「石井・ランシング協定」は廃案が提起され、1923年に廃棄され、日本の中国進出は「二十一カ条の要求」以前の状態に戻ってしまいます。いわ

ゆる「ふりだしに戻る」のマスに止まったわけね。

　こうしてヨーロッパ方面の民族国家が存続する体制を**ヴェルサイユ体制**と呼び、**アジア・太平洋方面**の勢力安定が存続する体制を**ワシントン体制**と呼び、この二つの体制が第一次世界大戦後の世界を維持していきます。しかし、これらの体制の成立によって被害を受けたドイツと日本が将来、これらの体制をぶっ壊すことになるわ。

第2組曲 戦後の東ヨーロッパの混乱──混乱を収めるにはどうすれば？

① ポーランド：なんとソヴィエト＝ロシアと戦争をして Victory!

　ヴェルサイユ体制が成立した後、ドイツ以外にもこの体制に不満を持つ国がポコポコ出てきたけれど、まずは**ポーランド**だわ。ポーランドはパリ講和会議によって独立を勝ち得た国だけれども、内心は不満だったの。と言うのもかつての偉大な**ヤゲウォ (ヤゲロー) 朝**(上巻テーマ62参照)にくらべて領土が小さかったから。そこでポーランドの指導者**ピウスツキ**(→)はロシアが内戦と干渉戦争に苦しんでいるのを見て、チャンスとばかりに1920年にソヴィエト＝ロシアに攻め込んだのね。ところがトロツキー率いる赤軍の反撃をくらって、逆に首都ワルシャワが包囲されてしまったのよ。この時、レーニンは、ポーランドの社会主義者や労働者が立ち上がって社会主義革命を起こすことを期待していたようだけれど、ポーランドという国はロシアに支配されていた時間が長かったから、社会主義よりも民族主義の方が強かったのよ。そしてピウスツキが騎兵を指揮して赤軍を攻撃し、結局、ソヴィエト＝ロシアの大敗北に終わったわ。この**1920～1921年**の戦争を**ポーランド＝ソヴィエト戦争**と呼びます。ところが戦争が終わっても独立したばかりのポーランドでは議会の混乱が続いたため、ついにピウスツキが1926年にクーデタを起こし、独裁者になりました。ただしピウスツキはヒトラーと違って、ポーランドをユダヤ人も含めた多民族国家として運営したし、他の政党の存続を認め、言論の自由も認めていたわ。当然、ピウスツキはヒトラーの人種差別政策には大反対だったので、彼が1935年に亡くならなければ、ポーランドは簡単にナチス＝ドイツの手に落ちることはなかったでしょうね。

ロイドジョージ

四カ国条約

② ハンガリー：王様いなくても王様ゲーム！

ハンガリーは前回もやったけど、新しく独立した国なのに、敗戦国として扱われた特殊な国（大戦中は同盟国側のオーストリア＝ハンガリー帝国）だったわ。オーストリアが休戦した直後、ハンガリーは1918年11月に独立と共和政を宣言しました。しかし1918～1919年に共産党を中心とした革命が起こり、**クン＝ベラ**を中心としたソヴィエト政権が誕生します。けれども外国の干渉が入り、1920年に**ホルティ**が摂政となるハンガリー王国が作られたわ。ただし軍人あがりで政治家でなかったホルティは、政治に教会・王家・地主の権威をフルに利用する権威主義体制をおこなったのね。王政は続けたけれど、肝心の国王が空位だったので、実際の政治はホルティの独裁状態だったの。

③ チェコスロヴァキア：哲人政治で一気に成長したゾ

チェコ人とスロヴァキア人は長いことオーストリアの支配下にあったけれど、一つの国としてオーストリアの敗戦後についに独立を宣言します。哲学者の**マサリク**が初代大統領になり、強力な手腕を発揮してチェコスロヴァキアを東欧一の工業国に育てたのよ。彼は1935年に大統領の職を相棒の**ベネシュ**に譲り、1937年に亡くなります。

④ ユーゴスラヴィア：強引にまとめたけれど、結果は骨肉の争い

この国は「**セルブ＝クロアート＝スロヴェーン王国**」という長ったらしい名前だったの。言いかえれば「**セルビア人＝クロアチア人＝スロヴェニア人王国**」という意味なのよ。元々オーストリアに支配されていたスラヴ人たちが、1919年のサン＝ジェルマン条約によって合体して作った「人工的」な国だった。ところが、これらの民族の仲が悪いんだな。なにしろ同じスラヴ人と言っても宗教も言葉も違う。争いが絶えなかったので国王が1929年にクーデタを起こして強引に独裁政にし、その年に**ユーゴスラヴィア**（「南スラヴ人の国」という意味）に国名も変えます。でもやはり混乱は収まらなかったのよ。

復習ポイント

ワシントン会議の結果、定められた条約を整理してみよう。

アクティヴィティ

大戦後の東ヨーロッパの混乱を収拾する方法とは結局何だったのでしょうか？

ピウスツキ　トロツキー

ポーランド＝ソヴィエト戦争

第一次世界大戦の戦後史①年表

1918〜1919年 ハンガリーでクン＝ベラを中心とした社会主義革命勃発

→1920年にホルティによって社会主義政権が圧殺される

「クン＝ベラって人の名よ。靴べらじゃないからね！」

1920〜1921年 ポーランド＝ソヴィエト戦争→ソヴィエト＝ロシア敗北

「ハンガリーでもポーランドでも社会主義革命が失敗したのはソヴィエト＝ロシアにとっては大ショックだったみたい」

1920年 国際連盟発足

1921年 ワシントン会議開始

1921年 四カ国条約調印→太平洋方面の新たな勢力が決定

＝この条約の結果、日英同盟が解消

1922年 九カ国条約調印→中国への主権尊重・機会均等・領土保全

＝この条約の結果、石井・ランシング協定の廃棄

「『ワシ（ワシントン会議）がよく（四カ国と九カ国条約）なった』と覚えるといいかもよ。たしかにワシを国の象徴とするアメリカは立場がよくなった。逆にワリを食ったのは日本だったわね」

1926年 ポーランドでピウスツキがクーデタを起こし、独裁権を握る

「ピウスツキは日露戦争の時に日本を訪れて、ポーランド独立支援を日本政府にお願いしたことがあるし、ピウスツキのお兄さんはアイヌ文化の研究者で、アイヌ女性と結婚しているわ」

最後の門 下の問題は大学入試問題を出典にした問題です。答えなさい。

アメリカ合衆国は、第一次世界大戦後に債務国から債権国に転じ、世界経済の中心的な存在となった。対外的にも（　1　）大統領が設立を提唱した国際連盟に加盟することはなかったものの、1920年代の国際協調の動きには積極的に関与した。1921年には（　2　）大統領の提唱で(A)ワシントンで軍縮会議を開催した。

問1 （　1　）、（　2　）に入る最も適切な人名を書きなさい。

問2 下線部(A)について、この会議で結ばれた、中国の主権や独立の尊重、中国に対する門戸開放、機会均等などの原則を定めた条約は何と呼ばれているか。その名称を答えなさい。

（日本女子大・改）

マサリク

ホルティ

お坊ちゃま大統領
ウィルソンの苦悩と悲劇

ウッドロー＝ウィルソンは1856年に敬虔な牧師の子として生を受けた。大変にまじめで誠実な、信仰心に満ちた少年であった。

ところが彼は難読症（知能に問題はないのに、文字を読むのが困難な障がい）であった。そのため9歳まで字が読めず、11歳まで文章が書けなかったが、人一倍の気まじめさで、難読症を見事に克服している。幼い頃、**リンカン大統領の顔をそばでチラ見**して以来、政治家になることこそ自らの道であることを確信する。名門プリンストン大学で法律を修め、法学博士の学位を取り、教授になり、気が付いたならば、教授会全員一致でプリンストン大学総長となっていた。ウィルソンの書いた行政学の論文は、現在でも参照されるほどの記念碑的な名作で、学者としての将来は前途洋々であった。

しかし、これでは幼い日に誓った「政治家」としての道を歩むことができない。あえて大学総長の職を辞任したウィルソンは民主党からニュージャージー州知事に立候補し、当選を果たした。そして着実に政治家としての業績を積み上げたウィルソンは、1912年の大統領選挙に民主党の代表として担がれるように出馬し、**「新しい自由」**をスローガンに戦った。幸いにも敵の共和党が身内争いで自滅してしまったため、ラッキーマンのウィルソンはとうとう第28代アメリカ大統領に上りつめた。**ウィルソンはアメリカ大統領の中で、唯一「博士号」を持つ大統領である。**

*

まもなく第一次世界大戦が始まってしまい、ウィルソンは中立を表明する。しかし客船ルシタニア号がドイツの潜水艦による魚雷攻撃を受け、アメリカ人乗客100人以上が死んでしまう事件が起こった。世論は沸騰し、ついに1917年、アメリカは連合国側で参戦するハメになってしまった。アメリカの参戦により連合国は優位に立ち、またラッキーにもアメリカは勝利を収めることができた。

1919年、勝利者としてパリに乗り込んだウィルソン大統領は、前年に発表した**「十四カ条」**の平和原則を持ち出してきた。「十四カ条」は理想主義者の学者先生ウィルソンの面目躍如とした文章であった。

しかし、お坊ちゃま大統領が夢見たほど世間は甘くはなかった。これらの提案、特に「民族自決」は英仏によってパリ講和会議で適当にあしらわれてしまったのだ。ウィルソンも憤激したが、連合国首脳の怒りを買うと理想であった「国際連盟」が作れなくなってしまう。ぐっとこらえてウィルソンはヴェルサイユ条約に調印した。

ところがアメリカへ帰って、議会に「国際連盟加盟」の提案をしたところ、なんと否決されてしまったのだ。加盟を訴えるためウィルソンはアメリカ中を遊説して回ったが、これがいけなかった。1919年9月にホワイトハウスで執務中頭が激痛に襲われ、9月末に脳卒中の大発作を起こし、左半身が動かなくなりしゃべれなくなってしまった。夫人が必死でごまかして大統領職を継続したが、1920年3月にアメリカ上院が国際連盟への加盟を否決した時、ウィルソンには政局がどうなっているのか判断もつかなくなっていた。

しかし**ウィルソンがとなえ、いったんはゴミ箱に捨てられてしまった「民族自決」**こそが、後の世界をガラっと変えてしまうのである。

解答と解説 ━━━━━━━━━━━━━━━━━━━

策こそが世界全体を動かしたし、現在でも動かしています（！）。そして、アメリカ大統領が所属する政党も余裕があれば覚えておきたいところです。幸い大統領の出身政党は「共和党」と「民主党」の二つしかないので日本の総理大臣の出身政党よりは覚えやすいはずです。

問2　ヒントは文章中に出てくる「中国」に関する条約であること。「中国」ならば九カ国条約、「太平洋」ならば四カ国条約です。

■ 復習ポイント ■ の答え

「条約・同盟・戦争は西洋史の基礎よ！　しっかり覚えた方がいいわ」

年	名前	関係国	内容
1921年	四カ国条約	アメリカ・イギリス・フランス・日本	四カ国による**太平洋**の現状維持と管理を決定→**日英同盟が解消される**
1922年	九カ国条約	中国・アメリカ・イギリス・フランス・イタリア・オランダ・ベルギー・ポルトガル・日本	九カ国による中国の主権尊重・機会均等・領土保全を取り決める→**石井・ランシング協定が廃棄される**
1922年	海軍軍備制限条約	アメリカ・イギリス・フランス・イタリア・日本	列強各国の**主力艦**（戦艦など）の保有比率を決める

■ アクティヴィティ ■ の答えの一つ

　東ヨーロッパの国々は、パリ講和会議で民族自決の原則に合わせて、ソヴィエト＝ロシアの社会主義から西欧を守るための盾として、突然独立が許された国々なのです。そのため民主制や議会制が十分に整っておらず、混乱と内輪もめが起こることは予測されたわけです。悲しいことだけれども、非常事態を救うための手段としては**独裁制**が有効でした。つまり混乱と動揺こそは独裁を生む母なのです。そのため東欧の国のほとんどは治安と平和のために独裁者を求めました。ドイツでヒトラーが権力を持てたのも、当時のドイツがインフレや社会主義革命にあえぐ非常事態にあったからなのです。

■ 最後の門 ■ の答え

問1　（1）　ウィルソン
　　　（2）　ハーディング
問2　九カ国条約
（解説）
問1　20世紀のアメリカ大統領の名前とその政策は覚えておいた方がよいでしょう。彼らの政

48 国際協調と西欧諸国の停滞
――史上空前のインフレをこの男が止める

しっかし、なんで独裁国家がこんなに増えたのかな。

時代が悪かったのよ。1920年代は第一次世界大戦が終わった後なので、世界中が不況になっていた。以前、戦争はもうけの種って話があったけれど、その戦争が終わったらモノがさっぱり売れなくなってね。特に農業国が多い東欧は経済的にも苦しかったのよ。だから混乱や内乱が多かったの。

第1組曲 大戦後の西欧諸国の混乱

　なにしろあれほどの大戦争の後だから、東欧だけでなく西欧でも戦争の後遺症が続いていたわ。そりゃひどい時代だったわよ。

① イギリス：「女性」の「労働」が戦後を握る

　戦後のイギリスは政治でも大変革の時代だった。第一次世界大戦の時、男はみーんな戦場に引っ張り出されたので、労働者として工場で働いたのは女たちだったわ。つまり、女の助けがなかったら戦争に勝てなかったわけ。だから1918年に当時の**自由党ロイド＝ジョージ内閣**の時に定められた**第4回選挙法改正**で、女性にも参政権が認められるようになった。けれども男は21歳で選挙権が得られるのに、女は30歳以上だったのよ。バカにしてるわね。全国で反対運動が起こったため、1928年**保守党**の**ボールドウィン内閣**の時に**第5回選挙法改正**がおこなわれ、男女ともに21歳で選挙権が得られるようになったのよ。でも、これでも遅い方だったと思う。ちなみに女性参政権が世界で一番早く認められた国はニュージーランドで、1893年だった。次がオーストラリアで1902年。この現代でもこのオセアニアの二つの国は女性の活躍がめざましい国として知られているわ。あなたもこの2国で働いてみたらどうかしら。おすすめするわ。

女性の参政権

VOTES FOR WOMEN

この選挙法の改正がきっかけかしら。自由党に代わり、**労働党**が大躍進して、ついに労働党の**マクドナルド**が1924年に首相となったわ。労働党は社会主義の政党だけれども、この党についてはテーマ32に書いてあるから復習すること。ともかく議会制民主主義をとなえる社会主義政党としてフランス社会党・ドイツ社会民主党と御三家を作っているわね。マクドナルドは1924、1929、1931年と<u>3回も内閣を作っている</u>ので注意。

② アイルランド：DVからやっと逃れて独り立ち

　イギリスの大問題と言ったら**アイルランド独立**。早く切り離す手術をしてしまえばよかったのに、自治法案を拒否して手術を引き延ばしてしまったために病状が悪化してしまったのよ。第一次世界大戦中は、イギリスの自治の約束を信じた多くのアイルランドの若者が戦場で死んでいった。その第一次世界大戦中に起こった**イースター蜂起**はテーマ32に書いてあったわね。ところが第一次世界大戦終了後、あの「三枚舌」のイギリスはアイルランドの自治を認めようとしなかったので、怒ったアイルランドは独立戦争を起こし、1922年にやっと**アイルランド自由国**としてイギリスの自治領になれたわけ。初代首相はイースター蜂起の生き残り、**デ＝ヴァレラ**。ところがアイルランドの北部にある工業地帯の**アルスター**はイギリス系住民が多かったので、イギリス領内に残ってしまったの。これが**シン＝フェイン党**には気に入らず、ゴタゴタの末にアイルランドは1937年にイギリス国王への忠誠を拒否したのね。その結果、自治領であることを捨てて、**エール**と国名を改称したの。第二次世界大戦の時もアイルランドはイギリスに味方せず、中立を保っていたわ。そして1949年にはイギリス連邦からも離脱して完全な独立国となったの。まあ、アイルランドに言わせれば、「ずっとあんたにはいじめられてきたから、もう義理も恩もないわよ」ということになるわね。

③ フランス：力ずくで担保物件を押さえたつもりが大失敗

　フランスは第一次世界大戦の戦場になってしまったし、アメリカにたっぷり借金していたものだから、戦後もカネに苦しんだわ。ドイツの賠償金が期待の金づるだったけれども、フランスよりもボンビーなドイツが賠償金を満足に払えるわけがない。そこで右派の**ポワンカレ首相**がベルギーと共に**1923年**にドイツのライン川沿いにある**ルール地方**を力ずくで占領してしまったの。ルール地方はドイツ最大の工業地帯だったので、懐が潤うと思ったのでしょう。「払えんのなら差し押さえで担保をいただいたるわい」とね。でも、こんな金

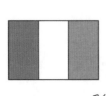

イギリス

アイルランド自由国

融屋さんみたいなフランスの態度に怒ったルール地方の労働者がストを起こしてしまったのよ。期待していたカネは手に入らず、国際的にも大非難をあびたフランスはポワンカレが首相を辞任し、1925年にルール地方から撤退していったわ。「強引に力ずく」なんて、やっぱり女の子から嫌われるだけね。

④　ドイツ：世界最大のインフレが襲いかかる！

　さて、いよいよドイツだわ。ここも大荒れに荒れていた国で、なにしろヴェルサイユ条約で兵士数が削減されてしまったので、軍をクビになった若いモンが街頭をウロウロしていたのよ。その中にはあの男もいたわ。そ、**アドルフ＝ヒトラー**よ。ま、あいつについてはまた、後で話すわ。行き場のない元兵士たちは右派か左派かの過激派や党派に加わって乱闘騒ぎを起こすばかり。できたばかりの**ヴァイマル共和国**も、革命を主張する左派やヴェルサイユ条約を攻撃する右派の攻撃にさらされていたわ。しかも1923年にはフランスとベルギーが**ルール占領**をやらかしてくれたおかげで、ドイツの工業生産が止まってしまい、モノ不足からドイツにとんでもない**インフレーション**が起こってしまったのよ。なにしろマルクの価値が戦時中の1兆分の1まで下がってしまった、ということは100兆マルク出さなければキャベツ一つ買えないことになってしまったの。次ページのイラストは、当時の子どもたちが札束をおもちゃにしている様子よ。これでヴァイマル共和国に対する不信感が高まり、右派による政府転覆のクーデタが頻繁に起こるようになった。その例がヒトラー率いる**ナチ党**による1923年11月の**ミュンヘン一揆**ね。ただしこの反乱は軍によってあっという間に弾圧され、ヒトラーら幹部は逮捕されて刑務所に送られてしまったわ。

第2組曲　国際協調の機運──ヒゲとハゲのコンビが大活躍

　ヒトラーの起こしたミュンヘン一揆が成功しなかったのは、首相の**シュトレーゼマン**の活躍が大きいわね。彼についてはコラムに書いてあるから見てちょうだい。シュトレーゼマンは、ミュンヘン一揆の前の1923年8月から、わずか3か月間だけ首相をやっていたけど、この3か月間の業績が大きかったわ。まずシュトレーゼマンは「**インフレを筆頭とする経済混乱を直さない限り、ドイツは安定しない**」と考えて**レンテンマルク**を発行したの。これがレンテンマルクという紙幣よ（→）。

（やめろ）
Halt

ルール占領

なんか、チャッちい紙切れですねえ

　いや、これがすごいのよ。なにしろこの1レンテンマルクが今までの1兆マルクなのだから。国家が持っている国有地などを全部担保にして紙幣の価値を保証したわけ。だからこの紙切れは今までの子どものオモチャにされていた旧紙幣と違って、立派に価値があったのよ。このレンテンマルクが使われるようになると、今まで荒れ狂っていたインフレがバタッと止んで、経済が安定化したわ。

　経済が立ち直ってくると、次はヨコのつながりと仲直りの機運が起こってくるわ。そのきっかけは**1922年のラパロ条約**で、ソヴィエト政権とドイツが結んだ条約よ。孤立していた両国が、お互いに領土や賠償を一切要求せずに、国交を回復するという恨みっこなしの仲良し条約なの。この条約から混乱していたヨーロッパもしだいに平和と協調の機運が生まれてきたわ。首相を降りた後、外相となったシュトレーゼマンは**「武力を制限されたドイツが国際社会に参加するためには、平和路線を強調することが大切である。そのことがドイツやヨーロッパの政治・経済の安定につながるのだ」**と考えたのね。シュトレーゼマンの平和の呼びかけで、1925年にスイスのロカルノの町に英・仏・独・伊・ベルギー・ポーランド・チェコスロヴァキアの代表が集まり、会議を開きます。この時、シュトレーゼマンはフランスの外相**ブリアン**と顔を合わせているわ。シュトレーゼマン（右・↓）とブリアン（左）は

顔も経歴も政治思想もまったく違いました。ブリアンは弁護士出身で、若い時は社会主義者だったけれど、仕事ができるので政治家として活躍するようになったの。このヒゲとハゲの二人が不思議にもウマが合ったのよ。会議でドイツ首相が、ドイツの味わった苦難について長々とスピーチしていると、ブリアンが立ち上がってドイツ首相の肩に手を置き、「それ以上続けていると、ここにいるわれわれは皆泣き出してしまうよ」と言ったらしいの。するとそれ

ミュンヘン一揆

48

を聞いたシュトレーゼマンが大爆笑し、その場の空気が和んだと言うわ。この時二人は互いに相手を「話のわかるヤツ」と認め合ったのね。こうしてシュトレーゼマンとブリアンの協力と二人三脚の結果生まれた**1925年のロカルノ条約**の内容は、ドイツがフランスとベルギーとの国境の現状維持を認め、ラインラントの非武装をドイツが改めて確認したこと。そして**相互不可侵を宣言し、紛争の解決を武力に訴えずに国際連盟が中心となる仲介裁判で解決すること**を決めたのよ。ドイツは武力侵略をしないことを誓い、そして代わりにドイツが国際連盟に加盟することが認められ、1926年にドイツは国際連盟に加入を果たします。

　1928年にはフランスのブリアン外相とアメリカのケロッグ国務長官の提唱で**不戦条約**（**ブリアン・ケロッグ条約**）が最初日本を含めて15か国の間で結ばれました。後には63か国もこの条約に調印したわ。この条約は「**国際紛争解決の手段として武力を用いない**」ことを決めたご立派な内容だったけれど、破った場合の罰則規定がなかったので、後でなしくずしにこの条約は破られてしまうのよ。

　1929年の世界恐慌の翌年、1930年にはロンドンで軍縮会議が開かれて、1921～1922年のワシントン会議で決まっていなかった駆逐艦や潜水艦などの**補助艦の保有比率**も定められたわ。もう軍艦を作るカネもないので、ともかく各国とも軍縮を迫られていたのよ。そこで、この**ロンドン会議**で補助艦の比率は**アメリカ10、イギリス10、日本7**の割合に定められました。カネがなければ軍艦どころじゃないのよね。

復習ポイント

1920～1930年代の国際協調のための条約を整理してみよう。

アクティヴィティ

シュトレーゼマン首相の政策を参考に、インフレ防止の方法を考えましょう。

ラパロ条約

第一次世界大戦の戦後史②年表

1918年	イギリス第4回選挙法改正→女性に参政権を与える
1922年	ラパロ条約→ドイツとソヴィエト政権が国交を回復
1922年	アイルランド自由国の成立（自治領）
1923年	フランスとベルギーによるルール占領→労働者の反発で効果なし →ドイツにおける史上最悪のインフレーション 「この時、最悪のインフレを止めたのがシュトレーゼマンね」
1923年	ヒトラー率いるナチ党によるミュンヘン一揆→失敗
1924年	イギリスで労働党のマクドナルドが組閣→労働党初政権
1925年	ロカルノ条約成立→1926年ドイツが国際連盟に加入
1928年	イギリス第5回選挙法改正→男女とも21歳から参政権
1928年	不戦条約（ブリアン・ケロッグ条約）成立
1929年	イギリス、労働党マクドナルドが2回目の組閣
1930年	ロンドン海軍軍縮条約 「最初は英米10割、日本6割の比率だったのよ。これに日本海軍は大反対でね。結局、英米10割、日本7割の比率になったの」
1931年	イギリス、マクドナルド挙国一致内閣 「マクドナルドは世界恐慌に対処するため、自由党・保守党と組んで挙国一致内閣（国を挙げて協力する内閣）を作ったので、結局マクドナルドは怒った労働党から除名されてしまったわ」

最後の門　下の問題は大学入試問題を出典にした問題です。答えなさい。

問1　惨劇を経験した戦後になって、国際協調や軍縮を求める動きも起こるようになった。例えばフランスの政治家（　1　）は、ドイツとの協調を軸とするヨーロッパの安全保障体制を追求して（　2　）条約調印を推進しただけでなく、アメリカ国務長官ケロッグと歩調をあわせ、戦争を違法行為とみなす不戦条約へと諸国を導いた。

（　1　）、（　2　）に入る最も適切な語を書きなさい。　　　　　　　　（学習院大・改）

問2　ロカルノ条約を締結した国に含まれないのはどれか。

イ・チェコスロヴァキア　　ロ・ベルギー　　ハ・スイス　　ニ・ポーランド　　（早稲田大・改）

ロカルノ会議

ロカルノ

ヒトラーが
一番恐れた男

このハゲた男こそ、ヒトラーが一番怖れていた男であった。**グスタフ=シュトレーゼマン**。もしこの男がもっと長生きしたならば、ヒトラーとナチ党は政権を取れなかったはずだ。

＊

シュトレーゼマンは1878年にベルリンのビール醸造家の家に生まれた。生家は宿屋もやっていた典型的な中小ブルジョワジーであった。勉強ができたおかげで5人兄弟の中で彼だけがギムナジウムに進学することができた。若い頃はゲーテに憧れる文学少年だったが、生まれ育った場所が中小工場だらけの油臭い環境からかゼニの世界に関心を持つようになり、大学では経済学を専攻した。

仕事でたちまち頭角をあらわし、中小企業組合の政治交渉で活躍する。やっぱり政治に向いていたんだろうなあ。1906年に28歳の若さで市会議員に当選し、次の年には国会議員に最年少で当選。ブルジョワジー政党である国民自由党で活躍していたが、しだいに社会政策を重視して、労働者に味方する立場に立つようになった。

第一次世界大戦が終わり、ドイツは革命騒ぎと混乱の極みにあった。

フランスとベルギーによるルール占領により、ドイツでは異常なインフレーションが進み始めたのだ。ヒトラー率いるナチ党はこの事態に喜び、政府の無能を攻撃して、社会不安をあおって**ミュンヘン一揆まで起こし、政府転覆をはかった。しかし、同じ年に首相に就任したシュトレーゼマンは、インフレをあっという間に収束させてしまったのである。**

有能な経済学者シャハトを通貨委員にし、国営財産や土地を担保にして新しい紙幣「レンテンマルク」を発行したのである。**あれほど荒れ狂ったインフレがあっという間に収まり、ナチ党のミュンヘン一揆もみじめに失敗し、ヒトラーは監獄にブチ込まれるハメになった。**

混乱を抑え、首相を辞めたシュトレーゼマンは、外相として大活躍をする。「**ドイツのメンツは置いておいて、何よりもヨーロッパの平和を優先する**」というシュトレーゼマンの**協調外交**は高い評価と実績を生んだ。1924年には各国経済界の専門家による**「ドーズ案」**を受諾し、アメリカの資本が豊かに流れ込んできたため、ドイツの経済界に再び活気が戻ってきた。1925年にはイギリス・フランス・イタリア・ベルギー・ポーランド・チェコスロヴァキアと**ロカルノ条約**を結び、**「ラインラントの非武装」**（ドイツの工業地帯であり、フランスとの国境にあたるラインラントにはドイツは軍隊を置かない）と**相互不可侵**（絶対に攻め込まない）を約束したため、ドイツは国際連盟への加盟が許されるようになった。ロカルノ条約で活躍した**ブリアン**とシュトレーゼマンはそろって1926年にノーベル平和賞を受賞している。

この時、ヒトラーとナチ党の運動は逼迫し、資金面でも枯渇。ナチ党は解散の瀬戸際まで追い詰められたのである。

＊

シュトレーゼマンは、1929年10月、突然に倒れた。過労による脳卒中が原因だった。そして10月3日にシュトレーゼマンはついに息を引き取った。わずか51歳だった。シュトレーゼマンの葬儀がおこなわれる中、人々は輝かしい時代が終わったことを知った。そして大恐慌の嵐がドイツに容赦なく襲いかかり、ヒトラーの怒号がドイツを支配するようになる。

復習ポイント の答え

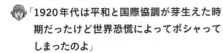「**1920年代は平和と国際協調が芽生えた時期だったけど世界恐慌によってポシャってしまったのよ**」

年	名前	関係国	内容
1922年	**ラパロ条約**	ソヴィエト政権・ドイツ	無併合・無賠償による国交回復
1925年	**ロカルノ条約**	イギリス・フランス・ドイツ・イタリア・ベルギー・ポーランド・チェコスロヴァキア	ドイツとフランス・ベルギーの国境の現状維持と相互不可侵・紛争の仲介裁判を確認する これによりドイツの国際連盟入りが認められる
1928年	**不戦条約** （**ブリアン・ケロッグ条約**）	日本を含む15か国調印→後に63か国が調印	国際紛争の解決は武力によらないことを誓う →罰則規定なし
1930年	**ロンドン海軍軍縮条約**	アメリカ・イギリス・日本など	補助艦の保有比率を英米10割に対し、日本7割とする

アクティヴィティ の答えの一つ

　　古典的な見解に従えば、インフレーション（急激に物価が高くなる現象）はモノ不足から起こる現象なので、必要なのはモノを補給するか、カネ（＝紙幣）を減らすことが重要。ただしドイツのインフレみたいに紙幣がオモチャになってしまうほど貨幣価値が下がってしまった場合は①**金（ゴールド）で貨幣価値を保証する、②金がなければ国有地などの不動産で貨幣価値を保証する**、の方法になってしまいます。金があればインフレは起きっこないので、残された手段は国有地を担保にして貨幣価値に信用をつける方法です。シュトレーゼマンがとったのはこの方法です。

最後の門 の答え

問1　（1）　ブリアン　　（2）　ロカルノ
問2　ハ

（解説）

問1　（1）　文章をよく見てみることが必要です。例えば、「フランスの政治家」からシュトレーゼマンでなくブリアンであることがわかります。
　　　（2）　「アメリカ国務長官ケロッグと歩調を合わせ」ての不戦条約について文章で言及されているので、ロカルノ条約です。
問2　まぎらわしい問題なのですが、永世中立国であるスイスは戦争を避けるために、いかなる条約や同盟にも加わっていません（スイスはEUにも加わっていません）。

ファシズムの台頭とソ連①
——イタリアが『ヘタリア』でなかった時

前回のコラムに「ドーズ案」って出てきたけど、何ですかそれ？

それはドイツの賠償金返済の方法よ。カネを返せそうもないので各国経済界の専門家が頭をひねって賠償金返済の方法を考え出したの。ドイツが破産したならば被害は全世界に広まるから。詳しくは序幕で説明するわ。

序幕　ドイツ賠償金返還作戦——「やれやれだぜ」の援助も結果は焼け石に水

　ドイツは1320億金マルクも賠償金を課されていたけれど、左右の攻撃に揺れ、ハイパーインフレに苦しむドイツが払えるわけがない。フランスとベルギーがルール占領をしても「逆さにしても鼻血も出まへん」状態ではまったくの無駄。そこでアメリカが出てくるの。アメリカは戦争中、ヨーロッパ諸国に貸した負債を早く返してもらいたいのだけれど、そのためにはドイツに賠償金を払ってもらわなければならない。もしも革命や経済破綻でドイツが潰れたらヨーロッパ全体がThe Endになってしまうので、各国経済界の専門家はドイツを助けることにしたの。「まったく、やれやれだぜ」というわけで、アメリカの財政家ドーズという人が議長の専門委員会が**1924年**に提案したので**ドーズ案**。ドーズ案はまず「**5年間はドイツの支払額を引き下げる**」。そして「**アメリカはドイツに資金を貸し出し、ドイツの経済成長を応援する**」という内容。シュトレーゼマンはこのプランを受け入れ、ドイツは徐々に経済回復に向かっていったわ。ただしドーズ案には「ドイツ経済がアメリカとあまりにも密着してしまう」という致命的な欠点があったのね。アメリカ経済が破滅した場合はドイツも一緒に滅びるハメになってしまう。

　ま、ドーズ案のおかげでドイツ経済にはやっと活気が戻ってきたけれど、それでも膨大な賠償金を返すなんて、風邪が治ったばかりの病人にマラソンをやらせるようなもので、

シュトレーゼマン　　ドーズ案　　GOAL　　ドーズ

やはり無理があったわ。そこでアメリカは**1929年**にはヤングという財政家が中心となって、**ヤング案**を新たに作ったのよ。これは「賠償金を358億金マルクに削減」し、「支払いは59年間のローンとする」という内容。ドイツは喜ぶかと思いきや「なに、孫の代まで賠償金を払わせる気か！」と大ブーイングだったわ。しかもヤング案を検討している最中になんとアメリカを震源とする**世界恐慌**が起こってしまい、経済的にアメリカとドイツは本当に心中してしまったの。頼みの綱のシュトレーゼマンは恐慌発生直前に脳卒中で死んでしまい、やむを得ずアメリカ大統領フーヴァーが1931年に**フーヴァー＝モラトリアム**を出します。つまり「**ドイツは1年間賠償金を返さなくてよい**」というお情けをかけたのだけれど、焼け石に水で効果はなかった。もう死にかけているドイツに対し**1932年のローザンヌ会議**でドイツの賠償金を**30億金マルク**まで減額したけれど……遅すぎた。すでにヒトラーの足音が近付いていたの。

第1幕 イタリアのファシズム──ムッソリーニは「進軍」と「進出」が重要

さ、イタリアをやるわ。この国は第一次世界大戦の時は三国同盟を裏切って連合国側に付いたのだけれど、それも「**未回収のイタリア**」を回収したかったから（テーマ43参照）。戦勝国となって**南チロル**と**トリエステ**を獲得したものの、戦勝国となったからには領土がもっと欲しい。トリエステの東にある**フィウメ**という地域も自領土となるべきだ、とイタリアは主張したのだけれど、連合国はそこまで甘くはなかったわ。1回、ダヌンツィオという右翼詩人が仲間を引き連れて1919年にフィウメを占領したことがあったけれど、結局は手に入れられなかった。第一次世界大戦後のイタリアは戦争後の混乱と不況にあえいでいて、工場では左派労働者によるストライキばかりやっていたのよ。ストばかりやっているとモノが不足してくるので、インフレばかり起って生活が苦しくなる。私も庭で育てたジャガイモを食べていたわね。

そこに出てきたのが**ムッソリーニ**だった。ムッソリーニは元々熱心な社会主義者で、当時イタリア唯一の社会主義政党だった**社会党**の有力メンバーだったわ。しかしストばかりおこなって、要求だけ叫んでいる労働者の姿に呆れたのか、彼はしだいに国民の団結を人々に訴えるようになったわ。「**現在の政治が乱れているのは左翼の暴力や議会制民主主**

ローザンヌ会議

○ローザンヌ

義の弱腰が原因なのだ。これからは強力な指導者の独裁によってこの乱れた国をただし、国を団結させるべきである。そのためには、**イタリア国民諸君よ、個人の自由よりも全体の規律を重んじるべきである！**」このように、個人を犠牲にして国家国民全体の規律を重んじることを**全体主義**と言うのよ。だいたいイタリア人というものは個人の生活を優先し、全体のことなんか考えない民族なんだけれど、混乱の時期にはこのムッソリーニの呼びかけは新鮮に響いたのね。「団結する＝束ねる」ことの象徴として、ムッソリーニは古代ローマの執政官が権威の象徴とした「ファスケス」という斧の周りに棒を束ねたもの（→）を用いた。ここから**ファシズム**という言葉が生まれるのよ。このファシズムというのは**議会制を否定する独裁主義**をあらわす政治思想

The Roman Fasces.

で、実はイタリアのムッソリーニから始まるの。社会不安と当時の政権の無力さにおびえていたイタリア人はムッソリーニの雄弁にひきつけられるようになり、ムッソリーニを**ドゥーチェ**（首領）とする**ファシスト党**は注目されるようになったわ。勢いを増したファシスト党はついに1922年に**ローマ進軍**をおこない、政府に圧力をかけて、ついに国王の指示でムッソリーニが首相に任命されます。首相になったムッソリーニは強い指導力を発揮し、ファシズム大評議会に権力を集中させて**一党独裁体制**を作り上げたの。ムッソリーニは政治家としてはなかなか優れた手腕を持っていて、工場ではストも起こらなくなってきたことから生産性が向上し、社会も安定してきたわ。長年、対立していたローマ教皇（テーマ18参照）とも宥和政策を打ち出し、**1929年のラテラノ（ラテラン）条約**でカトリック教会との関係を修復したので、イタリア人はホッとしたわね。条約の内容？まず①ローマにあるサン＝ピエトロ大聖堂周辺を**ヴァチカン市国**とし、教皇を君主とする、②カトリックがイタリア唯一の宗教であることを認める、③ローマ教皇はムッソリーニ政府を承認する、という内容ね。学校で習う「世界最小の国家」のヴァチカン市国の誕生よ。しかしカトリック信者は世界中で10億人以上もいるから、見かけは小さくとも「世界最強の国家」と言ってもよいのかもしれないわ。

ヴァチカン市国って入る時にパスポートは必要？

いいえ、必要じゃないわ。通貨もEUのユーロを使うわね。丸腰でサン＝ピエトロ大聖

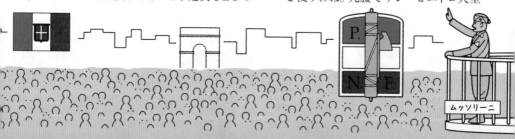

ムッソリーニ

堂に入れるけれど、服装チェックはされるから身だしなみはしっかりしておいた方がいいわ。

　ムッソリーニは「偉大なる古代ローマ帝国時代のイタリア」を復活させようとして、外国へ進出しようと試みているわね。例えば1924年には懸案だった**フィウメを併合**したし、1926年にはアドリア海を挟んだ**アルバニアに進駐**して保護国にしてしまった。そして1935年にはアフリカの**エチオピアに侵入**して、翌年に併合してしまったわ。と、見た目は派手に活躍しているムッソリーニ（→）だけれど、彼の時代はファシスト党以外の政党は皆弾圧され、自由な意見は言えなくなってきたことは確かね。

👩‍🦰 ／ジブリの『紅の豚』に出てくるポルコ＝ロッソってこの時代？

　そうよ。ポルコはね、ファシズムみたいに「みんなでつるむ」のが大っ嫌いで、だからアドリア海の島で一人っきりで暮らしているのよ。

第2幕　ソ連の社会主義建設──「時間切れ、アウト！」のレーニンの死

　次はソ連だわね。1924年になんと**レーニンが死ん**でしまう。まだ53歳だった。死因はウィルソンやシュトレーゼマンの命を奪った脳卒中よ。ラパロ条約やソヴィエト社会主義共和国連邦憲法制定での無理がたたって2回も脳卒中の発作を起こし、右手が動かなくなり、言葉が聞き取りづらくなってしまった。絶対安静を指示されたレーニンに代わり政治を見るようになったのは**スターリン**よ。右は若き日のスターリンの姿なんだけれど、どうかしら？（→）

👩‍🦰 ＜お、けっこうイケメンじゃん！

　あら、そう？　この男の正体を知ったらそうは言えないと思うけど。スターリンはジョージア（グルジア）の出身で、本名はヨシフ＝ヴィサリオノヴィッチ＝シュガシヴィリという舌を噛みそうな名前だわ。貧しい靴職人の家に生まれて、両親の暴力を受けて育ちます。後年、

ラテラノ条約

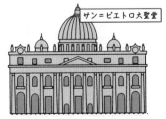

サン＝ピエトロ大聖堂

権力者となったスターリンは母親に聞いたらしい。「母さん、どうして僕をあんなに殴ったんだい？」「お前が悪い子にならないためよ」。この荒んだ家庭がスターリンを作ったのね。母の希望で聖職者になるべく神学校に入ったけれど、そこで社会主義に染まってしまい、学校を退学して運動家になってしまった。モスクワに出てからヨシフは「スターリン」のペンネームを使い始めたのだけれど、これは「鋼鉄の人」という意味よ。スターリンの弱点は演説が一本調子。というかロシア語は彼にとっては外国語だったの。それに理論も下手くそだったけれど、スターリンはペンネームのとおりねばり強い性格で、庶務や人事などの事務仕事に関しては抜群の能力があった。最初は書記長として党の裏方仕事ばかりまかされていたスターリンだったけど、そのうちに「党は国家を支える下部組織」と役割を変えていき、「党こそ国家を指導する機関」として、<u>党を国家の上に置く</u>ようになります。

　すると書記長として党を握っているスターリンの方が、政府の連中よりも力を持てるようになるわけ。このようにして権力を握るようになったスターリンを警戒したのが病床のレーニンね。レーニンはスターリンの粗暴で残酷な性格を見破り、「スターリンを指導者にしてはいけない」という手紙を書くけれども、公開される前に3回目の発作に襲われたレーニンは言葉を奪われ、完全に認知症のような状態になってしまったの（右写真の状態→）。そして1924年にレーニンはついに4回目の発作を起こして亡くなったわ。レーニンの遺体は現在、モスクワのクレムリンの壁にあるレーニン廟の中にミイラとして保存されています。見学はできるけれども、すっごい人気で並ぶから、覚悟した方がいいわね。

復習ポイント

　ドイツの賠償金返済の方法（案）を整理してみよう。

アクティヴィティ

　「ファシズム」と「社会主義」の違いがわかるかな？　考えてみよう。

エチオピア併合

第一次世界大戦の戦後史③年表

1922年	イタリアでファシスト党がローマ進軍を実行 →ムッソリーニが首相に指名される
1924年	ムッソリーニ、フィウメを併合
1924年	レーニン死亡→スターリンが台頭
1924年	ドイツの賠償金返済方法でドーズ案が採用される 「インフレとミュンヘン一揆で混乱状態のドイツを救うためアメリカが投げた命綱がドーズ案ね」
1926年	ムッソリーニ、アルバニアを保護国とする
1929年	ムッソリーニ、ラテラノ（ラテラン）条約をローマ教皇庁と結び、ローマ教皇と関係修復 「サン＝ジョヴァンニ＝イン＝ラテラノ大聖堂近くのラテラノ宮殿で結ばれたからラテラノ条約。ヴァチカン市国内じゃなくてコロッセウムに近い大聖堂よ」
1929年	ドイツの賠償金返済方法でヤング案が発表される
1932年	ローザンヌ会議でドイツの賠償金を30億金マルクに減額 →翌年成立したヒトラー政府は賠償金支払いを拒否 「後に統一ドイツ政府は賠償金の支払いを続け、2010年に支払いを完了したらしいわ。ドイツ人はきっちりしているわね」
1936年	ムッソリーニ、アフリカのエチオピアを併合

最後の門　下の問題は大学入試問題を出典にした問題です。答えなさい。

問1　1929年にはアメリカ人の実業家で財政問題に精通した（　1　）の指導のもとに、ドイツの賠償金をめぐる最終的な支払い案が決定された。

（　1　）に入る最も適切な人名を書きなさい。　　　　　　　　　　　　　（日本女子大・改）

問2　イタリアのムッソリーニ政権に関する対外政策として<u>当てはまらない</u>のはどれか。

①　アルバニアを保護国化した

②　エチオピアを併合した

③　イタリアと国交断絶状態にあったローマ教皇庁と和解した

④　満州国と軍事同盟を結んだ　　　　　　　　　　　　　　　　　　　　（国士舘大）

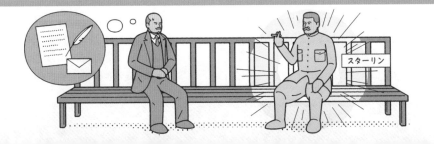

413

ドゥーチェ・ムッソリーニの勝利

イタリアで驚いたのは、シエスタ（昼寝）の時間があって、美術館が午後に閉まってしまうことだった。電車は遅れるのが当たり前だ。

こんな『ヘタリア』なイタリアも、きっちり働いていた時があった。

それはムッソリーニの時代である。

＊

ベニート＝ムッソリーニは鍛冶屋の息子として、アドリア海に近い北部イタリアの村で1883年に生まれた。意思のはっきりしたガンコな性格で、カトリック系の寄宿学校で神父に逆らい、体罰をくらったこともあった。学費無料の師範学校を卒業したベニートは、父親が熱心な社会主義者だったせいか、しだいに社会主義に「染まって」いった。

スイスに出稼ぎに行き、左官として働きながら社会主義の勉強はきっちりやっていた。当時スイスに亡命していたレーニンに可愛がられ、ドイツ語やフランス語まで習っている。イタリアに帰って来たムッソリーニは、小学校の先生をしながら社会主義運動に参加していた。

第一次世界大戦では自らイタリア軍に志願し、最前線を希望して勇敢に戦い、軍曹にまで昇進するが、名誉の負傷で後送されている。

＊

イタリアは三国同盟を裏切ることと引き換えに「未回収のイタリア」を取り返したが、トリエステの向こう側にあるフィウメは新国家ユーゴスラヴィアのものになってしまった。そして戦後には貧困と混乱が待っていた。与党の自由主義者たちは、口当たりのよい民主主義を説くばかりで何もしなかった。また社会主義者たちのやることは労働者にストをあおることだった。つまり当時の政党は、大衆の一番欲しがっていた「パン」を与えられなかったのである。しだいにムッソリーニは社会主義とは別の主張をするようになった。

「パンなくして、どうして働き、戦えよう？ パンを得るために大切なことはストをすることではない。われわれが団結することなのだ！」

団結と国家統制を主張し、強権的な政治指導による経済の活性を訴えるムッソリーニと、彼の率いる**ファシスト党**はたちまちのうちに勢力を拡大した。ファシスト党の黒シャツは流行ファッションとなる。

イタリア人はしだいにこの男に魅了され、「ドゥーチェ」（指導者・親方）と呼ぶようになった。

＊

1922年、ついに「**ローマ進軍**」が始まる。この当時、共産党や組合のストや工場占拠が続出し、無能な政府や警察がおびえ、治安が麻痺する中、人々はファシスト党が「立ち上がる」ことを求めていた。

実はムッソリーニ自身は、まったくクーデタなど起こすつもりがなかった。むしろ怖がっていたが、周りがせきたてた。

「親方！　いつまで待つのですか？　やるなら今でしょ！」

「親方、立ち上がらないと、政府が親方を牢獄にブチ込みますよ！　さあ、さあ！」

やむなく「やるべし！」とうなずくムッソリーニ。**「キャッホー！」**と陽気に騒ぐ黒シャツ党員たちは弁当を腰にぶらさげ遠足気分で行進始めた。これがローマ進軍の本当の実態である。

ミラノにいたムッソリーニは寝台車に乗って、ローマに「進軍」した。最初に車掌に言った命令はイタリア史上、前代未聞のものだった。

「この列車は定刻きっかりに発車すべし」

復習ポイント の答え

「億金マルクの『金』とは、『ゴールドで裏打ちされた価値のあるカネ』という意味で、ただの紙幣じゃないのよ。したがってインフレで紙屑同然になってしまったマルクじゃ決算できない」

年	名前	詳細	内容
1921年	**ロンドン会議**	ドイツの賠償金に関する会議	ヴェルサイユ条約でドイツの賠償金が**1320億金マルク**に決定
1924年	**ドーズ案**	アメリカの財政家ドーズらが作成したドイツの賠償方式	① 支払方法と期限を緩和 ② アメリカ資本のドイツへの貸与→ドイツ経済再建にアメリカがテコ入れ
1929年	**ヤング案**	アメリカの財政家ヤングらが作成したドイツの賠償方式	① 賠償総額を358億金マルクに減額 ② 59年支払い
1931年	**フーヴァー＝モラトリアム**	アメリカ大統領フーヴァーが世界恐慌に苦しむドイツに出した指示	ドイツの賠償金支払いを1年間猶予する
1932年	**ローザンヌ会議**	ドイツの賠償金に関する国際会議	賠償総額を**30億金マルク**に減額

アクティヴィティ の答えの一つ

　ファシズムも社会主義も**平等を重んじ**、平等の実現のためには指導者による**独裁**を認めます。しかし、社会主義は平等を実現するために国家よりも共産党やインターナショナルなどの**組織**を優先します。一方、ファシズムでは平等の実現のために**国家**が何よりも優先され、国家のために個人の自由は極度に制限されます。これがナチズムになると**特定の民族の平等**が重要な目的となり、そのための外国人、特にユダヤ人への排斥が激しくなっていきます。

最後の門 の答え

問1　ヤング　　　問2　④
（解説）
問1　思わず「ドーズ」と書いてしまいがちですが、ヒントは文中に二つあります。「1929年」という年代と、「最終的な支払い案」という箇所です。ドーズ案は1924年であり、最終的な支払い案ではありません。実は年代を覚えることが解答へのポイントになります。
問2　ムッソリーニ政権は満洲国（まんしゅう）ではなく、日本と軍事同盟を結んでいます（「日独伊三国同盟」1940年）。

50 ソ連②とアメリカの繁栄
──進撃の基盤は「工業」にある巨人たち

レーニンのミイラって本物なの？　見た感じはどう？

本物よ。背広を着て横たわっているレーニンの遺体は、国がきちんと管理しているせいか、まるで眠っているようにしか見えないわね。でも、私は自分の死後に人目にさらされるのは嫌だわ。

序幕 | ### レーニン死後の権力闘争──前権力者の葬式を仕切る者が次の権力者

　レーニンの死後、さっそく動いたのは**スターリン**。レーニンの国葬の葬儀委員長を務めました。豊臣秀吉も織田信長の葬式を仕切ったらしいけれど、権力者の葬式のようなビッグイベントを取り仕切る人が次の権力者になるのよ。この葬儀の時、出張で居合わせなかったトロツキーは権力争いで大きな後れをとってしまったわ。

　レーニンが一番信頼していた**トロツキー**は、人望はなかったわねぇ。自分が優秀な人は他人がアホウに見えてしょうがないのか、しょっちゅう「**あんたバカ〜！？**」と怒鳴っていたから、敵が多かったわ。しかも時代の影響も大きかったわね。トロツキーは世界革命論を主張していたのだけれども、レーニンが死んだ1924年当時、社会主義政権が成立できたのはモンゴルぐらいだった。ドイツやハンガリーなどの先進国の革命運動が失敗に終わってしまったのはトロツキーにとって痛かったわ。

　そこへスターリンが**一国社会主義論**をとなえたの。つまり「**世界全部で社会主義革命が起こらなくても、ソ連は広大な国であり、資源も食料もまかなえるので、ソ連1国だけで社会主義体制を十分維持できる**」ことを主張したのね。この論争ではちょうど逆風が吹いていたトロツキーは劣勢に立たされ、反対派の攻撃を受けたあげくトロツキーはついに失脚し、国外追放されてしまった。トロツキーは世界中を流浪したあげく、最後にメキシコ

トロツキー VS スターリン

に落ち着いたけれども、スターリンが放った刺客に襲われて、1940年に暗殺されたわ。

スターリンの社会主義計画──やり方はさながら合宿の鬼監督

さて、トロツキーを追い出して権力を握ったスターリンは、いよいよソ連を自分の望む方向に指導し始めるわよ。**まずは新経済対策（ネップ）をやめた。**「いくら経済活動が盛んになろうとも、あんな自由生産を認めるやり方は社会主義じゃない。ネップのおかげでクラークと呼ばれる富農階級が生まれて、威張り始めたではないか。社会に貧富の差があらわれるのは問題だ」というわけ。そしてスターリンは**五カ年計画**をぶち立てたわ。この五カ年計画でソ連の工業の基礎となる**重化学工業**を作り上げ、トラクターやコンバインをコルホーズに配備して**農業の機械化**をおこなう計画だったのね。まず、**第1次五カ年計画**(1928〜1932年)を実施し、ソ連を**工業化**して重工業中心の国にしようとしたのよ。元々ロシアという国は帝政時代から貴族が農奴を支配している国なので工業は遅れていた。それを一気に工業国にしようとするにはかなりの無理が必要だわ。しかも欧米はどの国も社会主義国にカネなんか貸してくれない。「一国社会主義」をとなえたからには自前でなんとかしなければならないのよ。そこでスターリンは**農業を集団化**して、工業化に必要な資金やモノを農場から手に入れようとしたの。まず**ソフホーズ**という**国営農場**と、**コルホーズ**という**集団農場**を作り、農民を集団で生活させ、土地や農具は共同使用するやり方にしたわ。このソフホーズとコルホーズの違いは、ソフホーズは土地や農具は**完全国有**で、農民は俸給をもらうというモデル農場、一方コルホーズは土地や農具は**半官半民**で、「農民共有地」がわずかでもあったことね。ソフホーズの方が理想的なんだけれども、実際に運営してみると農産物はお上に取り上げられて、給料なんかもらえない状態だったから、実際にはコルホーズの方が主流だったわ。コルホーズならば農民たちは共有地を耕してとれた作物を闇市場に流し、なんとか収入を手にすることができたからよ。

こうしてソフホーズやコルホーズでは働く農民は全員が共同生活を強いられ、一棟の小屋に何家族もが住み込む「**家族全員が近所の人と一生"部活の合宿"状態**」になってしまったわ(→)。

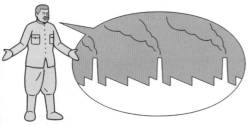

え、それは嫌だな。プライバシーないしっ！

　ソ連の農民たちは昔から**ミール**という農村共同体があったから、こんな一生合宿生活も受け入れることができたのかもしれないわね。そしてスターリンは農業生産物を海外に輸出し、そこで得たお金を工業化につぎ込んだのよ。しかしこれはうまくいかなかった。その理由はあまりに強引な農業の集団化をやったために、農業生産が落ち込んでしまったからよ。スターリンは合宿の鬼監督みたいに**「あいつらが怠けたからこうなったんだ。もっと気合を入れさせないとダメだ！」**と、高いノルマを設定して強制的に農村から輸出用穀物を奪ったので、ソ連ではとうとう飢餓が発生してしまった。餓死者の数はわからないけれど100万人以上は出たと思われるわね。ただしこの強引な五カ年計画により、ソ連が重工業国として発展したことは確かよ。続けてソ連は1933～1937年に**第2次五カ年計画**をおこないます。その時はさすがに衣料など生活必需品の生産にも配慮するようになったけど、社会主義に反対するファシズム諸国が台頭してくると結局は重工業や軍需工業に重点を置くようになった。そして1938～1942年には**第3次五カ年計画**を実施して、軍需産業中心の生産をおこなったけれど、独ソ戦の開始のため中断してしまったわ。しかし五カ年計画でなんとか国内に重工業を育成することができたソ連は、第二次世界大戦での独ソ戦の時に戦車を作りまくり、ナチス＝ドイツ軍の侵略をはね返すことができたのよ。

　五カ年計画を達成することに執念を燃やしたスターリンは、自分の権力を安定させるために反対する一派を逮捕させて、次から次へと処刑してしまったの。この大量処刑を**粛清**（しゅくせい）と呼ぶわ。嫌な言葉だわね。そして1936年に新しく出されたソ連の憲法は**スターリン憲法**と呼ばれていて、一応民主的な内容が盛られていたけれど、実際は人権が守られることはなく、スターリンの恐ろしい独裁状態が続いていくのよ。

　最後に<u>ソ連の対外関係</u>だけども、ソ連の安定と体制の強化が進むと、列強もしだいにソ連を認めて国交を結ぶようになったわ。1922年にドイツがラパロ条約で国交を回復したのを皮切りに、1924年にイギリスとフランスがソ連を承認し、1925年には日本が、そして最後までしぶっていたアメリカも1933年についにソ連を承認します。そしてフランスの後押しでソ連は1934年についに**国際連盟加入**を果たしたのよ。

2+2=5！！
※五カ年計画早期達成を扇動するキャッチフレーズ

第一次五カ年計画と飢餓

アメリカの繁栄——車で野球や映画を見に行くのが流行（はやり）のスタイル

　苦悶（くもん）・苦闘するソ連と違いアメリカは、第一次世界大戦をきっかけに兵器を連合国に売りまくり、1920年代には債権国（他国にお金を貸している国）となって大繁栄したわ。第一次世界大戦中の貢献が認められて、1920年からアメリカでは女性も参政権を認められるようになった。大統領も共和党の**ハーディング・クーリッジ・フーヴァー**が連続で3代続いたけれど、皆経済では**自由放任主義者**で「やりたい放題やってかまわん」だった。そのためアメリカ国民は「働かなくてももうかる」株に投資していたわね。アメリカの好景気は過熱し、1929年にはフーヴァー大統領が「**永遠の繁栄**」を宣言するほどだったわね。その9か月後に地獄が待ち構えていたんだけれど……。というわけでアメリカの急激な工業化によって自動車や電気製品が工場で大量に生産され、豊かな新中間層の国民は文明の利器を大喜びで買っていたわ。このような**大量生産・大量消費**の代表が大衆車**T型フォード**（→）

ね。フォードはベルトコンベアを駆使した流れ作業で大量に自動車を作り、安い値段で売り出した。しかもT型フォードはデコボコ道でも走れる性能がよい車だったので、とても人気があったわ。田舎の人々はT型フォードを乗り回すことで都会へのアクセスが楽になり、都会でベーブ＝ルースが活躍する**野球**や、チャップリンが出ている**映画**などを容易に楽しめるようになったのよ。フランスなどでは19世紀後半からすでに始まっていたけど、1920年代のアメリカでも**娯楽の大衆化**がドンドン始まるのね。

　しかし光ある所には影がある。アメリカは第一次世界大戦には参加したけれど、戦後は**孤立主義**に戻ってしまい、国際連盟には参加しなかったことはもうやったわ。そもそもアメリカはアングロ＝サクソン系（＝イギリス系）白人が中心となって作った国なので、白人（White）、アングロ＝サクソン（Anglo-Saxon）、プロテスタント（Protestant）の人々がアメリカの中心階級だった。頭文字をとって**ワスプ**（WASP）と呼ばれた。このような北部の都市に住む白人中産階級は、従来の黒人層や19世紀末期から増えてきた南欧、東欧、アジアからの新移民に対して排他的で、人種差別を露骨にやったのよ。その代表が**サッコ・ヴァ**

スターリンの粛清

ンゼッティ事件。無政府主義者であったサッコとヴァンゼッティという二人のイタリア系移民が証拠不十分のまま1920年に殺人事件の犯人とされ、1927年に電気椅子で処刑されてしまった事件なのよ。これは有名な冤罪事件ね。

あれ、イタリア人って白人じゃん。なんで差別するの？

それは、白人であってもアングロ＝サクソンではないし、イタリア人はプロテスタントではなくカトリックだったから。アイルランドからの移民も白人だけれど同じ理由で差別されたわ。特にひどかったのはクー＝クラックス＝クラン（KKK）。白人優越主義をとなえる狂信的団体で、長いすっぽりしたユニフォームに身を包んで黒人・ユダヤ人・カトリック信者にリンチや虐殺を平気でおこなったのよ（→）。

これ、映画『カリオストロの城』の伯爵の子分の格好じゃない？

KKKの悪いイメージを前面に出したかったのね。私もこんな連中は嫌いだわ。だいたいアジア系や南欧・東欧の新しい移民たちは安い賃金でせっせと働くから、仕事を取られてしまうと警戒されたのね。このような白人たちの突き上げを受けて、議会では1924年に**移民法**が制定されたわ。この法律では南欧や東欧からの移民数を制限し、さらに「白人、アングロ＝サクソン、プロテスタント」という基準からまったく外れているアジア系移民の流入は事実上禁止されてしまったのよ。

> **復習ポイント**
>
> スターリンの三つの五カ年計画とその結果をまとめてみよう。
>
> **アクティヴィティ**
>
> ソ連の「五カ年計画」と、アメリカの「大量生産」は同じ工業の発展ですが、この2国の大きな違いは何でしょうか？　考えてみましょう。

永遠の繁栄

第一次世界大戦後のソ連とアメリカ史年表

1919年 アメリカで、禁酒法実施（次ページコラム参照）

「ロシアで禁酒法？　ダメダメ！　あの国は飲んべえばかりだから、禁酒なんて法律で定めたら、反乱が起こってしまうわよっ」

1920年 サッコ・ヴァンゼッティ事件が起こる

アメリカで女性参政権が認められる

「日本人はホワイトでなくイエローで、アングロ＝サクソンでなくジャパニーズで、プロテスタントではなく仏教や神道だから、一番差別されたわね」

1921〜1923年　アメリカで共和党のハーディングが大統領となる

1923〜1929年　アメリカで共和党のクーリッジが大統領となる

1924年　アメリカで移民法が制定→移民を制限

1928〜1932年　ソ連で第1次五カ年計画が実施
　　　　　　　　→重工業育成を中心とする
　　　　　　　　→農業集団化の強制で多数の餓死者が出る

1929年　スターリンに敗北したトロツキーが国外追放になる

1929〜1933年　アメリカで共和党のフーヴァーが大統領となる

1933〜1937年　ソ連で第2次五カ年計画

1933〜1945年　アメリカで民主党のフランクリン＝ローズヴェルトが大統領となる

1933年　アメリカがソ連を承認

1936年　ソ連でスターリン憲法を制定

最後の門　下の問題は大学入試問題を出典にした問題です。答えなさい。

　1924年に革命の指導者レーニンが死去すると、一国社会主義を主張するスターリンが、①世界革命を主張する勢力を追放して政権を掌握した。スターリンは②1928年に第1次五カ年計画を開始し、社会主義経済の建設を目指した。これは一定の成果を収め、世界恐慌に苦しむ資本主義国が計画経済に注目するきっかけとなった。

問1　下線部①について、これを主張した中心的な人物であり、後に亡命先のメキシコで暗殺された人物の名前を答えなさい。

問2　下線部②について、この政策の具体的な内容について、80字以内で記しなさい。　（日本女子大・改）

ラプソディー＝イン＝
禁酒法時代

1920年代、第一次世界大戦後のアメリカは世界最大の債権国になり、史上最大の好景気に沸いていた。しかしこの時代のアメリカはとても保守的な、カチカチの石頭の国でもあったのだ。それを象徴するのが**禁酒法**(Prohibition Law)である。

＊

カトリックやロシア正教ではミサにワインは付きものである。「聖別されたワインは、正真正銘のキリストの血」と解釈されたからだ。

その一方、プロテスタント信者を中心とする「誠意に満ちた」、「信仰深い」人々は19世紀から熱心な「禁酒」運動をおこなっていた。あちらこちらで集会を開き、アルコール中毒の夫に苦しめられていた妻たちが集会に熱心に参加して、禁酒の広報活動をしていたのだ。その代表が**キャリー＝ネーション**という初老の女性である。アル中の亭主のDVに苦しめられていた彼女は熱狂的な禁酒運動家となり、片手に聖書、片手に斧を持ってバーや居酒屋に乱入し、酒瓶を斧でぶっ壊すという無法行為で全米に悪名をとどろかせた。

そしてついに1919年に禁酒法が可決されてしまった。ウィルソン大統領の拒否権にもかかわらず、信仰の熱に浮かされた人々の行け行けドンドンの勢いに押され、1920年1月17日からすべての酒の販売が禁止されたのだ。この日、とある禁酒主義者は感激して叫んだ。

「やがて貧民窟は忘れ去られるでしょう。刑務所は工場に変わり、留置場は倉庫に変わるでしょう。男は背筋を伸ばして歩き、女は微笑み、子どもたちは無邪気に笑うでしょう」

しかし、そうはならなかった。

＊

人間は弱かったし、今でも弱く、罪深い。

禁酒法の施行後に、なんと酒場の数が倍に膨れ上がってしまった。

すべてモグリで平気で密造酒を売った。断酒できない酒飲みたちが**「エチルでも、メチルでも持ってこ〜い！　ウィー！」**と叫びながら酒をガブ飲みしたため、メチルによる失明者が続出してしまった。そしてアルコール中毒者の数は以前の6倍に増えたのである。

まともな酒造工場はすべて法律によって閉鎖されてしまったので、ギャングが怪しげな密造酒を売りまくり、大もうけした。**アメリカでマフィアの勢力が急激に発展したのは、まさしくこの禁酒法時代だった。**特に有名なのがシカゴのギャング、**アル＝カポネ**だ。なにしろ酒ならば、なんでも高く売れた。アル＝カポネをはじめとするイタリア＝マフィアは手に入れた巨額の資金を使って、役人や警察、国会議員や裁判官までも平気で買収した。マフィアは公然と組織化され、連合した犯罪結社となり、合衆国の治安は荒廃した。

皮肉なことに貧民窟はアルコール依存症であふれかえり、男はギャングにビクつきながら歩き、子どもがマフィアに憧れる時代になってしまった。

警察や政治の腐敗、マフィアの横行、悪の栄え、これが禁酒法の生んだものだった。これが「繁栄の1920年代」の素顔である。

しかし、アル＝カポネは脱税容疑で1932年に逮捕されてしまう。

さすがに、人々もまずいと気が付いた。フランクリン＝ローズヴェルトは「ニューディールと一杯のビールを」を合言葉に大統領に当選し、禁酒法は1933年についに廃止された。

復習ポイント の答え

年	名前	内容	出来事と結果
1928〜 1932年	**第1次五カ年 計画**	重工業を優先的に 建設	農業の集団化・機械化 を推進したが、強制徴 発により**農村が荒廃**
1933〜 1937年	**第2次五カ年 計画**	重工業中心。消費財 生産も配慮	ファシズム諸国の台頭 により、結局は重工業 **と軍需工業を重点化**
1938〜 1942年	**第3次五カ年 計画**	戦争に対応できる ように軍需工業に 重点を置く	独ソ戦の勃発により、 **1941年に中断**

第二次世界大戦の時、ナチス＝ドイツ軍との戦いで、ソ連軍がT-34のような優れた戦車や兵器を大量に供給できたのは、五カ年計画で重工業化を進めていたおかげと言ってよいでしょう。しかしこの五カ年計画では多くの餓死者も出し、犠牲も大きかったのです。

アクティヴィティ の答えの一つ

アメリカ は第一次世界大戦で兵器をヨーロッパに売り、債権国として巨額の利益を得ていました。そのため国民は金回りが豊かで、企業も資本力がありました。そのため、国民の需要の高い生活物資や車などを中心とした大量生産が可能になります。

その一方で ソ連 は社会主義国であるため、列強からの融資を得ることができず、カネを国民も国家も持っていませんでした。一から重化学工業を作らなくてはならないソ連にとって、唯一の外貨獲得手段は農作物であり、農民が飢えていても農作物を強制徴発する必要がありました。五カ年計画という長期計画を立て、力ずくで推し進め、多くの餓死者を出した上で、ソ連の工業化ができ上がっていったのです。

最後の門 の答え

問1　トロツキー

問2　一国社会主義論を実現するために、ソ連の重化学の工業化を推し進めた。また、この計画の時に農業の集団化を強行し、国営のソフホーズと集団農場コルホーズを建設した。(78字)

(解説)

問1　「世界革命」と「メキシコで暗殺」がヒントになります。

問2　書いてみてわかるのですが、工業化だけでは80字埋まりません。この字数から、出題者は同時におこなわれた農業集団化も書くことを求めていると考えられます。ソフホーズ・コルホーズの説明も書いておきましょう。

51 第一次世界大戦と東アジア
──日本の態度に激怒する東アジア

> アメリカって日本人が住めなくなっちゃったんだ。

日本人だけでなくアジア人も同じで、アメリカに住めなかった。でも移民を認めない方針は現代の日本も同じよ。2021年に難民認定申請を行った2,413人のうち在留を認めたのは、654人。その点ではアメリカの方がまだ太っ腹だわ。

理論的序曲

革命の新しい要素「民族資本」──独立革命にはやはりカネが必要

　第一次世界大戦はアジアにも大きな影響をもたらしたわ。だからこそ「世界大戦」と言うのだけれどね。まず中国や日本、東南アジア、インドなどでは概して**景気がよくなった**。特に兵隊さんの服を作るのに必要な繊維工業は製品がよく売れたわ。この機会にもうけた**民族資本家**、つまり**地元の出身者で資本家になった人たち**が第一次世界大戦をきっかけにアジアに多く出たの。彼らは工場を新しく建設したり、多くの労働者を働かせたりして大いにもうけたわ。あ、そうそう、ここで説明しとくわね。資本家とは「資本を持っている人たち」のことよ。

資本なんて難しい言葉を使わずに、「金持ち」でいいじゃん

　金持ちはお金を持っているだけの人。宝くじに当たった人は金持ちね。けれども資本とは「将来の利益のために使うお金」を意味しているの。金を持っているだけでなく、利益のためにお金を動かす人たちを「資本家」と言うの。別な言葉で言うと、資本家とは「将来の利益のために**投資**する人たち」ね。テーマ6でマリウス先生は資本のことを「軍資金」と呼んでいるけれども、面白い表現だと思うわ。あえて言えば、「**明日のためにカネを動かす人たち**」が資本家で、「**明日のために人を動かす人たち**」が政治家よ。よーく覚えておきなさい。

4
2
4

日本の大戦景気

資本家

さて、アジアで多くの民族資本家が出てきた、ということは革命の条件であるブルジョワジー勢力が発展したわけ。上巻テーマ79のアクティヴィティでも革命の条件を扱っているけれど、**19世紀のヨーロッパ市民革命や20世紀のアジアの独立革命には「資本家などのブルジョワジーの成長」が革命に必要な条件になる**と私は思うわ。ブルジョワジーって普通は「商工業者」を意味する単語。けれど19世紀の帝国主義や世界の一体化でブルジョワジーの力が成長し、豊かになると、彼らブルジョワジーは**「産業資本家」**と呼ばれるようになる。つまり株や金融でもうけたり、大企業を運営したりしている人たちがブルジョワジーの中心になってくるのよ。彼らブルジョワジー階級は要するに社会を動かす金持ちで、社会の中心となる存在ね。王政や帝国主義がもうけのじゃまになると判断すると、革命勢力を財政的に支援して独立や革命を助けるケースも多かった。特にアジアの革命では、彼ら**民族資本家**と呼ばれるブルジョワジーの成長と支援は欠かすことができないものよ。

しかしロシア革命などの社会主義革命は労働者が主体の革命だから、<u>ブルジョワジーは社会主義革命だけは必死にぶっ潰そうとしたわ</u>。社会主義の革命だと自分の財産を革命政府に奪われてしまうからよ。社会主義革命が成功した国が、とたんに貧乏になってしまうのはブルジョワジーが逃げ出すか、殺されるかして全滅状態になってしまったからなのよ。

第1幕 第一次世界大戦の中国への影響──「眠れる獅子（しし）」がついに目覚める

まず中国から。中国では辛亥革命（しんがいかくめい）が結局、袁世凱（えんせいがい）などの軍人支配に終わってしまったことに知識人たちが大きな失望を味わうことになったわ。そこで知識人が中心となって「革命にはまず啓蒙が必要だっ。古い迷信をぶっ壊し、新しい世界を作っていくのだ」という**新文化運動**を起こしたの。その中には**文学革命**も含まれているわ。つまり今まで古い文語体だった文学の語り口を、口語体に変えていったのね。日本語でたとえると、「国破れて山河あり　城春にして草木深し」という調子だったのに、いきなり「汚れちまった悲しみに、**今日も小雪の降りかかる**」という感じに変わっちゃったのよ。これを**白話（口語）文学**と言うわ。白話というのは「日常使用する話し言葉」（口語）という意味ね。このような文学革命はのちに北京大学教授になる**陳独秀**（ちんどくしゅう）が発刊した雑誌**『新青年』**を中心にして広まったのだ

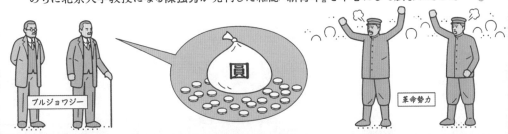

ブルジョワジー

圓

革命勢力

けれど、白話（口語）運動の代表的な作家は胡適や魯迅ね。ちなみに陳独秀は、同じ北京大学の教授だった李大釗からマルクス主義を学び、中国に広めていった人であり、後にその**陳独秀が中国共産党を1921年に創立する**ことになるのよ。

　第一次世界大戦が始まると、日本は中国に「二十一カ条の要求」を突きつけて、無理やり認めさせたことはテーマ43で紹介してあるわ。このことは中国民衆の激しい怒りを呼んだのよ。パリ講和会議でウィルソン大統領が掲げた「十四カ条」、特に「民族自決」は大きな期待をもって迎えられたわ。「**ドイツに租借されていた青島などの山東半島は中国に返してくれ**」「**日本の『二十一カ条の要求』は破棄してくれ**」と中国は訴えていたのだけれど、会議では日本政府の要求が通ってしまい、中国の訴えは退けられてしまった。この結果に怒った中国の民衆は、北京大学の学生を中心に1919年5月4日に抗議運動を起こしたわ。そしてこの運動は中国全土に広まっていくけれど、これを**五・四運動**と呼びます。この運動をきっかけに中国人の間に反帝国主義と反封建主義が急激に高まったの。

その〜、「反帝国主義」とか「反封建主義」って、何ですかね

　反帝国主義とは「**外国、特に日本による中国支配に反対する考え**」で、反封建主義は「**軍人や官僚が民衆の意思を無視しておこなう権威的支配に反対する考え**」のことなのよ。古い時代はお役人様や軍閥が平気で威張って、民衆を支配していたのだけれども、文学革命の影響で知識人を中心に、**古い社会や思想のあり方を否定する動き**が起こったの。これが「反封建主義」ね。そして、これらの考えを通じて中国で新しく**国民としての意識**が高まるようになると、中国に帝国主義的な侵略をしようとする外国、特に「二十一カ条の要求」を突きつけてきた**日本に対する反発**が強まったわ。このような民衆による下からの突き上げをくらった中国政府は、とうとう**中国の主張を認めないヴェルサイユ条約の調印を拒否した**のよ。ま、そりゃ当然よね〜。そこへソヴィエト＝ロシアが同じ1919年の7月に**カラハン宣言**を出して、かつてロシアが中国に持っていた特権をすべて廃棄することを認めたわ。この宣言で中国の人々はソヴィエト＝ロシアに好意的になったのね。

第2幕 第一次世界大戦の朝鮮半島への影響——「女性の活躍は見逃せないわ」

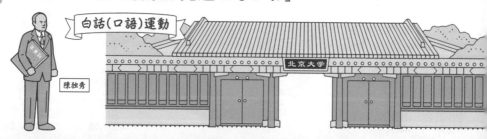

白話（口語）運動

陳独秀

北京大学

次は朝鮮半島。テーマ39でも触れたけど、日本は朝鮮半島に対し**武断政治**と呼ばれる力ずくの政治をおこなっていたわ。そりゃ、朝鮮半島に工場や学校を作り、鉄道を敷いて近代化させたのはたしかに日本だけれども、英仏やロシアだって植民地にそのくらいのことはしているわね。それも結局は自国の利益になるから作ったのよ。当時の朝鮮半島の独立を願う人々は、ウィルソン大統領の十四カ条の「民族自決」の主張が発表された時は大いに励まされたわ。そこで1919年3月1日に朝鮮半島全土で**三・一独立運動**（さんいち）（→）が起こります。この写真だけど何か気が付かない？

う～ん、女性が多くて、みんな「丸腰」で武器持っていない

そのとおりね。三・一独立運動の時、人々は太極旗と呼ばれる大韓帝国時代の国旗を掲げ、「独立万歳」を叫びながら各地をデモ行進したわけよ。でも日本の警察や軍隊による弾圧は厳しく、数千人の死者を出したらしい。しかしこの三・一独立運動の影響で、上海で独立運動団体を統合して、**大韓民国臨時政府**が発足したわ。しかし亡命政権の悲しさで列強は相手にしてくれず、内輪もめもあって結局強力な存在にはなれなかったのよ。

さて、この民衆の運動に驚いた日本政府、特に朝鮮総督府は今までの武力一点張りの半島統治を改め、**文化政治**と呼ばれる**日本への同化政策**を始めたわ。でもその内容は、朝鮮半島の人々に日本語学習を強制したり、日本の慣習を押し付けたりするのが実態だった。そして1937年に日中戦争が始まると、同化政策はいよいよ厳しくなり、朝鮮半島に神社を作って参拝させたり、日本風の名前を強制する**創氏改名**などをおこなわせたりするまでになってしまったのよ。

朝鮮半島の三・一独立運動や中国の五・四運動は同じ1919年に起こった大規模な民衆の運動で、訴えたことは「反帝国主義」や「民族国家独立」だった。これら東アジアの国々は19世紀には貧弱だった国民意識が、20世紀に入るとしだいに強まって、後に国民国家を打ち立てる大きな力になってくる。国民意識が強まった理由はいろいろあると思うわ。例えば**日本の成功と強大化**というモデルケースの存在ね。しかしその日本が大陸に進出してくると、日本の帝国主義に対する反発が国民意識とともに高まってくるわ。その意識を高めたのはレーニンが「平和に関する布告」で主張し、パリ講和会議でウィルソン大統領も訴

えた**民族自決**よ。民衆は隷属から目覚め、自立へと成長してきたの。

第3幕　第一次世界大戦の日本への影響——大もうけと混乱の落差

　この第一次世界大戦で大もうけしたのは日本ね。ヨーロッパでは自国の産業だけでは総力戦には足りなかったので、戦争に必要な工業製品や物資をアメリカやアジアから買いまくったの。そのおかげで工業国だった日本は空前の好景気となり、「鈴木商店」をはじめとする日本の商社や工業が大きく成長できたのよ。おまけにヨーロッパ諸国は自国の戦争に夢中だったので、そのスキに日本は1915年に「二十一カ条の要求」を中国に押し付けた……ことはもうやったわね。ロシア革命が起こると日本は1918年に**シベリア出兵**をおこなって社会主義政権を叩き、ロシアから領土や利権をブン捕ろうともくろんだのよ。日本軍は1922年までしつこくねばったけれど、結局はうまくいかず撤兵したわ。

　日本国内では、シベリア出兵をおこなった1918年には**米騒動**が起こり、シベリア出兵終了の翌年の1923年には**関東大震災**が発生して、多くの被害を出しているわね。つまり第一次世界大戦終了後には、上り調子だった日本の足取りにも不安や混乱が起こってくるの。その代表が関東大震災における**朝鮮人虐殺事件**ね。震災の混乱の中で「朝鮮人が井戸に毒を流している」という根拠のない噂が広まり、多くの朝鮮人が日本の自警団によって一方的に殺されてしまったわ。殺された数についてははっきりわからない。でも数千人単位いたと言われているわね。韓国併合で朝鮮半島を支配した日本人が持っていた在日朝鮮人への偏見と不安が吹き出してきた事件だと思うの。

復習ポイント

　中国の文学革命の代表者と作品を調べて、整理してみよう。

アクティヴィティ

　三・一運動と五・四運動に共通する、民衆の訴えは何だったろう？

三・一独立運動

第一次世界大戦中および戦後の東アジア史年表

1915年	日本が中国の袁世凱政権に「二十一カ条の要求」を出す
1915年	陳独秀が上海で雑誌『青年雑誌』を発刊 →翌年に『新青年』と改題し、文学革命を支える
1918～1922年	日本がシベリア出兵をおこなう
1919年3月1日	朝鮮の民衆が日本からの独立を求めて三・一独立運動を起こすが、日本の軍隊と警察によって弾圧される
1919年5月4日	中国の北京大学の学生を中心として反帝国主義と反封建主義を叫ぶ五・四運動が起こり、全土に広まる
1919年	ソヴィエト=ロシアの外務人民委員代理のカラハンによるカラハン宣言 →ロシアが中国に持っていた特権を放棄することを宣言
1921年	上海で中国共産党結成 「初代委員長は陳独秀」
1923年	日本で関東大震災が起こる→朝鮮人虐殺事件の発生

最後の門 下の問題は大学入試問題を出典にした問題です。答えなさい。

　1919年、中国はパリ講和会議で、二十一カ条の要求の取り消しや（　1　）が山東に持つ利権の返還を求めたが、列国によってしりぞけられた。同年の（　2　）、これに抗議するデモが北京大学の学生を中心におき、幅広い層を巻き込む愛国運動に発展した。1919年はまた、ソヴィエト=ロシアが中国に対し、（　3　）の名で、旧ロシア政府が中国に持っていた帝国主義的特権の放棄を宣言した年でもある。2年後の1921年には（　4　）を指導者とする中国共産党が結成された。

問1　（　1　）にあてはまる最も適切なものを以下から選びなさい。

　①フランス　　②フィンランド　　③ポルトガル　　④ドイツ

問2　（　2　）にあてはまる最も適切な月と日を以下から選びなさい。

　①3月1日　　②5月4日　　③5月30日　　④7月7日

問3　（　3　）にあてはまる最も適切なものを以下から選びなさい。

　①カラハン　　②チョイバルサン　　③ムラヴィヨフ　　④ラクスマン

問4　（　4　）にあてはまる最も適切なものを以下から選びなさい。

　①胡適　　②汪兆銘　　③陳独秀　　④顧愷之

（大阪経済大・改）

日本のシベリア出兵

革命は心に燃え広がる

中国の革命の最初ののろしは、意外なことに文学から起こった。「白話(口語)文学」の運動である。今までの中国文学は、いわゆる「文語体」であり堅苦しい調子で、しかも荘重に表現されていた。

「これはもう古い。聞けば日本でも言文一致運動(例えば二葉亭四迷の『浮雲』)がおこなわれていると聞く。民衆が日常で使用する口語(白話)を文学に導入すべきである!」

そう主張していたのはアメリカのコーネル大学に留学していた胡適である。実は専門は農学であったのだが、1917年、陳独秀が作った雑誌『新青年』に白話(口語)文学を提唱する論文を載せたところ、「白話(口語)文学」がブレイクしてしまったのだ。

見本として、胡適の代表的な作品である詩「蝴蝶」を見てみよう。

*

両個黄蝴蝶　双双飛上天
2匹の黄色い蝶が空を舞っている
不知為什么　一個忽飛還
あらなぜか、1匹は飛び去ってしまった
剰下那一個　孤単怪可怜
残った1匹は、孤独で可哀想だな
他無心上天　天上太孤単
でも天上にも行きたくないようだ
上でも独りぼっちだから

*

なんだか普通の漢詩のように見えてしまうのだが、2行目の**「為什么」**(あらなぜか)という表現は、今までの漢詩には使われることのなかったひどく口語的な表現なのだ。これがまた今風

でカッコよかったのである。

白話(口語)文学の継承者は言うまでもなく**魯迅**である。日本の仙台医学専門学校に留学していた魯迅は、旧態依然として列強から侵略を受けている中国の現状を憂い、文学者になることを決意した。魯迅の『阿Q正伝』は、「阿Q」という名もない貧農の物語である。そもそも、名無しのゴンベと言ってもよい貧農労働者の話なんかを書くことは中国の小説ではなかったことだった。非識字者で肉体的にもまったく貧弱な阿Qは、ケンカでも一方的に負け、村中から軽蔑の目で眺められる存在であった。ところが阿Qは「精神勝利法」という「心の中で相手に勝つことを夢想する」という奇妙な方法でプライドを保っている。しかし阿Qは地主の家で働く娘に言い寄ったことから村から完全に孤立してしまい、革命軍に参加した嫌疑をかけられて、裁判に引き出される。無学で自己弁護もできない阿Qは、死刑判決を受け、ボロ雑巾のように殺されるのであった。

ここまで生々しく中国の現実を描写した小説はなかった。この孤立した無学な、プライドだけは一丁前に高い阿Qの姿は、近代化前夜の半植民地状態にあった中国の自画像と言える。

*

雑誌『新青年』を刊行した陳独秀は若き日に康有為や梁啓超が起こした「変法運動」に深い感銘を受け、日本に留学して成城高校で勉強したインテリであった。また、この陳独秀は、北京大学教授の**李大釗**からマルクス主義を学び、**後に中国共産党を1921年に創立する。**

この頃、北京大学図書館の司書であった一人の青年が、北京大学の裏庭の芝生の上で『阿Q正伝』を読んでいた。李大釗の愛弟子であった**毛沢東**である。中国の悲惨な現状に発憤した毛沢東は、陳独秀のもとで中国共産党の創立に参加し、革命運動に身を投じることになる。

復習ポイント の答え

人物	作品	発表年	内容
胡適	文学改良芻議(すうぎ)	1917年	アメリカより『新青年』に寄稿した文章。**白話(口語)文学の必要性を主張する**
陳独秀	文学革命論	1917年	『新青年』への寄稿文。国民的・写実的・社会的文学の必要性を訴える
魯迅	狂人日記	1918年	白話小説。狂人の手記という形式で**中国の伝統思想を否定**
	阿Q正伝	1921年	阿Q(=「Qちゃん」)という貧農が最後に処刑される物語。**名もない民を主人公にした最初の物語文学**
	故郷	1921年	作者の帰郷を通じて、中国の因習や旧制度の罪深さを批判する

魯迅の名作『故郷』は中学の国語教科書で味わえます。

アクティヴィティ の答えの一つ

日本の帝国主義的な行動や政策に対する批判が共通しています。三・一独立運動も五・四運動も同じ1919年に起こっていますが、これらの運動が起こったのはパリ講和会議がおこなわれている最中でした。ウィルソン大統領が掲げる**民族自決**に、日本の武断政治に苦しむ朝鮮や、「二十一カ条の要求」を突きつけられた中国の民衆が共感し、民族意識の高まりと新しい自立への目覚めと動きが起こったと言えるでしょう。それまでは日本は東アジアの模範と考えられてきたのですが、日露戦争後や韓国併合後の日本の東アジアへの帝国主義的政策に対して反感が強まり、ついに1919年の第一次世界大戦終結の時に日本への批判は頂点に達します。それが三・一独立運動や五・四運動という形をとって爆発したと言えます。

最後の門 の答え

問1　④　　問2　②　　問3　①
問4　③
(解説)
問1　ドイツが山東半島(省)を中心に利権を持っていたことはテーマ38の最初でも扱っています。
問2　朝鮮で起こった同年の「三・一独立運動」と日付を区別する必要があります。③の5月30日ですが、1925年に中国で「五・三〇運動」という事件が起こりますので、混乱しないようにしましょう。
問3　②のチョイバルサンはモンゴル人民共和国を建国した人物。③ムラヴィヨフは19世紀の東シベリア総督、④ラクスマンは18世紀末に大黒屋光(幸)太夫を連れて日本に来航した軍人。
問4　①胡適は白話運動の代表作家。②汪兆銘(おうちょうめい)は第二次世界大戦の時、中国の南京政府を作った人物。④顧愷之(こがいし)は4〜5世紀の東晋(とうしん)の画家の名前。混同しないように。

52 中国国民党と中国共産党
──社会主義に対し Yes or No?

カラハン宣言って、カラ揚げチャーハンのこと?

ウケ狙いで言っているのかしら? カラハンって当時、ソヴィエト＝ロシアの外務人民委員代理を務めていた人の名前よ。五・四運動の騒ぎを見たソヴィエト＝ロシアが「中国に社会主義を広めるチャンスや」と思って出した宣言ね。1919年に出した最初の宣言では「帝政ロシア時代に中国から得ていた特権や領土をすべて返す」という内容だったけれど、翌年出した2回目の宣言ではずいぶんトーンダウンして、東清鉄道などは返さずじまいだったわ。でも、この宣言は中国に対するウケ狙いには成功したようで、中国はソヴィエト＝ロシアやコミンテルンにとても好意的になったのよ。

序曲 ## 中国国民党と中国共産党の結成──蔣介石の華々しい歴史への登場

「コミンテルン」についてはテーマ45を復習しなさい。**「世界中の社会主義革命を推進するための組織」**で、本部はモスクワだったわね。このコミンテルンの肝いりで、五・四運動やカラハン宣言の波に乗った中国では、とうとう1921年に**中国共産党**が上海で結成されます。委員長は前回やった陳独秀（ちんどくしゅう）ね。最初のメンバーは50人くらいで、その中には毛沢東（もうたくとう）もいた。まさかこの小さいグループが後に中国を支配するなんて、誰も信じなかったわ。

一方、孫文については、テーマ41の続きになるけれども、1916年に袁世凱（えんせいがい）が死んだ後、故郷の広州（こうしゅう）（広東省）に帰って来て、新しい政府を作ります。でも地方軍閥（ぐんばつ）と組んで作った政府なので、身分こそ「大元帥」と偉そうだったけれど、実権なんか持ってはいなかったわ。

そこへあらわれたのが**蔣介石**（しょうかいせき）だったのよ。蔣介石は重要人物だから、ここで少し紹介しておくわね。豊かな商人の子として生まれた蔣介石は軍人になることを志し、日本に留学

中国共産党の誕生

して軍事学校で勉強していたわ。この時ちょうど日本にいた孫文と会った蒋介石は、孫文の人格と思想に深く傾倒することになるの。1911年に辛亥革命が起こると、蒋介石は中国へ戻り、革命運動に参加したわ。その時の蒋介石の活躍を見た孫文は、蒋介石を高く評価するようになったの。「蒋介石には軍人としての器量がある。党に軍隊を作るのならば蒋介石こそ指導者として適任だろう」と孫文は考えるようになったわ。1919年の「五・四運動」の熱気に驚いた孫文は、改めて大衆政党の必要を感じ、10月に中華革命党を改編して**中国国民党**を結成します。東京で1914年に結成した中華革命党は秘密結社だったのに対し、新しく結成した中国国民党はれっきとした政党だったのよ。

第1幕 第1次国共合作と孫文の死──孫文、日本へ最後のアピール

しかし、孫文は、党を結成したものの、資金の不足に困ってしまったわ。

仲がいい日本から借りたらいいんじゃないですか?

いや、日本は中国の満洲やモンゴル方面に下心があったから、段祺瑞などの軍閥の親玉にカネを貸していて(西原借款はその代表)孫文にカネを貸す余裕がなかったのよ。そこへカラハン宣言の知らせが飛び込んできた。元々孫文は社会主義には強い関心を持っていたので(テーマ40参照)、ソ連と協力関係を結んで資金を調達することを考えるようになったの。1923年に孫文はついにソ連やコミンテルンと連携することを決定します。コミンテルンからは「**孫文さん、お力になってあげましょう。ただし、中国共産党を仲間に入れてください**」という条件が来たわ。条件を承諾した孫文は1924年に**第1次国共合作**を発表します。つまり中国国民党と中国共産党が一緒になったのね。やり方としては、「中国共産党員が個人の資格で中国国民党に入党する」形式をとったわ。この第1次国共合作の時に孫文がぶち上げたスローガンが「**連ソ・容共・扶助工農**」よ。意味は「**ソ連と手を組み、共産党員を受け入れ、農民・労働者を助けていこう**」というものよ。三民主義や四大綱領よりも孫文の思想は社会主義に近付いているわね。コミンテルンから手に入れた豊富な資金をもとに、孫文は自分の地元の広州に黄埔軍官学校を建てて、自前の近代的軍隊を建設しようとしたの。校長には蒋介石が就任し、政治教官として共産党から毛沢東と周恩来

中国国民党の誕生

が参加したわ。こうして国民党には、最新の武器と近代的な教練を受けた士官たちがそろう立派な軍隊が作られたのよ。ところが、肝心の**孫文が死んでしまった**。1925年の3月で、死因は肝臓がんよ。医者だった孫文は自分の死期を悟った時、船に乗ってある国に向かいます。それは日本だったの。神戸高等女学校での孫文の演説会は熱気にあふれた聴衆で超満員だったわ(→)。この演説会で孫文が日本人に訴えた内容はコラムを見てね。

孫文の死から1か月前、上海で日本人が経営する紡績工場で、安い賃金で働かされていた中国人労働者が反帝国主義を叫んで大規模なストライキを起こしたの。これを**五・三〇運動**と呼ぶわ。五・四運動のような今までの反帝国主義運動と異なっているのは、運動の中心が学生や知識人から労働者に変わってきたことね。日本などの列強の帝国主義に反対する運動がいよいよ一般に広まってきたわけ。

第**2**幕 ## 北伐と上海クーデタ──勢いに乗る蔣介石がついに「赤狩り」を実行

孫文の死後の1925年7月に、中国国民党は**広州**に**国民政府**を作ります(広州国民政府)。新たに国民党の指導者に選ばれた蔣介石は、黄埔軍官学校の卒業生を中心とした国民革命軍を率いて1926年についに**北伐**に乗り出したわ。北伐というのは中国北部にわんさかいた**軍閥**を軍事力でやっつけて中国を国民政府が統一する一大事業のことよ。コミンテルンの援助のおかげで国民革命軍は十分な装備もあったしね。

ここでちょっとだけ、当時の北中国の軍閥の様子を言っておくわ。当時の軍閥はシマを争って、バトルロワイヤル状態だったの。まずは安徽省を基盤とする**安徽派**の巨頭、段祺瑞。袁世凱の一の子分で、日本から西原借款を受けていた人物よ。ところが1920年に段祺瑞が率いる安徽派が、直隷派と戦争(安直戦争)して敗北してしまい、代わりに北京を中心とする**直隷派**の勢いが強くなった。直隷派全盛期のボスは呉佩孚。しかし1924年に北方の満洲方面を基盤とする**奉天派**のボス張作霖との戦争(奉直戦争)で、直隷派は負けてしまいます。奉天派が強かったのは、段祺瑞からくら替えした日本の資金が張作霖に豊富に流れていたからよ。もちろん黒幕の日本が狙っていたのは満洲と内モンゴルの利権と支

ヨッフェ　　第一回　国共合作　　連ソ　容共　扶助工農

配だったわ。こんな軍閥の自滅的な共食い状態はもちろん大チャンスだったから、蔣介石が北伐軍の総司令官となり、共産党の支援や民衆の協力もあり各地で軍閥を打ち破って、1927年3月には武漢や南京、上海などの長江沿いの大都市を手に入れます。しかし当時の国民政府内には共産党を中心とする左派の勢力が伸びてきており、おまけに上海や南京で共産党系の兵士による暴動も起きていたから、これに驚いた米英などの列強は蔣介石に「共産党を何とかしろ」とクレームをつけていたのよ。そこで蔣介石は、中国の経済界を支配していた上海の民族資本の**浙江財閥**に近付くようになったわ。そのココロは「浙江財閥を味方に付ければ、アカのコミンテルンから資金援助を受ける必要はなくなるからな」というものだった。そこで共産党と手を切る決心をした蔣介石は、1927年4月に**上海クーデタ**を起こして、一斉に共産党員を弾圧・虐殺したわ。こうして第1次国共合作は崩壊しちゃったのよ（**国共分裂**）。蔣介石は返す刀で国民党右派を集めると南京に国民政府を作ったわ。蔣介石の鮮やかな手並みを見た列強各国は国民政府を支持し、共産党を追い出した蔣介石は南京国民政府の主席となって実権を握ったのよ。

第**3**幕 ## 北伐再開と日本の介入──張学良、カタキの日本を討つことを天に誓う

　共産党というやっかい者を出してスッキリした蔣介石は1928年に北伐を再開したけれども、ところがここで蔣介石に「待った」をかけたのが日本よ。日本は満洲と内モンゴルの利権を手に入れるために、蔣介石を中心とする国民政府があまり北中国に出しゃばってくれるのは好まなかった。そこで前年の1927年から、たびたび山東省に兵を出しては国民革命軍の北伐をじゃましたのよ。この日本による妨害を**山東出兵**と呼ぶけれど、1928年の時には日本軍と国民革命軍が山東半島の商業都市の済南市で衝突し、虐殺や犠牲者が出てしまった（**済南事件**）。この時、国際的な紛争になることを恐れた蔣介石は日本軍を刺激しないように直接対決を避け、回り込んで北上したので大規模戦争にはならずに済んだわ。

　いよいよ北京へなだれ込んだ蔣介石は北方を縄張りとしていた軍閥の**張作霖**を打ち破ったわ。根拠地の奉天（現在の瀋陽）へ逃げ戻る張作霖は、それまでは満洲と内モンゴルを確保するために日本からの巨額の援助を受けていたけれど、蔣介石に敗れ、ここに**北伐は完成**します。これを潮に「蔣介石にはかなわん。いっそのこと日本には悪いが国民党に寝

返ろう」と考えてしまったの。これを嗅ぎつけた日本の**関東軍**(中国の山海関より東に駐留している日本軍)は1928年6月に、こともあろうに**張作霖の乗った列車を爆破**して、張作霖を殺してしまったのよ。父の死にざまを知った張作霖の息子、**張学良**は日本の蛮行を怒り、日本に対する復讐を天に誓ったのね。父の復讐をとげるために張学良は1928年12月に蒋介石に忠誠を誓います。国民政府に投降した張学良は優遇され、国民党ナンバー2の地位を与えられたわ。

第4幕 共産党の生き残り戦略——「山賊の親方」毛沢東の出現ポイント

一方、共産党は上海クーデタで大打撃を受けてしまった。委員長の陳独秀は責任をとらされ解任されてしまいます。この苦難の時期の共産党で頭角をあらわしてきたのが**毛沢東**よ。彼は農民を主体にして井崗山（せいこうざん）を根拠地に1927年ソヴィエト政権を作り、国民党や軍閥とゲリラ闘争をおこなったのよ。このやり方はきっと毛沢東自身が幼少期より親しんでいた『水滸伝（すいこでん）』の英雄たちの戦い方から学んだのね。こうしてゲリラ戦で活躍する毛沢東の存在は共産党内で大きくなってきます。1931年に共産党は江西省瑞金（ずいきん）に**中華ソヴィエト共和国臨時政府**をやっとこさ樹立したわ。毛沢東が一応は主席になったけれど、党内の実権は留学経験のあるインテリたちが握っていて、留学経験がなく、山賊の親玉にしか見えない毛沢東にはまだ権力がなかったのよ(→)。

復習ポイント

孫文が作った組織・結社・党を整理してみよう。

アクティヴィティ

孫文の最後の呼びかけに(コラム参照)、現実の日本はどのように答えたでしょうか?

張学良

張作霖爆殺事件

中国革命史年表

1919年10月　孫文、五・四運動の影響を受け、中国国民党を結成

1923年　孫文・ヨッフェ会談→孫文とコミンテルン代表のヨッフェが会談し、国共合作を決定

1924年　第1次国共合作→「連ソ・容共・扶助工農」の方針決定

1925年3月　孫文の死
　　　　「レーニンとウィルソンが1924年、孫文が1925年と巨人たちが立て続けに亡くなっているわね」

1925年5月　五・三〇運動→上海労働者による反帝国主義運動
　　　　「前回やった五・四運動と間違えやすいので注意が必要」

1925年7月　広州に国民政府が成立←国民党が結成した政府

1926年7月　蔣介石による北伐の開始→武漢・上海などを制圧

1927年4月　上海クーデタ（蔣介石による共産党弾圧）
　　　　→第1次国共合作の崩壊

1927〜1929年　日本による山東出兵→北伐の妨害が目的

1928年　北伐の再開→6月に北京を占領し北伐を完成

1928年6月　日本の関東軍による張作霖爆殺事件

1931年　中華ソヴィエト共和国臨時政府を共産党が瑞金に設立

最後の門　下の問題は大学入試問題を出典にした問題です。答えなさい。

　1921年（　1　）を最高指導者とする中国共産党が成立した。1924年、孫文は国民党を改組し、共産党員が国民党に入党することを許可することで、第1次（　2　）が成立した。そして「（　3　）、容共、扶助工農」の三大政策を決定した。1925年、中国は国民党が（　4　）で国民政府を樹立し、1926年、中国統一を目指して国民革命軍による（　5　）を開始した。だが、この過程で中国共産党が伸張したため、蔣介石は1927年上海クーデタで共産党を弾圧し、（　6　）に国民政府を樹立した。1928年（　5　）は再開され、国民革命軍は北京に迫った。他方、日本は中国統一を妨害するため、（　7　）出兵を繰り返し、また中国東北地方で関東軍による奉天軍の（　8　）爆殺事件が発生した。だが、その子（　9　）は国民政府に帰属したため、国民政府による全国統一はほぼ完了した。蔣介石は上海中心に経済界に圧倒的地盤を有した（　10　）財閥と提携し、経済基盤を整えた。

問　（　1　）〜（　10　）にあてはまる語句を書きなさい。
　　　　　　　　　　　　　　　　　　　　　　　　　　　　　　　　（愛知学院大・改）

孫文
第弐話「死にいたる病、そして」

　孫文の革命は失敗続きで、コケてばかりだった。1911年に起こった辛亥革命に乗じて中華民国を建国したのはよかったが、党内の分裂と軍事力を持っていなかったことが災いし、結局は軍の実力者の袁世凱に政権を譲るハメになってしまう。これ幸いとばかりに袁世凱は自らが皇帝になることを目指したものの、国内外からの反対が強く、袁世凱は失意のうちに亡くなってしまう。その後、袁世凱が持っていた中国最強の私兵である「**北洋軍**」は完全にバラバラになってしまった。彼ら軍閥はボスに率いられ暴力と残虐で支配され、互いに北京政府の実権を争ったため、中国は分裂の危機に瀕した。この時の中国の最後の希望はやはり孫文だった。

＊

　いったんは難を逃れて東京にいた孫文は、中国に民主的な政党国家を作るために虎視眈々と中国を眺めていた。軍閥が共食いしているスキに孫文は広州に上陸し、ここに政府を作ったが、軍事力がないことがやはり災いして政権は安定しなかった。「やっぱり党が軍事力を持たないと、混乱の中国を支配することは無理だな。と、言っても医者出身の私には軍のことなんか全然わからないしなあ……」

　そんな時に孫文と親交を深めたのが**蔣介石**である。蔣介石は商人の家に生まれ、長じて日本の陸軍士官学校に留学して、本格的に軍事を学んだ生粋の軍人である。軍事がからきしダメな孫文はこれを喜び、蔣介石を右腕として信頼するようになる。

　1917年にロシア革命が起こった時の孫文の衝撃は激しかった。元々社会主義に強い興味のあった孫文は、1919年に組織された社会主義団体のコミンテルンと連絡をとり、社会主義と手を組むことで新しい中国を建設することを夢見たのである。コミンテルン委員、アドルフ＝ヨッフェとの会談で、コミンテルンから多額の資金協力を受ける見返りに、孫文は国民党と共産党の合同を認めた。共産党のメンバーが個人として国民党に入党することを孫文は認めたのである。これを「**第1次国共合作**」と呼ぶ。

　コミンテルンから豊富な資金を受け取った孫文は、「黄埔軍官学校」という近代的な士官学校を作り、蔣介石を校長にして、国民党員や共産党員に徹底的な近代的軍事訓練を施した。こうして国民党は強大な軍事力を持つようになったのである。ただ、一人だけふくれっ面をしていたのは蔣介石だ。彼は社会主義や共産主義が大嫌いだったのだ。

＊

　しかしその時、孫文の体には病気が巣くっていた。肝臓がんだった。さすがに元医者。孫文は自分の体の異常を知った。助からない、と悟った孫文は船に乗り日本へ向かった。そして神戸高等女学校では聴衆に向かって孫文は必死に話しかけた。

　日本が将来、欧米列強の帝国主義に反対し、アジアを徳によって導く「王道」を進むか、それともアジアを帝国主義で支配しようとする「覇道」を進むかを日本人に問いかけたのだ。

　「あなた方は西洋の奴隷となってしまうのか、それとも東洋の導き手となっていくのか。私は日本に導き手になることを願っている……！」

　しかし、その後の日本が中国に何をしたかは中学校で習っただろう。

　1925年、60歳を目前にして、孫文は北京で死んだ。孫文の最後の言葉は**「革命は未だ成らず。諸君いっそう努力せよ」**だった。

復習ポイント の答え

孫文が作った組織・結社・党一覧

年	名前	結成の場所	目的・内容
1894年	興中会	ハワイ	中国革命のための結社
1905年	中国同盟会	東京	革命のための団体 三民主義・四大綱領
1912年	国民党	南京	宋教仁ら中国同盟会を中心に作られた政党。袁世凱によって1913年に解散させられる
1914年	中華革命党	東京	孫文に忠誠を誓う革命的秘密結社
1919年	中国国民党	広州	五・四運動の影響を受けて、中華革命党を改編した大衆政党

中国国民党は、台湾の政党となって現在も続いています。

アクティヴィティ の答えの一つ

日本の道徳的リーダーシップを希望した孫文の願いとは逆に、**現実の日本は力による中国進出を目指す、「覇道」を歩んでしまいました。**日本は満洲やモンゴル方面への進出を狙い、中国にたびたび進出を繰り返します。軍閥による分裂を中国進出の好機と考え、**西原借款**をはじめとする経済的援助を軍閥に与えていました。また国民政府による中国統一を喜ばず、**山東出兵**で北伐の妨害をおこなっています。

後の1931年に日本は**満洲事変**を起こして満洲方面を侵略し、満洲国を建国することになります。また、1937年には**日中戦争**を起こして中国内部への侵略をおこなっています。これらの日本の行為は結果として孫文の希望を裏切った形になりました。

最後の門 の答え

(1) 陳独秀　　(2) 国共合作

(3) 連ソ　　(4) 広州

(5) 北伐　　(6) 南京

(7) 山東　　(8) 張作霖

(9) 張学良　　(10) 浙江

(解説)

(1) なんとなく「毛沢東」と書きそうだが、最初の共産党委員長は陳独秀。

(3) 「連ソ・容共・扶助工農」は孫文の傑作スローガン。これは出題されやすいので覚えた方がよい。

(4)・(6) 組織や政府が作られた地名を覚えておくと、20世紀中国史の得点率がアップします。

(7) 日本は山東出兵を1927、1928、1928〜1929年と3回にわたっておこなっている。済南事件は2回目の山東出兵で起こった事件。

(8)・(10) 中国の人名や地名は難しいので(特に、張作霖・浙江など)気になる難字は練習しておくとよい。蔣介石なども練習しておこう。

53 東南アジアとインドの民族運動
──ガンディー大活躍の巻

毛沢東って最初から共産党の親分だと思っていた……。

誰でも最初は下っ端よ。でも毛沢東が頭角をあらわしたのは、彼が労働者よりも農民の役割を重視したからだわ。なんてったって中国の人口の大部分は農民だったの。そして毛沢東は常に民衆のレベルに立っていた人だったわね。今日やるガンディーも同じで、民衆と同じ服を着て、同じものを食べている人が民衆の指導者になれるのよ。

第1幕 第一次世界大戦とインド──イギリスの裏切りにパンツ姿のガンディーが抵抗

　第一次世界大戦の時のインドは悲惨だったわ。戦力が欲しいイギリスはインドに「自治を認めてあげるから」という約束をしたので、それを信じた多くのインド兵は縁もゆかりもないヨーロッパで死んでいったのよ。ところが1919年の**インド統治法**では、インド人の政治参加を地方議会でしか認めず、同じ年、インド人を令状なしに逮捕し、投獄できる**ローラット法**を平気で作ってインド人を弾圧したのよ。この時に**国民会議派**のリーダーとなったのが、あの有名な**ガンディー**なの。彼の人生と思想はコラムを見てね。

　元々ガンディーはヒンドゥー教徒の良家のボンボンで、イギリスで勉強して、弁護士の資格を取ったインテリだけれども、若い頃の彼はネクタイを締めたダンディーな青年だったわ。けれどもインドに戻ったガンディーはインドの庶民と同じようなそまつな服しか着ようとしなかった(→)。普通の貧しきインド人として生きる決心をしたのよ。私はね、自分にはとてもできないことを平気で実践できるこんな人が実は好きだわ。

　独立を無視して、ローラット法を盾にインド人を弾圧するイギリス。この支配に反発し

若い頃のマハトマ＝ガンディー

ローラット法

た人々はインド各地で集会を開いてイギリスに抗議したの。しかし、イギリスの返事は弾丸だったわ。シク教の聖地アムリットサールでの抗議集会にイギリス軍が発砲し、なんと1000人以上の死傷者が出てしまった。これが1919年に起こった**アムリットサール事件**よ。この時、怒りと復讐に燃えるインドの人々に対してガンディーが訴えたのは非暴力・不服従だったの。「**われわれはイギリスの悪政に絶対に従わない。だが暴力をもって相手に反抗しない。暴力を振るえば相手に弾圧の口実を与えるだけの結果になるからだ**」とのガンディーの呼びかけはインド中に広まり、多くの民衆の共感を呼んだわ。このガンディーの戦略は、**サティヤーグラハ**（「真理の堅持」の意味）という信念から生まれたもので、「**悪と戦うために、本当の正しさを追い求める**」とのガンディーの哲学が基盤になっているのよ。暴力は暴力しか生まないことをガンディーは知っていたのね。もちろんイギリスに逆らったことでガンディーは何度も逮捕され、刑務所にブチ込まれたわ。しかし、そんなことでめげる人じゃなかったわね。

第2幕 インド独立への行進──民衆を歩ませるガンディーの静かな勝利

　でも、実際には怒りにわれを忘れた民衆による暴力事件が相次ぎ、悲嘆にくれたガンディーは一時、独立運動から遠ざかってしまうのよ。その期間にガンディーは黙々と糸車を回していたわ。これは「**かつてインドは世界最大の綿織物の生産地だった。その豊かさを奪い取ったのは産業革命によって生み出された『機械』である。私たちは自らの手で糸を紡ぎ、織ることで人間としての本当の豊かさを取り戻さなくてはならない**」というガンディーの無言の主張なの。黙って糸車を回して糸を紡ぐガンディーの姿には、現在のネット社会に振り回されている私たちも学ぶことがとても多いと思うわ。

　1927年にイギリスはサイモンを長とする**憲政改革調査委員会**（別名：**サイモン委員会**）をインドに派遣して、新しいインド統治法を制定しようとしたのよ。しかし、この委員会のメンバーが全員イギリス人であったことを知ったインド人は激しい抗議デモをおこないます。

ま、そりゃ、自分の運命を赤の他人が決めるのは嫌だもんね

　2年後の1929年、国民会議派の**ネルー**が議長となって、北インドのパンジャーブ州ラ

非暴力　　　マハトマ＝ガンディー　　　不服従

ホールで**ラホール大会**を開きます。この大会では**プールナ＝スワラージ**（完全独立）が決議されました。早い話「もうイギリスとは完全に別れる」宣言だったわ。この宣言に共鳴したガンディーも再び非暴力・不服従運動による政治活動をおこないます。その代表が1930年の**塩の行進**だわ。塩は当時イギリスが高い税をかけて専売していた商品で、インド人が塩を作ったり売ったりすることは禁じられていたの。もちろん、塩のもうけは皆イギリスのものになるわね。これに抗議するためガンディーは家から出ると、そこから約360kmもある海岸まで突然歩き始めたのよ！　気が付いた多くの人たちがガンディーを追って最後には大行進になったわ。26日も歩き続けて海岸にたどり着いたガンディーは、神に感謝しながら塩を作ったの。法律違反だからガンディーはまたまた逮捕されてしまうのだけれども、この「塩の行進」はマスコミを通じて世界中に報道されたため、イギリス人までも含む多くの人々がインドの独立を支持するようになったわ。

　困った立場に追い込まれたイギリス政府は、しかたなくインド独立運動のリーダーをロンドンに招いて**円卓会議**を開いたの。「円卓」ということは「平等の立場に立って話し合う」ということ。ガンディーも会議に招かれたけれども、彼はいつものようにそまつな木綿の布を体に巻き付けて参加したのよ。これを見て激怒したのが後にイギリス首相となるチャーチルで、ガンディーのことを一生嫌っていたわ。結局、会議は何の進展もなく物別れに終わり、イギリスはやむを得ず1935年に**1935年インド統治法**を制定したの。これは州の政治こそインド人に譲ったけれど、結局はイギリス人がインドの財政・防衛・外交を支配する内容だったのよ。

　1937年にこの新しいインド統治法によって最初の地方選挙がおこなわれ、結果は国民会議派の大勝利だった。「これはまずい」と感じたのはインドのイスラーム教徒たちで、ジンナーを指導者とする**全インド＝ムスリム連盟**は国民会議派と距離をとり、自分たちの国としてのイスラーム国家**パキスタン**（ウルドゥー語で「清らかな国」）建国を目標とするようになったの。イギリスはこのインドのヒンドゥー教徒とイスラーム教徒による内部分裂を巧みに利用して、インド独立をなんとか妨ぐことができたのね。そして、この分裂はガンディーを終生悩ませる大問題となってしまったのよ。第二次世界大戦が始まるとインド人は第一次世界大戦の際のように協力的ではなくなってしまった。ま、そりゃそうだわ。裏切られた後は誰でも警戒するのが当然よ。そのため**チャンドラ＝ボース**のようなドイツや日本に協力

塩の行進

する独立運動家が出ないようにチャーチルが首相となったイギリス政府は、国民会議派を非合法とし、ガンディーやネルーを牢獄にブチ込んでしまったわ。

第 **1** 組曲 東南アジアの民族運動——独立運動家は皆刑務所帰り

1920年代の東南アジアは独立への啓蒙の時期が終わり、**独立革命の実践**の時代に入っていくことに気をつけてね。特にロシア革命の成功とコミンテルンの働きかけによって、「社会主義」の考えが東南アジアに染み込んでいったことが重要だわ。

① インドネシア：いろんなスパイス混ぜてナシゴレンのでき上がり

インドネシアの独立運動は最初、「宗教」を通じてのケースが多かった。例えば**サミン運動**とか**イスラーム同盟**（サレカット＝イスラム）ね。え？　忘れちゃった？　しょうがないわねえ。テーマ42を見てちょうだい。そしてインドネシアでは知識人が中心となって独立運動が活発になってくるのよ。その代表がカルティニね。彼女についてもテーマ42で解説してあるわよ。知識人が中心になって独立運動が盛んになっていたインドネシアは、社会主義思想が早くから受け入れられた地域で、アジアで最初に設立された共産党は実は1920年のインドネシア共産党なの。

けれど、過激な武力革命を説くインドネシア共産党は、すぐに話し合い路線のイスラーム同盟（サレカット＝イスラム）と対立してしまったわ。その二大勢力のヒビ割れをまんまと利用したオランダ政府は1927年に共産党に大弾圧を加えて、潰してしまったのよ。その後にインドネシア独立運動の中心となった人物が**スカルノ**（→）ね。

🗣 どこかで聞いたことがあるような……？？？

日本のタレント、デヴィ夫人の夫だった人だからよ。スカルノでフルネームよっ。独立運動の指導者はみーんなそうなんだけれども、この人も金持ちのボンボンで、オランダ人の学校から大学に進学したのよ。その時の下宿の主人がサレカット＝イスラムの幹部だったため、スカルノは政治の世界にのめり込んでしまうのね。そして、スカルノはインドネシア独立のためには「宗教」や「社会主義」だけではダメで、**民族主義**を取り入れなくてはな

ウィンストン＝チャーチル

英印円卓会議

らないと悟ったのよ。そしてスカルノは1927年に**インドネシア国民党**を結成し、集会を多く開いてインドネシアの民族主義をアピールします。その際、スカルノが強調したことは「宗教」「社会主義」「民族主義」の三つを統一して使いこなすことだったわ。なにせインドネシアは1万以上もの島から構成されている地域なのでバラバラが当たり前。色々な政治思想をスパイスのように使い分けないと、きちんとした料理ができないのと同じだわ。

　スカルノは演説がうまく、民心をつかむカリスマ性があったので、オランダ政府に警戒され、刑務所に何度もブチ込まれてしまった。ま、革命や独立運動の指導者というものは、レーニン・スターリンからガンディー・ネルーにいたるまで、みんな刑務所の臭い飯は食っているものよ。しかし、さすがのスカルノも政治の世界で再び活躍するには、日本軍のインドネシア進駐まで待たないといけないわね。

② 　インドシナ、その1：まず地名から区別しないと大混乱！

インドネシアとインドシナ？　　混乱するう！

　無理ないわ。インドネシアもインドシナも、元々はヨーロッパ人が付けた名前で「インドネシア」は「インド（の方にある）諸島」、「インドシナ」は「インドと中国の間」という、大雑把な地名なのよ。インドネシアは「島々」、インドシナは「大陸」と区別すれば、わかりやすいと思うわ。このインドシナという地名は、現在のベトナム・カンボジア・ラオスを含む広い地域のこと。インドシナの国々のうち、ベトナム・ミャンマー（ビルマ）・タイについて、次のテーマで言うわね。

4
4
4

復習ポイント

　ガンディーのおこなった運動を整理して、まとめてみよう。

アクティヴィティ

　ガンディーの戦いと、孫文の戦いの違いとは何でしょうか？

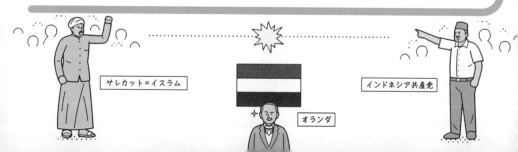

サレカット＝イスラム

オランダ

インドネシア共産党

第一次世界大戦後のインド史年表

1919年	イギリス政府、令状なしに逮捕できるローラット法を制定 →ガンディーによる非暴力・不服従運動開始
1919年	アムリットサール事件→イギリス軍がインド民衆に発砲
1919年	イギリス政府、インド人自治を狭く限定したインド統治法を制定
1927年	イギリスの憲政改革調査委員会 (サイモン委員会) への反対運動が広がる
1929年	ネルーを議長として国民会議派のラホール大会が開かれる →プールナ=スワラージ (完全独立) を決議 「テーマ41でやった、1906年のカルカッタ大会と間違えやすいので注意が必要。ラホール大会の議長はガンディーでなくネルーよ」
1930年	ガンディー、イギリスの塩専売政策に反対して、塩の行進をおこなう 「61歳のガンディーじいさんがマジでガチで約360km歩き通したの。これが自動車に乗っていたら、こんな大きな運動にはならなかった」
1930年〜	イギリスにインド独立運動代表を招いて円卓会議→進展なし
1935年	1935年インド統治法→州の自治のみインド人に認められる →ジンナーを指導者とする全インド=ムスリム連盟は国民会議派と分かれて、パキスタン建国を目指す

最後の門　下の問題は大学入試問題を出典にした問題です。答えなさい。

　第一次世界大戦中、イギリスのインド担当大臣は、大戦終了後にインドの（　1　）を進めることを約束していた。しかし1919年にインド政庁は令状なしの逮捕や裁判手続なしの投獄を認めた（　2　）法を発布する。ガンディーはこの法律に対する反対運動を開始し、翌年、非暴力と不服従を運動の理念とし、ガンディーの造語で「真理の把握」を意味する（　3　）運動を宣言する。ガンディーの独立運動は民衆を巻き込んだ大衆運動であったが、非暴力の理念とは裏腹に民衆が暴徒化する事態も起こった。またガンディーのとなえたヒンドゥー教徒とムスリムの共闘は難しかった。1910年代に両教徒の調停に努め、全インド=ムスリム連盟の指導者であった（　4　）は、1920年にガンディーを中心とする国民会議派から離れ、ヒンドゥー教徒との分離を主張していった。(中略) ガンディーは1930年の（　5　）の専売打破を目的とした約360キロに及ぶ行進など、国民会議派の指導者として大衆運動を展開した。

問　（　1　）〜（　5　）にあてはまる語句を書きなさい。

(立命館大・改)

生き方が世界史を変えた男
ガンディー

　1893年。若き弁護士ガンディーはロンドン大学での勉学を終え、南アフリカを旅行していた。しかし彼がここで陰惨な人種差別を知る。白人たちは新たな法を制定し、差別を強化しようとしていた。ガンディーは人種差別に対し反対運動を起こす。「白人を殺せ！」と叫ぶ有色人種の人々にガンディーは呼びかける。

　「何をされようともわれわれは攻撃しない。殺しもしない。ただし絶対に屈服しない。そのために投獄や罰金、財産没収もあるでしょう。でも彼らはわれわれの自尊心は奪えないのです。戦いというものは痛いものです。だが負けてはなりません。彼らはわれわれを責めさいなみ、骨を折り、殺すでしょう。しかし、彼らは死体は手にするが、服従は手にできません。誓いましょう！　私たちヒンドゥー教徒もムスリムも皆兄弟です！　何があってもわれわれは絶対にこの悪法には服しません」

　ガンディーの努力により南アフリカの人種差別の法律の改悪は断念された。インドに戻ったガンディーを多くの人が英雄として出迎えた。船から降りた彼はそまつなインドの木綿を身にまとった姿だった。

　ガンディーはインドを旅し、貧しきインドの現実を知る。それは大英帝国に奪い去られ、苦しめられている祖国の姿であった。イギリス人の地主による取り立てに怒るインドの人々にガンディーは呼びかける。

　「不正があればわれわれは戦う。だが戦うのは変革のためか、それとも罰するためにか？罰することは神にまかせるべきだ。

　本当に物事を変えたければやるべきことがある。それはテロをおこなうことではない。**彼らイギリス人の心を変えることこそ大切である。殺しに走るのはわれわれの心が弱いからだ**」

　ガンディーの**非暴力抵抗主義**は人々の心をとらえた。敵のイギリス人ですらガンディーの人格に感動し、ともに行動する人があらわれた。

＊

　イギリス政府による狡猾な分割統治によって、インドでは宗教紛争が荒れ狂うようになる。争い殺し合うムスリムとヒンドゥー教徒。

　絶望したガンディーは断食を決意する。自らの死をもって宗教紛争を収めようとするガンディーの心に打たれ、インドの人々はテロを止めた。銃声と叫び声が消え、鳥のさえずりが聞こえる中、衰えた体で横たわるガンディーは、かたわらの国民会議派の指導者ネルーに言う。

　「私は失望すると、いつも歴史を思う。

　真実と愛はいつも勝利を収めてきた。暴君や殺人狂の為政者もいた。一時は彼らは無敵にさえ見える。だが結局は滅びている。

　それが神の道か、と迷った時、世界が進む道か、と疑った時、私はいつもこのことを思う。そして正しい神の道を歩むのだ」

＊

　ヒトラーですら倒せなかった世界最強の大英帝国を打ち破ったのはそまつな布をまとい、わずかな本とサンダルしか遺品を残さなかった「マハトマ」（偉大なる魂）＝ガンディーでした。そして彼の最大の武器は「神と人間を信じる心」に他ならなかったのです。もしも、ガンディーに興味を持つ人がいたら、ぜひとも『**ガンジー自伝**』**(中公文庫)** を読んでみてください。この本の中には、崇高な魂の苦悩と光への歩みがあります。人生の虚無と世界の荒廃に絶望した時、この本があなたのよき導き手となるでしょう。

解答と解説

■ 復習ポイント ■ の答え

ガンディーがおこなった運動の一覧

年	運動名	運動の目的・内容
1900年代	**サティヤーグラハ(真理の堅持)運動**	南アフリカ連邦での反アパルトヘイト運動で用いた考え。非暴力・不服従運動の哲学的基礎となる。「真理に進んで従い、主張する」を意味する。
1919年～	**非暴力・不服従運動**	インドに帰ったガンディーが呼びかけた運動。サティヤーグラハを基盤にし、不殺生・禁欲に基づいた反帝国主義運動。第1次(1919～1922年)、 第2次(1930～1934年)
1929年	**プールナ＝スワラージ(完全独立)**	1929年の国民会議派ラホール大会で決議された宣言。ガンディーもこの決議に従い、インドのイギリスからの完全独立を求める。
1930年	**塩の行進**	イギリスの塩の専売に抗議して、海岸まで約360 kmを26日間かけて行進し、反英運動を高める。

　ガンディーの運動は、後の1960年代、アメリカ黒人運動の指導者で公民権運動の推進者である**キング牧師**らに強い影響を与えている。

■ アクティヴィティ ■ の答えの一つ

　孫文は民族運動に**社会主義**を取り入れ(第1次国共合作)、蔣介石を登用して**軍事力**を独立の手段として認めたリーダーでした。それに対し**ガンディー**は社会主義よりはヒンドゥー教・イスラーム教・キリスト教などの**宗教哲学**を取り入れ、軍事的(＝暴力的)抵抗を認めなかったリーダーです。

　ガンディーの運動の欠点と偉大さは、「暴力の否定」と「祈り」を政治哲学としていたことです。暴力的革命のように結果はすぐにあらわれず、挫折も多くありました。しかし、アメリカの公民権運動に見られるようにガンディーの運動は後の世界に大きな影響を与えています。

■ 最後の門 ■ の答え

(1)　自治　　(2)　ローラット

(3)　サティヤーグラハ

(4)　ジンナー　　(5)　塩

(解説)

　立命館大の問題は、問題の文章をよく読むことが求められる。

(2)　インド統治法とも書きたくなってしまうが、文章にある「令状なしの逮捕」の説明でローラット法であることがわかる。(3)も「非暴力・不服従」と書きたくなるが、文中にその単語がすでに出てきていること、また「『真理の把握』を意味する」とあるから「サティヤーグラハ」が答えとして求められていることがわかる。(5)も「塩の行進」ではなく「塩」だけを入れる。

54 東南アジアとトルコの民族運動
── 党と新国家がボコボコ登場

最近、東南アジアと言うと料理が有名になっている気がする。

まあ、食べてごらんなさい。美味しいものよ。ベトナムのフォーやタイのグリーンカレーはスーパーでも手軽に買えるようになったわね。私のオススメはバジルが利いて、パクチーがのせてある目玉焼き付きのタイのガパオライスね。辛いけれどやみつきになっちゃうわ。

第1組曲 東南アジアの独立革命メニューのフルコース

① インドシナ、その2：ベトナム ── 名コックのホーおじさんの民族運動

あっ！　世界史なのに、なんで料理から話題が始まるのっ？

　ふふふ。ちゃんとした伏線なの。今回紹介するホー＝チ＝ミンと関係大アリなのよ。ホー＝チ＝ミンはベトナムの国父として知られている人物なので、彼の前半生はコラムにまとめておいたわ。そこでも紹介されているけれども、ホー＝チ＝ミンは一流ホテルのシェフとして通用するほどの料理の腕前を持っていたのよ。医者の孫文、弁護士のレーニンやガンディー、そしてシェフのホー＝チ＝ミンと、革命の闘士というものは他の道でも立派に食べていけるほどの技量を持っているものなのね。

　まずインドシナで重要なのは海岸線を長く持ち、古代から中国との交流が盛んだったベトナムだわ。1887年にフランスのインドシナ連邦に組み込まれて以来、ベトナムはフランスの植民地支配を受けるハメになってしまったの。ファン＝ボイ＝チャウやファン＝チュー＝チンをはじめとする知識人が独立運動をおこなっていたことは、テーマ42でも取り上げているわね。彼らの独立運動が失敗する中で登場するのが今回の主人公ホー＝チ＝ミン（→）よ。若い時にコックとして世界を放浪したホー＝チ＝ミンは独立運動に情熱を燃やす

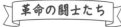

革命の闘士たち

ホー＝チ＝ミン

レーニン

ガンディー

孫文

民族主義者だったわ。実際にパリにいた時は、ベトナムに東京義塾という学校を作ったファン＝チュー＝チンを助けて民族独立運動で活躍していたわ。しかし彼は**社会主義**に民族独立の希望を見出すようになり、コミンテルンに参加するようになったのよ。1924年、中華民国で孫文とコミンテルンの協力で「第1次国共合作」が成立した時、発奮したホー＝チ＝ミンは広東に向かい、1925年に**ベトナム青年革命同志会**を作ったわ。ベトナム初の社会主義団体が生まれたわけ。そして、ついにいくつかの社会主義組織を合併して、香港で**1930年にベトナム共産党**を結成し、同年これを改称して**インドシナ共産党**とします。<u>しかしホー＝チ＝ミンは共産主義者であるよりも、祖国解放を願う民族主義者としての色合いが濃かったために、コミンテルンでは孤立することも多かったのよ。</u>この下線部が重要ね。これをアメリカが知っていたならベトナム戦争は起こらなかったかもしれないわ。彼の人気と知名度は故郷のベトナムでは圧倒的だったけれども、おたずね者だったホー＝チ＝ミンが晴れて故郷のベトナムに帰れたのは、1941年に日本がベトナムに侵略した時だったわね。

② **ビルマ：独立運動に関わる名がなんとなく日本風**

現在のミャンマーはかつてビルマと呼ばれていたわ。なので、ここでは私もビルマと呼ばせてもらうわね。ビルマは3回にわたる戦争（ビルマ戦争：テーマ26参照）で敗北し、1886年にインド帝国に併合されて以来、イギリスの植民地にされていたのよ。しかし、第一次世界大戦後、ウィルソンの「民族自決」の影響を受けて、ビルマでも独立運動が活発化し、1930年に**サヤ＝サン**という民族指導者のもとで農民反乱が起こります。サヤ＝サンは逮捕・処刑され反乱は失敗に終わってしまうけれど、同じ1930年に**タキン党**という民族運動組織ができるの。「タキン」とは「主人」という意味、「ビルマの主人はわれわれである」という主張が込められているのね。1940年に**アウン＝サン**がタキン党の書記長になるとこの独立運動も活発化してくるわ。このアウン＝サンこそ、ミャンマー（ビルマ）の政治家アウン＝サン＝スー＝チーのお父さんなのよ。

ビルマの名前は日本風に聞こえるね。サヤ＝サンは「沙耶さん」だし、タキン党はドキンちゃんみたい

③ **フィリピン：アメリカ大統領が約束した独立に日本が横ヤリ**

フィリピンはテーマ42でも説明したけれど、ホセ＝リサールやアギナルドらが中心となってスペインからの独立を目指したが、**フィリピン＝アメリカ戦争**（1899～1902年）によってスペインに代わり、アメリカ合衆国の支配を受けるようになってしまったの。しかしアメリカという国は「自由と平等」をうたい、表向きは植民地支配を否定していたから、フィリピンに対しては「経済的な利益が確保できれば自治は認めてやろう」という姿勢をとるようになったわ。後でテーマ68にも出てくるけど、民主党の**フランクリン＝ローズヴェルト**が大統領になると、彼は1934年に「**フィリピンの独立を10年後に認めます**」と約束したのね。これを受けて1935年に**独立準備政府**（仮政府）が発足したのだけれど、結局フィリピンが独立できたのは約束より2年遅れた1946年になってしまうの。と、言うのも日本軍が太平洋戦争でフィリピンを攻撃・支配してしまったからよ。

④　タイ：おフランス帰りのピブンがタイで立憲革命

　　東南アジアの最後は、日本と並んで最後まで独立を維持できたタイ。タイと日本に共通しているのは近代化政策が成功したことね。タイの王様の活躍はテーマ27のコラムに書いてあるわよ。第一次世界大戦が始まった時、最初タイは中立だったけれど、不平等条約改正のため連合国側について参戦し、条約改正に成功しています。この時のタイ国王**ラーマ7世**は憲法も作らずに独裁政治をおこなっていたので、知識人を中心に立憲運動が起こるようになったわ。フランスに留学していた**ピブン**（→）という軍人が中心となって人民党という政治グループを作り、この人民党が1932年に**立憲革命**を起こします。これは早い話がクーデタで、王族を人質にとったピブンらが王に迫って憲法制定を認めさせたのね。こうして憲法の制定に成功した後、1938年にピブンが首相となると、翌年に今までシャムと呼ばれていた国名を**タイ**に

変えています。軍部を背景にしたピブンはタイで強い権力を持つようになったのよ。しかし太平洋戦争が始まるとピブンはタイに進駐して来た日本軍に協力する姿勢をとってしまったのね。戦後の1957年にクーデタでついに国を追放されたピブンは、最終的には縁の深かった日本に亡命して神奈川県で人生を終えているわ。

フランクリン＝ローズヴェルト

フィリピン独立の約束

西アジア編──新しい波をイスラームはどのように受け止める？

トルコ：一人の英雄の出現が一つの帝国を潰し一つの国家を生む

　今度は西アジアよ。西アジアの中心はオスマン帝国なんだけれども、19世紀に入ってからあまりいいことがないわね。テーマ16、24、43なんか見ると、オスマン帝国がヨーロッパ列強によっていじめをくらっていることがわかるわね。あれっ、ハッサンなんでここに？

　ハッサン先生：いやあ、今回だけは私にやらせてくれないか。自分の国のことだからね。本当に19世紀に入ると、オスマン帝国の弱体化が目立つようになってしまった。いや、**タンジマート**(テーマ24参照)みたいな近代化政策もおこなったのだが、焼け石に水だった。テーマ42でもわかるけど、**青年トルコ革命**までも起こ

したのだがそれでもダメ。そこへ登場してきたのが軍人の**ムスタファ＝ケマル（ケマル＝パシャ）**(→)です。第一次世界大戦でもイギリス人のロレンスにやられてばかりのオスマン帝国の中で唯一活躍した英雄ですよ。戦後、**セーヴル条約**で領土をむしり取られている頃の1919～1922年に、ギリシア軍がエーゲ海沿岸の**イズミル地方**に侵入して来たのです。この時、軍を率いてギリシア軍を撃退したのもムスタファ＝ケマルでした。「**オスマン帝国が弱いのは、『帝国』というシステムがもろいからだ。国民としての意識がなくては戦っても負けるに決まっている。日本や中国のような新しい国民国家を作らなくてはならない。そのために帝国をやめて、トルコ人のための民族国家を作る必要がある**」と考えたケマルは、無力な政府や列強の言いなりになっているスルタンのメフメト6世をさしおいて、新しく**アンカラの町でトルコ大国民議会**を1920年に開きます。そしてギリシア軍を撃退したケマルは**1922年にスルタン制を廃**止し、慌てたスルタンのメフメト6世は海外に亡命してしまいます。こうして長年続いた<u>オスマン帝国は1922年に滅びてしまいます</u>。1923年にケマルは**トルコ共和国の成立**を宣言し、初代大統領になります。同じ年にケマルは連合国と新たに**ローザンヌ条約**を結び、<u>セーヴル条約で奪われた領土を取り返すことに成功します</u>。またこの条約締結によって<u>連合国が新生トルコ共和国を承認する</u>ことになりました。条約を結ぶということは「交渉相手を認める」ということですからね。こうしてトルコ人の英雄となったケマルは**1924年にカリ**

タイの立憲革命

ビブン

ラーマ7世

フ制を廃止し、政治と宗教を分離します。神権政治をやっている場合じゃない、というのがケマルの考えだったでしょう。そして同年に**トルコ共和国憲法**を制定しますが、もちろん主権在民や政教分離などの西欧の憲法の精神を取り入れています。

そしてケマルはトルコを近代国家にするために次のような改革をおこないます。まずは①**女性解放**です。1925年が主なのですが、チャドルの廃止、一夫多妻制などの廃止を決定しました。そして1934年には女性参政権を認めます。ちなみに女性参政権の認可はフランス・イタリア・日本より早いですよ。そして②**太陽暦の導入**(1925年)です。以前はイスラームに従って太陰暦でした。次は③**ローマ字**

の採用(1928年)。それまではアラビア文字を使用していたのです。右の写真は教科書にも取り上げられている有名な写真で、ケマル自らが国民にローマ字を教えているシーンですね(→)。最後は④**メートル法の採用**(1931年)です。これらの諸改革を通じて、ケマルは西欧の文化やシステムを取り入れ、トルコの近代化をおこなおうとしたのです。これらの功績によりトルコ大国民議会は1934年に**アタテュルク**の尊称を贈っています。アタテュルクとは「**父なるトルコ人**」という意味ですよ。1938年11月10日、執務中のケマル＝アタテュルク大統領が57歳の若さで死亡した時、執務室に飾られていたのは、彼が尊敬していた明治天皇の肖像だったと言われます。

復習ポイント

東南アジア諸国における民族運動を表にしてまとめてみよう。

アクティヴィティ

ケマルの作ったトルコと、明治以降の日本の共通点は何でしょうか？

ムスタファ＝ケマル

トルコ共和国の成立

第一次世界大戦後の東南アジア史年表

1920年	インドネシア共産党設立（アジア初の共産党）
1925年	ホー＝チ＝ミンによってベトナム青年革命同志会設立
1927年	スカルノによってインドネシア国民党設立
1930年	ホー＝チ＝ミンによってインドシナ共産党設立
1930年	ビルマでタキン党設立→1940年にアウン＝サンがタキン党書記長になる
1930〜1932年	ビルマでサヤ＝サンが農民反乱を起こす
1932年	軍人のピブンを中心としてタイで立憲革命が起こる

第一次世界大戦後のオスマン帝国〜トルコ史年表

1919〜1922年	イズミル地方に進出したギリシア軍をムスタファ＝ケマルが撃破
	「ケマル＝パシャ、ケマル＝アタテュルクは尊称」
1920年	ケマルがアンカラでトルコ大国民議会を開催→1923年にトルコ人民党を結成
1922年	ケマルがスルタン制を廃止→オスマン帝国の滅亡
1923年	ケマルがトルコ共和国の成立を宣言→ケマル初代大統領に
1924年	トルコ共和国憲法成立→政教分離を原則とする→同年、カリフ制を廃止

最後の門 下の問題は大学入試問題を出典にした問題です。答えなさい。

問1 アジアで最初の共産党が結成された地域を一つ選び、その記号を答えよ。

ア．インドネシア　　イ．ベトナム　　ウ．中国　　エ．フィリピン　　オ．ミャンマー（ビルマ）

（法政大・改）

問2 第一次世界大戦で敗戦すると、オスマン朝は列強によって国土を分割され、1920年の（　1　）条約により存亡の危機にさらされた。これに対し、①ケマル＝パシャは祖国解放運動を開始し、1923年にトルコ共和国を成立させた。

問A （　1　）にあてはまる条約名を書きなさい。

問B 下線部①について、ケマル＝パシャの政策の説明として誤っているのはどれか。

1. 女性参政権を承認した　　2. 太陽暦を採用した　　3. ローマ字を採用した

4. パン＝イスラーム主義を掲げ、イスラーム教を国教とした

（西南学院大・改）

トルコの女性参政権

ホーおじさんの
革命一代記①

「ホーおじさん」ことホー＝チ＝ミンは1890年に中国の漢文を教える学者の息子に生まれた。家は貧しかったが、家族は教育熱心で、この勉強好きな少年に四書五経をはじめとする漢文の素読を叩き込み、そのおかげでホー少年は中国語を自由に理解できた。父が宮廷の教師に出世したのがきっかけとなり、都のフエ（ユエ）の学校でフランス語を熱心に勉強した。ところがこの少年はフランス人地主の税金の高さに反対する運動に首を突っ込んだため、学校を退学させられてしまったのだ。しかし本人はめげるどころか、「ちょうどよい機会だから、世界という大学で勉強して来よう」とフランスに行く船に、見習いコックとして乗り込んでしまったのである。

ホー＝チ＝ミンのコックの腕前は大したもので、特にデザートやお菓子の腕前は見事であった。ロンドンのホテルではコンソメスープを完成させたことで知られる名シェフのオーギュスト＝エスコフィエに可愛がられ、パスタ・パティシエ主任として活躍している。コックの腕前のおかげで、ホー＝チ＝ミンは世界のどこに行っても食うには困らなかった。しだいに政治活動に関心を持つようになったホー＝チ＝ミンは「グエン＝アイ＝クオック」（愛国者グエン）というペンネームで活動を始めるようになる。最初はフランス社会党に入党していたのだが、1920年にレーニンの植民地問題に関する論文を読んで大感激。フランス共産党の結成に参加したばかりでなく、1923年にはわざわざソ連まで行ってコミンテルンの大会に出席し、その弁舌のさわやかさと語学力が買われて、アジア担当

のコミンテルン常任委員となった。こうしてホー＝チ＝ミンは共産主義者になってしまったのだ。

＊

外国で活動していたホー＝チ＝ミンについに転機が訪れる。1939年に第二次世界大戦が勃発し、ベトナムを支配していたフランスはナチス＝ドイツによって支配されることになった。ドイツと手を結んだ大日本帝国は1941年にベトナム南部に進駐して来たのである。しかし……、「大東亜共栄圏をとなえている同じ黄色人種の日本ならば、フランスの手から祖国ベトナムを解放してくれるだろう！」との期待は空しかった。なんと日本はフランスの植民地政府と共同歩調をとり、ベトナムを植民地として支配し始めたのである。

＊

日本の態度に怒ったホー＝チ＝ミンは1941年に雲南省から山越えをして、30年ぶりに故郷のベトナムに帰って来た。スーツを脱いだホー＝チ＝ミンは田舎のオッサンのような半ズボンと開襟シャツ姿で活躍を始める。ベトナム統一のための統一戦線組織「ベトナム独立同盟会」（通称「ベトミン」）を作って、反日武装闘争をおこなったのである。それは苦しくもつらい忍耐の日々だった。

1945年8月15日、大日本帝国は戦争に負けた。

権力が空白状態になった今こそチャンス！というわけでホー＝チ＝ミン率いる「ベトミン」が各地で蜂起して臨時政府を樹立、今までフランスや日本の操り人形になっていた阮朝のラストエンペラー、バオダイを退位させ、9月に「ベトナム民主共和国」を建国した。

やった！　ついに独立を達成！　と思いきや、この瞬間からホーおじさんの地獄が始まったのだ。

解答と解説

復習ポイント の答え

東南アジアにおける民族運動の一覧

インドネシア

年	運動	運動の目的・内容
1911～	**イスラーム同盟**	ムスリム中心の独立運動
1912年	(サレカット＝イスラム)	
1920年	**インドネシア共産党設立**	**アジア最初の共産党**
1927年	**インドネシア国民党設立**	スカルノが中心で設立 →ムルデカ運動を起こす

ベトナム

年	運動	運動の目的・内容
1925年	**ベトナム青年革命同志会**設立	**ホー＝チ＝ミン**が中心となった社会主義団体
1930年	**ベトナム共産党→インドシナ共産党設立**	

ビルマ

年	運動	運動の目的・内容
1930年	**タキン党の独立運動**サヤ＝サンの農民反乱(～1932年)	知識人中心の独立運動がタキン党として活発化

第一次世界大戦後のアジア世界では**党を中心とした**民族独立運動が盛んになり、**ロシア革命の成功により社会主義の影響が強くなります。**しかし、実際に独立が達成されるのは第二次世界大戦後のことになります。また、タイやトルコのように王政や帝政であった地域では立憲を目指した革命や運動がおこなわれ、立憲制度が確立していきます。

アクティヴィティ の答えの一つ

徹底した近代化運動が共通しています。服装や髪型だけでなく社会体制や制度までも(例:憲法や議会の設置)生活のすべてを変えようとしたことが日本とトルコに共通しています。ただしトルコの方が後発だけに、改革はより徹底していて女性解放やローマ字の採用にまで及んでいます。この近代化運動は19～20世紀にかけての欧米列強の圧力に対抗し、独立を守るための手段としておこなわれました。

最後の門 の答え

問1　ア
問2　問A　セーヴル　　問B　4
(解説)

問1　**1920年のインドネシア共産党設立がアジア最初です。**ちなみに中国共産党は1921年、日本共産党は1922年設立です。フィリピン共産党は設立は1930年であり、インドシナ共産党の設立と同じ年です。ビルマ共産党の設立は1939年で、この時のビルマ共産党の書記長は、なんとタキン党書記長となるアウン＝サンでした。

問2　パン＝イスラーム主義を掲げ、ムスリムの連帯を訴えたのは思想家のアフガーニーです(テーマ42参照)。またトルコ共和国憲法は政教分離を特徴にしていますので、ケマルが「イスラーム教を国教にした」という記述は誤りです。

55 西アジア・アフリカの民族運動
── 独立にはそれぞれの事情あり

へぇー、ケマルって日本の明治天皇が好きだったんだ。

ハッサン先生

尊敬していたようですね。1890年、来日していたオスマン帝国の軍艦エルトゥールル号が帰国の途についたが台風で遭難した際、和歌山県の串本町の漁民が総出で救出作業をおこないました。このことからトルコと日本の友情が深まったことも知っておきたいですね。串本町には現在、ケマル＝アタテュルクの騎馬像が建っていますよ（→）。

第1組曲 西アジア編──やっぱり民族主義へのお目覚めがきっかけ

① エジプト：第一次世界大戦の消耗が独立につながる

エジプトはムハンマド＝アリーの子孫が王として名目上は統治していましたが、事実上の支配者はイギリスでした。このイギリス支配からの独立を目指して1881年に**ウラービー**（オラービー）が反乱を起こしましたが、鎮圧された上にエジプトは1882年に**イギリスの事実上の保護国**にされてしまったのです。ま、このことはテーマ24でも説明しておりますよ。

しかし、第一次世界大戦後のウィルソンの「十四カ条」の「民族自決」の影響を受けて、エジプトでも民族独立を求める声が高まり、地主や民族資本が中心となって**ワフド党**という民族主義政党ができます。

まあ、イギリスの立場から言えば第一次世界大戦で大変な出費と痛手を受けており、戦前よりも弱体化しているわけです。その上、ウィルソン大統領が「民族自決」なんて余計なことを言ってくれたもんだから、インドや中国、東南アジアなど世界の各地で独立運動が大いに盛んになってしまった。そこでイギリスにとって、一方的に外国を植民地化する帝

ワフド党

エジプト

国主義的拡大は割に合わなくなってきたわけです。だから、経済や軍事上で美味しいところだけは手元に取っておきながらも、うまみのない土地には自治を認める、というか放り投げてしまうという政策に少しシフトしてしまったのですね。もっともインドのようなうまみのある土地はもちろん手放さないのだけれども。

エジプトの場合、意外にあっさりとイギリスは独立を認めてくれた。

こうして**1922年にエジプト王国**として独立しますが、どっこい、イギリスは一番美味しいところだけは手放さなかった。それは**スエズ運河地帯駐屯権**、**スーダン領有権**です。スエズ運河は地中海とインド洋をつなぐイギリス帝国の最重要ラインなので、これは渡しませんでした。

② **アフガニスタン：地理的に塩梅のいい場所は取り合いの中心地に！**

アフガニスタンはイギリスが2度の**アフガン戦争**でやっとこさ、手に入れた保護国です。このことはテーマ25に書いてありますよ。しかし第一次世界大戦で消耗してしまったイギリスは、1919年の**第3次アフガン戦争**で敗北し、アフガニスタンはついに王国として独立を達成します。ロシアは革命で去り、イギリスもアフガン戦争で負けたため、アフガニスタンは英露によるグレートゲームからやっと解放されます。しかしやれやれと思いきや、第二次世界大戦後に今度はソ連とアメリカによる新たなグレートゲームに巻き込まれ、ソ連の侵入やテロ組織の支配を受けてしまうのです。山岳地帯のアフガニスタンがこんな目にあうのも、地理的に「インドの門」にあたることが響いていますねぇ。

③ **イラン：英露のにらみ合いの舞台で新しい王朝が独立を達成**

イランもイギリスとロシアのグレートゲームの舞台になってしまった場所です。19〜20世紀のイランの歴史はテーマ24と42を復習してくださいね。当時のイランの王朝はガージャール朝ですが、イギリスとロシアに国を勝手に山分けされ、無力な存在でした。しかし第一次世界大戦後、**レザー＝ハーン**という軍人が活躍し、イギリスやロシアの勢力を押さえ込むことに成功しました。このレザー＝ハーンが住民の支持を受けて1925年にガージャール朝を滅ぼして、**パフレヴィー朝**を開きます。レザー＝ハーンはまず積極的な近代化改革をおこなっていますね。軍隊の装備と編成を西欧風に変え、官僚制を整備し、フランス風の民法典を導入します。またイランのナショナリズムを強調し、国名をペルシアからイランと変えます。つまり、「**国民国家建設**」＋「**近代化**」が彼の目標でした。

レオニード＝ブレジネフ　　アフガニスタン　　ジミー＝カーター

🗣️ レザー＝ハーンはケマルとやったことが似てますねえ

そうですね。しかし、ケマル＝アタテュルクがトルコを共和国にして、自ら大統領となったのに対し、レザー＝ハーンは皇帝（シャー）に即位したところが違います。20世紀になってからの帝政は古いと思いますよ。

④ アラビア半島と中近東地域：西欧諸国との関係が実はキーポイント

第一次世界大戦まで、アラブの諸部族はオスマン帝国の支配下にあったのですが、第一次世界大戦中の1915年にイギリスがアラブの独立を約束したことはテーマ45で勉強しましたね。そう、**フセイン・マクマホン協定**でした。この協定の調印者のハーシム家のフセインはアラブ諸部族のリーダー的存在で、『アラビアのロレンス』こと T.E. ロレンスの助けを借りてオスマン帝国と戦ったのです。しかし、イギリスの三枚舌外交で約束は裏切られてしまい、**サイクス・ピコ協定**によって中近東は英仏に支配されてしまいます。もっとも支配の名目は**委任統治**でした。いわゆる「いやあ、国際連盟から委任されたので、しかたなく独立まで面倒を見てあげてるんですよ」という言い分だったのです。この時の取り分は、フランスがシリア、イギリスがトランスヨルダンとイラクでした。最初、フセインはイギリスの支援を受けて、アラビア半島の西側、紅海沿岸の地域に1916年に**ヒジャーズ王国**を建国しました。しかし1924年にトルコ共和国のケマルがカリフ制を廃止した際、フセインが「待ってました」とばかりに、勝手にカリフを名乗ったのはまずかったですね。反発したアラブ諸部族の支援とイギリスの内諾を得ていた**イブン＝サウード**が同じ1924年にこのヒジャーズ王国を制圧し、1926年に新しく**ヒジャーズ＝ネジド王国**を作ってしまいます。

🗣️ ヒジャーズって何ですか？　もうわけわかりません！

うん。アラビア半島の紅海沿岸の地域を「ヒジャーズ地方」と呼び、アラビア半島の中央部を「ネジド地方」と呼ぶのです。これは単なる地方名にすぎませんね。そこでイブン＝サウードは1932年に**サウジアラビア王国**を建国します。「**サウード家のアラビア**」という意味です。実はですねえ、サウード家はテーマ24にすでに出てきています。イスラーム主義のワッハーブ派を支援してきたアラビア半島の豪族でして、そのためサウジアラビアは現在もイスラーム主義に基づく、厳しい宗教生活を送っているのです。

レザー＝ハーン

イランのパフレヴィー朝と近代化

**／一部のイスラーム主義者によるテロ行為に厳しい欧米諸国が、サ
＼ウジアラビアのイスラーム主義にぬるいのはなぜなんだろう？**

こっそり言うとサウジアラビア王家はイギリスやアメリカによる石油支配を認めている
からです。特に「セブンシスターズ」の支配……。

マリエッタ先生：はいっ、そこまで！　瑠奈さん、これはね、あなたが知らなくてもいいこと
なのよ。ハッサン先生、ご苦労様！　じゃあねー！

と、いうわけでイギリスに見放されてしまったフセインは、無念を叫びながらキプロス島
に亡命したわ。さすがにイギリスはバツが悪かったのか、フセインの子どもたちを中近東
の支配地の王様にしてあげた。ロレンスとともに戦ったファイサルには、1932年に**イラク
王国**を建てさせ、1946年にはアブドゥラに**ヨルダン王国**を建国させたわね。このうちヨル
ダン王国は現在も続いているわよ。

肝心のパレスチナだけれどイギリスが委任統治領という名目で支配したわ。でも**バルフ
ォア宣言**(テーマ45参照)でユダヤ人国家建設の支持をイギリス政府が約束してしまったか
ら、多くのユダヤ人がパレスチナに流れ込んで来たの。特にヒトラーによる迫害の時は多
くのユダヤ人移民が増大したわね。そのため現地のアラブ人とのトラブルが頻発してしま
い、イギリス当局も困ったあげく、1948年に委任統治を断念してしまったのよ。これが中
東戦争の始まりになるわ。

第**2**組曲　アフリカ編──すべての運動がアフリカに流れ込む！

民族自決の流れはアフリカにも大きな影響を与えているわね。なに
しろエチオピアとリベリア以外はみーんな植民地だったから。始まり
はアジアの国々と同じで、アフリカの留学生が欧米に留学して、自由
と独立の意識を学んだことがきっかけね。特にアメリカ黒人の知識人
の働きかけが大きかった。黒人で初めて博士号を取ったアメリカの**デ
ュボイス**(→)が「**アフリカにアフリカ人の独立国を作ろう**」と呼びか
けたことから、**パン＝アフリカニズム**の運動が起こったのよ。このパン＝アフリカ運動を進

マクドナルド　　フセイン　　ヒジャーズ王国　　イブン＝サウード

ヒジャーズ王国の滅亡

めるため1900年に反植民地主義と人種差別反対を訴えた**パン＝アフリカ会議**がロンドンで、1919年にはパリで開かれています。特に1919年の会議はデュボイスがフランス首相クレマンソーに10万もの黒人が第一次世界大戦で勇敢に戦ったことを訴え、クレマンソーの支援を取り付けたので大成功に終わります。このパン＝アフリカ会議が第二次世界大戦後のアフリカ独立運動を支える組織になるのよ。

　また、1912年には**アフリカ民族会議（ANC）**が南アフリカで設立されたけど、この会議の特徴はガンディーの非暴力・不服従運動の影響を強く受けていることね。南アフリカのアパルトヘイトに強く反対したため、非合法化され、指導者の**ネルソン＝マンデラ**は28年も牢獄に閉じ込められたけれど、アフリカ民族会議の運動のおかげで白人のデクラーク大統領の時にアパルトヘイトは廃止され、後にマンデラは南アフリカ共和国の大統領となります。

次回予告　「世界恐慌」とは何じゃらほい？

　簡単に言うと、**わずか数日のうちに国の垣根を超えて世界のあちこちの国が急激に不景気になってしまうことね。**会社はバタバタと潰れてしまい、失業者が町にあふれてしまうのよ。え、なんでそうなるのかって？　景気というものは極端によくなると反動がきて、ある日突然に劇的に落ち込んでしまうの。そのきっかけは、やっぱり株に代表される先物取引ね。政経でも習うけれど、世界史でももちろん取り上げるわよ。

復習ポイント

西アジアで現在でも王政を保っている国はどこでしょうか。

アクティヴィティ

あなたがイギリス首相なら、どの土地を手放したくないですか。

バルフォア宣言

○ エルサレム

バルフォア

第一次世界大戦後の西アジア・アフリカ史年表

1916年	ハーシム家のフセインがアラビアにヒジャーズ王国建国
1918年頃	エジプトに民族主義政党ワフド党設立
1919年	第3次アフガン戦争でイギリス敗北→アフガニスタン独立
1922年	ワフド党を中心にエジプト独立を達成→エジプト王国成立 「けれどもイギリスはスエズ運河の支配権はちゃんと保留している」
1925年	イランでレザー＝ハーンがガージャール朝を滅ぼしてパフレヴィー朝を開始 →1935年に国名をペルシアからイランに改称
1924年	サウード家のイブン＝サウードがフセインを追い出して、1926年にアラビアにヒジャーズ＝ネジド王国を建国 →1932年にサウジアラビア王国となる (首都はリヤド) 「ヒジャーズもネジドも地方名だから日本風に言うと『東海＝中部王国』といった感じになってしまうので、『サウード家のアラビア』に国名を変えたわけね」
1932年	イラク王国が独立
1946年	ヨルダン王国の独立 「西アジアでの民族運動はとりあえず『王国の建設』という形で落ち着くことが多いようね」

最後の門 下の問題は大学入試問題を出典にした問題です。答えなさい。

問1 1925年にイランでパフレヴィー朝を開いた人物は次のうちどれか。

① イブン＝サウード ② ムハンマド＝アリー

③ レザー＝ハーン ④ ムスタファ＝ケマル

(名古屋学院大・改)

問2 （ 1 ）にあてはまる最も適当な語を語群から選びなさい。

イギリスの保護国となっていたエジプトでも（ 1 ）を中心に独立運動が広がり、1922年にイギリスは保護権を放棄したが、スエズ運河の支配権は維持した。

a. ワフド党 b. バース党 c. タキン党 d. カティプーナン党

(関西学院大・改)

ケマル
オスマン帝国の破壊者・トルコの父

かつての偉大なオスマン帝国は17世紀後半以降、没落のしっぱなしであった。東大生協でベストセラーとなった『世界史』(中公文庫)の著者である歴史家マクニールの考えでは、オスマン帝国が弱かったのは「**帝国であったから**」と言う。多数の民族を支配する帝国には、「国民」や「民族」が持っている必死の情念や、団結力が欠けていたのである。そこで役立たずのオスマン帝国をぶっ潰し、トルコ人としての民族意識を燃え立たせて、トルコ共和国を建国したのが「トルコの父」こと**ケマル＝アタテュルク**である。

ケマルは1881年、当時はオスマン帝国領のマケドニアに役人の子として生まれた。父が早く死に、母が再婚したので、家に居づらくなったケマルは士官学校に入学し、西洋式の教育を受けることとなった。この軍人としての道がケマルの一生を決定することになる。

熱血青年であったケマルは愛国団体「青年トルコ」に加わり活躍をする。青年トルコは政権を握ったものの、今度は軍事政権に付きものの内輪もめや反動独裁が続いたため、オスマン帝国は第一次世界大戦では負けっぱなし。唯一、ケマルだけがガリポリ半島での戦いでイギリス軍を打ち破り、当時の海軍大臣チャーチルを悔しがらせるほどの軍功をあげた。しかし第一次世界大戦はオスマン帝国のみじめな敗戦に終わり、ギリシア軍が小アジアの**イズミル**地方を占領してしまう。

この時、ケマルは小アジアの山奥にあるアンカラに**大国民議会**を開き、連合軍の侵略に徹底的に抵抗することを誓った。この時、**ケマルは「帝国」という古いカラをついに脱ぎ捨て、トルコ民族による新しい「国民国家」を作り上げることを心に誓ったのである。**

ケマルは自ら新たな「トルコ」軍を率い、ギリシア軍をサカリヤ川で迎え撃った。ギリシア軍の猛攻撃におびえるトルコ軍の中でケマルが立ち上がると「**トルコ市民諸君！　私に続けーっ！**」と叫んで突撃をおこなった。全軍がふるい立ち、激戦の末にイズミル地方からギリシア軍を撃退したことで、ケマルの名前が天下に知れわたる。

1922年にスルタン制を潰したケマルは1923年7月に**ローザンヌ条約**を結び、バルカン半島の領土を取り返し、治外法権を撤回させた。歓喜したトルコ人の圧倒的支持のもと、1923年10月に新しい共和国を作った。**トルコ共和国の誕生である。**

*

初代大統領となったケマルには、多くのするべき仕事があった。

国民国家となったトルコを近代化させることが第一だった。そのためにケマルは**政教分離**を断行した。イスラーム法(シャリーア)を廃止し、ヨーロッパ民法が取り入れられた。ターバンは禁止され、宗教学校(マドラサ)を閉鎖し、大学を創設した。1924年に西欧の影響を受けたトルコ共和国憲法を制定し、**カリフ制を廃止した。**トルコ語のアラビア文字表記もやめさせ、トルコ語をローマ字で表記させた。

こうしてトルコはイスラーム諸国の中で一番西欧化した国となった。1938年11月10日。強大な独裁者ケマルは執務中に肝硬変で亡くなった。トルコで「アタテュルク」(父なるトルコ人)と呼ばれているのはケマルのみである。

解答と解説

復習ポイント の答え

2023年現在、西アジアにおける王国は**ヨルダン・オマーン国・バーレーン王国・サウジアラビア王国**です。

(**アラブ首長国連邦**のように、各首長国の首長が世襲（せしゅう）で政権を維持している制度の国もあります。アラブ首長国連邦の中で経済的に突出しているのは**ドバイ**であり、中東の経済的中心地として発展しています)

これらは石油を産出する国々ですが、ヨルダンは石油が出ません。ただしヨルダンはイスラエルと隣接している国であり、多くのパレスチナ難民を受け入れていることから欧米諸国の援助を受けています。

(元王国でありながらも20世紀に共和国となっている国の例は、イラン・イラク・アフガニスタン・イエメンです。これらの国々はソ連からもたらされた**社会主義**や**イスラーム原理主義**の影響を受け、イランのようなシーア派でまとまっている国を除いて、国家が戦乱や混乱状態に陥っているケースが多いのが実情です)

アクティヴィティ の答えの一つ

陣取りゲームと同じですが、**インドや中国**のような産業が盛んで、しかも交通上重要な地域は手放さずにおきたい場所でしょう。インドや中国(長江流域)を守るためには、入口にあたるアフガニスタンやビルマを押さえてガードしておかねばなりません。

また、面積が小さいながらも世界貿易に重大な影響を与える海峡もぜひ押さえておきたいところです。そのため、実際にイギリスは**ジブラルタル海峡やマラッカ海峡**、そして**スエズ運河**の領有にこだわりました。

ただし土地の維持にはカネも手間もかかるため、イギリスの場合白人が主導権を握っている地域(カナダやオーストラリア、南アフリカなど)は**自治領**とするケースも増えていきました(テーマ

31参照)。また、その地域の王や首長がイギリス本国に従順な姿勢を示している場合は独立を認める場合がありました。サウジアラビア王国などがその例です。よく考えてみるとローマ帝国と大英帝国はやっていることが似ています。

最後の門 の答え

問1 ③   問2 a

(解説)

問1 **パフレヴィー朝を開いたのはレザー＝ハーン。**①のイブン＝サウードはサウジアラビア王国の建国者。②のムハンマド＝アリーはエジプトのムハンマド＝アリー朝の建設者(テーマ24参照)。④のムスタファ＝ケマルはトルコ共和国の初代大統領。

問2 **20世紀の世界史には党の名前がよく出てくるので注意。**bのバース党は第二次世界大戦後に出てくるシリアとイラクのアラブ民族主義的政党。cのタキン党はビルマの民族運動組織。dのカティプーナン党はフィリピンの秘密結社。

第**7**章

世界恐慌による世界の激変
ファシズムの不気味な成長

56 世界恐慌
——処方箋によって運命が変わる？

株ってさ、なんで急に暴落するんだろ？

株というものは社会経済のすべての健康状態を象徴しているものよ。株の値段が急激に下がってしまった場合は、それまでごまかして元気なフリをしていた人が、実はかなりの重病であることが知られてしまったのと似ているわ。1920年代のめっちゃくちゃ景気のよいアメリカ経済が、実は重い病を抱えていたのがバレちゃったのね。

暗黒のオープニング 世界恐慌の発生——その日は突然やってきた！

　景気がよい時は株の値段は上がっていくので、100万円で買った株が来月は150万円になっているのだったら、働くのがバカらしくなってくるわ。だから、みんな貯金なんかほとんどせずに、財産で株を買っていたのね。20年代のアメリカ人はイケイケ気分でジュリアナ踊りならぬ、チャールストンを浮かれて踊っていたわ（→）。しかし、永遠の繁栄を謳歌していたアメリカにもついに破滅の日がきてしまったのよ。景気の頂点まで上りつめてしまったアメリカでは、車や農産物が大量に

売れ残ってしまうようになっていたのね。経済がヤバい状態になっていることに気が付いている人もいたけれど、博打（バクチ）で頭が熱くなっているのと同じで、みんな考えなしに株にお金を投資していたわねえ。そして、とうとう1929年10月24日にアメリカ経済でモノが売れなくなっていることがバレてしまって、ついに株の大暴落が始まったのよ（暗黒の木曜日）。ニューヨーク株式市場がある**ウォール街**ではなんとか売れるうちに株を売ろうとして多くの人たちがわらわらと集まっていたけれど、時すでに遅く株券はみんな紙切れになっていたのよ。この様子はコラムに書いてあるけれど、ひどい話だわ。銀行から株を担保にしてカネを借りていた企業は、この株の大暴落のためにカネが返せなくなり、みーんな倒産し

1929年10月24日

てしまい、そのために失業者が町にあふれてしまった。

　この世界恐慌が起こった時のアメリカ大統領は共和党のフーヴァーだったけれど、この非常事態にもかかわらず、何もしなかったわ。

　👩‍🦰〈ええっ？　何もしなかったって、国民を見殺しにしたの？

　彼は経済を楽観していたのよ。フーヴァー大統領はテーマ50にも書いてあるように、「自由放任経済」を信じていたのね。つまり「神の見えざる手によって経済は作られるのだから、自然に経済は回復する」と信じ込んでいたのよ。しかし事態は悪化するばかりで、アメリカ経済は早く手術しないと手遅れになる直前になってしまったわ。

第1ラウンド　世界に広まる大恐慌──襲いかかるキングボンビーの恐怖

　失業し、住むところを追い出されたアメリカ人は、バラック小屋を公園に作って屯する（たむろ）ようになったの。人々はこの集落を皮肉って「フーヴァー村」と言っていたわ。このままでは社会主義革命が起こる一歩手前にまでアメリカは追い詰められた。そしてアメリカの経済崩壊は世界中を飲み込んでいったわ。特にアメリカと経済的に密接な関係があった<u>ドイツ</u>が一番ひどい目にあった。テーマ49でも説明したけれど、1924年の**ドーズ案**によってアメリカ企業がドイツに工場を建てて経済援助をした関係で、ドイツはアメリカ経済と切っても切れない関係にあったのよ。やむを得ずフーヴァー大統領は1931年に**フーヴァー＝モラトリアム**を宣言して、1年間だけドイツの賠償支払いを停止したことはテーマ49で言ったわね。しかしフーヴァーは経済政策自体が無策だったから、この宣言も結局は焼け石に水の結果になってしまったわ。逆に社会主義国だったためにアメリカと国交もなく、経済的にも無関係だった<u>ソ連は大恐慌の被害が少なくて済んだ</u>のは皮肉ねえ。

第2ラウンド　ニューディールの始まり──まずカードを平等に配り直し

　「この大統領はダメだ、こりゃ」ということでフーヴァーに代わって1932年の選挙で大統領に選ばれたのは、**民主党のフランクリン＝ローズヴェルト**。20世紀初頭のアメリカ大

NO MORE
GIVE US A JOB
STOP
フーヴァー
神の見えざる手

統領、「テディ」ことセオドア＝ローズヴェルトのいとこにあたる人物よ。実は壮年期にポリオにかかり、普段は車椅子で移動していたの(→)。ただし彼のリーダーシップは抜群で、1933年に大統領に就任するやいなや、ニューディールと呼ばれる政策を実施します。

> **ニューディールって何それ？　意味わっかりませ〜ん**

　フランクリン＝ローズヴェルト大統領が推し進めた経済政策よ。日本では「新規まき直し」と訳しているようね。どうもトランプゲームの用語で、「カードを改めて配り直す」という意味みたい。フランクリン＝ローズヴェルト大統領が配り直したのは「富」なのよ。今まで共和党がおこなっていた金持ち中心の政策を改めて、**国民全体を豊かにすることによって大不況から脱出しようとしたの。**そのために**国が経済に積極的に介入すること**をフランクリン＝ローズヴェルト大統領は平気でおこなったのね。ダムや橋を作るなどの**公共投資**をドカドカおこなって、失業者に職を与えることを優先したのよ。このような「不景気の時には政府は公共投資をすべし」という政策は今では常識となったらしいけど、元々はイギリスの経済学者ケインズの理論の影響を受けたものらしいわ。

　まずフランクリン＝ローズヴェルト大統領は1933年3月の大統領就任の翌日から全国の銀行を閉鎖させ、検査官を派遣して紙幣を供給し、信用ができる業績良好な銀行から再開させたわ。経済復興のために何よりも大切だったのはまず銀行の信用を取り戻すことだったのよ。銀行閉鎖については大統領自らが「炉辺談話」というラジオ放送で国民に親しく語りかけ、政策について説明したため、国民はパニックを起こさずに済んだのね。政治にラジオなどのマスコミを最初に積極的に使ったのはフランクリン＝ローズヴェルトとヒトラーだと思うわ。

第3ラウンド　ニューディールの実施── 100日間の大激闘！

　1933年、フランクリン＝ローズヴェルト大統領は議会の期間をいきなり延長したわ。その100日の間に大統領は優秀な学者たちを集めて、経済政策を立案させ、ドンドン議会に

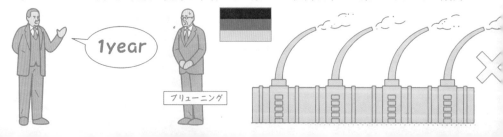

1year

ブリューニング

提出して可決させたのよ。なにしろ国の破滅は間近に迫っていたから、グズグズしてはいられない。ともかく失敗を恐れてはいられなかったわ。この100日間こそが真剣勝負だったわね。

　まず可決させたのは農業調整法（<u>A</u>gricultural <u>A</u>djustment <u>A</u>ct：略称は **AAA**）という法律。「農産物の生産量を調節する」ことがＡＡＡの内容だわ。当時の農家はもうけのために、むやみやたらと小麦や綿花を作りまくったので、農産物の値段が暴落してしまい、逆に農家が食っていけなくなってしまった。そこでこの法律で農産物の生産量をわざと減らしたの。この削減に協力した農家には政府から補助金が出されたので穀物や綿花の値段は安定し、農民も一息つくことができた。

　次はテネシー川流域開発公社（<u>T</u>ennessee <u>V</u>alley <u>A</u>uthority：略称は **TVA**）という組織を作ったわ。これは昔から貧しい山間農業地域だった<u>テネシー川流域にダムを建設する、新しいプロジェクト</u>だったのよ。こうすれば失業者を大量に労働者として雇うことができるし、ダムで作った電力を大都市に供給して、都市の産業を活性化できるわけね。

　そして100日間のリミットギリギリに提出されたのが、全国産業復興法（<u>N</u>ational <u>I</u>ndustrial <u>R</u>ecovery <u>A</u>ct：略称は **NIRA**）ね。この法律の内容はちょっと複雑だけれども重要よ！　まず①<u>企業や工場の生産に規制をかけて、生産量を国が調整した</u>のよ。要するに「自分勝手にモノを乱造するな。抜けがけをするんじゃない。お上の指導に従え」ね。そして②<u>全国の公共事業を推進した</u>わ。橋や道路、トンネルを作ることによって失業者の救済と、地方の産業の活性化を目指したわけ。最後に③<u>ワグナー法によって労働者に団結権と団体交渉権を認めた</u>の。最低賃金と最大労働時間も定めたわ。これは労働者の権利を認めることで、労働者の生活水準を引き上げて労働者の購買力を高めるのが目的よ。打ちひしがれていた労働者に希望と力を与えないと景気が回復しないからねえ。

作る量を国が決めるって、なんとなくソ連の計画経済みたいね

　あら、あなた冴えているわね。労働者の権利を認めるのを嫌がった大企業の経営者は渋い顔をしたわ。しかしフランクリン＝ローズヴェルトは「**現在は国の大非常事態である。その時には政府の指導力が問われる。だいたい自由放任で企業の活動を野放しにしていたから大恐慌が起こったのだ。これからの経済はお前たち企業の勝手にさせんわい！**」と

ニューディール政策

にらみを利かせたのよ。

最終ラウンド ニューディールの成果──労働者の勝利と経済回復へ

　ニューディールを国民に説明する際に、フランクリン＝ローズヴェルト大統領は「三つのR」で解説したわ。すなわち「**ニューディールとは国民の救済（Relief）、平等のための社会改革（Reform）、そして経済の回復（Recovery）である**」と。しかしニューディールには反発も大きかったわね。大企業の経営者はなんとかしてニューディールを潰そうとし、1935年には最高裁判所がNIRAに違憲判決を出しちゃったのよ。「州の政府がおこなうべき事業に大統領と議会は介入できない」というのが理由ね。ところがフランクリン＝ローズヴェルトの民主党はめげなかった。同じ1935年に民主党のワグナー議員が中心となって、NIRAの中の労働者の権利に関するところをワグナー法として議会で可決したのよ。

　こうして労働者の権利が確立したアメリカでは1938年に**産業別組織会議**（略称はCIO）という労働組合ができあがったのよ。アメリカにはすでに1886年に**アメリカ労働総同盟**（略称はAFL）という組合ができていたけれど。AFLが熟練労働者中心だったのに対し、新しいCIOは未熟な労働者中心に結成されていたのが大きな違いね。

　1937年以降、景気が停滞したこともあったけど、これは財政支出が大きくなってしまったのでやむなく支出を抑えたことが原因だったわ。

　復習ポイント

　「ニューディール」の内容を整理してみよう。

　アクティヴィティ

　世界恐慌前にアメリカが抱えていた「病」とは何だったでしょうか？

COLLECTIVE BARGAINING

（団体交渉）

世界恐慌を中心とするアメリカ史年表

1919年 ウィルソン大統領時代に禁酒法制定（1933年に廃止）

1927年 リンドバークが初の飛行機による大西洋横断飛行に成功
　　　　　🪖「禁酒法の時代ってアメリカが浮かれていた時代ね。けれども……」

1929年10月24日 「暗黒の木曜日」に株価が大暴落

1931年 フーヴァー大統領のドイツに対するフーヴァー＝モラトリアム

1933年 フランクリン＝ローズヴェルト大統領によるニューディール実施
　　　　　🪖「アメリカ人に聞いてみたけれど、発音は『ルーズベルト』ではなく、『ローズヴェルト』が正しいわ」

1935年 アメリカ最高裁判所がNIRAに違憲判決
　　　　　→労働者の権利を守るワグナー法成立
　　　　　→1938年に労働組合である産業別組織会議(CIO)が設立される

最後の門　　下の問題は大学入試問題を出典にした問題です。答えなさい。

問1　1920年代のアメリカに関することがらとしてあてはまらないものはどれか。

① 経済では自由放任政策がとられた。

② 1921年から12年間にわたって共和党政権が続いた。

③ 経済的な繁栄を背景として、1924年に移民法が施行され、移民の受け入れが増加した。

④ 1929年に起こったニューヨーク株式市場（ウォール街）の「暗黒の木曜日」は世界恐慌に発展した。
（国士舘大）

問2　こうしたアメリカの繁栄は、1929年10月のニューヨーク株式市場での株価の暴落に端を発する世界恐慌によって暗転する。（　1　）大統領は、1931年にドイツに対して賠償や戦債の支払いを1年間停止する処置をとったが、さしたる効果を生まなかった。翌年の選挙で大統領に当選した（　2　）はニューディールと呼ばれる一連の経済復興政策を実施した。

　問A　（　1　）、（　2　）にあてはまる人名を書きなさい。

　問B　下線部について、1935年に制定された労働者の団結権と団体交渉権を保障した法律はなんと呼ばれているか。その名称を答えなさい。
（日本女子大・改）

暗黒の木曜日
The Dooms Day「破滅の日」

1920年代のアメリカ合衆国は空前の好景気を記録していた。

フーヴァー大統領は、貧困との闘争が終了した宣言を発表し、町にはジャズが流れ、人々はチャールストンを軽快に踊って喜んでいた。

しかし、「その時」は刻一刻と近付いていた。

＊

1929年10月24日木曜日の午前10時25分にそれは始まった。

ウォール街の証券取引所での取り引きで、自動車大手のゼネラルモーターズ社の株価が突然80セント下がった。この微妙な亀裂に人々が気付いた時には、もう運命の歯車が回り始めていたのだ。

11時には株が売り一色になり、すべての株価が大暴落する。大手株式仲買人（ディーラー）たちは恐慌を回避すべく、必死で株を買い支えていたが、雪崩を食い止めることは誰にもできなかった。ウォール街周囲は不穏な空気に包まれ、群衆の暴動を抑えるため警官隊が導入された。シカゴとバッファローの市場は閉鎖された。そしてこの日だけで11人もの投機家が全財産を失って自殺した。

「暗黒の木曜日」（Black Thursday）と呼ばれたこの日こそ、世界恐慌の始まりの瞬間だった。

5日後の10月29日。ついに破滅が襲いかかってきた。24日の暴落以上の大暴落が起こり、午後の取り引きは中止された。歴史に記憶されるべきこの日は「悲劇の火曜日」（Tragedy Tuesday）と呼ばれる。

この大恐慌の原因は、売るアテもないのに農作物や工業製品を「作りすぎ」たことにあった。そして売れなくなったことがバレたのである。

この暴風は連鎖的に世界各国を襲った。特にひどい目にあったのは第一次世界大戦敗北後、アメリカ経済に依存してきたドイツである。企業は軒並み倒産し、大量の失業者を出した。そして生活苦にあえぐドイツの人々はついに「あの男」を救世主として選んでしまう。

＊

アメリカ大統領フーヴァーは無策だった、というよりも「国家は経済に口出しすべきでない」というアダム＝スミス以来の古典派経済学を信じていたため、「何もしないことがよい」と思い込んでいた。

そのため経済は悪化するばかりで、1932〜1933年には株価は80％も下落し、失業者数は1200万人、失業率は25％に達した。

この大恐慌を救ったのが1932年の大統領選に勝利したフランクリン＝ローズヴェルトである。裕福な家庭出身の彼は、セオドア＝ローズヴェルト大統領のいとこにあたる。この大統領はタフでエネルギッシュだった。彼はニューディール（新規まき直し）と称し、100日間に次々と法律を作りまくった。資本主義国で、初めて国家が経済に介入したのが、このニューディールだったのだ。

この考えの基礎となったのは英国の経済学者ケインズの理論である。「自由放任はもう古い。経済危機の時には、国家は経済に積極的に介入しなくてはならない。さもなければ市場は崩壊する」

徐々に景気は回復し、失業者はだんだん減っていった。そしてフランクリン＝ローズヴェルトはこの後、アメリカ合衆国の歴史上唯一、4回も大統領に選ばれることになる。

解答と解説

復習ポイント の答え

景気を回復させるための諸政策がニューディールの内容です。

政策・法律	略称	年代	内容	目的
農業調整法	AAA	1933年	農業生産を政府が統制	農業生産物の値崩れを防ぎ、農民の生活を安定させる
テネシー川流域開発公社	TVA		テネシー川流域を開発する	失業者を救済し、都市への電力を確保する
全国産業復興法	NIRA		工業生産を統制し、労働者の権利を認める	工業製品の作りすぎを防ぎ、労働者の生活を安定させる
ワグナー法		1935年	労働者の権利を改めて認可する	最高裁判所のNIRA違憲判決に対し改めて労働者の権利を確認

「①生産物の値崩れを抑え、②失業者に職を提供し、③労働者の生活を安定させる、の3点が景気回復への最大の手段となるけれど、そのためには①工業や農業生産を国家が統制し、②公共投資を積極的におこない、③労働組合とその活動を国家が認める必要があったのよ」

アクティヴィティ の答えの一つ

まず景気のよさをアテにして、**企業も個人もたくさんもうけようとしたこと**がアメリカの病の根源となります。景気がよいとたくさん売れるので、**生産品を作りすぎてしまいました**。その結果生産品が余ってしまいます。どんなに大食いでもお腹がいっぱいになると食べ物を残してしまいますが、それと同じように生産品が余ってしまうと、作っていた企業は損をしてしまいます。また額に汗して働かなくとも株を買えばもうかるので、貯金をせずに**株を大量に買っていたこと**も問題でした。会社も個人も、そして銀行までも株を大量に買ったのです。企業の損が表沙汰になると、株の値段は急激に下落し、多くの人が株

によってもうかるどころか大変な損害を受けてしまったのです。

最後の門 の答え

問1 ③

問2 問A （1） フーヴァー
　　　　　 （2） フランクリン＝ローズヴェルト
　　　問B ワグナー法

（解説）

問1 ③の移民法によって移民の受け入れは減らされ、特にアジア系をはじめとする有色人種の移民は許可されなくなります。

問2 問A（2）は「フランクリン」を必ず入れること。ローズヴェルトには「セオドア」と「フランクリン」という二人の大統領がいるからです。

　問Bは全国産業復興法（NIRA）と書かないこと。NIRAは1933年に実施されていますが、ワグナー法はNIRAの違憲判決を受けて、改めて1935年に議会で採択された法律ですので、年代が異なります。

57 恐慌の影響と日本のファシズム
──貧すりゃ鈍す

前回、アルファベットの略字が多く出てきて、もう混乱状態！

ああ、TVAとかNIRAとかね。アメリカ人やロシア人は政策や組織の名前を略して言うのが好きなのよ。日本人だって、けっこう略して言う癖があるわよ。「JK」とか「ドラクエ®」とか「けもフレ®」とかね。

アメリカンな序曲 「オー、あなた、私のフレンドねっ♡」

　フランクリン＝ローズヴェルト大統領の外交についても言っておかないとね。彼の外交の大きな方針は**善隣外交**よ。Good Neighbor Policyと英語では言うのだけれども、彼は特に<u>ラテンアメリカ諸国に対して友好的な姿勢をとった</u>のよ。今まで合衆国はラテンアメリカの政治に何かと言うと口(内政干渉)や手(軍事介入)を出していたけれど、ラテンアメリカ諸国に社会主義革命が広がるのを恐れて、友好的な関係を保とうとしたのね。まあ「微笑み外交」でラテンアメリカ諸国を自分の味方に付けようとしたわけ。例えばキューバにはアメリカが内政に干渉できるように、1901年に**プラット条項**をキューバ憲法に入れていたわ。これはテーマ34でも扱っているわね。しかしフランクリン＝ローズヴェルト大統領は1934年に**プラット条項**を廃止しています。言うなれば「他人の家に土足で上がる」ようなマネをしていたらまずいことに気が付いたのよ。ラテンアメリカ以外では1933年にフランクリン＝ローズヴェルト大統領は**ソ連を承認**したわ。

ヘー、ソ連を友達として認めたわけだ

　いや、承認した理由は大人らしい計算高いものよ。ソ連を承認することによって、<u>ファシズムの台頭を防げること</u>が一つ。もう一つは、ソ連を貿易相手国にすることによって、<u>アメリカの輸出を増やすこと</u>ね。そして1934年に**10年後のフィリピンの独立を承認した**のも

善隣外交

フランクリン＝ローズヴェルト大統領の善隣外交の業績ね。

第1幕 世界恐慌への英仏の対応──「ま、自分さえ助かればいいのさ」

① イギリス：ケチを貫き、ブロック経済でもうけは独り占め

　世界恐慌がウォール街で起こった時のイギリス首相は**労働党**のマクドナルド。そう、この人よ（→）。実は恐慌が起こる前の1920年代からイギリスは主要産業が停滞気味だったのよ。景気がよかったアメリカと違って第一次世界大戦の痛手をモロに受けたイギリスでは失業者が常に100万人を超えていたわ。そんな状況だったので労働党が失業者の票をまんまと集めることができたわけ。しかし世界恐慌の波をかぶってしまったイギリスは失業者の数がとうとう250万人を超えてしまったわ。失業者救済を

公約していた労働党だけれども、あまりに多くの失業者を抱えてしまったため、失業手当によって財政が大赤字になってしまった。そこでマクドナルドは「このままでは国が破産するので、出費を切りつめよう」と失業手当の削減案を提出したわ。けれども労働党は「この削減案を認めたら労働者や失業者の支持を失ってしまう……！」としてこの案を拒否した上に、マクドナルドを労働党から追放してしまいます。そこでマクドナルドはいったん首相を辞任した上で、**1931年**に敵である保守党や自由党と組んで**挙国一致内閣**を作ったわ。挙国一致というのは「**国の非常事態の時には、敵も味方も一致団結して取り組むべきだ**」という体制のことよ。マクドナルド挙国一致内閣が実施したのは**緊縮財政**。ともかくケチケチ大作戦でなんとか世界恐慌の嵐をしのいでいこうとする方針だったの。まずマクドナルドがやったのは「金本位制の停止」。イギリスのお金**ポンド**に価値があったのは、ポンドは金（ゴールド）と取り換えることができたからよ。このように貨幣を金（ゴールド）と交換できる経済体制を**金本位制**と呼ぶの。しかし、金本位制を続けているとイギリスの貨幣価値が上がることによって、イギリス製品の値段も高くなり、輸出が落ち込んでしまうことになるわね。そこでイギリスは金本位制を停止してわざとポンドの価値を低くし、自国製品の値段を下げて輸出の拡大を狙ったのよ。

緊縮財政

　そしてイギリスは、1931年に**ウェストミンスター憲章**を制定し、今までの大英帝国を「**イギリス連邦**」に組み替えたのね。詳しくはコラムを見てね。そしてイギリスはお仲間のイギリス連邦だけ関税を安くし、他の外国製品は関税を高くする**スターリング=ブロック**（ポンド＝ブロック）を作ります。ブロック経済を結成した**オタワ連邦会議**については、コラムを見てほしいわ。しかし自国の産業ばかりを保護して、外国製品をのけ者にするイギリスのやり方は自己中心的と言われてもしかたない。しかも1933年に世界経済会議がロンドンで開かれた時、アメリカのフランクリン＝ローズヴェルト大統領は他国から求められていた金本位制への復帰を拒否したわ。世界最大の経済大国アメリカが金本位制に戻ってくれれば、他の国々は安定したアメリカ＝ドルを踏み台にして自国の通貨価値を安く設定し、輸出増大による経済回復が容易になるのだけどね。しかしアメリカもまず自国の経済回復が第一なので、自分が腹を切って他国の経済回復を応援する気はさらさらなかったのよ。つまりイギリスもアメリカも、苦しい時は「背に腹は代えられぬ」というわけね。

② フランス：英仏のエゴと独占が、ファシズムの芽を育てる

　フランスは最初は世界恐慌の影響をあまり受けずに済んだわ。なぜならばフランスは金融業が盛んで金（ゴールド）をたくさん持っていたから、フランス通貨フランに信用があり、外国貿易は順調だったのよ。しかし時間が経つにつれ、世界恐慌の影響はボディーブローのように効いてきたわね。不況下の外国製品が安い価格で輸入され始めると、1931年頃からフランス国内でも工場が潰れ始め、失業者が増えてしまったわ。そこで、フランスも1933年にベルギーやオランダなどの友好国や植民地で「フランス＝フランを扱う国々との間のブロック経済（フラン＝ブロック）」を作り、仲間内で利益を分け合うようになったのよ。フランスも植民地をたくさん持っていたため、よそ者排除のブロック経済なんて裏技を使うことができたのね。結局はフランスも1936年になって金本位制を停止することになったわ。一方ドイツ・イタリア・日本などはポンド＝ブロックやフラン＝ブロックの地域との貿易が制限されてしまったので、経済が苦しくなってしまったわ。つまり日独伊は「うぬぬ、かくなる上は自分たちもブロックで囲めるような植民地を作るまでよっ！」という方向に追い詰められてしまったのよ。

③ ファシズムVS人民戦線：注目の一番は「腰砕け」で人民戦線敗北！

　この日独伊3国では世界恐慌をきっかけに、急激に右翼勢力が強化され、ファシズム政

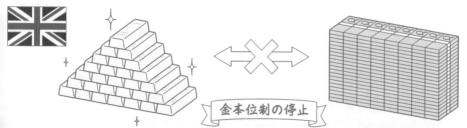

金本位制の停止

権が外国侵略を開始するようになったわ。

　特にドイツでナチ党を率いるヒトラーが1933年に政権を握ると、危機感を持ったフランスはソ連と1935年に仏ソ相互援助条約を結んで、ファシズム勢力に対抗するようになったわ。つまり「お互いヒトラーに攻め込まれたら助け合おう」というわけね。そして1936年にフランスの人民戦線内閣が誕生します。フランス社会党のブルム首相を中心とする社会主義勢力が団結し、反ファシズム政策をおこなったのね。この人民戦線というのは、「ファシズムと戦争に反対する全勢力が結集して手を結んだ連合」のことよ。それまでは各国の共産党を指導するコミンテルンは、共産党のみによる社会主義革命を目指す「攻め」の姿勢だったわ。しかしヒトラーを中心とするファシズム勢力の台頭と圧力に対抗するため「敵でないものは味方」のスローガンを掲げ、「守り」のために反ファシズム勢力を結集した人民戦線を認めるようになったの。この人民戦線には共産党以外の左派政党や組合、そして知識人や宗教組織までも加わっていたわ。もちろん影で人民戦線の方針を決定していたのはソ連のスターリン。彼はヒトラーの脅威を恐れ、これに対抗するために、1935年にモスクワで開かれたコミンテルン第7回大会で人民戦線の方針を決定させたのよ。実際にフランスやスペインで人民戦線内閣が作られたけれど、結局はファシズム勢力の攻撃に人民戦線は立ち向かえなかったわ。理由？　それは人民戦線と言うとカッコよく聞こえるけれど、その実態は寄せ集めのごった煮だったからよ。統率がとれているファシズム勢力にはとてもかなわなかったのが実情ね。

第2幕　世界恐慌への日本の対応──「ダルマさんが転んだ！」

　さあて、次は日本が主人公よ。世界恐慌が起こった1929年時点の総理大臣は浜口雄幸、大蔵大臣は井上準之助だったわ。この時日露戦争の借金の返済期限が近付いていたので、日本は金本位制に変える必要があった。実は日本は外国からこんなふうに攻められていたの。「コラッ。借金返さんかい！　え？　『これで返しますって……』て、なんや、こりゃ手形やないか。フン、現金で返さんかい！　現金も紙切れじゃダメや。金で保証された価値のある現金で返せ。さもないと、これからは取引せえへんでぇ！」

　そこで外国の信用を得るために、井上大蔵大臣は国民に節約を呼びかけてなんとか金

フランブロック

本位制を実現したけれど、これが1930年の1月だったのよ。つまりウォール街の「暗黒の木曜日」の直後だった。緊縮財政をとっていた日本では次々と企業が倒産し、日本の生糸農家は輸出が激減して食っていけなくなり、娘を売りに出すまで追い詰められてしまったの。ここに登場したのが新しい犬養毅内閣の大蔵大臣高橋是清よ。あだ名は「ダルマさん」（→）。まあ、よく似ているわね。1931年に大蔵大臣になった高橋是清は景気回復を優先した経済政策をおこなっている

わ。まず「**金本位制を停止**」。円は信用を失ってしまい価値は急落したけれど、その代わり輸出品の価格が下がったおかげで日本の海外輸出が伸びたのよ。そして「**低金利政策**」をとって企業が銀行から資金を借りやすくしたのね。最後が「**日銀が国債を全部買う**」。国が出した借金証書である国債を日本銀行が買うことで国は大量の資金を手に入れたわ。この資金をもとに政府が大規模な公共投資をおこなったわけ。こうしてダルマさんのおかげで不況を乗り越えた日本は先進国の中では一番早く世界恐慌から脱出できたわ。ただし、ちょうどこの頃日本の軍部は不況脱出のために海外侵略をもくろんでいて、中国に駐留していた日本の**関東軍**（日本の海外派遣軍隊の一部：北京近郊にある山海関より東に駐留していたので「関東」軍と呼ぶ）が柳条湖事件を起こし、それを口実に中国東北部に勝手に侵略を開始したのよ。これが1931年の満洲事変よ。犬養内閣は関東軍の勝手な行動に怒ったわ。けれども軍を強く批判した内閣を軍部は逆恨みし、テロを起こしたの。**1932年の五・一五事件**で犬養毅首相が、そして**1936年の二・二六事件**で高橋是清大蔵大臣が軍の若いモンによって殺害され、日本の政党政治は終わってしまうのよ。

478

復習ポイント

イギリス・フランス・日本の世界恐慌への対応を整理してみよう。

アクティヴィティ

不景気の時に政府がとるべき対応は何が効果的でしょうか？

ファシズム VS 人民戦線

世界恐慌を中心とする英・仏・米・日本史年表

1931年	イギリスのマクドナルド首相が挙国一致内閣を作る

1931年 日本の関東軍が柳条湖事件によって満洲事変を起こす
→中国東北部(満洲)への日本軍の侵略

1931年 イギリス挙国一致内閣が金本位制停止
→1933年にアメリカのフランクリン＝ローズヴェルト大統領もアメリカの金本位
制を停止

1931年 日本の高橋是清大蔵大臣が金本位制を停止
「金本位制を停止する理由は二つあるわ。一つ目は自国の金が外国へ流出する
ことを防ぐため。二つ目は自国の製品の価格を下げて輸出を増やすためよ」

1932年 オタワ連邦会議でイギリスのブロック経済方式を決定

1933年 アメリカがソ連を承認

1934年 アメリカがキューバのプラット条項を廃止

1935年 ファシズムに対抗するために仏ソ相互援助条約を締結

1936年 フランスでブルムを首相とする人民戦線内閣が成立

最後の門 下の問題は大学入試問題を出典にした問題です。答えなさい。

問1 フランクリン＝ローズヴェルト政権の外交政策として<u>あてはまらないもの</u>は、次のうちどれか。

① ソ連を承認した。　② フィリピン独立法を通過させた。

③ キューバにプラット条項を押し付けた。　④ 金本位制への復帰を拒否した。

問2 イギリスでは、1931年、(1)が挙国一致内閣を組織し、財政削減と金本位制の停止を実施
した。1932年には恐慌克服のためイギリス連邦経済会議を開催し、連邦外の国に高関税を課す「ス
ターリング＝ブロック」の結成を中心とした協定が締結された。

問A (1)に関して、労働党内閣の総解散後、新たに保守党・自由党と組んで内閣を組織した人
物は次のうちどれか。
①ラムゼイ＝マクドナルド　②ロイド＝ジョージ
③ネヴィル＝チェンバレン　④ウィンストン＝チャーチル

問B 下線部について、この会議の開催地であり、締結された協定の名称にも使用された都市の名前
は次のうちどれか。
①ダブリン　②オタワ　③ウェリントン　④ケープタウン

(名古屋学院大・改)

高橋是清

BANK

ファミリーだけを信じろ。他人は信じるな イギリスのブロック経済

マリエッタ先生「19世紀の大英帝国は世界の支配者で、他の地域は植民地扱いだったわ。わかりやすく言うと殿様と家来の関係なのね。

　しかしイギリスも19世紀後半からは、植民地維持の負担を軽くするために、自分に忠実な地域は自治領として認めるようになってきた。このことはテーマ31を復習してほしいわ。しかし第一次世界大戦と世界恐慌で軍事的・経済的にもすっかり衰えてしまったイギリスは、もう植民地を抑える力がなくなっていたのよ。例えばインドやエジプトの民族運動が代表例だわ。そこで『お前たちを家来ではなく、わしの一族にしてやろう。その代わり、わしを裏切るなよ』ということで1931年の<u>ウェストミンスター憲章</u>で<u>イギリスと各自治領</u>が<u>対等な立場に立つ連合体</u>を作ったの。自治領の義務は一つだけ、それは『イギリス国王への忠誠を誓う』ことよ。イギリスが新たに作ったこの組織を<u>イギリス連邦(英連邦)</u>と呼ぶわ。そしてイギリスは<u>自国で作った製品を買ってくれる市場を自分専用に囲んでおこう</u>としたのよ。その市場こそが実は<u>イギリス連邦</u>だった。イギリスの言い分は『わしとお前は同じファミリーだ。親のためなら何でもやる。これが家族というものだ。赤の他人を信じてはならぬ。あいつらはお前を食い物にすることしか考えておらん。ファミリーを信じろ』とまるでマフィアのファミリーみたいにイギリス連邦の諸国を自分の一家に取り込んだのよ」

　／イギリス人って、本当に「囲い込み」が大好きだわねえ

「こうして1932年の<u>オタワ連邦会議(イギリス連邦経済会議)</u>で、イギリス連邦内では関税を下げ、連邦以外の国に対しては高い関税を課すことが決められたのよ。つまり『<u>身内には優遇、よそ者は冷遇</u>』を露骨におこなったのね。このようなイギリスがおこなった差別税制の制度を<u>スターリング=ブロック</u>と呼びます。イギリスは植民地が他の国から製品を買わないように『ブロックのように囲って』自分の国で作った製品を売り付けたかったのよ(ちなみにスターリングとはイギリス通貨のポンドのこと)。こうすれば、世界恐慌下の不景気に苦しむイギリス企業の売り上げを少しでも伸ばすことができるわけね。

　こんな仲間を囲ってしまうブロック経済は、イギリスやフランスのように広大な植民地を持っている国だからできる芸みたいなもの。

　日本やドイツ、イタリアみたいな植民地を少ししか持っていない新参者の国にとっては、英仏のブロック経済は残酷な結果を引き起こしたわ。高い関税のためにイギリス連邦に自国の工業製品が売れなくなってしまったの。このため世界恐慌で経済的に追い詰められてしまった日本やドイツ、イタリアでは他国への侵略を目的とする<u>ファシズム</u>が盛んになってしまったわ」

　そのブロック経済は、年代からすると挙国一致内閣のマクドナルド首相がやったような……

マリエッタ先生「責任者は首相のマクドナルドになるけれど、実際に実施したのは財務大臣であった保守党のネヴィル=チェンバレンよ。このネヴィルは親父がジョゼフ=チェンバレン(テーマ32参照)なの。親子そろって『自分の一家を守るためには他人を泣かせてもしかたない』という政治姿勢は変わらなかったわ」

480

■復習ポイント■ の答え

不況を克服するための手段は「金本位制の停止」と「ブロック経済」。

国	政策	年代	内容	目的
イギリス	金本位制の停止	1931年	ポンドと金の交換を停止	① 金の外国流出を防ぐ ② 輸出の増大
	ブロック経済設定	1932年	イギリス連邦内の関税を安くする	他国を排除することによって、本国の経済を活発化させる
フランス	ブロック経済設定	1933年	本国と海外領土の関税を安くする	他国を排除することによって、本国の経済を活発化させる
日本	金本位制の停止	1931年	円と金の交換を停止	① 金の外国流出を防ぐ ② 輸出の増大

■アクティヴィティ■ の答えの一つ

　金本位制をとっている国なら、金本位制を停止することがまず第一。そして世界中に植民地やお仲間（イギリス連邦やEU）を持っている国はブロック経済を実施すれば自国の産業の回復は容易です。

　しかし現在の世界では金本位制をとっている国はなく変動相場制になっています。そこで景気回復のための方法としては、①中央銀行に働きかけて、市中銀行に資金を提供し、市場にお金を行きわたりやすくする（金融政策）。②政府が公共投資を率先しておこない、失業者に職を与えるようにする（財政政策）。③規制緩和をおこない、多くの企業がさらに多くのビジネスチャンスを得られるようにする。

マリエッタ先生「この①〜③はアベノミクスの『三本の矢』だけれど、欠点もあるわね。①はインフレが起こりやすくなるし、②は国に借金がある場合は、思い切った投資ができないわ。③はそれまでの規制を緩和するには相当思い切った荒療治が必要ね。あと、ニューディールのNIRAのように労働者を保護する政策をおこなう必要があるわ。そうしないとブラック企業ばかりはびこって、労働者はかえって貧乏になり、購買力が減ってしまうからよ」

■最後の門■ の答え

問1　③
問2　問A　①　　問B　②
（解説）
問1　フランクリン＝ローズヴェルト大統領がおこなった政策は「ニューディール」以外に「外交」もよく試験に出題されるので、しっかり覚えておきましょう。特にプラット条項の廃止（1934年）は善隣外交の代表例なので重要です。
問2　問A　語群の人物は皆イギリス首相経験者で、すべて重要人物です。ヒントは「労働党」「挙国一致内閣」「1931年」です。
問B　語群の都市はすべてイギリス連邦に所属している自治領の首都です（オタワはカナダ、ダブリンはアイルランド、ウェリントンはニュージーランド、ケープタウンは南アフリカ連邦）。

58 日本の中国侵略
——「いじめを隠すいじめっ子」の行動

軍隊は政府に無断で外国に侵略してもいいの？

日本の軍隊は大日本帝国憲法によると天皇直属（天皇の「統帥権」）だ<ruby>統帥権<rt>とうすいけん</rt></ruby>から、理屈では内閣の許可なんか取らずに外国を侵略できたのよ。でも、軍隊が勝手にたくらんで、天皇にも事後報告だったの。軍の勝手な動きに昭和天皇は強い不快感を持っていたけど、実際は天皇だけの意志では軍の動きを止めることができなかったのよ。

前奏曲 饅頭じゃない、満洲に牙をむいてむしゃぶりつく日本

　英仏のブロック経済によって輸出を阻まれた日本は、世界恐慌による不況を解決する手段として海外への侵略を積極的に考えていたのよ。特に軍隊は武力攻撃で植民地を増やすことによって、日本が豊かになることを本気で信じていたわ。そのために軍が中心になって国家を統率し、戦争に反対する自由主義や民主主義を力で弾圧しようとしたの。このような考えや運動を軍国主義と呼び、**ファシズム**や**全体主義**に含まれるわ。まずいことに当時の日本の憲法では軍隊は政府の支配下に置かれていなかったので、軍は平気で政府に逆らったり、戦争を始めたりすることができたのよ。そこで日本が最初に狙ったのは、中国の東北部（満洲）だった。朝鮮半島の北にあたる満洲地方は日本に近く、地下資源にも恵まれている土地だわ。しかも1920年代の中国が軍閥同士の闘争で混乱状態にあったことは日本にとって好都合だった。日本が満洲に魔手を伸ばす経緯はテーマ52を復習してみてね。そして、とうとう日本は1931年に満洲事変を起こして、満洲を占領してしまいます。

満洲を占拠する日本軍

日本の国際連盟脱退——接待に失敗した日本が、逆ギレしてぼっちに

　中国は日本の侵略の非道を国際連盟に訴え、連盟はイギリス人貴族リットンを団長とするリットン調査団を派遣することを決定します。すると1932年1月に**上海事変**が起こったのよ。この上海事変は、上海で日本人のお坊さんが暗殺された事件を「中国によるテロだ」と文句をつけて日本軍が上海を攻撃した事件なの。ところが、どうもお坊さんを殺すようにそそのかしたのは日本軍らしいのよ。**租界**(外国が行政権を持つ区域)が集まっている上海で騒ぎを起こすことにより、世界の目を満洲からそらせようとたくらんだらしいの。そして日本はそのスキをついて1932年3月に清朝最後の皇帝である**溥儀**(ふぎ)を執政にすえて満洲国を建国したのよ。侵略行為の辻褄(つじつま)を合わせるために、独立国を作らせたのね。「ここは中国人の国ですよ。その証拠にトップは溥儀閣下です。われら関東軍は友達として手を貸してやっているだけです。うへへへ」

🙍‍♀️ いじめを隠すため、先生に言い訳しているいじめっ子みたい

　実際、溥儀は後に満洲国皇帝になるけれど権力は関東軍が握っていて、溥儀には何の力もなかったのよ。明らかに操り人形皇帝ね。

　リットン調査団は各地で大歓迎を受けたわ。特に満洲での関東軍による接待とおもてなしはすごかったみたい。しかしリットン調査団の態度は冷静で、満洲における日本の特権は認めつつも、柳条湖事件と満洲事変は「日本の自衛権の発動ではない」として国際連盟に報告したのよ。この報告を受けた国際連盟は**1933年**の総会で日本の満洲撤退の勧告案を提案したところ、42か国が賛成、日本だけが反対、タイが棄権する結果になったわ。タイが棄権したのは、この時のタイの内閣が親日派だったので、棄権という形にしたのね。総会に参加していた日本はついに国際連盟から脱退してしまったの。結果として、侵略にこだわるあまり日本は一人ぼっちになってしまったわ。しかし後にドイツとイタリアも国際連盟を脱退するので、はぐれ者同士が仲よくなるのは当然かもね。

　このほかにも日本は防共を名目にして中国への侵略を繰り返し、**熱河**(ねっか)という万里の長城の北側にあった中国の軍事拠点を占領してしまうのよ。慌てた国民党政府は、日本の熱河

熱烈歓迎！

関東軍　　溥儀　　リットン調査団

支配を事実上認める内容の**塘沽停戦協定**を1933年に日本と結んでしまうのだけれど、この協定によって中国政府は満洲国を事実上認めてしまう結果になってしまった。さらにこの協定で満洲国と中国の間に非武装地帯を作ることになったけど、1935年にこの非武装地帯に独立した**冀東防共自治政府**が作られたの。自治政府のトップのメンバーは中国人だけど、背後でこの政府を支えていたのは実は関東軍だわ。まあ満洲国のミニミニ版ね。

第2幕　共産党の長征──苦難の時に発揮される毛沢東のツッパリ根性

　一方、中国では、蔣介石に投降して国民党に入った**張学良**の動きに注目ね。お父上の張作霖を日本に殺され、しかも根拠地の満洲まで日本に奪われた恨みは忘れはしない。抗日を叫び訴えていた張学良だけれども、肝心の蔣介石は抗日に乗り気ではなく、むしろ共産党をぶっ潰す方に夢中だったのよ。この頃共産党は南の江西省の**瑞金**に**中華ソヴィエト共和国臨時政府**を作っており、ゲリラ戦が得意な毛沢東が主席となっていたわ。「今度こそ、共産党をひねり潰してやるっ！」と叫ぶ蔣介石は、なんと100万の大軍で瑞金を包囲しようとしたのよ。

　さすがに共産党も今度ばかりはお手上げだったわ。しかし逆境に強い毛沢東は「**包囲が完成しないうちに都市の瑞金から脱出して、山岳にこもりゲリラ戦をやるしか方法はないっ！**」と主張したため、ついに共産党は瑞金の脱出を敢行します。こうして共産党軍（＝紅軍）は1934年に中国中部の陝西省の山奥にある**延安**を目指して約1万2000 km（！）もの長征をおこなうことになったわ。しかし、延々と続く大行列で必要のない大荷物まで運ぼうとしたため移動が鈍くなり、国民党の攻撃で多くの党員が簡単に殺されてしまったの。そこで毛沢東は長征の途中の1935年1月、**遵義**という町で会議を開きます。そして、この会議で今までのモスクワのコミンテルンの言いなりになっていた共産党の方針を強く批判したのよ。「荷を軽くして、夜間行軍を主とすべきだっ！　ここで党が全滅したら、ここまで育ててきた革命の芽が摘み取られてしまう！」。党首脳部はとうとう誤りを認め、この遵義会議でついに毛沢東は共産党の実質的な権力を握ることになったのよ。そして長征の途中の**1935年**8月、共産党は、抗日のために内戦を停止し、民族統一戦線を作ることを呼びかける八・一宣言を発表します。そして紅軍に守られた共産党首脳部はついに1936年

塘沽停戦協定

熱河省

中国軍　　日本軍

10月に陝西省の延安にたどり着き、翌年に臨時政府の根拠地にしたわ。

第3幕 西安事件と第2次国共合作──温泉で捕まった蔣介石への説得が成功！

　この八・一宣言にぐっときたのが張学良で、さっそく蔣介石を説得し始めたの。
「中国人同士で殺し合いをやっている場合ではありません。内戦を止めて、共産党と手を組み、帝国主義の日本に立ち向かいましょう！」

　ところが蔣介石は1935年には幣制改革をやっている真っ最中だったのね。今までの中華民国では紙幣の価値が不安定で、取引は皆銀や銀貨で済ましていたのが実情だったわ。そこで国民党政府は列強の承認を取り付けてドルやポンドと交換可能な新たな紙幣を発行したのよ。これで中国の通貨が統一されて国際競争力を持てるようになったけれど、浙江財閥など蔣介石と関係する資本家が経営する銀行が新紙幣を発行したので、彼らが中国経済を独占する結果にもなってしまったのよ。

　蔣介石曰く。「**中国はやっと不平等条約を改正して、欧米や日本から関税自主権を回復できたのだ（1928〜1930年）。このチャンスを生かして幣制改革をおこない中国に国際的な経済力をつけることが大切である。列強からの信用を得るためにも、今のうちに共産党をぶっ潰さなくてはならないのだっ！**」

　蔣介石の石頭ぶりに呆れた張学良はついに非常手段をとったのよ。1936年12月、共産党を攻撃するために国民党の大軍が西安に集結していたわ。その軍の司令官となっていた張学良のところに軍を励ますため蔣介石が訪れたの。張学良は蔣介石に抗日戦線の結成を訴えたけれど、共産党の殲滅を優先する蔣介石は耳をかさなかったわ。そこで張学良の命を受けた軍隊が、西安の温泉地に泊まっていた蔣介石を襲って監禁してしまったのよ。**1936年**に起こったこの事件を**西安事件**と呼ぶわ。改めて張学良は蔣介石に抗日戦線の結成を説得したけれど、牢屋の中でも蔣介石は頑強に拒否していたのよね。そこで張学良の依頼もあり、共産党からNo.2の**周恩来**（→）が西安にやって来たのよ。周恩来は日本やフランスに留学したこともある知識人で、交渉に関しては見事な達人だったわ。張学良を交えての三者会談でついに蔣介石は抗日戦線を結成することを了承したのよ。この

毛沢東

遵義会議

ニュースは世界中に広まったわね。そして共産党と国民党は1937年9月に**第2次国共合作**を結び、助け合って日本と戦うことになったわ。この結果、中国で**抗日民族統一戦線**が結成され、日本の侵略に協力して戦うことになったのよ。

泥沼のフィナーレ 日中戦争で殴り込んだ日本を中国はタッグでお出迎え

　日本の軍部の一部はテロに走り、1936年の二・二六事件で高橋是清蔵相をはじめとする大臣たちを殺したため、軍部が政治を操るようになっていたわ。この勢いで軍部は1937年7月7日の盧溝橋事件をきっかけに、**日中戦争**をおこなったのよ。最初のうち日本は南京などの主要都市を陥落させ、快進撃を続けたの。

この時、南京事件を日本軍がおこなったのは本当なの？

　規模はともかく、民間人への虐殺行為はあったとは思うわよ。日中戦争自体が宣戦布告のない一方的な戦争だったから、最初は支那事変と呼んでいたわね。宣戦布告がないということは、戦争法が適用されないわけだから、民間人や捕虜への虐殺行為は当然あっても不思議ではないわね。この日本の侵略行為は中国の怒りを買い、9月の第2次国共合作を促す結果となったのよ。そのため日本は中国の反撃に苦しんだわ。国民政府は首都を南京から武漢、重慶に遷し、絶対に日本に降伏しなかったわ。しかたなく1940年に日本は蔣介石のライバルである汪兆銘に南京国民政府を作らせたけれど、これは明らかに日本の傀儡政府だったから、中国人は汪兆銘には従わなかったのよ。

復習ポイント

　日本の中国侵略の過程を整理してみよう。

アクティヴィティ

　国民党からの攻撃の中で中国共産党が生き延びられた理由は何だろう？

張学良　蔣介石

西安事件

日本と中国の関連史年表

1931年 柳条湖事件によって満洲事変が勃発

1932年1月 日本人僧侶殺害事件をきっかけに上海事変が勃発

　　　2～7月　国際連盟から派遣されたリットン調査団が満洲事変を調査

　　　3月　満洲国建国。執政は溥儀

　　　5月　五・一五事件で犬養毅首相が海軍将校に暗殺される

1933年3月 日本が国際連盟脱退を通告

　　　5月　塘沽停戦協定で中国は事実上、満洲国の存在を認める

1934年10月 中国共産党の長征開始（～1936年10月）

1935年1月 遵義会議で毛沢東が共産党の主導権を握る

　　　8月　共産党が八・一宣言で抗日民族統一戦線を呼びかける

　　　11月　中国で幣制改革が実施→中国の通貨を統一

1936年2月 二・二六事件→日本の軍部が政治の実権を事実上掌握

　　　12月　西安事件→捕らわれた蔣介石が抗日を認める

　　　　　　「近くの山へ逃げ込んだ蔣介石はパジャマ姿で捕まったみたいね」

1937年7月 盧溝橋事件により日中戦争勃発

　　　9月　第2次国共合作が成立→日本への組織的抵抗へ

最後の門 下の問題は大学入試問題を出典にした問題です。答えなさい。

　貧農から身をおこして富農になった父と、熱心な仏教徒であった母の三男として湖南省に生まれた。創立期の中国共産党に加わり、1927年に（　1　）でソヴィエト政権を建てた。1931年には（　2　）で中華ソヴィエト共和国臨時政府主席となった。1934年、国民政府の軍隊の攻撃を受けて、（　3　）を中心とする奥地の陝西・甘粛省を目指す大移動を開始した。この過程で共産党内での指導力が高まった。

問1　（　1　）～（　3　）に入る最も適切な地名を語群の中から一つずつ選び、番号を記入しなさい。

【語群】

　1. 安徽　　2. 延安　　3. 重慶　　4. 新京　　5. 瑞金

　6. 井岡山　7. 南京　　8. 武漢　　9. 奉天

問2　下線部について、この行動は何と呼ばれているか。漢字で記入しなさい。

問3　この文章が説明している人物の氏名を、漢字で記入しなさい。

（同志社大・改）

盧溝橋事件

マンガ『のらくろ』と日中戦争

1931年、孤児として生まれ育った落語作家、田河水泡（たがわすいほう）は出版社からマンガ連載を依頼された。当時の雑誌は小説や小話が主で、マンガは添え物にすぎなかった。失望しつつも田河水泡は自分のかつてのみじめな半生（両親に死に別れ、学歴もなく、軍隊に召集されて戦った過去）を思い出し、捨て犬の「**のらくろ**」を生み出した。そして「のらくろ」は「鉄腕アトム」と並ぶ不滅のキャラクターとなる。

孤児の雑種犬、のらくろが犬の軍隊に志願し、トンマな失敗を繰り返しながら、しだいに成長して活躍し、トントン拍子に出世する、という話は大ヒットした。少年雑誌は飛ぶように売れ、全国の少年たちが発売日を心待ちにするようになった。最初は、のらくろの2年の徴兵期間を終えて終わりにするはずだったが、こうなると引っ込みがつかない。連載は長期化する。

その間に日本と中国の間に戦争の影が濃くなってきた。

＊

日露戦争終了後、中国東北部（「満洲」とも呼ばれている）の南部に駐留していた日本の**関東軍**の参謀、石原莞爾（かんじ）が「ソ連に対抗するためには満洲を完全に押さえておく必要がある。戦争で全満洲を今のうちブン捕っておくべきだ。なあに、内閣の許可なんか得る必要はない。なにしろ軍は天皇の統帥権のもとにあるのだから、勝手に動ける」と、関東軍参謀の板垣征四郎とたくらんで戦いを仕組んだ。

1931年、奉天近郊の柳条湖の鉄道に関東軍は爆弾をしかけて爆発させ、満洲軍閥のボスである張学良のせいにして、中国軍を襲った。これが**満洲事変**である。日本政府は大いに驚き、関東軍の暴走を止めようとしたが関東軍は「天皇統帥権」を盾に政府の言うことを聞こうとしない。戦闘は連勝を続け、国民は戦勝ムードに酔った。

＊

のらくろも大陸で戦うようになった。相手は中国軍をイメージした豚軍の豚勝将軍（トンカツ）である。出世して将校になったのらくろは、マヌケな失敗もできなくなり、性格もすっかりまじめな「皇軍兵士」となっていた。人気は落ちなかったが、描いている田河水泡自身が苦しくなってきた。得意の「お笑い」が書けないのだ。しかも陸軍から圧力がかかってきた。「畏（おそ）れ多くも陛下の皇軍を犬にたとえるとは何事だっ！」。こうして太平洋戦争が始まる1941年に、『のらくろ』は連載を終わった。

＊

関東軍の中国への侵入は止まらなかった。

中国侵略をかたくなに拒否した犬養毅首相は1932年の**五・一五事件**で軍の若い衆に暗殺され、さらに軍は天皇親政（＝つまり軍の独裁）を目指して**二・二六事件**を起こし、高橋是清大蔵大臣や渡辺錠太郎教育総監などを殺した。渡辺総監は娘の和子を物陰に隠した後、娘の目の前で射殺された（渡辺和子さんは後年カトリックの修道女として活動した）。この大虐殺によって、もうほとんど誰も軍に文句を言えなくなった。そして日本は日中戦争への道をひた走っていったのだ。

＊

戦争後も田河水泡は「のらくろ」を描いたが、それは喫茶店を経営する平和な姿の「のらくろ」だった。弟子の長谷川町子（『サザエさん』の作者）がクリスチャンであった影響で、自らもキリスト教信者となった田河水泡は、キリスト教伝道者としての後半生を送ることになる。

復習ポイント の答え

日本軍はまず満洲に足場を築き、反対する政治家をテロで抹殺してから、中国本土に侵攻しています。

事件 （→戦争）	年代	日本軍の動き	結果
柳条湖事件 （→満洲事変）	1931年	柳条湖の鉄道爆破を張学良軍のテロとして、満洲を攻撃	翌年に満洲国を建国し、溥儀を執政とする
上海事変	1932年 1〜5月	日本人僧侶暗殺を中国のテロと断定、上海の中国軍を攻撃	停戦までの間に満洲国建国を成しとげる
五・一五事件	1932年 5月	海軍将校らが犬養毅首相を首相官邸に襲い、暗殺	政党政治の終焉→軍部の発言権の増大
二・二六事件	1936年 2月	陸軍将校らが内閣の大臣らを襲い、暗殺	軍部の政治支配が決定的となる
盧溝橋事件 （→日中戦争）	1937年 7月	北京周辺の盧溝橋で国民政府が日本軍に発砲したとして中国本土を攻撃開始	1937年12月に南京を占領（→南京大虐殺）1938年に広州（こうしゅう）と武漢を占領

アクティヴィティ の答えの一つ

まず①毛沢東の戦術を採用して、大軍の攻撃目標になりやすい都市の瑞金を離れ、山岳地帯への大移動（長征）をおこなったこと。②日本軍の満洲進出により、中国国内の抗日の動きが強くなったこと。③抗日に賛同する張学良によって西安事件が起こり、国民党軍の最終的な攻撃を受けることなく国共合作の実現が可能になったこと、の3点が重要。日本軍の中国侵略はかえって中国共産党の延命に大きく役立ったかもしれない。

最後の門 の答え

問1　(1)　6　　(2)　5　　(3)　2
問2　長征　　問3　毛沢東
（解説）

まず、この文章の人物が誰であるのかをあてることが先決。父親が貧農出身とか、母親が仏教徒とか言われてもわからなくて当然。むしろヒントは「1931年」に「中華ソヴィエト共和国臨時政府主席となった」という場所にあります。答えは毛沢東。この答えさえわかれば、毛沢東が井崗山（せいこうざん）にソヴィエト政権を作ってゲリラ活動をしていたこと（テーマ52参照）、延安への長征をおこなったことがわかります。

59 ナチス=ドイツの強大化
──ヒトラーのやり方は「なしくずし」

なんでユダヤ人って差別されるの？　よくわかりません。

当時のドイツは、第一次世界大戦の賠償金や世界恐慌で経済も社会も混乱し、失業者もあふれていたわ。ヒトラーは他民族をスケープゴートにして、苦況の原因を彼らになすりつけようとしたのよ。その代表がユダヤ人ね。

炎上する前奏曲

ナチスの政権奪取と独裁の開始──事件を巧みに利用する

　1933年1月30日、議会第1党のナチ党を率いる**ヒトラー**はヒンデンブルク大統領によって<u>首相に任命</u>されたわ。この日にいたるまでのヒトラーとナチ党の動きはコラムを見てちょうだい。「まあ、ヒトラーが首相と言っても内閣にナチ党は3人しかいないから、大したことにはなるまい」と周辺は考えたが、それは甘かったわ。なんと2月に**国会議事堂**が火事になってしまったの。その時、ヒトラーは「この火事は共産党の仕業である」として一番のライバルであるドイツ共産党を非合法化して解散に追い込んだのよ。そして3月、火事で廃墟になった国会議事堂に代わってクロル=オペラ劇場に場を移した議会で、ナチ党は「国家の非常事態を救うために」という名目で**全権委任法**を提出し、採決するように迫ったのよ。この全権委任法とは政府に<u>立法権を認める法律</u>で、こんなのが認められたらヒトラーは自分の好きな法律を勝手に作れるようになってしまうわ。突撃隊^{S A}によって議場が囲まれる中で社会民主党は必死に反対したけれど、共産党がいない中で全権委任法はついに可決されてしまったのよ。さらに、ナチ党以外の政党や労働組合を解散させて、**一党独裁体制**をしいたの。翌1934年に老齢のヒンデンブルク大統領が亡くなると、ヒトラーは大統領・首相・党首すべての地位と権力をあわせ持つ**総統**（ドイツ語で「フューラーFührer」、「指導者」の意味）

全権委任法

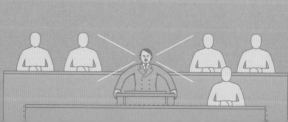

に就任し、独裁権力をとうとう手に入れたのよっ。

第1幕 ナチスの姿勢と主張──インスタ映えと反対連呼が票を集める

　ナチスが人気を得たのは、大衆に対する宣伝効果を重視したことが大きかったわ。統一ユニフォームでの行進はカッコよく見えるからね。特にSSと呼ばれた親衛隊の制服はブランドでも有名なデザイナー、ヒューゴ＝ボスがデザインしたものよ（→）。でも、カッコよさにだまされちゃダメ。SSはヒトラーの護衛隊だったけれど、後にユダヤ人をはじめとするドイツ民族以外の民族などを強制収容所で虐殺したのは彼らなのよ。また、秘密警察（ゲシュタポ）が国民を監視したのよ。

　ナチスが国民に対して主張したのは、**①反ユダヤ主義、②反共産主義、③反ヴェルサイユ条約**の三つが主ね。みんな反対ばっかりだけれども、現状に対して、めちゃくちゃ不満を持っているドイツ人には大ウケだったわ。まず①「反ユダヤ主義」は、ユダヤ人をドイツから追い出せという主張なのよ。②の「反共産主義」は共産党などの社会主義勢力に反対する主張よ。

😮 ナチ党の正式名称は「社会主義ドイツ労働党」よね？

　いいところに目を付けたわね。「国民（国家）社会主義」は社会主義とは違って、ドイツ民族だけ平等である考えなのよ。当然、ユダヤ人などの他民族は差別するべき存在であることを強調したのね。もちろん知識人はこんな暴論に反対したけれども、国が世界恐慌でお先真っ暗になってしまうと中産階級までもがナチスの意見に賛成してしまったのよ。

　③の反ヴェルサイユ条約は、ドイツにのみ戦争責任を押し付けて、過大な賠償金を課し、領土を奪い、軍備を制限したヴェルサイユ条約に反対した姿勢よ。もちろんシュトレーゼマンみたいな現実派は別として、多くの国民は反ヴェルサイユ条約を支持したし、実際にナチスがおこなっていく政策も反ヴェルサイユ条約の姿勢に沿ったものだったのよ。

ドイツ人

国民社会主義

SS

ユダヤ人

第2幕　ヒトラーの政治と外交──無理を通せば道理が引っ込む

　政権を握ったナチスは軍需工業を拡張し、アウトバーン（日本で言う高速道路）建設などを次々と実施して国内の失業者を減らすことに成功し、国民の支持を得たわ。まあ、後で考えると戦争のための下準備だったのね。そして**1933年10月**には軍備平等権が認められなかったことを理由として**国際連盟から脱退**したわ。日本の国際連盟脱退の通告が同じ年の3月だから、約半年後になるわけね。そしてヒトラーの権力が確立した後の**1935年**には住民投票で**ザール地方をドイツに編入**させます。ザールは石炭が出る地域でね、ヴェルサイユ条約で15年間は国際連盟の管理下に置かれていたのよ。しかし住民のほとんどはドイツ系だから、住民投票となればドイツに帰属することが見えていたわね。そして同じ年にドイツはついに徴兵制の復活と再軍備宣言をおこないます。これはヴェルサイユ条約で定められたドイツの軍備制限を平気で破る行為よ。このようなドイツの凶暴化にビビった周辺諸国はドイツの脅威に備えたわ。代表的なのはドイツの再軍備宣言の後にフランスが動いて結んだ**仏ソ相互援助条約**。ドイツに攻め込まれたら互いに助け合いましょうという条約ね。ところがイギリスはなんと同じ1935年に**英独海軍協定**を結び、今まで国際的に禁止されていたドイツ海軍をイギリス海軍の35％という制限付きで承認したの。つまりドイツの再軍備を認めてしまったわけ。そのイギリスの考えは、「どうせドイツが武装化するのなら、放っておくよりも先に軍備の上限を決めておいた方がよい。そうすればヒトラーも満足するし、こちらとしてもドイツ軍の肥大化を抑えることができる」だったのよ。このようなイギリスのドイツに対する甘い姿勢を宥和政策と呼びます。当時のイギリスは保守党の内閣で、本心は大っ嫌いなソ連とドイツを対立させて漁夫の利を得ることだったのね。でも、イギリスのこんな甘々な考えはヒトラーに足元を見られて裏切られるハメになるのよ。もちろんヒトラーは35％なんて数字を守る気はなく、ガンガンに軍艦を作りまくったわ。そして1936年には仏ソ相互援助条約締結を理由にしてヒトラーはロカルノ条約（テーマ48参照）を破棄し、非武装地帯であるラインラント地方に軍隊を進駐させたわ。これを**ラインラント進駐**と言うわね。実はこの実力行使の時、ヒトラーはけっこうビクビクしていたみたい。しかしイギリスもフランスもドイツの行為に武力で対抗しようとしなかったので、図に乗っ

再軍備宣言

たヒトラーは次々とヨーロッパ侵略を始めヴェルサイユ体制の破壊を進めるのよ。

イタリアの動き──ビミョーな強弱関係の逆転

　ファシズムの元祖と言ったらイタリアだわね。ファシスト党の親方ムッソリーニがコケ
始めたのは実はヒトラーと出会ってからよ。二人が最初に
会ったのは1934年にヒトラーがイタリアを訪問した時ね。
この時ヨレヨレのコートを着たヒトラーは、偉大なる先輩
ムッソリーニに会って恐縮し、オドオドしていたわ（→）。
一方、ムッソリーニは最初このオーストリア男をバカにし
ていたわ。それはこの写真にもあらわれているわね。とこ
ろが1937年にドイツを訪れたムッソリーニは、ドイツ軍
の整然とした行進を見て圧倒されてしまい、それからはヒトラ
ーに対して敬意を払うようになったと言われているわ。2枚目
の写真で二人の関係がちょっと逆転していることが見て取れ
るわね（→）。

　でもね、二人の関係はもっとビターで複雑なのよ。1935年3
月にヒトラーが再軍備宣言を出したことから、4月には英仏伊3
国がドイツに対抗するためのストレーザ戦線を結成します。と
ころがイギリスが6月に英独海軍協定を結んでドイツの再軍
備を認めてしまい、見事にフランスとイタリアを裏切っちゃったの。そのためドイツに対抗
するストレーザ戦線はあっけなく崩壊してしまったわ。しかもイタリアは同じ年の10月に
エチオピア侵攻を始めてしまい、国際的な非難をくらって**1937年に国際連盟から脱退し**
て孤立してしまったのね。こうなったらイタリアは同じファシズムのドイツにくっついていく
しか道がなくなってしまったの。当然、ヒトラーとムッソリーニの強弱関係も逆転してしま
ったのね。

　というわけで、すでに1936年には独伊はベルリン＝ローマ枢軸を結成していたのよ。あ、
枢軸とは「車輪の回転軸」という意味で、「**独伊が中心となって世界を動かす**」という同盟

ラインラント進駐

オランダ

ドイツ

ラインラント

関係を作っていたのよ。また同じ1936年に日本とドイツが**日独防共協定**を結び、「反共産主義」の姿勢を示しています。これは英米などの資本主義国の好意を得られる期待もあったのね。その防共協定に、1937年<u>イタリアも加わって</u>**日独伊三国防共協定**としてファシズム3国の結び付きが強化されたのよ。

第4幕 スペイン内戦──混乱の中で勝利したのは「フランコの冷徹」

さあ、次はスペインよ。この国は1931年から共和政になっていたけれど、政局は安定せず国内は大混乱状態だったわ。1935年のコミンテルン第7回大会で人民戦線結成の方針が決定すると、その翌年の**1936年**に総選挙がおこなわれ中道左派の**アサーニャ**を大統領とする**人民戦線政府**が発足します。けれども寄せ集め政府なものだから、最初っから分裂しっぱなし。指導者のアサーニャはインテリではあったけど強力な指導力は全然なかったのよ。そんな中で左派の人民戦線政府に反感を持つ**軍部**が**1936年7月にクーデタを起こした**のだけれども、この軍部もバラバラの状態で収まりがつかなかったの。そこで軍部のリーダーになったのが**フランコ将軍**。冷酷冷静な彼だけが統率のとれた軍隊を持っていたの。こうしてフランコ将軍VS人民戦線内閣の血みどろの戦いが始まってしまった。これを**スペイン内戦**（1936〜1939年）と呼びます。この時、フランコ将軍に味方したのはファシズム国の**ドイツとイタリア**で、ドイツにとっては軍隊のよいトレーニングになった。

一方で人民戦線内閣に味方したのは**ソ連**だけ。イギリスもフランスも戦争が拡大するのを恐れて<u>内戦に不干渉</u>の立場をとったの。本当に意気地がない！　結果として1939年にフランコ将軍は人民戦線の拠点である首都マドリードを陥落させて、内戦に勝利したわ。

復習ポイント

結党からヒトラーが総統になるまでのナチ党の動きを整理してみよう。

アクティヴィティ

1930年代にファシズムが強大化した理由は何だろうか？

日独伊三国防共協定

ヨーロッパ・ファシズム諸国の関連史年表

1933年1月　ドイツナチ党のヒトラーが内閣を組織する

　　　3月　全権委任法成立によりヒトラーの独裁体制が固まる

　　　10月　ドイツ、国際連盟を脱退

　　　🗣️「国際連盟を脱退した国の順番は日本→ドイツ→イタリア・ソ連は除名よ」

1934年　ヒンデンブルク大統領の死により、ヒトラーが総統となる

1935年1月　住民投票によりザール地方がドイツに編入される

　　　3月　ドイツの再軍備宣言と徴兵制実施

　　　4月　英仏伊がドイツに対抗するためストレーザ戦線結成

　　　5月　ドイツを警戒して仏ソ相互援助条約を結ぶ

　　　6月　英独海軍協定締結によりストレーザ戦線が破綻

　　　7〜8月　コミンテルン第7回大会で人民戦線結成の方針が決定

　　　10月　イタリアがエチオピアに侵攻（〜1936年）

1936年2月　スペインに人民戦線政府が成立

　　　3月　ドイツは前年の仏ソ相互援助条約締結を理由にロカルノ条約を破棄してラインラントに進駐

　　　7月　スペイン内戦勃発

　　　10月　ベルリン＝ローマ枢軸結成

　　　11月　日独防共協定が結ばれる→1937年にイタリアも加盟

最後の門　下の問題は大学入試問題を出典にした問題です。答えなさい。

問1　1929年の世界恐慌（大恐慌）は世界の主要国経済に深刻な影響をもたらしただけでなく、国の内政上及び外交上の対応策により、世界戦争へと向かう一因となった。アメリカ、イギリス、ドイツ、日本の対応策について、次の語句を用いて400字程度で説明しなさい。ただし、各語は少なくとも1回は使用し、下線を付すこと。

〔語群〕　再軍備　　ニューディール　　ファシズム　　ブロック経済　　満洲事変　　（信州大・改）

問2　ヒトラー内閣がおこなったものとしてあてはまらないものは次のうちどれか。

①全権委任法の成立　　②ユダヤ人の迫害　　③アウトバーンの建設

④ロカルノ条約の締結　　（名古屋学院大・改）

スペイン内戦

フランコ

ヒトラー
とは何者なのか？

ヒトラーは孤立した少年であった。家庭では父親のDVをいつも受け、学校には関心が持てず落第を繰り返し、とうとう行かなくなってしまった。14歳の時に元役人であった父が死ぬと、ヒトラーの夢想癖（というか中二病）はひどくなり、画家（!）を目指してオーストリア帝国のウィーンにおもむく。ウィーンでワーグナーの壮大な楽劇にはまったヒトラーはすっかりゲルマニズムに夢中になってしまい、そのおかげかウィーンの美術学校を2回受験して2回とも落ちてしまった。

ヒトラーはこの芸術の町で、ホームレス同然の生活を送ることになる。この時ヒトラーは自分の才能のなさを棚に上げ、ウィーンの文化と経済を支えている裕福なユダヤ人たちを恨みに恨んだ。

*

ヒトラーを救ったのは戦争だった。ヒトラーは自国のオーストリアではなく、憧れのドイツ軍に志願して戦場で勇敢に戦った。そのため将校でもめったにもらえない功1級鉄十字章をもらっている。飾ることが嫌いなヒトラーだったがこの勲章だけは生涯身に着けていた。

敗戦後、雨後の筍のようにわらわら生まれた泡沫政党をヒトラーは軍の命令で調査していた。そのうちのドイツ労働者党というみじめな右翼政党の集まりで発言したヒトラーは、自分が「雄弁」の才能を持っていることに気が付く。そしてヒトラーはこの党に誘われて入党した。

*

1920年に党内の実権を握ったヒトラーは党の名前を「**国民（国家）社会主義ドイツ労働者党**」（Nationalsozialistische Deutsche Arbeiterpartei）に変える。長い名称なので党内ではNSDAPと略称で呼んだが、敵対する左派勢力は最初の文字を使って「**ナチ**」と呼んだ。ナチ党の誕生である。美的センスを生かしてヒトラーはハーケンクロイツ（カギ十字）を党の紋章として採用する。そして演説するヒトラーを護衛し、敵対勢力に殴り込みをかけるための突撃隊（SA）が組織された。ブラウンに統一された制服を着た突撃隊が、真っ赤なカギ十字の旗を持って街頭をのし歩く姿は宣伝効果抜群で、党員になる人数も増え始めた。

図に乗ったヒトラーは武力クーデタをたくらみ、1923年にミュンヘン一揆を起こした。しかしこの一揆は国防軍によって制圧され、ヒトラーも捕らえられて短期間、刑務所の臭い飯を食っている。この時ヒトラーが得た教訓は「**力では政権は取れない。選挙で勝つことが重要だ**」「**国防軍を味方に付けないと天下は取れない**」ことだった。

出所したヒトラーはさっそく方針を変更した。選挙で勝つためにナチ党を「国民に愛される政党」にしようとしたのである。この時に力を発揮したのが宣伝の天才である**ゲッベルス**である。華麗なイベントと、マスメディアの巧みな利用でナチ党は大衆に強くアピールすることに成功した。時代もナチ党に味方した。世界恐慌による不況と失業で路頭に迷った中産階級がナチ党を支援するようになったのだ。

1932年の選挙でナチ党は第1党となった。ヒンデンブルク大統領はヒトラーを嫌がり、さまざまな首相をたてて妨害したが、いずれもナチ党という強固な組織を持つヒトラーの敵ではなかった。万策尽きたヒンデンブルク大統領は1933年1月30日ついにヒトラーを首相に任命した。

ヒトラーがドイツの首相となったこの日こそ、ドイツが破滅に向かう日となる。

復習ポイント の答え

事件	年代	内容	結果
ミュンヘン一揆	1923年	ミュンヘンでナチ党が武装一揆を起こすが失敗	ヒトラーなどの幹部が逮捕・投獄される→ヒトラー『わが闘争』を執筆

世界恐慌発生（1929年）→ナチ党は失業者や中産階級の支持を受ける。

ヒトラー首相に就任	1933年1月	議会で第1党となったナチ党を背景にヒトラーが首相に就任	ヒトラーに初めて国家権力が与えられる
国会議事堂放火事件	1933年2月	オランダ人の元共産党員が国会議事堂に放火したとされる	共産党を弾圧する大きなきっかけとなる→共産党解散
全権委任法の成立	1933年3月	政府に立法権をゆだねる法律が可決	ヒトラーの独裁体制を合法化
ヒトラー、総統に就任	1934年	ヒンデンブルク大統領の死後、ヒトラー総統（フューラー）に	ヒトラーが首相・大統領・党首の全権を持つ

アクティヴィティ の答えの一つ

　やはり世界恐慌が第1の原因です。その影響は今回の「最後の門」の中心テーマとなっています。豊かな植民地を持つ英仏はブロック経済で自国の安泰をはかりますが、世界恐慌を受けての不景気や社会不安は過激派の台頭を招き、共産党を中心とする左派と、ファシズムを中心とする右派の権力闘争となります。このうち労働者よりもブルジョワジーの勢力が強いドイツやイタリア、地主や教会の勢力が強いスペインではファシズム勢力が勝利します。

最後の門 の答え

問1　世界恐慌に対し、震源地であるアメリカではフランクリン＝ローズヴェルト大統領が農業調整法や全国産業復興法、TVAなど政府が経済に介入するニューディール政策を実施し、またラテンアメリカ諸国を自国経済圏に取り込む善隣外交をおこなって経済の回復を目指した。イギリスではマクドナルド内閣が緊縮財政を実施し、イギリス連邦内の関税を引き下げ、連邦外の国に高関税を課すブロック経済をおこない、自国産業の保全をはかった。その一方でドイツや日本などの多くの植民地を持たない工業国は世界恐慌の影響を強く受け、自国の統率と植民地獲得を目指すファシズムが勢いを持つようになった。日本は1931年に満洲事変を起こして翌年に満洲国を建国し、中国東北部へ進出した。またドイツは1933年にナチ党のヒトラーが政権を獲得し、ドイツの軍備を制限したヴェルサイユ条約に反対して1935年に再軍備宣言をおこない、外国侵略への準備をするようになった。
（408字、ローマ字や数字は1字と数える）

問2　④

（解説）

　①語群の用語のつながりと関係を把握すること、②用語の意味を解説して全体の字数の調整をおこなうことが大切。基本は「それぞれの国がどんな政策をおこなったのか」を並べることです。年代順に並べることができればベスト。語群の政策が、必ずしも1つの国だけの政策ではないことに注意しましょう。

問2　ロカルノ条約を破棄したのがヒトラー。

第**8**章

第二次世界大戦と
冷戦の始まり
戦後世界を進撃する二人の巨人

60 第二次世界大戦の開始
──狼は約束なんか守らない

スペイン内乱では人民戦線やられちゃいましたねぇ。

でもファシズムのフランコ将軍に抵抗して、多くの文化人が国際義勇軍に加わって人民戦線に味方して戦ったのよ。例えばアメリカのヘミングウェー、フランスのマルロー、イギリスのオーウェルが有名ね。特にヘミングウェーの『誰がために鐘は鳴る』やオーウェルの『カタロニア讃歌』は傑作なので読んでもらいたいわ。人民戦線に味方した画家のピカソは、ドイツ空軍がスペインの小さな町ゲルニカを空爆したことに抗議して、有名な「ゲルニカ」を描いたわ。

とどろく前奏曲

ナチス＝ドイツの侵略の理想と目的
──ヒトラーの夢とウソ

　さて、ドイツのヒトラーの目的は①**第一次世界大戦の復讐**、②**東ヨーロッパにドイツ生存のための植民地を作る**、の2点だったと思うわ。これはヒトラーの長ったらしい著書『わが闘争』(角川文庫)や『ヒトラーのテーブル・トーク』(三交社)を読めばわかるわよ。その夢と目的を叶えるためには平気でウソもついたし、大ほらも吹いたわね。そしてドイツ国民も外国政府もヒトラーにあっけなくだまされてしまった。

　まずヒトラーはドイツ周辺の地域を、「この地域はドイツ人が数多く住んでいる地域だから、ドイツが領有するのは歴史的権利である」と主張して自国に併合していくわけね。だいたい1871年にドイツ帝国が成立するまで、ドイツという国は存在しなかったのだから、島国の日本やイギリスと違い、ドイツの領土や国境があやふやだったのよね。ヒトラーが「ここはドイツだ」、「ここもヴェルサイユ条約以前はドイツだった」、そして「ここも中世はドイツだった」と主張していくと、反論しづらくなってしまうのよ。しかもヒトラーの決まり文句は「これが最後の領土的要求である」だったから、「なしくずし」と「うやむや」でヒトラーの

アーネスト＝ヘミングウェー

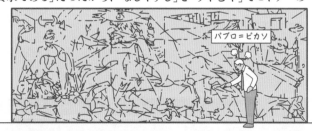

パブロ＝ピカソ

主張が通ってしまうのよ。しかし、このようなヒトラーの主張は皆巧妙な大ウソであることに気が付くべきだったわね。

第1幕 ミュンヘン会談──イソップ曰く「狼相手に話したってわかりはしない」

まずヒトラーの最初の目標は故郷のオーストリアをドイツに併合してしまうことだった。「同じドイツ人の国だ。併合して当然である」がヒトラーの言い分だったわ。オーストリア併合に反対していたのはオーストリアの隣国、イタリアの**ムッソリーニ**だったの。しかし1936年にベルリン＝ローマ枢軸、1937年に日独伊三国防共協定を結んで以来、ヒトラーに頼るようになったムッソリーニはとうとうドイツのオーストリア併合を認めてしまったのよ。こうして1938年3月にドイツは**オーストリアを併合**します。ウィーンに進駐したヒトラーは最高級のホテル＝インペリアルの貴賓室で号泣したらしいわね。なにしろ20年以上前、ヒトラーはこのウィーンで浮浪者として放浪していたのだから。

次にヒトラーが狙ったのはドイツ人が多く住むチェコスロヴァキアのズデーテン地方よ。この地方の割譲を要求し始めたヒトラーの態度に、イギリス保守党の**ネヴィル＝チェンバレン**首相は驚いてヒトラーに会談を申し込んだわ。そして1938年9月に**イギリス（チェンバレン首相）・フランス（ダラディエ首相）・ドイツ（ヒトラー）・イタリア（ムッソリーニ）**による、**ミュンヘン会談**がおこなわれたわ。この会談で、これが最後の領土的要求であることを条件にズデーテン地方をドイツに割譲することを決めたのよ。

あれれ、当事者のチェコスロヴァキアの代表が参加していないよ

会議に招いたらズデーテン地方割譲に当然反対してギャーギャー騒ぎ立てるから、チェンバレンがわざと招かなかったのよ。ヘタに騒がれてドイツと戦争はしたくなかったからね。このようなドイツへの配慮と忖度（そんたく）も、ドイツに甘い「**宥和政策**（ゆうわ）」のあらわれね。そしてチェンバレンはソ連代表も招かなかった。共産主義が大嫌いなチェンバレンはあえてソ連を無視したわけよ。この「ソ連を招かず」が後で大変な事態を引き起こすわ。ズデーテン地方をイケニエにして平和を維持したチェンバレンは大喜びでイギリスに帰って来たわ。でもイギリスのチャーチル一人だけがミュンヘン会談に失望していたのよ。チャーチル曰く

ラインラント

メーメル

ズデーテン

チェコスロヴァキア

ザール

ドイツ

オーストリア

ヒトラーが併合した地域

「われわれは敗北した。これは終わりではない。終わりへの始まりなのだ」「戦争か不名誉かの選択だったが、われわれは不名誉を選んだ上に、今後戦争をするハメになってしまった」

第2幕　チェコスロヴァキア解体──チョコならぬチェコにかぶりつくドイツ

　まんまとズデーテン地方を獲得して味をしめたヒトラーはとうとう**チェコスロヴァキアを解体**してしまいます。「解体」の意味を言うからよく聞くのよ。**チェコスロヴァキア**という国はヴェルサイユ条約によりチェコとスロヴァキアという二つの国が合体して生まれた国よ。

うむむ、それってチョコとヴァニラの合体？

　ふふふ、ちょっとボケが足りないわねぇ。チェコスロヴァキアという国のうち、チェコは西の**ベーメン**（ボヘミア）地方と東の**メーレン**（モラヴィア）地方から成り立っているわ。そこに目を付けたナチス＝ドイツがこの地域を思い通りに占領するため、再びバラバラにしてしまったのよ。早い話、まとまりが弱くてイチャモンをつけやすい国だったのね。

　前のページの地図で見ると、オーストリアを併合したドイツがまるでチェコを口でくわえて嚙み潰そうとしているように見えるわね。

　1939年3月にヒトラーはチェコ大統領をベルリンに呼び出して、「ドイツ軍がこれからチェコを攻撃する。それが嫌ならチェコがドイツの保護領になることを承認しろ」と脅しをかけたのよ。心臓に持病があったチェコ大統領は驚きのあまり気絶してしまったけれども、気付け薬で起こされてむりやり署名をさせられたのよ。その結果、チェコスロヴァキア共和国は消滅してしまい、チェコを形成していたベーメン地方とメーレン地方はドイツの**保護領**にされてしまった。<u>保護領とは外交も政治も宗主国にすべてゆだねてしまった地域</u>で、もはや国とは言えないわ。

　そしてスロヴァキアはドイツの**保護国**にしてしまったのよ。<u>保護国は外交を宗主国にゆだねている国</u>だわ。1905年の第2次日韓協約以降、日本に外交権を奪われた大韓帝国の状態とよく似ているわね。

　チェコスロヴァキア解体は「ドイツ人居住地域」以外の国家をヒトラーが露骨に占領し

ミュンヘン会談

た初めてのケースよ。宥和政策に努めていたチェンバレンもこの時になってヒトラーの大ウソと野望を知ったけれど、あとの祭りだったわ。**そしてヒトラーの次の目標がポーランドだった。**

第3幕 独ソ不可侵条約──スターリンがとうとう狼と手を結ぶ

1939年のチェコスロヴァキア解体に動揺したのがソ連だったわ。なにしろソ連のすぐ近くにナチス＝ドイツが迫ってきたのよ。1935年に人民戦線の結成を呼びかけてファシズムに対抗しようとしたソ連だけれど、結局は失敗に終わってしまったわね。しかも頼みのイギリスとフランスだけれども、ソ連をミュンヘン会談に招かなかったことで、ソ連としては両国への不信感をつのらせたのよ。**「英仏は本気でソ連を守ってくれるのだろうか……。ズデーテン地方やチェコと同じように平気でドイツに寝返るのではなかろうか(泣)……」**

チェコを確保したヒトラーは1939年3月にポーランドに対して**ダンツィヒ港のドイツへの返還**と東プロイセンとの陸上交通路**(ポーランド回廊での鉄道敷設権：テーマ46参照)**を要求し始めたわ。さすがにこれ以上のドイツのわがままを許すことはできないイギリスとフランスは、ポーランドの安全保障を約束します。このような状況の中でスターリンは決心しました。アテにならない英仏よりも、いっそのことドイツと友達になって開戦まで時間稼ぎをしようとしたのよ。そのため1939年8月、**独ソ不可侵条約**が結ばれ、互いに攻め込まないことを約束したのよ。この条約には秘密条項があって、なんと<u>ポーランドを東西に山分け</u>することが約束されていたのね。スターリンは**「これでソ連の安全が確保された」**と大いに喜んだわ。でもスターリンは忘れていたのね、「狼は約束なんか守らない」ことを。

第4幕 第二次世界大戦の開始──いよいよあのチャーチルが登場

独ソ不可侵条約締結の1週間後の**1939年9月1日**、ついにドイツ軍はポーランド侵攻を開始したわ。しかし今度は英仏も黙ってはいなかったわね。英仏は9月3日にドイツに宣戦布告し、ここに**第二次世界大戦**が始まったのよ。一方、東からは9月17日にソ連軍がポーランドに侵入、挟み撃ちにあったポーランド軍は壊滅したわ。ソ連軍は独ソ不可侵条約

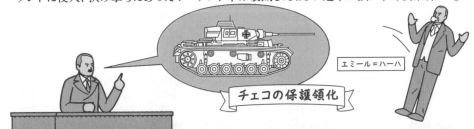

チェコの保護領化

エミール＝ハーハ

に従ってポーランド東部を手に入れた後、1939年9月に**バルト3国**（北からエストニア・ラトヴィア・リトアニア）を侵略し、さらに11月に**フィンランド**に攻め込んだわね。しかしムーミンの国を甘く見たしっぺ返しはすぐきたわ。ソ連軍は「**冬戦争**」と呼ばれる対フィンランド戦で激しい抵抗にあい、1940年3月にソ連は国境地帯のカレリア地方を奪った状態でフィンランドと休戦せざるを得なかったのよ。この戦争ははっきり言ってソ連による侵略戦争なので、1939年12月に**ソ連は国際連盟から除名**されているわ。

　さて、第二次世界大戦は始まったものの、最初のうちは不思議にも英仏はドイツと積極的に戦おうとしなかったわね。このスキにドイツは1940年4月に**デンマークとノルウェーに侵入**、占領したわ。そして返す刀で5月、**オランダ・ベルギーに侵入**、ドイツ軍は北フランスに侵入したわ。油断していた英仏軍は北フランスの港町**ダンケルク**に追い詰められ、全滅の危機に瀕したけれど、1940年5月にチェンバレンに代わって首相になった**チャーチル**がこの苦難を救います。

復習ポイント

　第二次世界大戦が始まるまでのドイツの侵略の動きを整理しよう。

アクティヴィティ

　ナチス政権下のドイツから亡命した有名人を調べてみよう。

独ソ不可侵条約

ポーランド

ナチス=ドイツ（とイタリア、ソ連）による侵略史年表

1938年3月 オーストリア併合

9月 ミュンヘン会談（参加国は英・仏・独・伊）

　　→チェコスロヴァキアのズデーテン地方を併合

1939年3月 チェコスロヴァキア解体

4月 イタリアがアルバニアを併合

5月 ドイツ=イタリア軍事同盟

8月23日 独ソ不可侵条約

　　「反共のヒトラーがソ連と結んだことに世界は驚き、日本の平沼内閣は『欧州情勢は複雑怪奇』とコメントして総辞職してしまった」

9月1日 ドイツ軍のポーランド侵攻

9月3日 イギリスとフランスがドイツに宣戦布告→第二次世界大戦開始

　　「この時のイギリス首相はまだネヴィル=チェンバレンだったわ」

11月 ソ連=フィンランド戦争→12月国際連盟はソ連を除名

1940年4月 ドイツ軍がデンマーク・ノルウェーに侵入

　　「ドイツの目的は北欧の鉄鉱石を確保することだったのよ」

1940年5月 ドイツ軍がオランダ・ベルギー・北フランスに侵入

1940年7月 ソ連、バルト3国を併合

<u>最後の門</u> 下の問題は大学入試問題を出典にした問題です。答えなさい。

問1 ナチス=ドイツの侵略を示す正しい時系列を一つ選びなさい。

　イ. オーストリア併合→ポーランド侵攻→独ソ不可侵条約

　ロ. オーストリア併合→ミュンヘン会談→チェコスロヴァキア解体

　ハ. 独ソ不可侵条約→ポーランド侵攻→チェコスロヴァキア解体

　ニ. 独ソ不可侵条約→ミュンヘン会談→オーストリア併合　　　　　　　　　（早稲田大・改）

問2 1938年のミュンヘン会談に参加したイギリス首相は、次のうちどれか。

　①チェンバレン　②ロイド=ジョージ　③クレマンソー　④チャーチル

問3 1939年8月、ドイツと不可侵条約を結んだ国は次のうちどれか。

　①フランス　②イタリア　③イギリス　④ソ連　　　　　　　　　　　　　（名古屋学院大）

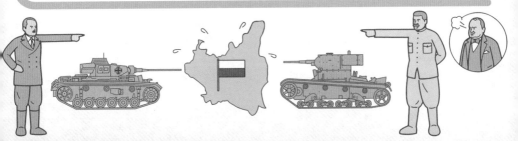

ドゥーチェ・ムッソリーニの没落

1922年のローマ進軍の結果、首相になったムッソリーニの手腕は優れていた。イタリア人はピシッと働くようになり、イタリア国民としての誇りを強く持つようになった。シチリア＝マフィアの弾圧を厳しくおこない、恐れをなしたマフィアたちはアメリカへ逃げて行った。

世界恐慌が広まった時、ムッソリーニは公共事業を大いにおこない、イタリアはドイツほどひどい目にあわずに済んだ。と言っても恐慌の影響はやはり響いた。国民の不満をそらせるには海外進出が一番と、アフリカの中でまだ植民地にされていない**エチオピア**に目を付けて1935年に攻め込んだ。なんとかエチオピア支配には成功したものの、国際的には不評を買いイタリアは孤立してしまう。困ったムッソリーニがうっかりと手を組んだ相手、**それがアドルフ＝ヒトラー**だった。

*

1937年に、ヒトラーに招かれドイツを訪れたムッソリーニはナチス＝ドイツの整然とした規律に魅了され、すっかり変わってしまう。イタリア国民にナチス風の厳格さを求めるようになったのだ。陽気でお気楽な民族であるイタリア人はぞっとした。今までダラけていたイタリア人に「全員起立！」と言ったムッソリーニが、突然「起立のしかたがなっとらん！」と文句をつけ始めたのである。

1938年になると、ムッソリーニはヒトラーの反ユダヤ主義までマネし始める。人種差別の伝統も意識もなかったイタリア人は「ついにドゥーチェ（統領）もおかしくなったか」と思った。

だいたいカトリック教会の総本山である教皇庁そのものが、ユダヤ人を迫害からかばってきた歴史がある。教皇庁もムッソリーニの人種政策には反対した。

ムッソリーニもさすがにバツが悪くなり、ユダヤ人迫害は中途半端に終わった。イタリアでユダヤ人が大量虐殺されるのは、ムッソリーニ失脚後、ナチスがイタリアを支配した短期間の時期である。

すっかり「イタリア的」でなくなってしまったムッソリーニに失望して、多くの著名人が海外へ亡命するようになった。原爆の父と呼ばれた天才物理学者エンリコ＝フェルミや、大指揮者トスカニーニまでもがアメリカへ去って行った。

*

1938年、ヒトラーはオーストリアを強引に併合した。1934年にオーストリアのドルフス首相がナチ党員に暗殺された時は、ドルフス首相と家族ぐるみで付き合いのあったムッソリーニが激怒し、ヒトラーがワビを入れて身を引いたのだが、今回はすっかり逆になった。**ヒトラーのなすことにムッソリーニは何も言えなくなってしまったのだ。**

オーストリアの次にチェコスロヴァキアのズデーテン地方を狙い始めたヒトラーに対し宥和政策を貫こうとするイギリス首相チェンバレンはヒトラーを訪れ、1938年にミュンヘン会談を開いた。この会談に出席したムッソリーニは驚いた。なんと通訳がいなかったのだ。語学が得意なムッソリーニはドイツ語・フランス語・英語に達者な面が裏目に出てしまい、この会談ではほとんど通訳に徹するハメになった。

*

第二次世界大戦が始まった翌年の1940年、ドイツ軍の快進撃に圧倒されたムッソリーニは、ついにドイツ側に付いての参戦を決意した。そしてこの参戦がイタリアを地獄に堕とし、ムッソリーニを破滅させることになってしまう。

解答と解説

■ **復習ポイント** の答え

ヒトラーとナチスの海外侵略の順番は入試にもよく出題されます。

事件	年代	事件の内容	結果
オーストリア併合	1938年3月	オーストリアをドイツに併合	ドイツ民族の統合を旗印に、「大ドイツ主義」を実現
ズデーテン地方併合	1938年9月	チェコスロヴァキアのドイツ人居住地域であるズデーテン地方の割譲を要求	ミュンヘン会談で英仏はズデーテン地方のドイツへの割譲を承認
チェコスロヴァキア解体	1939年3月	チェコとスロヴァキアを分離し、チェコは保護領に、スロヴァキアは保護国にする	ミュンヘン会談の結果を無視して、チェコスロヴァキアをドイツの支配下に置く
ポーランド侵攻	1939年9月1日	ダンツィヒ港とポーランド回廊での鉄道敷設権を要求し、ポーランドに攻め込む	独ソ不可侵条約により、ポーランドをドイツとソ連で分割支配

$\longrightarrow$ **第二次世界大戦の勃発**

■ **アクティヴィティ** の答えの一つ

ナチスによるユダヤ人迫害により多くのユダヤ人が国外に亡命しています。物理学者の**アインシュタイン**や**マイトナー**、化学者の**ハーバー**、心理学者の**フロイト**や**フロム**、指揮者の**ワルター**や**クレンペラー**、哲学者の**ベンヤミン**や**ハンナ=アーレント**、**マルティン=ブーバー**、映画監督の**フリッツ=ラング**や**ビリー=ワイルダー**などは皆ドイツ出身のユダヤ人で外国に亡命した著名人です。ドイツからアメリカに亡命したユダヤ人子弟や一族には政治家の**キッシンジャー**、映画監督の**スティーヴン=スピルバーグ**や**ウディ=アレン**がいます。

また歌手・女優の**マレーネ=ディートリッヒ**、ノーベル賞作家の**トーマス=マン**はユダヤ人ではないのですが、ナチスに反対してドイツからアメリカに亡命した人です。

■ **最後の門** の答え

問1　ロ　　問2　①　　問3　④

（解説）

問1　年代を知らなくてもナチスの対外侵略の順番を把握していれば答えられます。ナチスの対外侵略の特徴は「ドイツ人が多く住む地域（オーストリアやズデーテン地方）」から始まり、ドイツ周辺の国々（チェコスロヴァキアやポーランド）へ拡散してくることです。

問2　②はヴェルサイユ条約の時のイギリス首相、③は同じくヴェルサイユ条約の時のフランス首相、④はチェンバレンの後のイギリス首相です。

問3　年代と「不可侵条約」がヒントです。

61 第二次世界大戦
──広がるヒトラーの魔の手

チャーチルがイギリス軍を救った？　魔法でも使ったのかな。

うふふ、チャーチルはイギリスにある船、それもヨットや帆かけ舟までも集めて、北フランスで包囲されていたイギリス軍とフランス軍を救出したのよ。この時の情景は、クリストファー＝ノーラン監督の映画『ダンケルク』を見るといいと思うわ。

早朝の前奏曲 ## 「フランスは負けました！」──ヒトラーの復讐ついに達成

　ドイツは背後の東方と北方を確保した後、いよいよフランスに攻め込んで来ます。中立国のベルギーに攻め込み、「森を戦車が通れるわけがない」とフランスが油断していたアルデンヌの森を戦車で突っ切って来たのよ。1940年5月15日早朝、チャーチルは1本の電話に起こされたわ。相手はフランス首相で、うわずった声で何度も叫びます。「チャーチル首相！　われわれは負けました、負けましたっ！」。おったまげたチャーチルはパリに次の日駆け付けたけれど、フランス首相をはじめ軍首脳部は茫然自失の状態だったみたい。フランスのパリは6月14日に陥落し、1870（1871）年から続いてきた**第三共和政は崩壊**してしまったわ。フランス首相に**ペタン元帥**が就任し、ドイツに降伏します。ヒトラーは降伏調印式の時、第一次世界大戦でドイツが降伏文書に調印した列車の車両をパリに持って来させ、その車両の中でフランス代表に降伏文書の調印をさせたのよ。この時のヒトラーの記録フィルムが残っているけれど、ヒトラーは復讐の喜びのあまり、バイエルン舞踏風のタップを思わず踏んでいるわ。

　こうしてフランス北半分はドイツの占領下に置かれ、南半分はペタン元帥がヴィシーという温泉地に作った**ヴィシー政府**が統治することになったのよ。ペタン元帥は第一次世界

1940年5月15日早朝

ポール＝レノー

大戦の時は国の英雄だったのに、ドイツ軍にひざを屈したことで売国奴になっちゃったのね。もう一人株を下げたのはイタリアの**ムッソリーニ**だわ。フランスが敗北しているのを見て、漁夫の利を得るべく**ドイツ側に立って参戦**したの。締め切り間際の駆け込みに、ムッソリーニの歴史的評価は急落し、彼のみじめな最期が約束されてしまいます。

逆に、絶対にドイツに降服せず、ロンドンに亡命して**自由フランス政府**を作った**ド=ゴール将軍**の株は上がったわね。彼はラジオを通じてフランス国民にドイツ軍への抵抗を呼びかけ、多くのフランス市民が**レジスタンス**(ナチス=ドイツへの抵抗運動)活動をおこなったのよ。

第1幕 バトル=オブ=ブリテン──空の守護神がヒトラーの野望を砕く

ヒトラーはイギリスに攻撃をかけたかったけれど、ドイツの海軍力が弱かったため上陸作戦ができなかったのよ。そこでヒトラーはイギリスに空襲攻撃をおこなうことにしたの。しかしチャーチルは最新鋭のレーダーを備えさせた上に、ゼロ戦と並ぶ傑作戦闘機スピットファイアを山ほど作って待ち構えていたの。スピットファイアはイギリス上空にあらわれたドイツのメッサーシュミット戦闘機を叩き落としてイギリスを守ったわ。1940年7月から始まる、このイギリスの空の戦いを「**バトル=オブ=ブリテン**」と呼ぶのだけれど、結局イギリスを屈服させることができなかったヒトラーは、とりあえずはイギリスを放っておいてソ連に攻撃の矛先を向けるのよ。

あれ、たしかドイツとソ連は不可侵条約を結んでいたよね？

あれは大ウソつきのヒトラーの時間稼ぎ。ヒトラーの本当の最終目標は共産主義国家のソ連をやっつけることだったのよ。

第2幕への前奏曲 ドイツのバルカン半島侵攻──ドゥーチェの尻ぬぐい

しかしねえ、ムッソリーニがヘマをしでかしてしまったのよ。ヒトラーの活躍に刺激されて、ギリシアや北アフリカに攻め込んだものの戦備が貧弱でドジばかり。盟友のふがいな

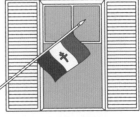

シャルル=ド=ゴール

自由フランス政府

さにヒトラーが手を貸して1941年4月にバルカン半島諸国を武力で制圧したのよ。しかしバルカン半島諸国もヒトラーの言いなりになっていなかったわ。ユーゴスラヴィアでは社会主義者の**ティトー**が**パルチザン**と呼ばれるゲリラ戦を山岳地帯を中心におこない、ドイツ軍にダメージを与えたわ。またこのバルカン侵攻で、バルカンをめぐるドイツとソ連の対立が激しくなってしまったのよ。昔の「東方問題」の再現だわ。いよいよソ連攻略に乗り出し始めたヒトラーだけれども、バルカン侵攻作戦のおかげでソ連への侵略開始が1か月近く遅れてしまった。この遅れが独ソ戦に後々大変な影響を与えてしまうことになるわ。

第2幕 独ソ戦の開始——窮地のソ連を救ったのは 冬将軍とパンツァー

1941年6月22日、ついにドイツ軍300万の大軍が一斉にソ連に侵入を始めたわ。**独ソ戦**の開始よ。スターリンは報告を受けて呆然自失の体たらく。ドイツ軍は連戦連勝で最初の一撃で何百万人ものソ連軍が捕虜になってしまったわ。そしてナチス＝ドイツはロシアの占領地でユダヤ人をはじめとするスラヴ系住民を捕らえて平気で虐殺したり、強制労働に使ったりしたのよ。そして多くの人々が**アウシュヴィッツ**をはじめとする**強制収容所**に送られてむごたらしく殺されたわ。ナチはこんな非道なおこないを当然だと思っていたのかしら……。こんな連中には天罰が下るわ。秋には泥まみれになってしまう広大なロシアの土地をはいずって進み、やっとドイツ軍がモスクワを攻撃し始めた10月に、例年より早く猛烈な寒波が襲ってきたわ。夏服装備しか持っていなかったドイツ軍を押しとどめたのは、おそらくロシアの**冬将軍**とＴ−34だったのね。

え、なに、そのＴ−34って？

あら、アニメ『ガールズ＆パンツァー』見てない？　パンツァーは戦車、Ｔ−34はソ連を救った有名な戦車なのよ。

分厚い装甲と強力な砲を持っているけれど、それ以上にすごいのはキャタピラの幅が広いことね。春と秋には泥沼になってしまうロシアの大地でも平気で進むことができたのよ。このものすごい戦車が加わってきたロシア戦線では、1941年の冬の恐ろしい吹雪の中でドイツ軍はモスクワを攻めあぐね、失敗してしまったわ。

スピットファイア　バトル＝オブ＝ブリテン　メッサーシュミット

日本の戦争方針──「キタかミナミか、それが問題だ」

さて、話は変わって日本だけれども、第二次世界大戦が始まった頃は日中戦争で中国に侵略をおこなっていたわ。しかし、中国もロシアと同じようにだだっ広くて日本は攻めあぐねていたの。しかも1937年に**第2次国共合作**が成立した国民政府は強かったわ。蒋介石の**重慶政府**には東南アジアを経由する「援蒋ルート」ができていて、イギリスやアメリカの援助物資が豊富に蒋介石政府に届けられていたのよ。

そこで1938年に**近衛文麿内閣**が「蒋介石の国民政府を対手とせず」と言わずもがなことを言って国民党政府と断交し、もとは国民党の実力者であった**汪兆銘**の**南京政府**を唯一の交渉相手に指名したの。でもね、南京政府が日本の操り人形であることを中国人はみんな知っていたので、中国人の支持は全然集まらなかったわねぇ。

日中戦争に行き詰まっていた日本の軍部には二つの意見が出ていたわ。一つは「**北進論**」と言って、「満洲国を安定させるには、脅威である北のソ連を叩く必要がある」という意見だったのよ。でもソ連は強くてねぇ、1939年5～9月の**ノモンハン事件**で試しに北進した日本軍はソ連の戦車部隊に叩かれてしまいました。これ以降、「北進論」は尻すぼみになってしまった。

あと、もう一つは「**南進論**」と言って、「戦争に必要な石油をはじめとする天然資源を得るために東南アジアに進出する必要がある」という意見ね。もう少し詳しく言うとね、「日本は石油をアメリカから買っている。しかしアメリカと戦争になったら日本は干乾しになってしまう。その前に資源の宝庫である東南アジアを押さえるべきだ」という考え方よ。でもこのやり方で南を支配すれば、東南アジアに利権や植民地を持っているイギリス・フランス・アメリカと戦争する可能性が高くなるわ。早い話が「キタへ向かってソ連と戦争するか、ミナミへ向かってイギリスやアメリカと戦争するか」の問題なのよ。

第 3 幕　三国同盟と日ソ中立条約──集団で脅してもビビらないアメリカ！

1940年7月、華族出身の近衛文麿内閣(第2次)が成立したわ。この近衛内閣はさっそく

独ソ戦

9月に**日独伊三国同盟**を結びます。

以前、日独伊三国防共協定（1937年）があったけど、違いは何？

防共協定は「反共を明らかにした」3国の協定だったから米英の支持を見込めたけれど、今度の「三国同盟」は明らかな「三国の軍事同盟」だったから、米英を敵に回すものだったわ。この軍事同盟に積極的だったのは近衛内閣の**松岡洋右**外務大臣だったわ。

松岡外相は「アメリカは妥協するとツケあがってくる国だから、日本はアメリカに対抗しなくてはいかん。そのために独伊との三国同盟は結ぶべきだ。将来はソ連も含めた日独伊ソ四国同盟にすべきだろう。日本が同盟を結んでこそ、アメリカは日本との戦争にビビって対米戦争を回避できるのだっ」と思ったのね。でも結果から言うと、アメリカという国は力で脅しが効く国じゃなかったのよ。

米英と戦争になった際、不安なのは北のソ連の動きなので**1941年4月**に松岡外相がソ連におもむき、ソ連と**日ソ中立条約**を結びます。その締結前にベルリンに寄った松岡外相はヒトラーから「そんな条約は結ばん方が……」と忠告を受けます。実はこの時にはヒトラーは独ソ戦の開始を決めていたのよ。しかし深い事情を知らない松岡外相は次にモスクワにおもむきソ連と中立条約を結びます。ドイツに不安を持っていたスターリンは大喜びでした。スターリンは事故がもとで左手が不自由だったけれど、松岡とはあえて左手で腕を組んだ写真を残しているわ。スターリンは他人と左手を組んだ写真は残していないから、東の平和が確保できたこの条約がよほどうれしかったのね。

［復習ポイント］

1940年から1941年にかけてのドイツの動きを整理しよう。

［アクティヴィティ］

ナチス＝ドイツがソ連に勝つための条件は何だと思いますか。

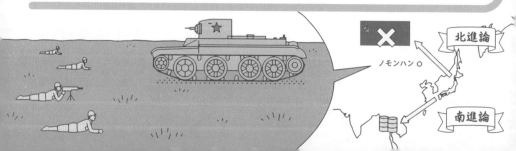

ノモンハン

北進論

南進論

第二次世界大戦史①年表

1939年5〜9月　日本の関東軍、ノモンハンでソ連軍と戦い、敗北

1940年5〜6月　英仏軍、ダンケルクからの撤退に成功

　　　6月　フランス降伏（フランス第三共和政の崩壊）

　　　　→①ペタン元帥によるヴィシー政府の成立

　　　　　②ド＝ゴール将軍による自由フランス政府の成立

　　　6月　イタリアがドイツ側に立って参戦

　　　7月　「バトル＝オブ＝ブリテン」開始→ドイツ空軍の失敗

　　　9月　日独伊三国同盟の成立

　　　　　「この同盟は最初『同盟国の戦争には自動的に参戦』の条項があったけれど、昭
　　　　　和天皇などの反対でその条項は削られたらしいわ」

1941年4月　ドイツ軍がバルカン半島を制圧

　　　　→ドイツとソ連の緊張激化

　　　4月　日ソ中立条約成立

　　　　　「ノモンハンで痛い目にあった日本は、この条約でソ連と手を結び北方の安全
　　　　　を保証してから南へ進もうと考えたのね」

　　　6月22日　ドイツが独ソ不可侵条約を破ってソ連に侵攻

　　　　　　　＝独ソ戦の開始

　　　10月　ドイツ軍、モスクワ近くに達するも寒波と赤軍の防戦によってさえぎられる

最後の門　下の問題は大学入試問題を出典にした問題です。答えなさい。

　枢軸国を構成したドイツ、イタリア、日本に関する以下の説明のうち、最も適切なものを一つ選びなさい。

　イ．日本とドイツは、ソ連に対抗するために防共協定を結び、1937年にはこれにイタリアも参加した。

　ロ．ベルリン＝ローマ枢軸によって、ファシスト党党首ムッソリーニは首相に就任し、軍事から司法にわたるすべての権力を掌握した。

　ハ．ドイツはアフリカへの勢力拡大にも関心を示し、かつての植民地であるナミビアへイタリアとともに進軍した。

　ニ．太平洋戦争の開始によって日本は日ソ中立条約を結び、日独伊三国同盟は実質上、崩壊した。

（早稲田大・改）

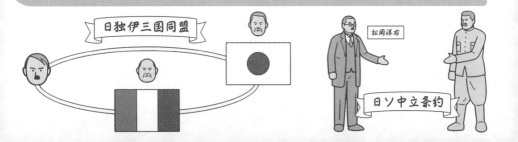

サインはV
「イギリスが一番輝いた時」

ウィンストン＝レナード＝スペンサー＝チャーチルはイギリスの外務大臣マールバラ公爵の息子として1874年に生を受けた。幼い時からウィンストンは勉強が大嫌いで、運動や兵隊ごっこがめっちゃ好きだった。不安に思った父は息子に聞いてみた。「**お前は将来何になりたいんだ？**」「**ヘータイさんになるぅ！　それも騎兵になりたいっ！**」

父親は失望した。こんなバカ息子では自分がたどってきた名門パブリックスクールから、オクスフォードやケンブリッジ大学に進むエリートコースはとうてい進めないだろう。**しかし未来において、この息子がヒトラーの侵略からイギリスを救うことになった。**

＊

学校でのウィンストンの成績は常に最下位だった。しかもウィンストンは希望していた陸軍士官学校には不合格で、浪人してやっと入ることができた。士官学校でウィンストンはよみがえったように勉強に熱中し始める。暗記力に優れていたチャーチルはインドに将校として駐在している時、昼寝の時間を勉強の時間にして古今の歴史書を読破した。特にエドワード＝ギボンの名作『ローマ帝国衰亡史』を必死に暗記したことが、後に議会での演説で政敵を論破する時、とても役に立った。

南アフリカ（南ア、ブール）戦争に従軍したチャーチルは、敵のアフリカーナー（オランダ系義勇軍）の捕虜となったが、知略を駆使して脱獄に成功し、一躍その名を知られるようになった。さっそく選挙に打って出て見事に下院議員に当選するが、下院議員としてのチャーチルは信念の固さで党を辞めさせられるなどさんざんな目にあっている。**チャーチルは平和な時には実力を発揮できない種類の人間だった。**

＊

ネヴィル＝チェンバレンの宥和政策が失敗した時、吃音で知られた英国王ジョージ6世（映画『英国王のスピーチ』で有名）は、ついにチャーチルを首相にした。ドイツとの戦争が避けられない今、ケンカに強い男こそが求められたのだ。ヒトラーの脅しにチャーチルは絶対に屈しなかった。チャーチルは国民に呼びかける。

「**私が国民に捧げることができるのは血と涙と汗と労苦だけです。**

われわれは海でも山でも街頭でも断固として戦い、祖国を守ります。絶対に降伏しません。そして子孫にこう言われるようになりましょう。『あの時のイギリスは一番輝いていた』と！」

＊

怒り狂ったヒトラーはイギリスへの攻撃をかける。

しかしイギリス本土へ上陸作戦をおこなうには海軍力が不足していたので空爆作戦をおこなった。ドイツの誇るメッサーシュミット戦闘機がイギリスを襲って来た。だが名戦闘機**スピットファイア**のおかげでイギリスの空で繰り広げられた「バトル＝オブ＝ブリテン」はイギリスの勝利に終わる。イギリス侵攻をあきらめたヒトラーは、ついにソ連への侵略を始めた。

チャーチルはソ連への援助を惜しまなかった。共産主義やスターリンの個人崇拝は嫌いだったが、それ以上にヒトラーのナチズムの方がもっと嫌いだった。**もしもソ連が敗れ去り、ナチズムが世界を支配したら文明は崩壊するだろう。**こうしてイギリスの物資援助を受けることができたソ連は1941年冬のドイツ軍によるモスクワ攻撃をかろうじて撃退することができた。

解答と解説

復習ポイント の答え

〇はドイツの攻撃成功、×はドイツの攻撃失敗。△は微妙。

事件	年代	ドイツ軍の動き	結果
デンマーク・ノルウェー侵攻	1940年4月	北欧の中立国である2国に侵入・占領	〇第二次世界大戦の本格化
オランダ・ベルギー侵攻	1940年5月	中立国である2国に侵入・占領	〇独軍、フランスへの攻撃路を開く
ダンケルクの戦い	1940年5～6月	ドイツ軍が英仏軍をダンケルクに追い詰める	×英仏軍のほとんどがイギリスへの撤退に成功
パリ占領（フランス降伏）	1940年6月	ドイツ軍がパリを無血開城	〇ドイツ軍が北フランスを直接支配
バトル=オブ=ブリテン	1940年7月	ドイツ空軍がイギリスを空襲	×イギリス空軍によって撃退される
ドイツによるバルカン半島制圧	1941年4月	イタリア軍を援助してバルカン半島を攻撃・占領	△ドイツ軍のソ連攻撃が遅れる
独ソ戦開始	1941年6月	独ソ不可侵条約を破ってソ連に攻撃	×ソ連が連合軍側に立つ
モスクワ攻撃失敗	1941年冬	冬季のモスクワ攻撃に失敗	×ドイツ軍、攻撃目標を南部に変更

アクティヴィティ の答えの一つ

条件その1：日露戦争と同じように勝利条件を設定し、第3国に調停を依頼することが一番簡単。**条件その2**：相手を滅ぼすつもりなら、広大なソ連では短期決戦は困難。長期戦を覚悟し、食料などの補給や交通手段をともかくも確保する。**条件その3**：人種差別支配や強制徴収を止め、支配下の住民による操り人形政府（傀儡政権）を作り、住民の多くを味方に引き込む政策を実施する。**条件その4**：外交的にソ連を孤立させ、外国の支援を受けられないようにする。

マリエッタ先生：「ナチスはこれらすべてに反する行為をしてたから、失敗したのよ」

最後の門 の答え

イ

（解説）

イは正しい（防共協定についてはテーマ59を参照）。ロは誤り。ムッソリーニは1922年のローマ進軍後にすでに首相になっている。ハも誤り。北アフリカに最初に侵攻したのはイタリア軍で、イタリア領リビアからエジプト攻撃したが失敗し、ドイツ軍が代わって北アフリカ戦線で戦うことになる。ニも誤り。日ソ中立条約（1941年4月成立）は太平洋戦争開始（1941年12月）よりも早い。また日独伊三国同盟は崩壊しておらず、太平洋戦争開始後に、この同盟を理由に独伊はアメリカに宣戦布告をしている。

62 太平洋戦争
——日本はジャイアンとケンカするのび太？

あのさ、日本ってなんでアメリカと戦おうとしたんだろ？

それは日本人には答えるのが難しいかもね。なにせ勢いでケンカしたようなもんだから。日本の中国進出を阻んだ九カ国条約（1922年）や排日移民法（1924年）とか、いろいろアメリカの文句の声が聞こえてはいたと思うけど、日本も満洲国建国（1932年）や日中戦争（1937年）でやり返していたのよ。しかしこれは言えているけれど、アメリカと戦争したら負けることなんて、日本の有識者はわかっていたわ。ただし、そんなことを言った人は高橋是清と同じ運命になったわねぇ。

向こう岸の前奏曲 アメリカの立場から日本を見ると……

　アメリカという国は、これまでの世界史でもやってきたけれど孤立主義の国なのね。そ、「ヨソのことにはクチバシを挟みません」というモンロー宣言のあれよっ。だから第二次世界大戦が始まってもアメリカはずっと中立を守ってきたのね。しかしナチス＝ドイツのヨーロッパ侵略が荒れ狂い始めると、アメリカも対岸の火事として放っておくことはできなくなったわ。しかも1940年に日独伊三国同盟が結ばれたことは、アメリカに日独伊の3国に対する激しい敵対心を持たせることになってしまったのよ。松岡外相が「アメリカを脅せば戦争を避けることができる」と思ったのは大きなカン違いだったのね。

　それどころか、フランクリン＝ローズヴェルト大統領は1941年1月にアメリカが守るべき「四つの自由」を宣言して、アメリカの理想を国民に示したわ。その自由とは①**言論・表現の自由**、②**信教の自由**、③**欠乏からの自由**、④**軍事的侵略の恐怖からの自由**のことなの。アメリカだけでなく、人間すべてにとって本当に大切な自由だと思うわ。その上、アメリカは1941年3月に**武器貸与法**を制定して、イギリスやソ連に武器を大量に貸し出すようになったの。こうしてアメリカはファシズム諸国に敵対する姿勢をはっきりと示したのよ。し

かし国内世論がまだ問題だったわ。なにせ、まだかたくなに孤立主義や中立主義を信じる国民が数多くいたのよ。しかし真珠湾がすべてを解決してくれたわ。

第1幕 ABCD包囲陣と大西洋憲章──いよいよ戦争に向かって仕切り直し

さて次は日本の立場よ。この時の日本は日中戦争の泥沼にハマっていたわ。日本は、蔣介石率いる中国国民政府の息の根を止めるには、東南アジアから中国に通じる「援蔣ルート」からの補給物資をストップさせる必要があったの。そこで「東南アジアを占領すれば、援蔣ルートをふさぐことができるし、ゴムや石油などの南方の資源も手に入る」と考えるようになったのね。つまり日本は「**北進論**」から、「**南進論**」に方向転換してきたわけよ。ところが「南進論」に従って東南アジアへ日本が進出すると、東南アジアに勢力を持つイギリス・フランス・アメリカと敵対することになるわ。日本は正直言って列強とケンカして勝てる気はしなかったと思うわよ。ところが……、1940年6月に、フランスがドイツ軍の攻撃に耐え切れずに降伏してしまったのよね。日本としては「ちょうどいいチャンスや」ということで、1940年9月、近衛文麿内閣の時にフランスが支配していたインドシナ北部に進駐し、インドシナを実効支配してしまったの。この「ちゃっかりの火事場泥棒」が結果としてアメリカの怒りをかき立ててしまうことになるわ。

2段下がってもこんなに身長が高い近衛首相（中央）。2列目右端は松岡外相、2列目左端から2番目が東条陸軍陸相。

日本はやはり近衛内閣の時にフランスの弱体化につけ込んで1941年7月にインドシナ南部にも進駐したの。こうしてインドシナ全体を実際には日本が支配するようになってしまったのよ。このインドシナ南部進駐によって、日本はとうとうアメリカを正面切って敵に回してしまったわ。

さっそくアメリカは日本に対し**石油の禁輸処置**をおこない、**ABCD包囲陣**を形成しました。え、ABCD包囲陣って何って？　これは、A（America：アメリカ）、B（Britain：イギリス）、C（China：中国）、D（Dutch：オランダ）の4国が日本を囲んで、日本に石油を輸出しないようにしていることなの。いわゆる兵糧攻めなのよ〜。

武器貸与法

さらに1941年8月に、イギリスのチャーチル首相とアメリカのフランクリン＝ローズヴェルト大統領は大西洋の、互いの軍艦の上で会談を開きます。これを**大西洋上会談**と呼ぶけれども、ドイツのUボートに狙われたら大変なので、極秘のうちに会談をおこなったのよ。

この時に二人が定めたのが**大西洋憲章**なのね。なんと、二人はもう戦後世界の構想をねっていたのよ。その内容の主なものは次のとおり。①領土不拡大、②<u>民族自決</u>、③海洋の自由、④軍備縮小、⑤<u>平和機構の再建</u>。下線が引いてあるところが特に重要なのよっ。

なんだか気のせいか、今まで出てきたような文句ですねぇー

相変わらずいいカンしてるわ。これってウィルソンの「十四カ条」の焼き直しなのよ、実は。さすがにチャーチルは、②の「民族自決」にはしぶい顔をしたわね。これを認めたらイギリスの植民地は独立させなきゃいけなくなるからね。でもナチスに攻め込まれている今、イギリス本国の尻に火がついているんだから、アメリカの協力は必要だったのよ。結局、チャーチルは大西洋憲章を認めました。そしてソ連もこの憲章をすぐに承認します。ソ連もナチスに攻め込まれている今、尻に火がついているのですから、アメリカの協力は必要だったのよ。結局スターリンも大西洋憲章を認めるハメになりました。

第2幕 日米交渉──おハルさんの巧みな手段にまんまとやられる

日本もアメリカと戦う愚かさはわかっていたから、なんとかアメリカと交渉して戦争は避けたかったのよ。そこで1941年4月より日米交渉が必死に続けられていたのよ。交渉の問題点は、①**日本の三国同盟からの離脱**、②**フランス領インドシナからの撤退**、③**中国からの撤退**、の三つだったわ。最初は在日経験のある神父さんが間に入って、日米お互いによい雰囲気で話が進んでいたの。しかし1941年の6月に独ソ戦が開始され、7月に日本がインドシナ南部に進駐し、8月に大西洋上会談がおこなわれるなど、世界がキナ臭くなってきたわ。イギリスのチャーチル首相は、インドシナ南部に進駐した日本軍がシンガポールを攻撃しないかヒヤヒヤしていたし、ローズヴェルト大統領も開戦には議会の強い反対が予想されたわ。それにアメリカだって正直言うと太平洋と大西洋の両方で戦う自信なんかなかったのよ。

日本軍のインドシナ進駐

そこへ日本が大チョンボ。「石油禁輸処置を受けている今、このままじっとしていても資源は先細りになるばかりだ。こうなったら1941年の10月上旬までにアメリカが日本に色好い返事をしてくれなかったら、こっちからアメリカに攻め込むべきだ」という暴論が軍部から出てきてしまうの。もうヤケのやんぱちね。

　好戦的な雰囲気の中で、最後まで外交交渉を主張していたのは昭和天皇だったわ。近衛首相はアメリカ大統領と太平洋上で会談をおこなって、なんとか戦争回避をはかる腹案を持っていたけれど、自国の軍部も説得できない首相が相手国の大統領を説得できるわけがないわ。結局、近衛首相は10月に首相の座を放り投げてしまったのよ。次の首相は軍人の東条英機。この人は感情的なほどの対米強硬派だったから、一気に開戦に向かっていくことになるの。

　アメリカはこのような日本の動きを、暗号解読機を使って全部知っていたわ。そしてコーデル＝ハル国務長官は「どうせ戦争をするのだったら、日本が呑めないような要求を突きつけて、日本から先に手を出すように仕向けた方がよかろう。そうすれば議会もアメリカ国民も開戦に賛成するだろう」と考えたのね。そこで11月26日に国務長官は日米交渉の最終的な回答を野村大使に手渡したのよ。これがハル＝ノート。内容は、①日本は中国全土とインドシナからすぐに撤退しろ、②中国における唯一の政権は蔣介石政権であるから満洲国は認めない、③日独伊三国同盟を日本は守るな、というもので、要するに「1931年の満洲事変の前の日本に戻れ」というすごい内容でした。野村大使は絶句。このハル＝ノートで日本はとうとうアメリカと戦う腹を決めたのね。最後は天皇が開戦を認めたわ。

第3幕　真珠湾攻撃と太平洋戦争開戦 ——「リメンバー＝パールハーバー！」

　開戦に最後まで反対していた山本五十六連合艦隊司令長官は、「対米戦争が避けられないのであれば、強大なアメリカ相手には奇襲攻撃しか勝ち目はない」と決心し、1941年12月8日にハワイの真珠湾にいたアメリカ艦隊に奇襲攻撃をかけます。この真珠湾攻撃から太平洋戦争が始まるのよ。真珠湾のアメリカ艦隊への戦闘機攻撃により、アメリカ太平洋艦隊の多くは撃沈され、2000人以上の死者が出てしまいます。しかし、日本はこの時に

民族自決

大西洋上会談

平和機構の再建

大失敗をしてしまった。まず肝心のアメリカ空母が無傷で助かったこと、そしてアメリカに宣戦布告の通知が遅れてしまったことなのよ。アメリカは「国際法で定められた宣戦布告もなく、真珠湾を奇襲攻撃したのは卑劣であるっ」として日本との戦争に踏み切った。この時、ドイツとイタリアも三国同盟のよしみでアメリカに宣戦布告をします。

　日本は、太平洋を中心としてフィリピン・ベトナム・マレー半島・シンガポール・ビルマを次々と占領していきます。フィリピンを守っていたアメリカのマッカーサー元帥は'I shall return'（必ず戻るぞ）の名文句を残して退却します。日本国民は有頂天の大騒ぎで、「ニューヨークで提灯行列や」と言い出す者まで出る始末だったわ。

　日本は大西洋憲章の向こうをはって「**大東亜共栄圏**」をとなえ、「欧米列強からのアジアの解放、アジア諸民族の共存・共栄」をうたい、アジア各地に親日政権を作ったわ。でも「白人支配からの解放」は同時に「日本人支配の開始」となっちゃうのよ。戦争継続のためアジア各地の資源が徴発され、日本への**同化政策**が強行されてしまいます。具体的に言えば日本語教育や神社崇拝の強制ね。日本の植民地であった台湾や朝鮮半島では極端な皇民化政策がおこなわれ、特に朝鮮半島では1939年には**創氏改名**（日本風の名前に変えること）が公布されます。また朝鮮半島から多くの労働者を日本へ連行し、石炭鉱山などで働かせる**強制連行**も実施しているわ。その結果、アジア諸国は日本の支配に対し、激しい抵抗運動をおこなうようになるのよ。

復習ポイント

1940年から1941年にかけての日本の開戦にいたる動きを整理しよう。

アクティヴィティ

アメリカと戦うための条件は何だと思いますか。

コーデル＝ハル　　NOTE BOOK　　野村吉三郎

ハル＝ノート

太平洋戦争史①年表

1940年9月　日本がインドシナ北部に進駐

「フランスがドイツに負けたのをきっかけに、フランスを脅かして軍を進めたわけね。一応、インドシナの主権はフランスが持っていたけれど、陰では日本が支配していたわ」

1941年4月〜　日米交渉始まる

「昭和天皇だけは外交で解決することを願っていたみたいね」

7月　日本軍、インドシナ南部に進駐

「日本のインドシナ南部進駐によって、アメリカは太平洋戦争をついに覚悟したのよ」

8月　アメリカ、日本に対し石油輸出の禁止処置をとる

（→ABCD包囲陣）

8月　米英が大西洋上会談を実施

11月　ハル=ノート提示→日米開戦準備へ

12月8日　真珠湾攻撃（→太平洋戦争開戦へ）

→ドイツ・イタリアがアメリカに宣戦布告

「日本とソ連は中立条約を結んでいたから開戦しなかったわ」

12月　日本軍が香港・マレー半島を占領

1942年1月　日本軍がフィリピン占領

2月　シンガポール占領

3月　ジャワ・スマトラ占領

「破竹の快進撃で、チャーチルもセイロン島が取られることを恐れていたけれど、日本軍はもうさすがに限界だったわ」

最後の門　下の問題は大学入試問題を出典にした問題です。答えなさい。

　大東亜共栄圏という構想を打ち立て、アジア太平洋戦争を展開した日本軍の占領が及ばなかった地域を一つ選びなさい。

イ．ビルマ　　ロ．セイロン島　　ハ．マレー半島　　ニ．シンガポール

（早稲田大・改）

真珠湾攻撃

東条英機

大東亜共栄圏

まるで『ドラクエ®』！
仲間を集めてラスボス戦！

　チャーチルがイギリスの首相になった時すでに65歳だったが、恐ろしくHP（馬力）が高いタフなじいさんだった。ぶっ通しで会議が続いても何のその。「バトル＝オブ＝ブリテン」ではドイツ軍の空襲があっても、「サイレン＝スーツ」という、つなぎの作業服を身に着けて真っ先に飛び起きた。被災地を率先して訪れ、イギリス国民を励ますチャーチルの声には勇者にふさわしい力と気合がみなぎっていた。

　ところがチャーチルは、実は「躁うつ病」に苦しめられており、脳裏に「不吉な黒い犬」が出現することをひどく恐れていた。この犬が出てくるとチャーチルは「うつ」にやられて意気阻喪してしまうのだ。

　チャーチルの無尽蔵の元気を支えていた源が、「昼寝」と「入浴」であったことは有名。チャーチルは昼寝をする時はパジャマに着替えて、ベッドで本格的に短時間寝る。そして起きるとバスタブに浸かって1日に何回も入浴を楽しむのである。風呂から出てくると、豪勢なバスローブをはおり、トレードマークの太い葉巻を悠然とくわえるのだ。絶好調の時のチャーチルは世界のどこでも行った。

＊

　1941年8月、大西洋上会談でチャーチルはアメリカのフランクリン＝ローズヴェルト大統領と初めて会った。ローズヴェルトは非常に気さくな人柄でチャーチルを魅了した。また、チャーチルは元海軍大臣であり、ローズヴェルトは元海軍次官であった関係から、海軍ネタで話が大いに盛り上がった。

　日本が真珠湾攻撃をおこなった直後の1941年12月、二人はアメリカで会談した。この時、「枢軸国」に対抗する用語を考えていたローズヴェルト大統領は突然、「連合国」United Nationsという言葉を思いついた。「おっ、こりゃええのぉ！　ウィンストンに知らせてあげよう！」と大喜びの大統領がチャーチル首相の部屋に乱入してみると、なんとチャーチルはバスタブで入浴の最中だった。こうして「連合国」という言葉は、チャーチルが「素っ裸」の時に決定したという。

＊

　1942年8月、チャーチルは24時間連続飛行の末にモスクワにたどり着く。爆撃機の大騒音の中での命がけの飛行だった。しかし飛行場に降り立ったチャーチルは元気と威厳に満ちており、すぐにスターリンと会談する。ぶっ通しの会議にも疲れを見せないチャーチルに対し、スターリンは最終日に自分の娘のスヴェトラーナを呼んで挨拶をさせた。スヴェトラーナは「**たぶん父は、自分がバケモノでなく、普通の父親であるところをチャーチルに見せたかったのだろう**」と回想している。チャーチルはスヴェトラーナの流暢な英語をほめている。

　そしてモスクワでの徹夜の大宴会がおっぱじまった。スターリンとチャーチルは「斗酒なお辞せず」（多量の酒も断らずに飲む）の勢いで飲みまくり、お互いをほめ讃えた。貴族出身のチャーチルは共産主義は大嫌いだったが、さすがにスターリンとは相通じるところがあった。何よりもお互い「愛国者」であり、自分の国のためには命を捨てる覚悟があった。この点にお互いが惚れたのだ。

　チャーチルの仲間作りは成功する。おぞましいラスボスのヒトラーをギリギリで打ち倒すことができたのは、最後まであきらめない努力と、仲間を作るための気合が打ち立てた成果であろう。

解答と解説

復習ポイント の答え

太平洋戦争開戦への道筋は以下の通り。

事件	年代	日本の動き	結果
ノモンハン事件	1939年5〜9月	ソ連と国境紛争	日本は敗北し、北進論の勢いが弱まる
インドシナ北部進駐	1940年9月	フランスの敗戦に乗じて日本が進出	アメリカが日本に警戒心を抱く
日米交渉開始	1941年4月	日本の中国進出についての調整が始まる	アメリカの態度がしだいに硬化→ハル＝ノートへ
インドシナ南部進駐	1941年7月	日本が露骨に南進の意図を示す	アメリカの態度が硬化
日本へのアメリカ石油輸出禁止	1941年8月	南進の勢いが強まる	ABCD包囲陣で日本へ禁輸処置
真珠湾攻撃	1941年12月	ハワイの真珠湾にいたアメリカ艦隊を襲撃、撃滅	アメリカの海軍力が一時、壊滅状態に

アクティヴィティ の答えの一つ

　アメリカと戦うのなら、広大な資源国と戦う意味で、ロシアと同じ条件が必要になってきます。まず、①地域的な限定戦争に限り、有力な第3国に調停を頼むことが重要です。ただし結果として真珠湾が奇襲攻撃になってしまったため、感情的になったアメリカは容易に戦争を止めようとしなくなってしまったことが問題です。②アメリカ以外の資源国と同盟関係を持ち、長期戦に備えること。日本は「大東亜共栄圏」を作って資源を確保しようとしたのですが、結果としてはアジア諸国への搾取と強制労働になってしまい、アジア諸国の反発を買う結果になってしまいます。③外交的にアメリカを孤立させること。しかし大西洋憲章を基とする英米ソなどの「連合国」結成により、アメリカを孤立させることはできませんでした。

最後の門 の答え

ロ

（解説）

　インドの南東にあるセイロン島は日本の攻撃を受けつつも、結果として日本に支配されることはありませんでした。チャーチルが『第二次世界大戦回顧録』で語っているように、ビルマまでが、日本の補給線の限界状態だったのです。

ファシズム諸国の敗北
——戦場よりも会議の方が重要

太平洋戦争で日本が連戦連勝とは、すごいねえ！

ところが、この快進撃もたった半年しか続かなかったのよ。と、言うのも、日本はアメリカ空母を撃滅するために、1942年6月にミッドウェー海戦をおこなったのだけれど、この戦いで日本海軍はコテンパンにやられてしまい、逆に空母4隻を失う大敗北を喫してしまったの。この時から日本のイケイケムードはしぼんでしまったわね。

第1幕 スターリングラードとガダルカナル攻防戦
——第二次世界大戦の天王山！

　ちょうど日本がミッドウェー海戦で痛い目にあっていた頃、ヨーロッパ戦線では最初はモスクワを狙っていたドイツ軍が、ソ連南部の油田を狙って一大攻撃をかけていたわ。ドイツの攻撃を予測したソ連は英米との結束を強めるため、1943年6月には世界革命組織である**コミンテルンをあえて自ら解散**するほど緊張していたわ。

　ドイツ軍が狙いを定めたのはヴォルガ川沿いの工業都市**スターリングラード**だった。この町をドイツ軍に取られたら、ソ連は南部の油田をドイツに奪われた上に、ウラル山脈の東にはたき出されてしまうわ。そのためこの町をめぐる攻防戦はすさまじい戦いになったのよ。廃墟となったスターリングラードをめぐって一進一退の攻防が続く中、ジューコフ将軍が率いるソ連軍はドイツ軍を大包囲することに成功、ついに1943年2月にドイツ軍は降伏したのよ。約9万人ものドイツ兵が捕虜となり、そのほとんどはドイツに帰ることはなかったわ。

　このスターリングラードの戦い以降、ドイツ軍は戦略的指導権を失ってしまい、連合軍が押せ押せの状況になってくるのね。

　そしてスターリングラード攻防戦と同じ時期の1942年中頃から、日本海軍はオーストラ

スターリングラードの戦い

リアとアメリカを分断するために南太平洋の**ガダルカナル島**を占領しようとする作戦を立てたのよ。しかし、補給線が伸び切っていた日本軍は輸送に苦しみ、多くの兵士が餓死したわ。そして日本軍は1942年12月にガダルカナル島から撤退することを決定し、その後はアメリカ軍が太平洋戦線の主導権を握るようになったのよ。つまり**1943年に入ったとたん、日本もドイツも勢いを失ってしまった**のね。

第2幕 イタリアがついに降伏──シチリアを取られたのが運の尽き

　一方、イタリアは北アフリカを攻撃していたけれども、イギリス軍に負けっぱなし。そこで1941年に、ドイツのロンメル将軍率いるアフリカ軍団がエジプト目指して攻撃をかけたわ。このロンメルの攻撃で1942年にはカイロのすぐ西のエル＝アラメインまでイギリス軍は追い詰められてしまったのよ。このロンメル率いるドイツ戦車軍団の活躍はあなたたちもアニメの『ガルパン』で知っているわね。チャーチルはスターリンから「ヨーロッパに早く第二戦線を作って、ソ連を救援してくれっ」と頼まれていたの。しかしチャーチルはスターリンを説得して、第二戦線を北アフリカに作ることにしたのよ。**「北アフリカを制圧した後に、北上してイタリアを降伏させれば、ドイツ軍の戦力に打撃を与えることができる！」**とね。チャーチルに、ロンメルを倒してアフリカのイギリス植民地をまず守る腹があったことは間違いないわね。英米軍の猛追撃に耐えられなくなった北アフリカのドイツ軍は撤退し、その後を追った連合軍はシチリア島に上陸します。

　古代のポエニ戦争の時から**「シチリア島を握る者が地中海を握る」**ことが知られていたけれども、これは現代だって変わらない。シチリア島を征服され、戦意を失ったイタリアは、国王も議会もカトリック教会もすでにムッソリーニを見放してしまい、1943年7月に彼は逮捕され、幽閉されてしまいます。国王が後継者に任命したのは軍人の**バドリオ**だけれども、1943年9月にバドリオ政権は早々と**連合軍に無条件降伏**しちゃったのよ。イタリアの戦線離脱に激怒したヒトラーは、ドイツ軍にイタリアの大部分を武力占領させてしまったわ。ヒトラーによって幽閉から救われたムッソリーニはイタリア北部・中部に臨時政権を建てるけれども、これはもうヒトラーの「**傀儡**政権」でしかなかったわね。ドゥーチェも落ちぶれたもんだわ。最終的にムッソリーニは1945年に反ファシズムのゲリラ部隊に捕まり、愛

イタリア降伏の作戦

人と一緒に処刑されてしまうのよ……。

第3幕 連合国のトップ会談──「いつ」「どこで」「誰が」が大切

　1943年、ようやっと連合軍に光が見え始めた頃、連合国トップが戦後を視野に入れた会談を次々とおこない始めているわ。まだ戦争が終わっていないうちに、もう戦後の話をしているのだから、気が早いと言うか、欲が深いと言うか……。先を読んで動いているのね。もちろんその会談の最初は1941年の**大西洋上会談**ね。1943年になると、やっと戦争に一息ついた連合国トップが会談を再び始めているわね。1943年11月にエジプトのカイロでおこなわれたのが**カイロ会談**で、**イギリスのチャーチル首相、アメリカのローズヴェルト大統領、そして中華民国の蔣介石総裁**が顔を合わせているのよ。この会談では、日本軍の猛攻にさらされている中華民国への救援を決めました、が、実は戦後の日本の処理と天皇制の存続についても話し合ったみたいね。この時に蔣介石は「戦争を引き起こしたのは軍部です。日本の国体問題については日本国民が考えるべき問題であると考えます」と言ってくれたおかげで、天皇制の撤廃が見送られたようなのよ。

蔣介石って日本にひどい目にあっているのに、やさしいのねー

　うーん、たぶん若い時に留学した日本に親しみがあったんじゃないのかな？　このカイロ会談の後、イギリスの**チャーチル**とアメリカの**ローズヴェルト**は急いでイランの首都テヘランに直行し、そこで1943年11〜12月に**ソ連のスターリン**とテヘラン会談をおこなったのよ。この会談の話題は、ヨーロッパに第二戦線を築くことでした。スターリングラードではなんとか勝利したけれど、ソ連はナチス＝ドイツとまだまだ血みどろの大格闘を続けている真っ最中だったから、「早くヨーロッパでドイツと戦ってくれっ！」とスターリンが要求していたのね。さすがに今度はチャーチルもローズヴェルトも、ヨーロッパに第二戦線を作ることをテヘラン会談で約束します。それが1944年6月の連合軍による、**ノルマンディー上陸作戦**になったわ。この上陸作戦で20万人もの連合軍がフランスのノルマンディー半島上陸に成功し、背後を突かれたナチス＝ドイツは急激に崩壊してしまうのよ。

　そして、いよいよ第二次世界大戦も押しつまった1945年2月に英米ソの首脳は、ソ連の

カイロ会談

クリミア半島にある保養地ヤルタに集まって、**ヤルタ会談**を開いたわ。この会談は重要よ！ヤルタ会談の目的は、①**戦後のドイツの扱い**、②**戦後の東ヨーロッパの扱い**を話し合うことだったわ。しかも（これは秘密だったけれど）③**ソ連の対日参戦**の問題も実は含まれていたのよ。早い話が、戦後世界の山分けプランを話し合うのがヤルタ会談の目的だったのよね。

ヤルタ会談の時、チャーチルは実はもうイギリスに発言力があまりないことを知っていたわ。と言うのも、イギリスはドイツと日本相手に長年激しく戦ってきたため、財政がひどい赤字になっていたからよ。ナチス＝ドイツに打ち勝って、軍事大国として世界に力を伸ばしてきたソ連のスターリンに対抗するためには、やはり超大国アメリカにけん制してもらう必要があったのね。しかしヤルタに到着したアメリカのローズヴェルト大統領を見たチャーチルはぶったまげてしまったわ。ローズヴェルト大統領の顔には死相が浮いていたのよっ（→）。

戦争の激務と1944年の大統領選に疲れ果て、動脈硬化症に苦しむ大統領は、血圧が300を超えていたのね。ほとんど寝たきりになっていたローズヴェルト大統領は、ヤルタに着いた時には正常な判断力も失っていたようだわ。

ヤルタ会談の場で、ローズヴェルトはスターリンにポーランドの国境線を西に大幅に移動することを認めてしまいました。その上で、ソ連に日本と戦うことを望んだのです。と言うのも、**硫黄島（いおう）の戦い**で日本軍の抵抗があまりに激しかったため、このままでは日本の上陸作戦において、アメリカの被害が大きくなると大統領は考えたからです。

スターリン「いやあ、わが国は1941年に日本と中立条約を結んでいます。その条約を破って日本に攻め込むのは、タダでは済みませんよ」

ローズヴェルト「わかってます。そこで南サハリン（南樺太）や千島列島をソ連に差し上げることを合衆国は認めます（！）」

スターリン「む……ではドイツ降伏後、3か月をめどに参戦しましょう！」

こうして、この会談で戦後の日本の運命が決まってしまったのよ。

テヘラン会談

第4幕　ヒトラーの滅亡とポツダム会談──メンツはスターリン以外総入れ替え

　そして1945年4月30日、とうとうソ連軍に包囲されたベルリンの地下壕の中で、ヒトラーは愛人と自殺します。詳しくはコラムを見てね。まあ、ヒトラーもムッソリーニも最後はオンナと一緒に死んだわけよ。アメリカのローズヴェルト大統領はもうすでに脳卒中のため1945年の4月12日に亡くなっていたから、第二次世界大戦の終了を見届けることはできなかったのよ。ヒトラーが死ぬ18日前だったわ。

　ナチス＝ドイツは1945年5月7日に無条件降伏し、米英ソ3国の首脳は、戦後の世界構想を改めて話し合うためにドイツのベルリン近郊の町ポツダムに7～8月に集まります。これが**ポツダム会談**になるわね。メンバーが変わってないのはソ連の**スターリン**だけ。アメリカは副大統領だった**トルーマン**が大統領に昇格して出席したわ。そしてイギリスは、最初はチャーチルが出席していたけれども、ポツダム会談を開いている真っ最中の7月の選挙でチャーチルの保守党が敗北したので、途中で労働党の**アトリー**が首相として参加したのよ。しかし、外交経験が乏しいアトリーでは海千山千のスターリンにはかなわないのは目に見えているわ。

　このポツダム会談では戦後のドイツと日本の処理について話し合われ、日本に対しては無条件降伏を呼びかける**ポツダム宣言**を出したのよ。あとはこの宣言を日本が素直に受け入れるかどうかだったわね。

【復習ポイント】

　連合国の**会談**の時期とメンバー、内容を整理しよう。

【アクティヴィティ】

　ローズヴェルト大統領がヤルタ会談で健康ならば、歴史はどう変わっていた可能性があるでしょう。

ヤルタ会談

第二次世界大戦史②年表

1943年6月　コミンテルン解散

1942年7月～1943年2月　スターリングラードの戦い
　「この戦いのドイツの大敗北が第二次世界大戦の巨大な転換点になったわ。ジャン＝ジャック＝アノー監督の映画『スターリングラード』がいいわね。ジュード＝ロウがすてきだし♡」

1942年11月　連合軍が北アフリカ上陸→ドイツ・イタリア軍撤退

1943年7月　連合軍がシチリア島に上陸

1943年9月　イタリアのバドリオ政権が連合軍に無条件降伏
　「この無条件降伏の後、イタリアはドイツ軍によって占領され、国王もバドリオも命からがら南の連合軍に助けてもらったほどよ」

1943年11月　カイロ会談

1943年11～12月　テヘラン会談

1944年6月6日　ノルマンディー上陸作戦
　「この上陸作戦でナチス＝ドイツはついに崩れるのね。この作戦はスピルバーグ監督の映画『プライベート＝ライアン』に描かれているわ。傑作よ！」

1945年2月　ヤルタ会談
　「健康状態が優れなかったローズヴェルト大統領がスターリンに多くの譲歩をおこなったため、『冷戦の始まり』とも言われるわ」

1945年4月30日　ヒトラー自決

1945年5月7日　ドイツが連合国に無条件降伏

1945年7～8月　ポツダム会談→ポツダム宣言へ
　「重要な会談だけれども、ポツダム会談は参加者が途中で交代するので、把握が面倒だわね。気をつける必要があるわ」

最後の門　下の問題は大学入試問題を出典にした問題です。答えなさい。

　1945年7月、チャーチル、アメリカのトルーマン、ソ連のスターリンがドイツで会談した。この会談の際に、日本の無条件降伏などを求めて発表された声明の名称を記せ。　（新潟大・改）

ヒトラー最期の日々

1942年、22歳のトラウデル＝ユンゲは総統秘書に応募し、採用された。彼女が初めて会ったヒトラーは、まるで父親のように温厚な人物だった。彼女が失敗してもヒトラーはやさしく許し、受け入れてくれた。これは、彼女の回顧録の要約である。

＊

1945年4月30日、ヒトラーはベルリンの総統官邸の地下壕にいた。ソ連軍に完全に包囲され、ドイツ第三帝国は滅びようとしていた。激しいソ連軍の爆撃にさらされ、ベルリンの町は廃墟となり、戦う兵士は子どもか老人ばかりであった。市民が爆弾の犠牲となり死体が山積みとなっていく中、ナチス上層部はベルリンから逃げ出そうとしていた。

ヒトラーはすっかり老人となり、手はけいれんしてふるえていた。会議室でヒトラーはありもしない軍団をアテにして、将軍たちにソ連軍を撃退するように怒鳴りちらしていた。ヒトラーに本当のことを言える将軍は一人もいなかった。皆ふるえ上がり、おびえ、ヒトラーの顔色をうかがっていた。しかし、ついにヒトラーも真実を知る時がくる。ソ連軍に抵抗できるような部隊がもう一つもないことを。

「お前たち、軍の将軍はどいつもこいつもクズだっ！　私はお前たちのように士官学校を出ていないが、この手で世界の半分を手に入れたのだっ！　それを、どいつもこいつも私のじゃまをしおってっ！　お前たちをみんな殺してしまえばよかったのだっ！」

怒鳴りわめき、絶叫するヒトラー。それはまさに異常者の姿だった。そして椅子に崩れ落ちたヒトラーはすべてを投げ出すように言った。

「……この戦争は負けだ。みんな勝手にしろ……」

＊

多くの人々が「ハイル＝ヒトラー！」と叫びながら、銃弾の中で死に、または自殺していった。それは地獄絵だった。その血の饗宴の中で地下壕にいるナチの幹部は酒に酔い、自暴自棄になっていた。

＊

多くの軍人や関係者がヒトラーに、今のうちに脱出して逃げてくれ、と頼み込みに来たが、ヒトラーはすべて断った。

「野宿したり、納屋に隠れたりして、敵軍に捕まるのをビクビクしながら待って、あげくの果てにムッソリーニのようにさらし者か！　私は嫌だ！　ベルリンにとどまって、ここで私は自決する」

内縁の妻エヴァ＝ブラウンと正式に結婚した後、最後の食事をとった。ヒトラーは最後の瞬間まで菜食主義者で、野菜入りのラザニアが彼の最後のメニューだった。そしてエヴァと部屋に閉じこもった。

数分後、銃声が響いた。

副官のギュンシュが扉を開くと、そこにはピストル自殺をしたヒトラーと青酸カリを飲んだエヴァ＝ブラウンの死体があった。二人の死体は中庭に運び込まれ、ガソリンで焼かれた。人々はナチス式の敬礼をして「ハイル＝ヒトラー！」と叫んでいた。

多くの人々がヒトラーの跡を追った。宣伝相のゲッベルスはヒトラーの死後、6人の子どもと妻を道連れにして自殺した。

（ユンゲ『私はヒトラーの秘書だった』(草思社)より）

復習ポイント の答え

連合国トップの主要会談は試験に一番出やすいので注意！

会談	年代	出席者	内容
大西洋上会談	1941年8月	ローズヴェルト(米) チャーチル(英)	戦後世界の原則を取り決める
カイロ会談	1943年11月	ローズヴェルト(米) チャーチル(英) 蔣介石(中)	対日戦の基本方針と戦後の日本の扱いを決める
テヘラン会談	1943年11〜12月	ローズヴェルト(米) チャーチル(英) スターリン(ソ)	第二戦線を協議し、ノルマンディー上陸作戦を決定する
ヤルタ会談	1945年2月	ローズヴェルト(米) チャーチル(英) スターリン(ソ)	戦後のドイツ・東ヨーロッパの処理とソ連の対日参戦の協議
ポツダム会談	1945年7〜8月	トルーマン(米) チャーチル→アトリー(英) スターリン(ソ)	戦後のドイツの処理と日本への無条件降伏の勧告を協議

最後の門 の答え

ポツダム宣言

（解説）

実は、第二次世界大戦で一番出題されるのは「会談」です。会談に際して出された「声明」では1941年の「大西洋憲章」と1945年の「ポツダム宣言」が重要です。特に日本に無条件降伏を呼びかけたポツダム宣言は日本史でも出てきますので、ぜひとも押さえておきたいところです。

アクティヴィティ の答えの一つ

権力指導者の健康状態は世界の未来を左右してしまいます。

もしもローズヴェルト大統領が健康だったらば……、と考えれば、スターリンに対し安直に領土的な譲歩はしなかった可能性が考えられます。ポーランドのドイツとの国境線はもっと東側になっていたと思いますし、千島列島もソ連には譲らなかったでしょう。ただし、ローズヴェルトはスターリンのソ連を1933年に承認した大統領であり、スターリンに対する考えが甘かった面はやはりあったと思います。その甘い面が疲労と体調不良によって促進されたことは可能性として考えられるでしょう。権力者の病気については、P.アコス、P.レンシュニック『現代史を支配する病人たち』(ちくま文庫)をおすすめします。とても面白い本ですよ。

64 日本の敗戦と占領の始まり
——天皇の「聖断」で終戦決定

日本はこの頃、どうなっていたんだろう。

1942年のガダルカナル島敗戦の後は、日本はさんざんだったわ。何と言ってもミッドウェー海戦で航空母艦を失ってしまったのが痛かったわね。制空権を失った日本に対して、アメリカ軍はガダルカナル島争奪戦以降はできるだけ日本の補給線を断つ戦略に出たので、日本は補給に苦しみ、前線を維持できなくなってしまったのよ。

第1幕への前奏曲 サイパン島のバンザイ玉砕

アメリカの作戦は、ともかくも制空権を確保して日本の工業地帯を爆撃することだったわ。日本は工業国だったし、日本を援助してくれる強力な友達が近くにいなかったので、日本を干乾しにして都市を爆撃すれば「詰んだ」状態にすることができるわね。そこでアメリカが目を付けたのがマリアナ諸島の南部にある**サイパン島**だったわ。東京の南約2400 kmにあるサイパン島を奪って、ここに飛行場を作れば長距離爆撃機B-29によってギリギリ東京への空襲が可能になるのよ。もちろん日本もそのことには気が付いていたから1944年7月のサイパン島をめぐる攻防戦はすさまじいものになったわね。結果として、チャーチルもその戦略をほめ讃えた南雲司令官をはじめとする多くの軍人や日本人は玉砕してしまい、サイパン島はアメリカの手にわたったのね。これは日本にとっても大ショックで、東条内閣は総辞職してしまったわ。それまでは「**すぐ目の前でやっとると思った戦争じゃけど、今はどこでどうしとるんじゃろ**」と皆が思っていた戦争がこの時から日本人の目の前に近付いてきたのよ。そう、日本の大都市圏に爆撃機B-29による空襲が毎日のようにおこなわれ、「**もう警報飽きた～！**」という状態になってしまったわ。

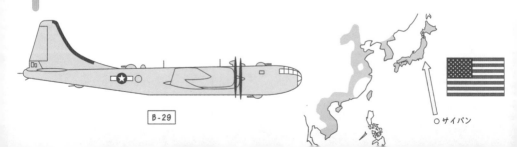

B-29

○サイパン

日本の海の最前線の崩壊──「艦これ」撃沈の大悪夢

　1944年10月に日本はフィリピンのレイテ沖海戦でアメリカに最後の大勝負を挑んだけれど、結果は日本の大惨敗で、戦艦「武蔵」をはじめとする多くの艦船を、この海戦で失ってしまったわ。

　 うう、ゲーム「艦隊これくしょん®」ファンとしては実に悔しい……！

　「艦これ」はともかく、この頃から追い詰められた日本軍は神風特攻隊を編成して、なんと自爆攻撃を始めたわ。実際にアメリカ軍に脅威を与えた自爆攻撃だけれども、戦局全体を変えることは不可能だったわね。そして、ついにアメリカ軍は1945年2月にフィリピンのマニラを奪回し、1945年3月に**硫黄島**への攻撃を始めたわ。

　サイパン島は日本から遠すぎて、爆撃機がギリギリ届くかどうかの位置にあったので、被弾したB−29の乗務員を助けるためにも日本から約1000 km南にあった硫黄島は、アメリカ軍が飛行場としてぜひとも欲しい島だったのよ。この小島をめぐる攻防戦でアメリカ軍は大苦戦してしまったわ。と、言うのも守備隊の栗林中将が、「**玉砕なんかするな。生きて、できるだけ長期間、最後まで抵抗するべし**」と猛烈な防衛戦をおこなったからよ。そのため勇猛で知られるアメリカ海兵隊も3万人近くの死傷者を出してしまった。そしてやっとアメリカ軍が硫黄島を占領して以来、日本への爆撃はますますひどくなるのよ。

　1945年3月末、アメリカ軍はついに**沖縄**を攻撃し始めます。最初は慶良間諸島から、そして沖縄本島中部の読谷村に上陸作戦をおこなったけれど、沖縄でもアメリカ軍は大きな被害を受けたわ。と、言うのも日本軍は自然の洞窟である「ガマ」にこもって、徹底的な抗戦をおこなったからよ。サトウキビ畑やガマに隠れる日本軍に手を焼いたアメリカ軍は、火炎放射器を使って日本兵をあぶり出したわ。そして追い詰められた日本軍と多くの民間人がガマの中で自決していったのよ。その中には「お国のために死して恥をさらすな」と、日本軍から自殺を強要された民間人も多くいたわ。召集された女子学徒で作られ、看護活動をおこなった有名な「ひめゆり部隊」の隊員も次々と戦闘やガマの中で命を失っていったことは知っておくべきね。沖縄を救うべく日本海軍はなけなしの戦艦「大和」を出撃さ

硫黄島の戦い

せたけれど、この大和もアメリカ空軍の猛烈な攻撃で沈められてしまったわ。

第2幕への前奏曲 ## 東南アジア戦線の崩壊──「ど根性」では勝てない現実

　ちょうどサイパン島攻防戦と同じ時期だけど、1944年7月に日本軍は東南アジアでも敗北を喫したわ。この当時、日本に滞在していたインドの独立運動家**チャンドラ＝ボース**の要請を受けた日本軍が、インド東北部にあるインパールという都市に向けて進撃を開始したのよ。ところが日本軍は補給も糧食もろくに持たずに進撃したため、イギリス軍の反撃を受けて敗北してしまったわ。この**インパール作戦**の失敗により、イギリス軍はビルマを奪回し、日本はビルマを失ったわ。

飯もカネも弾もないのにどうやって勝てるのかしら？

　どうも日本軍はイギリスの補給基地をアテにしていたようね。チャーチルも日本軍のズサンな計画に呆れているわ。「根性で頑張れば勝てる！」という信仰は日露戦争以来、今のブラック企業まで続く日本人の悪い癖だと思うわよ。結局、日本軍の武力によるインド独立の夢を絶たれたチャンドラ＝ボースは、日本敗戦後にソ連へと移動する途中、飛行機事故により台湾で亡くなってしまったわ。

第2幕 ## 原爆投下とソ連参戦による日本の降伏──アメリカが恐れる弁当箱

　沖縄戦で日本側の死者は18万人以上にのぼったけれど、そのうち約12万人は沖縄の民間人だったわ。しかしアメリカ軍も硫黄島と沖縄で大被害を出していたのよ。さすがにアメリカ軍も考えたわ。

　「アメリカ軍の死者が硫黄島で7000人、沖縄本島で約1万2500人……！　これは日本本土に上陸した場合、どれほどアメリカ軍に死者と損害が出ることやら。なんとか一撃で日本人を降伏に追い詰められる方法がないものか……、あ、あった……！　あれが、あるではないか……！」

　そう、それが原爆よ。ナチスから逃れてアメリカにやって来た科学者たちが作り上げた

インパール作戦

チャンドラボース

恐怖の爆弾は対ナチス＝ドイツ用に作られたものだけれども、でき上がった時はナチスは降伏していたのね。「まあ、いいか。ならば、ためしに日本に使ってみるか」ということでトルーマン大統領は原爆の威力を世界に示し、ソ連をけん制するためにも日本に原爆を使用することを決定してしまったのよ。

　1945年8月6日午前8時15分、爆撃機B-29によって**広島**に最初の**原爆**が、そして8月9日午前11時2分に2発目の原爆が**長崎**に投下されました。その悲惨さは百万言をついやしてもあらわすことはできないわ。この一撃で、人口約24万5000人の広島で当時の死者は約14万人、人口約24万人の長崎で当時の死者・行方不明者は7万人以上も出たのだから。でもひとつだけ見せておくね。それは広島平和記念資料館にある、原爆の熱線により真っ黒に炭化した弁当（→）です。弁当箱は当時13歳だった折免滋くんが広島の爆心地から約600mの地点で即死した人の遺体が発見された時に出てきた弁当箱よ。これはアメリカのスミソニアン航空宇宙博物館で1995年に原爆資料として展示する予定だったの。でもアメリカの在郷軍人会の猛烈な反対で展覧会自体が中止になってしまったわ。その理由は展示される予定だったこの滋くんの弁当箱。この弁当箱ひとつで原爆の恐ろしさが見る人の心に突き刺さってくることを、そしてアメリカの原爆投下の大義名分が失われることを在郷軍人会は恐れたのよ。

　そして、8月8日未明、**ソ連**が日ソ中立条約を破って、**対日戦に参戦**し、満洲国を攻撃して来たのよ。完全に油断していた関東軍は総崩れで、60万人もの軍人・居留民がソ連の捕虜になってしまったのよ。

終幕
日本の降伏と連合軍の占領──天皇自らが決めた運命の道

　もうグズグズしていられなかったわ。早く降伏しなければ日本は火の海になってしまうわ。**鈴木貫太郎首相**はポツダム宣言を受け入れることを考えていたけれど、陸軍の強固な反対があって無条件降伏が決定しなかったのね。そこで最後は**昭和天皇自らが無条件降伏を決定**し、1945年8月14日、日本は**ポツダム宣言を受諾**したのよ。この経過の詳細はコラムを見てちょうだい。

新しく日本を実質上支配することになったのが**GHQ**（General Headquarters：連合国軍最高司令官総司令部）で、そのボスであるアメリカ極東軍司令官であり、連合国軍最高司令官**マッカーサー**元帥が1945年8月30日に、トレードマークのコーンパイプをくわえて厚木飛行場に降り立ったわ。そして**9月2日、米艦ミズーリ号の上で降伏文書の調印式がおこなわれ、日本は正式に連合軍に降伏し、第二次世界大戦は終わります。**

東京日比谷の第一生命ビルに本部を構えたマッカーサーは、眼下の皇居を見下ろしながら、天皇の扱いを考えていたわ。日本の最高責任者である天皇は戦犯として裁くべき存在だったのよ。そして9月後半に昭和天皇が通訳一人だけを連れてマッカーサーのところにやって来たわ。

訪問を受けたマッカーサーは「どうせ命乞いだろう」と思ったけれども、直立不動の天皇の口から出たのは、「**戦争の責任はすべて私にある。裁いてもらってかまわない。その代わり、どうか戦災にあえぐ国民を助けていただけないだろうか**」という言葉だったのよ。マッカーサーはこの言葉に感動し、思わず天皇を見直したわ。その時、マッカーサーは天皇を戦犯として訴えないことを決心したのね。

その時、二人の写真（→）が撮影され、翌日の新聞に掲載されました。礼装で直立の天皇に対し、ラフな服装に偉そうな態度で写っているマッカーサーの姿を見て、日本国民は「誰が日本の支配者か」を思い知ったわ。でもね、実はラフな服装とふてぶてしい態度は、どうもマッカーサーの癖らしく、後にアメリカ大統領トルーマンに会見した時もマッカーサーはこんな感じのぞんざいな格好だったので、トルーマン大統領が「あいつは若造の不良かっ！」と激怒しているのよ。

復習ポイント

日本が敗北する過程を、教科書の太平洋戦争の地図を見ながら整理してみよう。

アクティヴィティ

日本やドイツが第二次世界大戦で敗北した理由を考えてみよう。

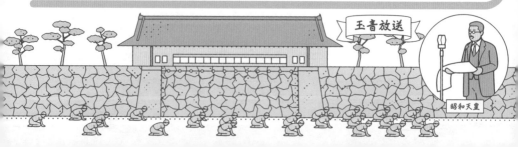

玉音放送

昭和天皇

太平洋戦争史②年表

1942年6月	ミッドウェー海戦で日本が大敗

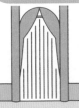「この海戦で沈没した空母は、『加賀』『赤城』『蒼龍』『飛龍』と、『艦これ』でも
人気のあるキャラばかり」

1944年3〜7月	インパール作戦の失敗
1944年7月	サイパン島陥落→日本への空襲が本格化する
1944年10月	レイテ沖海戦で日本敗北
1945年3月	硫黄島陥落→日本の大都市への空襲が頻繁になる
1945年4〜6月	沖縄本島をアメリカ軍が占領
1945年8月6日	広島に原爆投下
1945年8月8日	ソ連が日本に宣戦布告
1945年8月9日	長崎に原爆投下
1945年8月14日	ポツダム宣言受諾→翌15日、玉音放送で天皇が国民に敗戦を知らせる
1945年9月2日	米艦ミズーリ号上で日本が降伏文書に調印

最後の門 下の問題は大学入試問題を出典にした問題です。答えなさい。

　1940年9月、日・独・(a) 三国同盟が調印された。だが、日本は、日中戦争が予測外に長期化し、泥沼
戦争に陥った結果、南進論に打開策を求めざるを得なくなった。1941年4月(b) 中立条約を結び、北
方の脅威を取りのぞいた後、(c) 領南部インドシナにも進駐した。これに反発を強めたアメリカは日本
に対する(d) と屑鉄の輸出を全面禁止し、同時にイギリス、中国及び(e) とともに「ABCD」ラインにより
対抗した。それに対して日本は、1941年12月ハワイの(f) を奇襲して英米に宣戦し、太平洋戦争が開
始された。開戦当初、日本は東南アジア各地を短期間で占領した。そして中国や東南アジア支配を正当
化するスローガンとして(g) を鼓吹し、フィリピンやビルマに親日傀儡政権を成立させた。地域によっ
ては住民は欧米植民地から解放されるとして、日本軍を歓迎した。だが、本来、日本は各地住民の労働
力や資源確保に目的があった。その上、住民への差別意識があり、かつ日本語教育や(h) 参拝を強制し
たため、各地に抵抗が発生した。1942年6月、日本は(i) 海戦で壊滅的な打撃を受けた。そして1945
年7月にはアメリカ・イギリス・中国により日本に無条件降伏を勧告する(j) 宣言が出された。

問　(a)〜(j)にあてはまる適語を記入しなさい。

(愛知学院大・改)

ダグラス＝マッカーサー

日本の一番暑くて長い日

著者の母の話では大変に暑い日だったと言う。

1945年8月15日正午、ラジオから「君が代」に続いて、昭和天皇の声が流れてきた。国民が天皇の声を聞くのは初めてだったので、天皇の声がやけにカン高く、一本調子なのに皆驚いた。

これが「玉音放送」である。

＊

1945年3月に硫黄島が陥落し、日本への爆撃が頻繁におこなわれるようになると、さすがに終戦への動きが活発になった。**鈴木貫太郎**首相はひそかに終戦を考えていた。が、その意図を露わにするのは危険であった。陸軍がかたくなに終戦に反対していたからだ。しかし終わりの時は着々と近付いていた。アメリカ軍は沖縄を制圧し、ついに原爆が広島と長崎に落とされた。そしてソ連までもが日本に宣戦してきた。

もう一刻の猶予もならない。

＊

8月9日深夜に閣議が開かれた。日本の無条件降伏を求める「ポツダム宣言」を受け入れるかどうかが議題となった。しかし、阿南陸軍大臣は「**無条件降伏はダメだっ。日本が火の海になっても戦うべし**」と主張し、降伏を承諾しなかった。苦悶した鈴木首相はついに必殺技を使うことにした。**天皇に決めてもらうのである。**

＊

8月13日、天皇の御前会議の場で、立ち上がった鈴木首相は天皇に最敬礼して上申した。

「**議論を尽くしましたが、結論が出ません。かくなる上は、ぜひ陛下の御聖断をいただき**たいと願います……！」

憲法上は天皇がトップだが、通常天皇は内閣と議会の上申を認めるだけの、いわば「沈黙」の存在だったので、天皇が自ら決定するのは異例のことだった。天皇はこの時、天皇制の護持だけを条件に、ポツダム宣言を受け入れることを述べた。しかし、連合国は完全な「無条件」降伏を求めてきたため、8月14日に再び会議が開かれた。反対する重臣たちに対し、昭和天皇は一語一語噛みしめるように言った。

「私の意見を述べたいと思う。私は無条件にポツダム宣言を受け入れるべきだと思う。私の感触では連合国は無残な要求はしてこないであろう。それよりも国土がこれ以上蹂躙されたらば、わが国民と祖先になんと言って詫びればよいのか……。ポツダム宣言を受け入れることを連合国に速やかに連絡するべきである」

大臣たちは皆その場で泣いた。終戦は決定した。

＊

天皇は自分の声で敗戦を国民に知らせることを決意した。ライブ放送ではミスがあったら取り返しがつかないことになる。NHKが録音機材を用意し、8月14日に天皇はレコード盤に終戦勅語を録音した。

1回目は声が低くて聞き取りづらかったため、天皇は2回目のテイクをおこなった。玉音放送の調子がカン高かったのはこのためである。

陸軍の一部将校は天皇の降伏の意思に反対し、クーデタを計画する。8月14日深夜、将校たちは宮城を襲って天皇の玉音放送のレコードを奪おうとした。しかしレコードは宮内省の侍従が機転を利かせ、書類の束の中にまぎれ込ませていたため、奪えなかった。

8月15日、レコード盤は無事NHKに運ばれ、放送された。この瞬間、日本はついに敗北し、朝鮮半島と中国は長い日本の支配と侵略から解放されたのである。

復習ポイント の答え

　地図を追って見ていけば、連合国の戦略が理解しやすくなります。教科書には必ず太平洋戦争の地図が載っています。ハワイ・ミッドウェー・ガダルカナル島・サイパン島・レイテ島・硫黄島などの位置が把握できれば、アメリカが日本を締め上げていく過程がわかりやすいです。

　アメリカは日本が強力な艦隊を持っているうちは日本の防衛網に入ることはできませんでした。しかしミッドウェーで日本の機動力を減らしてからは、オーストラリア北部の島々を手に入れて、南太平洋を確保します。その後、アメリカは日本に向かって北上する際に、①**中央突破路線**(サイパン→硫黄島)、②**西より路線**(サイパン→沖縄)の2方向から日本を攻めます。その時系列は年表を参考にしてください。アメリカがハワイやミッドウェーから直接、西へ進まなかったのは、その間に補給基地になるような島がなかったからです。

アクティヴィティ の答えの一つ

　持っている植民地・資源など国力の差は重要です。しかしアメリカも日本にマレー半島のゴム資源を押さえられてしまったため、戦車やトラックを作る際に大変な苦労をしています。

　決定的な差がついたのは、**世界に対するアピール力**でした。

　連合国の英米は1941年の段階で、すでに大西洋憲章を発表し、民族自決をはじめとする大戦後の世界構想と秩序を世界に示すことができました。このことが多くの民族や人々に共感と行動を生んだのです。それに対し、ドイツや日本は自民族中心主義(エスノセントリズム)を露わにし、強制労働や大量虐殺、そして自文化の押し付け政策を強行したため、他国の反感と抵抗を生んでしまったのです。**他国や多民族の共感を得ら**れるか、否かは戦争の遂行には非常に重要です。

最後の門 の答え

(a) 伊　(b) 日ソ　(c) フランス

(d) 石油　(e) オランダ

(f) 真珠湾(パールハーバー)

(g) 大東亜共栄圏　(h) 神社

(i) ミッドウェー　(j) ポツダム

(解説)

　太平洋戦争自体は、日本史で扱われることが多いのですが、日露戦争と並んで日本が世界史に一番多く出演してくる場所です。ここで出題されている内容は把握しておきましょう。

　(i)の海戦は、他にも有名な海戦が多くあるので、間違えないように、重要な海戦は年代や月も覚えておくようにしましょう(例えば真珠湾攻撃は1941年12月。レイテ沖海戦は1944年10月です)。また(j)は同じ1945年に「ヤルタ協定」もあるので注意が必要です。本文に書いてある「7月」の表記に注意しましょう。ヤルタ協定は2月です。

65 戦後世界の構築
——台頭するアメリカという巨人の進撃

やっと戦争は終わったけれど、これからどうなるんでしょ？

実は連合国、特にアメリカは戦争が終わる前にすでに戦後の世界についてのプランをちゃんと考えていたのよ。ま、常に先に手を打っておく人がリーダーになれるものなのね。覚えておくといいわ。

第1幕への前奏曲　日本が負ける前に、すでに国際連合憲章の署名完了！

もう戦争はコリゴリ。じゃあ、平和を保つにはどうしたらいい？

 そりゃ話し合いの場を設けるしかないんじゃないですか？

そのとおり。話し合いこそ平和の第一歩で基礎なのよ。そこで、1941年の**大西洋憲章**を基礎にして1943年に米・英・中国・ソ連が中心となって早期の国際連合成立をとなえる**モスクワ宣言**が発表されたわ。そして**1944年8〜10月**にワシントン郊外で開かれた**ダンバートン＝オークス会議**で米・英・中国・ソ連の代表が集まって国際連合憲章の基礎を取り決めたのよ。サイパン島の攻防戦が終わったばかりの時期にもう戦後の構想の下書きを終えていたのだから大したもの。そして日本が無条件降伏をする前の**1945年4〜6月**に**サンフランシスコ会議**で50か国の代表が集まって国際連合の設立を決定したのよ。

第1幕　国連の中身——外見は平凡だが、実は平和を守るスーパーマン

国際連合は①**世界平和の構築**、②**経済・文化・教育の発展**、③**基本的人権の擁護**のために日夜活躍する機関なのよ。**本部はニューヨーク**。

サンフランシスコ会議

でもさ、前の国際連盟は見事にコケて、戦争止められなかったね

そこで今回の国際連合は工夫しているわ。まず、以前の**国際連盟**の欠点を挙げてみるわね。①有力な大国（アメリカとソ連）が参加していなかったこと。②全会一致でないと決議ができないこと。②侵略国に対する武力制裁ができなかったこと、だったわ。

そこで戦争を止めることができなかった反省を生かして、国際連合では、**①すべての有力な大国が参加する、②総会では多数決制を導入する、③平和への脅威に対し武力制裁を実施可能にする**、という改革をおこなったのね。戦争をしかける国に対し、武力制裁をおこなうための国際連合の機関が**安全保障理事会**よ。安全保障理事会の常任理事国を構成する5大国は、**アメリカ合衆国・イギリス・フランス・ソ連・中国**の5大強国だわ。安全保障理事会は国際紛争の解決のため軍事的制裁をおこなう権限を持ち、安全保障理事国の合意と決定にすべての加盟国を従わせる拘束力を持っているのよ。

ただし安全保障理事会の常任理事国は**拒否権**を持っていて、1国でも拒否権を発動したら、軍事制裁はできないのよ。これは暴走を防ぐための安全処置なんだけれども、その安全装置が裏目に出て、自国の都合のために使われてしまい、お互いの足を引っ張り合ったのね。そのため5大理事国がすべて賛成して**国連軍**を結成したことは実は1回もないわ。そこで現在では、紛争の調停をおこなう**PKO**（平和維持活動）が中心になっているのよ。ケンカしている二人を「まあまあ」と分けてなだめる活動ね。

あと国連は全世界の教育や権利意識、文化、健康を高めていく気高い役割を担っているわ。1946年には、**ユネスコ（UNESCO）**（国際連合教育科学文化機関）という教育・科学・文化を通じて世界平和をはかる機関が設立されたわ。そして、同じ年に**ILO**（国際労働機関）が設立された。ILOは世界中に労働者の権利を広め、各国政府に労働条件の改善を求めていく機関なのよ。そして、1948年には**WHO**（世界保健機関）が設立されますが、世界の保健と衛生の向上を推し進める機関なのね。世界をあんなに苦しめた天然痘が1980年に地球上から絶滅したのはWHOの活躍のおかげよ。国連が存在したからこそ、多くの人々が健康で文化的な生活ができるようになったのよ。

平和的機関

PKO　UN

WHO

第2幕 経済体制の構築──つよーいアメリカ=ドルによる世界経済支配

もう一つ、世界の安定に欠かせないのはカネの問題。なにしろ第二次世界大戦の引き金になったのは世界恐慌なのだから。あの時に欧米列強が「他人はどうあれ自分だけ」という閉鎖的なブロック経済を作ってしまったので、ブロックから閉め出されて経済的に追い詰められた日独が第二次世界大戦を起こしてしまったことは忘れてはならないわ。

その反省から戦後は開かれた**自由貿易**を目指して新しい経済体制を作ろうとしたわけ。え、自由貿易がわからないって？ 勉強しなけりゃいけないわよ。自由貿易とは、「世界中の国々が平等に参加できる、障害のない自由な貿易」のこと。主に関税を引き下げて、自由な交易を促すことが自由貿易ね。

そこで戦争が終わる前の1944年7月にアメリカのニューハンプシャー州の町、**ブレトン=ウッズ**で連合国44か国の代表が集まり、戦後の経済体制について話し合ったのよ。この会議で IMF（国際通貨基金）と IBRD（国際復興開発銀行〔世界銀行〕）の設立が決まったわ。

まず、**IMF**という組織だけれども、これは国際的な為替の相場の安定をはかる機関ね。基本的には各国の通貨の相場を固定して、通貨価値を安定させることを目的にしたのよ。なにしろドイツのインフレーションの時みたいに1ドルが4兆2000億マルクにまで落ち込んでしまったら貿易もなにもあったもんじゃないから。そして実際にアップアップと溺れかかった国には**IBRD**が乗り出して、経済的な援助と復興計画をおこなうのよ。そしてこの二つの機関が実際に発足したのは1945年12月ね。そして1947年には**GATT**（関税と貿易に関する一般協定）が定められたわ。この協定の目的はえこひいきのない、自由で平等な国際貿易を築くことだった。早い話が「世界中の貿易を阻害する要因を取り除き、関税を引き下げてしまうか無税にしてしまおう」としたのよ。こうすれば世界中に血液のようにモノが行きかい、順調な世界経済の発展が見込めるわけ。

ただし新しい経済体制を作るには、家を作るのと同じでしっかりした柱を建てる必要があるわ。そこで戦後世界経済の柱になったのが**アメリカ=ドル**よ。なぜならば、アメリカは戦争に勝利した強国であり、疲弊した当時の世界の中で最も豊かな国であったからだわ。ドルには**金本位制**、つまり金と交換できる通貨制度が適用されたので、金（ゴールド）の裏

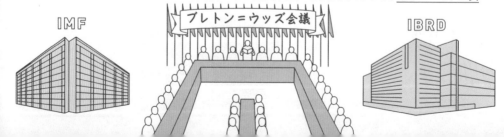

付けを持った信用のある**ドル**が世界経済の基軸通貨となったの。そしてドルと各国通貨のレートもしっかりと定められ、ギブスをはめるようにして世界経済全体を安定させたのよ。

 **へー、昔はドルと円の相場はどのくらいだったんだろ？**

　1971年のドル＝ショックまでは、1ドル＝360円だったわ。今は1ドルが100円台で交換できるのだから、円も強くなったものね。このような<u>ドルを中心とした固定相場制</u>を、最初の会議の名前から**ブレトン＝ウッズ体制**と呼ぶのよ。

第3幕　敗戦国の戦後処理──戦犯には、きつーい「おしおきだべー」

　終戦後に連合国がまずしなくてはならなかったことは、「敗戦国の処理」だった。まず**ドイツ**だけれども、ヤルタ会談の決定に基づいて、アメリカ・イギリス・フランス・ソ連の4か国によって分割・占領されることになったわ（→）。

　そしてドイツの旧首都**ベルリン**も同じ4か国によって分割占領されてしまったのよ。同じくドイツに併合されていた**オーストリア**も同じ4か国によって共同管理されてしまったわ。日本だって、ソ連がもっと早く参戦してくるか、日本の降伏があと10日遅ければ、ドイツのように分割されていた可能性はあったと思う。

　日本は、事実上アメリカ軍による単独支配下に置かれ、**GHQ**による民主的改革がバンバンおこなわれたわ。その具体的な内容は①**日本軍の解散**、②**女性への選挙権付与**（女性解放）、③**地主から余分な土地を取り上げて、小作人に安い値段で与える**（農地改革）、④**軍国主義教育を改め、民主主義を教える**、⑤**軍部を支えていた日本の財閥を解体し、経済の民主化を進める**、などの流れね。簡単に言うと<u>日本を非軍事化し、アメリカ民主主義を教え込んだ</u>のよ。

　そして1946年11月3日に**日本国憲法**が公布され、1947年5月3日に施行されたのね。この憲法の内容は公民の科目で詳しく習っているはずよ。この憲法の公布日と施行日は日本の祝日になっているわ。

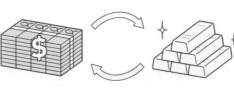
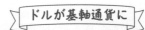
ドルが基軸通貨に

そして、ナチズムや軍国主義を根絶させるためには、これらのファシズム思想を裁く必要があった。そこで、ドイツと日本では軍事裁判が開かれ、戦争責任者たちが裁かれたのよ。この裁判はドイツでは**ニュルンベルク裁判**、日本では**東京裁判**（極東国際軍事裁判所が設置された）と呼ばれ、多くの戦犯たちがその戦争犯罪ゆえに有罪となり、死刑になったわ。このニュルンベルク裁判の内容はコラムを見てちょうだい。この裁判の目的はナチズムと日本の軍国主義の犯罪をあばき、両国が二度とファシズムに染まらないようにすることだったのよ。

ニュルンベルク裁判におけるナチのナンバー2、ゲーリング国家元帥

次回予告 ヨーロッパ事情
──戦い済んで、結局みんなボロボロ

かつては世界の支配者であったヨーロッパも第二次世界大戦で荒れ果ててしまい、その姿は大いに変わってしまったのよ。

イギリス：チャーチルの陰に隠れたアトリー

イギリスは1945年7月の総選挙でチャーチルの保守党が敗北し、労働党の**アトリー**が首相となったわ。イギリス国民はチャーチルの「欲しがりません勝つまでは」という戦時政策にうんざりしていたのよ。新しく首相になったアトリーはさっそく**「ゆりかごから墓場まで」**をモットーとする福祉国家政策をおこない、戦争で破壊された住宅の建設もおこなったわね。アトリーはチャーチルの陰に隠れているけど、内政では力量を示した人で、イギリスの戦後復興に功績のあった人なのよ。しかし外交は……、あ、これは次回ねっ。

復習ポイント

終戦直後に成立した国際連合と国際経済機構の諸機関を整理してみよう。

アクティヴィティ

ニュルンベルク裁判と東京裁判の問題点を考えてみよう。

東京裁判

戦後世界復興史①年表

1943年	モスクワ宣言で米・英・中・ソが国際連合の早期設立を表明
1944年7月	連合国44か国代表がブレトン＝ウッズ会議で戦後の世界経済の立て直しをはかる→ドルを中心とする固定相場制へ
8～10月	ダンバートン＝オークス会議で国際連合憲章の原案が作られる
1945年4～6月	サンフランシスコ会議で国際連合憲章を採択
1946年11月	日本国憲法公布→戦争の放棄を定めた憲法
1947年10月	GATT（関税と貿易に関する一般協定）成立 「このGATTが現在のWTO（世界貿易機関）の前身ね」
1945年11月～1946年10月	ニュルンベルク裁判
1946年5月～1948年11月	東京裁判

最後の門 下の問題は大学入試問題を出典にした問題です。答えなさい。

　国際政治機構として、国際連合の創立が ┌─A─┐ 会議で決定された。先の大戦で国際連盟が枢軸国の軍事行動を抑制できなかったことから、平和を維持するために主要国間の協調が重視され、総会に優越する安全保障理事会が設けられ、①常任理事国には拒否権が与えられた。②新しい国際経済秩序もアメリカ主導で形成された。この新しい国際経済秩序は ┌─B─┐ 体制と呼ばれる。

問1　空欄 ┌─A─┐・┌─B─┐ に入る語句として最も適切なものを書きなさい。

問2　下線部①に関連して、常任理事国5カ国の組み合わせとして最も適切なものを、次の中から一つ選べ。

① アメリカ・イギリス・オランダ・フランス・ルクセンブルク

② アメリカ・イギリス・インド・中国・フランス

③ アメリカ・イギリス・カナダ・中国・フランス

④ アメリカ・イギリス・中国・ソ連・フランス

問3　下線部②の新しい国際秩序の中で、**1945年**に創立された機関を次の中から二つ選べ。

①国際労働機関（ILO）　　②国際復興開発銀行（IBRD）

③世界貿易機関（WTO）　　④国際通貨基金（IMF）

⑤国連貿易開発会議（UNCTAD）

（東洋大・改）

ゆりかごから墓場まで

アトリー

ニュルンベルク裁判

　ナチ党の党大会がおこなわれていたドイツ・バイエルン州の古都・ニュルンベルクで、ナチス＝ドイツを裁く国際軍事裁判が開かれた。

　軍事裁判なので一審しかない。上告はできないのが軍事法廷だ。

　訴因が問題となった。「平和に対する犯罪」と「人道に対する犯罪」でナチス＝ドイツが訴えられたのだが、戦争なんて人類がしょっちゅうしてきたことだし、市民が巻き添えになるのはいつものことだ。しかもナチ党の総責任者であるヒトラーは自殺している。だがナチスのトップを裁かなければナチズムは戦後も生き残り、再び世界支配を狙うだろう。何としてもナチスをはじめとするファシストを裁く必要があった。しかし裁判は困難を極めた。

＊

　ナチ党のナンバー2で国家元帥、航空相ゲーリングには手を焼いた。捕まった時は麻薬中毒で廃人同様だったが、さすがにナチ党の元指導者だけあって知力と指導力は抜群だった。ゲーリングの戦略はこうだ。

　「戦争はドイツとしてはやむにやまれずやったことである。しかも侵略戦争は連合軍だって過去におこなっている」

　「人道を犯した罪は連合軍だってさんざんやっている。イギリスのドレスデン空襲で何万人のドイツ市民が死んだか知っているのか！」

　食事時間にゲーリングは仲間を集め、作戦会議をおこなったため、被告の団結が強くなり、裁判は暗礁に乗り上げてしまった。

　アメリカのジャクソン検事の質問にもゲーリングは動じず、かえってその雄弁で検事を圧倒してしまった。そこで連合軍一番と言われた老練のイギリス検事ファイフ卿が登場した。ファイフ検事は考えた。

　「戦争について議論したら、水かけ論になってしまうのがオチだ。ここはナチスが犯した人道犯罪でゲーリングを締め上げていこう！」

　ファイフ検事はアウシュヴィッツなどの強制収容所の無残なフィルムを法廷で見せ、明らかにショックを受けたゲーリングを追い詰めた。さしものゲーリングもしどろもどろになり、劣勢に追い込まれた。

　強制収容所のフィルムは効果があった。多くのユダヤ人の死体を見た被告たちに動揺が走った。ヒトラーに愛された建築家で軍需相であった被告の一人、シュペーアはナチスの犯罪を告発することを決意した。

　シュペーアの告発をはじめとして、「侵略戦争」「ホロコースト」についてナチスに不利な証言が集まった。ドイツ市民も裁判を通じてナチズムの恐ろしさを知るようになっていった。

＊

　1946年10月、ついに判決が下った。22人の被告のうち死刑が12名、終身刑が3人、禁固刑が4人、無罪は3人だった。

　処刑方法は絞首刑だった。軍人として名誉ある銃殺を希望していたゲーリングは、「縄の辱めは受けぬ」と処刑前夜に隠し持っていた青酸カリを服用して自殺することに成功した。

　あえて自己の罪を認めてナチスを告発したシュペーアは20年の禁固刑となった。

＊

　ニュルンベルク裁判と東京裁判は重い課題を残した。それは戦争に勝った国は「戦争犯罪」に問われないことである。日本とドイツは終戦後約80年経っても罪人扱いされているが、アメリカやソ連の戦争犯罪は……。

必要であったことも考慮しなければなりません。そして、戦勝国の戦争犯罪は裁かれないことも問題です。ヒロシマ・ナガサキへの原爆投下は裁かれていないのです。

復習ポイント の答え

国際機関を成立年代順に挙げると下のとおり。

1945年設立
① 国際通貨基金（IMF）＝国際的に為替を安定させる
② 国際復興開発銀行（IBRD）＝戦後復興と開発国支援をおこなう
③ ユネスコ（国際連合教育科学文化機関 UNESCO）＝教育・科学・文化を通じて世界の平和を促進する

1946年設立
① 国際労働機関（ILO）＝労働条件改善などの働きかけをおこなう

1947年設立
① GATT（関税と貿易に関する一般協定）＝自由貿易を促進する。1995年にこの協定を発展させて世界貿易機関（WTO）が発足

1948年設立
① 世界保健機関（WHO）＝世界の保健衛生の指導をおこなう

アクティヴィティ の答えの一つ

ニュルンベルク裁判と東京裁判における4つの訴因、「侵略戦争の共同謀議」「戦争犯罪」「平和に対する犯罪」「人道に対する犯罪」のうち、「平和に対する犯罪」「人道に対する犯罪」は1945年当時は国際法として存在していませんでした。そのため、**法の不遡及（現在の法律が定まっていなかった昔までさかのぼって裁くことはできない）**や**罪刑法定主義（法律で定めていない罪で裁くことはできない）**にそむいている可能性が高いのです。それゆえに現代でもこの二つの軍事裁判を批判する動きがあります。しかし、当時としては、ナチズムや軍国主義を裁き、大量殺人や強制労働を審議するためには、新たな訴因を作る処置が

最後の門 の答え

問1　A　サンフランシスコ
　　　B　ブレトン＝ウッズ
問2　④　　問3　②・④
（解説）

問1のサンフランシスコと名のつく会議は、①国際連合憲章を決めた1945年の会議と、②日本の主権を回復した1951年の会議の、同じ名前の二つの会議を区別しておきましょう。

問3が難しい。ヒントになるのは「1945年」です。日独が敗北し、世界が廃墟になってしまったこの年こそ、世界経済を復興させるための「世界銀行」と、為替安定のための「IMF」の二つの経済機関の設立が急がれたのです。ちなみに国連貿易開発会議（UNCTAD）は南北問題の改善のために国連によって1964年に設立された機関です。

66 冷戦の開始
──争いを始める巨人たちの神話

> 第二次世界大戦の後の世界って、ガラッと変わった気がする。

神々のように世界を支配していたヨーロッパに黄昏が訪れ、その遺産をソ連とアメリカという二人の巨人が奪い合う時代になったのよ。そしてこの二人の巨人が対立する時代の特徴が「冷戦」なのね。その説明の前に、当時のヨーロッパの状況を説明しておくわ。

第1幕 大戦後のヨーロッパ諸国──偉大なる神々の黄昏

イギリス：衰える大英帝国

前回の最後に、イギリスの政変についてちょっと言ったわね。内政では力を発揮した労働党のアトリー首相は外交では海千山千のチャーチルと違ってヘマが多かったわね。例えば国連から統治を委任されていたパレスチナを放り投げてしまったのもアトリーね。1947年に**インド**と**パキスタン**が、1948年には**ビルマ**や**スリランカ**もイギリスから独立してしまったわ。もっともこれらは大戦によるイギリス自体の衰退によるものなので、みんなアトリー個人のせいにはできないわね。

フランス：おフランスもダメざんす

次はフランスだけれど、ノルマンディー上陸作戦の結果、1944年8月にパリがやっと解放されたわ。戦時中にロンドンに自由フランス政府を作っていた国民の英雄、**ド＝ゴール**将軍が臨時政府の首班になったのよ。しかしド＝ゴールは臨時政府の中で躍進してきたフランス共産党や社会党との内輪もめに嫌気がさして、さっさと辞めてしまったの。この後、1946年にフランスは新しい憲法を発布し、**第四共和政**が発足するのよ。第四共和政の特徴は「大統領の力が弱く、議会の力が強かった」ことね。ということは、**民主的ではあるが、非常事態に対処しづらい体制になった**、ということだわ。

パキスタン　　インド　　スリランカ　　ビルマ

戦後のフランスもイギリスと同様に弱体化してしまい、かつての大帝国の栄光の面影はなくなっていたわ。後でやるけれど、フランスはアメリカが提供するマーシャル＝プランを受け入れてアメリカの風下に立つハメになってしまうのよ。

イタリア：「逃げちゃダメだ。逃げちゃダメだ」

　イタリアでは1946年の夏に国民投票で**王政が廃止され、共和政になった**わ。大戦末期にナチスが無条件降伏したイタリアを征服した時に、国王が国民をほっぽり投げて、国外に逃げ出してしまったのがマズかったわね。やっぱり国王とか皇帝とか天皇は、国難の時に国民を見捨てちゃダメなのよ。1947年にパリ講和条約でフィウメなどの支配地をすべて放棄したイタリアは、カトリック教会が後押しする**キリスト教民主党**と、労働者の支持を受けて台頭した**共産党**が激しく争う修羅場になってしまったわねえ。

第2幕への前奏曲　冷たい戦いの始まり、始まりっ！

　いわゆる「冷戦」だけれども、**東ヨーロッパのブン捕り合いが始まりのきっかけ**ね。実は1944年10月にモスクワを訪れていたチャーチルは、すでに「戦後」の東ヨーロッパの山分けについてスターリンと話し合っていたのよ。つまり、イギリスはギリシアと地中海を手に入れるかわりに、ソ連は東ヨーロッパの多くの国々の権利を確保する取り決めをしたのね。ただし**チェコスロヴァキアとポーランド**については明確な取り決めはしていなかったわ。この2国は自由主義勢力が強かったので、チャーチルは「**ま、この2国は社会主義国にはなるまい**」とたかをくくっていたのかもしれない。と、したらチャーチルも甘かったわね。後にこの取り決めはアメリカを含めたヤルタ会談で了承されたので、この勢力分布を**ヤルタ体制**とも言うわ。

第2幕　冷戦の勃発──鉄人スターリンが下ろした「鉄のカーテン」

　ソ連はナチス＝ドイツとの死闘で2000万人以上の犠牲者を出した国なので、大戦終了後の安全保障には敏感だったわ。そこで**ソ連は解放した東ヨーロッパ諸国に、ソ連型の人民民主主義に基づく社会主義を採用して共産党を中心とする親ソ派政権をドンドン**

シャルル＝ド＝ゴール　　　　ヴィットーリオ＝エマヌエーレ3世

作ったのよ。そして、土地改革と計画経済による工業化を進めたわ。自国防衛が目的だったけれど、これは米英から見ると戦勝に乗って社会主義を広める計略のように見えるわね。ソ連がナチスから解放したポーランドについては、チャーチルとの取り決めに含まれていなかったことを幸いに親ソ派の政権を勝手に打ち立て、イギリスにあった亡命政権を認めなかったのよ。ヤルタ会談ではスターリンはポーランドでの戦後の自由選挙を一応は認めたけど、ローズヴェルトが死ぬと結局は無視してしまったわ。このポーランドをめぐるやりとりが冷戦の序曲となったのね。ポーランドを好き勝手に自分のモノにしようとしているソ連の態度に怒った**チャーチル**は1946年にアメリカのフルトン市の大学に招かれた時、有名な**鉄のカーテン**演説をおこなったの。この演説は教科書や資料集に載っているけど、コラムにも載せておいたわ。

第**3**幕 ## マーシャル＝プランの誘惑──「こっちの水はあ〜まいぞ」

そもそもアメリカのローズヴェルト大統領はソ連、特にスターリンに親しみを感じ、信頼していたわ。けれども次の**トルーマン**大統領はミズーリ州のガンコなじいさんで、共産主義には強い不信感を持っていたのよ。チャーチルの鉄のカーテン演説も効果があったわね。トルーマン大統領は1947年3月に「**われわれアメリカはギリシアとトルコに援助をし、共産主義のこれ以上の拡大を防ぐ**」という決意表明をおこなったの。この宣言を**トルーマン＝ドクトリン**と呼び、トルーマンの反共姿勢を誰はばかることなく鮮明にあらわした文章となったのよ。「共産主義」というモンスターを封じ込めるため、トルーマンは共産主義諸国には軍事的圧力を加え、反共産主義諸国には経済的援助を与える、という極端な政策をおこなったのよ。このトルーマンの政策を**封じ込め政策**と呼びます。この「封じ込め政策」の具体的な手段が、<u>ヨーロッパへの巨大な経済復興計画</u>なのよ。1947年6月にアメリカ国務長官**マーシャル**が発表したこの援助計画を**マーシャル＝プラン**（ヨーロッパ経済復興援助計画）と呼ぶ。マーシャル曰く「**こっちの水はあ〜まいぞ。カネが欲しいか、そらやるぞ**」。焼け野原のヨーロッパ諸国にとってはたまらない誘惑だわ。でも「援助を受ける」ということはイコール「アメリカの傘下（さんか）に入り、自由主義陣営に所属する」ということになってしまうから、ソ連の怒りを買ってしまうことは明らかね。しかしカネの誘惑に勝てる人がこの

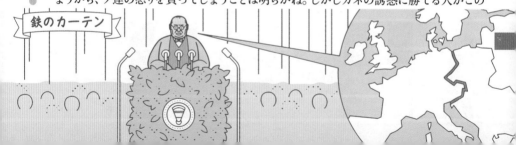

鉄のカーテン

世にいるかしら。結果から言うと、ほとんどの西ヨーロッパ諸国がマーシャル＝プランを受け入れてしまったわね。特に西欧の国々はマーシャル＝プランを受け入れるために**ヨーロッパ経済協力機構(OEEC)**を1948年4月に作ったわ。この組織は1961年に**経済協力開発機構(OECD)**に発展することになるの。そう「先進国クラブ」とも言われている、あのOECDよ。

そこでソ連もマーシャル＝プランに対抗して、同じ1947年に**コミンフォルム**（共産党情報局）を結成したのよ。このコミンフォルムというのはソ連・フランス・イタリア・ブルガリア・ルーマニア・ハンガリー・チェコスロヴァキア・ポーランド・ユーゴスラヴィアの9か国の共産党によって組織された「情報交換機関」よ。早い話がヨーロッパ各国共産党の「ソ連に対する忠誠心」を維持するために作られた組織なのよね。

ソ連も、アメリカみたいに子分たちにカネをあげればいいのに

いやー、第二次世界大戦で戦場になってしまったソ連にカネなんかあるわけないじゃない。後に1949年にソ連はマーシャル＝プランに対抗して、**コメコン**（経済相互援助会議：COMECON）を東欧6か国（アルバニア・ブルガリア・チェコスロヴァキア・ハンガリー・ポーランド・ルーマニア）と結成したわ。でもコメコンの実態は、バーター取引（現物交換）によるソ連の「ぶったくり組織」で、カネなんか子分たちに落とさなかったのよ。だから評判は悪かったわ。

戦場になったソ連とならなかったアメリカの違いが出ましたね

ところが計算違いが出たのよ。東欧の中でも**ユーゴスラヴィア**だけ、社会主義者のティトーをリーダーとするパルチザン（山岳ゲリラ）がナチスと戦って独力で国を解放したケースだったのね。だからさすがのソ連も政治に口を出せなかったわ。そのユーゴスラヴィアのティトーがマーシャル＝プランを受ける声明を出したのよ。怒ったスターリンはユーゴスラヴィアを攻めようとしたけれど、ユーゴのゲリラ兵たちが国内を要塞化したため、結局ユーゴスラヴィアを攻撃することをあきらめたわ。その代わり1948年6月にユーゴスラヴィアは「裏切者は去れ」とコミンフォルムから除名されてしまうの。

パルチザン時代のティトー

トルーマン＝ドクトリンの発表

次回予告 ## ベルリン封鎖と冷戦の危機——陸の孤島 西ベルリンを兵糧攻め！

　1948年にとうとうチェコスロヴァキアで大事件が起こったわ。チェコスロヴァキア政府がカネの誘惑に負けて、マーシャル＝プランを受けようとしたところ、怒ったソ連の指令で警察がチェコスロヴァキア議会の非共産党関係者を一網打尽に逮捕してしまったのよ。共産党によるこの事件を**チェコスロヴァキア＝クーデタ**と呼ぶわ。チェコスロヴァキアを力ずくで共産陣営（＝東側諸国）に入れてしまったソ連の強引な態度に、怒った自由主義陣営（＝西側諸国）は**西ヨーロッパ連合条約**（ブリュッセル条約）を結んだのよ。これはイギリス・フランス・ベネルクス諸国（ベルギー・オランダ〔ネーデルラント〕・ルクセンブルク）による軍事同盟ね。「ソ連などの共産主義陣営の攻撃には手を組んで立ち向かおう」という内容で、後の**NATO**（北大西洋条約機構）の原型になったのよ。

　さて東西冷戦の前線となってしまったドイツは焼け野原でモノがなく、ひどいインフレが続いていたのよ。そこで、米英仏の支配地域では1948年に、とりあえず新しい貨幣を作って価値を上げ、物価を抑えることにしたのよ。これを**通貨改革**と言うわ。ところが英米仏の貨幣改革に怒ったスターリンがソ連の支配地域内にあった西ベルリンの町を封鎖してしまったの。つまり、町に通ずる鉄道や運河、道路などの交通手段を皆使えなくしたのね。これを**ベルリン封鎖**と言います。このままだとベルリン市は孤立して餓死してしまうわ！さあベルリンの危機よ！　どうしようっ。

復習ポイント

　冷戦が起こった元となる事件を整理してみよう。

アクティヴィティ

　「冷戦」が起こることは防げたでしょうか？

戦後世界復興史②年表

1944年9月	フランスで臨時政府発足　首班はド=ゴール
1945年	ユーゴスラヴィア連邦人民共和国が成立　首相はティトー
1946年6月	イタリアで王政廃止。共和政となる
10月	フランスで第四共和政が発足 (～1958年まで)

冷戦史①年表

1946年	チャーチルがアメリカのフルトン市で鉄のカーテン演説
1947年3月	アメリカ大統領トルーマンがトルーマン=ドクトリンを発表し、共産主義の封じ込め政策を明確にする
1947年6月	マーシャル=プラン (ヨーロッパへの経済援助計画)
9月	コミンフォルム (共産党情報局) 発足
1948年2月	チェコスロヴァキア=クーデタ
3月	西ヨーロッパ連合条約 (ブリュッセル条約) 発足
4月	ヨーロッパ経済協力機構 (OEEC) 設立
6月	ドイツの西側管理地区で通貨改革を実施
6月	ソ連によるベルリン封鎖が始まる (～1949年5月)

最後の門　下の問題は大学入試問題を出典にした問題です。答えなさい。

　第二次世界大戦後、ソ連は、軍事力でナチス・ドイツから解放したハンガリー、ブルガリア、ポーランドに共産党を中核とする連立政権を作り、影響力を強めた。これらの国々はソ連型の人民民主主義に基づく社会主義を採用し、土地改革と計画経済による工業化を進めた。他方、自力でナチスの支配からの解放を実現したユーゴスラヴィアは、自立的な社会主義国家を樹立した。共産党や社会党などの左派政党の躍進は、西側諸国でも見られた。イギリスでは1945年7月に労働党が圧勝して、　a　 (人名) が首相となった。フランスでは1946年に第　b　共和政が発足し、同年　c　 (国名) では王政が廃止され、両国いずれの議会でも共産党が議席を増やした。

問1　空欄　a　～　c　に入る語句として最も適切な語句を書きなさい。

問2　下線部について、ソ連に対して自主的な姿勢をとったユーゴスラヴィアが1948年に除名された情報交換機関はどれか。

　1. コメコン　　2. コンツェルン　　3. コミンフォルム　　4. コモンウェルス　　　　　(西南学院大・改)

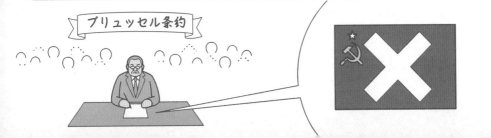

ブリュッセル条約

歴史は夜
決められる

1944年10月にチャーチルはモスクワにやって来た。さすがにこの時期にはナチス＝ドイツの敗北は明白になっていたので、チャーチルとスターリンの話はすでに「戦後」のことが中心となった。ソ連は帝政ロシアの時代から200年も地中海進出を狙って南下政策を繰り返してきた。そしてソ連はバルカン半島をあきらめていなかった。このソ連(ロシア)の南下政策をじゃましてきたのは常にイギリスであった。

真夜中におこなわれた会談で、ついにバルカン半島の話題が出た。スターリンはバルカン半島を自らの影響下に置こうとする野心を露骨に態度に見せた。しかしイギリスにはソ連を押さえ込むだけの国力がもうなかった。ドイツと日本相手の戦いでイギリスはすさまじい負債を抱えてしまったのである。そしてイギリスの衰退と凋落を一番知っていたのは、他ならぬ首相のチャーチルだった。

「うむ、アメリカならばソ連に対抗できるのだが……、まあ、いずれアメリカ大統領に働きかけてソ連を押さえてもらおう。とりあえず……」とチャーチルはすかさず1枚のメモを取り出して、スターリンに見せた。そのメモをジロッと見たスターリンはそのメモに青鉛筆で○をつけて、チャーチルにすぐ返した。

	ソ連	イギリス	その他の国
ギリシア	10%	90%	
ルーマニア	90%		10%
ユーゴスラヴィア	50%	50%	
ハンガリー	50%	50%	
ブルガリア	75%		25%

つまりお互いの山分けの取り分が書いてあ

ったのだ。チャーチルは何としてもギリシアをブン捕って、ソ連の地中海進出を防ぎたかったし、スターリンはルーマニアを取ることで黒海を自分のテリトリーにしたかった。歴史家でもあるチャーチルはスターリンに言った。

「こんな紙切れで歴史を決めてよいのか……。この紙は焼きましょう」

スターリンはそっけなく言った。「まあ、取っておきなさい」

そして、この紙切れ1枚で東ヨーロッパの戦後の歴史が決まってしまったのである。これを「パーセンテージ協定」と呼ぶ。

チャーチルはポーランドとチェコスロヴァキアの取り分はこの紙に書き込んでおかなかった。これが大失敗の元となる。

＊

後にソ連は「パーセンテージ協定」で決められていないことをいいことに、ポーランドを自由に支配し始めた。これを見て怒ったチャーチルはアメリカのフルトン市でおこなった演説でソ連を批判する。

「ソ連と国際共産党組織が近い将来何をしようとしているのか、またどの程度の膨張をとげようとしているのかは、誰にもわからない。

今、バルト海のシュチェチンからアドリア海のトリエステにかけて、大陸を遮断する鉄のカーテンが下ろされた。そのカーテンの向こうのワルシャワ・ベルリン・プラハ・ウィーン・ブダペスト・ベオグラード・ブカレスト・ソフィアという名高い都市と住民がソ連の影響を受けるばかりか、強度の洗礼を受けているのだ」

このチャーチルの「鉄のカーテン演説」は冷戦の開始宣言となった。

復習ポイント の答え

冷戦は「東ヨーロッパに対する共産主義の拡大」から始まります。

1945～1946年 ソ連が**ポーランド**を解放して、共産主義政権を建てる

↓ （「ポーランドで自由選挙をおこなう」というヤルタ協定を無視）

1946年 ソ連に反発するチャーチルが**鉄のカーテン演説**をおこなう

↓

1947年3月 「**トルーマン＝ドクトリン**」でアメリカは「反共」の姿勢を打ち出し、6月に**マーシャル＝プラン**でヨーロッパ共産化防止を狙う

↓

1947年9月 **コミンフォルム**をソ連・フランス・イタリアと東欧6か国の共産党が結成し、共産党間での結び付きを強める

↓

1948年2月 **チェコスロヴァキア＝クーデタ**

↓

1948年3月 **西ヨーロッパ連合条約**成立→西ヨーロッパの反共武装化

↓

1948年6月 **ベルリン封鎖**が起こる

アクティヴィティ の答えの一つ

「冷戦」を防ぐことは不可能だったでしょう。理由は①20世紀の戦争というものはイデオロギー（思想）の対立から起こっていること。②ナチズムやファシズムが否定された1940年代後半では、最大の対立は**資本主義と社会主義の思想対立**であることです。このことから冷戦は歴史の必然だったのかもしれません。冷戦をあおったのは、ポツダム会談以降米英ソのトップの話し合いの場がなくなってしまったことでしょう。19世紀にはウィーン会議（1814～1815年）やベルリン会議（1878年）でヨーロッパの平和は守られており、トップ会談は平和の維持のために必要です。しかし第二次世界大戦後は1955年のジュネーヴ4巨頭会談までトップ会談はおこなわれなくなります。

最後の門 の答え

問1　a　アトリー　　b　四
　　　c　イタリア
問2　3

（解説）

問1　第二次世界大戦後のヨーロッパの状況についての出題。第二次世界大戦後のイギリス・フランス・イタリアについて聞かれていますが、これらの国々では共産党や社会党の躍進が目立ちました。このうち首相の名前はイギリスのアトリーだけが出てきます。フランスのド＝ゴールも有名ですが、一度首班になったものの、1946年には辞めてしまいます。イタリアの王政廃止もよく出題されます。

問2　すべて「コ」で始まる組織名が並べてあるので、迷いやすい。正解は3のコミンフォルム。1のコメコンは東側の経済協力機構。2のコンツェルンは企業の独占形態の一つ。4のコモンウェルスは「イギリス連邦」を指す言葉です。

67 冷戦の構造化と世界化
──沈黙の中のにらみ合い合戦

でもさ、なんで「冷戦」って言うんだろう？

それは米ソの直接の戦闘がなかったからよ。にらみ合いと子分たちによる代理戦争に終始したからね。と言うのも、ボス同士が直接戦争したら、たちまち核戦争になってしまうからよ。その恐ろしさは広島と長崎で十分わかっているわ。だから「冷戦」(Cold War) と言うのよ。

第1幕 ベルリン封鎖とその結果──ブツにものを言わせた空の大補給作戦

　ソ連によるベルリン封鎖に対し、アメリカなど西側3国は唯一空いていた「空」のルートを使って空輸で生活必需品を西ベルリンに運び込むことにしたのよ。ところがベルリン市の人口は当時200万人！　そのために西側3国は昼夜違わずのピストン輸送を繰り広げて、へその緒を断ち切られた西ベルリンに必死に栄養を送ったのよ。なんと11か月間で27万回も輸送機を飛ばしたのよね。あまりの過密状態に飛行場が使えない場合は、荷物にパラシュートを付けて落としたみたい。その中には子どもたちへのお菓子も入っていたのよ。心配されていた冬の暖房用の石炭も空輸して間に合わせたわ。こうしてベルリン封鎖が失敗したソ連は1949年5月にとうとう封鎖を解いたのよ。最初、スターリンはベルリン封鎖によってアメリカがベルリンを見放し、そのためドイツとアメリカが離反することを期待したけれど、結果は逆だったわ。アメリカの必死の大空輸作戦により、ドイツとアメリカにはアツーい友情関係が生まれたのよ。

　このベルリン封鎖の危機を受けて、**1949年4月**にアメリカを中心とする西側ヨーロッパ諸国は北大西洋条約機構(NATO)を作ったわ。これは反ソ軍事同盟として結成されたのよ。NATOに対し、後の**1955年**にソ連を中心とする東側諸国がワルシャワ条約機構と

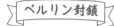
ベルリン封鎖

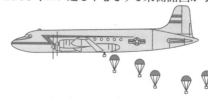

いう東側の軍事同盟を作って対抗しているわね。このにらみ合いの大ゲンカの最中にアメリカなどの西側諸国はドイツを独立させる必要に迫られたわ。と言うのも、全部「オンブに抱っこ」ではドイツを守り切れないからよ。

そこで英米仏3国の占領地域を1949年に**ドイツ連邦共和国（西ドイツ）**を誕生させたわ。首都は**ボン**。ベルリンにしたら、また東側に封鎖されてしまう可能性があるからね。しかもボンという町はライン川沿いにある大学都市で、ベートーヴェンの生まれ故郷としても知られているから「新生」国家の首都としてふさわしかったのよ。西ドイツ初代首相は**アデナウアー**。元ケルン市長で、ヒトラーに頑として屈せず、収容所にブチ込まれていた硬骨漢のおじいちゃんよ。アデナウアーは**エアハルト**経済相を用いて戦後の西ドイツに奇跡の経済成長をもたらした人物なの。

一方、ソ連の占領地域は、西ドイツに5か月遅れて1949年に**ドイツ民主共和国（東ドイツ）**が誕生したわ。後見はソ連で、**ベルリン**を首都とする社会主義国家として生まれたの。こうしてドイツは1990年に統一されるまで、東西に分裂してしまったわ。そして東西冷戦の最前線にされてしまったわけ。このため西ドイツは1954年に再軍備を認められ、1955年に西側の軍事同盟である**NATO**に加盟しているわ。一方、東ドイツは東側の軍事同盟である**ワルシャワ条約機構**に加盟しているのよ。

あと、音楽の都ウィーンを首都とする**オーストリア**は日本（1951年）よりも遅く、1955年にオーストリア国家条約を結んで、ようやっと**永世中立国**として独立に成功したわ。ヒトラーの生まれ故郷でもあるオーストリアだけど、永世中立国になったことで分割支配をくらうことだけはなんとか避けることができたわけね。

第2幕への前奏曲 中華人民共和国の成立──でも共産党の独裁じゃない！

次はいよいよ中国よっ。中国は日本の降伏によってやっと自由を勝ち得たわ。1931年の満洲事変以来、15年ぶりの自由よ。この時の中国政府は国民党総裁の蒋介石が仕切っていたわ。しかしその国民党は財閥との結び付きが強かったため政府は腐敗しており、インフレがひどかったわ。そこで民衆、特に農民の支持を得ていた共産党の勢いが強くなり、内戦の結果、ついに共産党が勝利したのよ。敗れた蒋介石と国民党は台湾に逃れ、中華

ドイツの東西分裂

WEST　EAST

ベルリン

コンラート＝アデナウアー

オットー＝グローテヴォール

ボン

民国政府を作ったわ。

　勝利した共産党は1949年10月1日、北京の天安門広場で毛沢東が中華人民共和国の建国を宣言します。首都は北京で、主席は毛沢東、首相は周恩来だったわ。実は毛沢東は1940年に新民主主義という考えを発表していたけれど、これは「中国においては急激な社会主義革命はおこなわない。共産党が指導しつつも各勢力と協力して徐々に革命を進めよう」という考えなのよ。1940年当時の毛沢東は、いきなり共産党独裁は無理、と考えていたのでしょう。この新民主主義の考えにのっとり、政治の最高機関として人民政治協商会議が北京に招集されたけれど、この会議はその時の政治党派の代表のよせ集めだったのよ。つまり中華人民共和国の建国初期は共産党の一党独裁ではなかったし、毛沢東が絶対権力を手にしていたわけではなかったのね。

第2幕 中華人民共和国の承認──毛沢東の中国を各国が認める裏事情

　新しく誕生した中華人民共和国を真っ先に承認したのは、同じ社会主義国であるソ連と東欧諸国、そしてソ連と仲がよかったインドね。実はスターリンはそれまで毛沢東が指導する中国共産党に対して強い支援をしていなかったのよ。現実主義者であるスターリンは現実の状況は見えすぎるぐらい見えるけれど、未来については読めなかったから、まさか毛沢東と中国共産党がここまで強力になるとは予測がつかなかったわ。というわけでスターリンが中国政府として認めていたのは蔣介石率いる中国国民党の方だったのね。

　さすがにバツが悪かったスターリンは、中華人民共和国成立とともに毛沢東をモスクワに呼んで、中華人民共和国を承認するとともに、1950年に中ソ友好同盟相互援助条約を結びます。これはソ連と中国の間の経済援助及び軍事同盟で、仮想敵国はアメリカと日本(!)なのよ。有効期間は30年だわ。この時、毛沢東に初めて会ったスターリンは、思った以上に毛沢東が煮ても焼いても食えない男であることを知ったわ。

　中華人民共和国。昔の日本人はこの政府を「中共」と呼んでいたわ。この国を西欧諸国の中で真っ先に承認したのは1950年のイギリスよ。ちょうど当時、労働党のアトリー政権

毛沢東　天安門

中華人民共和国の建国

だったのは大いに関係があるわ。そして1960年に独立したアフリカ諸国が次々と中華人民共和国を承認し、アメリカと距離をとっていたド＝ゴール大統領率いる**フランス**も1964年に承認したわね。「中華人民共和国を承認する」ということは国民党が率いる台湾の「中華民国と断絶する」ことを意味するけど、社会主義陣営と対立するアメリカ合衆国は台湾の中華民国を中国の代表とし、長く中華人民共和国を承認しなかったわ。もちろんアメリカの子分である日本も同じ立場だったのよ。

第3幕 中華人民共和国の混乱──「大躍進」どころか実は「大悲惨」

　一方、モスクワを訪れてソ連の様子を知った毛沢東はスターリン支配から多くのことを学んだわ。つまり、「**個人崇拝は共産党の強力な支配権を確立するために効果的である**」ということよ。だいたい社会主義というものは理屈っぽい思想だから、「君のために死ねる！」とか「お国のために死ぬ」という情念に欠けるところが多いのよね。それを補うのが「祖国愛」や「個人崇拝」なのよ。そこで毛沢東もスターリンをマネて「個人崇拝」を社会支配の中心にしていくのよ。

　モスクワで毛沢東が学んだことは、ソ連の工業力の躍進ぶりね。ソ連の**五カ年計画**を毛沢東は中国にもあてはめて、中国を農業国から工業国に発展させようともくろんだのよ。そのため、モスクワから帰った毛沢東はそれまでの新民主主義を方向転換して、中国共産党の強力な支配を目指すようになったわ。まず**第1次五カ年計画**（1953〜1957年）をおこない、スターリンと同じように農民の集団化と、重工業優先の工業化を実施したの。ソ連の援助のおかげで第1次五カ年計画はなんとか目標を達成できたわ。しかし1958年から始まった**第2次五カ年計画**（これを毛沢東は**大躍進**と呼んでいたのよ）が見事にコケて、大失敗に終わってしまったの。失敗の理由を次に説明していくわね。

　まず共産党はソ連のコルホーズを見習って**人民公社**という組織を作ったわ。この人民公社とは、農業生産を中心に行政・教育・保健活動をすべて一体化した地方組織です。あえて言えば共産党支配下にある「地方共同体」と言えるわね。みんなが一緒に生活し、みんなが一緒に飲み食いするのが人民公社の特徴だわ。しかし肝心の農業生産は、はかばかしくなかったわ。もらう給料も同じなので怠けた方が楽だからよ。そして多くの人民公

スパスカヤ塔

中ソ友好同盟相互援助条約

社はトラクターもなく、貧しいのが実情だったわ。その人民公社に対し、毛沢東は突然、鉄鋼の生産を命じたのよ。それまではソ連の技師が鉄鋼の生産のノウハウを教えてくれていたけれど、1953年のスターリンの死後に中ソの仲が悪化したことを受けて、ソ連の技術者が皆引き上げてしまったのね。そこで中国は独力で工業化を進めなければならないハメになったのよ。でも毛沢東は経済計画に変な自信を持っていて、「15年でイギリスに工業生産高で追いつくぞ」をスローガンとしたわ。

　でも工場も技術もないのに工業化なんか進むわけはないわね。成果があがらないのに怒った毛沢東は鉄鋼生産のノルマを地方の人民公社に押し付けたのよ。指示に従わない

と罰せられてしまうので、農民たちはしかたなく自分たちが持っていた鍬や鎌をお手製の粗末な溶鉱炉に投げ込んで、溶けた鉄くずを人民公社に提出したのよ（→）。農機具を供出した農家は穀物生産ができなくなった結果、大変な飢饉が起こってしまったのよ。この「大躍進」による飢饉の結果、約2000万〜4500万人もの人々が餓死したと推計されているわね。

　さすがに毛沢東は大躍進の大失敗の責任をとって、1959年に国家主席を辞任したわ。が、しかし権力の中心である党主席の座は離れず、毛沢東は権力復活の機会を、じーっとうかがっていたのよ。

復習ポイント

日中戦争から中華人民共和国成立までの中国の経過を整理してみよう。

アクティヴィティ

国を農業国から工業国に変えるのに必要なことは何でしょうか？

個人崇拝推進と大躍進

冷戦史②年表

1948年6月（〜1949年5月）	ベルリン封鎖
1949年4月	北大西洋条約機構（NATO）成立
1949年5月	ドイツ連邦共和国（西ドイツ）成立
1949年10月	ドイツ民主共和国（東ドイツ）成立
1955年	オーストリア、永世中立国として独立を回復

中華人民共和国史年表

1949年10月	中華人民共和国成立→ソ連・東欧・インドが承認
1950年	中ソ友好同盟相互援助条約を結ぶ
1953〜1957年	第1次五カ年計画（ソ連の援助あり）
1958年〜	第2次五カ年計画（大躍進）→失敗

最後の門 下の問題は大学入試問題を出典にした問題です。答えなさい。

　フランス・イタリアや東欧諸国では、第二次世界大戦でヨーロッパを解放したソ連の影響を受けて共産党勢力が拡大した。特に戦後の東欧では、(1)ソ連型の社会主義を目指す人民民主主義の体制が形成された。こうした動きにアメリカ合衆国は危機感を抱くようになり、1947年3月(2)大統領 ［ a ］は［ a ］＝ドクトリンを発表した。さらに同年6月、アメリカ合衆国国務長官 ［ b ］がヨーロッパの経済復興を目指した計画を発表した。こうした動きに対抗して、同年9月にソ連は、各国共産党の連絡調整機関として ［ c ］を設立した。冷戦はしだいに構造化の様相を示し始め、ヨーロッパの資本主義諸国が1948年3月に締結した ［ d ］条約（ブリュッセル条約）にアメリカ合衆国やカナダが加わる形で、1949年には集団的防衛組織としての ［ e ］が編成された。一方、社会主義陣営では各国の経済関係を緊密化する目的で ［ f ］が組織された。

問1 空欄 ［ a ］〜 ［ f ］ に適切な語句を入れなさい。

問2 下線部(1)について、この状況の中で東西両陣営の間で独自の路線を追求した東欧地域の国の名を記し、その国で1948年2月に起こった出来事とその帰結を40字以内で説明しなさい。

問3 下線部(2)について、このドクトリンの内容と目的について70字以内で説明しなさい。

（首都大学東京・改）

大躍進の失敗

毛沢東の闘争

毛沢東は1893年に湖南省の富裕な農家に生まれた。

ルターと同じようにファイタータイプの人間で、闘争を好み、売られたケンカは必ず買った。と、同時に闘争には頭も使った人物である。

毛沢東の最初の闘争の相手は父だった。父は典型的な保守的地主で、家族に平気で暴力を振るい、毛沢東を商人か士大夫にしようとして、型にはめた教育を力ずくで押し付けた。毛沢東はこの父親に徹底的に反抗した。この父との連日の戦いと、隠れて愛読した『水滸伝』から毛沢東はゲリラ戦の奥義を学んでいった。

中学在学中の毛沢東は、教員を目指していた。この時、1911年の辛亥革命が勃発し、孫文を慕っていた毛沢東も銃を持って孫文の革命軍に入隊している。が、孫文は袁世凱にあっさり実権を渡してしまった。孫文の姿勢に疑問を持った毛沢東は革命軍から離れ、北京大学図書館の司書となる。当時、北京大学の図書館長をしていたのは、中国でマルクス主義を最初に研究していた李大釗であった。李大釗からマルクスの「共産党宣言」をわたされた毛沢東は、初めて社会主義と出会う。

＊

1921年の上海での中国共産党結成に参加した毛沢東は、**「農民を中心とした革命運動」**を主張し、「都市労働者を中心とした革命路線」にこだわるコミンテルン上層部に嫌われてしまう。不遇の中で、毛沢東はある日、豪快な将軍、**朱徳**と出会った。朱徳は農民あがりながら、軍隊で出世し、ドイツ留学中に共産党に入党した猛者である。意気投合した二人はともに手を取り合い、井崗山に立てこもってゲリラ活動をおこなった。農民たちも毛沢東を慕い、井崗山に駆け付けるようになった。

コミンテルンの指示で**瑞金**に**中華ソヴィエト共和国臨時政府**を作った中国共産党であったが、たちまち蒋介石の国民革命軍に包囲されてしまう。**「むむ、都市戦では数に勝る国民党にはとてもかなわない！　瑞金を捨てて、ゲリラ戦に有利な山岳地帯に根拠地を作るべし！」**という毛沢東の意見が採用され、共産党軍は急ぎ瑞金を脱出した。しかし共産党軍は金目の物や大荷物まで抱えて逃げようとしたために、国民党の爆撃機の標的にされ、兵士たちは次々と皆殺しにされていく。

毛沢東は決心し、遵義で会議を開いた。

「重い荷物は捨てて、夜間行軍しなければ共産党は壊滅してしまう！　私は提案する！　すぐに党の方針を全面転換すべきだっ！」

毛沢東の意見に賛成したのが、その人格と知略で党内でも重きをなす周恩来であった。「毛同志の意見に私は賛成だ！」。多くの党員が次々と毛沢東を支持し、ここに毛沢東は党の実権をついに掌握した。

毛沢東率いる共産党軍は、約1万2000kmのすさまじい悪路を踏破し、長征を成しとげ、ついに奥地の陝西省の延安に到着する。

＊

第2次国共合作を経て、生き延びることができた共産党は、戦後の内戦で国民党に勝利し、1949年についに**中華人民共和国**を作り上げた。北京の天安門広場で建国宣言を読み上げる55歳の毛沢東は、父親との争いから始まる闘争の日々を思い起こしていた。

しかし毛沢東の本当の闘争は、この建国の時から始まるのである。

(藤子不二雄Ⓐ『毛沢東伝』(実業之日本社)より)

解答と解説 ══════════════════════════

復習ポイント の答え

　国共内戦から日中戦争にかけて、国共合作に
よって共産党が生き延びることができたことが
中華人民共和国の成立につながります。

1936年…西安事件によって1937年に第2次
　　　　国共合作が成立（テーマ58参照）

1937年…日中戦争の開始→国民党と共産党に
　　　　よる日本への抵抗

　　↓

1945年…日本の敗戦により、日中戦争の終了
　　　　→国民党と共産党の内戦に

1949年…農民の支持を得た共産党の勝利→国
　　　　民党政府は台湾へ移る

瑠奈：「あのですね、共産党はなんで台湾に攻め
込まなかったのかな？」

マリエッタ先生：「共産党は台湾を攻めるだけの
海軍力がなかったし、アメリカが台湾政府の保
護を明言していたからよ」

アクティヴィティ の答えの一つ

　国を工業国にするのに必要なものは**カネ**と**労
働力**です。イギリスが産業革命に成功したのは、
この二つを持っていたからです。

　カネを得るのに手っ取り早い方法は「仲のよ
い外国からカネを借りる」（借款）ことです。マー
シャル＝プランでアメリカからカネを得られた
西ヨーロッパが経済回復をとげたのに対し、中
国は社会主義の親玉であるソ連からカネを借り
るしかありませんでした。そのソ連もカネに乏し
く、さらにスターリンの死後にソ連と仲が悪くな
ってしまった中国は自力で工業化をするしかあ
りませんでした。中国は労働力のみに頼った人
海戦術で「大躍進」をおこなったのですが、失敗
してしまいます。

最後の門 の答え

問1　a　トルーマン　　b　マーシャル
　　　c　コミンフォルム
　　　d　西ヨーロッパ連合
　　　e　北大西洋条約機構（NATO）
　　　f　経済相互援助会議（コメコン）

問2　チェコスロヴァキア　（論述）チェコスロヴ
　　　ァキア＝クーデタで共産党が政権を握り、
　　　西側のソ連不信が高まった。（38文字）

問3　ギリシアとトルコに援助をおこなうことで、
　　　共産主義が両国に広まることを防ぐ内容
　　　であり、ソ連を中心とする共産主義圏を
　　　封じ込めることを目的とした。（70字）

（解説）

　問2が大難問。東欧の中で独自路線をとった
国と言うとユーゴスラヴィアが頭に浮かぶし、コ
ミンフォルム除名も1948年。しかし問題文に
「1948年2月」と書いてあることから、ユーゴス
ラヴィアではなくチェコスロヴァキア＝クーデ
タであることがわかる（ユーゴスラヴィアのコミン
フォルム除名は1948年6月）。

**5
6
3**

68 冷戦下のアジア①
──日本が去った後の始末で大変！

日本の敗戦でホッとした国は中国以外にもあっただろうね。

そうね。朝鮮半島は1910年の韓国併合以来、日本の支配下にあったわ。しかし1945年8月の日本の降伏で、朝鮮半島は自由を取り戻すことができたのよ。しかしその自由の幻想はあっという間に消え去っちゃうの。

第1組曲 南北に分裂する朝鮮半島──年寄りと若者が最初の支配者に

　1943年の**カイロ会談**で朝鮮は戦後の独立が約束されていたのよ。ところが、1945年8月14日の日本の無条件降伏直前の8月8日に日本に宣戦布告したソ連が、すばやく朝鮮半島に南下して、8月24日には**平壌**を占領してしまったのね。驚いたアメリカ軍は大急ぎで**仁川**に上陸して、9月初めにソウルをなんとか占領します。朝鮮半島のアメリカとソ連の「縄張り」もとりあえず**北緯38度線**をボーダーにしました。ざっくりと引いた境界線だけれど、このやっつけ仕事が、結果として朝鮮半島を南北に分断する結果になってしまったわ。

後に冷戦が深刻化するとこの38度線を境に南北が対立してしまったのよ。まず1948年8月にアメリカの後押しで、南に**大韓民国**が成立したわ。首都は**ソウル**。初代大統領は**李承晩**（→）。大統領になった時の李は73歳。筋金入りの独立運動家で、海外で30年間も抗日運動を続けた人物だったわ。1919年に上海で**大韓民国臨時政府**が成立した時、李承晩は初代大統領に選ばれていたのよ。しかも

李承晩（左）

朝鮮半島の南北分裂

李承晩は英語に堪能で、アメリカの大学で哲学博士号をとった敬虔なクリスチャンであり、頑固な反共主義者であったこともアメリカが李承晩を大統領に推した理由になるわね。

一方、ソ連軍が進駐した北部では、東欧と同じように親ソ派が勢力を強めたわ。1945年10月に平壌で開かれたソ連軍主催の集会で初めて**金日成**（→）が民衆の前に姿をあらわします。金日成は以前から抗日パルチザンの英雄として知られた存在だったので民衆は大いに期待したのだけれど、金日成

金日成（左から2人目）

があまりにも若いことに人々は驚いちゃったのよ。実は伝説の「金日成将軍」と異なり、実際の金日成はソ連軍の将校で共産党による朝鮮支配の責任者としてスターリンによって選ばれ、送り込まれた人物だったのよ。そして1948年の9月には北朝鮮が**朝鮮民主主義人民共和国**として独立します。首都は**平壌**よ。首相は金日成。金日成は李承晩とは逆に独立した時はまだ36歳の若者だったわ。この時、北朝鮮を支配していたのは朝鮮労働党だけれど、その実態は実は共産党ね。

こうして朝鮮半島は南北に分裂したまま独立してしまったわ。

第2組曲　東南アジア——独立をめぐってのあれやこれやの大騒ぎ

東南アジアは太平洋戦争の時、日本が占領した地域だったわね。それまでは東南アジアは、英仏やオランダなどのヨーロッパ帝国主義国によって支配されていたのよ。日本は「帝国主義支配からの解放」をうたい文句にして進駐して来たけれど、実際は「日本帝国主義による支配」に代わっただけだから、東南アジア各国では抗日組織が抵抗運動を繰り広げていたわね。そして敗北によって日本軍が去った後、東南アジアはもう以前のような「黙って支配されるべき、大人しい植民地」ではなくなっていたのよ。

金日成　　北朝鮮　韓国　　李承晩

①フィリピン —— スーパーマーケットでわかる戦後の政治

　フィリピンはアメリカの支配を受けていたけれど、1934年に善隣外交で知られているフランクリン＝ローズヴェルト大統領が10年後の独立を約束していたわ。そこへ太平洋戦争が始まり、日本軍が攻め込んで来たのよ。日本軍はフィリピンの独立を約束はしたけれど、じきに口約束にすぎないことがわかったわ。そこにフィリピンでは**フクバラハップ**（フク団）という抗日組織ができて日本軍と戦ったわね。日本がアメリカ軍の攻撃に負け、約束通りマッカーサー元帥がフィリピンに戻って来ると、大統領の約束どおり**フィリピン共和国**を独立させます。ただし戦争の関係もあり、約束とは2年遅れの1946年の独立だったわね。しかしフィリピン独立後もアメリカが利権を握っていたのが実情よ。スーパーに行くとフィリピン・バナナが売っているけれど、「ドール」とか「デルモンテ」は皆アメリカのフルーツ会社で、フィリピンのフルーツ・プランテーションの4分の3は彼らが所有しているのよ。

②インドネシア —— 空白を利用しての独立が滑り込みセーフ！

　1942年にオランダが支配していたインドネシアに進駐した日本軍は、今村均司令官が独立運動に対して理解があり、**スカルノ**（テーマ53参照）などの独立運動指導者を釈放して礼をもって遇したわ。というわけでインドネシア人は日本に対して好意的だったのよ。しかし「支配が生ぬるい」と今村司令官が左遷された後は、日本軍の支配が厳しくなってしまったわ。後にインドネシアでは、軍によってインドネシア人が慰安婦にされるなど、日本軍の住民への暴虐がはっきりしたわ。

　1945年8月に日本が降伏した時、日本軍は無力化しており、かつての支配国オランダは軍隊を送れないという状態にあったわ。独立指導者のスカルノはこんな「権力の空白」を利用して1945年8月17日に独立宣言をおこなったのよ。支配国オランダはこの独立を許さず、**インドネシア独立戦争**が起こったわね。しかし第二次世界大戦で荒廃していたオランダにはインドネシアを押さえ付ける武力はすでになく、東南アジアの共産化を恐れるアメリカの仲介もあり、1949年にオランダはハーグ協定でついに**インドネシア共和国**の独立を認めたわ。初代大統領になったのはもちろん**スカルノ**よ。

③ベトナム —— フランスが去ったと思ったら、今度はアメリカが！

　東南アジアの独立運動の中心はスカルノのような知識人が中心になっておこなっていたけれど、ベトナムは違っていたわね。と、言うのもベトナムでは知識人階級は宮廷に仕え

ダグラス＝マッカーサー

フィリピンの独立

る官吏が多く、ベトナム王も官吏も支配国であるフランスべったりの姿勢をとっていたから
よ。なので、フランスに対する抵抗運動を最後まで続けていたのは**ホー＝チ＝ミン**(テーマ
54参照)を中心とするインドシナ共産党だったわ。1940年に、ドイツに侵略されたフランス
の弱みにつけ込んで日本がベトナム北部に進駐すると、ホー＝チ＝ミンは1941年に中国
経由でベトナムに帰ります。そしてベトナム北部の山岳地帯に基地を作り、**ベトナム独立
同盟会**(略称は**ベトミン**)を作ってベトナムを支配する日本軍に抵抗します。このベトミンは
ベトナム独立のための民族統一戦線だったのよ。だから共産党以外の幅広い独立運動家
を含むことができたわけね。ここではっきり言っておくわね。ホー＝チ＝ミンは日本に対し
て、はっきりと抵抗しているのよ。スカルノみたいに一時的に日本と手を組むことなんてし
ていないわ。

なんで日本と手を組まなかったのかな？　日本が嫌い？

　ホー＝チ＝ミンは日本に来ていたこともあったし、決して日本が嫌いではなかったわ。し
かし、日本はかつてベトナムの独立運動家ファン＝ボイ＝チャウが**ドンズー**(東遊)**運動**を
おこなっていた時、ベトナムを裏切ってフランスに付いていた過去があったのね(テーマ42
参照)。それに日本軍がベトナムでおこなっていたことは、フランスと同じ帝国主義的な支
配だったのよ。太平洋戦争中、フランス領インドシナの実質的な支配権は日本軍が握って
いたけれど、日本がフランスのヴィシー政権と結んだ協約で、形だけはフランス人が以前
通りにインドシナを支配したのよ。しかし1945年に日本の形勢が不利になってくると、3月
に日本軍はフランス人たちを捕らえてインドシナを直接支配するようになったわ。この時に
ベトナム・ラオス・カンボジアの旧フランス領インドシナは王族
を立てて独立宣言をおこなったのよ。その一方で機会を待っ
ていたベトミンは、1945年8月に日本が終戦を迎えると一斉に
蜂起し、日本が正式に連合軍に降伏した9月2日にホー＝チ＝
ミンはハノイで**ベトナム民主共和国**の独立をついに宣言しま
す(→)。東南アジア初の**社会主義国家**だったのよ。ところがフ
ランスはベトナム民主共和国を認めなかったし、連合国(ソ連ま
でも!)もフランスの顔を立ててこの国を認めなかったのよ。

スカルノ

(独立)

Merdeka

インドネシア連邦共和国の独立

1945年の9月にベトナム南部の都市**サイゴン**に入ったフランス軍はベトナムを力ずくで支配しようとしたわ。ホー＝チ＝ミンは自らフランスを訪れて、独立のための交渉をしたけれども失敗、ついに1946年から1954年にかけて**インドシナ戦争**が始まってしまったわ。この時、フランスは**阮朝**最後の王である**バオダイ**を主席として、フランス連合の1国としてベトナム国を1949年に作ります。まあ、満洲国と同じ傀儡国家ね。ベトミンを率いるホー＝チ＝ミンは国民の支持を受けて、フランスとの独立戦争を戦い抜いたわ。そしてついにヴォー＝グエン＝ザップ総司令官が率いるベトナム民主共和国軍が、ベトナム北西部に集結したフランス軍を1954年5月の**ディエンビエンフーの戦い**で打ち破り、降伏させたのよ。この戦いは決定的で、ついにフランスはベトナムを支配することをあきらめます。1954年7月、フランスは**ジュネーヴ休戦協定**を結び、①**フランスはインドシナから撤退し**、②**北緯17度線を暫定的な南北の軍事境界線とし**、③**南北ベトナムで2年後に統一選挙をおこなう**ことが決まったわ。またこの協定でカンボジアとラオスの独立も国際的に承認されます。

おお、やったね！　インドシナ半島が独立だっ！

　ところがどっこい。アメリカがこのジュネーヴ休戦協定を認めなかったのよ。アメリカ曰く「ホー＝チ＝ミンを認めたら、周辺諸国が社会主義国家になってしまうに決まっている！そんなのは認めんぞっ！」。冷戦のあおりを受けて、アメリカはベトナム独立に介入してくるのよ。

復習ポイント

インドネシアとベトナム独立の中心人物と経過を整理してみよう。

アクティヴィティ

あなたはリーダーです。国家の独立に必要なことは何でしょうか？

ベトナム民主共和国の独立

ホー＝チ＝ミン

戦後アジア史①年表

1945年8月17日　インドネシア共和国独立宣言

1945年9月2日　ベトナム民主共和国独立宣言

1946年7月　フィリピン共和国独立
　　　「インドネシアとベトナムは日本の敗戦の後のドサクサを利用して独立を宣言
　　　したけれど、フィリピンはアメリカの約束つきだったわ」

1946～1954年　インドシナ戦争 (フランス VS ベトナム民主共和国)

1948年8月　大韓民国建国 (初代大統領：李承晩)

1948年9月　朝鮮民主主義人民共和国建国 (首相：金日成)

1949年　ベトナム国成立 (～1955年：バオダイ主席)
　　　「ベトナム国は、まあ『フランス版満洲国』ね」

1949年　インドネシア連邦共和国独立をオランダが認める

1954年5月　ディエンビエンフーの戦いでベトナム民主共和国軍がフランス軍に勝利

1954年7月　ジュネーヴ休戦協定調印
　　　＝フランスがインドシナ半島から撤退
　　　「ベトナムは第1ラウンドで日本を、第2ラウンドでフランスをやっつけたもの
　　　の第3ラウンドでアメリカと戦うハメになるのよ」

最後の門　下の問題は大学入試問題を出典にした問題です。答えなさい。

　インドシナ半島の東部に位置し、南シナ海に面するベトナムでは、第二次世界大戦終結直
後、　1　(人名) がベトナム民主共和国としてフランスから独立することを宣言した。フランスはこれ
を認めず、ベトナム民主共和国と交戦を続けたが、1954年に　2　で大敗し、ベトナム民主共和国
とは①休戦協定を締結して撤退した。

設問1 文中の　1　、　2　にあてはまる語句を記入しなさい。

設問2 下線部①に関する記述として、正しいものを以下から選びなさい。

　（ア）　この協定はローザンヌ休戦協定と呼ばれている。

　（イ）　北緯17度線が南北間を分ける臨時軍事境界線とされた。

　（ウ）　同年度中に南北統一選挙を実施することになった。

　（エ）　アメリカ合衆国もこの休戦協定に調印した。

(獨協大・改)

ジュネーヴ休戦協定

ドワイト＝デイビッド＝アイゼンハワー

ホーおじさんの
革命一代記②

第二次世界大戦後、何もなかったかのようにフランス人がベトナムに戻って来た。しかしベトナム人は以前の奴隷ではなくなっていた。

フランス人はホー＝チ＝ミンの「ベトナム民主共和国」を無視し、阮朝最後の国王バオダイを主席とする「ベトナム国」をベトナム南部に作った。首都はサイゴン。ところがブランドの背広を着込み、フランス語を喜んでしゃべるバオダイには、国民の人気がなかった。

ホー＝チ＝ミンは叫ぶ。「もうフランスの奴隷になるのはたくさんだ！　独立を！」。こうして始まった「インドシナ戦争」は、1954年5月にディエンビエンフーという北西ベトナムの盆地の町に立てこもるフランス軍をヴォー＝グエン＝ザップ総司令官が指揮するベトナム民主共和国軍が包囲して降伏させたことで終結した。この瞬間、フランスは力尽きた。ところがアメリカの国務長官フォスター＝ダレスという石頭の反共主義者が食ってかかった。

「東南アジアに一つでも共産主義の国ができれば、他の諸国にも影響してしまう！　それをアメリカが認めるわけにはいかん！」

実際は、ホー＝チ＝ミンは共産主義者というよりも民族主義者であり、アメリカがうまく話をもっていけば手を結ぶことができた相手だった。

＊

アメリカのアイゼンハワー大統領はダレスの言いなりだったから、ジュネーヴ休戦協定にサインせず、落ち目の南ベトナムを支えるべく人気のないバオダイを追放して、**ゴ＝ディン＝ジエム**という人物をトップに持ってきた。が、これが間違いだった。

ゴ＝ディン＝ジエムはガチガチの反共主義者のカトリック教徒で、ジュネーヴ協定を無視して統一選挙なんか実施せず、南ベトナムで派手な「赤狩り」をおこない、仏教徒を激しく弾圧した。ベトナム人は共産主義者から仏僧にいたるまで一斉に反発し、ゴ＝ディン＝ジエムを倒すために**南ベトナム解放民族戦線（＝ベトコン）** が結成された。ついにゴ＝ディン＝ジエムは1963年の軍部クーデタにより教会の前で射殺されてしまう。

＊

思うようにならないベトナムの状況にうんざりしたケネディ政権は、ベトナムから手を引くことを検討し始めた。しかし肝心のケネディ大統領が1963年11月22日にダラスで暗殺されてしまったためにご破算となった。副大統領から昇格したジョンソン大統領はガンコな反共主義者で、**北ベトナム沖合のトンキン湾で哨戒中のアメリカ艦艇に北ベトナム海軍が魚雷攻撃をしかけた**（「トンキン湾事件」）と言いがかりをつけて、1965年に北ベトナムへの大規模な爆撃を開始した。これを「**北爆**」と呼ぶ。この北爆によって「**ベトナム戦争**」が始まる。

＊

アメリカはベトナムで8年間戦った。そして兵士58,200人の死者を出してしまった。高まる反戦の声にニクソン大統領はついに屈服する。1973年にベトナム（パリ）和平協定が結ばれ、アメリカ軍はベトナムから撤退した。

1975年、北ベトナム軍はついにサイゴンを占領し、ベトナム戦争は終わった。北ベトナムはなんと110万人もの死者を出していた。

この戦争の終わりを見届けることなく、ホー＝チ＝ミンは1969年に心臓発作で亡くなる。79歳だった。国父として讃えられる彼の遺体は、今も生前と同じように保存されている。

復習ポイント の答え

　東南アジアは独立関係が出題されやすい傾向にあります。特に中心人物と経過を整理することが必要です。

インドネシア（独立運動の中心人物）**スカルノ**

（事件）　1945年8月17日　**インドネシア共和国独立宣言**

　　　　　↓　インドネシア独立戦争

　　　　1949年　**インドネシア共和国**の独立をオランダが認める（ハーグ協定）.

ベトナム（独立運動の中心人物）**ホー＝チ＝ミン**

（事件）　1945年9月2日　ベトナム民主共和国独立宣言

　　　　　↓　インドシナ戦争

　　　　1954年5月　ディエンビエンフーの戦いでのフランスの敗北

　　　　1954年7月　ジュネーヴ休戦協定でフランス軍撤退

マリエッタ先生：「**独立が早く認められたか、遅くなったかの差はアメリカが認めたか、認めなかったかということが大きく響いたのよ**」

アクティヴィティ の答えの一つ

　国家の独立に必要なことは、まず「独立宣言」をすること。そして他国が独立を認めてくれることです。旧支配国や宗主国と独立をめぐって戦争状態に入ってしまっても、独立を前提とした条約や協約を旧支配国と結ぶことに成功すれば、旧支配国が独立を認めたことになります。独立を達成するには旧支配国や有力な外国を動かして、条約や協約を結ぶことが大切です。特にアメリカやロシア、EU、中国などの超大国・地域との平和条約締結は、国家の独立には必要と言ってよいでしょう。

※ちなみに「条約」や「協約」、「協定」という用語に違いはなく、意味は同じです。

最後の門 の答え

設問1　1　ホー＝チ＝ミン
　　　　2　ディエンビエンフー

設問2　（イ）

（解説）

　設問2に注意。（ア）はジュネーヴ休戦協定が正解。

　（ウ）が難しい。南北統一選挙の実施は2年後に予定されていた。

　（エ）は、アメリカはジュネーヴ休戦協定に調印していません。

69 冷戦下のアジア②
──アジア各国の「生まれいずる悩み」

それだけイギリスやフランスの力が弱まった証拠よ。でも、イギリスから独立してもイギリス連邦の中にとどまる国は多かったわね。例えば、インド・パキスタン・スリランカ・マレーシア・シンガポール・バングラデシュやブルネイはイギリス連邦にとどまった国々よ。え、連邦にとどまった理由？　いくつもあったけど、主なものはイギリスの文化の影響が強かったことね。いくつかの国ではイギリス英語が公用語としても使われているし、スポーツにしてもアメリカの影響の強い地域では野球が盛んだけれども、イギリス連邦に入っている国では野球のご先祖にあたるクリケットが愛好されていて、インドやパキスタンの人々は昼休みによく遊んでいるわ。でもビルマ（ミャンマー）はイギリス連邦に入っていないので注意よっ！

第1組曲 東南アジア（続き）──「社会主義」がこの地域でもキーワード！

① ベトナムその後 ── スクラム組んで共産主義潰す作戦が失敗

ベトナムではインドシナ戦争が終わって、やっといち段落だね

　ところがどっこい、そうは問屋が卸さなかったわ。アメリカが待ったをかけたのよ。アイゼンハワー大統領時代の**ダレス**国務長官が、ガチガチの反共主義者で、ジュネーヴ休戦協定を認めなかったわ。

　「ホー＝チ＝ミンをのさばらせないために、東南アジア諸国の力を集合して社会主義勢力が伸びるのを阻止してやるぅ！」（※共産主義は、社会主義の1つ。）

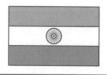

クリケット

次テーマで詳しく説明するけれども、朝鮮戦争が起こった翌年の1951年にアメリカは**太平洋安全保障条約(ANZUS)**をニュージーランドやオーストラリアと結んでいたけれど、これも太平洋を共産主義から守るための軍事条約だったわ。さらに東南アジアに共産主義が広まるのを恐れたアメリカは、ジュネーヴ休戦協定直後の1954年9月に**東南アジア条約機構(SEATO)**を結成したの。これは東南アジアを共産主義から守るための軍事同盟で、加盟国はアメリカ・イギリス・フランス・オーストラリア・ニュージーランド・フィリピン・タイ・パキスタン。アメリカが一番不安だったのはベトナムね。

1949年にできた南の**ベトナム国**はフランスの傀儡国家で、主席のバオダイの人気はなかったわねえ。そこでアメリカはバオダイに代わってベトナム国の首相、**ゴ＝ディン＝ジエム**を援助することにした。ゴ＝ディン＝ジエムはカトリック教徒で熱烈な反共主義者だったからアメリカが気に入ったのね。ゴ＝ディン＝ジエムはバオダイをさっさと追放すると1955年に**ベトナム共和国**を作り、初代大統領として独裁政治をおこなったわ。もちろんジュネーヴ休戦協定は平気で無視して、南北統一選挙なんかおこなわなかった。ところがカトリックであるゴ＝ディン＝ジエムはベトナムで仏教徒まで迫害し、しかも政権は金権政治で腐敗していたから国民の人気は下がる一方だったわ。さすがのアメリカもゴ＝ディン＝ジエムを見放してしまい、1963年に起こった軍部のクーデタで、ゴ＝ディン＝ジエムは教会の前で射殺されてしまったのよ。

う～ん、ゴ＝ディン＝ジエム政権って「誤」政権だったのねえ

② **カンボジア —— 社会主義の王様が活躍するも、東西陣営から「コウモリ」扱い**

ベトナムの隣国、カンボジアもフランス領インドシナ連邦の1国だったわ。1941年にカンボジアの王様に即位したのは**シハヌーク**よ。シハヌークの政治力は抜群で、ついに1953年にフランス連合の中の1国としてカンボジア独立に成功したわ。こうして「独立の父」として人気は上がったけど、実はシハヌークはなんと王様のくせに社会主義者だったのよ！ 1954年のジュネーヴ休戦協定でカンボジアの独立が正式に認められると、シハヌークは一人の政治家として、活躍するのよ。まあ、シハヌークについてはコラムを読んでみてちょうだい。シハヌークは冷戦の中で巧みに国政の舵取りをし、必死に中立を守ろうとしたけれど、東西両陣営からは「コウモリ」扱いをされたことが、後にシハヌークとカンボ

SEATO

ジアの悲劇になってしまうのよねぇ……。

第2組曲 南アジア──宗教問題が巻き起こした ガンディーの悲劇

① インドとパキスタン ── やっと独立を果たすもケンカ別れ

　第二次世界大戦ではインドも大変な被害を受けていたことは知られていないわね。インドはイギリスの要請でヨーロッパ戦線に多くの兵隊を派遣したのはもちろんよ。また日本軍が米どころのビルマを占領したため、ベンガル地方（インド東部）に米が足りなくなってしまい、300万人もの人々が飢え死にしてしまったのよ。ガンディーやネルーら国民会議派は非暴力・不服従を貫き、イギリスにも日本にも与（くみ）しなかったわ。しかし中にはチャンドラ＝ボースのように武力でのインド解放を夢見て、日本に接近した人もいたわね。

　第二次世界大戦後、国力が弱ったイギリスでは、**1947年**アトリー内閣の時に**インド独立法**を定め、独立を承認したわ。しかし最大の問題はインドの内側にあったのよ。すなわちイスラーム教徒とヒンドゥー教徒の激しい対立ね。全インド＝ムスリム連盟の**ジンナー**は1940年に**ラホール決議**を出して、イスラーム国家の分離独立を主張していたのよ。そして結果として<u>1947年に**インド連邦**と**パキスタン**に**分離して独立**</u>してしまいます。

　パキスタンはイスラーム教を国教とする国で、「清らかな国」という意味で、初代総督は**ジンナー**。最初はムスリムの人口が多い地域が西パキスタン・東パキスタンに分かれていたけれど、1971年に東パキスタンは**バングラデシュ**として独立しているわ。この分裂を悲しんだガンディーはイスラーム教徒に呼びかけたの。「ムスリムに大統領も、首相の席も与えよう……！　国会議員の席も確保しよう！　どうかムスリムの人々にインドに戻ってきてもらいたい」と大きな譲歩をしたのね。<u>ガンディーにとって、宗教的に分断されているインドではなく、諸民族・諸階級の融合国家としてのインドが理想だった</u>からよ。しかし、この譲歩を弱腰だと怒った熱心なヒンドゥー教徒の青年によって1948年1月30日にガンディーは暗殺されてしまいます。ガンディーの最後の言葉は「神さま……！」

　こうしてガンディーが中心となってインドはイギリスから独立できたわ。しかし、ヒンドゥー教徒とイスラーム教徒が分離した形となり、ガンディーの死によって統合は不可能になってしまった。この後、パキスタンとインドは宗教をめぐって激しく対立し、3回も戦争を

カンボジア独立

起こしているわ。インドもパキスタンも核保有国になり、両国の境界線にある**カシミール地方の帰属**をめぐって今も激しく対立しているのよ。

インドでは**ネルー**が初代首相となり、1950年にインド憲法が施行され、**インド共和国**になったわ。この憲法は共和政・議会制・連邦制を定め、カーストの差別禁止や不可触民制度の廃止を取り決めているのね。こうしてイギリス連邦にとどまったインドは民主主義国家としてはアジア最大の共和国として出発したわ。ネルーはインドを工業国にするために、ソ連を見習って計画経済を実施し、五カ年計画をおこない、大地主中心だった農地を小作人に分配する政策を実行したわ。つまりネルーは「目先の経済の発展」よりは「国民の平等」の方を重んじたわけね。だからインドは日本のような急激な経済発展はしなかったけれど、現在のIT産業国としてのインドの地盤はネルーが築いたと言ってもいいわね。

②スリランカ ── 世界最初の女性首相は意外にひいきが好き

インドの南にあるセイロン島も、1948年に**セイロン**として独立を達成したけれど、1960年から首相を務めた**バンダラナイケ**は<u>世界最初の女性首相</u>！　ただしバンダラナイケはセイロンの多数派のシンハラ人を優遇し、少数派のタミル人を抑圧する政策をおこなったので、この政策に反発してテロや暴動がよく起こっていたことは事実なの。

第3組曲　西アジア──石油

イラン ── メジャーが囲んでおこなう「モサッデグ潰し」

イランはイギリスとロシアが勢力を持っていた地域だったわね（テーマ42、55参照）。特に石油に関してはイギリスが大きな利権を持っていたのよ。第二次世界大戦後にイギリスの力が低下してきたのを知ったイランの人々が「イランの石油利益は皆イギリスのアングロ＝イラニアン石油会社が独り占めしているのが現状だ。イランにある石油会社は国のものにして、利益を国民に分配すべきだ！」という主張しはじめたのね。そこで1951年にイランの**モサッデグ**首相がついに**イランの石油国有化宣言**をおこなったのよ。ところがメジャーと呼ばれる欧米の国際石油資本が国有化宣言に大反発！　皆で手を結んで、「モサッデグ潰し」をやったのよ。つまり、イランの石油を海外に輸出できないようにして、イランを包囲してしまったわけ。この時、日本の「出光」がタンカーを回してイランの石油を買い付け、

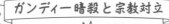
ガンディー暗殺と宗教対立

モサッデグを助けた話は百田尚樹の小説『海賊とよばれた男』(講談社)でも有名なエピソードよ。当時のイラン国王は建国者レザー＝ハーンの息子の**パフレヴィー2世**だったわ。親欧米派の王はイランの石油が売れなくなることを憂慮し、ついにモサッデグ首相を逮捕して、石油国有化宣言を撤廃してしまったの。失意のモサッデグ首相は牢獄の中で死に、パフレヴィー2世は新たに手にした石油利権料を使って、イランの近代化政策を強引に推し進めたわ。しかし急激な近代化というものは貧富の差を広げてしまう結果に陥りやすいものなのよね。これが後で響くのよ……！　そして1955年には中東方面の共産化を防ぐために、トルコ・イラクにイギリス・パキスタン・イランが加わる**バグダード条約機構(METO)**を結成します。東南アジアのSEATOと中東のMETOにイギリスが加わっていることから、これらの地域に対するイギリスの影響力の強さがわかるわねぇ。

| 復習ポイント |

イギリス連邦に入っている国々を地図でも確認してみよう。

| アクティヴィティ |

あなたはリーダーです。国を維持するのに必要なことは何でしょうか？

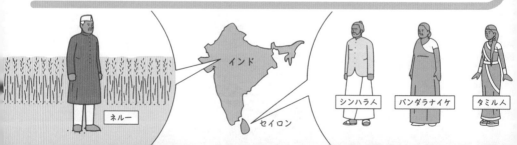

ネルー　インド　セイロン　シンハラ人　バンダラナイケ　タミル人

戦後アジア史②年表

1947年7月	**インド独立法がイギリス議会で可決**（アトリー内閣）
1947年8月	**インド連邦とパキスタンが独立**
1948年1月	**ガンディー暗殺される**

「朝の礼拝に出かけるガンディーを、ヒンドゥー教過激派の犯人がピストルで撃ち殺したのよ。この瞬間インドとパキスタンの分離は決定してしまい、現在も両国は核を持ったまま対立しているわ」

1948年2月	**セイロン独立**
1950年	**インド憲法成立→インド共和国となる**
1951年	**イランのモサッデグ首相が石油国有化宣言**
1953年	**イランのモサッデグ首相失脚**

「モサッデグも巨大な石油資本であるメジャーの同盟（リーグ）との戦いには勝てなかったわ。でもおごれるメジャーも久しからずよ」

1953年	**カンボジア独立**
1954年7月	**ジュネーヴ休戦協定でカンボジアとラオス独立が国際的に承認される**
1954年9月	**東南アジア条約機構（SEATO）が結成される**

「ジュネーヴ休戦協定に署名しなかったアメリカは、東南アジアの共産化を恐れてSEATOを結成したわけ。目的はホー＝チ＝ミン潰しだわね」

1955年	**ゴ＝ディン＝ジエムがベトナム共和国（～1975年）を建国**
1963年	**軍部のクーデタでゴ＝ディン＝ジエムが殺される**

「カトリック教徒のゴ＝ディン＝ジエムが教会の前で捕まって、殺されるなんて、宿命みたいなものを感じるわね」

最後の門 下の問題は大学入試問題を出典にした問題です。答えなさい。

　ガンディーは、民族運動を一般大衆も加わる全インド的なものへと脱皮させたが、しだいにヒンドゥー教徒と（　1　）教徒の対立が深刻化し、民族運動は混乱し、停滞した。第二次世界大戦後には、統一インドを主張するガンディーと、パキスタンの分離・独立を求め、後にパキスタンの初代総督となる（　2　）らが対立した。（　3　）年にインド独立法が制定されると、ヒンドゥー教徒を主体とするインド連邦と（　1　）教徒によるパキスタンの2国に分かれて独立した。

（同志社大・改）

問　（　1　）～（　3　）にあてはまる適語、年代を書きなさい。

パフレヴィー2世

モサッデグ

METO

赤い王様の戦い
男シハヌーク一代記

シハヌークが王位についたのは1941年、18歳の時だった。太平洋戦争の勃発とともに日本軍がフランスを追い出したのをきっかけに、この若き王は独立を宣言。戦後、フランス人が再びインドシナ半島を支配するとシハヌークはフランスへの抵抗運動を指揮した。ベトナムの独立運動に手を焼いていたフランスはついにカンボジアをあきらめる。**こうしてカンボジアは1953年に独立し、シハヌークは「独立の父」として国民の尊敬を集めた。**

*

ところがシハヌークは、王様のくせに社会主義に夢中になってしまったのだ。しかし憲法での制約で王様は政治活動ができない仕組みになっている。そこでシハヌークは1955年に王様の地位を父に譲って平民になった。そして社会主義政党を作って自らその党首に収まったのである。しかし時は東西陣営の冷戦時代。中立を守ろうと必死だったシハヌークは東西両陣営から「コウモリ」扱いされてしまう。特にアメリカはこの「赤い王様」をうっとうしく思い、1970年、シハヌークが外遊中に、親米派の**ロン＝ノル**将軍がクーデタを起こし親米政権を作ってしまった。独裁者となったロン＝ノル将軍は「ベトナム人は皆共産主義のベトコンだ」という偏見を持ってベトナム人や共産主義者を虐殺し、アメリカ軍のカンボジアからのベトナム攻撃を認めたのである。

中国や北朝鮮に滞在していたシハヌークはロン＝ノル政権の打倒を訴える。1973年にパリ和平協定を結びインドシナからアメリカが撤退した時に、中国とつながりの深いカンボジアの社会主義勢力「赤色クメール」（クメール＝ルージュ）が1975年にカンボジア全土を武力で掌握した。シハヌークは国家元首として大喜びで故郷のカンボジアへ帰って来た。が、何か変だ。それもそのはず。**「赤色クメール」はとんでもない狂信的な共産主義組織で、**貨幣・紙幣の流通を廃止してしまったのだ。すべては物々交換で、カンボジアの経済は完全に麻痺した。

そして親分の**ポル＝ポト**が反対勢力の金持ちを殺し始めたのである。少しでもブルジョワっぽいヤツ（例えばメガネ君）がいると「赤色クメール」が手当たりしだいに殺した。**ポル＝ポト政権時代に殺されたカンボジア人は200万人を超えると言われている。**

ポル＝ポトの正体を知ってしまったシハヌークは国家元首から引きずり下ろされ、さらに「特権階級の代表」として殺されそうになったが中国の圧力で命は助かった。しかし長期間、幽閉されてしまう。

ポル＝ポトの異常な恐怖政治は国内・国外の大非難をあびる。1978年にソ連と結び付きの深いベトナムがカンボジアに攻め込んで来た。頼りの中国もポル＝ポトを見放してしまい、追い詰められたポル＝ポトはジャングルに逃げ込み、1998年についに死ぬ。

カンボジアは荒廃した。諸派の武装闘争が続く中、**「こうなったら王様にまとめてもらった方が国が安定する」**という声が高まった。国連の仲介でベトナム軍は撤退し、新憲法が定められ、シハヌークは嫌々ながら1993年に再び王位についた。「社会主義者として政治の理想を実現しようとしたのだが……、結局は王様をやるしかないのか……ああ」

2012年、療養先の北京で、シハヌークは失意のうちに死ぬ。享年89歳。

復習ポイント の答え

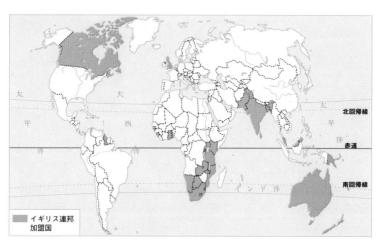

イギリス連邦
加盟国

現在、イギリス連邦に加盟している国は地図で見ると、これだけありますし（↑）、加盟を申請している国もあります。イギリス連邦に属しているとイギリス本国へのビザ発行が免除されるなど、法律上・経済上の恩恵を受けやすいメリットもあります。しかし、旧大英帝国の植民地でありながら、アイルランドやミャンマー（ビルマ）などイギリス連邦に加盟していない国もあります。非加盟の理由としては宗教や文化の不一致や、過去の不幸な歴史が挙げられるでしょう。

アクティヴィティ の答えの一つ

国家の維持に必要なことは、正義を定め（立法）、正義を実施し（司法）、正しい富の分配をする（行政）システムを作ることです。どれが欠けていても国家は機能しません。そしてこのシステムによって利益を得た<u>国民が政府を支持すること</u>が国の維持にとって大切です。国民の「合意」のない国家は、戦争や革命によって滅んでしまいます。富の分配が不公平で、外国の利益を優先していたゴ＝ディン＝ジエムが作ったベト

ナム共和国が、最終的にベトナム戦争に敗北してあっさり滅んでしまった理由はここにあります。

最後の門 の答え

(1)　イスラーム
(2)　ジンナー　　(3)　1947
（解説）

(1)、(2)はまだやさしい問題ですが、(3)で年代が出てくるので注意が必要です（実際の入試問題では語群から選択できるようになっていますが、それでも迷います）。イギリスでインド独立法が成立して、その後すぐにインドとパキスタンが独立を達成したことを覚えておきましょう。ということで、インドとパキスタンの独立した1947年は覚えておいた方がよいです。しかもこの2国はイギリス連邦に所属していることにも注意。イギリス文化の影響を受け、イギリスとのつながりを大切にしている証拠です（ジンナー・ガンディー・ネルーいずれもイギリス留学組）。

第**9**章

雪どけと
オイルショック
巨人たちの方向転換

70

中東戦争と朝鮮戦争
——今も続く遺恨闘争が勃発！

> メジャーって「国際石油資本」って言ったけれど、それ何？

しかたないわねえ、ハッサン先生も気にしていたから（テーマ55参照）、ここで言っておくわ。「世界の石油発掘と生産・販売を独占している欧米の大企業」のことよ。具体的に言うと、次の会社よ。①ロイヤル＝ダッチ＝シェル（後のシェル石油）、②スタンダード＝オイル＝ニュージャージー（後のエッソ石油）、③スタンダード＝オイル＝ニューヨーク（後のモービル石油）、④スタンダード＝オイル＝カリフォルニア、⑤ガルフ石油、⑥テキサコ（④⑤⑥は後のシェブロン石油）、⑦アングロ＝ペルシャ（後のBP、ブリティッシュ＝ペトロリアム）の七つの国際資本がメジャーの代表で、これらを「セブン＝シスターズ」と呼ぶのよ。この「セブン＝シスターズ」こそ、第二次世界大戦後から1970年代までの裏の世界支配者で、いわばラスボスなの。

> 「スタンダード＝オイル」がめっちゃ出てくるんだけど。

19世紀にアメリカの大富豪ロックフェラーが作った会社よ。1890年のシャーマン反トラスト法によって分割されたわけ。

第**1**幕

第1次中東戦争
——「同情するなら国をくれっ！」

アジアの一番西の端にあるアラブ諸国も第二次世界大戦後、イギリスやフランスから独立を果たすようになったわね。「同じアラビア語を用い、イスラームを信じるアラブ諸国は団結しよう」ということで、1945年にアラブ連盟（**アラブ諸国連盟**）が結成されたわ。加盟国

ジョン＝ロックフェラー

セブン＝シスターズ

GULF

SHELL

BP

CHEVRON

ESSO

MOBILE

TEXACO

はエジプト・シリア・イラク・レバノン・トランスヨルダン（現在のヨルダン）・イエメン・サウジアラビアの7か国だったけど、主要加盟国の王家同士が仲が悪かったのが痛かった。例えばトランスヨルダンのハーシム王家と、サウジアラビアのサウード王家は、サウジアラビアが建国する時からの犬猿の仲でね（テーマ55参照）、だからせっかくの連盟も足並みがそろわなかったのよ。

　問題は地中海沿岸にあるパレスチナ地方よ。交通の要所でもあり、古代から現在にいたる重要地域で、しかもユダヤ教・キリスト教・イスラーム教の聖地である**イェルサレム**を含む土地だったから、やっかいなのよ。このパレスチナはオスマン帝国の領土だったけれど、19世紀末から多くのユダヤ人が移住するようになったことが問題の始まりなの。この背景についてはコラムで説明するから、見てちょうだい。

　19世紀の終わりに、テオドール＝ヘルツルというウィーンのユダヤ人ジャーナリストが**シオニズム**という考えを発表したのだけれど、これは「**われわれが迫害されるのは国家がないからだ。われわれの国を作ろう**」という思想なのよ。この考えに共感したユダヤ人たちが、19世紀末から民族の故郷であるパレスチナに流入するようになったのね。しかも第一次世界大戦が始まると、イギリス政府が「**バルフォア宣言**」という、ユダヤ人がパレスチナで民族的郷土を作ることを応援する宣言を出したことも大きいわね（テーマ45参照）。ユダヤ人の流入は昔からこの地域に住んでいたパレスチナ人との軋轢や紛争を引き起こしたわ。ま、そりゃそうね。いきなり自分の家に他人がドカドカ入って来て、「ここの家は昔はオレのものだったんだ」と主張して、庭にテントを張ったら問題よね。パレスチナは第一次世界大戦後の1920年からはイギリスの委任統治領だったわ。しかし、あまりのイザコザの多さにうんざりしたイギリス政府が、第二次世界大戦後にパレスチナ統治を放棄して、国際連合に問題解決を丸投げしてしまったのよ。困った国連は、インドとパキスタンみたいに「分離と住み分け」で解決しようとして、1947年に**パレスチナ分割案**を決議したの。ただし、この分割案は人口の約3割しかいないユダヤ人に約6割の土地を与えるという不公平なものなの。

　争いになる聖都イェルサレムは国連管理地区にしたわ。ユダヤ人はこの国連分割案を受諾し、イギリスが統治を終了する1948年5月14日に**イスラエル**建国宣言をおこなったのよ。初代首相はベン＝グリオン。パレスチナ人と周囲の**アラブ連盟**はこの独立を認めず、

レバノン
シリア
イラク
アラブ連盟
イスラエル
トランスヨルダン
エジプト
サウジアラビア
イエメン
ハーシム
サウード

ユダヤ人国家イスラエルに攻め込んだわ。これが**パレスチナ戦争**（第1次中東戦争）よ。この戦争では有利に見えたアラブ連盟だったけれど、お互いの仲の悪さが響いたことと、ここで負ければ後がないユダヤ人の必死の頑張りでイスラエルは持ちこたえたのね。国連の調停が入って、イスラエルは独立を維持することができたのよ。

あと、イスラエルにとって有利だったことは、ナチスによるユダヤ人大虐殺（ホロコースト）の事実が明るみに出たため、世界の多くがユダヤ人に対して**同情的**だったことよ。特にユダヤ人が多く住むアメリカは今にいたるまでイスラエルびいきで、アメリカを中心とする多くの国々が支援したことがイスラエルの勝利につながったわ。

ただしイスラエルが勝利したことで、多くのパレスチナのアラブ人が国を捨てて、他のアラブ諸国に流入したことも知ってほしいわ。彼ら**パレスチナ難民**は約75万人にのぼり、新たな問題になったのよ。

前奏曲　1950年、モスクワ、クレムリン宮殿の一室で事件は起こった

1950年のある深夜、薄暗いクレムリンの一室でスターリンが椅子に座っていた。その前で一人の若い東洋人が老いた独裁者に説得をしている。

その東洋人の名前は金日成（キムイルソン）、朝鮮民主主義人民共和国（北朝鮮）の初代首相である。

「同志スターリン！　アメリカは朝鮮半島南部から兵を撤退させ、日本～フィリピンに防衛ラインを移そうとしています。今がチャンスです。武力で朝鮮半島を統一しましょう。どうかお力をお貸しください！」

スターリンは愛用のパイプをくわえると、考え込む時の癖で紙に赤鉛筆でタテ線を何本も引き始めた。

「……ヨーロッパ方面への共産主義化は、ベルリン封鎖が失敗したことで難しくなった。ならばアジアへ手を伸ばす時ではないか。わがソ連は1949年9月に核開発に成功しているし、10月には中華人民共和国が成立している。しかしアメリカと直接戦うのはまずい。第三次世界大戦が始まってしまうからな。いざという時は新興国である中華人民共和国を動かして戦わせる手もある。キムが言うように、今こそ朝鮮半島を武力で統一する最大のチャンスかもしれん。やるなら今だろ！」

ユダヤ人　アトリー

パレスチナ自治区　イスラエル　パレスチナ問題　トリグブ＝リー　パレスチナ人

スターリンは赤鉛筆を置くと、虎のような黄色く濁った目で金日成をにらみつけ、低くうなった。「ようし、やろう……！」

第2幕 朝鮮戦争の開始と経過──「それをやっちゃおしまいよ」の仁義なき戦い

1950年6月25日。その日は日曜日で、韓国軍もアメリカ軍も油断していたわ。そこへ北朝鮮軍が怒涛のように攻め込んで来たのよ。情報が行きわたらず、ソウル市民が事情を知った時はソウルに北朝鮮軍が攻撃をかけ始めていたわ。南へ逃げる市民が漢江（ハンガン）にかかる橋へ殺到した時、韓国軍が北朝鮮軍を通さないために橋を爆破したので、多くの市民が命を失ったわ。ソ連戦車T-34を先頭とする北朝鮮軍はあっという間に朝鮮半島南部を占領し、韓国政府は南端の釜山（プサン）に追い詰められてしまったのよ。この時、共産主義勢力の拡大を防ぐためにアメリカは韓国政府を最後まで援助することを決め、国連に働きかけて国連軍を結成させることに成功したわ。この時、国連軍の総司令官となったアメリカのマッカーサー元帥は、こう考えたのね。

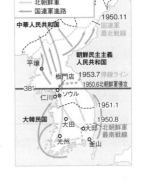

「釜山に兵を送っても、北朝鮮軍の攻撃をくらうだけで意味がない。それならばいっそのこと、朝鮮半島の真ん中にある仁川（インチョン）に兵を上陸させて、南にいる敵を挟み撃ちにしてしまおう」

こうして国連軍は仁川上陸作戦を成功させ、南北の境界線である38度線を越えて北上し、北朝鮮軍を追い詰めたわ。ところが中国国境まで迫ったところで、なんと中国の人民義勇軍が参戦して国連軍に反撃し、国連軍は38度線まで押し戻されてしまったのよ。

その「中国の人民義勇軍」って何ですか？　意味わかりません

実は中華人民共和国の人民解放軍（赤軍）がその正体よ。名前を変えているのは、正面切ってアメリカと戦うのを避けようとしたのね。

中国「いや、これはウチの国民が見るに見かねて参戦しているだけです」

というわけね。この中国の人民義勇軍が強いのなんのって！　なにせ日本軍と何年も戦争

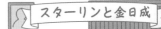

スターリンと金日成

していたからゲリラ戦ならお手の物だわ。国連軍が状況を甘く見て、冬服を用意していなかったのも致命傷だったわね。

　怒り狂ったマッカーサー司令官は「にゃろー！　こうなったら中国に原爆を落とすべしっ！　そうしないと、この戦争は片付かんっ」と主張し始めたのよ。アメリカのトルーマン大統領は真っ青になったわ。原爆を中国に落としたら、第三次世界大戦が始まってしまうもの。そこで大統領はマッカーサー総司令官をクビにしたわ。こうして1951年には38度線を境目に、韓国軍（国連軍）VS北朝鮮軍（中国の人民義勇軍）が相対する陣取り合戦の状況になってしまったわ。大きな動きのきっかけは1953年3月5日の**スターリンの死**よ。それまでかたくなな姿勢をとっていた中国の人民義勇軍と北朝鮮が突然に軟化して、国連軍との休戦に同意し、1953年7月に板門店で休戦協定を結んだのよ。ただしこの協定は、戦闘状態をいったん停止しただけのものだから、いつ戦争が再開されても不思議ではないわね。現在でも国境の板門店の会議場で北朝鮮軍と国連軍はにらみ合っているわ。

　結果から言うと、この朝鮮戦争で冷戦は本格化し、世界の緊張状態が高まったわね。アメリカを中心とする西側では太平洋安全保障条約（ANZUS・1951年）や東南アジア条約機構（SEATO・1954年）などの軍事同盟が次々と結成されたわ。またアメリカが1952年に水爆を保有するようになると、ソ連も1953年に水爆の開発に成功したのよ。

　朝鮮戦争で一番もうかったのは実は日本だわ。戦後の混乱の中にあった日本はアメリカ軍の発注を受け、工業が回復して経済発展を始めたのよ。つまりお隣さんの不幸が自分の幸福に結び付いたわけねぇ。

復習ポイント

朝鮮戦争での動きを地図で確認してみよう。

アクティヴィティ

宗教や信条の異なる人々の「分離・住み分け」は有効だと思いますか？

朝鮮戦争

戦後アジア史③年表

1945年　アラブ連盟（アラブ諸国連盟）結成

1947年　国連がパレスチナ分割案を提案

1948年5月　イスラエル建国宣言（初代首相：ベン＝グリオン）
　　　　　　→パレスチナ戦争（第1次中東戦争）勃発
　　　　　　→国連の調停で休戦（事実上のイスラエル勝利）

1950年6月　朝鮮戦争勃発
　　　　🪖「最初は南北とも攻め込んで来たのは相手だと主張していたけれど、1980年代半ば以降のソ連のグラスノスチ（情報公開）の結果、北朝鮮がスターリンの了承を得て攻め込んで来たことがわかったわ」

1950年10月　中国の人民義勇軍が朝鮮戦争に参戦
　　　　🪖「この戦争で、毛沢東の長男が戦死してしまったので、ソ連は中国に大きな借りを作ってしまったのよ」

1953年7月　朝鮮戦争の休戦協定が結ばれる
　　　　　　→朝鮮半島の南北分断が明確となる

最後の門　下の問題は大学入試問題を出典にした問題です。答えなさい。

Ⅰ（　1　）～（　5　）に適切な語句を入れよ。また〔問〕に答えよ。

　第一次世界大戦後、（　1　）領だったパレスチナは、（　2　）の（　3　）領となった。1947年、（　4　）は、（　2　）の（　3　）終了後、パレスチナを〔問1〕移住してきたユダヤ人の国家とアラブ系のパレスチナ人の国家に分割する案を決議する。ユダヤ人はこれに基づいて（　5　）を建国したが、〔問2〕アラブ諸国はこれを認めず、両者は戦うにいたった。

　第1次中東戦争は（　5　）の勝利に終わり、（　5　）は分割案に示されたものよりも広大な領土を手に入れる一方、多数のパレスチナ人が故郷を追われて難民となってしまった。

問1　パレスチナにユダヤ人国家を建設しようとする運動を何と言うか。

問2　アラブ諸国が1945年に結成した地域機構を何と言うか。　　　　　　（東北福祉大学・改）

Ⅱ　朝鮮戦争について、

（ア）　第二次世界大戦後の朝鮮半島の分断ラインを一般に何と呼ぶのか答えなさい。

（イ）　朝鮮民主主義人民共和国（北朝鮮）の初代首相をつとめた人物の名前を答えなさい。

（ウ）　この戦争に対して中国がどのように関与したのか50字以内で説明しなさい。　　　（北海道大・改）

板門店の休戦協定

帰って来た
ユダヤ人

　自らもユダヤ人であるイエス＝キリストの処
刑から約1000年経った頃、ローマ帝国で大反
乱が起こった。慈悲深き皇帝として知られてい
るティトス帝は将軍の時に出陣し、ユダヤの反
乱軍を全滅させ、神殿を破壊してユダヤ人を
パレスチナから皆追い出した。この事件をディ
アスポラと呼び、この時以来ユダヤ人は世界を
さまようことになる。

＊

　西アジアに移住したユダヤ人は後にイスラ
ーム教徒の支配下に入ったが、ジズヤ（人頭税）
を払えば信仰を認められたので、比較的自由に
活動ができた。しかしヨーロッパへ移ったユダ
ヤ人はそうはいかなかった。土地が価値の中心
である中世には、ユダヤ人が土地を持つことは
許されなかった。しかたなくユダヤ人は、キリス
ト教徒には認められなかった金融業（つまり金貸
し）を営んだが、負債者から恨まれてしまう。天
候不順やペストに苦しめられた中世後期には、
何かあると「ユダヤ人のせいだ」「キリストを殺
したのはユダヤ人だ」と、ありとあらゆる難癖を
つけられて集団リンチにあい、焼き殺された。
しかし皇帝や王にとっては、カネを持っている
ユダヤ人はいい金づるになったので、ユダヤ人
を保護する皇帝や王も多かった。またカトリック
のローマ教皇（特にルネサンス時代の教皇たち）
もユダヤ人をかくまっている。ゲットーと呼ばれ
ているユダヤ人街は、本来は皇帝や王がユダ
ヤ人を守るために作った街だった。

＊

　近世から近代にかけて、ヨーロッパにおける

ユダヤ人の扱いはますます厳しくなった。イベ
リア半島からイスラーム教徒が追い出され、ス
ペイン王国が半島を統一するようになると、女
王イサベルによってユダヤ人も追放されてしま
う。またロシアではポグロムと呼ばれるユダヤ
人への迫害が相次ぎ、多くのユダヤ人が殺さ
れた。この恐ろしい迫害はゴーゴリの小説『タ
ラス＝ブーリバ』や、ミュージカル『屋根の上の
バイオリン弾き』にも描かれている。同じように、
文学でユダヤ人が悪党の役割を演じることも
多くなった。例えばシェークスピアの『ヴェニス
の商人』の金貸しシャイロックや、ディケンズの
『オリヴァー＝ツイスト』の窃盗団のボス、フェ
イギンがその代表である。

　ユダヤ人がこのような差別と迫害の嵐の中
で生き残るためには、教育を特に重んじざるを
得なかった。また18世紀に入ると、啓蒙主義や
フランス革命の影響で、ユダヤ人の活動や教
育の自由が認められるようになってきた。その
ために産業資本家や政治家、文化人でもユダ
ヤ人の有名な人物が輩出するようになってくる。
以下の人々は皆ユダヤ人である。

（産業資本家・政治家）ロスチャイルド家、ディズ
レーリ、トロツキー、レオン＝ブルム、キッシン
ジャー

（作曲家）メンデルスゾーン、マーラー、シェーン
ベルク、バーンスタイン

（画家）シャガール、モディリアーニ

（文学者）ハイネ、カフカ

（哲学者）スピノザ、マルクス、ハンナ＝アーレン
ト

（科学者・医学者）アインシュタイン、フロイト、ユ
ング、フォン＝ノイマン

＊

　追い出されてから約1800年後に、多くの苦
難と迫害にあったユダヤ人は再びパレスチナ
に帰って来た。しかし今度は自分たちがパレス
チナ人を迫害する立場に立ってしまう。

解答と解説 ══

復習ポイント の答え

p.585の地図を参照して下さい。朝鮮戦争や中東戦争は地図を見ると、とてもわかりやすくなります。

なぜ南北の国境が現在の線に落ち着いたのかは、その線が朝鮮戦争の終結地点だからです。朝鮮戦争の理解のためには、平壌やソウルと並び、釜山と仁川そして板門店の位置を覚えておくと良いでしょう。

アクティヴィティ の答えの一つ

過去の例を見ると、いわゆる宗教や信条の異なる人の住み分けは必ずしも解決策になっていないことを私たちは知ります。インドやパキスタンの例、そしてパレスチナ分割案の例がそれを教えてくれます。

住み分けによって違ったエリアごとに孤立すると、相手との断絶はいっそう深まり、異なる国家に分裂してしまうのがオチです。小さな紛争を避けようとして、大きな分裂に陥ってしまうことになります。同じ状態は1990年代のバルカン半島の内戦でも起こっています。

最も良い解決方法は、同じ権利を持つお隣さん同士としてともに住むことですが、相手の文化を理解することが大前提となります。また、オスマン帝国のように、それぞれの宗教グループごとにミッレトと呼ばれる宗教共同体（上巻テーマ46参照）を認めるやり方も参考になります。

最後の門 の答え

I　(1)　オスマン帝国
　　(2)　イギリス　　(3)　委任統治
　　(4)　国際連合　　(5)　イスラエル
　　問1　シオニズム
　　問2　アラブ連盟（アラブ諸国連盟）
II　(ア)　38度線　　(イ)　金日成
　　(ウ)　国連軍が国境地帯に迫ると、中国は北朝鮮を支援するために人民義勇軍を参戦させて国連軍に対抗した。(47字)
（解説）
IIの(ウ)　この問題での解答必須ポイントは「国連軍」「北朝鮮支援」「人民義勇軍」の三つです。

71 アメリカの赤狩りとヨーロッパ「共同体」
——西側もてんやわんや

板門店（パンムンジョム）って、私も行けるんですか？

行けるわよ。ただし個人では行けないので、旅行会社に申し込んで団体旅行に参加する形になるわよ。

でも板門店に行けるのは外国人だけ。韓国人は入れないわ。それは韓国の李承晩（イスンマン）大統領が休戦協定にサインすることを拒否したためよ。

さあ、世界に目を向けて、冷戦が迎える局面を見ていきましょう。まずは西側諸国からよ。

| 第1幕 | アメリカの繁栄と「赤狩り」——消費社会の中での新たな「魔女狩り」 |

　アメリカは大戦後も経済は好調だったわ。普通、戦争が終わった後は兵器や軍需品（軍服や飯盒など）の受注が減るので、不況になってしまうものだけれども。景気がよかった理由としては、①**世界が戦争被害を受けた中でアメリカだけが無傷で残った**、②**世界経済がアメリカ＝ドルを中心に動くようになった**（テーマ65参照）、そして、③は**冷戦が激しくなったことによって軍需産業の動きが活発になった**、が挙げられると思うわ。大戦後のアメリカでは工場で働く人よりも、ホワイトカラー（＝会社で事務仕事をする人）の数が多くなり、都市の人口が急速に増大したわね。景気のよさも手伝って、大都市のホワイトカラーは郊外に一軒家を買って住むようになったし、テレビや電化製品、車の普及とともに消費文化が拡大するようになったわ。

　中産階級が自分のリッチな生活に満足するようになると、「革命」やら「経済的平等」を主張する社会主義に対して警戒心を持つようになるものよ。特に冷戦が激化した朝鮮戦争の勃発（1950年）以降、アメリカ社会では赤狩り旋風が巻き起こり、多くの問題を生んだわ。この「赤狩り」についての解説はコラムを見てちょうだい。

板門店

また1950年代の景気の上昇によって、南部から北部の大都市に移り住む黒人の数も増加したわね。でも、黒人も大戦に兵士として参加したことから、平等な市民としての権利を主張するようになったの。ほら、「**戦争に参加する者が政治に参加できる**」というモットーがここでも生きているのよ。しかし黒人差別は相変わらず続いていたため、黒人たちは自分の市民としての権利を求めて運動するようになったの。これを**公民権運動**と呼ぶのよ。そのあらわれがアメリカ最高裁判所による1954年の**ブラウン判決**ね。リンダ＝ブラウンという黒人少女が白人しか通っていない学校への入学を求めた裁判で、最高裁判所はそれまでの人種隔離を違憲として認めたのよ。この判決が黒人の平等を求める公民権運動への大きな一歩となったわ。そして**バス＝ボイコット運動**が起こるのよ。これは当時のアメリカ南部諸州の人種差別法（総称してジム＝クロウ法とも呼ばれる）では、バスの中で黒人は白人に席を譲ることを定めていたの。ところが1955年、アラバマ州モントゴメリーの町で、仕事帰りで疲れていた黒人女性ローザ＝パークス夫人が、バスの中で白人に席を譲ることを拒否したため、警官に逮捕される事件が起こったの（→）。その時、モントゴメ

リーで牧師をしていた**キング牧師**が「**人種差別をするバスを使ってはならない。職場まで歩いて行こう！**」と呼びかけたのね。これをバス＝ボイコット運動と呼ぶわ。黒人たちがバスを使わず、てくてく歩いて職場に行く姿はアメリカどころか世界中に報道され、公民権運動が盛り上がるきっかけとなったわ。

| 第2幕 | ヨーロッパ統合の始まり──実はジャパンの血も混じってます |

ヨーロッパでは二つの世界大戦の教訓から、「**二度とヨーロッパで戦争を起こさないため、ヨーロッパは国家を統合して、一つの共同体となるべきである**」という運動が強くなってきたのよ。このような考えを「**パン＝ヨーロッパ主義**」と呼ぶのだけれど、提唱したのはリヒャルト＝クーデンホーフ＝カレルギーというオーストリアの貴族よ。実はこの人のお母さんは日本人で、ミツコと言うの。日本に外交官として来ていたクーデンホーフ伯爵が

赤狩り

マッカーシー

一目惚れして、日本初の国際結婚で結ばれた人なのね（→）。ミツコの次男であるリヒャルト＝クーデンホーフがとなえた「パン＝ヨーロッパ主義」が現在のEU（ヨーロッパ連合）の基礎となったのよ。第二次世界大戦後にリヒャルトの影響を受けたジャン＝モネという経済学者が、知り合いのフランス外務大臣シューマンにヨーロッパ統合運動を熱心に働きかけたのね。感銘を受けたシューマンはさっそく1950年に西欧経済協力の構想である**シューマン＝プラン**を発表、多くの西欧の国々の賛同を得たのよ。

　シューマンは、「**いきなりの国家統合は難しい。まずは経済分野から協力していくべきだろう。特にフランスの鉄鉱石とドイツの石炭を西欧諸国が自由に用いて、ヨーロッパの経済協力と市場の統合をおこなうことが統合の最初のステップとして大切だ**」と考えたのね。そこで1952年に**ヨーロッパ石炭鉄鋼共同体（ECSC）**を発足させたのよ。加盟国はフランス、ベネルクス3国（ベルギー・オランダ・ルクセンブルク）そして西ドイツとイタリアね。第二次世界大戦中は敵国であった西ドイツとイタリアが入っていることに注意。かつての敵を積極的に受け入れているところがすごいわね。この共同体は工業の基盤である石炭と鉄鋼の統合と共同運営をおこなうことで、加盟国の発展と融和を目指そうとしたわ。このECSCの試みは大成功し、ヨーロッパの経済復興が順調になり始めると、「**よしっ、石炭と鉄鋼だけではなく、他の農業生産物や商品も西ヨーロッパで自由に商（あきな）えるようにしよう！**」と、より大きな経済統合に着手するようになったわ。そこで1957年に新たな経済共同体設立を定めた**ローマ条約**が結ばれ、1958年1月1日に**ヨーロッパ経済共同体（EEC）**、そして**ヨーロッパ原子力共同体（EURATOM）**の二つの共同体が同時成立したのよ。これらの共同体の加盟国では関税を安くし、共通の農業政策の実施や資本の自由移動が可能になったのね。言えることは<u>EECは関税を取り決めた単なる同盟でなく、巨大な共通の市場（マーケット）が生み出す運命共同体になったこと</u>よ。これ

シューマン＝プラン

シューマン

らの共同体の活動により西欧の経済復興が進み、東欧を圧倒できたわけね。この成功を受けて1967年にはEEC・ECSC・EURATOMの三つの共同体を連結・統合して**ヨーロッパ共同体（EC）**がついに成立したわ。このECは経済だけでなく、政治での統合をも目指した組織なのよ。

しかし、そのECだって、どえらい大苦労をしなくてはならなかったのよ。**EC加盟国は最初はECSCに加わっていた6か国だったけれど、1973年にイギリス・アイルランド・デンマークが加盟し、1981年にはギリシア、1986年にはスペイン・ポルトガルが加わり、EC加盟国は12か国に拡大した**わ。

第3幕 1950〜1960年代ヨーロッパ各国の状況 ──仏独の動きが流れのカギですな

第1場：西ドイツ ── 奇跡の経済復興はノウハウを知っていたからこそ

1949年に成立したドイツ連邦共和国（西ドイツ）の初代首相、**アデナウアー**（テーマ67参照）はEECの積極的な推進者だったわ。焼け野原のドイツを立て直し、ナチスの蛮行によって失墜した信用を回復するためには経済共同体への参加が必要だと考えたのね。アデナウアーの努力は実って、西ドイツは奇跡的な経済復興をとげることができたわ。まあ、これには裏話があってね。ドイツには戦前からフォルクスワーゲンとかダイムラーのような軍需産業があってね、機械工業のイロハを知っていたから経済復興がやりやすかったのねぇ。ま、これは日本の三菱や新日鉄（現在の日本製鉄）、日産も同じよね。

さて、ベルリン封鎖に焦ったアメリカの後押しで1954年のパリ協定によって西ドイツは主権を回復し、NATOへの参加が認められたわ。つまり西ドイツは日本と違って再軍備がはっきりと認められたわけね。このアデナウアーが一番気をつかった仲間が、フランスのド＝ゴール大統領だったのよ。

第2場：フランス ── まったく『ダイ＝ハード』なド＝ゴール

さて、フランスも第二次世界大戦で大きな被害を受け、ベトナムなど多くの植民地が独立運動を起こしている国だったわね。戦後成立した第四共和政は議会の力が強いのが特徴だったけど、混乱状態には無力だったわ。そこで「アメリカのように危機に対応できる強い大統領制が望ましい」という意見が強くなり、1958年の軍部のクーデタで第四共和政は

ローマ条約

ベルギー　フランス　イタリア　ルクセンブルク　オランダ　西ドイツ

EEC

崩壊し、大統領の権力を強くした**第五共和政**が成立。翌年に**ド＝ゴール**将軍が大統領に就任したわ。国民に人気のあるド＝ゴール将軍（テーマ66参照）ならば、きっと「植民地の独立を抑え、かつてのフランスの栄光を取り戻してくれる」という期待があったのね。しかし実際のド＝ゴールはもう植民地の独立を抑えることが不可能であるとわかっていたのよ。そこで1962年の**エヴィアン協定**でド＝ゴールは<u>アルジェリアの独立</u>をついに承認したわ。これは軍部や右翼にとっては大変な裏切り行為で、ド＝ゴールは暗殺のターゲットにされてしまったわ。でもねド＝ゴール暗殺の試みは皆失敗に終わっているわよ。本当に運が強い人だったわ。

　ド＝ゴールはヨーロッパ統合にも前向きに取り組んでいたけれど、ド＝ゴールにとってECはあくまでも「フランスの国家主権と優位を保った上での連合」であって、アデナウアーの考えていた「国家統合体」ではなかったのよ。だからド＝ゴールは強い発言力を持つアメリカやイギリスを仲間に加えたがらなかったのよ。だから1963年以降、イギリスが求めてきたEEC加盟をド＝ゴールは拒否しているわ。イギリスがやっとECに加盟できたのはド＝ゴール死後の1973年なのね。またド＝ゴールは1960年に<u>核兵器</u>を開発、アメリカやイギリスをけん制する意味で1964年に<u>中華人民共和国</u>を承認したわ。また、1966年にはアメリカが仕切っている<u>NATOを脱退</u>し、米ソに対抗するフランスの独自路線を見せつけたのよ。

　　復習ポイント

　ヨーロッパ統合への道のりを整理してみよう。

　　アクティヴィティ

　日本と中国、韓国で「東アジア共同体」を作ることは可能でしょうか？

EEC

ダイムラー

アデナウアー

フォルクスワーゲン

アメリカ1950年代史年表

1950年代のアメリカ	戦後の繁栄期を迎える→大量消費社会へ
1950年	朝鮮戦争の勃発→アメリカで赤狩りが活発化
1954年	ブラウン判決で「人種間の分離教育」が違憲とされる
1955年	キング牧師の指導で「バス＝ボイコット運動」を実施→公民権運動の活発化

ヨーロッパ統合史年表

「なんで統合するのって？　そりゃ二度と戦争をしないためよ」

1950年	ヨーロッパ経済協力についてのシューマン＝プラン発表
1952年	ヨーロッパ石炭鉄鋼共同体 (ECSC) が結成される
1957年	ローマ条約が締結→より大きな経済共同体結成へ
1958年	ヨーロッパ経済共同体 (EEC)、ヨーロッパ原子力共同体 (EURATOM) が同時成立
1960年	イギリスが中心のヨーロッパ自由貿易連合 (EFTA) 発足
1963年	イギリスのEEC加盟をフランスのド＝ゴール大統領が拒否
1967年	ヨーロッパ共同体 (EC) が成立
1973年	イギリス・アイルランド・デンマークがECに加盟
1981年	ギリシアがECに加盟
1986年	スペイン・ポルトガルがECに加盟

最後の門　下の問題は大学入試問題を出典にした問題です。答えなさい。

問1　ヨーロッパ石炭鉄鋼共同体 (ECSC) 設立時の加盟6カ国に入らない国を下の①～⑥の中から一つ選びなさい。

①ベルギー　　②イタリア　　③西ドイツ　　④フランス　　⑤オランダ　　⑥スペイン

(成蹊大・改)

問2　ヨーロッパ共同体 (EC) に加盟しなかった国は次のどれか。1つ選びなさい。

a. ベルギー　b. デンマーク　c. アイルランド　d. オーストリア

(上智大・改)

アルジェリア独立

核兵器

シャルル＝ド＝ゴール

NATO脱退

中華人民共和国承認

Red Scare
恐怖の赤狩り旋風

1950年。前年に中華人民共和国が成立し、この年に朝鮮戦争が始まった。冷戦の最中のアメリカ合衆国は、ソ連と共産主義の拡大におののいていた。同じ年、共和党のマッカーシー上院議員の声が響いていた。

「私は国務省で働いている共産主義者のリストを持っている！」

え、ソ連のスパイが国務省にもぐり込んでいたのか！　そういえばソ連の原爆開発はいやに早く成功したな、あいつらが国を売ったんだ、とアメリカ中が騒然となった。「**赤狩り**」の始まりである。

＊

下院非米活動委員会が共産主義者を摘発する「赤狩り」をし始めた。左翼運動家や共産主義者たちは委員会に呼び出され、審問された上で投獄されるようになった。アメリカに亡命していた文化人にも捜査の手が伸びてくる。ドイツから亡命して来ていた『三文オペラ』や『肝っ玉おっ母とその子どもたち』の作者である20世紀最大の劇作家**ベルトルト＝ブレヒト**は実際に共産主義者だったため、1947年に委員会の審問を受け、その翌日にヨーロッパへ逃げ出している。戦後、作家の**トーマス＝マン**をはじめとして多くの文化人がアメリカから脱出を余儀なくされたのは、合衆国政府から言論の統制を受けたからである。

マッカーシーの告発と同時に、原爆情報をソ連に売ったのは誰か、との調査が始まった。その結果、ユダヤ系の**ローゼンバーグ夫妻**が逮捕され、スパイとして夫婦とも電気椅子で処刑された。現在の調査では、実は夫の方がスパイであったことが判明しているが、残念ながら他のスパイの情報ほど有用ではなかったらしい。

「ほれ、見たことか！」「やっぱりスパイがいやがった！」

アメリカは魔女狩り同然の混沌状態となった。

＊

次は映画界が「赤狩り」の舞台となった。 テレビの普及率が現在ほど高くなかった1950年代は、映画が一番影響力のある娯楽だったのだ。

この時、「社会主義の思想を広めようとしている」「売国奴の共産党員」として真っ先に名前があげられたのが喜劇王**チャーリー＝チャップリン**である。『モダンタイムス』で資本家をからかったことが響き、チャップリンは名作『ライムライト』完成後、アメリカから追放された。彼は長い晩年をスイスで失意のうちに暮らすことになる。

映画界から「仲間を売る」連中が出てきた。合衆国には「司法取り引き」という制度があり、仲間を告発すれば罪が減免されるのである。この時、先頭を切って「赤狩り」に協力したのが当時のハリウッドの俳優で、後の大統領**ロナルド＝レーガン**だった。また「赤狩り」に積極的に協力した映画人の中にはディズニーランドの産みの親、**ウォルト＝ディズニー**がいた。彼はソ連の映画監督エイゼンシュテインと仲がよかったために疑われたのである。

1953年、ソ連の指導者スターリンが死んだ。「雪どけ」の到来とともに、共産主義への恐怖も薄れ、「赤狩り」の勢いも弱まってきた。落ち目となったマッカーシーは、しだいに酒びたりの日々を過ごすようになる。そして1957年にマッカーシーが肝炎で息を引き取ると、「赤狩り」に対する批判と反省が強まり、現在では歴史的に誤りであったことが明らかにされている。

解答と解説

復習ポイント の答え

　ヨーロッパ統合のための組織名がまぎらわしく、略称もあるので、整理して覚えておかないといけません（試験にはよく出ます。ああ！）。

成立年	組織名	略称	役割
1952年	ヨーロッパ石炭鉄鋼共同体	ECSC	**石炭と鉄鋼**を加盟国が統合して共同運営する
1958年	ヨーロッパ経済共同体	EEC	**すべての製品・サービス**を加盟国が経済統合する
1958年	ヨーロッパ原子力共同体	EURATOM	原子力資源の統合と共同管理
1967年	ヨーロッパ共同体	EC	ECSC・EEC・EURATOMの三つの組織を合併し、経済だけでなく**政治での統合を目指す**
1993年	ヨーロッパ連合	EU	**政治面での統合を強化**。国家主権の一部をEUに譲ることを視野に入れる

マリエッタ先生：「EURATOMなんて作ったのは、ドイツが核を持つことに不安を覚える国が多かったからよ。『だったら、原子力は共同利用すれば心配はないじゃん』ということでEURATOMができたわけ」

アクティヴィティ の答えの一つ

　現状では極めて難しいと思います。ヨーロッパには「キリスト教」という文化母体があるのでなんとかやっていけるのですが、それでもEUの成立までは、たくさんのハードルを越えなくてはなりませんでした。そして、2020年、イギリスがEUを離脱するなど、現在も揺れ動いています。ましてや政治形態が異なり、さらにはヘイト発言まで平気でおこなっている東アジアの現状では、ヨーロッパと同じように巨大な共同体を作ることは困難でしょう。作るとしたら、互いの歴史や文化をよく勉強し、互いに理解を深めていく地道な作業が必要です。

最後の門 の答え

問1　⑥　　問2　d
（解説）

　ECSCからEUにいたるまでの加盟国を聞いてくる入試問題が目につきます。初期加盟国（6か国）は地図で見るとヨーロッパ中心部に固まっているのが特徴です。

　拡大ECと呼ばれる途中参加国が重要で、1973年のイギリス・アイルランド・デンマーク、1981年のギリシア、1986年のスペイン・ポルトガルは覚えておいた方が無難です。

　問2は難問で、dのオーストリアはEUになってからの1995年にスウェーデンとフィンランドとともに加盟した国です。ECの時には加盟していませんので、注意が必要です。

72 スターリンの死と「雪どけ」
──「堕ちた偶像」のショックが大騒動へ

ド=ゴールって何度も暗殺者に狙われたんだ？

そのとおり。でもご本人は暗殺なんか恐れなかったわ。平気で民衆の前に姿をあらわしたし、イベントを避けることもしなかった。そしてアメリカのケネディ大統領とは違い、ド=ゴールは見事に生き延びたわね。

このド=ゴール暗殺未遂事件を描いたサスペンスがフレデリック=フォーサイスの小説『ジャッカルの日』で、フレッド=ジンネマン監督が映画化しているわ。この物語のラストではド=ゴール大統領の身長がツボになっているわね。なんと彼は身長が193cmもあったのよ。

第1幕 イギリス──ノッポのド=ゴール「わしの目の黒いうちは認めんぞっ！」

イギリスという国は、日本と同じ**島国**でね。ここが他のヨーロッパ大陸諸国と異なるポイントになるわ。なにしろナポレオンやヒトラーの侵略を防ぐことができたイギリスには「**戦争は大陸から勝手にしかけてくるものだ**」とか「**大陸に首を突っ込んでもよいことはなし**」という潜在意識があるのよ。だからECSCのヨーロッパ統合運動にも冷めた態度でいたのよ。まあ、イギリスにとってはヨーロッパ大陸諸国とのつながりよりも、アメリカやイギリス連邦諸国とのつながりの方が大切だったわけね。ヨーロッパ大陸諸国が1958年にヨーロッパ経済共同体（EEC）を作った時、イギリスは加盟しなかったわ。あえてリーダーシップをとりたいイギリスはEECに張り合うために1960年に**ヨーロッパ自由貿易連合**、略称は**EFTA**（エフタ）を結成したのね。つまり北欧などの国々とともに、工業製品の自由貿易市場を作ったわけよ。加盟国はスウェーデン・ノルウェー・デンマーク・オーストリア・スイス・ポルトガルとイギリスの7か国。親分はもちろんオレ様のイギリスだったわね。けれども1960年代

ド=ゴールの暗殺未遂事件

にアフリカ植民地が次々と独立してしまい、イギリスの落ち目が目立つ一方、大陸のEEC
は大成功の大繁盛で、経済発展が加速すると、背に腹は代えられなくなってくるわ。
EFTAのメンバー（イギリスの子分たち）はヨーロッパ辺境の農業国で、イギリスにとっては
もうけが薄い。そこでイギリスはとうとうEECに加盟を申し込んだのね。「**やっぱりEECに
入れてくれないか。な、な、な**」。しかし、イギリスの加盟申請は1963年にフランスのド＝
ゴール大統領によって拒否されてしまったの。「イギリスを加盟させたら、イギリスの背後
にいるアメリカがヨーロッパの政治に口をはさんでくる。そりゃダメだ」というわけで、イギ
リスが結局EC加盟を認められたのは、ド＝ゴールが大統領を辞めて、亡くなった後の
1973年だったわね。

第2幕 スターリンの死と雪どけ──去る冬将軍と近付く春のきざし

第1場：スターリンの死 ── 最大の独裁者にも、ついに死神のお出迎え

1953年3月5日。この日にスターリンが死んだわ。

　　当時、東ドイツから、朝鮮半島の板門店（パンムンジョム）にいたるまでの社会主義国家人民8億人の頂
点に君臨していたのがスターリンだった。そのスターリンが突然亡くなったのよ。死亡の
状況についてはコラムを見てちょうだいね。

　　なにしろ社会主義諸国の柱であったスターリンが亡くなったことは大変な衝撃を世界
に与えたわ。そして今まであれほど激しかった東西の冷戦の冬将軍が去り、暖かい春の気
配が忍び寄ってきたのよ。まずソ連では逮捕・粛清の嵐が去り、囚人が釈放され始めたわ。
そして世界情勢でも、朝鮮戦争でかたくなな態度をとっていた北朝鮮と中国人民義勇軍
の代表の態度がスターリンの死の直後、突然軟化し、休戦交渉に積極的になったわ。そ
して1953年7月に、朝鮮戦争の休戦協定がとうとう締結されたのよ。ま、このことからも朝
鮮戦争を本当に仕切っていた陰の親玉がスターリンだったことがわかるわね。このような
社会主義陣営の軟化のきざしを**雪どけ**と呼ぶわ。この名前はソ連の作家エレンブルクの
中編小説の名前から付けられたのよ。

第2場：スターリン批判 ── それを言っちゃあ、おしまいよ

　　スターリンの死後、大黒柱を失って混乱状態だったソ連指導部も、**フルシチョフ**が第

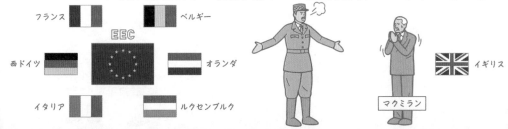

フランス　ベルギー

EEC

西ドイツ　オランダ

イタリア　ルクセンブルク

イギリス

マクミラン

一書記に選出されて集団指導体制をとったわ。

　ニキータ＝フルシチョフは工場労働者出身の共産党員で、力量は抜群、その上、猛烈にタフでガサツなオッサンだわ。ウクライナの党責任者であり第二次世界大戦ではスターリングラードの戦いで前線指揮にあたり、スターリングラードをナチス＝ドイツの手から守り通したことでも、功名をあげているわ。このフルシチョフが政治の実質的なトップとなり、外交で大胆な転換をおこなったのよ。

　まずはスターリン時代に関係が冷え込んでいた**ユーゴスラヴィア**を1955年にフルシチョフ自ら訪問して、ティトーと会談、和解と国交正常化に成功したわね。そして1955年に**西ドイツと国交を回復**、そして同じ年の**ジュネーヴ4巨頭会談**にも、当時のソ連首相ブルガーニンとともに参加したわ。なにしろソ連のトップが西側のリーダーと会談するのはポツダム会談以来10年ぶりなので、大変な話題となったわねぇ。ところがフルシチョフはこのような外交活動を通じて、スターリンの負の遺産を一掃する必要を感じるようになったのね。スターリンが死んだ今となっては、「偉大なるスターリン」「全能の指導者スターリン」という姿勢を続けたままの政治は通用しなくなったからよ。

　そこでスターリンの死から3年経とうとしていた1956年2月、ソ連共産党第20回大会の最終日の秘密会議でフルシチョフがついに**スターリン批判**（→）をおこなったのよ。

スターリンが犯した逮捕・処刑・個人崇拝を、細かい数字を挙げながらズケズケと批判したのね。それまでは現人神だったスターリンの恐ろしい実態と犯罪が白日のもとにさらけ出されたことは、世界にとってすさまじい衝撃だったわ。うん、私もショックを受けたことは覚えている。その反動は、特にスターリンによる暗い支配を受けていた東ヨーロッパの国々ですぐに起こったわ。

第3場：スターリン批判の反動 —— パンドラの箱を開けたら大混乱

　スターリン批判の影響は**ポーランド**からすぐに出てきたわ。1956年6月、と言うからスターリン批判から約4か月後ね。ポズナニという町で学生や労働者による反ソ暴動が起こ

スターリンの死と雪どけ

北朝鮮軍　国連軍　中国軍

ってしまったのよ。これが**ポズナニ暴動**。ポーランド政府はソ連軍が介入して攻め込んでくるのを防ぐために、いち早く自国の軍隊で暴動を鎮圧したけれど、53名の死者を出してしまったわ。そして10月にポーランドの第一書記となった**ゴムウカ**は、ソ連に対しポーランドがワルシャワ条約機構にとどまることを通告する一方、自国の民衆には自主路線や、自由化を約束して、事態を収拾したわね。おかげで**ソ連の介入は防げたわ**。

自分の家だけでことを収めることができたポーランドとは違い、大事件に発展してしまったのが**ハンガリー**よ。日本とソ連が国交を結んだ同じ1956年の10月に首都ブダペストで大規模な反ソ暴動が起こってしまったの。この時に首相になった**ナジ＝イムレ**はワルシャワ条約機構からの脱退や一党独裁の廃止を声明したことが大問題になったわ。怒ったソ連軍がハンガリーに怒涛のように攻め込み、ナジは逮捕されて処刑されてしまったのよ。これが**ハンガリー反ソ暴動**（ハンガリー事件）よ。

あと、東ドイツでは少し後の1961年に**ベルリンの壁**を作ったわ。当時、鉄条網だけでさえぎられていた東西ベルリンの区分線をこっそり越えて、ソ連が管理している東ベルリンから西ベルリンに逃げ込む若者が増えていたのよ。そこで鉄条網ではヌルい、ということで、だんだんコンクリートで強化されて、1975年くらいまでに東ドイツ政府は東西ベルリンの間に高さが約３ｍもあるベルリンの壁を築いてしまったのね。見張り台から機関銃が越境者を狙っており、ベルリンの壁で撃ち殺された越境者は200人以上にのぼってしまったわ。

第3幕　フルシチョフ外交——アメリカに勝ったつもりが、そうはイカの塩辛

ソ連の指導者となった**フルシチョフ**は、ハンガリーみたいな裏切り者の子分に対しては平気でおしおきする人物だったけれど、東西間の平和外交を積極的に促進した政治家だったわ。厳しい冷戦体制を作り上げたスターリンとは違い、社会主義国と資本主義国は互いに共存できるという**平和共存政策**を主張していたわ。そして1956年には東西間の緊張緩和をアピールするために、スターリンが作った共産党情報局の**コミンフォルム**をあえて解散してしまったわ。

ソ連はアメリカに先駆けて**大陸間弾道ミサイル**（ICBM）を開発し、**世界初の人工衛星ス**

（パンをよこせ）
ZADAMY CHLEBA
ポズナニ暴動

フルシチョフ

ハンガリー反ソ暴動

スターリン批判と周辺諸国の動乱

プートニク1号の打ち上げに成功したから、フルシチョフは鼻高々だったわね。そこで大威張りで1959年にアメリカを訪問して、アイゼンハワー大統領と会談したわ。ところがこの訪米でフルシチョフの方が面食らってしまったの。ニューヨークなどの大都市の摩天楼、庶民の家庭で

の電化製品の普及、そして農村部に広がるトウモロコシ畑に圧倒されたフルシチョフは、「よっしゃ、食料不足のソ連にもトウモロコシを広めるべえ」と決心したわ。だけど、この決心がフルシチョフの政治生命を縮める結果になったわね。と言うのもロシアの風土はトウモロコシの栽培には向いていなかったのよ。結局、モロコシ導入作戦は大失敗に終わり、農業政策の失敗の責任を問われる形でフルシチョフはキューバ危機後の1964年に失脚してしまうの。

そしてアメリカとの蜜月も長くは続かなかったわ。1960年にアメリカがソ連領内を飛ばしていた偵察機U2が撃墜され、操縦士が捕虜になる事件が起こってしまったの。いわゆる**U2撃墜事件**だけれど、アメリカの背信行為に怒ったフルシチョフはキューバに、核を搭載したミサイル基地を設置したわ。なにしろキューバはアメリカのすぐ南にある島国で、1959年に革命が起きてアメリカ勢力を追い出したばかりだった。このキューバに設置したミサイルならばアメリカの主要都市を狙えるわけよ。この事態に対してアメリカのケネディ政権がキューバを海上封鎖するという1962年の**キューバ危機**が起こってしまうのよ。

このキューバ危機は核戦争一歩手前にまで迫った冷戦最大の危機だった。どちらが先にワビを入れるかのケネディ対フルシチョフのチキン=レースだったけど、先に折れたのはフルシチョフの方だったわね。

復習ポイント

スターリンの死の前後に起こった出来事を整理・比較してみよう。

アクティヴィティ

「一人の死が世界史を変えた」というケースを挙げてみましょう。

大陸間弾道ミサイル

スプートニク1号

フルシチョフ政権

スターリン死後の東欧史年表

1953年3月　スターリンの死

1955年　ジュネーヴ4巨頭会談にソ連首相（ブルガーニン）が参加

1955年　ソ連が西ドイツと国交回復

1956年2月　ソ連共産党第20回大会でフルシチョフがスターリン批判

1956年6月　ポーランドでポズナニ暴動→ゴムウカが自主路線へ

1956年10月　ハンガリー反ソ暴動（ハンガリー事件）
　　　　　　→ソ連軍が介入し、ハンガリー首相のナジ＝イムレを逮捕・処刑する

1957年　ソ連が世界初の人工衛星スプートニク1号の打ち上げに成功

1959年　フルシチョフがアメリカを訪問

1962年　キューバ危機

最後の門　下の問題は大学入試問題を出典にした問題です。答えなさい。

問「スターリンの死去とその後の国内政治や国際情勢の変化を受けて、1950年代には東欧の一部の国々で自由化を求める運動がおきた」ことに関する記述として、正しいのはどれか。

イ・スターリンの死後、フルシチョフの指導下で「雪どけ」が進んだが、フルシチョフ失脚後にはキューバ危機が起こるなど再度米ソ間の緊張が高まった。

ロ・ソ連の共産党大会においてフルシチョフがスターリン批判をおこなったことを受けて、1953年には、それが伝わった東独の東ベルリンにおいて、賃上げなどを求める労働者の暴動が起きた。

ハ・ポーランドでは、ポズナニで現体制を批判する労働者の暴動が起きたあと、1949年に党から除名され1951年に逮捕・投獄されていたゴムウカが復権して、経済改革や自由化を進めたが、ソ連の反発をまねき、ゴムウカは処刑された。

ニ・ハンガリーでは、首都のブダペストで改革を求める学生や労働者たちによる大規模なデモが起き、1955年に首相の座を追われ党からも除名されたナジが1956年に首相に復帰し改革を進めようとしたが、ソ連の反発をまねき、ナジは処刑された。

（早稲田大・改）

キューバ危機　　ジョン＝F＝ケネディ

スターリンの死

1953年3月3日。凍てつくようなこの日の夜遅く、モスクワは何事もなく過ぎていった。クレムリンの鐘は荘重に鳴り響き、モスクワ放送も終了の国歌を放送していた。人々の表情も変わったところはなく、いつものような時が流れていた。

次の日、プログラムは停止し、すべての動きが止まった。

硬直した沈黙の中で、人々は自分たちが信じていた世界が突然変化したことを直感した。そしてモスクワ放送は長い沈黙の後、世界の半分を支配していた人物が重病に倒れたことを重苦しく伝えたのである。

＊

2月28日深夜、夜に眠れなくなっていた73歳のスターリンはモスクワ郊外の別荘で少数の部下といつものように真夜中の宴会をやっていた。この時のスターリンは上機嫌だったらしい。別荘の警備は要塞そのもので、外部からの侵入は絶対に不可能である。朝になって別荘の地下にある寝室にスターリンは降りていった。暗殺を病的に恐れたスターリンは、最後の最後になって四つある寝室のどこで寝るかを彼自身が決め、その部屋に入ってカギをかけた。

次の日、3月1日の夜になって、前日の宴会の出席者であった政治委員たちに護衛将校からオロオロした声で電話がかかってきた。「スターリンが起きて来ません！」。フルシチョフをはじめとする政治委員たちはただちにスターリンの別荘に駆け付けた。しかしスターリンの寝室を開けることができる勇気のある人間は誰もいなかった。政治委員ですら自分たちの主人の怒りを買って粛清されることを恐れたのだ。

夜になって恐る恐る部屋に入ったハウスキーパーが見たのは床に倒れ、重い異常な昏睡に陥っているスターリンの姿であった。

暗殺者からスターリンを守るはずの要塞は、病魔には無力であった。逆に1秒を争う脳卒中の発作の発見を遅らせる結果となった。

医者たちがスターリンの別荘に駆け付け診療した。結果は絶望的だった。脳出血により右半身が麻痺し、言語機能が永久に失われていた。

3月4日、モスクワ放送はスターリン重態の報道を流した。

昏睡するスターリンは時々目を開けたが、何も瞳には映っていなかった。そして3月5日の夜、ついに最期の時がきた。スターリンは血中酸素が低下して顔が真っ黒になり、苦悶しながら手を上に挙げ、恐ろしい光を放つ黄色い目で周囲を眺め回した。

そしてスターリンは死んだ。その瞬間、世界が変わった。

＊

3月6日午前6時。モスクワ放送は重々しい声でスターリンの死を伝えた。その時、ソヴィエトのすべての動きが止まった。スターリンの遺体は労働組合会館に運ばれ、安置された。葬儀委員長フルシチョフが取り仕切る中、多くの人々が弔問に訪れた。

その数は何万、何十万、そして何百万となった。異常な大行列の中で何百人もの人が押し潰されて死んだ。スターリンの死ぬ3時間前に大作曲家プロコフィエフも脳出血で亡くなっていた。彼の家はちょうど労働組合会館の前にあったため、大群衆の波に囲まれてしまいプロコフィエフの遺体を運び出すことができなかった。

復習ポイント の答え

（スターリンが亡くなる前の状況）

1947年　コミンフォルム（共産党情報局）
　　　　　成立

アジア：1949年　中華人民共和国成立
　　　　1950年〜　朝鮮戦争
ヨーロッパ：1948〜1949年　ベルリン封鎖
　　　　　1949年　北大西洋条約機構
　　　　　　　　　（NATO）成立
　　　　　　　　　↓
　　　1953年3月5日　スターリンの死
　　　　　　　　　↓
アジア：1953年7月　朝鮮戦争の休戦協定
　　　　　　　　　が成立
　　　　　　　　　↓
　　　1956年2月　スターリン批判
　　　　　　　　　↓

1956年4月　コミンフォルム解散
ヨーロッパ：1956年6月　ポズナニ暴動
　　　　　　　　　（ポーランド）
　　　　　1956年10月　ハンガリー反ソ暴
　　　　　　　　　動（ハンガリー事件）

アクティヴィティ の答えの一つ

　政治の分野で一人の死が世界史を変える例は、「**マスメディアによって世界に広く知れわたっている人物**」で、「**世界全体に影響がある政治運動（例：社会主義や帝国主義、ファシズムなど）の決定的な指導者**」であるケースがあてはまります。そして「**負の影響を世界に及ぼしていた人物**」の場合、その人物の死は歴史に直接的な影響を及ぼします。この場合、世界に戦争や政治弾圧、迫害、テロリズムを広めていた独裁者の死、例えばスターリンやヒトラーの死は世界史を変えたものであると言えるでしょう。

最後の門 の答え

ニ

（解説）

　難しい問題なので、しっかり読み込むことが大切です。

イ：1962年のキューバ危機は、フルシチョフ失脚後の出来事ではなく、<u>フルシチョフ在任中の事件</u>です。このキューバ危機でフルシチョフが結局、アメリカに妥協したことも彼の失脚の理由とされています。

ロ：まず年代が違います。スターリン批判は1956年ですが、この文章では「1953年」になっています。そしてロの文章で扱っている暴動の場所は「東ベルリン」となっていますが、明らかに<u>ポーランドのポズナニ暴動のこと</u>です。

ハ：ゴムウカは処刑されていません。自国で暴動を鎮圧できたので、ソ連の介入を防げたのです。

73 第三世界の台頭
──どっちにも付かない「中立」こそ理想形！　だが……

あれれ、マリエッタ先生は？

「瑠奈をよろしく」と言って帰って行ったよ。あ、僕はケネス＝ジェファソン。アフリカ系アメリカ人で、大学院生さ。現代史は僕が教えてあげよう。

ケネス＝ジェファソン先生

第1幕　日本──戦後のドサクサに作られた官僚国家と保守政権

　ははは、いきなり僕が日本史を教えるとはね！　君の国なんだろ。日本の経済成長のきっかけとなったのは、やっぱり朝鮮戦争による特需のおかげだね。「特需景気」と言うのは戦争に必要な物資を日本が提供したことによる景気回復だよ。朝鮮戦争のおかげで日本は経済的には回復してきたのだけれど、政治的にはまだまだ問題があったよ。

　戦後の日本の中心政党は**自由党**だったよね。ボスの**吉田茂**は大政治家だったけれど、外交官あがりの政治家だったから政界に仲間が少なかった。そこで、官庁に勤めるエリート官僚を自由党の仲間にしたんだ。日本の政治は官僚が大変な力を持っているけれど、その原因は吉田茂にあると言えるかもね。この吉田の外交での業績は、やっぱり1951年にサンフランシスコ平和条約を結び、日本の主権を回復したことだな。ただしこの時、ソ連や中国、ポーランドやチェコスロヴァキアなどの社会主義の国々とは講和を結べなかったので、これらの国々との講和こそが、それからの日本の大きな課題になったのだよ。

　吉田がワンマンと呼ばれる強力な政治をおこなうことができたのは、戦前からの政治家の多くは軍国主義に協力した罪を問われて、GHQにより公職追放処分を受けていたからだね。しかし処分が解けて、戦前の政治家たちが政界に復帰してくるようになると、同じ保守同士ながら激しい争いが起こるようになった。昔からの政治家たちが吉田の自由党に

サンフランシスコ平和条約

吉田茂

対抗して作ったのが**日本民主党**で、ボスは鳩山一郎。日本の経済復興に功績があった吉田茂だったけれど、とうとう1954年に退陣し、鳩山が首相となったのさ。鳩山は社会主義勢力の伸長を防ぐために、1955年に自由党と日本民主党を合同して、**自由民主党**を作ったんだ。この保守を合同した自由民主党が強力でね！　1993年まで政権を独占することになったんだ。そこでこの自由民主党による政権維持体制を、保守合同が成立した1955年にちなんで、**55年体制**と呼ぶんだ。

　鳩山は1956年についに念願の**日ソ国交回復**に成功するけれども、この時の話はコラムに書いておいたから、読んでみてくれ。

　経済成長をとげ、1964年に新幹線を開通させ、東京オリンピックを開催した日本にとって残る問題は韓国（大韓民国）との国交問題だね。これには手こずったよ。と言うのは、過去に戦時中の強制労働や従軍慰安婦問題があったから、その賠償が問題になっていたのさ。この韓国と国交を結べたのは、韓国大統領の**朴正熙**の力が大きいね。朴正熙は日本の士官学校で学んだ軍人で、1961年にクーデタで天下を握った独裁者だ。彼は朝鮮戦争で荒れ果てた韓国の発展には日本との国交正常化と経済援助が必要と感じていたんだね。そして1965年に日本の**佐藤栄作**首相と**日韓基本条約**を結ぶことに成功したのさ。この条約で朴正熙大統領は戦争被害者への個別的な補償を日本に求めなかった。朴正熙大統領にとって被害者への補償よりも、日本からの経済援助と韓国経済の復興の方が優先するべきことだったからだよ。この結果、日本からの巨額の経済援助を韓国は工業に投資できたことから、韓国では「**漢江の奇跡**」と呼ばれる経済復興を成しとげることができたんだ。けどね、日本はこの「国交正常化に関しては**個別的補償**よりも、**経済援助を優先する**」方法で、自国の工業化に前向きなアジアの独裁者（開発独裁）の多くと条約を結んでいたんだ。しかし、このやり方は日本が相手国に巨額のお金を差し出しても、戦争責任に誠実に向き合っていないように見られてしまうことになりやすいね。やはりドイツのように、「戦争被害者への個別補償を重視する」やり方の方が、外国の信用を得やすいと僕は思うよ。

　さあて、第二次世界大戦後、アジアやアフリカの国々が独立を達成すると、これらの新

第2幕　第三勢力の形成──わしらこそ20世紀の「第三身分」じゃ

日韓基本条約

独立国は東西どちらの陣営にも属さない第三勢力を形成するようになったね。彼らは米ソの冷戦に巻き込まれ、朝鮮戦争やベトナム戦争のような代理戦争で戦わされることを避けたかったからだよ。しかし世界支配者である米ソに対して、フランス革命の時の「第三身分」のように、新しく台頭する勢力であることを印象付けるイメージ作戦もあるね。

1954年4月にセイロン（現在のスリランカ）の首都コロンボにインド・インドネシア・セイロン・パキスタン・ビルマ5か国の首脳が集まった**コロンボ会議**が始まりだ。この会議で**インドシナ戦争の早期解決、核兵器の使用禁止、中華人民共和国の承認、アジア＝アフリカ会議の開催**を宣言したんだ。

1954年6月に中国の周恩来首相がインドを訪問してネルー首相と会談し、**平和五原則**を取り決めたことも重要だね。まだ独立して間もない中華人民共和国とインドはチベットで国境を接しており、戦争の危険が高かったんだ。そこで互いに守るべき平和原則を取り決めたんだね。それは、①**領土保全と主権の尊重**、②**相互不侵略**、③**内政不干渉**、④**平等と互恵**、⑤**平和的共存**という内容だったんだ。この平和五原則は世界中で好評をもって迎え入れられたんだよ。

そして翌年の1955年に、インドネシア大統領の**スカルノ**が中心となってインドネシアの都市バンドンで初めての**アジア＝アフリカ会議（AA会議）**が開催されたんだ。この会議を**バンドン会議**とも言うね。会議には29か国もの国家が参加し、平和五原則をベースにした十原則を決議したんだ。1961年にはユーゴスラヴィアのティトーらの呼びかけで**第1回非同盟諸国首脳会議（→）**がユーゴスラヴィアの都市ベオグラードで開かれるよ。この会議にはラテンアメリカの国々も参加し、25か国が米ソいずれからも距離をおくことを決めたんだ。僕は、こういう平和と中立を追い求める姿勢は立派だと思うね。

第**3**幕 アフリカ諸国の独立──お宝のある独立国は動乱が絶えず

平和五原則

周恩来

ネルー

いよいよアフリカだ。アフリカには数え切れないほどの部族があるけど、ヨーロッパ列強は部族の事情などを無視して勝手にテリトリーを山分けしてしまった。だからアフリカ諸国の国境線って直線が多いね。

第1場：北アフリカ —— 遠いベトナムでの勝利がアフリカに希望を！

　第二次世界大戦後、ヨーロッパの支配国が力を失う中、北アフリカが独立を求めて立ち上がったのさ。まずは大戦の敗戦国イタリアの植民地**リビア**が1951年に独立を達成した。国際連合が独立を承認してくれたことが大きかったね。リビアは最初は王政だったけれど、1969年に軍人の**カダフィ**がクーデタを起こして共和政に変えたんだね。しかし独裁者としてリビアを強権支配していたカダフィも、2011年の内戦で捕まってしまい、最後には民衆のリンチで殺されてしまったんだよ。

　続いては、エジプトの南にある英領**スーダン**と、スペインの南にある**モロッコ**と**チュニジア**が1956年に相次いで独立する。けれども広大なスーダンでは、アラブ系イスラーム教徒の北部と、黒人系キリスト教徒の南部が激しく対立していてね、内戦状態が長く続いたのさ。2011年になってやっと南スーダンの独立が認められたんだ。さてフランスが1954年、ベトナムのディエンビエンフーの戦いで敗北したことが、アフリカの人々に独立の希望を与えたんだね。そう、日露戦争での日本の勝利がアジアの人々に希望を与えたのと同じだよ。主にフランスの統治下にあったモロッコでも波に乗るように1956年に独立を達成できたんだ。しかし、フランスの南にある**アルジェリア**でも独立運動が起こったけれど、ここではフランスは簡単に独立を認めようとはしなかった。それはアルジェリアにはもう100万人のフランス人の植民者が住み着いていたからさ。そこでフランスは有名な外国人部隊までつぎ込んで、独立運動を弾圧した。しかし、1959年に大統領になったド＝ゴールはアルジェリアの独立運動が抑え切れないことを悟り、ついに1962年の**エヴィアン協定**でアルジェリアの独立を承認したんだよ。

第2場：サハラ以南のアフリカ —— チョコレートワッフルは汗と涙の味

　北アフリカのフランス領で独立運動が成功すると、サハラ砂漠以南のアフリカでも独立運動が盛んになる。ま、これは歴史の必然だね。第二次世界大戦後、最初にこの地域で独立を達成したのは1957年の**ガーナ**で、イギリスから独立を達成したんだ。初代首相は**エンクルマ（ンクルマ）**だ。アメリカやイギリスで教育を受けた人物で、デュボイスの弟子で

アルジェリアの独立

あったから、熱心な**パン=アフリカニズム**の指導者(テーマ55参照)だ。雄弁で知られたエンクルマは独立演説で「今日はガーナだが、明日はアフリカ合衆国となるだろう」と述べているんだ。続いて翌1958年にはガーナの西にある**ギニア**がフランスから**セク=トゥーレ**を指導者として独立を果たした。そして1960年にはなんと一気に17ものアフリカの国々が独立したんだ。そこで1960年のことを「**アフリカの年**」と呼ぶんだよ。

　しかし、この1960年に独立した国々のうち、**コンゴ**には問題があったんだよ。まずコンゴという地域は西の一部はフランス領、東の多くはベルギー国王の私有地だった。フランスやベルギーと言ったら？

う～ん、私ならワッフルみたいなお菓子を思い出す

　そうだね。実はお菓子のチョコレートの原料カカオは、このコンゴのプランテーションで作られていたもの。特にベルギー国王レオポルド2世による現地人からの搾取と虐待は国際問題となり、1908年にはコンゴは私有地からベルギー国の植民地になっているよ。

　さて、ベルギー領コンゴがコンゴ民主共和国として1960年に独立すると、刺激を受けてフランス領コンゴも独立を達成したんだ。しかし、このコンゴ民主共和国にはコバルトや銅の鉱山があったので、資源の確保を目指すベルギーや国際資本の策謀により、独立直後のコンゴでは内乱やクーデタが絶えなかったのだよ。これを**コンゴ動乱**と呼ぶよ。特に独立時のコンゴ民主共和国の首相であった**ルムンバ**は優れた政治家であったけれど、軍部のクーデタによって捕らえられ、処刑されてしまったんだ。まったく残念なことだ。

復習ポイント

　アフリカの独立と第三勢力の形成の過程を表にしてみよう。

アクティヴィティ

　あなたはリーダーです。国の発展に必要なものは何でしょうか。

アフリカ諸国の独立(1960年)

モーリタニア　マリ連邦　ブルキナファソ　ニジェール　セネガル　チャド　コートジヴォワール　中央アフリカ

トーゴ　ソマリア　ベナン　マダガスカル　ナイジェリア　カメルーン　ガボン　コンゴ共和国　コンゴ民主共和国

日本戦後史年表

1951年 サンフランシスコ平和条約で日本は主権を回復

「平和条約後、その日のうちに吉田茂首相は大急ぎで**日米安保条約**を調印したんだ。この空白の時間こそ日本がアメリカの保護下に入っていなかった唯一の時だったんだなあ」

1955年 自由党と日本民主党が合同して自由民主党が結党される。総裁は鳩山一郎

1956年 日ソ共同宣言によってソ連との国交回復

1965年 日韓基本条約によって大韓民国との国交回復

アフリカ独立史①年表

「第二次世界大戦以前に形だけでも独立していたアフリカの国は、エチオピア・リベリア・エジプト・南アフリカ連邦だけだったんだ」

1951年 リビア独立

「リビアの支配国が敗戦国のイタリアだったから独立しやすかった」

1956年 スーダンとモロッコ、チュニジアが独立

1957年 ガーナ独立（第二次世界大戦後、サハラ砂漠以南で初めての独立）

1958年 ギニア独立

1960年 「アフリカの年」→17のアフリカ諸国が独立

1960〜1965年 コンゴ動乱→1961年にルムンバ首相が処刑される

最後の門 下の問題は大学入試問題を出典にした問題です。答えなさい。

問 中国の（ 1 ）とインドの（ 2 ）は平和五原則を発表した。（中略）
アフリカの植民地でも1957年に（ 3 ）を指導者とする（ 4 ）が、最初の自立独立の黒人共和国となった。

1 （ 1 ）（ 2 ）にあてはまる組み合わせはどれか。1つを選び、その記号をマークしなさい。

　a. 毛沢東―ガンディー　　b. 毛沢東―ネルー

　c. 周恩来―ガンディー　　d. 周恩来―ネルー

2 （ 3 ）（ 4 ）にあてはまる組み合わせはどれか。1つを選び、その記号をマークしなさい。

　a. エンクルマ―ギニア　　b. エンクルマ―ガーナ

　c. ルムンバ―ギニア　　d. ルムンバ―ガーナ

（昭和女子大・改）

コンゴ動乱

酒を飲め飲め、飲むならば〜♪
日本の話を一つ聞きましょう🎵
悪戦苦闘の鳩山日ソ交渉！

鳩山一郎はついていない男だった。

リーダーとしては文句なく大衆の上に立つ人物だ。しかし1933年、文部大臣であった時に、滝川教授の処分を京都帝国大学に迫る滝川事件を起こしてしまう。戦後、組閣寸前にGHQから滝川事件の責任を問われ、鳩山は公職追放処分になってしまった。代わって日本自由党から首相になったのが吉田茂である。表舞台に立てない鳩山は吉田のワンマン政治に対抗することができない。やっと追放処分が解ける直前になり、日本民主党の旗揚げに動いていた1951年に、なんと鳩山は脳梗塞で倒れ、左半身が麻痺してしまった。この時、病床に駆け付けた保守議員の重鎮、三木武吉は「**寝てる場合か！ 利かぬ左腕なんて切り落としてしまえっ！ 何が何でも君は首相にならなくてはならんのだ**」と熱く叫び、鳩山は号泣してしまう。そして1954年、造船疑獄の非難をあび日本復興と独立の大功をあげながらも吉田内閣は総辞職した。

ついに鳩山一郎が首相になる日がきたのだ。

鳩山の悲願は**ソ連との国交回復**であった。サンフランシスコ講和会議に招かれなかった中国、調印を拒否したソ連などの社会主義の国々との関係を改善しなくてはならない。親英米派の吉田茂は社会主義国が大嫌いだったので、ソ連との交渉は進んでいなかった。しかし、このままではソ連と戦争状態が続いたままになってしまい、シベリアに抑留されている日本人を帰国させることができない。1953年のスターリンの死以降、雪どけが始まっていたのもチャンスであった。脳梗塞の後遺症に苦しむ鳩山は日

本の主要閣僚を引き連れ、1956年に体を引きずってモスクワを訪問した。ソ連側の歓迎は手厚かったが、指導部の壁は意外に固かった。

まず北方領土返還の問題を話し合ったが、ソ連はガンとして引かない。アメリカがヤルタ会談でソ連の四島領有（択捉・国後・歯舞・色丹）を認めていたことがソ連の態度をかたくなにした。

話し合いは難航し、国交回復は無理かと思われた。この時に、会談に参加していた河野一郎農林大臣は、ソ連指導部の中で一番態度が大きく、発言が多いのは首相のブルガーニンではなく、フルシチョフであることに気が付いた。そのフルシチョフが「これを飲めたらばサシで話をしようじゃないか」とウォッカを河野にすすめてきた。酒が一滴も飲めない河野だったが、抑留者を救うために覚悟を決めてウォッカをあおった。この河野の態度に感心したフルシチョフらの態度はやわらぎ、話し合いが進むようになったと言う。

*

結果として、①日ソは国交を回復し、戦争状態は終結する。そして日ソ間の通商も再開する。②ソ連に抑留されている日本人は日本に帰還させる。③将来、日ソ間で平和条約が結ばれた時、歯舞群島・色丹島の２島を日本に返却する。それまでは北方領土の問題については留保する。④日本の国連参加をソ連は支持する、などの形で鳩山首相は**日ソ共同宣言**に調印した。北方領土など未解決の問題は多かったが、ソ連側も多くの点での妥協を示してくれたので、ここが限界だった。しかし、**2023年現在も日ソ間に平和条約が結ばれていないため、北方領土返還のめどがまったく立っていないのが実情である。**

■ 復習ポイント ■ の答え

　第三勢力の会議とアフリカ独立を年表で整理してみると、第三勢力の運動がアフリカ独立に大きな影響を与えていたことがわかります。

1954年4～5月	コロンボ会議
6月	周・ネルー会談→平和五原則
1955年	アジア=アフリカ会議(バンドン会議)→平和十原則
1956年	スーダンとモロッコ、チュニジアが独立
1957年	ガーナ独立(第二次世界大戦後、サハラ砂漠以南で初めての独立)
1958年	ギニア独立
1960年	「アフリカの年」→17のアフリカ諸国が独立
1961年	第1回非同盟諸国首脳会議:ベオグラードにて開催

■ アクティヴィティ ■ の答えの一つ

　国の発展に絶対に必要なものは「カネ」と「平和」です。

　カネがなくては国の近代化や工業化ができない。と言って、独立したばかりの国にカネがあるわけがない。というわけで、カネが欲しければ東西を仕切る親分から借りてこなくてはならない。「どちらにも付かない」という非同盟主義は親分からコウモリ扱いを受けてしまうのが実情。

　また、国を発展させるためには平和はぜひ必要なもので、代理戦争(朝鮮戦争やベトナム戦争)や内乱(コンゴ動乱)に巻き込まれたら国は発展できません。ドイツのビスマルクがしきりに会議を開いて国際紛争を仲裁したのは、統一ドイツの産業発展のために平和が必要だったからです(テーマ20参照)。

■ 最後の門 ■ の答え

問1　d　　問2　b
(解説)

　サハラ砂漠以南のアフリカは、俗にサブサハラと呼ばれており、黒人が人口の大部分を占めるこの地域で、どこの国が最初に独立したかは知っておく必要があります。

　問題は「どの地域が、どの支配国から独立したか」という問いが出やすいことです。試験に出題されやすい独立国を以下にまとめましたので覚えておきましょう(太文字は頻出)。

(旧フランス植民地)…**モロッコ・アルジェリア・ギニア**・セネガル・コートジボワール・カメルーン・マダガスカル

(旧イギリス植民地)…**ガーナ・スーダン**・ウガンダ・ケニア・タンザニア・ザンビア・ジンバブエ

(旧ポルトガル植民地)…アンゴラ・モザンビーク

(旧ベルギー植民地)…**コンゴ**

74 南アフリカ・中東戦争・ラテンアメリカ
——米ソの存在が大きいねえ

エンクルマとンクルマ、どっちが正しいの？

うん、本当は現地の発音ではンクルマが正しいんだよね。でも英語だとnの子音で始まる言葉がないので、エンクルマと読んでいるのさ。名前の発音が難しいケースはヨーロッパのチェック人にも多い。作曲家のドボルザークは、ドボジャークと発音する方が正しいんだよ。

第1幕 アフリカの苦悩と希望——牢獄でも希望をあきらめないマンデラの運動

独立後の方がアフリカ諸国は大変だったよ。今でも植民地の爪跡や、国際援助に頼る体質はまだ残っているしね。そして内乱や部族衝突もしょっちゅうだ。特に1967年から1970年にナイジェリアで起こった**ナイジェリア内戦（ビアフラ戦争）**という部族紛争では多くの餓死者を出し、1990年から1994年に起こったフツ人とツチ人の争いである**ルワンダ内戦**でも大量虐殺がおこなわれ、多くの難民が発生したんだ。それでも、希望の光だけは忘れてはいけないよ。テーマ55で扱った**パン＝アフリカ会議**は覚えているかな？　この**「いつの日かアフリカは一つになる！」**というスローガンに従って、1963年にエチオピアの首都アディスアベバでアフリカ諸国首脳会議が開かれ、**アフリカ統一機構憲章**が調印されたんだ。そして「アフリカは一つ」という合言葉のもとで1963年に**アフリカ統一機構**（OAU）が結成されたんだよ。OAUは「アフリカの国連」と呼ばれるように、アフリカの持つ諸問題を討議したんだね。OAUは2002年に**アフリカ連合**（AU）に発展していったけれど、AUはヨーロッパのEUをモデルに、将来の通貨統合や議会統合を目指しているね。

また人種差別政策で苦しんでいた南アフリカでは**アフリカ民族会議**（ANC）が1912年から人種差別撤廃を求めて運動していた（結成当時の名称は南アフリカ先住民民族会議、1923年にANCに改称）。ガンディーの強い影響を受けていたANCは、**「非暴力・不服従」**を掲げて白

OAU

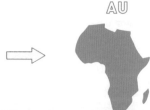

AU

人政権に立ち向かったんだ。ANC出身の政治家マンデラは、28年間もの獄中生活を送った人物だけれども、白人のデクラーク政権に強く働きかけ、1991年についに**アパルトヘイトの撤回**を勝ち取ったんだよ。

第2幕 中東戦争──成せばナセルぞ、戦争編

Act 1：スエズ戦争 ── エジプトのためのスエズ

さて、今度はエジプトに目を移そう。エジプトという国は1922年にイギリスから独立はしていたけれど、スエズ運河の管理権やエジプトの防衛権、スーダンの領有権はイギリスが握ったままだったんだ。こんな状態ではエジプトは独立国とは言えないね。また当時のエジプト国王はイギリスべったりのぜいたく好きで、これでは1948〜1949年のイスラエルとのパレスチナ戦争（第1次中東戦争）に負けてしまうのも当然だったろう。

そこで**自由将校団**という血気盛んなエジプト軍将校の若いモンが集まって、1952年にクーデタを起こし、王を追放して、1953年にエジプトを共和国にしたんだ。これを**エジプト革命**と言う。初代大統領は**ナギブ**だったけれど、陰のリーダーだった**ナセル**が1956年にナギブに代わって大統領になった。ナセルがまず考えたのはエジプトの豊かな農地の開発で、そのためにはナイル川中流に**アスワン＝ハイダム**を建設する必要があったんだ。ところが新興独立国の常でカネがない。英米に援助を申し込んだが断られてしまったので、1956年に、**スエズ運河の国有化宣言**をやってしまった。多くの船が行き来し、その通行料だけでも莫大な収入になるスエズ運河は、まだイギリスが支配していたんだ。この宣言にエジプト国民は大歓喜だが、イギリスは大激怒。フランスそして<u>イスラエル</u>とはかってエジプトへの攻撃を始めたんだ。1956年から1957年にかけてのこの戦争を**スエズ戦争**、もしくは**第2次中東戦争**と呼ぶ。戦争はイスラエル軍の快進撃でエジプトは窮地に立たされたけれど、国際社会に助けられた。国連が即時停戦決議をおこなった上にアメリカが英仏の侵略を非難したのさ。思いもかけぬアメリカの物言いに、がっくりしたイギリスはついにスエズ運河をあきらめた。こうして<u>スエズ戦争以降、イギリスはアジアへの覇権を失ってしまったのさ</u>。逆に戦争には負けたが、外交では勝ったナセルは、エジプトのみならずアラブ世界のヒーローになった。この勢いでナセルは1958年にエジプトとシリアを統

ノーベル平和賞

マンデラ

デクラーク

合して、**アラブ連合共和国**という国を作ったんだよ。大統領はナセルだ。でも結局この統合でシリアは従属国扱いをされてしまったので、1961年には統合を解消してしまった。昔のムハンマド＝アリーみたいにシリアを狙って、失敗というわけ。

Act 2：第3次中東戦争（6日戦争）── 電撃戦の典型のような6日間

さて、故郷をイスラエルに奪われて、アラブ世界の難民になってしまったパレスチナ人たちは、ナセルの肝いりで1964年に**パレスチナ解放機構（PLO）**を結成した。このPLOの働きかけでアラブ諸国はイスラエルと激しく対立するようになり、戦争もやむなしという状況になってしまった。ナセルはしだいにソ連と結ぶようになり、大量の兵器や資金をソ連から借りていたんだな。この険悪な雰囲気に気が付いたイスラエルは1967年に先手を打って、シリアとエジプトに先制攻撃をかけ、シリアとの国境地帯にあるゴラン高原やヨルダン川西岸地区、ガザ地区、そしてシナイ半島を次々と占領していったんだ。イスラエルの圧倒的勝利で終わったこの電撃戦を**第3次中東戦争**、もしくは**6日戦争**と呼ぶんだよ。なにしろこの戦争はたった6日間で勝負がついてしまったからね。この戦争に負けたエジプトはシナイ半島をイスラエルに占領されてしまったことで、せっかくの**スエズ運河**を自由に使うことができなくなってしまったんだ。そしてPLOは最初は穏健な政治団体だったけど、**アラファト**が1969年に議長となってからは、イスラエルへの過激テロを主張・実行する団体になってしまったんだよ。

Act 3：第4次中東戦争 ── 結局はOAPECにワビを入れる日本

1970年にナセルが心臓発作で急死してしまった後、エジプト大統領になったのは自由将校団の仲間である**サダト**だよ。何が何でもシナイ半島を取り返したいサダトはシリアと打ち合わせて、1973年に突然イスラエルに攻め込んだんだ。これを**第4次中東戦争**と呼ぶよ。不意を突いた序盤はエジプト軍が圧勝だったけど、中盤から盛り返したイスラエルの怒涛の反撃によって、この戦争は引き分けに終わったのさ。

この第4次中東戦争の時の1973年にサウジアラビアなどアラブの石油産油国が作っている**アラブ石油輸出国機構（OAPEC）**が、イスラエルを支援している国、特にアメリカとオランダに石油輸出を禁止したんだ。西欧諸国と日本はこの処置を受けて大パニックになってしまった。これを**第1次オイル＝ショック**（石油危機）と呼ぶんだよ。

スエズ戦争

　第4次中東戦争ではイスラエルを支援するアメリカと、エジプトを支援するソ連が対立し、危うく戦闘状態になりかけた。しかもイスラエルは今までの常勝伝説の自信が崩れ、またエジプトもイスラエルが「力では倒すことができない敵」であることを思い知ったんだ。

　そこでサダトはソ連からアメリカ寄りに政策を変え、イスラエルと和平交渉によって問題を解決しようとしたんだ。この結果、外交努力によってエジプト大統領サダトとイスラエル首相ベギンは1978年にアメリカ大統領カーターの仲介で大統領の別荘キャンプ＝デーヴィッドで会談したんだ。そして**戦争状態を終了させ、両国の国交を結ぶことに合意したのさ。**この交渉でエジプトはやっとシナイ半島を取り返すことができたわけだ。1979年に締結し、国際的に大きな賛同を得ることができた**エジプト＝イスラエル平和条約**だけれども、イスラエルを敵視する右派勢力からサダトは憎まれてしまい、1981年に暗殺されてしまった。跡を引き継いだのは穏健派の副大統領だった**ムバラク**さ。

　イスラエルにとって一番のハードルは**PLO**だね。パレスチナ人の代表であるPLOと交渉しない限り、中東に本当の平和はこない。

　PLOの代表**アラファト**はテロ攻撃を主張していた人物だが、反感を買いやすいテロによって国際社会から孤立してしまったことを認めざるを得なくなってしまった。後で言うイラン＝イラク戦争や湾岸戦争の影響もあり、PLOも真剣にイスラエルとの和平を望むようになったんだよ。イスラエル首相の**ラビン**はアラファトと連絡をとり、ついに1993年に**パレスチナ暫定自治政府樹立の合意(オスロ合意)**を取り付けたのさ。これは「**PLOはイスラエルの生存権を認める。テロなどの暴力行為は止める**」「**イスラエルはPLOをパレスチナ人の代表として認める**」という内容なんだ。そして同年、ラビンとアラファトはアメリカ大統領クリントンの仲介のもと、ホワイトハウスで固い握手を交わし、**パレスチナ暫定自治協定**にサインしたんだよ。この協定はガザ地区とヨルダン川西岸からイスラエル軍は撤退し、パレスチナ人の自治を認める内容だったんだ。でも、イスラエル首相のラビンは国内の右派に裏切り者として憎まれ、1995年にユダヤ人の青年によって暗殺されてしまったんだ。ラビンのような和平の立役者が殺されてしまった後、2001年にはイスラエル首相に強硬派の**シャロン**がなったため、パレスチナ人との対立は深まり、パレスチナとイスラ

第４次中東戦争　　シナイ　　オイル＝ショック

エルの関係は現在でも不穏なままなのさ。サダトもラビンも暗殺されるとは悲しい結果だ。憎しみ合うことは簡単だけど不毛だ。話し合うことはとても難しいけれど実を結ぶ、と僕は信じている。

ラテンアメリカの
革命前奏曲 アメリカ合衆国の欲深き陰謀

　ラテンアメリカ諸国はアメリカ合衆国の裏庭であり、合衆国は自分の言うことを聞く政権を操って支配してきたわけだ。それは大土地所有制のもとにある、貧富の差の激しい歪んだ社会であったことは事実だ。そのような国や地域ではどうしても社会主義が優勢になってくるので、アメリカはボスとして社会主義勢力を食い止めようとしたんだよ。1947年に反共のための**リオ協定**を南米各国と結び、1948年には**米州機構（OAS）**を結成して、アメリカ合衆国のもとでの南米の結束を強調したのさ。しかし時代の波には逆らえないもので1951年には中米の**グアテマラで左翼政権**がついに出現してしまった。もっとも1954年にこの左翼政権は潰されてしまったんだけれどもね。

　この雰囲気の中で、労働者などの大衆の支持を基盤にした政権が南米で生まれるようになったんだ。このような大衆の人気に頼った政治の動きを**ポピュリズム**と呼ぶんだ。その代表がブラジルの**ヴァルガス政権**やアルゼンチンの**ペロン政権**だね。これらの政権は労働者の支持のもとで国の工業化を目指し、社会正義を実施しようとしたのだよ。しかしいずれもアメリカの圧力や軍部のクーデタで倒されてしまっているんだ。ペロン大統領の妻**エビータ**は踊り子から大統領夫人となり、救貧活動に尽くした人なので、今でもアルゼンチンの民衆に大変な人気がある。最近ではベネズエラの**チャベス政権**も有名だったね。

　キューバについては、次テーマで話そう。

　復習ポイント

　4回にわたる中東戦争の過程を表にしてみよう。

　アクティヴィティ

　パレスチナで平和を築くには、どうしたらよいでしょうか。

アフリカ独立史②年表

1961年	南アフリカ共和国がイギリス連邦から離脱して成立 →白人が支配階級となり、アパルトヘイトを実施
1963年	アフリカ統一機構 (OAU) 設立
1975年	モザンビークとアンゴラ独立 👨「アフリカのポルトガル領の独立が遅れたのは、ポルトガルの独裁者サラザール首相が植民地保有にこだわったからさ」
1980年	ジンバブエ独立→最初は白人政権で「ローデシア」と名乗ったが、1980年に黒人政権が成立。「ジンバブエ」と改称 👨「ローデシアはセシル=ローズ (テーマ35参照) の名前から、ジンバブエは古代遺跡 (上巻テーマ44参照) の名前から付けたんだよ」
1990〜1994年	ルワンダ内戦←フツ人とツチ人の部族対立から発展 大量虐殺により現代アフリカ史上最悪の事件と呼ばれる
1988年〜	ソマリア内戦←武力勢力間の紛争 →アメリカなど国連のPKOが介入したが失敗、撤退
1991年	南アフリカ共和国、アパルトヘイトを法的に撤廃
2002年	アフリカ連合 (AU) 設立←アフリカ統一機構 (OAU) に代わって設立。ヨーロッパのEUをモデルにする

最後の門 下の問題は大学入試問題を出典にした問題です。答えなさい。

問 エジプト革命の指導者でやがて大統領となった（ 1 ）は、ナイル川に（ 2 ）の建設を計画し、その資金を入手するために（ 3 ）の国有化を試みた。

これをきっかけにイギリス・（ 4 ）・（ 5 ）の三国がエジプトを攻撃する。しかし三国は国際社会の非難を浴びて撤退せざるを得なかった（第2次中東戦争）。（ 1 ）は一躍、アラブ民族主義の英雄となる。また、1964年には、パレスチナ難民が反（ 5 ）抵抗組織である（ 6 ）を組織している。

1 （ 1 ）〜（ 6 ）に適切な語句を入れよ。

2 （ 6 ）の議長を1969〜2004年の間、務めた人物は誰か。

(東北福祉大・改)

ポピュリズム

ペロン　　エビータ

アパルトヘイトへのマンデラの戦い

アパルトヘイト Apartheid はオランダ語から派生したアフリカーンス語で、「**分離**」「**隔離**」を意味する。

アフリカーナーとは、南アフリカに移住して来たオランダ系などの農民の子孫を指す言葉である。元々彼らはイギリス人からブール（農民）人と呼ばれていたが、1899～1902年の南アフリカ（南ア、ブール）戦争（テーマ35参照）敗北以降も、南アフリカ連邦の中でイギリス人とともに特権的な地位を保つことができた。彼ら白人は南アフリカの人口の7割を超える黒人やインド系、カラードと呼ばれる有色人種を隔離し、差別した。特に1948年にアフリカーナーを母体とする国民党政権が成立した後に、厳しい差別を内容とするアパルトヘイト諸法が制定されたのである。選挙権は白人にのみ認められ、黒人は政府が指定した場所に居住を強制され、劣悪な労働条件のもとで働かされた。白人と黒人の共学は禁止され、黒人には義務教育すら認められていなかった。

このような差別に対して20世紀初頭からガンディーを中心とする人々が反対運動を起こし、さらに国際社会もアパルトヘイトを強く非難した。1971年になると南アフリカ政府は黒人をホームランドと呼ばれる不毛の土地に押し込め、彼らを「外国人の出稼ぎ労働者」として扱うことにより国際非難をかわそうとしたが、反対運動はますます激化した。このような中で、地下資源狙いで南アフリカと交易をこっそり続けていた日本は、南アフリカでは有色人種なのに「名誉白人」とされ、白人専用の施設を使うことができたのだ。

*

ネルソン＝マンデラは1918年に黒人部族の首長の家に生まれた。イギリス風の教育を受けたため、アフリカ史よりもイギリス史の方に通じていたと言う。大学を出て弁護士となったマンデラは、反アパルトヘイト運動に取り組み、ANCの有力メンバーとなった。ストライキやデモを扇動した疑いで逮捕されたマンデラは終身刑の判決を受ける。地獄の刑務所ロベン島に収監された時のマンデラの風貌は凶暴そのもので、ヒゲをはやした顔はドスが利いていた。この刑務所でマンデラは武装闘争の無益さを悟り、白人との対話路線を考えるようになる。マンデラは自らの生活態度も見直し、前向きに刑務所暮らしに取り組むようになった。重労働は「健康のための肉体強化運動」と考え、独房では法学やアフリカーンス語の勉強に励んだ。そして28年間もの投獄生活について、国際的な批判にさらされた南アフリカ政府はついにマンデラを釈放することを決定した。

釈放された71歳のマンデラを見た人々は驚いた。すっかり角が取れた穏やかな顔には深い知性の光が輝いていたのだ。さっそくマンデラは政治活動に入った。演説はヘタクソだが、誠実さがこもった裏表のないものであった。「**白人に復讐しようとは思いません**」「**黒人と白人が手をつなぎ南アフリカの未来を作っていくべきです**」

マンデラの運動は困難に満ちたものであったが、1991年にアパルトヘイトの廃止に成功し、1994年に南アフリカ大統領に選ばれ、黒人と白人の融和に努力した。2010年にはサッカーワールドカップの南アフリカ開催を実現している。2013年に95歳の高齢で亡くなったマンデラを南アフリカ政府は国葬で葬った。

解答と解説 ════════════════════════════════════

復習ポイント の答え

アンダーラインはそれぞれの中東戦争の原因。そして 四角枠 から→で示されている*斜め文字*が戦争の結果です。

> 1948年5月　**イスラエル建国**
> ↓
> 1948年5月～1949年
> パレスチナ戦争（第1次中東戦争）
> →*イスラエル勝利*
> 1956年　**エジプトのナセル大統領が**スエズ運河国有化宣言
> ↓
> 1956～1957年　**英・仏・イスラエルがエジプト侵攻**
> 第2次中東戦争（スエズ戦争）→*英仏撤退*
> 1967年　**PLOによるイスラエルへの敵対、テロ行動**
> →**イスラエルがエジプトとシリアに侵攻**
> ↓
> 第3次中東戦争（6日戦争）
> →*イスラエルがシナイ半島・ヨルダン川西岸地区・ガザ地区・ゴラン高原を制圧*
> 1973年　**エジプトのサダト大統領が失地回復を狙う**
> ↓
> 第4次中東戦争
> →*エジプトは奇襲戦で優位に立つが、失地回復には成功せず*
> →*イスラエルとの和平路線に方向転換*

アクティヴィティ の答えの一つ

いくつもの越えるべきハードルがありますが、一番大切なことは、イスラエルとパレスチナ代表との話し合いが継続されることです。かつてユダヤ人音楽家バレンボイムとパレスチナ難民出身の大学教授エドワード＝サイードがパレスチナの平和について対談したように、話し合いの中にこそ未来と希望があります。そして両者がオスロ合意を守る姿勢を保つことです。しかし一方的な世論やテロなどの暴力で抵抗する勢力の妨害を乗り越えなくてはならないのが難しいところです。

国連が1947年に提案したパレスチナ分割案（ユダヤ人とパレスチナ人の住み分け）は問題がありました。ともに交じって暮らしていける環境を作ることが実はパレスチナの平和には大切だと思います。

最後の門 の答え

1　(1)　ナセル
　　(2)　アスワン＝ハイダム
　　(3)　スエズ運河
　　(4)　フランス
　　(5)　イスラエル　　(6)　PLO
2　アラファト
（解説）
(6) PLOは「パレスチナ解放機構」が正式名だが、略称でもOK。現在のPLOの議長は、アッバスだが、入試に出てくるような有名人はアラファト。

75 1960年代前後のアメリカ
──ベトナムに負けた、いいえ、世界に負けた

『ゴッドファーザーPART II』を見たけど、
キューバはアメリカの奴隷だねぇ。

うーん、アメリカの大企業が地下資源・フルーツ・観光・カジノなどで
もうけていたのは本当だと思うよ。アメリカ人としては残念だ。

第1幕 キューバ革命──革命へ向かうカストロと
ゲバラの二人旅

　キューバでは合衆国資本と結び付いたバティスタの独裁政権下、貧富の差が広がって
いたため、民衆の不満が高まって、ついに革命が起こったね。1959年に**カストロ**と**ゲバラ**
が率いる革命軍が首都ハバナに進軍、バティスタは尻に帆かけて亡命してしまった。これ
を**キューバ革命**と言うのだけれども、詳しくはコラムに書いておいたよ。カストロ政権はキ
ューバにあった合衆国の企業を国有化したけれども、必ずしも最初から社会主義路線を
とっていたわけではなかった。と言うことは、カストロはアメリカと話し合う用意があったし、
革命後に訪米しているよ。しかしキューバ革命の時のアメリカ大統領は**アイゼンハワー**
で、彼は革命を容認できず、1961年に**キューバと断交**した。そこでカストロはアメリカの
態度に反発してキューバが社会主義国であることを宣言して、ソ連に接近したんだ。これ
でキューバはラテンアメリカで初めての社会主義国家になった。次のアメリカ大統領ケネ
ディもキューバを認めず、1961年に**ピッグス湾事件**を起こしてしまったんだ。この事件は
アメリカが後ろ盾となって反革命勢力をキューバに上陸させ、カストロ政権をぶっ潰そう
とした事件だよ。アイゼンハワー大統領の時代に計画されていたものを、大統領に就任し
たばかりのケネディがうっかりおこなってしまったものだ。作戦が性急でズサンだったこと
もあって失敗してしまい、ケネディ政権の赤恥になってしまったんだね。ソ連の首相フル

ゲバラ　カストロ

キューバ革命

シチョフは1960年のU2撃墜事件以来、アメリカと仲たがいをしていたけれどキューバに近付いて、アメリカ合衆国を狙うミサイル基地をこっそり建設しようとしたんだ。スパイ衛星でミサイル基地を発見したアメリカは、この事実を公表してソ連と激しく対立した。1962年のこの事件を**キューバ危機**と呼ぶ。本当に核戦争一歩手前の大事件だったんだ。結局、人類最悪のチキンレースに負けたのはフルシチョフの方で、アメリカにワビを入れてミサイル基地を撤去することで、核戦争の危機から脱することができたわけだね。ただし、この時の弱腰がフルシチョフ失脚の遠因になってしまった。

　そして南アメリカのチリでは、1970年に社会主義者の**アジェンデ**が大統領に選ばれた。これは<u>自由選挙で初めて社会主義政権が誕生した大事件</u>なんだ。しかしアメリカの支援を受けた軍部の**ピノチェト将軍**が1973年にクーデタを起こし、軍部独裁政権を樹立した。そしてアジェンデ大統領は銃撃戦の中で死亡してしまうんだ。

第2幕　アメリカ──巻き返してニューフロンティアに偉大な社会を……！

　さて、アメリカを振り返ってみよう。トルーマンの後に1953年から大統領になった**アイゼンハワー**は軍人で、第二次世界大戦の時には連合国軍総司令官を務めた人だよ。戦場においては「いかに死傷者を減らすか」に心を砕き、その人徳と温和さで人気があったね。しかし、はっきり言えば政治オンチで、共和党から出馬したのも「いつも父が共和党に投票していたから」という理由だったからなんだよ。実際、アイゼンハワー大統領時代に外交を担当していたのは**ダレス国務長官**で、ガッチガチの反共主義者だったね。アイゼンハワー大統領のもとでダレス国務長官は、東側と呼ばれた社会主義諸国に**「巻き返し」**政策と呼ばれる世界戦略をおこなったんだ。要するに「社会主義国に甘い顔を見せるな。売られたケンカは買ってやろうじゃないか」という反撃戦略だね。これはトルーマン時代の**「封じ込め政策」**と並べて覚えておくといいね。ダレスに「容共」（共産主義を容認すること）のレッテルを貼られてしまったベトナムのホー＝チ＝ミンや、キューバのカストロは実はアメリカと話し合う用意があったのだけれど、ダレス長官のケンカ腰のため、せっかくのチャンスが潰れてしまったわけだ。

　アイゼンハワーが2期大統領を務めた後の1960年の大統領選挙は大激戦だったね。

アイゼンハワー＆ダレス政権下

共和党のニクソンを制して、勝利したのは民主党の**ケネディ**だった。ケネディ政権の政治としては、まず「**ニューフロンティア政策**」だね。アメリカはまだ多くのフロンティアを抱えており、さらに新しいアメリカを建設しようと国民に呼びかけたのだよ。

ケネディの外交面ではやはり**キューバ危機**が大きいね。なんとかこの危機を乗り切った米ソとイギリスは、キューバ危機の翌年の1963年に**部分的核実験禁止条約**(PTBT)を結び、地下実験以外の核実験をすべて禁止したんだ。しかし地下実験の技術がないフランスや中国は「米英ソが核を独占するハラだろう」と反発し、この条約に参加しなかったんだ。

ケネディ政権が前向きに取り組んだのは黒人の**公民権運動**だった。アメリカ各州でおこなわれていた人種差別を禁止する法律を公民権法と呼ぶんだ。テーマ71をぜひ読んでもらいたいね。公民権運動では**キング牧師**の活動が特にめざましかった。インドのガンディーの「非暴力・不服従運動」の影響を強く受けたキング牧師は、バス＝ボイコット運動をはじめ、多くの公民権運動の最前線に立っていたのだよ。特に1963年8月の、ワシントン大行進でのキング牧師の「**私には夢がある。**（"I have a dream"）」は世界中の英語の授業で取り上げられる感動的な名演説だね。ぜひ聞いてもらいたいよ。ケネディ大統領は自らカトリックのアイルランド移民の子孫としてマイノリティ（少数派）に属していたためか、公民権政策には積極的だったんだ。長生きしていたならケネディ大統領自らが公民権法に署名しただろうね。

しかし、1963年11月にケネディ大統領はテキサス州ダラスを遊説中、オープンカーでのパレード中に銃撃を受けて殺されてしまった（→）。この大事件により、同じ民主党の副大統領ジョンソンが次の大統領になったんだ。ジョンソン大統領は「**偉大な社会**」建設をスローガンにして、アメリカから貧困と差別をなくすことをとなえたんだ。1964年に公民権法に署名したのはこのジョンソン大統領さ。しかし、ベトナムへの介入を強めたのもジョンソン大統領だったよ。1964年にアメリカの駆逐艦が北ベトナムの魚雷艇から攻撃を受けたという**トンキン湾事件**が起こったけれど、これはアメリカのでっち上げ事件だった。これを受けて1965年にア

キング牧師の演説

メリカ空軍が北ベトナムに大規模な爆撃をおこなったんだ。これを北爆と言うんだよ。これがベトナム戦争(1954〜1975年、時期は諸説アリ)の始まりになってしまったんだ。でも、これって日本が柳条湖事件をでっち上げて満洲事変を起こしたのと似ているねえ。

そして公民権運動に貢献したキング牧師までもが1968年に暗殺されてしまい、暴力と戦争によってそれまでの秩序だったアメリカ社会全体が混乱状態に陥ってしまったんだ。

第3幕 ベトナム戦争——ベトコンとヒッピーにしてやられるアメリカ

さあ、いよいよベトナム戦争だ。独立を求めたベトナムがフランスと戦っていたインドシナ戦争(1946〜1954年)を覚えているかい?　引き続いて北ベトナムがアメリカが支援する南ベトナム政府軍と戦っていた戦いをベトナム戦争(1954〜1975年)と呼ぶんだよ。インドシナ戦争とベトナム戦争とを区別して覚えることが大切だね。

ベトナム戦争は、ベトナムとアメリカ軍が戦っていたの?

アメリカは「南ベトナム政府を支援する」という形で参加していたんだ。だからベトナム戦争にアメリカは宣戦布告をしていないよ。

アメリカの言いなりになっていたベトナム共和国(南ベトナム)はゴ゠ディン゠ジエム(テーマ69参照)時代から独裁・金権・腐敗で知られていたから、評判が悪かった。だからゴ゠ディン゠ジエムはケネディからも見放され、最後には軍部クーデタで殺されてしまったんだ。しかしベトナムに最初に介入したのはケネディだったんだよ。彼は南ベトナム政府を見殺しにはできなかったので、ベトナムに派遣していた軍事顧問団を増強したんだね。ベトナム人の多くはアメリカべったりの南ベトナム政府に反発して、南ベトナム解放民族戦線(別称はベトコン)を結成して、南ベトナム政府を倒そうとしたんだ。ちなみに南ベトナム解放民族戦線は共産主義者だけでなく、カトリック教徒や仏教徒、民族主義者など多くの人々から成る組織だったから、ベトナムの民衆に広く浸透することができたわけだ。ベトナム民主共和国(北ベトナム)の支援を受けた南ベトナム解放民族戦線は、南ベトナム政府軍やアメリカ軍と戦っていたんだ。なにしろベトコンはゲリラ戦がうまく、農民のフリをして背後から襲ってくることがあったから、アメリカ軍は苦戦した。ソンミ村虐殺事件みたいに恐怖

ベトナム戦争

に駆られたアメリカ軍が、非武装のベトナム人を虐殺することもあったんだ。

　日本やナチス相手の第二次世界大戦とは違い、さすがに今回ばかりはアメリカの大義名分が薄かった。「自由と平等の国」「世界の警察官」としての名声も地に落ちてしまい、アメリカ本国だけでなく世界中で**ベトナム反戦運動**が起こったんだ。かつてのアメリカの価値観に対して疑いを持った若者たちは髪を長くして、平和と自由を訴えるようになった。いわゆる**ヒッピー**の誕生だね。また、黒人の中にも自由を求めて武力闘争を訴える人々も出てきた。その代表が**マルコムX**だ。彼は雄弁で知られたムスリムの黒人で、白人に武器を取って対抗することを訴えて、黒人たちに人気を博したんだ。しかしメッカへの巡礼体験で、悪いのは白人ではなく、差別社会そのものであることを理解したマルコムXは、1965年に暗殺されてしまったんだ。

　このような混乱の中でベトナムでの名誉ある和平を訴えた共和党の**ニクソン**が1968年の選挙で当選し、ベトナム和平交渉をおこなったんだ。この時に大活躍したのが**キッシンジャー**で、彼の取りまとめにより1973年に**ベトナム（パリ）和平協定**が結ばれたんだよ。この協定によってアメリカ軍はベトナムから撤退することになった。アメリカに見捨てられた南ベトナムの運命はついに決まってしまったね。北ベトナム軍と解放民族戦線が1975年に**サイゴン**を陥落させ、1976年に南北ベトナムは統一して、**ベトナム社会主義共和国**となった。ただし、建国の父であるホー＝チ＝ミンはベトナムが一つになる瞬間を見ることはなかった。彼はすでに1969年に亡くなっていたんだ。そしてベトナムには戦争の深い傷跡が残されることになった。アメリカ軍がまいた枯葉剤はベトナムの森林を枯らし、その毒によって多くの奇形児が生まれるようになってしまったんだ。なんということだろう……！

**6
2
6**

復習ポイント

　太平洋戦争からベトナムが統一されるまでの年表をまとめてみよう。

アクティヴィティ

　ケネディが暗殺されなかったら世界はどう変わっていたでしょうか。

ラテンアメリカ史年表

1946〜1955、1973〜1974年	アルゼンチンのペロン政権成立

1947年 リオ協定（米州共同防衛条約）
→アメリカ主導の南北アメリカ集団的防衛条約

1948年 米州機構（OAS）→米州の協力機構

1951〜1954年 ブラジルのヴァルガス政権成立

1951〜1954年 中米グアテマラに左翼政権成立
→アメリカが扇動した反革命勢力によって崩壊

1959年 キューバ革命
→バティスタ政権を打倒したカストロが政権を握る

1961年 キューバ、社会主義宣言
→ラテンアメリカで最初の社会主義国となる

1962年 キューバ危機
ソ連がキューバにミサイル基地を建設→米ソの対立へ

1970年 チリで社会主義者のアジェンデが大統領に選ばれる

1973年 チリでピノチェト将軍によるクーデタ→大統領死亡

最後の門 下の問題は大学入試問題を出典にした問題です。答えなさい。

問1 1965年に北ベトナムへの爆撃を開始したアメリカ大統領の名を何というか。 （中央大・改）

問2 ベトナムに関連して、次の1〜4の文章の中から、誤りを含む文章を1つ選びなさい。

1 ベトナム独立同盟会を組織していたホー＝チ＝ミンは、ベトナム民主共和国の独立を宣言したが、フランスはこれを認めず、両国はインドシナ戦争に突入した。

2 フランスはバオダイを元首とするベトナム国を樹立したが、ディエンビエンフーの戦いに敗れ、ベトナム民主共和国とジュネーヴ休戦協定を結び、ベトナムから撤退した。

3 ジュネーヴ休戦協定の調印を拒否したアメリカは、ゴ＝ディン＝ジエムを大統領とするベトナム共和国を支援し、ゴ＝ディン＝ジエム政権が倒れた後も北爆や地上軍派遣など軍事介入を進めた。

4 ベトナムからの米軍の撤退が完了すると、ベトナム民主共和国と南ベトナム解放民族戦線はベトナム共和国の首都サイゴンを陥落させ、パリでベトナム和平協定を成立させた。

（慶応大・改）

ベトナム和平協定

『ゲバラ日記』
Diario de Che Guevara

エルネスト＝チェ＝ゲバラ。アルゼンチン出身。「お坊ちゃま」に生まれたゲバラは喘息もちの虚弱児だった。

勉強が優秀だったゲバラはブエノスアイレス大学医学部に合格。ごほうびに親から買ってもらった小型バイクに乗って南アメリカ1周旅行に出る。この時、彼は初めて南アメリカの極端な貧富の差をその目で見た。むさぼるように社会主義の本を読んだゲバラはとうとう社会主義者になる。

メキシコにわたった医師ゲバラは、共産党の同志たちにアルゼンチン方言の「チェ」（君、お前）で気軽に呼びかけたため、いつの間にか「チェ＝ゲバラ」と呼ばれるようになった。このメキシコで、ゲバラはキューバ人の社会主義者フィデル＝カストロと出会い、ともにキューバ革命を戦うことになる。キューバでゲバラは同志とともに山岳に立てこもり、アメリカ合衆国の操り人形としてキューバを独裁支配しているバティスタ政権とゲリラ戦で戦った。筆まめなゲバラはその苦難の日々の中、きちんと日記をつけている。

1957年7月1日「目覚めると喘息が出ていたので、終日ハンモックに寝ていた。ラジオで聞いたニュースによるとキューバ各地で反政府暴動が起こっているらしい。われわれも明日の朝、動き始めることにする」

7月7日「朝早く行軍を始め、とてつもない山をよじ登った。松林を抜けるとバナナ園に出た。バナナ園で働いている黒人の少女たちがイモをゆでてくれたので本当に助かった。太っちょの同志が行軍に音をあげて、脱退したいと言い始めたので許してやったら、尻に帆をかけて逃げてしまった。黒人の少女たちが、この先は警備兵がわんさかいることを知らせてくれた。少女たちの情報には感謝しつつも、われわれは予定通り行軍することにした」

（『チェ＝ゲバラ革命日記』より要約）

その勇敢さと戦略によって司令官となったゲバラは1958年12月31日の大晦日の日にキューバ中部の都市サンタ＝クラーラを陥落させ、バティスタ大統領は翌日、首都ハバナから逃亡した。1959年1月2日に革命軍はハバナに入城する。ゲバラは革命政府で経済・貿易大臣に就任し、1959年7月に日本にも貿易交渉で訪れたことがある。

日本では池田勇人通産大臣や福田赳夫農林大臣と会談し、日本とキューバの貿易を話し合った。名古屋でトヨタの自動車工場を見学した後、広島を訪れたゲバラは原爆資料館を訪問し強いショックを受ける。「日本はこんなひどい爆弾を落としたアメリカと、なんで付き合っているのだろう！」とコメントしたと言う。

＊

キューバ政府で大臣であったゲバラは、1965年に政府の要職を辞任する。ソファーでふんぞり返る大臣様よりも、革命のためのゲリラ兵士でありたかったのだ。カストロが引きとめるのを振り切り、「別れの手紙」をカストロに渡したゲバラはキューバを離れ、ボリビアの共産ゲリラ部隊に加わって戦った。絶望的な戦いの中でもゲバラは黙々と日記を書き続けていた。この日記が『ゲバラ日記』として世界に広まることになる。

そして最期の日がきた。追い詰められたゲバラの部隊は包囲され、ついにボリビア政府軍に捕まってしまう。そして小学校の校舎でゲバラは銃殺された。1967年10月9日だった。

解答と解説 ━━━━━━━━━━━━━━━

復習ポイント の答え

1941年5月	ベトナム独立同盟会(ベトミン)結成
	→日本の支配に対抗するため、インドシナ共産党が中心となって結成(テーマ68参照)
1945年9月	ホー＝チ＝ミンによるベトナム民主共和国(北ベトナム)の独立宣言→フランスは承認せず
	インドシナ戦争(1946〜1954年)
1954年	ディエンビエンフーの戦いでフランス敗北
	ジュネーヴ休戦協定でフランスはベトナムから撤退
1955年	ゴ＝ディン＝ジエムがジュネーヴ休戦協定を無視してベトナム共和国(南ベトナム)を建国
1960年	南ベトナム解放民族戦線(ベトコン)結成
	→ゴ＝ディン＝ジエム政権打倒を目指す
1963年	ゴ＝ディン＝ジエムが暗殺される
1964年	トンキン湾事件
1965年	アメリカ空軍が北ベトナムへの爆撃(北爆)を開始
	ベトナム戦争(1965〜1973年)
1973年	ベトナム(パリ)和平協定で米軍のベトナム撤退が決定
1975年	南ベトナムの首都サイゴン市が陥落
1976年	ベトナム社会主義共和国の成立
	→南北ベトナムが統一される

アクティヴィティ の答えの一つ

　弟のロバート＝ケネディが書いた『13日間キューバ危機回顧録』(中公文庫)を読むと、ケネディ大統領の慎重な外交姿勢がわかります。歴史にifは禁物ですが、ケネディ大統領が暗殺されなかったならば、トンキン湾事件を起こさず、北爆をおこなわず、ベトナム戦争がここまで泥沼化しなかった可能性は十分に考えられます。また公民権法はケネディが署名したことでしょう。

最後の門 の答え

問1　ジョンソン　　問2　4
(解説)
問1　ケネディの死後、副大統領だった民主党のジョンソンが大統領に昇格し、北爆の決定をおこないます。
問2　1973年のベトナム(パリ)和平協定でアメリカ軍のベトナム撤退がまず決定し、その後の1975年にサイゴンが陥落しますので、4が誤っています。

76 文化大革命と中国の運命
——七転び八起きの根性で立ち上がるゾ

そんな奇形児なんて……、ベトナムはひどい目にあった国だね。

ベトナムは亜熱帯の森が茂っていて、ゲリラ兵が活動しやすかったんだ。森のため空軍の爆撃も効果が薄かったから、森を枯らせるために枯葉剤をアメリカ空軍が大量にまいたのだよ。しかし枯葉剤にはダイオキシンという催奇性の猛毒が入っていたんだね……。戦争後のベトナムは1978年にポル＝ポトが支配していたカンボジアに侵攻したり、1979年には中国と国境紛争をきっかけに中越戦争を起こしたりと動乱の日々だったけれど、1986年からドイモイと呼ばれる開放経済政策を実施してから、やっと経済的に発展できるようになったんだ。

第1幕への前奏曲 毛沢東の復讐と陰謀

さあ、1960年代の中国へ行ってみようか。テーマ67の続きだね。大躍進が大失敗に終わった責任をとって国家主席を辞職した毛沢東の後に経済政策を指導したのは国家主席となった劉少奇と、鄧小平の二人だった。この二人とも留学帰りのインテリで、しかも共産党の初期からの闘士だった。新たに国家主席となった劉少奇は有能な鄧小平とともに疲弊した中国を立て直すための「調整政策」を実施したんだ。つまり人民公社を代表する今までの農業の集団化をゆるめ、農業に市場経済を導入することを認めたんだよ。これはレーニンがやったネップ（テーマ45参照）という経済政策と似ているね。おかげで中国の経済はやっと食うや食わずのどん底から回復し始めたんだけれど、毛沢東はこれが気に食わない。

「劉少奇や鄧小平のやっていることは資本主義そのまんまやんけ！」

毛沢東は劉少奇と鄧小平の失脚をたくらんだ。二人をやっつけるならば党の中央委員会だが、委員会では二人の勢力が強いので毛沢東は別の方法をとることにした。つまり若

枯葉剤散布

ドイモイ

者をけしかけることにしたんだ。

第1幕 文化大革命の開始と展開──反抗期の若者を たきつけたあげくの大暴走

　1966年、毛沢東のひそかな指示を受けた北京の学生たちが、学校で討論会をおこない、壁新聞を貼り出した。そこで学生たちは劉少奇や鄧小平を「**実権派**」「**走資派**」(資本主義に走ろうとしている権力者たち)というネーミングで激しく非難したんだよ。ここから始まる**プロレタリア文化大革命**についてはコラムに書いておいたから参考にするといいよ。毛沢東は「造反有理」(謀反にも道理がある)と言って学生たちを支持したので、大変なことになってしまった。

　学生たちは**紅衛兵**(共産主義を守る兵士→)と名乗り、まず自分たちの学校の先生たちを古い権威主義者として血祭りにあげ、知識人たちを資本主義の手先として集会でさらし者にしたんだ。紅衛兵はそれまで威張っていた権威を引きずり下ろすことで、中国に染み付いている文化的伝統を破壊しようとしたんだね。だからこの動きを「文化大革命」、略して「**文革**」と呼ぶんだよ。

　紅衛兵はついに政府首脳部が住んでいる地域にわがもの顔で乗り込み、劉少奇などの首脳を引きずり出して、口汚く批判し始めた。ここで文化大革命の本当の目的がはっきりした。つまり文化大革命の本当の姿は学生や大衆運動を利用した毛沢東の**権力闘争**だったんだよ。こうして劉少奇は国家主席の座から引きずり下ろされ、監禁されたあげくついに亡くなってしまう。こうして毛沢東への個人崇拝は頂点に達し、彼は神となった。この文革による暴力と荒廃によって毛沢東が再び至高の権力を手にしたわけさ。

第2幕 中ソ対立の激化──兄弟ゲンカに勝つためには敵の「肉損」だって利用だぜ

　実は文化大革命が始まる前、1956年のフルシチョフによるスターリン批判の頃からソ連と中国は仲が悪くなっていたんだよ。毛沢東は前々からスターリンのやり方(農業の集団化、個人崇拝など)に追従していたから、フルシチョフの突然の方向転換に大反発したんだ。

劉少奇 　　文化大革命

第1場：中印国境紛争 ── 山のあなたの空遠く、ラマが住むと人の言う

　　中国のチベットでは**ダライ＝ラマ**(上巻テーマ53参照)が宗教的・政治的な支配者だった。中国は独立後、このチベットを軍事的に支配したのは、かつて清朝も国民政府もチベットを支配していたからだね。しかし清朝がダライ＝ラマには宗教的権威として敬意を払っていたのとは逆に、中華人民共和国政府はダライ＝ラマを古い時代の悪習の象徴として攻撃したんだよ。そこで1959年に怒ったチベットの僧侶たちなどが中国に対して反乱を起こしたけれど、鎮圧されてしまい、まだ24歳のダライ＝ラマ14世はインドに亡命したんだ。こうしてチベットを完全に掌握した中国政府は、ダライ＝ラマ14世を保護するインドと国境をめぐって争うようになった。これを**中印国境紛争**と呼ぶんだね。そして1962年には大規模な衝突が起こったけれど、結果は中国の優勢だった。1954年の周・ネルー会談の平和五原則の精神はどこへやら、中国とインドは現在でも国境問題で緊張状態にあるんだ。

第2場：中ソ国境紛争 ── 他人のケンカより兄弟ゲンカの方が恐ろしい

　　1953年のスターリンの死をきっかけに中国とソ連との間にも波風が立ってきた。毛沢東は、資本主義国との協調を認めるフルシチョフの平和共存政策(テーマ72参照)が許せない。**「ブルジョワと仲良くしてどうするっ！　共産主義者なら一国社会主義を目指すのが筋というもんだろう」**。そして中印国境紛争の時、ソ連が敵のインドに武器援助をしたのも許せなかった。そして結果として、国境線をめぐっての**中ソ国境紛争**が頻発するようになってしまったのだ。とうとうウスリー川の川中島であるダマンスキー島(珍宝島)をめぐって1969年に大きな武力衝突が起こってしまったんだ。ちょうど文革の真っ最中だったんだね。この時の兵士たちの殴り合いとドツキ合いの騒ぎは、同じ社会主義国家同士でも争いは起こることを立派に証明してしまったよ。

　🧑‍🦰〈**和睦の道は……ないのでしょうか？**

第3場：ニクソン訪中 ──「敵の敵は味方」で結ばれた皮算用の友情

　　ソ連との仲が険悪化した時、毛沢東は考えた。まずソ連と争うには、国際的に孤立している中国を世界に承認してもらう必要がある。中華人民共和国は1971年に台湾に代わって国連に加盟することに成功したので、次にアメリカとその子分である日本に狙いをつけたんだ。

ダライ＝ラマ14世

チベット　中国

インド

中印国境紛争

「ソ連相手には中国は旗色が悪い。人口はこっちが多いが、ソ連には核兵器やミサイルが多くあるしな。そこでアメリカと仲良くなるのはよい作戦だ。ま、『敵の敵は味方』と言うしな。え、イデオロギーがまったく違う？　まあ背に腹は代えられぬものだ。大統領のニクソンだって政治家だから、ウチと組むことが対ソ連外交で有利になることは察しがつくだろう。アメリカと組めば貿易の利益もあがることだし」

というわけで、ソ連との対立が絶頂に達した時、毛沢東はアメリカに接近を始めたのさ。それまでと180度違う外交政策の転換に周囲は腰を抜かして驚いたが、毛沢東が決めたことだから誰も文句が言えない。大統領補佐官の**キッシンジャー**と中国首相の周恩来の努力で、ついに**1972年2月にアメリカのニクソン大統領の中国訪問が実現した**。まあ、ニクソンは反共で有名で、マッカーシーの赤狩りの時は大活躍した人物だが、さすがにタヌキの大政治家でね、満面の笑顔で毛沢東と握手していたよ。これでアメリカは事実上、中華人民共和国を承認したわけさ。同じ**1972年9月に日本の田中角栄首相が中国を訪問**し、日中共同声明を出して**日中国交正常化に成功**し、78年には**日中平和友好条約を締結**しているよ。なお、米中国交正常化が実現したのは後の1979年なので、<u>中国訪問はニクソンが田中より早いけれど、国交正常化は日本の方がずっと早いことに注意だねっ</u>。これらの国交正常化により日米とも台湾政府と断交することになったんだ。

第3幕 毛沢東の死と新しい路線──「小さな巨人」の大活躍と大弾圧

　ベトナムが統一された1976年は運命の年でね。まず1月に周恩来首相が死亡した。世界的に尊敬されていた大政治家だったから、民衆の悼みは深かった。天安門広場には多くの花輪が捧げられたが、文革を指導していた毛沢東夫人の江青を中心とする**四人組**がこの花輪を撤去してしまったので、怒った民衆が天安門広場で暴動を起こしたんだ。これを**第1次天安門事件**と呼ぶんだよ。そして同じ**1976年9月に毛沢東が死亡**した。彼の死は大きな変化を社会にもたらしたね。

　まずは<u>文化大革命の終了</u>だ。元々毛沢東の権力闘争だったから、彼が死ねばそこでおしまいだ。周恩来の死後に首相となった華国鋒によって、文革を率いていた毛沢東の腰ぎんちゃくの四人組は逮捕されてしまった。これで中国の混乱もやっと一段落だね。さて、

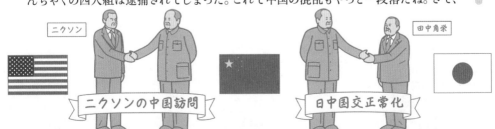

ニクソン

ニクソンの中国訪問

日中国交正常化

田中角栄

毛沢東の後継者と思われた華国鋒はその無能を批判されて失脚してしまう。中国の新たな実力者となったのは文革の被害者鄧小平だった。彼は、農業・工業・国防・科学技術の分野での近代化を目指す「四つの近代化」を新中国の目標に掲げたんだ。この「四つの近代化」は元々は周恩来がとなえた考えだったけれども、文革で実行できなかったんだよ。鄧小平は背は低かったが強い指導力を持った「小さな巨人」でね、1978年以降、改革・開放政策を打ち出したんだ。まず生産性が低かった人民公社を解体し、経済特区を作って外国資本を導入し、市場経済を取り入れたんだね。え？　難しい？　つまり中国の経済体制に「もうけ」と「効率」を第一とする資本主義を取り入れたんだよ。ここから中国経済の急激な成長が始まったんだ。しかし、外国の技術ばかり取り入れても、文化や制度を取り入れなければ、まったく「中体西用」だね。1989年に東ヨーロッパで社会主義政権の動揺が起こると、中国でも自由化を求める大規模なデモが起こるようになったんだ。特に北京の天安門広場での学生たちのデモはすごかった。この時、趙紫陽総書記ですら学生たちに同調する姿勢を示したんだよ。ところが改革を始めた鄧小平は学生たちのデモに大激怒。1989年6月に保守派の李鵬首相を動かして天安門広場に軍隊を導入、学生たちを逮捕して、デモを鎮圧してしまった。これを第2次天安門事件と呼ぶんだよ。

復習ポイント

文化大革命前後の中華人民共和国の対外関係の流れをまとめてみよう。

アクティヴィティ

二つの天安門事件で民衆の要求が受け入れられていたら中国はどうなっていたと思いますか。

四つの近代化

中国現代史年表

1962頃～1966年	劉少奇と鄧小平による「調整政策」→経済回復
	「この二人による改革経済政策を一般には『調整政策』と呼ぶんだよ」
1966年	プロレタリア文化大革命（文革）開始
	→紅衛兵を使った毛沢東の権力闘争→劉少奇の失脚と死
	→文化の破壊と大量虐殺、生産の低下を引き起こす
1971年	軍の実力者、林彪が毛沢東暗殺をはかり失敗
	→亡命をはかるが飛行機事故で死亡（林彪事件→コラム参照）
1972年	アメリカ大統領ニクソンが訪中、中国を事実上承認（2月）
	田中角栄首相訪中→日中国交正常化（9月）
1976年	周恩来首相死亡（1月）→第1次天安門事件へ
	毛沢東死去（9月）→文革の終了と四人組の摘発
1978年	鄧小平による改革・開放政策→「四つの近代化」へ／日中平和友好条約締結
1989年	第2次天安門事件→学生のデモを軍隊が弾圧

最後の門 下の問題は大学入試問題を出典にした問題です。答えなさい。

問1 次の文の下線部①～③について、正しい場合は記号アを、誤っている場合は正解を書きなさい。

中国では、1958年に開始された①改革・開放政策が失敗すると、国家主席となった②胡耀邦が急進的な社会主義を緩和する政策をとった。これに反発した毛沢東や軍の指導者であった③鄧小平らは、1966年からプロレタリア文化大革命を呼びかけ指導権の奪還をはかったが、国内に深刻な混乱をもたらす結果となった。

（関西大・改）

問2 1976年に毛沢東が死去すると、文化大革命推進派の①林彪らが逮捕され、文化大革命は終結した。その後、鄧小平を中心とする新指導部のもとで②「四つの近代化」などの改革開放路線が推進された。対外関係では、1964年にフランスの（　１　）大統領が中華人民共和国を承認し、1971年には国連における中華人民共和国の代表権が認められた。

1. 下線部①の人物名が正しければアを、誤っていれば正解を書きなさい。

2. 下線部②の「四つの近代化」に含まれないものを選びなさい。すべて含まれる場合はオを選びなさい。

　ア．農業　　イ．工業　　ウ．芸術　　エ．科学技術

3. （　１　）にあてはまる人名を書きなさい。

（南山大・改）

第2次天安門事件

文化大革命
とは何か？

毛沢東はゲリラ戦術では卓越した指導者であり、革命と動乱の中でこそ実力を発揮できる男であった。しかし経済政策はからきしダメで、社会主義イデオロギーを強引に適応しようとしては失敗していた。1958年からの「大躍進」で中国では約2000万〜4500万人もの餓死者が出たと言う。

さすがに毛沢東は「大躍進」失敗の責任をとって国家主席を辞任した（党主席にはとどまった）。次の国家主席の劉少奇は鄧小平と組んで経済の活性化に成功したが、これが毛沢東のシャクにさわった。

ムカついた毛沢東は、1966年についに「**プロレタリア文化大革命**」を発動する。

＊

北京大学の壁新聞から事件は始まった。

「われわれは毛主席を守り、『**実権派**』『**走資派**』（ブルジョワ資本主義に走ろうとしている権力者たち）と最後まで戦う決意である！」

これは毛沢東の宣戦布告であった。あっという間に火が広まった。

文化大革命で毛沢東が自分の手足として使ったのが「**紅衛兵**」である。「毛沢東に絶対の忠誠を誓い、資本主義や権威主義と戦う青少年」を紅衛兵と呼ぶ。親や学校に不満を持っている反抗期の青少年を毛沢東直属の兵士に仕立て上げ、たきつけたのだ。

「ブルジョワ的権威主義に染まっている親や先生に反抗しろ！　かまわん、私が許す！『造反有理』（謀反にも道理がある）だ！」

紅衛兵になった青少年は、大喜びで親や先生に暴力を振るい、さらし者にした。紅衛兵は赤い表紙の『毛沢東語録』をふりかざし、学校を閉鎖した。文句を言う者は「走資派」とされ、三角帽子をかぶせられ、引き回された後、投獄されたり、処刑されたりした。

中国中が大混乱に陥った。この混乱こそ毛沢東の狙いだったのだ。

いよいよ毛沢東は目的に迫った。紅衛兵たちは政府要人が住む中南海地域に押しかけ、劉少奇と鄧小平を「実権派」として糾弾し始めたのである。引きずり出された劉少奇は党籍を剥奪され、病気を放置されてベッドにしばり付けられたまま、排泄物にまみれ1969年に死んだ。鄧小平も殺されかかったが、「あいつはまだ使える」という毛沢東の一声で、命ばかりは助かった。

文革を指導していたのは、毛沢東の部下である軍人の林彪である。ところがこの林彪が些細なことで毛沢東の怒りにふれた。うろたえた林彪は毛沢東を暗殺しようと試み、失敗したあげくソ連に飛行機で逃げようとして、墜落してしまった（「林彪事件」1971年）。

林彪亡き後、文革を率いたのは毛沢東夫人の**江青**を中心とする「**四人組**」であり、文革の暴力をいっそうあおり立てたのである。

＊

紅衛兵は暴走し始めた。彼らは美術館や博物館まで押しかけて展示物を破壊し始めた。慌てた周恩来首相は美術品の上に毛沢東の写真などを貼り付けた。そうすれば破壊されなくて済んだからである。

町には秩序が無くなり、毛沢東の名前を絶叫する紅衛兵の仲間割れと分裂が始まった。面倒くさくなった毛沢東は「若者よ、農民に学べ」というスローガンを立てて、紅衛兵たちを農村や田舎に追放してしまった。これを「**下放**」と言う。さっさと不良少年たちをやっかい払いした毛沢東は次の手をねっていた。それは<u>アメリカとの和解である</u>。

文化大革命前から中国は外交に前向きだったけれど、ソ連との仲が険悪化すると、新たな味方と仲間を探し、見出すようになった。以下の表の四角は中国国内の事件、*斜体字*は**対立**や**紛争**、**丸ゴシック**は**友好**を意味します（1950年代の中国の外交関係はテーマ67を参照のこと）。

1950年	イギリス（アトリー内閣）が中華人民共和国を承認
1956年	*フルシチョフによるスターリン批判→中ソ関係悪化*
1959年	*チベットのダライ＝ラマ14世がインド亡命*
1959〜 1962年	*中印国境紛争（インドと中国の対立→中国が優勢）*
1964年	**フランス（ド＝ゴール）が中華人民共和国を承認**
1960年代	*中ソ国境紛争→ダマンスキー島（珍宝島）衝突事件（1969年）で頂点に*
1966年	文化大革命発動
1971年	中華人民共和国が国連で代表権を獲得
1972年	**ニクソン訪中（2月）→米中国交正常化（1979年）へ** **田中首相訪中（9月）→日中国交正常化（1972年）へ→1978年に日中平和友好条約締結**
1976年	毛沢東の死と文化大革命の終了
1979年	*中越戦争＝ベトナムのカンボジア侵攻を批判した中国がベトナムと交戦→経験豊富なベトナムの勝利*

天安門広場は、世界史には何度も登場します（例えば1919年の五・四運動など）。広場は民衆が政治的要求をおこなう最大の場で、2回の天安門事件はいずれも中国人民が一党独裁批判と自由化を求めた事件と見てよいでしょう。もし天安門広場での民衆の要求が受け入れられていたら、中国の政治自由化はいっそう進み、共産党の一党独裁体制は崩壊したと思われます。しかし、ソ連と同じように強大な共産党の崩壊は中央集権体制の瓦解と、かつては植民地（藩部）だった地方の自治区の反乱と独立を引き起こしてしまったでしょう。となると中華人民共和国の国力は急速に減少してしまうことが予想されます。

問1　①　大躍進（政策）
　　　②　劉少奇　③　林彪
問2　1　四人組（もしくは江青）
　　　2　ウ　3　ド＝ゴール

（解説）

問2の南山大の問題がやっかい。2の「すべて含まれる場合はオを選びなさい」が難しい。でも、よく覚えていれば対処はできます。「四つの近代化」は農業・工業・国防・科学技術のジャンルの近代化であって、芸術は含まれない（文化大革命で懲りたしね）。中国の外交関係は意外に試験に出るので、復習ポイントのようにまとめておくと便利です。

77 20世紀後半のアジア諸国
──マオイズムか開発独裁か……！

そんでね、中国はどうなったのかなってさ？

うん、天安門事件は世界中の非難をあびたけれども、中国は現在でも共産党の独裁さ。ただし資本主義を積極的に取り入れたため、文革の頃とは違って中国は経済的には大成長したね。今ではGNPがアメリカに次ぐ世界第2位さ。そしてまた<u>1997年にイギリスから香港が、1999年にはポルトガルからマカオが返還されたんだ</u>。それと言うのも、1898年にイギリスが香港の北にある九竜半島を租借した時の、レンタル期間が99年間だったからなんだよ（テーマ37参照）。

第1幕 東南アジア──東西交易の中心地が東西冷戦の修羅場となる

第1場：カンボジア ── やっぱり王様にシメてもらった方がよい……

毛沢東（もうたくとう）の思想は「武力によって今までの価値観を壊し、農業中心の共産社会を作る」ことが中心だった。これを毛沢東の名前から毛沢東思想（マオイズム）と呼ぶ。このマオイズムが世界に広まってしまってね。これが極端な形であらわれたのが東南アジアのカンボジアだった。

カンボジアは**シハヌーク**が治めていた国だね。しかし、王様なのに社会主義者だったシハヌークのカンボジアは東西冷戦の格好の舞台になってしまったんだ。詳しいことはテーマ69のコラムを読んでもらいたいね。特に1973年に**ベトナム（パリ）和平協定**を結んで、アメリカがベトナムから撤退した時に、中国との結び付きが深い社会主義勢力「赤色クメール」（クメール＝ルージュ）（→）の勢力が優勢となり、1975年にカンボジア全土を武力で掌握したんだ。この赤色クメー

カンボジア

赤色クメール

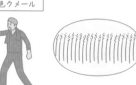

ポル＝ポト

ルの親分こそ**ポル=ポト**で、農業を中心とする共産主義の指導者だったんだ。結論から言うと、ポル=ポトの支配により200万人以上のカンボジア人が敵対分子として虐殺されてしまったんだ。しかし1976年に毛沢東が死ぬと、1978年にはソ連の後押しを受けたベトナムがカンボジアに攻め込み、ポル=ポトの勢力は弱体化してしまった。この侵攻でカンボジアは大混乱となったが、最後にシハヌークが1993年に王様に復帰することによって、ようやっとカンボジアに安定の道が見えてくるようになったよ。1998年以降は**フンセン**が政権を握り、ASEAN加盟を果たしたんだね。

第2場：インドネシア ──「ナサコム」はコンピューターじゃないぞ

　東西に分裂した世界の中で、社会主義に理解があった支配者はシハヌーク以外だと、インドネシアの**スカルノ**大統領だったね。「独立の父」として強い指導力を発揮した大統領だったけれど、あまりにも多い島々に分かれ、多様な文化をあわせ持つこの地域を治めていくのは大変だった。そこで1960年頃からスカルノが**ナサコム**（NASAKOM）という政策をとなえ始めるようになったんだ。これはね、NASはスカルノ率いる国民党のことで、Aは宗教、つまりインドネシア国民の多くが信じるイスラーム教のこと、そしてKOMは共産党を意味するんだ。つまり「国民党」＋「イスラーム教」＋「共産党」の統一戦線で国を運営していこうという政策だったよ。社会主義に理解があったスカルノだったから目指すことができた路線だったんだね。

　しかしスカルノ大統領はけっこうお騒がせ屋さんでね。アメリカと離れて中国やベトナムに近付いたり、1955年にはバンドンでのアジア＝アフリカ会議を主催したり（テーマ73参照）、マレーシアと国境問題で争って1965年に国連から脱退したりといろいろとご活躍だったんだ。そのためアメリカは自分の言いなりにならないスカルノを「共産主義に染まっている大統領」として強く警戒するようになったんだね。

　そこでアメリカの後押しで1965年9月30日に**九・三〇事件**が起こってしまった。これはナサコムに反対する軍部が、この日に一斉に共産党を弾圧した事件なんだよ。この軍部の反乱でインドネシア共産党は今にいたるまで壊滅状態となり、共産党をアテにしていたスカルノ政権も崩壊してしまったね。そして権力を握った軍部の親玉**スハルト**将軍はアメリカの後押しで大統領となったんだ。スハルト大統領の政策は前任者スカルノと逆の親米路線で、アメリカの後押しでさっそく1966年に国連に復帰しているよ。スハルトはアメリ

スカルノ　　NASAKOM　　インドネシア

カや日本から借りた巨額の資金を自国のインフラの開発や近代化などに投資したんだ。このような政府主導の経済政策を優先させるための独裁政治体制を**開発独裁**と言うんだよ。自国の近代化には貢献した開発独裁だけれども、独裁ゆえの腐敗や不正が多いのが欠点だ。スハルト大統領も一族による利権の独占が問題になり、1998年についに大統領を辞任したんだよ。

第3場：マレーシア ──「マレー人えこひいき政策」が裏目

イギリスが支配していたマレー連合州（テーマ27参照）でもやっぱり戦後に独立運動が盛んになった。ただし、このマレー半島を中心とする地域は一筋縄ではいかなかったね。なぜなら現地人のマレー人（ムラユ人）以外に出稼ぎに来ていた中国人やインド人もここでは強い勢力を持っていたからだよ。そのために独立が遅れて、1957年に**マラヤ連邦**がやっとこさ建国され、さらに1963年にマラヤ連邦に、シンガポール＋サラワク＋サバが加わった**マレーシア**がイギリス連邦の一員として成立したよ。このうちボルネオ島（カリマンタン島）の北部にあるサラワク州とサバ州の位置を知っておこう（→）。元々はイギリス人が持っていた地域なんだけれど、改めてマレーシアに加わったわけなんだ。問題だったのは**シンガポール**だ。

ラブアン
ブルネイ　サバ州
サラワク州
インドネシア

元々マレーシアではムラユ人を社会的に優遇する政策がとられていたのだけれども、これを**ブミプトラ政策**、公共ではアファーマーティブ＝アクション（積極的格差是正処置）と呼ぶよ。社会的弱者を救済する政策なんだが、この政策にシンガポール経済を握る中国系住民が反対して、1965年にマレーシアから分離して**シンガポール共和国**を作ってしまった。さて、このシンガポールでは20世紀後半に**リー＝クアンユー**首相が強い指導力を発揮して、アジア第一の貿易港にまで成長させたんだ。その秘密はシンガポールを**タックス＝ヘイヴン**と呼ばれる無関税港にしたことにあるんだ。またマレーシアでは**マハティール首相**が20世紀末に**ルックイースト政策**、つまり「日本に学べ」運動をおこなって経済成長を進めたんだ。現代の「ドンズー運動」（テーマ42）だね。

第4場：ビルマ ──「男が腰巻っ!?」「いいえ、これが正装だよ」

インドのすぐ東にあるビルマは、テーマ52に書いてあるように、イギリスの植民地だったけれど、**タキン党**の党首の**アウン＝サン将軍**の活躍で1948年に晴れて独立を手にします。あ、そうそう、ビルマはイギリス連邦に入っていないから気をつけてね。しかしアウン

＝サン将軍は独立を見ることなく暗殺されてしまったん
だ。中心人物を失った建国初期のビルマはウー＝ヌ政権
のもとで混乱状態にあったね。そこでネ＝ウィン**将軍**を中
心にした軍部が1962年にクーデタを起こし、軍部中心の
政党が強権政治をおこなったんだ。それは「ビルマ的」社
会主義というもので、外国の企業を接収して国営化し、
学校も皆公立化してしまったんだ。いわゆる「外人締め
出し」と「ビルマ人中心主義」だね。ビルマ人男性が「ロン
ジー」（→）という伝統の腰巻風スカートを身に着けている

のも「ビルマ人中心主義」のあらわれだよ。軍部中心の政
権は民主主義運動を弾圧したので、1988年には不満が爆発し、民主化運動が激化して
しまった。この運動の中心人物がアウン＝サン将軍の娘**アウン＝サン＝スー＝チー**氏な
んだ。この状態を危惧した軍部は1988年に治安維持を名目に全権を掌握し、軍部が直接
にビルマを支配するようになったね。

　この軍事政権が1989年、ビルマをミャンマーという国号に変えたんだよ。アウン＝サン
＝スー＝チー氏は軍部によって長年、自宅に軟禁されていたけれど、2010年代に政界に
復帰した。彼女は国内に住むイスラーム系少数民族のロヒンギャを迫害した責任を問わ
れているね。そして、2021年ミャンマー国軍によるクーデタで再び拘束されている。

| 第2幕 | **朝鮮半島── 38度（線）を境に熱が上がったり下がったり** |

第1場：朝鮮戦争後の大韓民国 ── まさか死刑囚が大統領にっ！

　今度は日本の隣国の**韓国**（大韓民国）を中心に見ていこう。朝鮮戦争の時の大統領、**李承**
晩（イ スン マン）はその強引な政治に反対した学生や民衆の運動のあおりを受けて

1960年についに大統領を辞任してしまった。その後、政権は無力な状
態が続いたが、1961年に軍人の**朴正熙**（パクチョン ヒ）（→）がクーデタを起こして全権
を掌握し、強力な独裁政治をおこなったんだ。その詳細はコラムを読ん
でほしいね。まあ朴正熙の政治は典型的な**開発独裁**だったけれど、彼の

シンガポール

マレーシア

インドネシア

リー＝クアンユー

シンガポール港

おかげで韓国が経済的に発展できたことは確かだね。朴正熙大統領が1979年に暗殺された後、韓国でも民主化運動が盛んになり1980年には学生や労働者が民主化を訴える光州事件が起こったんだ。朴正熙の後に大統領になった**全斗煥**大統領は軍人時代に、光州事件を力で弾圧したんだよ。しかし、この事件以降、韓国の政治に民主化の動きが反映されるようになり、1987年には当時大統領候補だった軍人出身の**盧泰愚**によって**民主化宣言**が出され、韓国の政治や言論の自由が保証されたんだ。翌年の1988年に盧泰愚は大統領に就任し、外交でも活躍したんだよ。同年におこなわれた**ソウル＝オリンピック**をきっかけに1990年にソ連と国交を結び、1991年には**南北朝鮮の国連同時加盟**を実現したね。また1992年には韓国は中国とも国交を結んでいるよ。1992年の大統領選挙で当選した**金泳三**は根っからの政党人で、32年ぶりの文民政権だったね。そして1998年に大統領になったのは**金大中**だった。彼も政党人で、一時は朴正熙の迫害で日本に亡命していたけれど、東京のホテルから韓国の秘密警察に拉致され、韓国の法廷で死刑判決を受けた人物だった。大統領となってからは北朝鮮との対話に努めたが、これはイソップ童話の「北風と太陽」のたとえから**太陽政策**と呼ばれるよ。その結果、2000年に**金正日**と初めての南北朝鮮首脳会談を平壌でおこなうことができたのさ。

第2場：朝鮮民主主義人民共和国 —— はっきり言って金王朝

うーん、朝鮮民主主義人民共和国、いわゆる北朝鮮についてはあまり僕は言及できないな。秘密が多いからね。言えることは**金日成**主席は**主体思想**をとなえ、自力で社会主義国を作っていくことを宣言したんだ。そして北朝鮮の指導者は金日成から息子の**金正日**、さらに孫の**金正恩**へと血縁でつながっているんだね。これでは王朝だよ。

642

復習ポイント

20世紀後半の東南アジア史を国ごとの表にしてまとめてみよう。

アクティヴィティ

日本と韓国はなぜ憎しみ合う関係になってしまうのでしょうか。

ビルマの民主化運動

韓国現代史年表

1960年	学生や民衆の運動により李承晩が大統領辞任→亡命
1961年	朴正煕が軍事クーデタで権力を握り、1963年に大統領へ
1965年	日韓基本条約締結→国交回復と日本からの経済援助 「この時の日本側首相は佐藤栄作だったよ」
1979年	朴正煕大統領が側近によって暗殺される →軍人出身の全斗煥が大統領に（1980年）
1980年	光州事件が起こり、多数の市民が軍によって弾圧される
1987年	民主化を求める市民に対し民主化宣言が出される
1988年	軍人出身の盧泰愚が大統領となり外交で活躍 「外交上の協調政策はやっぱり盧泰愚大統領の時だね」
1990年	韓ソ国交樹立
1991年	南北朝鮮、国連同時加盟
1992年	中韓国交樹立
1993年	金泳三が大統領に就任→32年ぶりの文民政権
1998年	金大中が大統領に就任
2000年	初の南北朝鮮首脳会談が平壌で実現

最後の門 下の問題は大学入試問題を出典にした問題です。答えなさい。

問1 大韓民国の1990年頃の動きに関し、できごとが起こった順序として適切なものを選びなさい。

① 民主化宣言→ソウル五輪→韓ソ国交樹立→中韓国交樹立→国際連合加盟

② 民主化宣言→ソウル五輪→国際連合加盟→中韓国交樹立→韓ソ国交樹立

③ 民主化宣言→国際連合加盟→ソウル五輪→中韓国交樹立→韓ソ国交樹立

④ 民主化宣言→ソウル五輪→韓ソ国交樹立→国際連合加盟→中韓国交樹立

（慶応大・改）

問2 1975年にカンボジアで成立し、農業を基盤として共産主義社会の建設を強行し、反対者を多数
処刑した急進左派政権はどれか。

a. シハヌーク政権　　b. ポル＝ポト政権

c. ネ＝ウィン政権　　d. フンセン政権

（上智大・改）

金大中　　金正日

朝鮮半島

朴正熙大統領の「漢江の奇跡」

朴正熙は1917年に慶尚北道の墓守の家に生まれた。生家は学校に弁当を持って行けないほど貧しかった。栄養失調のために生涯、背は小さいままであったが、勉強は抜群にできた。

朴正熙は国民学校の日本人教師のすすめで満洲の士官学校に入学し、首席で卒業した。卒業式では他の日本人たちを抑えて卒業生代表として答辞を読み、東京の陸軍士官学校に迎えられている。朴正熙が終生、日本に対し好感を持っていたのは、極貧家庭出身の自分を実力で評価してくれた周囲への感激があったからだ。日本の敗戦後はアメリカ軍が作った警察学校に入ったものの、しばらくは鳴かず飛ばずの生活だった。しかし朝鮮戦争をきっかけに朴正熙の爆発的な出世が始まる。勇敢かつ汚職と一切無縁の清廉な性格が周囲の尊敬を集めたのだ。

*

1960年、大韓民国は激動の嵐を迎えていた。反日反共の李承晩大統領の保守的な石頭政治に、学生たちが反対運動を起こしたのである。かたくなな李承晩もついに大統領を辞職し、ハワイに亡命せざるを得なかった。当時の大韓民国は、北朝鮮にくらべはるかに混乱した貧しい国だった。国難の時に将校団が革命やクーデタをたくらむのはトルコやエジプトと同じで、韓国の場合その根底には共産主義に対する危機感があった。そして軍のクーデタを率いたのが若き朴正熙少将だった。

1961年、クーデタは成功した。1963年に大統領に就任した朴正熙は、1965年に**日韓基本条約**に署名する。その内容は、**日本と韓国との国交回復と、日本からの多額の経済援助**であった。日本はかつて朝鮮半島を支配していた国であり、強制徴用や慰安婦問題が懸案としてあった。日本側は被害者への多額の慰謝料を含めた経済援助を申し出、この基本条約をもって植民地時代の問題の決着をつける方針を示してきた。

朴正熙大統領はこの方針をやむを得ないと思った。日本の個人的賠償について細かい注文をつければ、日本の資金はいつまでも手に入らないだろう。朝鮮戦争で荒れ果てた祖国を立て直すには多額のカネが必要だったのだ。日本やアメリカから得た巨額の賠償金や援助金を、朴正熙大統領は個人的慰謝料を無視して経済開発につぎ込み、高速道路の建設やインフラ整備に力を入れた。そして韓国は急激な経済発展をとげるようになった。これを「**漢江の奇跡**」と呼ぶ。

ただし朴正熙自身は「子孫に美田を残さず」という西郷隆盛の言葉を愛し、私腹を肥やすことは一切しなかった。日常生活も質素そのもので、マッコリ酒を飲む時のつまみは唐辛子のみだった。

*

しかし朴正熙大統領にも「独裁強権政治家」という欠点があった。反対勢力に対しては軍や警察を使って平気で弾圧した。日本に亡命していた政敵の金大中を秘密警察に誘拐させ、韓国へ拉致し、監獄にブチ込んだことは朴正熙大統領の汚点となった。

1974年に夫人がテロリストの銃撃にあい、目の前で射殺された事件は愛妻家であった朴正熙大統領に強いショックを与えた。それ以来、彼は人を信用しなくなり、強権的な政治に固執するようになった。

1979年、身内だけの宴会の最中に朴正熙大統領は一番信頼していた側近によって射殺されてしまう。享年61歳。

復習ポイント の答え

現代東南アジア史を時系列でまとめてみると、長期の独裁政権が多いことに気付きます。（↗）

長期政権の多くはアメリカの援助による開発独裁で、その多くは民主化運動によって倒されています。

年代	カンボジア	インドネシア	マレーシア	ビルマ
1962年				ネ＝ウィン政権
1963年			マレーシア成立	
1965年		九・三〇事件でスカルノ失脚	シンガポールが分離独立	長期独裁
1968年		スハルト政権		
1970年	ロン＝ノル政権			
1975年	ポル＝ポト政権（1979年に崩壊）	長期独裁		
1978年	ベトナム軍侵攻			
1981年		（1998年に退陣）	マハティール政権（〜2003年、2018〜2020年）	民主化運動によりネ＝ウィン政権崩壊（1988年）

アクティヴィティ の答えの一つ

かつて日本が朝鮮半島を植民地化したという歴史は大きいと思います。そのために一部の日本人が在日コリアンに持つ差別意識や偏見は、はっきり言って現在でも一部残っています。こういう殴られた痛みというものは殴られた人間でないとわからないものです。その痛みゆえに韓国が主観的な感情を日本の歴史にぶつけてくることが目立っています。また反韓・反日がポピュリズム政府にとって都合がよいため、政治宣伝に利用されることも多いと思われます。かつてドイツの歴史家ランケがとなえたように冷静に「そもそも歴史はどうであったか」を見つめ、その結果をお互いに共有し合うことが反感解決の地道な一歩だと考えます。

最後の門 の答え

問1 ④ 問2 b

（解説）

問1 難問です。ポイントは二つ。①民主化宣言は次の年の1988年のソウル五輪成功のために出された宣言であること。②南北同時国連加盟は韓ソ国交樹立と中韓国交樹立に挟まれた期間におこなっていること、を知ってください。

問2 cのネ＝ウィンだけはビルマの政治家。それ以外は皆カンボジアの政治家。

78 冷戦の終わり
──両横綱とも経済問題の「モロ出し」で敗北

前回、チラっと出てきたASEAN（アセアン）ってなあに？

これは、東南アジア諸国連合のことさ。1967年に結成された東南アジアの経済協力のための組織だよ。最初の加盟国はインドネシア・マレーシア・シンガポール・フィリピン・タイだ。元々は反共組織だったけれど、71年から政治や経済で助け合う連合になったんだね。
東南アジアでは反共軍事同盟のSEATO（テーマ69参照）が作られていたけれど、ベトナム戦争の終了でSEATOは解散してしまった。しかしASEANの方はぐんぐん成長し、現在は東南アジアのほとんどの国が加盟しているよ。やっぱり軍事より経済の方が大切なんだよ。

う〜ん、「箸は剣より強し」だねっ！

第1幕 ベトナム戦争後のアメリカ──アメリカ帝国の衰退と逆襲

第1場：ドル＝ショックの巻 ──「もう金とは換えまへん。おおきに」

　まず西の横綱アメリカからやろう。第二次世界大戦後はドル中心のブレトン＝ウッズ体制のもとでアメリカ経済が発展してきたよ。でも、その経済も1970年代以前からまずい状態になってきたね。その理由はやっぱりベトナム戦争への介入だよ。軍事費ばかり増えて財政赤字に苦しむようになったアメリカは自国の通貨であるドルを何とかしなければならなくなったのさ。

よくわからんですね。赤字とドルって何か関係があるのっ？

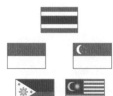

アリアリだね。世界経済がドルを中心に動いていたのは、ドルが「強い」貨幣だったからだよ。ドルは**金本位制**と言って、いつでもゴールドと交換できたし、世界の為替相場は常に固定されている固定相場制だったから、ドルが安定して高い価値を持っていたんだね。ドルが価値があって高く取引されると、ドルの高い利子に惹かれて世界中のお金がアメリカに集まるようになる。おかげでアメリカの銀行や財政はかなり豊かだったんだ。しかし、ベトナム戦争でアメリカの財政が苦しくなってくると、その強いドルがアメリカの足を引っ張るようになったんだ。ドル高だとアメリカ製品を海外に輸出する際に不利になってしまうし、逆に対外レートが安かったドイツのマルクや日本の円の方が貿易では有利に働いて、車や機械の分野の輸出で大もうけするようになったんだ。しかも「ドルはゴールドといつでも交換できる」ということは、いったんアメリカ経済がまずくなってくると世界の銀行家は持っているドルをゴールドに変えようとするから、アメリカからゴールドがなくなる事態になってしまう。そうなったらアメリカは破滅してしまうので、1971年にニクソン大統領は自国経済の立て直しのために、やむを得ずテレビで世界に宣言したんだよ。

「本日から、ドルと金の交換を停止いたしますっ！」

アッと驚く為五郎、というわけで世界中がぶったまげた。この事態を**ドル゠ショック**と呼ぶね。このニクソンの一言で戦後世界を支えてきたブレトン゠ウッズ体制が崩れ、新たに**変動相場制**の時代になった。となると、円やマルクの価値が貿易の実情に合わせてドンドン上がり始め、かつての敗戦国の通貨が世界経済の要になってきたんだよ。

第2場：ウォーターゲートの巻 ── 自分で証拠を残してしまった大統領

　1969年に大統領に就任した共和党の**ニクソン**は1972年に中国を訪問し、1973年にベトナム（パリ）和平協定を結んでベトナムから撤兵するなど、外交の業績をあげた大統領だった。けれどこれは当時、補佐官で国務長官にもなった**キッシンジャー**の手腕と評価する人も多い。実はニクソン大統領は、人物的には「？」マークがくっついてしまう人だよ。まず彼は敵の民主党の事務所があったウォーターゲート゠ビルに盗聴器をしかけたんだ。本人はシラを切ったが、動かぬ証拠があった。ニクソンは自分の発言を録音テープにすべて記録させる、という変な癖を持った大統領でね、「盗聴器をしかけろ」「やれっ」と指示をした録音テープが外部に漏れてしまったんだ。ワシントンポスト紙が特ダネで、ニクソン大統領の犯罪をすっぱ抜いたこの事件を**ウォーターゲート事件**と言うね。下院が弾劾手続

ニクソン

ドル゠ショック

きを進めて追い詰められたニクソン大統領は1974年についに大統領を辞任したんだ。ニクソンは、任期途中で辞任した最初のアメリカ大統領となり、副大統領の**フォード**が大統領に昇格した。このフォードは日本を初めて訪問したアメリカ大統領だね。しかしニクソンにくらべてパッとした業績を残せなかったフォードは、次の大統領選で民主党の**カーター**に敗北してしまったんだよ。フォードは、戦後初の大統領選挙で勝つことができなかったアメリカ大統領となったねぇ。

第3場：レーガノミクスの巻 ── 「強いはずのアメリカ」が実は火の車

ピーナッツ農園の地主出身だった**カーター**は、いかにも自由と平等の国アメリカの大統領らしく**人権外交**を打ち出したね。彼は1979年に**エジプト＝イスラエル平和条約**を結ばせたけれど、同じ年に起こったソ連のアフガニスタン侵攻やイラン＝イスラーム革命に対処できず、1980年の大統領選挙で敗北してしまったんだ。勝った共和党の**レーガン**大統領はハリウッドの役者出身で、**強いアメリカ**がスローガンだった。

なにしろベトナム撤退やウォーターゲート事件、そしてイラン＝イスラーム革命でアメリカの威厳が揺れ、国民の心が折れてしまっていた時代だったから、このスローガンはウケたねぇ。では「強いアメリカ」のための具体的なレーガン大統領の政策を説明しよう。まず**戦略防衛構想(SDI)**だね。飛んできた敵のミサイルを迎撃する軍事システムを計画したのさ。そのため巨額の資金を軍事産業につぎ込んだが、その資金を作るためにレーガン大

統領は**レーガノミクス**と呼ばれる経済政策をおこなったね(→)。まずはドルの金利を上げて、ドル高にしたんだ。これによって世界中の投資家がドルを買い集めるようになったので、世界の資金がアメリカに集まったというわけ。でもね、「**価値が高くて強いドル**」は言いかえれば「**輸出貿易競争に弱いドル**」になってしまうため、巨大な**貿易赤字**にアメリカは苦しむことになったんだ。貿易赤字のためにアメリカの企業からの税収が少なくなると、財政不足の穴埋めのためにレーガンは「**小さい政府**」を主張して、社会福祉のための予算をカットしようとしたんだ。だけれども弱者切り捨てのレーガンの方針が議会で拒否されたため、アメリカはなんと**財政赤字**と**貿易赤字**の**双子の赤字**に悩まされてしまったんだ。実はこのレーガノミクスのおかげで景気がよかったのは君の国、日本だったのさ。そこで1985年、

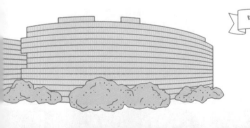

ウォーターゲート事件

先進5か国の蔵相がニューヨークのプラザホテルに集まった。この会議で、貿易赤字でヒーヒー言っているアメリカを助けるため、<u>各国の協力で一斉に「ドル安」「円高」にすること</u><u>にした</u>のさ。これを**プラザ合意**と呼ぶ。だけれども結果から言えば焼石に水でね、この時にはアメリカの貿易赤字は解消できなかったんだ。

第4場：クリキントンと父子ブッシュの巻 ── 平和も束の間だった……

1989年にレーガンの次に大統領になったのは、同じ共和党の**ブッシュ**だよ。この人の息子も大統領になっているので、僕は父ブッシュ・子ブッシュと呼んで区別しているんだ。この父ブッシュの時にソ連では書記長の**ゴルバチョフ**が**ペレストロイカ**と呼ばれる新しい改革を進めていてね。1989年に父ブッシュとゴルバチョフが地中海のマルタ島で会談をおこない、<u>冷戦の終結を宣言した</u>んだよ。この**マルタ会談**については「**冷戦はヤルタで始まり、マルタで終わる**」とよく言われたもんだ。父ブッシュの任期中に、中東のイラクとクウェートの間で**湾岸戦争**が始まって一時的に支持率は上がったものの、国内政策に失敗して父ブッシュの人気は下降してしまったんだよ。代わって1993年に民主党の若き**クリントン**が大統領になった。クリントンは運も実力もあった大統領でね、外交で**パレスチナ暫定自治協定（オスロ合意）**（テーマ74参照）を取り付けたのも彼だったよ。しかも、この人の時代になって国内経済も活気を取り戻すようになったんだ。だけどクリントンは女性関係でスキャンダルを起こしてしまい、最後は奥さんに平謝りだったねぇ。人気が落ちたクリントンに代わって2001年に大統領になったのが共和党の**子ブッシュ**だよ。しかし子ブッシュの任期1年目に**同時多発テロ**が起こってしまい、アメリカとイスラームのテロリストとの長い長い戦いが始まってしまったんだ。

第2幕 ## ソ連の崩壊──先生が物わかりがよいとクラスは学級崩壊

一方の東の横綱の**ソ連**だけど、アメリカに劣らず大変な状況だった。まず1964年にフルシチョフが農業政策の失敗の責任をとらされて、突然に失脚してしまったんだ。この失脚にはキューバ危機でのチキンレースでケネディに負けたことも響いているね。その後、ソ連で頭角をあらわしてきたのは**ブレジネフ**（→）だよ。

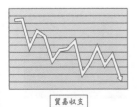

貿易収支

米財務長官

竹下登

双子の赤字とプラザ合意

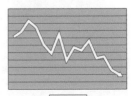

財政収支

この人の時代の1968年に、同じ社会主義国の**チェコスロヴァキア**で、共産党の第一書記であった**ドプチェク**が中心となって、**政治や言論の自由を求める民主化運動**が起こったんだ。この運動は別名**プラハの春**とも言うね。ブレジネフはこの時、「社会主義陣営全体のためには、一国の主権を制限しても構わぬ」という**ブレジネフ＝ドクトリン**を発表し、チェコスロヴァキアにソ連をはじめとするワルシャワ条約機構軍を侵攻させ、力ずくでプラハの春を押し潰したんだ。このように身内には厳しかったブレジネフだが、西側に対しては**デタント外交**（＝協調外交）をおこない、核軍縮にも努力した一面も持っていたんだよ。しかし1979年にイラン＝イスラーム革命が起こり、アフガニスタンで反ソ政権が成立すると、ブレジネフはアフガニスタンを手に入れるべく、**ソ連軍をアフガニスタンに侵攻させた**んだ。まあアフガニスタンを狙うのは「南下政策」というロシアの昔からのお家芸だったけれど、今回はアフガニスタン民兵やゲリラの抵抗が異様に激しかったんだ。それはアメリカがアフガニスタンのゲリラに大量の武器や弾丸をこっそり渡していたからさ。

1982年にブレジネフが亡くなった後、いくつかの変転を経て、とうとう「若き」改革主義者ゴルバチョフがソ連共産党書記長の座についた。まあ、**新ベオグラード宣言**から、東欧の民主化運動が広がり、**ソ連崩壊**につながる狂騒曲はコラムを読んでもらうとして、ゴルバチョフの業績は停滞していたソ連経済に「改革」（ロシア語で**ペレストロイカ**）と「情報公開」（ロシア語で**グラスノスチ**）を呼びかけたことだね。その呼びかけが、虫の息のソ連に最後の一撃を与えたのかもしれない……。

復習ポイント

1960〜1991年（主に冷戦時）の歴代アメリカ大統領の政策をまとめてみよう。

アクティヴィティ

ペレストロイカがソ連を解体させる結果になった原因は何でしょうか。

マルタ会談

ソ連崩壊史年表 (1964〜1991年)

1964年	フルシチョフ解任→ブレジネフが実力者となる
1968年	民主化運動であるプラハの春をソ連は軍事介入で潰す ＊ブレジネフ長期政権のもとでのソ連経済の停滞
1979年	ソ連軍のアフガニスタン侵攻→大苦戦の泥沼化
1982年	ブレジネフ死去→アンドロポフが書記長になる
1985年	ゴルバチョフが共産党書記長に就任 ペレストロイカ (改革) とグラスノスチ (情報公開) を打ち出す
1986年	ウクライナでチェルノブイリ原発事故
1987年	中距離核戦力 (INF) 全廃条約をレーガン大統領と結ぶ
1988年	新ベオグラード宣言
1989年	東欧の民主化運動が広がる→ベルリンの壁崩壊
1991年	ソ連の崩壊

最後の門 下の問題は大学入試問題を出典にした問題です。答えなさい。

問1 （1） 1973年、ワシントンポスト紙がニクソン大統領の選挙不正への関与を示唆する衝撃的な記事を掲載し、後のニクソン大統領辞任へとつながった事件を何と呼ぶか。

（2） レーガン大統領が主に外交方針を示す言葉として用いたスローガンを答えよ。

（3） クリントン大統領が仲介してイスラエルとパレスチナ解放機構（PLO）が相互承認を表明し、調印した協定をなんと呼ぶか。 （立命館大・改）

問2 1985年に書記長に就任したゴルバチョフは（ 1 ）を掲げて軍縮やアメリカ合衆国との協調路線を進める一方、ソ連経済の再建に取り組んだ。その動きに刺激された東ヨーロッパの社会主義諸国では次々と改革が起こった。そして1989年に（ 2 ）でおこなわれた米ソ首脳会談で冷戦終結の声明が出され、約40年間続いた冷戦は終結した。

1 （ 1 ）、（ 2 ）にあてはまる適語を書きなさい。

2 下線部について、国名とその国の指導者の組み合わせとして、誤っているものを以下の中から選びなさい。

（ア） 東ドイツ、チャウシェスク （イ） ユーゴスラヴィア、ティトー

（ウ） ポーランド、ワレサ （エ） ハンガリー、ナジ＝イムレ （獨協大・改）

ソ連のアフガニスタン侵攻

アフガニスタン

ゴルバチョフの
ペレストロイカ狂騒曲

　1982年、動脈硬化症と心筋梗塞に苦しんだソ連のブレジネフ書記長が長患いの後に死亡した時、社会主義国ソ連も経済的に瀕死の状態に陥っていた。ソ連製品は粗悪で海外に売れず、農業不振も深刻だった。

　ブレジネフの次の書記長アンドロポフと、そのまた次の書記長チェルネンコはすでに70歳前後の老人だった。権力の座についた時にはすでに重病で、二人とも就任から1年と少しで死亡した。これでは政治なんかできっこない。

　今度こそは老害を招かないようにソ連共産党中央委員会は、1985年に「若い」54歳のミハイル＝ゴルバチョフを書記長に選出する。

　書記長の座についたゴルバチョフはさっそく「改革」（ペレストロイカ）を次々に打ち出し始める。外交では新思考外交を掲げて緊張緩和政策を目指した。平和政策で軍縮をおこない、軍事費を経済再生に転用することが目的だ。しかし……。

　ゴルバチョフ就任の1年後の1986年にウクライナでチェルノブイリ原子力発電所事故が起こってしまった。ソ連の官僚主義・秘密主義により多くの人々が事情も知らず被爆した。ゴルバチョフは今までの秘密主義を撤回するグラスノスチ（情報公開）を新たに約束した。

　1987年ゴルバチョフは中距離核戦力（INF）全廃条約をアメリカのレーガン政権と結ぶことに成功する。新思考外交の成果を誇りたいゴルバチョフは次の年の1988年には新ベオグラード宣言を出し、ソ連が他の社会主義国を「指導」しないことを宣言したが、この宣言が子分どもの「学級崩壊」を招くことになる。

　新思考外交の影響を受けた東欧では、1989年に自由化の大波が押し寄せてきた。これを「東欧革命」と呼ぶ。最初にポーランドで自由化の動きが起こった。共産党のお仕着せでない自主管理労組「連帯」のワレサ議長が自由化をお上に迫ったのだ。連帯のバックにはポーランド出身のローマ教皇ヨハネ＝パウロ2世も付いており、とうとうポーランド政府は一部の「自由な」選挙を認めてしまった。次にハンガリーやブルガリアで次々と自由化運動が起こり、ルーマニアでは共産党の独裁者チャウシェスク大統領が捕らえられ、射殺された。チェコスロヴァキアの自由化運動では、なんとか平和のうちに政権禅譲がおこなわれたのでビロード革命と呼ばれている。そして東ドイツでは共産党のホネカー書記長が10月に辞任に追い込まれた。うろたえた共産党幹部は11月9日に「東独国民はどこからでも出国してよい」というとんでもない発表をしてしまった。大喜びの東ベルリン市民は大挙してベルリンの壁によじ登り、ハンマーで壁をぶっ壊し始めた。これがベルリンの壁の崩壊である。

　そしてソ連自身も大波をかぶった。1990年にソ連は大統領制を導入し、初代大統領にはゴルバチョフが就任していたが、1991年、改革に怒った共産党の保守派が「反ゴルバチョフ＝クーデタ」を起こし、ゴルバチョフを監禁してしまったのだ。結局、クーデタは失敗し、ゴルバチョフはソ連共産党を解散する。しかし市民の支持は反クーデタとして立ち向かった英雄エリツィンにすでに移っており、波に乗ったエリツィンはウクライナ・ロシア・ベラルーシの3国を中心に11共和国からなる独立国家共同体（CIS）という組織を1991年12月に立ち上げた。この流れの中で不人気のゴルバチョフはついにソ連大統領を辞任する。この瞬間、ソ連は崩壊した。

▌復習ポイント▐ の答え

ケネディ以降のアメリカ大統領はスローガンや政策をまとめて覚えておいた方がよいでしょう。ウォーターゲート事件で大統領を辞任したニクソンのスローガンが「法と秩序」なのは(↗)

歴史の皮肉です。また父ブッシュの「優しいアメリカ」は「増税をしない」の意味なのですが、実際には増税をしたため、次期大統領選に落選してしまいます。

任期	大統領	政党	スローガン	政策・出来事
1961～1963年	ケネディ	民主党	「ニューフロンティア」	キューバ危機
1963～1969年	ジョンソン	民主党	「偉大なる社会」	ベトナム戦争に介入
1969～1974年	ニクソン	共和党	「法と秩序」	ベトナム撤退　ドル＝ショック
			「名誉ある撤退」	中国訪問　ウォーターゲート事件
1974～1977年	フォード	共和党	「多様性の中の平和」	
1977～1981年	カーター	民主党	「人権外交」	エジプト＝イスラエル平和条約
1981～1989年	レーガン	共和党	「強いアメリカ」	プラザ合意
				中距離核戦力 (INF) 全廃条約
1989～1993年	父ブッシュ	共和党	「優しいアメリカ」	マルタ会談

▌アクティヴィティ▐ の答えの一つ

ペレストロイカという新たな改革によって「政治の自由」が促進されてしまい、それまでの組織や体制が崩れやすくなってしまったことがソ連解体の大きな原因です。

政治に限らず制度や組織というものは伝統と秩序の上に成り立っています。改革によって自由が促進されてしまうと、今までの社会秩序への疑問がふくらみ、ついには社会そのものの変革に行き着いてしまいます。日本史に当てはめると、ペリー来航によって改革を迫られた徳川幕府が、ついには変革によって強力化した薩長を中心とする革新勢力によって倒されてしまった事態と似ています。

▌最後の門▐ の答え

問1　(1)　ウォーターゲート事件
　　　(2)　強いアメリカ
　　　(3)　パレスチナ暫定自治協定
問2　1　(1)　ペレストロイカ
　　　　　(2)　マルタ　　2　(ア)

（解説）

問1　立命館大の問題では、アメリカ大統領の業績を出題しています。世界史でよく業績を問われるのは古代ローマ皇帝とアメリカ合衆国大統領なので注意しておきましょう。

問2　時代的には前後しているので迷うところですが、明らかに間違っているのは東ドイツとチャウシェスクの組み合わせで、チャウシェスクはルーマニアの大統領でした。

79 核軍縮とEU成立
── 20世紀最後の挑戦だぁっ！

ドルがダメなら、次の世界通貨は何かな？　もしかして円？

まず言っておくけれども、ドルは今でも世界を代表する通貨だ。その証拠に世界のどこへ行ってもドルはたいてい通用するよ。円は発行量が少ないし、世界を丸抱えするほどの通貨ではないと僕は思うね。残る候補は中国の元か、ヨーロッパのユーロだね。しかし民主主義国家ではない中国の貨幣が世界通貨になるのは問題があるなぁ。まあ、キャッシュレスの時代に生き残るのはユーロかなぁ。

第1幕　核軍縮の歴史──「恐れから交渉するな。しかし交渉することを恐れるな」

第1場：水爆の誕生 ──「博士たちの異常な愛情」の最悪の結果

　東西の冷戦の時、一番の問題だったのは核の問題だね、なにしろ核爆弾の恐ろしさを一番知っているのは君たち日本人だ。核爆弾はまずアメリカが開発し、日本に落としたことは周知の事実だ。その核爆弾の開発を、ソ連が1949年に成功させてしまったことはアメリカにとってショックだった。「よしっ、もっとゴツイもんを作ったろやないけ」ということでアメリカは広島原爆の625倍の威力がある水爆を1952年に作ってしまったんだよ。ところがソ連も次の年の1953年に水爆の開発に成功してしまったんだ。

　まあ、スターリンが死ぬこの1953年あたりが冷戦の最初の頂点になった時だね。イギリスも核開発に成功し、各国は自分の家から遠い砂漠や太平洋の海で水爆の核実験を繰り返したものだ。

水爆のすごさがいまいちわからないや

　ネットでもシミュレーションできるけど、最大級の水爆を東京駅に落としたら、北はつく

ビキニ環礁の水爆実験

ば市、南は鎌倉市が一瞬で倒壊するね。大阪駅に落としたら、京都と奈良の歴史的建造物はすべて消滅するだろう。

1954年にアメリカが太平洋の**ビキニ環礁**で水爆実験をおこなった時、近くを航行中だった日本のマグロ漁船、**第五福竜丸**が被爆し、船員が亡くなってしまったんだ。そして、この年に生まれたのが日本映画『**ゴジラ**』だよ。核実験によって生まれた怪獣ゴジラこそ、核の恐怖を象徴するものだったのさ。

でも米ソが核の恐ろしさを実感したのは1962年の**キューバ危機**になってからだよ。キューバに設置されたソ連の核ミサイルがアメリカを狙っている、と知った時はみんなパニックに陥ってね。この時、各家庭で防空壕を掘ることが流行ったんだよ。でも、そんなもので核攻撃を防ぐことなんかできっこないよね。それからというもの超大国の人々がまじめに核軍縮に取り組むようになったんだ。

第2場：核の規制 —— やっぱり大国のエゴ丸出しだ

まず1955年にイギリスの数学者・哲学者の**ラッセル**が、物理学者の**アインシュタイン**と一緒にラッセル・アインシュタイン宣言を発表したんだ。これは科学者としての立場から核戦争の危機を世界に訴えた歴史的宣言なんだよ。ちなみにアインシュタインは亡くなる1週間前にこの宣言に署名している。この宣言を受けて、1957年には科学者たちがカナダで**パグウォッシュ会議**を開いたんだ。核廃絶に関して科学者たちも立ち上がるようになり、核兵器禁止運動を進めたんだね。

これらの世論の影響を受けて、キューバ危機後の1963年8月に**部分的核実験禁止条約**がモスクワで定められたんだ（テーマ75参照）。これは大気圏内や宇宙、水中での核実験を禁止する条約で、英米ソが署名したけれど、地下での核実験が禁止されていないこと、フランス・中国が参加していなかったことからあまり効果のある条約とは言えないんだ。

次に1968年に**核拡散防止条約（NPT）**が調印された。これは核の保有国を国連常任理事国のビック5（米・英・仏・ソ(ロ)・中国）だけに限定し、他国が核兵器を作ることを禁止した条約さ。まあビック5が核を独占する条約でもあるので、これに不満を持つ国は加盟していない。未加盟の国の代表はインドやパキスタン、イスラエル、北朝鮮だけれども、これらの国々は核保有国とされている。

第3場：サマーソルトキック不発 —— ミサイルやICBM 飛び込む核の音

ソ連の指導者がブレジネフの時代、1969～1972年に**第1次戦略兵器制限交渉**（**SALT I**）が米ソ間でおこなわれたね。これは大陸間弾道ミサイル（ICBM）の数を制限した内容なんだよ。ま、核は抱っこしているだけでは役に立たない。敵の国の中心部にミサイルでブチ込んでこそ効果があるね。そこで「まずは大陸を突っ切ってしまうような<u>ICBMの数から制限しよう</u>」と決めたのがこのSALT Iだ。

続いて1972～1979年に**第2次戦略兵器制限交渉**（**SALT II**）が米ソ間でおこなわれたが、これはICBMだけでなく、核を持ち運べる戦略爆撃機や潜水艦の数を制限する内容だ。ただしこの交渉が妥結された1979年にソ連はアフガニスタン侵攻を始めたため、SALT IIはアメリカ議会で批准されなかったんだ。

第4場：核の規制 —— わかっちゃいるけど止められない

レーガン政権の時代になると戦略防衛構想（SDI）をぶち上げたりしたもんだから、核戦争の危機が再び迫ってきた。そこで1987年のゴルバチョフの時代に**中距離核戦力**（**INF**）**全廃条約**を米ソが結んだね。INFとは500～5500 kmの飛距離を持つ核ミサイルのことで、西ヨーロッパから直接モスクワを攻撃できるわけだね。この物騒なミサイルを<u>廃棄し、これからも作らないと決めた</u>ことは核軍縮の新しい進展になったのさ。

そして1991年にはついに**第1次戦略兵器削減条約**（**START I**）が米ソで調印されたけれど、これは<u>核弾頭やミサイル、爆撃機の数を削減</u>、つまり減らす内容の条約だよ。それまでは「制限」だったのが、初めて「削減」に転化したのは大きいね。そして1993年には**第2次戦略兵器削減条約**（**START II**）が結ばれて、Iの時のさらに半分まで核弾頭を減らすことが取り決められたんだ。ただし、ソ連崩壊後の混乱の中で多数の核弾頭が無造作に処分されたり、外国(!)へ持ち出されたりしたという噂があって、まったく穏やかじゃないよ。

そして1996年の**包括的核実験禁止条約**（**CTBT**）だね。国連総会で決められた条約で、<u>あらゆる核兵器の実験を禁止する</u>条約なんだ。

え、でも北朝鮮が核実験したとニュースでやってたけど？

実はNPTやCTBTを認めていない国もあってね。北朝鮮もその一つなんだが、こういう国は今でも平気で核実験をおこなって世界を脅かしているのが現状なんだねえ……。

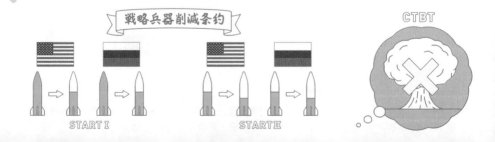

戦略兵器削減条約　　　　　　　　　　　CTBT

START I　　　　START II

EUの完成と拡大と問題点──「トルコが仲間になりたがってます！」

第1場：EUとユーロの成立 ── ユーロは1日にして成らず

えーと、ヨーロッパ関係では1967年の**ヨーロッパ共同体（EC）**の成立まではテーマ71でマリエッタ先生が説明しているね。1970年代から80年代にかけてイギリスをはじめとして多くのヨーロッパ諸国が加盟して、いわゆる**拡大EC**が形成されていたことを思い出してくれ。さて、1980年代にアメリカのレーガン政権が「強いアメリカ」をアピールするようになると、米ソという二人の巨人に挟まれてしまったヨーロッパとしては経済でも政治でも団結する必要があった。そこで「まずはカネからなんとかしていこう」と単一通貨を作るための調整に入ったんだね。次に「ヨーロッパから国境をなくしていこう」という大胆な協定を結んだんだね。これが1985年の**シェンゲン協定**となって実現したわけさ。

アルザス＝ロレーヌみたいに、国境って大問題だったよね？

そうだね。でも歴代の西ドイツ首相の強い働きかけが大きかったと思うよ。例えば1969年から西ドイツ首相となった社会民主党の**ブラント**（→）は、積極的にソ連や東ヨーロッパとの和解を目指した**東方外交**をおこなって、**デタント**（緊張緩和）とドイツへの信用を築き上げていったんだよ。特に、長ーいこと敵対していた独仏の関係改善が重要な課題となるね。この点では、独仏は戦後にとてもよい関係を作ってきたと僕は思うね。まずはド＝ゴール（仏）とアデナウアー（独）、このツートップの相互の信頼がなかったらECの結成はなかったかもしれない。そして、1982年にドイツ首相となったキリスト教民主同盟の**コール**と1981年にフランス大統領となった社会党の**ミッテラン**の協力がEU統一に大きな貢献をもたらしたんだよ。この長年の努力の成果がシェンゲン協定なんだ。ここの動きはコラムも読んでもらいたい。1980年代前後と言ったら、1979年のイラン＝イスラーム革命、ソ連のアフガニスタン侵攻から始まり、1980年代のレーガノミクス、1989年のベルリンの壁崩壊、1991年のソ連崩壊などの大事件が次々と起こっていたね。ヨーロッパは1980年代は技術革新が遅れ、不況にも苦しんでいたけれど、これらのピ

ミッテラン　コール

シェンゲン条約

ンチを次々に乗り越えられたのはヨーロッパのリーダーたち、そして当時のEC委員長ドロールの活躍が大きかったと思うよ。

　ついに1992年に**マーストリヒト条約**が採択されたんだが、この条約は<u>ヨーロッパの経済・通貨・政治の統合を一気に推し進めた内容</u>なんだよ。このマーストリヒト条約によって1993年にECが発展して発足したのが**ヨーロッパ連合(EU)**なんだ。このEUでは、加盟国民は共通の市民権を持ち、加盟国間の移動は自由なんだよ。なにしろヨーロッパのほとんどの国が加盟しているのはすごいもんだね。そして通貨は2002年から共通の**ユーロ**となり、一般にも使用されるようになった。なにしろ欧州で広く使われる通貨だから、ユーロはドルに並ぶ世界通貨としての地位にあると思うね。

第2場：EUが抱える問題点──「よそ者は入るんじゃねぇ！」

　まず第1の問題点は<u>移民の流入</u>だ。EUは政治・経済的に安定した地域で、一度領域内に入ってしまえば移動は自由なんだ。そこでシリア内戦に伴う移民が大量に入って来たんだね。この移民受け入れを拒んだイギリスはついにEUから離脱してしまったよ。二つ目の問題点は<u>トルコの加入問題</u>だ。トルコはNATOの一員であり、経済成長をとげてEUへの加入を長年求めてきたけれど、EUは加盟を認めていない。理由はトルコ人の多くがイスラーム教徒であること、治安が安定していないこと、トルコが多くのクルド人を虐殺しているという人権問題だ。たしかにトルコをEUに加えたら、EUは地理的にシリアやイラクやイランなどのイスラーム国家と接してしまうことになるからね。

> ▎復習ポイント
>
> 　核兵器制限・削減条約などの核軍縮の動きを表にしてまとめてみよう。
>
> ▎アクティヴィティ
>
> 　トルコを加えるEUと、加えないEUの違いはどうなるでしょう。

ヨーロッパ統合史③年表 （①はテーマ71、②はテーマ72参照）

1967年	ヨーロッパ共同体 (EC) が成立
1985年	シェンゲン協定成立→EC内の移動が自由となる (1995年実施)
1989～1991年	東ヨーロッパの革命とソ連解体
1992年	マーストリヒト条約を採択 →経済・通貨・政治でのヨーロッパ統合を推進
1993年	EU 成立→欧州市民権の導入、欧州議会の権限強化
1995年	オーストリア・フィンランド・スウェーデンが EU 加盟
2002年	単一通貨ユーロが一般に流通開始
2004年	東欧を中心とする10か国が EU 加盟
2007年	ブルガリア・ルーマニアが EU 加盟
2013年	クロアチアが EU 加盟
2020年	イギリスが EU から離脱

「イギリスはEFTAの時もECと仲はよくなかったし、移民問題が結局は離脱の引き金になってしまったようだね……」

最後の門 下の問題は大学入試問題を出典にした問題です。答えなさい。

(前略) イギリスはEECには加盟せず、1960年にヨーロッパ自由貿易連合 (EFTA) を結成して対抗したが、やがてEC参加を希望するようになり、1973年にはイギリスもECに参加した。①1980年代には更に3カ国が加わったECでは、②1992年にきわめて重要な条約が締結されて、それまでの市場統合に、通貨統合と政治統合を加えたヨーロッパ連合 (EU) への道筋が示された。

問1 下線部①に関して、この時ECに加盟した3カ国のひとつとして正しいものを次の①～⑥のなかからひとつ選び、その番号をマークせよ。

①ポルトガル　②ポーランド　③ルーマニア

④ブルガリア　⑤ルクセンブルク　⑥フィンランド

問2 下線部②に関して、この条約名として正しいものを次の①～⑥のなかからひとつ選び、その番号をマークせよ。

①マーストリヒト条約　②ウィーン条約　③アムステルダム条約

④リスボン条約　⑤シェンゲン協定　⑥パリ条約

(成蹊大・改)

EUの問題点

ドイツ首相
本紀

「本当は地方の公証人にでもなって、ノンビリと庭いじりでもするつもりだったんだよ。実際にそんな歳なんでねえ」

西ドイツ初代首相となった**コンラート=アデナウアー**がよくつぶやいていた言葉である。彼が首相になった時、すでに73歳だった。

*

元ケルン市長であったアデナウアーは反ナチを貫いた人物だった。戦後、荒れ果てた祖国を経済的に立て直した功績はめざましい。しかし現実の彼は細かいことにやかましく、自分にも他人にも厳しい人物で恐れられていた。

1960年代、80歳後半をとっくに超えていたアデナウアーに「**認知症**」の徴候があらわれ始めていた。物忘れがひどく、演説でも混乱が出始めた。周囲はアデナウアーを辞めさせて有能な大蔵大臣エアハルトを首相にしようとしたが、大嫌いなエアハルトが首相になることを病的に嫌がったこの老人は権力にしがみついた。

1963年に、やっとの思いで首相の座についたエアハルトだったが、権力闘争(特にアデナウアーの嫌がらせ)に疲労困憊し、政権は短命だった。1966年の総選挙に勝ったのは同じキリスト教民主同盟の**キージンガー**だった。彼は野党の社会民主党を含めた大連合内閣を作り、優れた手腕でこの内閣を率いた。

*

1969年の総選挙で勝利した社会民主党の**ウィリー=ブラント**は貧困のため進学をあきらめ、労働者として社会民主党に入党した。戦争中はスウェーデンに亡命して反ナチ活動をおこ

ない、社会民主党を率いて、戦後初の社会民主党の首相となった。

ブラントは1970年にポーランドのワルシャワを訪れた時、**ナチスによってユダヤ人が多数虐殺されたゲットーの記念碑の前にドイツを代表してひざまずき、祈りを捧げた。その崇高な姿を見た全世界の人々が心打たれた。**ポーランドにはオーデル川・ナイセ川をドイツ・ポーランド間の国境線として承認し、東側諸国のナチスの犯罪行為による被害者に対し、個別に賠償をおこなったことで東ヨーロッパ諸国の尊敬を集めた。この政策を**東方外交**と呼ぶ。

*

1974〜1982年に核軍縮に力を尽くした社会民主党のシュミット首相の後キリスト教民主同盟の**コール**が首相となった。ガチガチの保守派と思われたコール首相であったが、フランス社会党の**ミッテラン大統領**とは会ってたちまち意気投合した。やせっぽちのチビとノッポのデブのデコボココンビだったが、二人は最高にウマが合った。この二人のタッグでヨーロッパの平和が次々と作られていく。1987年の中距離核戦力(INF)全廃条約、1985年のシェンゲン協定、1989年のベルリンの壁の崩壊、1992年のマーストリヒト条約で二人は大活躍をした。

1996年にミッテラン大統領はガンで亡くなる。その葬儀に参加したコール首相はさめざめと泣いた。そして悲嘆のうちにコールは1998年についに首相の座を降りる。

*

社会民主党のシュレーダーを経て、2005年よりキリスト教民主同盟党首の**メルケル**がドイツ初の女性首相となり、長年にわたりEUの力強い指導者として辣腕を振るった。

戦後の西ドイツ〜ドイツの首相は、アデナウアーから現在のショルツまで9人しかいない。この政治の安定がドイツ経済を支えているのだ。

復習ポイント の答え

核軍縮への動きを年表にすると以下のとおり。
（　）内の数字は年

核軍縮のきっかけとなる事件	結果
ビキニ環礁での水爆実験 →第五福竜丸が被爆 (1954)	ラッセル・アインシュタイン宣言 (1955) →パグウォッシュ会議 (1957)
キューバ危機 (1962)	部分的核実験禁止条約 (1963) 成立
第3次中東戦争・ベトナム戦争	核拡散防止条約 (NPT) (1968) 成立
ドル＝ショック (1971) ニクソン訪中 (1972)	第1次戦略兵器制限交渉 (SALT I) (1969～1972) 成立 (主な対象：ICBM)
ブレジネフのデタント外交	第2次戦略兵器制限交渉 (SALT II) (1972～1979) 成立 (主な対象：爆撃機等)
ソ連のアフガニスタン侵攻 (1979)	SALT II はアメリカ議会で批准されず、条約締結は断念される
レーガンのSDIとソ連、チェルノブイリ原発事故 (1986)	中距離核戦力 (INF) 全廃条約 (1987) 成立
ソ連崩壊前のゴルバチョフの外交戦略 (軍備削減)	第1次戦略兵器削減条約 (START I) (1991)→核兵器を減らす最初の条約
ロシア大統領エリツィンの外交戦略 (軍備削減)	第2次戦略兵器削減条約 (START II) (1993)
EU成立 (1993)	包括的核実験禁止条約 (CTBT) (1996)

／えー、こんなに覚えられないよっ！

「これだけ努力してきました」という米ソの努力の証なんだ。でも核は自国の体制を守るには最大に効果のある兵器なので、米ソも米ソ以外の国も結局は「愛国心」の名のもとに核を持とうとしているんだ。

アクティヴィティ の答えの一つ

米は移民を受け入れ、ソ連は社会主義をおこなうことで世界の覇者となりました。ヨーロッパがアメリカやロシアと並び、超えるような「偉大なヨーロッパ」になりたいのであれば、宗教の異なるトルコを受け入れ、仲間とすることでかつての多神教国家である古代ローマ帝国のような強大な領域を作れるでしょう。ただしそのためには中東からのムスリム移民の流入を覚悟しなければなりません。トルコを加えないヨーロッパはいわゆる神聖ローマ帝国のようなキリスト教に限定された帝国にとどまり、衰退を免れません。

最後の門 の答え

問1　①　　問2　①

（解説）

問1　1980年代がミソ。テーマ71の本文や年表で確認しよう。東欧諸国がEUに加入してくるのは東欧革命以降の1990年代から。

問2　思わず⑤のシェンゲン協定を選びたくなる。シェンゲン協定は1985年で、国境検問を廃止する内容であることに注意。

80 現代の世界
——トランペットが不吉に鳴り響く所

歴史、知らなくっていいんじゃね？ 家庭科の方が役に立つし。

最後になってとんでもないこと言うね（笑）。世界中の多くの国々が現在でも紛争のただ中にあるのは、皆歴史の負の遺産があるからなんだよ。もし僕が戦場で死ぬことになったとしたら、自分がどんな理由で死んでいくのかを知ってから、死んでいきたいと思っているね。

未来序曲 「自由と平等」の大問題——「カネも仲間も欲しいなあ……ダメ？」

僕たち人間が一番欲しがっているものって何だと思う？

🗨 パンと見世物？ あ、やっぱりカネだなっ！

　ああ、君は長く続いた日本の平和の中で、ボーッと生きているねぇ！ 実は人間が本当に欲しがっているものは**自由と平等**なんだよ。これはいじめや差別にあった人や、虐待にさらされた人でないとわからない事実だと思う。かつてアメリカ人の祖先は「自由と平等」のためにアメリカ合衆国を築いたのだけれども、それが実現されているとは言いがたい。それは自由と平等には重要な対立が隠されているからだ。アメリカや日本などの**自由**を認める社会は競争を認める社会であり、それは同時に競争に敗れた弱者切り捨てを当然と思っているブラック社会でもある。一方、かつてのソ連のような**平等**を認める社会は競争を認めず、弱者を出さない社会だね。ただし平等を重んじる社会は、競争のための刷新（イノベーション）がないから社会全体が貧乏で、しかも平等を保つために上からの圧力が必要となる。その圧力を象徴しているのが個人崇拝なんだ。

　自由は「格差肯定」や「自分勝手」と、そして平等は「貧困」や「圧政」と紙一重であることを知っておくべきだよ。

自由と平等の矛盾

その平等を代表するはずの社会主義が1991年のソ連の崩壊で、実はもろい幻想であることを示してしまったんだ。中国やベトナムは一応、社会主義国だけれども、資本主義経済を取り入れてしまったから格差や貧困などの嫌な社会問題があらわれてしまっている。これは平等な世界とは言えないね。世界や社会の底辺の人々がすがっていた社会主義がダメになってしまった時、平等を求める人々の希望の砦とは何になると思うかな？それは実は**宗教**なのさ。

第1幕　イラン＝イスラーム革命とサダム＝フセイン ──新しい革命が中東で始まったゾ！

第1場：イラン＝イスラーム革命 ──「いらん革命」じゃない、重要な革命だね！

　では世界宗教の中で、信者の徹底した平等を保障している宗教はなんだろう？　キリスト教はかつて19世紀の帝国主義の時代に、植民地支配の道具に使われてしまったことにより、平等に関しては今一つ説得力がないのだよ。それにくらべ、イスラーム教は植民地で支配される人々の心の支えであったし、社会主義が弱点をさらけ出して衰退してしまった現代こそ、イスラーム教は人々に平等を保障してくれる最後の具体的な力となってあらわれてきたんだよ。

　イスラーム教の最初の勝利は1979年の**イラン＝イスラーム革命**だね。これはコラムに書いておいたから読んでみてくれ。日本人は「西欧化＝近代化＝リッチな社会」と無邪気に考えてきたけれど、国王パフレヴィー2世のおこなった西欧化が社会の貧困や差別をもたらした実態を見てきたイランの人々は、西欧化に対してNO！を叫び始めたのだ。**ホメイニ師**を中心とするイランの人々はとうとう親欧米の国王パフレヴィー2世を追放して、1979年にイスラーム教を中心とする**イラン＝イスラーム共和国**を建国したんだ。欧米諸国やソ連、中国までもがイスラーム革命の波及を恐れて、この宗教共和国を倒そうとしたのだが、イランはアメリカ大使館員を人質に取って、アメリカと対決する姿勢を示したんだ。しかもイラン＝イスラーム革命の直後、イランは石油施設を国有化し、石油の生産を引き下げため、石油の値段が再び上昇し、世界経済が大打撃を受けたんだ。これを**第2次オイル＝ショック**と呼ぶね。えっ？　第1次オイル＝ショックって何？　あ、テーマ74を見てくれ。1973年の第4次中東戦争の際に起こったオイル＝ショックが第1次なんだよ。

ホメイニ

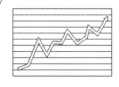

イラン＝イスラーム共和国の建国

第2場：イラン＝イラク戦争 ―― 似たような国の名前に混乱するぅ！

　ここで登場してくるのがイランのすぐ西側の国の**イラク**だね。隣国ではあるけれどもイランがシーア派であるのに対し、イラクはスンナ派と、政権の宗派が違う。それに領土問題も抱えているため隣国なのに大変に仲が悪いのさ。イラクはテーマ55でも扱ったけれど、第一次世界大戦後に王国となっていたんだが、1958年に軍部によるクーデタで王政が倒されてしまったんだ。その後、長年のゴタゴタのあげく民族主義＋社会主義の政党である**バース党**の実力者サダム＝フセインが1979年に権力を握り、イラクの大統領になったのさ。この年に注意だ。サダム＝フセインが大統領になった1979年は、ちょうどイラン＝イスラーム革命が勃発した年なんだね。イランでイスラーム革命が起こった時、フセインは民衆の人気を集めて権力基盤を固めるために1980年にイランに戦争をしかけたんだ。これを**イラン＝イラク戦争**と呼ぶ。イランと仲が悪いアメリカなどの欧米諸国は大喜びでサダム＝フセインに大量の武器を与えたのだけれど、なーんと8年間もかかったあげく、イラクはイランに勝つことができなかったんだ。理由？　元々イランの方が国の規模も人口も多かったことがあるのだけれども、**イラン＝イスラーム革命は民衆の革命であったことが大きいよね。イラン人は革命を守るために必死でイラクと戦った。こうしてイラン＝イラク戦争は引き分けに終わってしまったのさ。

第3場：湾岸戦争 ―― フセインの大誤算「あいつのバックにはまさかの親分が！」

　イラン＝イラク戦争の結果に焦ったフセイン大統領は、財源の確保と民衆の支持を取り戻すべく、なんと1990年に隣国の産油国**クウェート**に攻め込んだのさ。これが後の**湾岸戦争**の原因となるんだね。

　「クウェートは石油が出る金持ちの国だが、本来はイラクの領土だ。イギリスや石油メジャーの力でかろうじて独立している小国を手に入れれば、イラクは豊かな国となり、オレ様の権力は不動のものとなるっ」

という思惑だったんだが、クウェートの後ろにはアメリカが控えていたんだな、これが。アメリカを中心とする多国籍軍がこの戦争に大規模に介入してきたのさ。フセインはアラブの敵**イスラエル**にミサイルをブチ込んで、これが聖戦であることをアピールしたんだが、多勢に無勢でまたもやフセインは負けいくさになってしまったのさ（湾岸戦争）。

　結果として、2001年に**同時多発テロ事件**が起こった際に、イラクはテロ組織を支援して

サダム＝フセイン

イラン＝イラク戦争

いる上に、大量破壊兵器(核兵器)を作っているという理由で2003年に米英軍に攻撃されてしまった。これを**イラク戦争**と呼ぶ。この戦争に敗れ、逃走したフセインは結局は捕まってしまい、イラク高等法廷の判決で処刑されてしまったんだよ。

第2幕 弾圧され、立ち上がるイスラーム ──あなたには聞こえないこの悲鳴

第1場：ユーゴスラヴィア内戦 ──「国を浄める！」の名目で蛮行

　バルカン半島にある**ユーゴスラヴィア**という国は多民族国家だが、建国の英雄で独裁者の**ティトー**が仕切っているうちは、国内は安定していた。ところがティトーが1980年に死に、1989年末に冷戦が終了するとユーゴスラヴィアは分裂と内戦に突き進んでしまったんだ。

　まず1991年に**クロアティア**と**スロヴェニア**、そして**マケドニア**がユーゴから独立してしまい、92年に**ボスニア＝ヘルツェゴヴィナ**までもが独立を宣言すると、同じ1992年にセルビアとモンテネグロがボスニア＝ヘルツェゴヴィナに攻め込んで来たのさ。実はボスニア＝ヘルツェゴヴィナは第一次世界大戦の発端となった地域なんだよ(テーマ43参照)。実はこの地域は昔、オスマン帝国の領土であったことからイスラーム教徒が多く住んでいるんだ。だがキリスト教のセルビア正教の国であるセルビアにとっては、イスラーム教徒はうっとうしいじゃま者だったのさ。そこで「民族浄化」という忌まわしいかけ声とともにボスニア＝ヘルツェゴヴィナに住むイスラーム教徒の大虐殺をおこなったのだ。さすがにこの蛮行は世界中の非難をあび、NATO軍やアメリカの介入により1995年にやっと停戦ができたと思ったら、1998年頃からセルビアは南部にある**コソヴォ**自治州で独立運動をしていたアルバニア系住民の虐殺をおこなってしまった。コソヴォはセルビア発祥の地と呼ばれており、日本で言えば奈良・京都みたいな地位にある地域だね。しかしこの土地で9割以上を占めるアルバニア系住民(イスラーム教徒が多い)が自治権を要求したのがセルビアにとっては気に入らなかったわけだ。この時のセルビア(1997年から新ユーゴスラヴィア連邦)大統領だった**ミロシェヴィッチ**は後に国際戦犯裁判に提訴されている。NATO軍がセルビアに空爆をおこない、紛争を止めさせたけれども、ボスニア＝ヘルツェゴヴィナ紛争でもコソヴォ紛争でもイスラームが弾圧されたことは、ムスリムに強い連帯の気持ちを与えたと

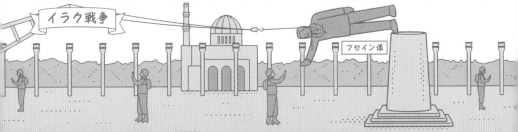

イラク戦争

フセイン像

思うよ。

最終場：テロ活動の頻発と台頭する原理主義 ── 21世紀の幕開けがこれ

　そして、ついに運命の日2001年9月11日がやってきた。晴天の朝、ニューヨークの世界貿易センタービルに2機のハイジャックされた旅客機が突っ込んだんだ。3機目はワシントン郊外のアメリカ国防総省本庁舎（通称ペンタゴン）に突入し、4機目は乗客の抵抗で野原に墜落した。そして、犯人は**イスラーム主義**を主張するテロ組織**アル＝カーイダ**のメンバーだった。これを**同時多発テロ事件**と呼ぶ。怒ったアメリカ大統領、子ブッシュはアル＝カーイダをかくまっているとされたアフガニスタンのイスラーム原理主義組織**ターリバーン**への報復攻撃を命令したんだ（**対テロ戦争**）。激しい攻撃に耐えかねてターリバーンはアフガニスタンでの多くの支配拠点を失ったが、現在も強大な勢力を持っている。2011年にアル＝カーイダのリーダーであった**ビン＝ラーディン**は潜んでいたパキスタンでアメリカ秘密部隊の襲撃によって暗殺されている。しかしイスラーム原理主義者でテロ活動をおこなう組織は、「イスラム国」を自称する**IS**をはじめとして数多く存在し、中東を中心に破壊活動をおこなっているのが実情だ。

なんでテロや戦争はなくならないのだろう？

　それを考えることは君の課題だよ。ヒントを言うと「平等」の問題に行き着くと思うね。さあ、僕はそろそろ行かなくてはならないけれど、もう1回考えてごらん。いったいこの21世紀はどんな時代になるのだろうか。結局は隣人と殺し合う時代になってしまうのだろうか。それとも皆が手をつなぎ合って、今まででどうしても抜けなかった「大きなカブ」をとうとう引っこ抜ける時代になるのだろうか。

復習ポイント

　いわゆる「原理主義」の考えを調べてみよう。

アクティヴィティ

　日本国民に聞きます。なぜテロや戦争はなくならないのでしょうか。

セルビア　モンテネグロ　VS　ボスニア＝ヘルツェゴヴィナ

スロヴェニア　クロアティア　セルビア　ボスニア＝ヘルツェゴヴィナ　モンテネグロ　コソヴォ　マケドニア

イスラーム諸国関係史年表

1979年	イラン＝イスラーム革命によりイラン＝イスラーム共和国成立
1979年	イラクでバース党指導者サダム＝フセインが大統領に就任
1980～1988年	イラン＝イラク戦争→引き分けに終わる
1990年	イラクによるクウェート侵攻
1991年	湾岸戦争→アメリカを中心とする多国籍軍の攻撃によってイラクの敗北

「日本はこの戦争にカネは出したが、多国籍軍に自衛隊を派遣しなかったので、他国から非難をあびてしまった。そのため後にPKO協力法が定められたんだよ」

1996年	イスラーム原理主義組織ターリバーンがアフガニスタンを支配 →テロ組織アル＝カーイダと連携
2001年	アメリカで同時多発テロ事件が発生→アメリカや反対組織の攻撃を受け、ターリバーン勢力が後退
2003年	イラク戦争でフセイン政権崩壊→2006年、フセインが処刑される
2011年	アル＝カーイダ指導者のビン＝ラーディンが暗殺される

最後の門　下の問題は大学入試問題を出典にした問題です。答えなさい。

問1　イラクに関する出来事が起きた順に並んでいるものを選びなさい。

ア．イラン＝イラク戦争→湾岸戦争→イラク戦争

イ．湾岸戦争→イラク戦争→イラン＝イラク戦争

ウ．イラク戦争→イラン＝イラク戦争→湾岸戦争

エ．湾岸戦争→イラン＝イラク戦争→イラク戦争

（南山大・改）

セルビア南部の（　1　）自治州において、①人口の九割以上を占めていた（　2　）系住民がセルビア人勢力から激しい弾圧を受けて内戦状態に陥った。そこで北大西洋条約機構（NATO）による空爆がおこなわれ、セルビア人勢力は（　1　）自治州から撤退した。

問2　（　1　）、（　2　）に入る語句を記入しなさい。

問3　下線部①について、（　2　）系住民の大量殺害への関与について、国際戦犯裁判に提訴された人名として最も適切なものを次の選択肢から一つ選びなさい。

①アジェンデ　　②ピノチェト　　③ポル＝ポト　　④マルコス　　⑤ミロシェヴィッチ

（青山学院大・改）

同時多発テロ事件

ビン＝ラーディン

台頭する
イスラーム

1979年、ルーホッラ＝ホメイニが亡命先のパリからテヘランに帰って来た時、数万人の群衆が歓喜してホメイニ師を取り巻いた。

76歳のホメイニは、当たり前のように用意された車に乗り込んだ。

それまでイランを支配していたパフレヴィー2世は妃とともに飛行機でイランを脱出し、翌年にガンで死んだ。この時、歴史が変わる。

＊

パフレヴィー2世はイランのパフレヴィー王朝の創始者レザー＝ハーンの息子として生まれ、スイスのギムナジウムで教育を受けた。

パフレヴィー2世は西欧的な教育を受けた王として、即位してからイランの西欧化路線を進めた。これを**白色革命**と呼ぶ。

イランは親米のパフレヴィー王朝のもとで急激な近代化をとげた。もっともきれいなのは見かけだけで、一皮むけばアメリカ・イギリス・日本への石油輸出による豊富な外貨収入による工業化と西欧化であった。パフレヴィー2世の独裁とぜいたくは目に余るほどであり、イラン国民の貧富の差が増大する中で、**王の政治に一貫して抵抗したのがホメイニ**だった。

＊

シーア派のイスラーム法学者であったホメイニはイスラームによる社会的平等をとなえ、早くからパフレヴィー2世の近代化政策に反対したため、国外追放の処分を受けた。亡命先のパリでも一貫してパフレヴィー2世や欧米と対決する姿勢を変えなかったホメイニに対し、イラン民衆は崇敬の気持ちを抱くようになっていった。そして1979年にイランで民衆が暴動を起

こした時、人々を動かしていたのはもはや社会主義ではなかった。**その原動力こそイスラーム主義**だった。

王を革命で追い出した後、新たに生まれた**イラン＝イスラーム共和国**の最高指導者となったホメイニは、コーランやスンナ（預言者ムハンマドの言行録）に従って定めたイスラーム法体系（シャリーア）により、法学者による支配をおこなった。女性はチャドルやブルカと呼ばれる黒服を身にまとい、イスラーム法に従わないムスリムは外国人でも鞭で打たれた。それは現代から中世の神権政治にタイムスリップしたような風景だったが、近代化の矛盾に苦しむムスリムたちに熱狂的に受け入れられた。

ホメイニは近代的資本主義や、宗教を否定する社会主義に対する敵対的態度を隠そうとはしなかった。アメリカの外交官や大使館員を人質にして、パフレヴィー2世の送還を要求するなどの強硬的態度を平気でとったため、現在でもアメリカ合衆国とイランには国交がない。

ホメイニが信じたのはイスラームであり、イスラームの中に新たなエネルギーを見出し、民衆の支持を集めたのである。

＊

フランス革命やロシア革命を学んだ人は、「打撃は鉄を鍛え、外国の圧力は革命を固める」という定理に気が付くだろう。多くの外圧と戦争に耐え、くぐり抜けたイランの革命政権は団結を固め、世界に強い影響を与えるようになったのだ。それは打ち倒すことができない新しい勢力の誕生だった。

革命から40年経ってもイランの革命政府は健在であり、また社会主義が衰退した後も、スンナ派を中心とする「ターリバーン」「アル＝カーイダ」「イスラム国」（IS）などの過激なイスラーム勢力組織は欧米の圧力にもかかわらず、まだ存続している。

解答と解説 ━━━━━━━━━━━━━━━━━━━━━━━━━━━━━━

▌復習ポイント▐ の答え

「原理主義」Fundamentalismとは、**政治や文化を宗教の根本原理に厳格に戻そうとする運動**です。もともとはキリスト教の運動に付けられた名前です。イスラームの場合は「イスラーム主義」と呼び、コーランやスンナを合わせた規範であるシャリーアに厳格に沿った政治や文化にしようとするわけで、それはファッションや食事、生活のすべてに及びます。

歴史家のマクニールは「近代化によって生活の基盤を失ってしまった人々には原理主義的な宗教が受け入れられやすい」と述べています。近代化によって生活の秩序や連帯が失われてしまった地域にこそ原理主義は受け入れられ、爆発しやすいと考えられます。

原理主義はイスラームだけのものではなく、キリスト教や神道にも存在します。その中でもイスラーム主義が注目される理由としては、一部の活動家が①**聖戦（ジハード）という概念があって完全な非暴力主義ではなく、自爆テロなどの破壊活動を否定しないこと。②現在の科学技術の発達により、ネットなどの通信技術を含めた活動を広く取り入れている**ことが挙げられるでしょう。

▌アクティヴィティ▐ の答えの一つ

「世界の富にデコボコがあるから」（もちろん他の意見や説も存在します）。社会主義はこのデコボコを直して、世界の人々を平等に扱おうとする運動でしたが、20世紀におこなわれたその壮大な実験は結局、失敗に終わってしまいました。そこで近代化に絶望し、平等を求める人々の情熱は宗教に向かっているのですが、宗教で世界が一つに統率されるのはやはり難しいことでしょう。

「お国のために死ねる」のに「世界のためには死ねない」理由として「国は年金を払ってくれるけれど、世界は年金を払ってくれないから」という理屈がありますが、もしも**世界共和国**ができたなら世界戦争が少なくなる可能性は高まるでしょう。

▌最後の門▐ の答え

問1　ア
問2　（1）　コソヴォ　　（2）　アルバニア
問3　⑤
（解説）
問1は三つの戦争の順番が聞かれていますが、この三つの戦争の主人公はいずれもサダム＝フセインであることに注意。
問2　難問だが、実際の試験問題は語群から選ぶ方式なので楽。
問3　この問いの語群に出てくる人物は試験によく出てくるので覚えておいた方がよい。ミロシェヴィッチはハーグの国際戦犯裁判で提訴されたが、裁判中に病死してしまっている。

さくいん

673

す

へ

河原孝哲
（かわはらたかのり）

1960年生まれ。埼玉県出身。上智大学文学部史学科卒業後、上智大学院文学研究科史学専攻博士前期課程を修了。愛知県と茨城県の私立高校、中等教育学校で教諭として地歴・公民を教える。趣味は色々な外国語をかじること。

ものがたり世界史 近代〜現代

著者	河原孝哲
デザイン	三木俊一＋高見朋子（文京図案室）
イラストレーション	八重樫王明
編集協力	高橋賢（KEN編集工房）、大橋直文（はしプロ）、鈴木紘司（地域文化学会理事）、佐藤玲子、石川賢浄
写真提供	ユニフォトプレス、共同通信社／ユニフォトプレス、東京大学史料編纂所、朝日新聞社／ユニフォトプレス、毎日新聞社
データ作成	株式会社四国写研
印刷所	株式会社リーブルテック